永春年鉴

2021

『永春年鉴』编纂委员会 编

方志出版社

图书在版编目（CIP）数据

永春年鉴．2021 / 《永春年鉴》编纂委员会编
．-- 北京：方志出版社，2021.12
ISBN 978-7-5144-5088-0

Ⅰ．①永… Ⅱ．①永… Ⅲ．①永春县－2021－年鉴
Ⅳ．①Z525.74

中国版本图书馆CIP数据核字(2021)第265580号

永春年鉴（2021）

编　　者：《永春年鉴》编纂委员会
责任编辑：王　娜
出 版 者：方志出版社
地　址　北京市朝阳区潘家园东里9号（国家方志馆4层）
邮　编　100021
网　址　http://www.zgfzcb.cn
发　　行：方志出版社图书经销中心
电话（010）67110500
经　　销：各地新华书店
印　　刷：福州报业鸿升印刷有限责任公司
开　　本：889×1194　　1/16
印　　张：25.25
字　　数：680千字
版　　次：2021年12月第1版　　2021年12月第1次印刷
印　　数：001～500册
ISBN 978-7-5144-5088-0　　**定价：**220.00元

《永春年鉴》编纂委员会

《永春年鉴》总编室

永春县地图

比例尺1：345 000

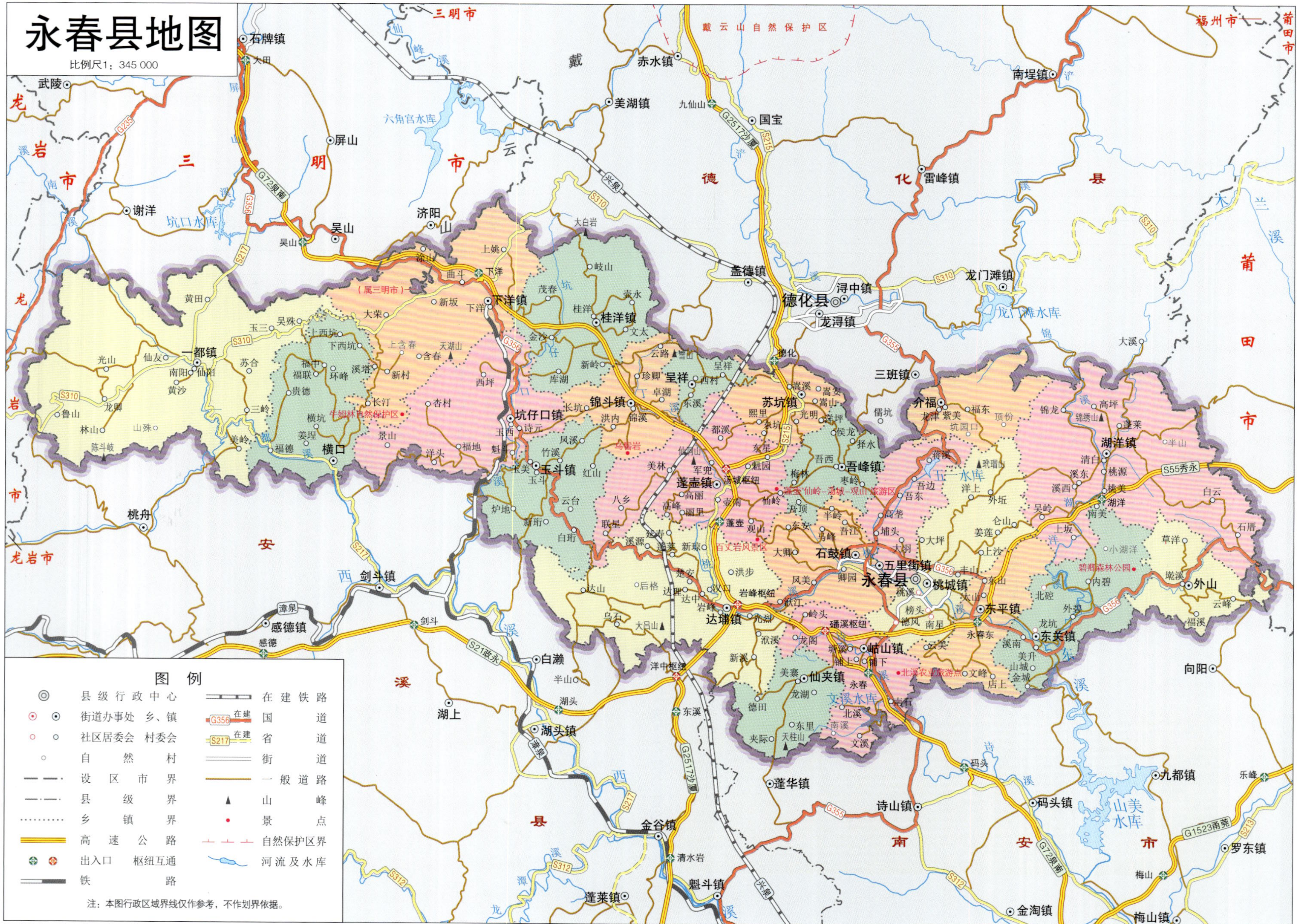

图例

◎	县级行政中心		在建铁路
⊙ ⊙	街道办事处 乡、镇	G356 在建	国道
○ ○	社区居委会 村委会	S217 在建	省道
○	自然村		街道
	设区市界		一般道路
	县级界	▲	山峰
	乡镇界	●	景点
	高速公路		自然保护区界
	出入口 枢纽互通		河流及水库
	铁路		

注：本图行政区域界线仅作参考，不作划界依据。

编制单位：福建省地图出版社　审图号：泉S〔2021〕33号　资料截至2020年12月

2020年12月29—30日，永春县第十八届人民代表大会第五次会议在县人民会堂召开　　（县人大办　供图）

2020年12月28—29日，中国人民政治协商会议第十五届永春县委员会第五次会议在县人民会堂召开

（桃源乡讯社　供图）

2020年1月18日，披云灵光家国情故事馆开馆暨广场启用仪式在吾峰镇举行，省委原常委、秘书长黄文麟（左七），市人大常委会原主任傅圆圆（左八），县长吕建成（右五）等参加　　（吾峰镇政府　供图）

2020年4月1日，省委常委、纪委书记刘学新（中），副省长郭宁宁（右二）到永春调研，县委书记庄永智（左二）参加活动　　（叶国强　摄）

2020年5月10日，市委书记康涛（左二）到永春县蓬壶镇观山村调研督导脱贫攻坚和“三农”领域等重点工作，县委书记庄永智（左三）参加活动 （叶国强 摄）

2020年9月2日，国家文物局副局长宋新潮（前排中）到永春县调研文物保护工作，副市长周真平（前排右一）、县委书记庄永智（二排中）等参加调研 （林培枝 摄）

2020年9月10日，县长吕建成（中）到福建三信织造有限公司、永春制药有限公司、万润食品等企业开展调研活动

（林芳婷、颜志庆　摄）

2020年10月29日，省政协主席崔玉英（右三）到中国香都彬达文创园、五里街镇大羽村、县政协机关调研，县委书记庄永智（右一）等参加活动

（苏福彬　摄）

2020年12月15日，福州永德会馆开馆暨福州市永春商会乔迁庆典活动在福州上下杭硋埕里20号举行，县长吕建成（前排左五）等参加庆典活动　　（桃源乡讯社　供图）

2020年12月16日，全国“心香杯”斗香赛系列活动开幕式在达埔镇举行，并举行助推香都乡村文旅建设的战略签约仪式。县长吕建成（左四）等参加活动　　（桃源乡讯社　供图）

2020年1月26日，全省首个地方性新华侨联谊会——永春县柬永华侨联合会在县侨联成立，中国侨联副主席、省侨联主席陈式海（前排右五）到会祝贺

（县侨联　供图）

2020年5月29日，县总工会、县人社局、县农业农村局、县委人才办、玉斗镇等联合举办首届永春县评茶员职业技能竞赛

（林培枝　摄）

2020年6月10日，第一届永春县工艺美术大师评选活动暨福建省（永春）“匠艺杯”工艺美术现场技能大赛在永春县旅游集散中心开赛 （县城镇集体工业联合社 供图）

2020年9月22日，2020年福建省“中国农民丰收节”庆祝活动启动仪式在岵山镇茂霞村举行，永春创意农产品展示、乡村振兴美食节、永春非遗展示、直播带货等“庆丰收”嘉年华活动同步进行 （张文庆 摄）

永春在县境交界设置检疫点，宣传相关防疫知识，对进出人员进行体温测量，对来往车辆进行登记，排查疫情隐患

（姚德纯　摄）

永春县对公共区域进行全面的消毒消杀。图为2020年1月29日，桃城镇新发超市工作人员对电梯进行消毒消杀

（林培枝　摄）

永春县在落实防控措施的同时，扶持企业加大防控物资生产。图为2020年2月13日桃城镇榜德工业区的泉州迈特富纺织科技有限公司员工赶制防护服

（林培枝　摄）

2020年2月19日，永春县发布《永春县人民政府关于疫情防控期间支持企业复工复产十一条措施》，引导企业落实防控疫情措施，协调企业困难，助力企业复产复工。全县第一季度可开复工重点项目42个全部复工，复工率100%；规上企业复工181个，复工率100%。

位于桃城镇的外商企业恒福织造公司复工　　（康庆平　摄）

介福陶瓷工业园良福陶瓷复工　　（叶国强　摄）

2020年，永春县完成地区生产总值494.52亿元，比上年增长3.0%。其中：第一产业增加值26.47亿元，增长3.9%；第二产业增加值306.77亿元，增长3.3%；工业增加值270.14亿元，增长3.5%；第三产业增加值161.28亿元，增长2.0%。

达埔镇依托香品产业园，打造大师工艺传承平台，建设生态香品一条街，运营打卡体验区

（县美丽乡村办　供图）

永春持续壮大发展特色有根产业，获评“中国红曲醋都”。图为岵山镇铺下醋村

（岵山镇政府　供图）

永春拓展古窑址的效应，打响“中国陶瓷之乡”的品牌，提升业态融合价值链。图为苏坑镇陶瓷工业园的博言坊陶瓷生产现场　　（叶国强　摄）

2020年11月21日，以“四季橘香　芦柑之家”为主题的2020年中国永春芦柑文化旅游节开幕式在达埔镇猛虎柑橘场举行，同时举办永春芦柑购销签约仪式、京东永春农特产馆开馆仪式、芦柑祖树果品拍卖仪式、老树芦柑开采仪式及乡村旅游示范线路推介等仪式　　（张文庆　摄）

永春县出台政策措施，鼓励各类优秀人才到乡村振兴重点发展领域创新创业，助力乡村发展。图为湖洋镇优秀农村实用人才下田指导农民使用农机耕作　　（林培枝　摄）

永春县依托当地气候和良好的自然生态环境，引导群众发展柑橘、佛手茶、铁皮石斛等特色农业，实现农民脱贫致富，助推乡村振兴。图为岵山镇海峡蓝天生态庄园的荔枝林灵芝园　　（康庆平　摄）

永春县积极发动本地妇女和返乡农民工，对接茶农茶企用工需求，鼓励企业采用制茶新技术，并依托县、镇两级电商平台，促进茶产业发展。图为2020年4月19日锦斗镇珍卿村云源香茶园 （潘敏星、叶国强 摄）

玉斗镇每年举行茶王赛、品茶能手选拔赛、佛手茶文化节等系列茶事活动，大力推介永春佛手茶，提升“永春佛手”区域公共品牌价值。图为2020年5月19日该镇春季永春佛手茶王赛 （康庆平 摄）

一都镇香菇种植业发展迅速，成为当地的主导产业之一。图为2020年6月21日一都菇农正在制作菌棒

（潘敏星、林琰梅 摄）

东平镇深化美丽乡村建设，导入市场、产业等资源，从“创建美丽”向“经营美丽”转型

（东平镇政府 供图）

石鼓镇吾江村依托国家农业科技园区示范基地，发展现代农业，种植大棚果蔬、菌菇、树葡萄、大果红花油茶等，并在吾江溪沿线建设党建文化长廊、农业观光园、水土保持展厅等，强力推进产业振兴，图为石鼓镇吾江村农业观光园 （张文庆 摄）

蓬壶镇仙岭村以发展桂花树和枇杷树为突破口，创办农村文化科技园、中华农民体育园，走出一条“一花一果一文化”的乡村特色农业致富的道路，图为中华农民体育园 （康庆平 摄）

2020年8月13日，五里街镇政府、永春县永春拳协会联合举办以“祭拜师祖方七娘 弘扬白鹤天下春”为主题的纪念方七娘诞辰暨白鹤拳文化节活动　（潘敏星、谢丽琼　摄）

2020年10月31日，福建红色旅游村跑系列主题活动永春站在横口乡福中村启动　（林秋燕　摄）

永春县实施教育提质扩量工程，持续打磨“学在永春”的区域教育品牌，2020年“一本”上线率位居全市前列，永春一中高考特优生培养居全省县域中学第一。图为永春一中　　（永春一中　供图）

2020年呈祥乡呈祥村用300万元奖励资金撬动1500万元民间资本，开展农房“平改坡”和“裸房”装修，获省长王宁表扬，图为呈祥村村貌　　（潘敏星　摄）

坑仔口镇持续加大农村路网建设力度，同步做好公路沿线绿化、彩化工作，实现村村通公路，获评2020年度“四好农村路”市级示范乡镇
（坑仔口镇政府 供图）

蓬壶镇实施“城镇提标年”行动，推进治水育林工程和基础设施建设，农村生态安全水系、东街整治工程、溪滨公园提升工程等建成投用，获评省级森林城镇。图为仙岭水库
（蓬壶镇政府 供图）

石鼓镇全面完成永春一中分校、国省干线横七线（G356）石鼓段、中石化天然气管道、桃石路等重点项目拆迁任务。图为国省干线横七线（G356）项目凤美村路段 （石鼓镇政府 供图）

东平镇实施“美丽小镇+美丽乡村”融合发展计划，开展城乡环卫一体化、垃圾分类、美丽庭院创建，推进省、县两级乡村振兴示范村项目。图为东平镇东山村 （东平镇政府 供图）

2020年，永春县按照“清新自然、富有野趣、留住乡愁”的思路，通过整合“山、水、林、田、湖、草”各项资源，谋划清新流域治理项目，结合全面推行河长制工作，打造岵山（金溪）、五里街（霞陵溪）、桃城（南星溪）、东关（桃溪）、湖洋（湖洋溪湖洋段）等五个试点项目，治理河流长55公里左右，总投资3.34亿元。

桃城桃溪水系

东关镇水域

（刘俊华　摄）

外山乡松溪　　（康庆平、苏明江　摄）

（刘燕飞　摄）

下洋镇国家AA级景区天湖岩　　（下洋镇政府　供图）

湖洋镇从农房整治、绿化美化、污水垃圾治理、违建清理等方面开展宜居环境建设，图为湖洋镇湖洋溪

（许雪霞　摄）

桂洋镇桂洋村规划建设2公里漂流航道，把下岸水电站改造成水电文化休闲中心，配备相关基础设施，打造特色体验项目，图为游客漂流画面 （张文庆、苏福彬 摄）

仙夹镇实行村级保洁与河道清洁相结合，辖区内水质长期保持在三类水以上，获评县2020年网格化环保监管工作考核优秀单位。图为仙夹镇东里村 （姚德纯 摄）

编辑说明

一、《永春年鉴（2021）》是中共永春县委、永春县人民政府主办，《永春年鉴》编纂委员会组织编纂的地方综合年鉴。

二、《永春年鉴（2021）》坚持以马克思列宁主义、毛泽东思想、邓小平理论、“三个代表”重要思想、科学发展观、习近平新时代中国特色社会主义思想为指导，坚持辩证唯物和历史唯物主义的立场、观点和方法，以宣传永春、记实存真、服务社会为宗旨，实事求是地记载全县年度政治、经济、文化、社会和生态等领域发展情况，为社会各界和海内外人士了解永春、宣传永春、投资永春、旅游永春提供尽可能全面、翔实的地情资料。

三、《永春年鉴（2021）》的框架结构由类目、分目、条目组成。全书设有图片专辑和特载、专记、大事记、县情概貌、中共永春县委、永春县人民代表大会、永春县人民政府、政协永春县委员会、永春县纪委　监委、民主党派　工商联、群众团体、法治　军事、生态环境保护和自然资源管理、综合经济管理、公共安全管理、金融、农业　农村、工业和信息化、商贸、城乡建设和交通运输管理、教育　科技、文化　旅游　体育、民生和社会保障、乡镇、人物表、荣誉榜、附录等，类目下根据内容需要设分目，分目下设条目，条目为内容的基本载体形式。

四、《永春年鉴（2021）》采用现代汉语记述。文字、标点符号、计量单位均依国家现行规范，文中凡简称“党员”均指中国共产党党员，“省、全省”均指福建省，“市、全市”均指泉州市，“县、全县”均指永春县。

五、《永春年鉴（2021）》统计数据采用《永春统计公报》和《永春统计年鉴》的数据。县统计局统计范围之外的数据出自各供稿单位，因各单位统计时间和统计口径不尽相同，个别数据可能有差异，读者引用时务请注意统计时间和统计口径的不同。

目 录

特 载

专 记

大事记

县情概貌

中共永春县委

永春县人民代表大会

永春县人民政府

政协永春县委员会

永春县纪委　监委

民主党派　工商联

群众团体

法治 军事

生态环境保护和自然资源管理

综合经济管理

公共安全管理

金 融

农业 农村

工业和信息化

商 贸

城乡建设和交通运输管理

教育 科技

文化 旅游 体育

民生和社会保障

乡 镇

人物表

荣誉榜

附 录

索 引

特 载

在县委十三届十三次全体会议上的讲话

中共永春县委书记 庄永智

（2020 年 9 月 3 日）

这次县委全委会的主要任务是，以习近平新时代中国特色社会主义思想为指导，全面贯彻党的十九大和十九届二中、三中、四中全会精神，深入学习贯彻习近平总书记对福建工作的一系列重要讲话重要指示批示精神，贯彻落实省委十届十次全会、市委十二届十二次全会精神，明确新的目标举措，引领全县广大干部群众牢记重托、锐意进取、奋勇争先，更好统筹常态化疫情防控和经济社会发展，做好“六稳”工作、落实“六保”任务，全方位推动高质量发展超越，在全省、全市大局中多做贡献。

一、提高站位，以更加自觉的担当全方位推动高质量发展超越

全方位推动高质量发展超越是新时代新福建建设的鲜明主线和重大战略。我们谋划“十四五”发展规划，乃至今后三个“五年规划”，都要始终贯穿、落细落实。

1. *站位全局*。全方位推动高质量发展超越，是习近平总书记亲自擘画、亲自部署、亲自推动的重大战略。在实现“两个一百年”奋斗目标的历史交汇点，在全面建成小康社会的关键时期，在我省实现总量反超之际，今年 5 月习近平总书记又作出重要指示批示，赋予我们全方位推动高质量发展超越的重大使命。8 月 17 日，省委召开十届十次全会，提出了九项重点任务。8 月 27 日，市委召开十二届十二次全会，指出要传承发展“晋江经验”，落实“12 项专项追赶行动”[1]。全县上下要统一思想，深入学习贯彻习近平总书记重要讲话重要指示批示精神，深刻领会把握重大意义、精神实质和丰富内涵，在新起点上开创新局面，以实际行动增强“四个意识”、坚定“四个自信”、做到“两个维护”。

2. *直面挑战*。党的十八大以来，我省经济总量从不足台湾的三分之二到实现反超。省委指出，经济总量的反超只是初步的超越，对台全面超越的重大使命目标更宏伟、任务更艰巨。市委指出，当前正处于转型升级的“后半场”，全方位高质量发展超越提出了更多更高的要求。具体到永春，我们经济总量小，GDP 总量占全市不到 5%；产业不够强，我们的三次产业结构为 5.2 ∶ 63.1 ∶ 31.7，与全市三产结构 2.2 ∶ 58.9 ∶ 38.9 相比，三产结构仍不合理，农业大而不强，二产中轻纺鞋服、矿产资源等传统制造业处于求生存求发展的重要关口，香、老醋、陶瓷等有根产业虽然取得了长足进步，但对经济增长的支撑力量还不够强，等等。所以，对我县来说，全方位推动高质量发展超越还要走很长的路。全县上下必须认真贯彻落实省委市委全会决策部署，增强紧迫感，自我加压、拉高标杆，一步一个脚印，扎扎实实推进各项工作。

3. *科学谋划*。要坚定信心决心，把握新福建建设重大历史机遇，主动融入，以新担当新作为作答新命题。要放眼 2035 年，结合“十四五”规划，系统研究战略蓝图，把新发展理念贯穿全过程和各领域，以系统思维解决科技创新、产业结构、居民收入等方面的差距，加强全局性谋划，整体推进。要长短结合，既稳当前又谋长远，要坚持用全面、辩证、长远的眼光分析当前经济形势，从战略上主动融入省市发展大局，发挥优势，对接用好上级政策，把全方位推动高质量发展超越落实到具体产业和项目上，策划生成一批辐射面广、带动力强的大项目，抓紧启动一批符合长远发展目标、短期能够启动的重要工作，奋力拼抢。

二、把握重点，以更加务实的举措推动全方位高质量发展超越

全方位推动高质量发展超越，总的要求是，以习近平新时代中国特色社会主义思想为指导，全面贯彻党的十九大和十九届二中、三中、四中全会精神，深入学习贯彻习近平总书记对福建工作的一系列重要讲话重要指示批示精神，紧紧围绕统筹推进“五位一体”总体布局和协调推进“四个全面”战略布局，坚持稳中求进工作总基调，坚持新发展理念，坚持以供给侧结构性改革为主线，坚持以改革开放为动力，不断满足人民群众对美好生活的需要，始终保持战略定力，增强机遇意识和风险意识，主动融入“新福建”和“五个泉州”发展大局，发扬斗争精神，勇于担当作为，更好统筹常态化疫情防控和经济社会发展工作，全方位推动高质量发展，着力推进科技创新、产业结构、居民收入等方面超越，不断深化永台交流合作，加速绿色崛起，打响“有一种生活叫永春”的品牌，为省市大局做出更大贡献。

这次全会将审议《中共永春县委关于深入学习贯彻习近平总书记重要讲话重要指示批示精神全方位推动高质量发展超越的决定》，讨论科技创新、优化产业结构、促进居民增收三个行动计划。全县各级党组织和广大党员要统一思想，抓住关键点，认真对照省委市委九个方面重点任务，坚持边谋划边落实、长短结合的战略节奏，一任接着一任干，把一张蓝图绘到底。

*1. 聚焦创新驱动，落实科技创新超越。*科技创新是全方位高质量发展超越的第一驱动力。要通过实施创新驱动发展战略，走一条人才强、科技强、产业强的发展路子。

要聚才引智。深化人才“港湾计划”[2]，积极实施“永春籍人才回归”工程，落实好我县促进人才优先发展的措施及配套政策，让人才的创造活力竞相迸发。依托永春智汇园、院士专家工作站、生态文明研究院，推广“创新团队＋创新项目”模式，通过“假日专家”和“星期天工程师”模式，推动重点产业领军人才、高技能人才的集聚。

要科技引领。抓好培育科技小巨人领军企业行动计划实施，充分调动企业家的创造性，推动企业的技术、产品、营销、管理等全方位创新，鼓励企业培育追求卓越、崇尚质量的“工匠精神”，不断提高研发设计水平，打造更多著名、驰名商标和名牌产品。力争到2025年，培育高成长企业10家，省“专精特新”[3]中小企业10家。

要搭建平台。整合资源，发挥九牧5G智慧制造示范产业园效应，推广协同式创新、集群式研发，全面深化智能制造、智慧园区、工业互联网等领域合作，构筑互联互通、资源共享的政产学研综合服务平台，使之成为企业自主创新的“基地”、技术研发的“娘家”、创新成果转化的“桥梁”。

*2. 聚焦转型升级，落实产业现代化发展超越。*主动融入以国内大循环为主体、国内国际双循环相互促进的新发展格局，积极对接省市实施产业基础再造和产业链提升工程，以三产融合为路径，加快构建现代产业体系。

进军新价值。传统产业是永春的发家产业，不管产业结构怎么调整，传统产业只能做强做优，不能做弱做丢。重点要抓好香、老醋、陶瓷等特色有根产业，打造三大百亿产业集群。①香产业方面，要抓住疫情期间生态香热销甚至脱销这个有利时机，做大“一中心、一园区、一平台”[4]载体建设，做强“中国香都”“永春香”品牌效应，争取香产值今年突破100亿元，到2025年产值突破150亿元，实现从一支香到居家健康养生产业的蝶变。②醋产业方面，要围绕打造“中国红曲醋都”的目标，加快永春老醋产业园区建设，打通原材料供应链，拓展上下游产品，延伸产业链条，争取2025年产业集群产值突破百亿元，实现从一瓶老醋到发酵产业链的蝶变。③陶瓷产业方面，要加快推进华为·中国电信·九牧5G智慧示范项目建设，拓展古窑址的效应，打响介福“中国陶瓷之乡”的品牌，启动苏坑陶瓷工业园三期项目，着力提升业态融合价值链，争取2025年形成近百亿元的陶瓷产业生态链，努力实现从一个陶瓷杯子到卫生陶瓷、日用陶瓷、特种陶瓷产业集群的蝶变。

挖掘新潜能。坚定不移走工业强县、产业集群之路，做到强集群、壮链条。推动万家美、南德针织实施智能化改造，增强实力；引导锦林环保、美律科技等外向型企业培育自主品牌，利用各类电商平台，拓宽销售渠道，挖掘国内市场潜力，力争到2025年，轻工纺织产值超600亿元。扶持美岭水泥、博纯材料等企业扩大产能，紧跟福圆锌业重组后生产，加快推进矿产资源深加工向新能源新材料产业转型，打造新能源新材料产业集中区，力争到2025年，新能源产值300亿元。紧盯福建冠中科技有限公司项目建设，打造年产值30亿元的集成环保材料产业园。推动永盛铸造、福源机械等一批机械配件铸造企业增资扩营、达产达效，加快形成聚集效应，力争到2025年，机械制造产值超120亿元。

发展新经济。全方位推动高质量发展超越需要更多产业新空间、新模式、新业态支撑。积极推动服务业与一二产业深度融合，加快发展消费服务、养老服务、公共服务等新领域服务业，全面提升服务业发展水平。探索发展数字经济、平台经济等新经济模式，加快推进永春数字经济创新中心建设，招引联通公司建设云基座等网络基础设施，引进唯一网络作为运营商，组建创新联合体，推进数字政府、智慧城市建设，培育线上医疗、教育等新业态。

3.聚焦投资拉动，落实经济内生动力超越。市委提出要抓逆周期投资。目前，我县仍然处在“投资拉动”发展阶段，我们要趁势而上、主动对接、超前布局，全力打好扩大有效投资组合拳。

加速谋划。围绕“两新一重”[5]，加强重大规划、重大机制、重大项目、重大抓手等方面梳理。以列入全国新型城镇化建设示范县为契机，结合编制“十四五”规划，拓宽思维，紧扣赣闽粤原中央苏区、闽西南协同发展区、海上丝绸之路先行区等重大区域定位，积极跟进昌厦高铁、海西天然气管网等重大互联互通基础设施建设，策划生成一批大项目、好项目，积极争取专项资金支持。

狠抓招商。实施产业链条招商、亲情回归招商等精准招商。把招引一批能够带动一二三产融合发展的好项目作为主攻方向，力争招来一个大项目，拉住一条产业链，做出一个产业园，最后形成一个百亿级乃至更大更强的产业板块。紧跟西人马永春物联网产业园、莱檬生物（永春）乡村振兴三产融合示范园等项目落地，培育经济新增长点。

攻坚项目。加快老旧小区、老旧片区和棚户区改造，推进石鼓片区、留安东路片区开发，抓紧启动主城区、附城零星地块、闲置空地“填平补齐”工作。全速推进兴泉铁路永春段、马跳水库、国省干线横七线、锦斗互通及路网改造等一批重点工程建设，撑大城市骨架。

4.聚焦普惠共享，落实民生社会事业超越。坚持以人民为中心的发展思想，抓好民生XIN行动[6]滚动增效，紧盯薄项、对接需求，让改革发展成果惠及全体人民。

打赢脱贫攻坚。围绕“一个不能少”底线目标，补齐两不愁三保障和饮水安全等短板，落实好我县防返贫控新贫稳脱贫“一库五机制”[7]，强化产业扶持和就业帮扶措施，着力巩固脱贫成果。聚焦村集体经济薄弱等问题，做好扶贫项目库管理，因地制宜，推行强村带弱村，持续培育“六型”村级集体经济发展模式，加快发展壮大农村集体经济，确保小康路上一个都不掉队。

创优公共服务。围绕把教育办成永春人民的骄傲，持续抓好师德师风建设，实施教育提质扩量工程，加快城西中学等一批项目建设，全方位保障教育投入，提高教育教学质量，持续打磨“学在永春”的区域教育品牌。围绕打造“健康永春”，深化“三医联动”改革[8]，加强卫生人才引进和培训力度，发挥医联体、医共体及专科联盟等共建作用，让医疗为永春人民的健康保驾护航。

完善保障体系。落实职业技能培训、创业担保贷款等扶持政策，稳住就业。继续实施全民参保计划，稳步推进社保扩面。坚持统筹城乡的基本要求，注重加强普惠性、基础性、兜底性民生建设，抓好保障性安居工程、低保安居工程、地灾点搬迁安置。

5.聚焦统筹推进，落实城乡协调发展超越。以全域旅游为总抓手，以乡村振兴为着力点，久久为功，全方位促进城乡融合发展。

提升县城品位。以创建“旅游城市”为目标，在“吃、住、行、游、购、娱”等综合配套上下功夫，用好“一机游”永春智慧平台[9]，丰富内容，提升品质，努力把永春打造成可托付终身的现代化旅游城市。促进多业态融合，打造城西大型商业综合体，建设金龙城“美食一条街”提升工程，推出“五里街—介福”“岵山—仙夹”两条精品线路，构建“环县城半小时文化旅游慢生活圈”，形成“县城住，周边游”旅游格局。着眼建设高效便捷的旅游交通网，加快推进北环路拓展、留安山东路等路网建设，适时启动西环路建设，新改建一批市政道路，加快规划建设一批公共停车场，完善城市功能。

推进乡村振兴。坚持把环境整治作为打好乡村振兴的一场硬仗，以列入全国美丽乡村经营管护机制改革试点县为契机，持续抓好人居环境整治，每年抓好一批试点村，串点成线，全域推进，使美丽乡村建设从盆景展示变成满园春色。立足生态禀赋、厚重历史文化等优势，吸引资本，发展中高端旅游，做强采摘游、农家乐、乡村民宿等业态。举办“月月有节庆”活动，利用线上直播等方式推介农副产品，推动“人气流量”变“收入增量”。力争到2025年，年接待乡村旅游游客700万人次，乡村旅游收入超70亿元。

引领社会风尚。着眼社会主义核心价值观落细落小，推动全国文明城市创建常态化，深化“家+文化”，大力弘扬孝亲等优秀传统文化，突出“厚养薄葬”“邻里守望”主题，引导广大群众破除陈规陋习，自觉移风易俗，培育家庭和睦、民风淳朴的文明乡风，让人人文明、处处文明成为永春最美的风景，使文明成为永春最大最强的核心竞争力。

6.聚焦合作交流，落实对外开放超越。完善高水平对外开放体制，推进更大范围、更宽领域、更深层次的全面开放。

营造“好环境”。围绕打造一流的营商环境，加快转变政府职能，进一步简政放权，持续深化“放管服”[10]改革，全面推行“一趟不用跑”“最多跑一趟”和“政务+互联网”，真正放出活力、管出公平、服出便利。要全面把握“亲”“清”内涵，积极构建新型政商关系，弘扬优秀企业家精神，加快法治政府和诚信政府建设，真心诚意为企业排忧解难，千方百计帮助企业做大做强。

扩大“生意圈”。深度融入“一带一路”，以“政府搭台、企业唱戏”为核心，积极参与“境外行”“海丝行”，带动更多永春企业开展洽谈、展销，走出福建、走出国门开展业务、拓展市场。抓住国内消费升级带来的新机遇，加快推进实体与电商融合、线上与线下互动，为永春特色产品插上“互联网+”的“翅膀”，打开更为广阔的市场空间。

打好“侨乡牌”。整合侨乡人文资源，充分发挥旅外120多万永春侨亲和港澳台同胞的优势，谋划一批侨居旅游线路、侨乡同胞故乡行等具有影响力的活动，加快建设世永联大厦、华侨名人堂，打响永春侨乡品牌。加强与海外华侨华人、社团新力量的交流往来、联络联谊，引导回归创业。持续打造“百侨帮百村·联村助户”系列活动，精准帮扶侨乡侨村，着力改善侨界民生。

7.聚焦绿色发展，落实生态文明超越。生态是永春的最大优势、最美底色，也是我们最大的发展潜力之一。要以创建“两山”实践创新基地为契机，持续发力，让绿水青山不断释放生态红利。

坚守生态底线。严格项目准入门槛，加大源头管控，绝不让高污染、高能耗和过剩产能项目在我们永春落地。落实河长制，深入推进五大流域的水环境生态链综合治理，拓展“国家湿地公园”的品牌效应；主动融入“生态连绵带”[11]建设，加强水土保持工作，大力实施生态修复等工程，努力建成天更蓝、地更绿、水更清的美丽永春。

放大生态优势。推进“生态+产业”深度融合，着力探索经济发展与环境保护协同共进的新路径，围绕制造业转型升级与生态文明建设正向互动，实施空间布局集约统筹、生产方式高效改造等专项行动，积极培育节能环保型新兴产业、生态旅游业等，逐步建立绿色低碳循环发展产业体系，打响永春绿色产业品牌。

创新生态机制。积极推进国家重点生态功能区建设，着力抓好生态产品三级市场化改革，探索生态产品有偿使用制度，健全碳排放权、排污权、水权等交易市场体系，实现我县生态优势向经济优势转化，为全省、全国生态文明建设探索可复制、可推广的经验。

8.聚焦守正创新，落实文化软实力超越。坚持创造性转化、创新性发展，激发文化创新创造活力，涵养城市文明，将文化打造成永春的亮丽名片。

突出文化传承。坚持“保护为主、抢救第一、合理利用、加强管理”，加强自然遗产保护和非物质文化遗产传承，按照“见人见物见生活”的要求，加快推进岵山古镇、五里街古街等保护开发，做好业态的加法和减法，提升文化的整体体验感。发挥侯龙书院、梅峰书院、明伦堂等古建筑作用，丰富典藏，打造公共文化空间。

注重文化惠民。抓好文化广场、休闲公园、健身场所、百姓书屋、图书阅览室等公共设施建设，让公共文化更好地惠及永春人民。创新办节办会模式，培育更多文旅企业、文化团队、文艺人才，让传统和经典激发出强大的感染力、生命力、传播力。

打造文化产业。充分挖掘传承珍贵的文化遗产，丰富充实主题线路、非遗体验、传统工艺、民宿民居等，开发多样化旅游商品，聚集人气、收获效益，在活态保护历史文化名镇名村、传统村落、历史建筑中，促进旅游业发展。

9. *聚焦平安稳定，落实社会治理效能超越*。固化“强基促稳”制度性成果，复制推广基层治理典型和创新手段，构建共建共治共享社会治理体系。

加强基层治理。推广县域网格化服务管理试点工作经验，规范网格员队伍建设，创新“网格化＋”社会治理模式，力促微网格发挥大作用。开展法治、德治、自治“三治融合”示范村（社区）创建活动，完善群众参与基层社会治理的制度化渠道，加强村级民主管理和监督，完善社会治安防控体系，有效化解矛盾纠纷、消除安全隐患。

深化法治建设。顺应社会治理体系现代化要求，坚持用法治思维和法治方式推进工作，深入开展普法教育，维护司法公正，提高全民法治观念和法律意识。发挥“村干部兼职辅警”机制优势，推广“135”庭所共建机制[12]，深化平安永春建设，常态化开展扫黑除恶专项斗争，严厉打击各类违法犯罪活动，打造共建共治共享的社会治理格局。

构建平安体系。健全应急管理体制机制，提高防灾减灾救灾能力。加快应急指挥中心平台、“智慧用电”系统建设，落实安全生产监管“9+6”长效机制[13]，织密织牢安全生产责任网、防护网、监管网，为推进全方位高质量发展超越创造一个安定祥和的社会环境。

三、先行先试，以更加包容的姿态探索海峡两岸融合发展新路

要发挥永春独特优势，促进永台各领域深度融合，持续做好“通”“惠”“情”三篇文章，为促进祖国统一发挥更大作用。

1. *加速产业对接*。积极参与厦洽会、海峡论坛等系列活动，提高永台产业合作和项目对接水平。推进永台燃香行业标准全过程融通，开展永台两地香产品标准研制工作。推进“永春闽台农业融合发展（果业）产业园”建设，创建经验交流、观光体验为一体的闽台农业交流基地。

2. *创优便利举措*。全面落实落细国家“31条”、省“66条”、市“73条”惠台措施。鼓励和支持台湾青年来永就业创业，在创业启动资金、贷款贴息等方面予以支持。完善台湾同胞服务体系，依托台湾青年创业就业服务中心，保障台湾同胞在永学习、创业就业、生活等待遇。

3. *拓展人文交流*。发挥余光中文学馆阵地作用，加强乡愁文化宣传，深入举办海峡两岸大学生设计工作坊（永春站）、中国寻根之旅夏（冬）令营等交流活动，实施亲情乡情延续工程。积极打造永春白鹤拳品牌，加强与台湾拳头协会开展传统武术交流，密切永台在文化、教育、体育等领域的互动合作。

四、从严治党，以更加优良的作风保障全方位高质量发展超越

贯彻新时代党的建设总要求和新时代党的组织路线，深化落实省委“五抓五看”“八个坚定不移”具体部署及“三四八”贯彻落实机制，扎实开展“作风建设年”活动，以高水平的作风建设为高质量发展超越提供坚强保障。

1. *加强党的政治建设*。要始终把党的政治建设摆在首位，在思想上政治上行动上同以习近平同志为核心的党中央保持高度一致。要把《习近平谈治国理政》第一、第二、第三卷作为整体深入学习，用好《习近平在福建》等系列采访实录鲜活教材，推动“大学习”走深走实。严明政治纪律和政治规矩，牢记“五个必须”，杜绝“七个有之”，以实际行动彰显对党绝对忠诚的政治本色，始终做政治上的明白人、老实人。严格落实党委（党组）意识形态工作责任制，自觉承担举旗帜、聚民心、育新人、兴文化、展形象的使命任务。

2. *提振干部队伍精气神*。各级领导干部要发扬充沛顽强的斗争精神，敢于涉险滩、挑重担，带动广大党员干部担当作为，努力创造经得起实践、人民和历史检验的实绩。要大力弘扬“四下基层”“四个万家”“马上就办”等优良作风，力戒形式主义、官僚主义，不断增强做群众工作本领，进一步减轻基层负担，让干部把精力集中到干事创业上来。要全链条推进干部选育管用，坚持实干导向，培育复合型、“百搭”型干部队伍。要完善和落实容错纠错机制，客观公正对待探路试错，为那些敢于担当、踏实做事、不谋私利的干部撑腰鼓劲，让干部放下包袱、轻装上阵。

3. 持之以恒正风肃纪。巩固拓展落实中央八项规定精神及实施细则成果，增强“1+X”督查机制[14]严肃性、协同性、有效性，密切关注“四风”问题新动向新表现，大力整治形式主义和官僚主义，严查顶风违纪行为，做到一步不松、寸步不让。保持反腐败工作高压态势，一体推进不敢腐、不能腐、不想腐，深化群众身边不正之风和腐败问题专项治理。坚定不移推进政治巡察，稳步完成一届县委任期内巡察全覆盖，做好巡察整改“后半篇文章”，营造风清气正的政治生态。

同志们，全方位推动高质量发展超越，是党中央赋予的重大历史使命、重大历史机遇。让我们更加紧密地团结在以习近平同志为核心的党中央周围，以习近平新时代中国特色社会主义思想为指导，集智聚力、攻坚克难、开拓进取，为新时代新福建和“五个泉州”建设做出更大贡献！

有关名词解释

1.“12项专项追赶行动”。指工业增产增效行动、第三产业提质扩量行动、建筑业稳产提质行动、新经济培育布局行动、项目攻坚2020提速行动、消费需求激活扩张行动、出口市场突围拓展行动、金融资金保障行动、要素保障专项行动、就业稳岗暖心服务行动、营商环境攻坚提质行动、守底线保运转防风险行动。

2. 人才“港湾计划”。指泉州市委、市政府出台的《关于实施人才“港湾计划”的若干意见》，打造人才“引得进、留得住、过得好”的梦想港湾、事业港湾、生活港湾。

3.“专精特新”。指具有“专业化、精细化、特色化、新颖化”特征的工业中小企业。

4.“一中心、一园区、一平台”。指国家香检中心、香产业园三期、电商销售平台。

5.“两新一重”。指新型基础设施、新型城镇化，以及交通、水利等重大工程。

6. 民生XIN行动。指泉州市民生补短板行动，“XIN”，一是“心”，表达党政决心，回应民心；二是“新”，表达机制创新，推动风气、作风及各项管理“气象更新”。

7.“一库五机制”。“一库”即脱贫攻坚数据库；“五机制”即运行管理、信息收集、统筹协调、帮扶响应、落实闭环机制。

8.“三医联动”改革。指医保体制改革、卫生体制改革与药品流通体制改革联动。

9.“一机游”永春智慧平台。指旅游永春APP，整合吃、住、行、游、购、娱等资源，为游客出行和了解永春提供便利服务的平台。

10. 放管服。指简政放权、放管结合、优化服务的简称，“放”即简政放权，降低准入门槛；“管”即创新监管，促进公平竞争；“服”即高效服务，营造便利环境。

11.“生态连绵带”。指泉州市提出的“生态连绵带”城市规划建设构想，用绿道串起山林、水体、湿地、田园等自然资源，形成相互贯通、连绵成片的城镇生态体系，构建以绿为底、以水为魂的“蓝绿交织”生态空间，以此打造“山水田园城市”。

12.“135”庭所共建机制。指明确“一个目标”，打造永春版“枫桥经验”，努力实现矛盾不上交；按照“全面排查、科学研判、合力化解”三个步骤，做到一案一策、一案一专班，专人负责专门处理；落实“队伍保障、首接责任、信息沟通、法治宣传、司法救助”等五项保障机制。

13. 安全生产监管“9+6”长效机制。9项措施：重大安全生产问题领导挂钩、重大危险源督长制尾矿库督长制、事前问责、压实企业主体责任，落实联合惩戒“红黑名单”、大排查大整治分级分类监管、“网格化”、购买专业技术服务、“保险+服务”、“智慧消防”；6项措施：安全责任倒查、提示告知警示通报和约谈、大排查大整治三级联合会商、大排查大整治质量评估验收、危化品应急处置、强化举报奖励。

14.“1+X”督查机制。“1”指县纪委对县直各职能部门履行落实中央八项规定精神职责情况的督查，“X”指县直各职能部门根据职能作用和管理权限，在职责范围内对全县各级各部门落实中央八项规定精神情况进行督查。

县委常委会工作报告

——12 月 25 日在县委十三届十四次全体会议上

中共永春县委书记　庄永智

受县委常委会委托，向全会报告一年来的工作：

2020 年来，永春县委始终以习近平新时代中国特色社会主义思想为指导，深入学习宣传贯彻党的十九大，十九届二中、三中、四中、五中全会精神，按照中央和省委、市委的各项决策部署，围绕“全方位推动高质量发展超越”的奋斗目标，认真履职、积极作为，有力推动经济社会持续协调健康发展，全县全年地区生产总值 500.5 亿元，增长 1.6%（预计数，下同）；全社会固定资产投资增长 1%。

一、抓学习贯彻，提升执政能力

深入学习贯彻习近平总书记重要讲话重要指示批示精神和党的十九届五中全会精神，始终保持专注发展的战略定力，不断提高驾驭复杂局面、推动高质量发展的能力。

（一）深入贯彻落实省委“三四八”机制。紧盯阶段节点，紧抓环节链条，召开 27 次常委会深入学习贯彻习近平总书记重要讲话及重要指示批示精神，县委中心组组织 22 次集中学习研讨《习近平在厦门》《习近平在宁德》《习近平在福州》系列采访实录和《习近平谈治国理政》（第三卷）等。围绕加强科技创新、优化产业结构、促进居民收入等方面细化 70 条工作措施，通过领导调研、专题会议、督查督办等形式，协调解决工作推进中存在的困难和问题，及时总结提炼好的成效做法，确保习近平总书记重要讲话重要指示批示精神在永春落地生根。

（二）谋划推进全方位推动高质量发展超越任务。召开全县工作会议，明确经济社会发展各项工作任务，坚持稳中求进、改革创新、实体立县，聚焦绿色发展，聚力项目攻坚，紧盯乡村振兴，深化改革创新，用心补齐短板，夯实发展超越的后劲支撑。召开县委十三届十三次全会，审议通过《中共永春县委关于深入学习贯彻习近平总书记重要讲话重要指示批示精神全方位推动高质量发展超越的决定》，结合“十四五”规划，系统研究战略蓝图，把新发展理念贯穿全过程和各领域，以系统思维解决科技创新、产业结构、居民收入等方面的差距，加强全局性谋划，整体推进。

（三）掀起贯彻党的十九届五中全会精神热潮。全面对标对表党的十九届五中全会提出的新判断、新目标、新部署、新要求，立足新发展格局，找准我县定位，紧密结合实际，精心编制“十四五”发展规划，牢牢把握重点任务和中心工作，以融合发展为路径，以创新驱动为引擎，围绕高质量发展、全面深化改革、生态文明建设、增强民生福祉、提升社会治理水平等方面，积极谋划重大政策、重大项目、重大举措，统筹兼顾、扎实推进，更好地支撑和推动我县“十四五”发展，打造有一种生活叫永春。

二、抓疫情防控，推动高效复产

坚持“两手抓、两手硬”，统筹推进疫情防控和经济社会发展，迅速有序恢复生产生活秩序。

（一）防控有力。第一时间启动一级响应机制，组建指挥部作战体系，定期会商研判，分区分级精准防控，快速有序处置 2 例输入性新冠肺炎病例。建立大数据中心，创新数据核查“一库四机制”，得到副省长、公安厅长田湘利批示肯定。实行“大数据 + 网格化”排查工作法，盯住每个环节，压紧压实属地、部门、单位、个人“四方责任”，抓实抓细疫情防控各项措施，疫情形势总体平稳可控。

（二）巩固有效。突出“人物”同防，严守进口冷链食品关口。加强重点人群、重点场所管控，严格落实“验码、日常消杀”等常态化防控措施。加大加密核酸检测，严格按照要求执行各类人群核酸检测频次。加强医疗机构感控管理，指导各医疗机构发热门诊和发热诊室全部按照“三区两通道”要求进行改造。加强突发应急处置准备，组织开展 2020 年永春县大规模人群核酸筛查检测桌面推演，进一步织密疫情防控网络，巩固防控成果。

（三）复产有序。落地落实各级稳增长、保发展措施，先后制定“复工复产11条措施”等一系列助企纾困政策，205家规上工业企业3月份全部恢复生产，重点项目全部按时间节点复工。组织实施促“六稳”“六保”追赶行动，开展工业增产增效行动等12个专项行动，兑现各类扶持资金1.84亿元，减免各类税费、保费2亿元。降低企业用气、物流成本。新增市场主体7663户、增长12.3%。

三、抓转型升级，加速产业提档

全面落实中央“六稳”“六保”任务，全力稳住经济基本盘，推动产业转型升级提速，加快形成新的经济增长点。

（一）新旧产业齐头并进。传统产业不断优化。三信织造重组成功，奔达拍卖盘活，万家美、晋昇中润加大技改投资，良瓷科技、迈特富纺织等企业开展产学研合作项目，打造企业技术中心、工业设计中心等创新平台，轻工纺织产业产值增长16%。美岭水泥实施综合节能改造，降低熟料的煤消耗量，年节约1500吨标准煤。新兴产业持续向好。九牧5G智慧制造示范产业园积极推进，博纯材料完成股改并加快三期半导体材料生产线建设，美宏科技一期彩色碳粉试投产，福源锌业完成资产重组并恢复生产，冠中环保材料落地开工。

（二）有根产业集聚增效。抓好老醋、香、陶瓷三大特色有根产业。建成中国香都产业人才传承发展中心，举办全国“心香杯”斗香赛、线上香博览会等活动，推广永春香品牌。新增4家香企入驻产业园区，升级中国香都打卡体验区，推出生态香、中药家居香，香产业产值增长20%。加快老醋产业园建设，获评“中国红曲醋都”，举办首届中国红曲醋产业发展高峰论坛。引入侨新老醋文创园项目，盘活永春化肥厂火电车间。津源醋厂二期加快建设，得壹醋业投入生产，老醋产业产值增长19%。完成苏坑陶瓷产业园二期、介福陶瓷产业园一期建设，新引进陶瓷企业14家、投产11家，全省建筑卫生陶瓷行业推广应用新一代信息技术现场会在永春召开，陶瓷产业产值增长20%。

（三）服务产业深度融合。成立第三产业增产增效服务9个小分队，精准对接现代物流、商贸服务、房地产等10个行业77家重点企业，新增货运企业8家。组织大型商超开展“永春好物节”“特价单品”等线下促销活动，社会消费品零售总额116.54亿元，增长1%。举办“陌上客－永春探春记”直播活动，吸引120万次观看。建设“美丽永春”直播带货基地，电商销售额增长33%。获评首批省全域生态旅游示范县，开发“畅游永春”旅游APP，县旅游集散中心被评为省十佳示范点。

四、抓项目攻坚，增强发展后劲

全力开展“项目攻坚年”活动，加大招商引资力度，进一步优化营商环境，增强了全方位推动高质量发展超越的后劲支撑。

（一）攻坚项目，强化支撑。落实“项目攻坚2020”，提高重点项目绩效考核分值，实行县领导挂钩包干重点项目制度，定期开展滞后项目协调调度。做好项目储备资金对接，30个项目纳入国家重大项目建设储备库，需求资金26.7亿元。县疾病预防控制中心实验室改建等7个项目申报2020年中央、省预算内资金23348万元，总投资71121.91万元。截至目前，共争取到马跳水库等11个项目预算内资金9573.57万元。用好“三级五环问题清单”，先后协调解决防疫物资、机械设备调试、用地审批等问题，42个县级以上重点项目早于全市实现全部复工。截至11月底，全年229个重点项目完成投资238.38亿元，完成年度投资计划的91.54%。新增“五个一批”项目104个，总投资337亿元，其中央企项目2个。

（二）大力招商，优化保障。坚持“疫情”有阻、招商不堵，实施以商招商、产业链招商，新引办千万元以上工业企业98个、年度投资45.1亿元，分别增长34.2%、31.9%。20个“云签约”重大项目，开工建设12个、投产4个。处置批而未供土地900.58亩、盘活闲置土地270亩、闲置厂房4.8万平方米。积极应对新《土地管理法》变化，征收土地381.88亩，报批用地用林4891亩。建立专项债“多层次项目库”，申请专项债券项目4个，获发行4.84亿元。为138家企业新增授信13.65亿元，向302家企业发放贷款12.58亿元。推动桃源融资担保公司与市中小企业担保公司开展共同合作。

（三）拓展平台，创新驱动。一是绘制新型城镇化新样板。加快推进县城城镇化补短板强弱项工作，获评国家级县城新型城镇化建设示范县。二是创建“两山”实践创新基地。以香文化创意体验园、“中国红曲醋都”、九牧5G智慧产业园建设为核心，嫁接文化创意、健康养生和旅游经济，打造新型“靠山吃山、靠水吃水”的发展模式，获评全国第四批“绿水青山就是金山银山”实践创新基地。三是打造产业融合新格局。以永春芦柑为抓手，融合农业产业园、农业科技园等载体，推动一产接二连三，拓展延伸农业产业链，编制的国家农村产业融合示范园已通过省级审批并上报。

五、抓城乡统筹，加快协调发展

以深化“宜居环境建设”为抓手，以“全面提升城市品质”为目标，进一步完善城区功能，强化乡村治理，有力推动城乡协同发展。

（一）优化城乡建设。组织开展国土空间总体规划编制，完善国土空间规划治理体系。开展违建整治，拆除两违16.23万平方米。新改建污水管道20公里、燃气管网15公里、给水管网10公里。完成9个老旧小区改造，惠及1773户家庭。开展“间绿透绿、显山露水”工作，建设10个口袋公园，完成东平高速出口景观工程。启动实施榜头片区项目改造，推动开展桃场片区、金龟山片区开发建设。开展新基建建设，建成420个5G基站，完成主城区及镇区5G无线网络规划和12个小区宽带建设覆盖。

（二）强化环境整治。空气质量持续保持优良水平，稳定达到国家二级标准，空气质量优良率保持在95%以上。落实河长制，完成晋江防洪工程等项目建设，国、省控断面水质达到考核要求。桃溪国家湿地公园省验收通过并报国家验收。列入全国第三批节水型社会建设达标县。接受省市及国务院检查组对我县农村人居环境整治三年行动的考核验收，农村人居环境整治工作取得阶段性成效。完成白濑水库（永春部分）征迁等前期工作，推进横口集镇区迁建，加快马跳水库建设。治理水土流失4.73万亩。

（三）深化乡村振兴。推进2个省级乡村振兴特色乡镇、20个试点村建设，打造3条市级乡村振兴示范线路。成功承办全省“中国农民丰收节”省级主会场活动。举办秋季茶王赛、厨王争霸赛、永春芦柑文化旅游节。推进农产品“一品一码”全过程可追溯，新获绿色食品认证7家。实施10个现代农业重点项目、22个增资扩产项目，完成投资27.62亿元。建设高标准农田1.2万亩、新增耕地491亩，完成粮食播种21.79万亩。改建农村公路67公里、危桥6座、安保工程73公里，国省干线“白改黑”31.4公里。获评“全国县域数字农业农村发展先进县”，入选全国“互联网+”农产品出村进城工程试点县。

六、抓民生保障，提升群众福祉

坚持补短板、惠民生，不断提升公共服务水平，努力让群众的获得感、幸福感更加充实、更有保障、更可持续。

（一）打赢脱贫攻坚战役。创新防返贫、控新贫、稳脱贫“一库五机制”，在全省率先设立“防贫保”保险，巩固拓展脱贫攻坚成效。制定应对疫情冲击17条措施，未发生因疫返贫致贫。突出关注脱贫但不稳定、受疫情影响及六类重点人群，落实产业、兜底保障等帮扶措施，保障稳定脱贫。组织帮扶省市级扶贫开发重点村60个，谋划生成帮扶项目318个，撬动投资过亿元。重点关注不稳定脱贫对象、低收入人群，落实稳岗就业、兜底保障、项目扶贫等帮扶措施318条。加快培育村集体增收6种模式，建立医疗保险6道防线，推进责任落实5个全覆盖，确保无返贫、新增对象。

（二）补齐民生领域短板。持续加大民生投入，全县民生财政支出占一般公共预算支出的78.3%。认真实施56个县级为民办实事项目，预计全年可完成投资18.42亿元，占年度计划100.56%。新增城镇就业1298人，城镇登记失业率1.26%。积极推进社会保险参保扩面，实施全民参保计划，城乡居民养老保险参保率99.99%。实施低保户、特困户、贫困残疾人安居工程201户。新建区域性养老服务照料中心2所，居家养老活动中心56个。全省创建“老年人健身康乐家园”工作研讨会在我县召开。获评“全国老年远程教育示范区”。

（三）筑牢平安稳定基石。深化“强基促稳”三年行动，开展“三治融合”示范村（社区）创建活动，排查化解各类矛盾纠纷3468件。推行“村干部兼职辅警”机制，实施网格化服务管理试点，探索基层治理新途径。推进扫黑除恶“六清”行动，审结涉恶案件2件，现存涉黑恶案件全部结清，综治“三率”位居全市前列。“七五”普法圆满收官。扎实开展安全生产专项整治三年行动、安全隐患大排查大整治和房屋安全百日“大整治”，安全生产态势稳定。通过省级食品安全社会共治示范县考评验收。做好第七次全国人口普查。完成深化民兵调整改革任务。

（四）完善公共服务体系。教育事业再创佳绩。高考7人录取清华、北大，永春一中高考特优生培养居全省县域中学第一，新、扩建幼儿园5所、中小学校舍3幢，新设立2所县属实验小学。医疗卫生稳步提升。深化县域紧密型医共体试点建设，设立福建医科大学附属第一医院永春县总医院专家工作站，启动卒中中心建设，柔性引进福建医科大学附属协和医院专家团队。完成县疾病预防控制中心搬迁、妇幼保健院大楼建设；完成县疾病预防控制中心、县医院、县中医院新冠病毒核酸检测生物实验室建设；通过改建县医院感染性疾病科和急诊科、配齐县中医院康复科医疗设备，提升县级公立医院综合服务能力。文体事业繁荣发展。完成国家公共文化服务体系示范区创建，镇村综合文化站（中心）全覆盖。4处国保单位三防工程和苦寨坑窑遗址本体保护工程通过国家文物局立项。新晋2处省级文物保护单位。举办全省红色旅游村跑、泉州首届定向越野赛等全民运动健身赛事。

七、抓党建引领，凝聚发展合力

坚持和加强党的全面领导，突出“抓班子、带队伍、打基础、谋长远”，履行全面从严治党主体责任，不断提高党建科学化水平，为全方位推动高质量发展超越提供坚强保障。

（一）强化班子建设。切实负起谋划指导学习宣传贯彻习近平新时代中国特色社会主义思想，以及党的十九大，十九届二中、三中、四中、五中全会精神的政治责任和领导责任，牢牢把握好方向、节奏、标准，从县委常委会抓起，抓实集中学习、专题党课、专题研讨、查摆整改等各个环节工作，做到上行下效、示范推动。班子成员以身作则、廉洁自律，严格遵守党章、党规、纪律规矩，带头增强“四个意识”、坚定“四个自信”、做到“两个维护”，落实管党治党责任，严肃党内政治生活，过好双重组织生活，自觉接受监督，带头遵法守法，推进依法治理，树立了常委会自身良好形象。

（二）凝聚各方力量。支持人大、政府、政协、监察、司法机关依照法律和各自章程独立负责、协调一致地开展工作。加强和改善党对统一战线的领导，注重发挥各民主党派、无党派人士、社会各界及老干部的作用。加强党外代表人士队伍建设，深化民营经济统战工作，有效维护民族宗教领域和谐稳定。加强和改进新形势下工商联工作，充分利用“世永联”载体，发挥旅外的120多万永春侨亲和港澳台同胞的优势，做好异地商会、行业协会、同业公会的党组织建设和作用发挥，疫情期间共筹集防控资金3571.1万元，以及负压救护车、口罩、防护服等大批物资；“回归创业工程”成效明显，引入回归创业企业34家。认真贯彻党的群团工作会议精神，加强和改进党的群团工作，支持、引导工会、妇联、共青团、科协、残联等群团组织围绕县委工作大局开展工作，延伸群团组织服务链建设。加强党管武装工作，抓好国防动员、人防、民兵预备役建设。

（三）优化干部管理。严格执行《党政领导干部选拔任用工作条例》《党政领导干部考核工作条例》，突出“注重工作实绩”和“因岗择人、人岗相适”，推动形成能者上、优者奖、庸者下、劣者汰的正确用人导向。结合疫情防控和“项目攻坚2020”专项督查，开展一线干部考核，建立“两头尖”干部名册。加强干部日常管理，健全县管干部信息数据库，完善优秀年轻干部动态管理。持续开展“人人上讲台、全员提素质”活动，深入实施“四个一线”培养工程，举办2期科级干部进修班、1期优秀年轻干部培训班和党的十九届四中全会精神轮训班，132名处级、科级干部参加省市干部培训机构的学习。落实职务与职级并行和乡镇工作补贴政策，出台《关于激励关爱疫情防控一线党员干部人才十条措施》，用心用情关爱基层一线干部。

（四）夯实基层基础。开展“最美党群服务中心”和“最美党建文化走廊”创建活动，打造可视化党建品牌。将12个农村超大支部升格为党总支，组建3个社区党委，推动村党组织升格下延。推行村干部积分制考评办法，发放绩效奖励526.14万元。选配95名村务助理，为明年村级换届储备力量。落实64名社区民警兼任村（居）委员会主任助理，提升基层治理水平。开展乡村振兴试点示范党建“三级联创”工作，推行村民小组长积分制、村民积分制，成立43

个红色乡贤振兴促进会，不断提升乡村振兴和基层社会治理水平。出台《关于加强乡镇党校规范化建设推动乡村党员教育培训全覆盖的通知》，在“七一”期间举办首期培训班，实现22个乡镇“六有”（有机构、有场所、有师资、有质量、有制度、有经费）党校全覆盖。成立疫情防控指挥部临时党委，从县直机关中抽调236名干部组成22支疫情防控驻村工作队，组建236支村（社区）党员先锋队，助力疫情防控。实施省级扶持村级集体经济试点，给予20个试点村每个村60万元的补助；开展“强村（强企）带弱村”行动，实施村集体经济发展项目53个，总投资8097万元。

（五）全面从严管党治党。做好省、市主体责任检查反馈问题整改，开展县级全面从严治党主体责任落实情况检查。健全各级党委（党组）领导班子述责述廉、民主生活会、“三重一大”决策等党内监督制度，不断深化“1+1+1”会诊制度，有力督促主体责任落实。针对疫情防控、房屋安全“百日大整治”行动、遏制农村乱占耕地建房乱象等领域开展督查督导，推动工作提质提效。组织开展脱贫攻坚“推磨式”全覆盖交叉检查，配合做好市委脱贫攻坚专项巡察“回头看”，组织开展两轮四批常规巡察，发现问题505个，对13个乡镇148个村（社区）开展专项巡察。出台《永春县作风建设年活动方案》，开展形式主义官僚主义、损害营商环境、扶贫领域、民生领域、乡村振兴、环境保护等8个专项治理，征集全县党内外不同层次、界别代表对干部作风建设8方面55条意见建议，锤炼务实重干、担当作为的好作风。今年来，开展党内问责11起22人。查处形式主义、官僚主义问题10起21人，违反中央八项规定精神问题6起8人。

（六）加强宣传思想和意识形态工作。制定《关于进一步推动学习宣传贯彻习近平新时代中国特色社会主义思想走深走实的工作方案》《关于深入学习〈习近平在福建〉等系列采访实录的工作措施》等文件，推动全县持续深入开展“大学习”活动。印发《学习贯彻党的十九届五中全会精神县委宣讲团宣讲工作方案》，组建县委宣讲团，分赴基层开展分众化宣讲活动。配合“‘泉’民开讲”宣讲工作，入选“‘泉’民开讲”脱贫攻坚专场并在全市进行宣讲。认真贯彻落实《中国共产党宣传工作条例》，成立县委宣传思想工作领导小组（意识形态工作领导小组），制定下发《关于建立健全巡察机构与县委宣传部工作协调机制的意见》，组建意识形态工作责任制专项巡察（督查）人才库，持续推动《条例》执行情况监督检查“四个纳入”和意识形态工作“八个纳入”落细落实。制定《永春县敏感舆情应对处置工作领导小组关于进一步落实舆情处置工作机制的通知》，健全统筹网络舆情收集研判报送机制。成立县融媒体中心党组，推动县融媒体中心实质性整合运作，并接受省委宣传部验收检查。围绕“决胜全面小康、决战脱贫攻坚”重大主题和防抗新冠肺炎疫情、复工复产、安全生产等中心工作，在各媒体平台开设专题专栏，持续在中央、省、市主流媒体刊发相关报道和信息。把“学习强国”作为创新党员学习教育方式的重要内容，党员日平均学习积分连续28周位居全市各县（市、区）第一，今年来有114篇稿件在“学习强国”刊发。全力推进全国文明城市和各级文明单位（村镇、校园）创建，稳步推进新时代文明实践所（站）常态化开展活动。

一年以来，县委常委会工作的开展和取得的成绩，是以习近平同志为核心的党中央正确领导的结果，是省委、市委直接领导的结果，是全县广大党员、干部群众团结奋斗的结果，是各位县委委员、候补委员对常委会工作给予了真诚帮助和大力支持的结果。新一年，我们要更加紧密地团结在以习近平同志为核心的党中央周围，坚持以习近平新时代中国特色社会主义思想为指导，深入贯彻落实党的十九大，十九届二中、三中、四中、五中全会精神，树牢“四个意识”、坚定“四个自信”、坚决做到“两个维护”，创造性地贯彻中央、省委、市委各项决策部署，为全方位推动高质量发展超越做出新的更大贡献。

政府工作报告

——2020年12月29日在县第十八届人民代表大会第五次会议上

永春县人民政府县长　吕建成

各位代表：

现在，我代表永春县人民政府向大会报告工作，请予审议，并请政协委员和其他列席人员提出意见。

一、2020年和“十三五”时期经济社会发展回顾

2020年，面对突如其来的新冠肺炎疫情，在上级党委、政府和县委的坚强领导下，在县人大、县政协的监督支持下，县政府坚持以习近平新时代中国特色社会主义思想为指导，深入贯彻落实党的十九大和十九届二中、三中、四中、五中全会精神，汇聚全县方方面面力量，沉着应对、积极应战，经济社会稳定健康发展，地区生产总值增长1.6%（预计数，下同）。一年来主要工作和成效：

（一）严防控稳复产，迎难而上彰显作为。第一时间启动一级响应机制，组建指挥部作战体系，定期会商研判，分区分级精准防控，快速有序处置2例输入性新冠肺炎病例。建立大数据中心，成立工作专组，实行“大数据+网格化”排查工作法，强化重点人员健康管理，疫情形势总体平稳可控。坚持“两手抓、两手硬”，统筹推进疫情防控和经济社会发展，迅速有序恢复生产生活秩序。先后制定“复工复产11条措施”等一系列助企纾困政策，全力打通企业和项目复工复产操作链。205家规上工业企业3月份全部恢复生产，重点项目全部按时间节点复工；工业用电量增长在全市率先转负为正，经济“急刹车”后实现迅速重启。组织实施促“六稳”“六保”追赶行动，开展工业增产增效等12个专项行动[1]，兑现各类扶持资金1.93亿元，减免各类税费、保费2亿元。新增市场主体7600户、增长12.3%。降低企业用气、物流成本，工业用户气价由3.7元/立方米下降到2.95元/立方米，电商物流成本与周边县（市）持平。

（二）调结构促转型，发展质量不断提升。农业持续创优。建设高标准农田1.2万亩、新增耕地491亩。实施10个现代农业重点项目，完成投资28亿元。新建生态农业基地37个，新增芦柑标准园2000亩、生态茶园2000亩。引进沃柑、茂谷柑等品种，实现四季均有柑橘鲜果上市。入选全国“互联网+”农产品出村进城工程试点县。工业稳住大盘。传统产业做大做优，突破土地要素瓶颈制约，加大企业闲置土地和资产盘活，三信织造重组成功，奔达拍卖盘活，晋昇中润加大技改投资，福源锌业完成资产重组试生产。美岭水泥实施综合节能改造，年节约1500吨标准煤。新兴产业逐步向好，九牧永春智慧制造产业园一期顺利投产，博纯材料完成股改并加快三期半导体材料生产线建设，美宏科技一期彩色碳粉试投产，冠中环保新材料落地开工。有根产业集聚增效，建成中国香都产业人才传承发展中心，举办全国“心香杯”斗香赛、线上香博览会等活动，推广永春香品牌；新增4家香企入驻园区，推出生态香、中药家居香，香产业产值增长20%。盘活永春化肥厂火电车间，引入侨新老醋文创园项目。实施津源醋厂二期建设，得壹醋业投入生产。获评“中国红曲醋都”，举办首届中国红曲醋产业发展高峰论坛，老醋产业产值增长19%。完成苏坑陶瓷产业园二期、介福陶瓷产业园一期建设，苏坑镇荣获“中国陶瓷特色镇”称号。新引进陶瓷企业14家、投产11家，2项陶瓷生产专项技术[2]荣获国家级科技进步奖，陶瓷产业产值增长20%。三产活力显现。举办“县长带你买好货”“老醋品牌直播”等线上促销活动，建设“美丽永春”直播带货基地，推广乡镇一把手、驻村第一书记直播带货。组织大型商超开展“永春好物节”等线下促销活动，促进消费回补，社会消费品零售总额117亿元，电商销售额32亿元。开发“畅游永春”旅游App，获评首批省全域生态旅游示范县，五里街镇入选“全域生态旅游小镇”，县旅游集散中心被评为省十佳示范点。

（三）抢项目强攻坚，发展后劲越来越足。项目推进有力。落实“项目攻坚2020”，县领导直接挂钩包干重点项目，坚持问题导向，一线协调、一线解决。调整优化绩效年度考核方案，提高项目考核分值权重，增强项目攻坚主动性。全年103个县级重点项目完成投资109亿元。新增“五个一批”项目107个，总投资345亿元，其中央企项目2个。招商引资给力。组建5个产业链招商专班，创新“云洽谈”“云签约”招商模式，新引办千万元以上工业企业98个、年度投资45.1亿元。加速推进项目前期准备，20个“云签约”重大项目开工建设12个、投产4个。要素保障助力。扎实推进第三次国土资源调查，处置批而未供土地900亩，盘活闲置土地270亩、闲置厂房4.8万平方米。积极应对新《土地管理法》变化，提前规范前期报批程序，征收土地382亩。推行重点项目“三级联动”代办协办服务[3]，为项目单位提供“一对一”专业、精准服务。建立专项债“多层次项目库”[4]，申请专项债券项目4个，获发行4.84亿元。为156家企业新增授信14亿元，向356家企业发放贷款15亿元。拓展桃源融资担保公司业务，成立审批服务专班，与市中小企业担保公司建立合作关系。

（四）拓空间增内涵，城乡面貌展现新颜。城市建设有序推进。组织开展国土空间总体规划编制，完善国土空间规划治理体系。实施积水点改造，解决18处城区内涝。新改建污水管网23公里、燃气管网15公里、给水管网13公里。完成9个老旧小区改造，惠及1773户家庭。启动实施榜头片区改造，推动桃场片区、金龟山片区开发建设。新建10个口袋公园，完成东平高速出口景观工程。开展违建整治，拆除两违18万平方米。推进新基建，建成420个5G基站。乡村振兴加快步伐。推进2个省级乡村振兴特色乡镇[5]、20个试点村[6]建设，打造3条市级乡村振兴示范线路[7]。成功承办全省“中国农民丰收节”省级主会场活动。举办秋季茶王赛、厨王争霸赛、永春芦柑文化旅游节。推进农产品“一品一码”全过程可追溯，新获绿色食品认证7家。获评“全国县域数字农业农村发展先进县”。湖洋镇、岵山镇获评全国“一村一品”示范村镇。改建农村公路67公里、危桥6座，完成安保工程73公里、国省干线“白改黑”32公里。生态环境日益优化。加强大气污染防控，全年空气环境质量优良率保持在95%以上。落实河湖长制，完成晋江防洪工程等项目建设，东关桥等国、省控断面水质达到考核要求。河湖长制工作受国务院督查激励。列入全国第三批节水型社会建设达标县。51件中央环保督察整改事项全部验收销号。完成白濑水库（永春部分）征迁等前期工作，推进横口集镇区迁建，加快马跳水库建设。矿山生态修复44亩、植树造林1.3万亩，水土流失治理4.7万亩。

（五）抓改革勇创新，发展动力持续增强。获评国家第四批“绿水青山就是金山银山”实践创新基地。桃溪国家湿地公园试点通过省级验收，荣获全国农村承包地确权登记颁证工作典型地区。完善县乡财政收入分享方案，提高乡镇分成比例，加大增收奖励力度，调动乡镇培植税源积极性。新增备案高新技术企业8家、科技小巨人领军企业11家、瞪羚企业6家、省级科技小院1家。设立福建（泉州）哈工大工程技术研究院永春工作站，深化产学研合作，提升企业创新能力。建成综合性第三类医疗药械车间，借助克里贝尔技术力量，实现CDMO[8]模式化运营。推动优质资源改制挂牌交易，新增3家企业到海峡股权交易中心挂牌交易。

（六）惠民生增福祉，社会大局和谐稳定。持续加大民生投入，民生财政支出占一般公共预算支出的78.8%。以列入全国“新型城镇化建设示范县”为契机，强化民生补短板强弱项工作。脱贫攻坚全面打赢。创新防返贫、控新贫、稳脱贫“一库五机制”[9]，在全省率先设立“防贫保”保险，巩固拓展脱贫攻坚成效。制定应对疫情冲击17条措施，未发生因疫返贫致贫。社会保障不断完善。新增城镇就业1298人，城镇登记失业率1.26%。实施全民参保计划，城乡居民养老保险参保率99.99%。实施低保户、特困户、贫困残疾人安居工程201户。新建区域性养老服务照料中心2个，居家养老活动中心56个。教育事业再创佳绩。高考7人录取清华、北大，“本一”上线率高于全省平均线，位居泉州市前列。永春一中高考特优生培养居全省县域中学第一，永春六中通过省级二级达标中学验收。启动永春一中分校前期工作，新、扩建幼儿园5所、中小学校舍3幢，新设立2所县属实验小学。卫生健康稳步向前。深化医疗改革，推进片区医联体试点，构建分级诊疗服务体系。设立省附一医院[10]永春县总医院专家工作站，启动卒中中心建设，柔性引进省协和医院[11]专家团队。改建提升县医院急诊科，完成县疾控中心、县医院、县中医院新冠病毒核酸检测生物实验室建设，疾病预防控制中心改扩建项目建成投用。文体事业繁荣发展。完成国家公共文化服务体系示范区创建，镇村综合文化站(中心）全覆盖。新晋2处省级文物保护单位[12]。4处全国重点文物保护单位[13]消防、安防工程通过国家文物局立项。编制苦寨坑窑遗址《保护规划》和《公园规划》，做好申报国家考古遗址公园前期工作。岵山镇获评中国特膳食品（熟地）之乡。举办全省红色旅游村跑、泉州首届定向越野赛等全民运动健身赛事。发展环境安定稳定。深化“强基促稳”三年行动，开展“三治融合”[14]示范村（社区）创建活动；全面推广“135”庭所共建机制[15]，排查化解各类矛盾纠纷3468件。推行“村干部兼职辅警”机制，实施网格化服务管理试点，探索基层治理新途径。开展扫黑除恶专项斗争，综治“三率”位居全市前列。“七五”普法规划顺利完成。深入开展房屋安全百日“大整治”、安全隐患大排查大整治、安全生产专项整治三年行动，安全生产态势保持稳定。通过省级食品安全社会共治示范县考评验收。做好第七次全国人口普查。完成深化民兵调整改革任务。同时，退役军人、双拥共建，工青妇、科协、计生协、慈善、残联、文联，统计、民族宗教、供销、城镇集体工业、老干部、老龄、史志、档案、人防、气象、防震减灾等工作全面进步。

（七）转作风提效能，自身建设全面加强。扎实开展“作风建设年”活动，着力治理“五种”不良风气[16]。不断深化“放管服”改革，11件试点事项实现“一件事一次办好”。认真执行县人大及其常委会决议、决定，自觉接受人大法律监督和工作监督、政协民主监督，125件人大代表建议、148件政协提案全部按时办结。扎实开展“法治政府建设年”活动，推行县政府常务会学法制度，抓好《民法典》学习宣传工作。加强和改进意识形态工作，强化意识形态领域风险防控。严格贯彻落实中央八项规定及其实施细则精神，抓好政府廉政建设。

2020年工作任务的完成，标志着“十三五”规划收官，也为“十四五”开局奠定良好基础。过去五年，我们发扬顽强拼搏精神，坚持稳中求进、改革创新，面貌日新月异，成效可圈可点：

*——五年来，综合实力持续提升。*2020年完成地区生产总值500.5亿元、年均增长7.1%，固定资产投资年均增长13.1%。农业总产值年均增长4.1%，入选省级农村产业融合发展试点示范创建名单。工业增加值年均增长8.1%，香产业突破百亿元，轻工纺织、机械制造、陶瓷、老醋等产业保持10%以上的增速；新兴产业持续向好，新旧动能加快转换。三产增加值年均增长7.3%，旅游接待总人数、旅游总收入分别年均增长21.6%、23.3%，获评首批国家全域旅游示范区创建单位。

*——五年来，城乡环境明显改善。*加快城市建设步伐，城镇化率提高至65%。开展全城植绿、生态连绵带建设，县城绿地率达39.25%。建成泉州市党内政治生活体验馆、县科技馆。列入全国县城“新型城镇化建设示范县”创建单位。打造4个无裸房乡镇[17]、10个无裸房镇区[18]和一批无裸房村，荣获全国农村人居环境整治成效明显激励县。创建80个县级示范村、25个精品村、10个美丽镇区，列入全省实施乡村振兴战略重点县。完成7个国省干线建设工程[19]，农村公路管养市场化率100%，获评“四好农村路”全国示范县。

*——五年来，生态品牌日益凸显。*坚持“生态立县”战略，认真呵护永春的绿水青山，荣膺首届中国生态文明奖先进集体，获评国家重点生态功能区，全国生态保护与建设典型示范区。党政领导生态环境保护目标责任书考核连续5年优秀。探索创新生态文明建设，全域生态综合体实践模式被列为国家生态文明试验区第三批改革成果，列入全省生态产品市场化改革试点县。建成全国首个县级水生态文明展示馆，荣获全国河湖长制工作激励县，入选全省首批综合治水试验县。

*——五年来，改革创新步伐加快。*不动产登记、公车改革、县域空间规划、县乡政府机构改革等圆满完成。全省首创工程建设项目审批“飞行手册”[20]，全市首创二手房交易“七窗合一”[21]和试点建设工程规划许可承诺制。有序推进全国美丽乡村经营管护机制改革试点建设。获批全国农村集体产权制度改革试点，完成236个村（社区）股权制改革。实施全国

土地承包经营权抵押贷款试点县创建，发放抵押贷款18.9亿元，居全省第一。

——*五年来，社会事业不断进步*。实施为民办实事项目249件、完成投资81亿元。创立105个教育基金会（促进会），募集资金1.25亿元。增加5670个中小学、幼儿园学位，义务教育巩固率稳定在95%以上，被授予“全国义务教育发展基本均衡县”。组建县总医院，实施医联体建设，建立分级诊疗制度。千人均医疗卫生机构病床位达5.5张。获评国家卫生县城、全国基层中医药工作先进单位。创新6种养老服务典型模式[22]，满足更多层次的养老需求。苦寨坑原始青瓷窑址获评“全国十大考古新发现”。

各位代表！上下同欲者胜，同舟共济者赢。五年的发展令人振奋，尤其是今年来，全县上下凝心聚力、共克时艰，更值铭记。成绩来之不易，这是上级党委、政府和县委正确领导的结果，是县人大、县政协鼎力支持的结果，更是全县上下携手奋斗的结果。在此，我谨代表县人民政府，向全县广大干部群众，人大代表、政协委员，各民主党派、工商联、无党派人士、各人民团体、离退休老同志，向驻永各单位、解放军武警官兵、退役军人、企业界人士、来永务工人员和海内外乡亲，表示崇高的敬意！

居安思危，方能行稳致远。在肯定成绩的同时，我们也清醒认识到，发展中还存在不少困难和挑战：经济总量不大，主导产业不强，产业链协作配套较弱；重点项目接续不足，新引进大项目不多，项目落地不够快；新兴产业尚在培育，还未形成有力支撑；部分企业生产经营困难，营商环境尚需进一步优化；教育、医疗、养老等基本公共服务与人民群众期望仍有一定差距。受疫情影响，“十三五”规划个别指标未能达到预期，特别是财政增收与刚性支出需求矛盾愈发凸显。对于这些问题，我们将高度重视，切实加以解决。

二、“十四五”时期主要目标任务

“十四五”时期是我国开启全面建设社会主义现代化国家新征程、向第二个百年奋斗目标进军的第一个五年。根据县委十三届十四次全会通过的“十四五”规划和二〇三五年远景目标建议，县政府编制了“十四五”规划和二〇三五年远景目标纲要（草案）。政府工作的总体要求是：高举中国特色社会主义伟大旗帜，坚持以习近平新时代中国特色社会主义思想为指导，深入贯彻落实党的十九大和十九届二中、三中、四中、五中全会精神，坚定不移贯彻新发展理念，全面融入福建、泉州发展大局，围绕“生态之都、文化之旅、康养之地、智造之谷”的发展目标，做强香、醋、瓷三大百亿特色有根产业，建设美丽中国先行示范区，全方位推动高质量发展超越，打造有一种生活叫永春。

蓝图已绘就，奋斗正当时。在今后的工作中必须做到：

（一）以“咬定青山不放松”的狠劲，聚力生态提效。牢固树立“绿水青山就是金山银山”的理念，持续深化全域生态综合体[23]建设，全面抓好生态环境保护和节能减排，全力构建晋江上游重要生态屏障。深入实施可持续发展战略，积极构建生态产品“三级市场”[24]，创新生态体制，放大生态优势，闯出生态产业发展新路径。加快推动经济社会发展绿色转型，充分释放绿色发展红利，着力将永春打造成为践行绿色理念、实现绿色崛起的全国绿色发展典范。

（二）以“十年磨一剑”的韧劲，聚力产业提级。以“功成不必在我、功成必定有我”的胸怀和担当，一步一个脚印、一届接着一届干，稳扎稳打，突破我县产业的薄弱短板。持之以恒、久久为功，大力发展香、醋、瓷三大百亿集群“有根”产业，把特色产业长板拉长、特色做特、优势做优，让传统特色产业脱胎换骨，实现完美蝶变，打造成为永春经济发展的三张“金名片”。抢抓机遇、乘势而上，积极探索发展“有翅膀”产业，构建一批各具特色、优势互补、结构合理的经济增长引擎。培育发展战略性新兴产业，推动互联网、大数据、人工智能与实体经济深度融合，推进一二三产业向数字化、网络化、智能化转变。扶持壮大博纯材料、美宏科技、冠中环保新材料等重点企业，高标准打造九牧永春智慧制造产业园。

（三）以“一张蓝图绘到底”的拼劲，聚力城乡提质。围绕区域协同、产城融合、城乡一体，加快推进以人为核心的新型城镇化。全面优化城镇空间布局，完善提升县域基础设施体系建设，加快“东拓、西进”[25]，积极构建“一主一副多特”[26]城镇发展格局，引导产业、项目、要素向重点开发区域集中，撑大城市架构。全面实施乡村振兴战略，强化以工补农、以城带乡，加快农业农村现代化发展，提高农业质量效益和竞争力。落实村庄规划管理，加大人居环境整治，建设更加和谐美丽乡村、幸福乡村。

(四)以“一锤接着一锤敲”的干劲，聚力文旅提档。充分挖掘我县丰富的文化旅游资源，深化国家全域旅游示范区创建，发扬工匠精神，下好绣花功夫，将文化旅游产业打造成带动永春发展的新引擎。坚持外修生态，内修人文，突出全域谋划、板块开发、高端打造，不断植入新元素，培育发展龙头景区、乡村旅游示范片区、乡村民宿集群等旅游项目。加快形成以县城综合旅游服务中心和西部牛姆林生态旅游中心为聚核，带动西部生态康养旅游区、中部环雪山运动康体避暑度假区、县城周边乡村慢生活旅游区、东部田园山水风情旅游区的“两核四区”产业发展格局，打造国内知名文化旅游目的地。

(五)以“万众一心加油干”的冲劲，聚力民生提位。聚焦推动共同富裕，强化就业优先政策，千方百计稳定和扩大就业，提高人民收入水平。加强普惠性、基础性、兜底性民生建设，大力发展公共服务事业，构建更加优质均衡的现代教育体系、优质高效的医疗健康体系、多层次互补的养老服务体系。全力创建全国文明城市，全面提升城市品质和居民素质。加强智慧政法建设，提升社会治理品质和效能。不断深化“三治融合”，健全完善共建共治共享的社会治理体系。

三、2021年政府主要工作安排

2021年是“十四五”规划的开篇之年，是全方位推动永春高质量发展超越的关键一年。主要的预期目标是：地区生产总值增长8%，农业总产值增长3.5%，工业增加值增长7.8%，三产增加值增长8%，一般公共预算总收入增长6%，一般公共预算收入增长6%，固定资产投资增长7.5%，实际利用外资增长8%，出口商品总值增长10%，社会消费品零售总额增长8.5%，居民人均可支配收入与经济增长基本同步。重点要抓好以下六方面工作：

(一)坚持产业转型为先，推动经济发展迈向“高质量”。实体经济是高质量发展超越的基石，要坚定不移发展实体经济，全面提升产业发展质量和水平。

改造提升传统产业。实施轻工纺织业龙头促进计划，加快骏源纺织、福岑纺织等项目建设。推动林生纺织、恒福织造等企业购置数控一代示范产品，建设2-3个数字化车间，提高制造智能化水平，降低人力成本。引导企业推广色纱、高性能纤维等新材料应用，探索建设废旧纺织品循环回收利用体系。鼓励锦林环保、美律科技等箱包企业拓展国内外市场。支持美岭水泥等52个县级重点技改项目提升，确保完成技改投资17.42亿元。

发展壮大有根产业。加快载体建设，拓展产业空间；培育壮大“领头雁”，发挥示范引领作用；实行团体标准，严格质量监管，增创经济发展新优势。持续推进中国香都“一心一轴一廊三区”[27]建设，规划建设香产业园三期，引导小微企业进园区。举办斗香节、制香技能竞赛、香博会等活动，推广永春香品牌。启动申请“消”字号、“健”字号卫生认证，拓展香产品市场。扩大国家燃香类产品质量监督检验中心效应，进一步拓宽检测服务业务。加快老醋产业园区建设，推动本地醋企入驻园区，引导实施工业化生产，提质扩量、抱团发展。推动侨新老醋文创园建设，力争招引1～2家年产5万吨以上实力企业。支持醋企加大产品研发投入，开发保健醋、果醋等醋衍生产品，提升产品附加值。谋划筹建省级醋检中心，加强老醋标准执行监管，建立安全可追溯体系，确保产品品质。坚持“一心两翼”[28]陶瓷产业布局，持续推进华为·中国电信·九牧5G智慧示范项目，建设陶瓷设计中心、研发中心、赋能中心，打造全省首个陶瓷智慧智造产业园。加快推进苏坑陶瓷产业园三期、介福陶瓷产业园二期建设，打造特色小微产业园。鼓励企业加强自主创新，支持卫浴陶瓷高端化、智能化发展，开发陶瓷纤维、功能陶瓷、特种陶瓷，丰富产品品种，拓宽发展领域。

大力培育新兴产业。瞄准科技革命和产业变革趋势，围绕新材料、新经济、数字赋能、生物医药等领域，强化策划、对接，力争引进2～3个10亿元以上重大产业项目。加快推动博纯材料三期建设，规划半导体材料专业配套园区。推动美宏科技二期项目建设，引领打印新型材料发展，打造全国彩色碳粉基地。加快推进冠中环保新材料建设投产。推动富圆锌业增资扩产，规划建设下洋锌合金产业园。建设5G基站500个以上，实现县城区及重点区域5G网络全覆盖。与联通公司、唯一网络合作构建永春“城市大脑”，推进数字政府建设。加快集英科技项目建设，打造金融安保智能设备基地。推动巨门云计算、农产品电商综合服务平台等项目落地开工。支持县第三类公共药

械生产车间和克里贝尔 CDMO 模式化运营联动，吸引国内外高水平技术成果向我县转移、注册报批。鼓励雷恩生化、永春制药等生物医药企业技改扩能、拓展市场。加快固力狮乳胶丝二期项目建设，引进医用乳胶手套项目。

繁荣发展第三产业。开展“第三产业增量提质年”活动，繁荣发展节庆经济，鼓励推广网红带货、视频直播等新模式，做到“月月有节庆、天天在直播”。大力实施“内循环”攻坚，加快推动商圈经济发展，完善提升中闽百汇、时代广场等商业综合体功能，打造“美岭金街”、金龙城“美食街”等示范街区。举办第二届永春好物节，开展“全闽乐购”促消费活动。点亮夜间经济，激活消费新动力。支持和引导制造业企业主辅分离，大力推动个转企、限下转限上，新增限上商贸企业 30 家。加快电商物流产业园建设，推动韵达云仓在我县落户运营。加强与阿里巴巴、京东商城等联系洽谈，吸引知名电子商务企业来我县投资。

强力推进项目攻坚。落实好国家逆周期调节政策，用足用好地方政府专项债券，稳住投资基本盘。实施县级重点项目 143 个、年度计划投资 126 亿元，开工 67 个、竣工 35 个。提升县工业园区配套设施，盘活闲置土地、厂房，合理布局乡镇工业园区，增强项目平台承载能力。立足现有产业基础，紧盯大项目、产业链项目，深入开展全员大招商，全年招引工业企业 66 个以上，其中亿元项目 22 个以上。坚持“保姆式”服务，做到每个项目从招商、落地、开工、建设、投产全程跟进，专人全面对接。

（二）坚持“三农”工作为本，推动乡村振兴迈向“高层次”。乡村振兴的关键是产业振兴。要强化产业错位发展，让优势更优、特色更特，推动农业现代化整体水平进入全省第一方阵。

打造现代农业“特色牌”。围绕特色农业、品牌农业、绿色农业三大主题，调结构、转方式、促升级，不断推动农业产业取得新突破。全面落实粮食安全主体责任，确保粮食播种面积稳定在 21.7 万亩。优化农业区域布局，着力打造特色优势农业全产业链，突出抓好芦柑、茶叶、畜禽蛋、花卉苗木等 4 个特色主导产业。加快推进国家农村产业融合发展示范园、闽台农业融合发展（果业）产业园建设，对接落实永春柑橘交易市场、花卉苗木交易市场、莱檬生物三产融合示范园等项目，推动特色农业集群发展。加快聚富芦柑庄园、金斗洋生态茶园、下洋蛋鸡综合产业园、呈祥绣球花卉园建设，发展“田园综合体”【29】，推动一二三产融合发展。深入实施现代农业项目，每个乡镇建设 1 个以上现代农业精品示范项目。以实施“互联网 +”农产品出村进城工程试点县为契机，加快推进农业信息化建设。加强农产品“三品一标”【30】认证，健全农产品质量安全可追溯体系，完善推行数字化监管，保证农产品质量，提升市场认可度。

打好乡村建设“组合拳”。深入开展农村人居环境整治，深化“一革命四行动”【31】和“三清一改”【32】。通过项目比拼，统筹资金安排，推动 68 个省市县三级乡村振兴试点村建设，打造 7 个乡村振兴“五大振兴”样板村【33】，完成 50 个美丽乡村示范项目。建设美丽乡村运营平台，创新提升美丽乡村经营管护长效机制，形成永春经验做法。实施农村供水巩固提升工程，提高集中供水率及自来水覆盖率，保障农村居民饮水。加大污水处理设施管网和接户管建设，提升农村生活污水处理率。抓紧推进白濑水库（永春部分）建设，加快马跳水库枢纽工程建设。完成农村路网提级改造 60 公里、危桥 5 座、安保工程 50 公里、养护专项工程 80 公里。开工建设特高压北电南送 1000 千伏输电线路工程，投建仙夹、吾峰 2 座 35 千伏变电站。

打通基层治理“最末梢”。健全“三治融合”基层社会治理体系，推行“一村一警务助理”机制，提升乡村治理水平。因地制宜，科学编制村庄规划，引导群众规范集约建房。加强科技特派员选任工作，实现镇、村科技特派员服务全覆盖。引导支持“新型农民”【34】、致富能手回乡创业。深入推进移风易俗，倡导厚养薄葬等公序良俗。推广“邻里守望”“免费午餐”等互助养老模式，打造民风淳朴、和谐有序的善治乡村。

（三）坚持宜居宜业为重，推动城市发展迈向“高品质”。建设以人为本、和谐宜居、富有活力的城市，拓展城区空间发展框架和功能布局，推动城市发展实现外延式扩张与内涵式提升协同联动。

优化国土空间规划。全面整合各类空间规划，高质量编制国土空间总体规划。综合考虑全县空间本底，立足规划基期用地现状和空间规划管理需要，深入开展规划分析评估，全面摸清家底。遵循“做优增量空间、盘活存量空间”原则，注重“规划留白”，科学划定生态保护红线、永久基本农田、城镇开发边界三条控制线，留足产业发展空间、城镇化建设空间和项目落地空间，确保规划能用、管用、好用。

增强城市集聚效应。围绕“东拓、西进”，推动“产业融合、产城联动”，全力抓好片区综合开发，繁荣商业业态，集聚人气商机。推进榜头片区更新改造，拓展与县工业园区联动发展，招引大型城市综合体项目入驻，努力打造交通畅达、设施完善的城东发展新片区。加快推进桃场、金龟山片区开发，推动县城区多组团发展。实施“聚城畅通”，加快推进真武桥拓宽改造，建设留安山东路等市政道路，畅通城市动脉；继续抓好兴泉铁路永春段、泉南高速改扩建、横七线快速通道等道路建设，畅联外部通道。积极谋划横七线快速通道业态布局，对接推动城乡产城联动。

提升城市宜居环境。以创建全国文明城市为抓手，建立常态长效的创城机制。实施城区慢道建设及周边绿化景观提升，开展“美丽庭院”三年行动【35】，抓好城区园林绿化，新改建 10 个以上不小于 200 平方米的口袋公园。抓好城南街等主城区街道立面景观改造提升，消除立面改造构件老化脱落等安全隐患。深化交通廊道沿线环境综合整治，绿化美化周边景观。加快推进地下综合管廊建设，新建污水管网 20 公里、燃气管网 15 公里、给水管网 10 公里。改造建设 19 个城镇老旧小区，改善提升老旧小区配套设施，实施二次供水小区改造等项目建设。加快推进生活垃圾焚烧发电厂建设前期工作。

加强城市精细管理。加快“数字城管”向“智慧城管”升级，推动实施“智慧停车”“智慧路灯”。实行城市网格化管理，整治占道经营，维护经营秩序。紧抓“关键小事”，抓好背街小巷修补、共享单车停放、电梯安全检查等精细化服务。规范提升物业管理水平，推动 90% 以上的小区成立业主委员会。扩大垃圾分类试点范围，实现桃城镇生活垃圾分类全覆盖。狠抓两违综合治理，形成长效机制。

（四）坚持生态保护为上，推动绿色发展迈向“高效益”。把“绿水青山”变成“金山银山”是时代课题。要激活绿水青山，把绿色资源不断转化为发展资本，让生态优势转化为发展优势，给百姓带来真金白银。

守护生态底色。加强大气污染防治，健全污染天气应对联防联控机制。持续深化河长制，推进全县乡镇河长办标准化建设。加强湿地保护修复和水源地保护，争取桃溪国家湿地公园通过国家验收。推进小流域综合整治和管护，实施中小河流治理 8 公里、安全生态水系 22 公里。争取水系连通及农村水系综合整治项目列入水利部试点。扎实开展土壤污染防控，强化固废污染防治，推动农资废弃物回收。抓好土地开发、旧村复垦、高标准农田建设和区域土地整治，做好天湖山废弃矿山生态修复。治理水土流失 3 万亩，完成造林绿化 1.5 万亩。

发展康养产业。以“健康中国”战略发展为契机，依托我县生态优势、资源禀赋，开发温泉养生、康体养生、滋补养生等康养产品，培育避暑度假、生态养生、休闲体验等多种业态，构建集预防、治疗、康养于一体的全方位健康产业链条。推进天沐温泉建设，深化“温泉 + 康养 + 旅游”模式，打响温泉休闲养生品牌。发挥永春白鹤拳效应，举办武术健身、徒步穿越等活动，建设健康体验场所，发展运动康体养生产业。发挥丰富的中草药和食药同源优势，开发道法自然的药膳保健产品，结合旅游市场，把独特的资源变成产品，走进千家万户，让康养产业借势出山。

突破全域旅游。当下大众旅游蔚然成风，四季都是旺季，要不失时机做大做强旅游经济。坚持生态、文化、旅游、产业“四个轮子”一起转，把文化融入旅游中，把散落在我县的文化资源串起来、激活起来，推动“旅游 +”多产业融合发展，形成大旅游、大产业。以创建国家全域旅游示范区为抓手，做好牛姆林、北溪文苑、百丈岩、云河谷等景区、景点提升，与 5 条乡村振兴示范线路【36】相结合，大力发展特色乡村游。抓好岵山古镇、五里街古街、一都山歌小镇等乡村旅游片区建设，力争再创 1 个省级全域生态旅游小镇、1 ～ 2 个省级金牌旅游村。发挥魁星文化效应，策划魁星文化综合体项目，打造文化朝圣之旅。规划红色党建、乡愁文化、乡村休闲、非遗研学、时季花果等精品旅游线路，实现旅游人数、旅游消费新增长。完善推广“畅游永春”旅游 App 功能，提升旅游公共服务水平。发展 5 ～ 10 家民宿，提升旅游接待能力。推进七匹狼高端休闲度假村建设，引领高品质野奢度假新体验。

（五）坚持改革创新为要，推动发展动力迈向“高效能”。紧扣重点领域和关键环节，深入推进改革创新，加快转换县域经济发展动能，为全县经济社会发展注入不竭动力。

聚焦重点改革。深化“绿水青山就是金山银山”实践创新基地建设，探索生态在产业中的加成价值。稳步实施农村承包地“三权分置”改革和宅基地制度改革，优化土地资源配置。抓好五里街全国区域土地综合整治试点工作。大力推进国投公司整合，进一步激发国企活力。加强政府债务管控，控制增量，减少存量，有效防控政府债务风险。深化乡镇财政管理体制改革，提高基层财政公共服务水平和保障能力。

聚焦营商环境。开展“营商环境提升年”活动，构建“亲”“清”新型政商关系。全面梳理汇编各级各项惠企政策，及时兑现落实。改造升级行政服务中心，将社保、医保等分中心整合进驻，优化功能分区，打破部门界限，推动同类服务合并和功能重组。推行“一柜式”服务，压缩办理时限，提高审批效率。充分运用“互联网+政务服务”等手段，深入推行“全流程网办”“不见面审批”，提升“一趟不用跑”和“最多跑一趟”事项比例。

聚焦创新驱动。提高全社会研发投入，力争全年规上企业研发经费支出增长20%以上。抓好永春智汇园等平台建设，推动政产学研合作。打造高水平创新载体，支持企业建立研发中心。加快成长型创新企业发展，培育高新企业5家、星创天地4家、众创空间1家。强化知识产权保护和运用，全年新增注册商标1500件以上。深化人才强县战略，完善人才服务体系，加大招才引智力度，吸引永籍人才回归。支持职校开展产业工人定向培养，缓解企业用工需求。

聚焦合作交流。加强与境外同乡会、联合会的交流往来、联谊联络，巩固老侨胞、广交新侨胞。持续开展“永侨精英故乡行”[37]活动，吸引更多的新生代华侨华人回乡观光谒祖、创新创业。充分发挥余光中文学馆作用，推动两岸往来交流与合作。组织参加“6•18”创交会[38]、“9•8”投洽会[39]，开展永春特色产品经贸推介会。主动融入海上丝绸之路、闽西南协同发展区发展战略，策划生成一批交流合作项目。

（六）坚持民生事业为大，推动百姓福祉迈向“高指数”。树立以人民为中心的理念，聚焦群众关心关切，解决好与群众生活密切相关的民生问题，让老百姓摸得着、感受到，增强获得感、幸福感、安全感。

常态抓好疫情防控。坚持“外防输入、内防反弹”不动摇，严格按照“四早”[40]要求，加强疫情监测预警。强化境外和中高风险地区来永返永人员排查、登记和管理，落实学校、养老机构、农贸市场等重点场所防控。严格落实院感防控，规范医疗机构发热门诊设置和管理。强化人物同防，对“应检尽检”重点人群按频次开展核酸检测，对进口冷链食品进行核酸检测和预防性消毒。加强应急物资储备，做好大规模人群核酸检测准备，抓好疫苗接种工作。深入开展爱国卫生运动，倡导健康文明生活方式。

持续完善社会保障。开展防止返贫监测和帮扶，巩固脱贫攻坚成果。扶持村集体经营性收入低于20万元的薄弱村开展经济创收项目。实施减负稳岗，扩大就业创业，全年新增城镇就业1000人以上，城镇登记失业率控制在2.4%以内。开展“四大群体”[41]增收计划，完善医疗保险、社会救助、优抚安置等体系。实施低保安居工程20户、贫困残疾人安居工程10户、计生安居工程15户。新增居家养老服务站20个，市场化运营养老机构，确保民营率提高至70%。

加快发展社会事业。落实民生“XIN”行动，全力办好56件为民办实事项目。优化教育资源合理布局，加快推进永春一中分校、榜头实验小学建设，扩建永春白鹤拳学院，规划建设仰贤学校，谋划侨中城东分校。推进5个教育补短板项目，新增中小学、幼儿园学位1980个。推进省级学前教育实验区改革建设，力争幼儿园普惠率达100%。支持永春一中创建省“普通高中课程改革基地校”，打磨“学在永春”的区域教育品牌。推进“健康永春”建设，依托医联体、医共体和专科联盟，深化与省附一医院、省协和医院等协作关系。加快推进达埔、蓬壶等乡镇卫生院建设，持续实施乡镇卫生院医用设备提升工程，提高基层卫生服务能力。不断深化医药卫生体制改革，完善“基层首诊、分级诊疗、急慢分治、双向转诊”[42]的分级诊疗模式。加快县域“六大中心”[43]建设，提升医疗服务能力和品质。大力发展文化艺术事业，完善县镇村三级公共文化服务阵地。加大文保单位修缮，培育1～2个文物保护利用典型。做好苦寨坑国家考古遗址公园建设前期工作，推进林俊德纪念馆申报。加快体育事业发展，积极创建省全民运动健身模范县。用好县融媒体中心，做强新型主流媒体，服务全县中心工作。

创新推动社会治理。全面完成“强基促稳”三年行动，严厉打击电信网络新型违法犯罪，推进扫黑除恶专项斗争常态化。深化县域网格化服务管理工作，持续开展领导干部接访下访和包案化解积案活动，及时就地化解矛盾纠纷。扎实推进全县安全生产专项整治三年行动集中攻坚，建立健全风险分级管控、隐患排查治理双重预防机制。加快县应急指挥中心建设，配齐配好应急救援队伍。加强食品药品质量监管，保障“舌尖上的安全”。加强退役军人服务保障，争创省级双拥模范县“五连冠”。强化国防动员和后备力量建设，全面抓好民族宗教、工青妇、科协等工作。

各位代表，面对发展的重任、人民的重托，我们必须加强政府自身改革建设，全面提高治理能力和服务能力，持续增强政府执行力和公信力，建设人民满意的政府。

永葆“忠诚履政”之魂。深入学习贯彻习近平新时代中国特色社会主义思想，树牢“四个意识”、坚定“四个自信”、坚决做到“两个维护”。认真贯彻落实好中央、省、市和县委的各项决策部署，把政治建设贯穿始终、把新发展理念落到实处。落实政府系统意识形态工作责任制，守牢意识形态阵地。

筑牢“依法行政”之基。持续深化法治政府建设，组织实施“八五”普法规划【44】，提升运用法治思维和法治方式推动发展的能力。推行行政执法“三项制度”【45】，严格按照法定权限和程序行使权力、履行职责。推进《民法典》贯彻实施，加强法治乡村建设。认真执行县人大及其常委会决议、决定，依法接受人大监督，自觉接受政协民主监督，主动接受监察监督、司法监督、审计监督、社会监督和舆论监督。

勇挑“担当善政”之责。大力弘扬“马上就办、真抓实干”优良作风，深入开展突破“难硬重新”工作行动，实行任务项目化、项目清单化、清单责任化、责任考核化，用心用情用力开展工作。强化效能督查，坚决打通“中梗阻”。完善正向激励和容错纠错机制，给干事者鼓劲，为担当者撑腰。

坚守“清廉从政”之心。完善财政资金管理体系，严控“三公”经费，精打细算过日子。严防“形式主义、官僚主义”隐形变异，深化拓展基层减负工作。坚持全面从严治党，强化政府系统党风廉政建设。坚决贯彻落实中央八项规定及其实施细则精神，树立为民务实清廉的政府形象。

各位代表！新时代孕育新机遇，新思想催发新任务，新起点开启新征程。让我们更加紧密地团结在以习近平同志为核心的党中央周围，在县委的坚强领导下，以高度负责的敬业精神、锐意进取的务实举措、干事创业的责任担当，凝心聚力、拼搏进取，为全方位推动永春高质量发展超越而努力奋斗！

《政府工作报告》有关名词解释

1.12个专项行动：指工业增产增效行动、第三产业提质扩量行动、建筑业稳产提质行动、新经济培育布局行动、“项目攻坚2020”提速行动、消费需求激活扩张行动、出口市场突围拓展行动、金融资金保障行动、要素保障专项行动、就业稳岗暖心服务行动、营商环境攻坚提质行动和守底线保运转防风险行动。

2.2项陶瓷生产专项技术：指福建科福材料有限公司连续式钢制机锥瓷土加工线和卫生陶瓷高压成形商品泥浆的生产。

3.“三级联动”代办协办服务：指对县级以上重点项目审批服务实行行政服务中心全程代办、部门审批窗口协办、乡镇协办员辅办的全程无偿代办协办服务。

4.“多层次项目库”：指对已入库项目及时跟进，对具备入库条件的项目进行存储，对正在进行前期工作后期有望入库的项目进行追踪。

5.2个省级乡村振兴特色乡镇：指五里街镇、玉斗镇。

6.20个试点村：指一都镇三岭村、横口乡福中村、桂洋镇桂洋村、坑仔口镇诗元村、玉斗镇白珩村、锦斗镇长坑村、呈祥乡呈祥村、苏坑镇嵩山村、蓬壶镇汤城村、蓬壶镇都溪村、达埔镇新琼村、石鼓镇吾江村、吾峰镇吾顶村、介福乡福东村、五里街镇埔头村、东平镇东山村、岵山镇铺下村、仙夹镇东里村、湖洋镇吴岭村、外山乡草洋村。

7.3条市级乡村振兴示范线路：指岵山镇和林村—铺下村—茂霞村—塘溪村—仙夹镇山后村—龙水村；五里街镇吾东村—高垄村—埔头村—大羽村—石鼓镇吾江村；达埔镇楚安村—新琼村—蓬壶镇鹏溪村—汤城村—仙岭村。

8.CDMO：指研发生产外包。

9.“一库五机制”：指创建一个脱贫攻坚数据库，包括建立运行管理、信息收集、统筹协调、帮扶响应、落实闭环等五项机制。

10.省附一医院：指福建医科大学附属第一医院。

11.省协和医院：指福建医科大学附属协和医院。

12.2 处省级文物保护单位：指蓬壶德兴堂、横口郭氏家庙。

13.4 处全国重点文物保护单位：指苦寨坑窑遗址、魁星岩摩崖石刻造像、永春文庙、福兴堂。

14.“三治融合”：指自治、法治、德治相结合的城乡基层治理体系。

15.“135”庭所共建机制：指明确“一个目标”，打造永春版“枫桥经验”，努力实现矛盾不上交；按照“三个步骤”（全面排查、科学研判、合力化解），做到一案一策、一案一专班，专人负责专门处理；落实“五项保障机制”（队伍保障、首接责任、信息沟通、法治宣传、司法救助）。

16.“五种”不良风气：指懒、庸、推、慢、浮。

17.4 个无裸房乡镇：指仙夹镇、呈祥乡、苏坑镇、介福乡。

18.10 个无裸房镇区：指一都镇、桂洋镇、锦斗镇、吾峰镇、石鼓镇、五里街镇、桃城镇、东平镇、东关镇、岵山镇镇区。

19.7 个国省干线建设工程：指国道 355 线介福到五里街路段、国道 356 线下洋镇曲斗村至涂山村大田界路段、国道 356 线坑仔口路段、国道 356 线外山乡仙游界至莆永高速东互通路段、省道 215 线苏坑镇德化界至嵩山路段、省道 215 线蓬壶镇汤城至达埔镇香都路段、省道 310 线一都路段。

20.“飞行手册”：指参照《飞机飞行手册》，梳理工程建设项目审批流程图、办理条件、办理事项、申报材料及注意事项等，让企业群众办事一目了然。

21.“七窗合一”：指原买卖双方因发生交易需要在自然资源局、住建局、税务局以及广电网络公司、自来水公司、新奥燃气公司、供电公司等七个不同窗口办理财产转移登记和公用服务事项转移登记，现七个窗口进行业务合并，只需在一个窗口提交同一份申请表即可完成所有事项。

22.6 种养老服务典型模式：指免费午餐＋养老、耕读文化＋养老、民间公益＋养老、专业运营＋养老、信息服务＋养老、休闲旅居＋养老等模式。

23.全域生态综合体：指坚持系统思维，优化“面上保护、点上开发”空间布局，建立立体生态修复体系，改革创新生态金融机制，构建现代农业、循环工业、低碳服务业的绿色产业格局，形成“业兴、民富、水清、林绿、景美、韵醇”的全域生态综合体模式。

24.生态产品“三级市场”：指以三级市场机制探索生态优势向经济优势转化的路径。第一级市场对区域内生态资源的摸底、评估、整合和确权确股，实现集体内部资源向资产的转化；第二级市场通过引入市场化资金和专业运营投资商，推进生态资产项目化运营，实现集体资产向资本的转化；第三级市场通过将分散资产和相关业务进行整合，推进生态资产证券化和期权化交易。

25.“东拓、西进”：东拓即做大桃城、东平现有工业园区，建设相应城市功能配套。西进即加速横七线快速通道等项目建设，加快北环路西拓，把主城区与达埔、蓬壶两个副城中心贯通一线，规划沿线产业布局，构建大交通、形成大城关、推动大发展。

26.“一主一副多特”：“一主”即桃城、五里街、石鼓、岵山、东平、东关等县城规划区；“一副”即蓬壶、达埔；“多特”即湖洋、下洋、苏坑、介福、岵山、一都等特色产业乡镇。

27.“一心一轴一廊三区”：一心即香都商务中心。一轴即沿联三线形成的香产业发展轴。一廊即依托桃溪及滨溪绿道建设的香道文化长廊。三区即香品生产区、香都综合服务区、香文化旅游区。

28.“一心两翼”：指以城区九牧永春智慧制造产业园区为中心，以“西翼”苏坑陶瓷工业园区和“东翼”介福陶瓷工业园区为“两翼”的陶瓷产业园发展格局。

29.“田园综合体”：指集现代农业、休闲旅游、田园社区为一体的乡村综合发展模式。

30.“三品一标”：指无公害农产品、绿色食品、有机农产品和农产品地理标志。

31.“一革命四行动”：指农村“厕所革命”、农村垃圾治理行动、农村污水治理行动、农房整治行动、村容村貌提升行动。

32.“三清一改”：指清理农村生活垃圾、清理村内塘沟、清理畜禽养殖粪污等农业生产废弃物，改变影响农村人居环境的不良习惯。

33.7个乡村振兴“五大振兴”样板村：指岵山镇茂霞村、塘溪村，仙夹镇龙水村、山后村，五里街镇大羽村、埔头村，蓬壶镇仙岭村。

34.“新型农民”：指具有科学文化素质、掌握现代农业生产技能、具备一定经营管理能力，以农业生产、经营或服务为主要职业，以农业收入为主要生活来源，居住在农村或集镇的农业从业人员。

35.“美丽庭院”三年行动：指以“共建美丽庭院、共享和谐生活”为主题，以改善庭院环境为根本，以创建“整洁、有序、协调、绿化”为目标的庭院创建活动（2021—2023年）。

36.5条乡村振兴示范线路：指3条市级乡村振兴示范线路和1条市级备选线路（东平镇东山村—冷水村—东关镇东美村—外碧村）、1条县级示范线路（下洋镇溪塔村—横口乡下西坑村—福中村——一都镇三岭村—苏合村）。

37.“永侨精英故乡行”：指推动永春籍华侨华人精英回乡交流对接，促进联络联谊。

38.“6·18”创交会：指中国·海峡创新项目成果交易会。

39.“9·8”投洽会：指中国国际投资贸易洽谈会。

40.“四早”：指早发现、早报告、早隔离、早治疗，是传染病防控的重要手段。

41.“四大群体”：指城镇职工、农民、高级人才、困难群众。

42.“基层首诊、分级诊疗、急慢分治、双向转诊”：指常见病、多发病患者首先到基层医疗卫生机构就诊，超出基层医疗卫生机构服务能力的，由基层医疗卫生机构为患者提供转诊服务。同时畅通慢性病、恢复期患者向下转诊渠道，明确各级医疗机构急慢病诊疗服务功能，急危重症患者可直接到上级医院就诊。

43.“六大中心”：指县域“消毒供应、心电诊断、临床检验、医学影像、病理检验、远程会诊”等。

44.“八五”普法规划：指在全县公民中开展法治宣传教育的第八个五年规划（2021—2025年）。

45.行政执法“三项制度”：指行政执法公示制度、执法全过程记录制度和重大执法决定法制审核制度。

专 记

统筹推进新冠疫情防控和企业复工复产

自新冠疫情发生以后，永春县贯彻落实习近平总书记对新冠疫情防控作出的重要讲话精神，执行落实中央、省、市的决策部署，按照“人民至上、生命至上”“外防输入、内防扩散”的总要求，有效织牢织密防控网，阻断疫情传播链，遏制疫情扩散蔓延，组织企业复工复产，推动全县经济、社会各项秩序逐步恢复正常，打赢疫情防控阻击战取得阶段性成效。

*构建应急指挥体系，压紧压实防控责任。*落实省重大突发公共卫生事件一级响应，2020 年 1 月 27 日，县委、县政府印发《永春县新型冠状病毒感染的肺炎疫情防控工作方案》（永委办〔2020〕5 号）文件，成立以党政主要领导为指挥长的防控新冠疫情应急指挥部，抽调精干人员 50 余人，到县委县政府大楼 11 楼集中办公，迅速构建起全县高效运转的防控指挥体系。县指挥部下设综合协调组（办公室）、疫情防控与医疗救治组、医学观察组、交通检疫组、舆情宣传与环境整治组、物资保障组、维稳安保组、返工劝导组、督查督导组、组织保障组，后因永春县疫情防控形势变化，调整“返工劝导组”为“复工复产组”，增设外事组、大数据组等。各工作小组按照每个阶段防控重点领域和关键环节，分解细化全县防控任务，坚持会商讨论机制，全年累计召开会商会 120 余次，组织全县工作会议 20 余次，协调指导各项疫情防控工作落实。

*联防联控群防群治，筑起疫情免疫屏障。*全县各单位各系统各行业闻令而动，勇挑重担，确保病例不发生感染扩散。截至 2020 年 12 月 31 日，稳妥处置 2 起输入新冠肺炎病例，全县已连续 329 天无本土新增确诊病例、疑似病例（最后一例病例 2020 年 2 月 6 日确诊）。各县直及省市驻永单位、各乡镇持续发挥“大数据 + 网格化”管理作用，对国内中高风险地区和境外入永人员进行落实闭环管理，根据上级政策变化，落实集中医学观察、居家医学观察以及居家健康监测，全年累计摸排落管重点地区入永春人员 3000 余人，注重人、物、环境同防，组织开展各类重点人群核酸检测，落实多点触发监测预警工作，实现核酸自主检测能力由零到有，规范建立核酸检测机构 3 家，日检测能力提升至 5400 份。全年累计核酸检测 24.4 万余人份，环境样本 8634 份、食品 3013 份。完成定点医院建设，确定定点医院 1 家，后备定点医院 1 家，扩充（含可转化）床位数 1000 张。严守院感防控底线，发挥 132 名院感督导员专职专责，未发生院内感染事件。推进八闽健康码从亮码通行到亮码加扫码通行，实现快速核验、精准管控。推进重点人群疫苗接种，加快人群免疫屏障建立，2020 年全县疫苗接种 1200 人次。

*乡音乡情共克时艰，守望相助共抗疫情。*疫情突袭而至，各海内外永春乡亲和社会各界人士密切关注家乡疫情，呈现出“一方有难、八方支援”的大爱情怀，响应捐赠物资倡议，第一时间发动捐款捐物，组织人员购买口罩等紧缺物资，驰援全县疫情防控工作。全年累计收到物资有口罩 148.78 万只、手套 11.5 万

副、防护服（隔离衣）7883套、医用帽子30100个、护目镜558副、面罩1020个、红外线测温仪299支、消毒液12720斤、酒精3250瓶、免洗手消毒液（凝露）1430瓶、洗手液100箱、消毒喷雾器5个、感应水龙头203个、乳胶鞋子699双、牛奶2722件，接收到捐款771.1万元。其中定向捐款302.09万元，指定对象账号捐款469.01万元，以上款项物资均已根据全县疫情防控工作需要，统筹调配使用在防控一线，并经县慈善总会等单位公示。

落实“一断三不断”（一断指坚决阻断病毒传播渠道；三不断指公路交通网络不断、应急运输绿色通道不断、必要的群众生产生活物资运输通道不断），做好交通检疫工作。有效阻止疫情通过交通运输环节传播和扩散。由交通检疫组牵头，先后在全县设立交通检疫点236个，投入人员2124人次，累计检查车辆140626 辆次、人员 311427人次，其中外省车辆2590辆次、外省人员3660人次，劝返车辆3345辆次、人员5744人次。做细做实通风、消杀、清洁等公共运输防控措施。自恢复客运以后，2020年全县公交发车199096班次、运载1604365人次；客运汽车站累计发车23643班次，运载90076人次。落实“点对点”运输要求，选派工作人员驻福州、厦门、泉州等地交通枢纽场站，累计接回境外人员193人，接回国内地区来永人员126人，均按要求落实“点对点”运输，并通知属地乡镇做好后续健康管理。

规范集中医学管控，贴心服务呈现关怀。县疫情防控应急指挥部医学观察组落实密切接触者、遭受疫情突袭严重地区入永人员、境外入永人员的分区分级分类管理。建设盛畔小区（永春县盛畔小区公租房三期）、中天酒店（桃城镇留安路16号）、亚洲酒店（桃城镇南环路1号）等3处集中医学观察场所，共设置430张床位，配备独立卫生间，床、桌椅、电视、网络及其他日常生活用品，并科学提供膳食服务，满足不同人群需求，做好心理疏导，确保其安心度过观察期。各集中医学观察场所标准设置“三区两通道”，室内地面、物体表面、厕所及周边环境坚持清洁、消毒与杀菌，生活垃圾、医疗垃圾无害化规范处置。

实施“六稳”“六保”追赶行动，统筹推进经济社会发展。开展工业增产增效、第三产业提质扩量等12个专项行动，兑现各类扶持资金1.93亿元，减免各类税费、保费2亿元。加快推进“线上+线下”消费模式，“县长带你买好货”直播实现订单6万单、交易金额170万元。开展“项目攻坚2020”，103个县级管理项目完成投资109.46亿元，争取预算内资金9618万元，发行专项债4.84亿元，新引办千万元以上工业企业98家，“云签约”瑞迈舒等招商项目20个。积极应对国际疫情和贸易摩擦，兑现出口信保补贴、外资到资奖励等557.46万元，新增出口备案企业54家，合同利用外资3510万美元。优化提升营商环境，持续深化工程建设项目审批等领域改革，新增海交所挂牌交易企业3家、科创板上市后备1家。实施创新驱动战略，成立哈工大永春工作站，新增备案高新技术企业8家、科技小巨人11家、瞪羚6家。

加强市场执法检查，严格冷链监管消杀。2020年11月在榜德工业园区建立县集中监管仓，落实进口冷链食品集中监管消杀，全年未有进口冷链食品进仓。做好进口冷链食品相关从业人员、密切接触人员的摸底登记造册和动态管理，加强宣传培训，举办疫情防控工作及消毒技术培训3场次，培训人员297人次，指导冷链经营单位上传追溯数据。加强冷链从业人员健康管理，按频次采样检测人员和环境。持续进口冷链食品索证索票联合执法检查，“四证”不全不得上市，累计出动执法检查人员218人次，检查经营主体259家次，检查发现普通国产冷链食品索证索票不齐问题5个，已全部完成整改。

加密督导检查频次，督促人员切实履职。根据防控部署、疫情防控会议决定、领导批示事项的落实情况和上级反馈存在问题整改情况，2020年县防控疫情应急指挥部督查督导组落实督导检查职能，督促各县直及省市驻永单位、各乡镇落实好疫情防控各项措施，全年开展疫情防控和复工复产督查督导69次，累计汇总各乡镇各有关单位好的经验做法89条，梳理存在问题67个，提出意见建议66条，形成9期督查督导专报。

强化组织保障关怀，突出党建引领作用。发挥党员先锋模范作用，从县直机关中抽调236名党员干部组成22支疫情防控驻村工作队，组建236支党员先锋队，落实党员联系群众制度。一线考察领导班子、干部，压实属地管理责任，成立4个一线考核督导组，深入了解各领导班子和干部疫情防控工作情况，建立

“两头”干部实绩档案。落实关爱基层干部措施，表扬表彰和慰问基层干部。出台《关于激励关爱疫情防控一线党员干部人才十条措施》，8名在疫情防控一线表现突出、堪当重任的干部得到提拔重用或晋升职级，60名表现先进的干部获通报表扬。用好县级关心关爱基层干部专项资金，走访慰问疫情一线干部、困难干部667人次，发放慰问金63.99万元。

（分管领导：陈祖坤 撰稿人：黄良玮）

永春县实施国民经济和社会发展“十三五”规划圆满收官

至2020年，永春县较好地完成了“十三五”规划制定的各项指标和任务，实现了综合实力再上台阶、产业实现转型提质、生态环境持续优化、社会事业稳步推进、民生福祉不断增加的发展新成就。

综合实力稳步提升。地区生产总值由2015年的306.02亿元增加至2020年的494.52亿元；人均地区生产总值完成105666元，一般公共预算总收入18.52亿元，一般公共预算收入11.82亿元，社会消费品零售总额178.08亿元。组织实施685个重点项目，固定资产投资年均增长13.1%。2020年末，金融机构本外币各项存款余额260.62亿元，各项贷款余额174.36亿元，分别是2015年的1.45倍、1.65倍。居民人均可支配收入由2015年的20115元增加至2020年的27886元。

产业转型步伐加快。产业结构持续优化，制造业提质增效，比重稳步提升，由2015年的7.5∶56.4∶36.1调整至2020年的5.4∶62.0∶32.6。现代农业稳步提升。农业总产值年均增长4.1%，入选国家农村产业融合发展示范园创建名单，全国农业产业强镇示范、省级现代水果产业园、省级农民创业园等10个特色农业示范园区相继落地，培育农民专业合作示范社（家庭农场）54家，25个农产品获无公害产品（绿色食品）认证，“永春佛手”“永春芦柑”区域公用品牌价值分别提升至16.94亿元、35.66亿元，获评全国县域数字农业农村发展先进县。工业集群提质增量。工业增加值年均增长8.3%，轻工纺织、机械装备产值分别达356亿元、61亿元，迈特富纺织单兵装备亮相2019年国庆阅兵式；香、醋、瓷三大特色产业产值分别达102亿元、12亿元、65亿元，香都小镇入选省级第一批特色小镇；新材料、生物医药等高新产业势头强劲，招引落地美宏科技、佳联半导体配套陶瓷板等一批智能制造项目，九牧永春智慧制造产业园一期项目建成投产，与华为、中国电信合作成功打造智能5G工厂新模式，获评国家级工信部工业互联网示范试点企业。现代服务业格局显现。第三产业增加值年均增长7.5%，碧桂园、富临国际、宝龙等房地产项目相继落地建成，形成时代广场、中闽百汇等城市商圈。入选全国首批“国家全域旅游示范区”创建单位，获评福建省首批全域生态旅游示范县，建成永春县旅游集散中心，被推荐为国家县域文旅公共服务机构功能融合试点单位，打造国家A级景区13个、省级乡村旅游休闲集镇3个、省级乡村旅游特色村26个、省级观光工厂3个、省级生态旅游示范区3个、泉州市六大旅游产品10个，旅游接待总人数、旅游总收入年均增长21.6%、23.3%。多元化发展交通运输业，培育货运物流、甩挂运输、冷藏运输等业态，新增（更新）货运车辆4034辆、牵引车（挂车）2382辆、冷藏车30辆。

城乡建设日新月异。“山水名城、特色乡镇、美丽乡村”的城乡空间布局进一步优化，全县规划用地内常住人口城镇化率达60.2%。全力冲刺“联合国人居奖”，实施两轮“清新桃源·宜居永春”三年行动，完成三桃片区改造、大鹏生态公园、香都广场、儿福山公园等项目建设，稳步开展“城市双修”，新增城市休闲绿地公园27处、城市公园5个，建成西埕小筑、鲜花特色商业街、高速出入口景观公园等一批园林示范项目，县城绿地率达 39.25%，绿化覆盖率达 41.78%，城市形象功能日益提升，入选全国县城新型城镇化示范县。美丽乡村从“创建”向“经营”转型，编制完成乡村振兴战略规划，获评全国农村人居环境整治成效明显激励县，列入全省实施乡村振兴战略重点县，蓬壶镇入选“全国乡村振兴特色产业小镇”，岵山镇获批第七批中国历史文化名镇，五里街镇、湖洋镇、岵山镇列入全国“一村一品”示范村镇，12 个村获评国家森林乡村，参与起草的《美丽乡村建设评价》国家标准获批颁布，入选全国推进美丽乡村经营管护机制改革试点县，农村生活污水、垃圾治理经验在全省视频会上作典型介绍。

基础设施完善夯实。构建“三横八纵一环”交通圈，建成北环路及东拓项目，推进通羽路、象山寨道路、留安山东路等工程建设。落实建成纵四线介福至五里街段、联二线上姚至曲斗段等 7 个国省干线建设工程，兴泉铁路永春段快速推进，完成农村公路“单改双”124.9 千米、自然村公路硬化 170.6 千米、危桥改造 57 座、安保工程 320 千米、乡村公路驿站 14 个、养护专项工程 382 千米，农村公路管养市场化率 100%，获评“四好农村路”全国示范县。完成污水处理厂二期建设，投运 110 千伏一都变电站、外山风电送出工程、水质检测中心，推进老旧小区燃气管网建设，县垃圾填埋场渗滤液处理系统实现市场化运营，新建农村电网 190 千米，无线网络行政村覆盖率 100%，五年来累计铺设各类管网 352 公里。加快建设永春县数字经济创新中心，全县光缆线路长度达到 16876 千米，互联网宽带接入端口达到 108.3 万个，移动电话基站达到 0.27 万个，基本实现了 2G/4G、CDMA、NBLOT 网络全域覆盖。

生态建设树立典范。流域治理“永春样板”获得肯定。在全省率先推行“湖长制”，入选全省首批综合治水试验县，桃溪生态修复工程获“中国人居环境范例奖”，桃溪流域水质由Ⅴ类提升至Ⅲ类，流域综合治理典型经验被列入全国典型示范区推广，承办太湖流域片第三次河长制工作交流会并作典型介绍。创建国家级、省级水利风景区 5 个，县域 5 条主要河流水质环境功能区达标率 100%，小流域“赛水质”考评总体成绩位居全市第一。绿色理念引导循环发展。创建循环经济示范基地，加快工业废弃物的综合利用，能源消耗总量和强度“双控”目标超额完成市下达目标，五年累计完成造林绿化 5666.67 公顷，森林覆盖率稳定在 69.5%，林木绿化率 95%，治理水土流失 18666.67 公顷、落实耕地占补平衡，空气环境质量优良率持续保持在 95% 以上，环境空气质量达标天数占比 99.4%，综合指数排名全市第一，获国家生态文明建设示范县、全国生态保护与建设典型示范区。

改革开放持续发力。“两山”转换机制创新成效显著。编制国家县域空间规划试点方案，建设国家重点生态功能区，全域生态综合体模式被列为国家生态文明试验区第三批改革成果，省级生态产品市场化改革试点工作稳步开展，入选国家“绿水青山就是金山银山”实践创新基地。集体林权制度改革不断深化，完成 36 宗地、230.67 公顷非规划林地发证，经验做法被农村农业部收编为经典范例。建立健全林业金融服务平台，累计办理林权流转 581 宗，面积 6866.67 公顷，流转总值超 1 亿元。创新推进生态环境考核制度，开展党政领导干部自然资源资产离任（任中）审计，党政领导生态环境保护目标责任考核连续多年获评优秀。行政服务改革不断深化。“放管服”改革做实做细，承接市级下放 154 项审批服务事项，梳理公布 1332 项“一趟不用跑”和 1786 项“最多跑一趟”事项清单，分别占进驻行政服务中心事项的 73.9%、99.1%。全市首创二手房交易“七窗合一”，实行企业开办“一窗通办”和“零费用”，将企业开办办理时限压缩至 2 个工作日，致力优化营商发展环境。深化工程建设项目审批制度改革，全省首创工程建设项目审批“飞行手册”，推行特色产业“套餐式”审批服务，实行重点项目审批代办协办“三级联动”，助力项目快速落地。区域合作更进一步。紧扣赣闽粤原中央苏区、闽西南协同发展区、海上丝绸之路先行区等重大区域定位，研究跟进昌厦高铁、海西天然气管网等重大互联互通基础设施建设，厦泉经济合作区载体空间深入谋划，香、老醋等产业区域协作共建进入策划阶段，“海丝”新香路建设扎实推进。

民生实事扎实推进。财政民生投入累计 133.09 亿元，占财政支出 80%。出台民生补短板“1+5”方案，累计实施县级为民办实事 249 件，完成投资 81.03 亿元。脱贫攻坚圆满取胜。组织实施建档立卡、整村帮扶、村财建设、造福工程等系列扶贫工程，累计帮扶省级建档立卡贫困村60个、市级扶贫开发重点村85个，组织156个村开展村级财源建设，实现造福工程、危房改造572户，解决饮水安全31.95万人，累计发放教育资助资金1305万元、惠及学生17373人次，全县稳定脱贫人口4000多人无返贫、新增对象。教育资源优化整合。打磨“学在永春”教育品牌，深化教学联合体，学前幼儿入园率提高至98.22%，小学学龄人口入学率保持100%，初中学龄人口入学率提高至99.79%，高中阶段教育升学率96%，被授予“福建省教育工作先进县”“义务教育发展基本均衡县”称号，教育“两项督导”以优秀等级通过省级评估。名师工程实施取得突破，一本上线率、本科上线率、高分人数及清华、北大录取人数均位居全市县（市）区前列。医养质量不断提升。医药卫生体制改革持续深化，推进县域紧密型医共体试点建设，实现县总医院实质性独立运行，完善分级诊疗制度建设。县中医院改扩建、疾病预防控制中心改扩建、妇幼保健院新建等项目投用，县医院达埔分院等项目加快推进。医养结合先试先行，11家中医馆开展老年人康复医疗服务，创新6种养老服务典型模式，养老床位数增至3824张，养老服务设施覆盖100%的建制村（社区）。基层医改取得成效，获得“全国基层中医药工作先进单位”称号。文化事业蓬勃发展。加强公共文化服务体系建设，建成22个乡镇综合文化站、236个村（社区）综合文化服务中心、21家“百姓书房”，4处文保获评第八批全国重点文物保护单位，苦寨坑原始青瓷窑址获评2016年度中国十大考古新发现，余光中文学馆被台盟中央设立为两岸文化交流基地，完成二轮修志工作。承办海峡两岸传统武术大赛等国际和国家级体育赛事20多场次，改造提升1521个群众体育活动场所，常住人口人均体育场地面积居全市前列，获全国群众体育工作先进单位。社保水平不断提高。实施就业优先政策，设立中国海峡人才市场永春分部，五年累计新增城镇就业2.73万人，城镇登记失业率控制在1.26%（口径调整）。实施全民参保计划，“五险一金”持续扩面，新农合参合率达99.99%，城乡居民养老保险参保率99.99%。实施各类安居工程，惠及群众730户。文明社会和谐稳定。“七五”普法、扫黑除恶、城市安全信息系统、“雪亮工程”建设有序推进，开展县域网格化服务管理试点工作，构建自治、法治、德治“三治融合”社会治理新格局，综治“三率”位居全市前列，获评全省平安先进县。双拥工作成效明显，实现省级双拥模范县城“四连冠”。食品“一品一码”可追溯工作持续推进，食品安全防线不断牢固，“智慧用电”“智慧消防”建设深入开展，安全生产保持稳定好转态势。

（分管领导：薛巍炜 撰稿人：张曦君）

全面完成脱贫攻坚任务

2020年，永春县实施脱贫攻坚行动，全县共有脱贫人口1472户4580人（国定1076户3300人，省定396户1280人），无返贫、新增对象。全县建档立卡贫困户年人均纯收入由2015年的3923元增加到2020年的16185元，年均增长近35.4%。创新“一库五机制”防返贫控新贫机制，在《八闽快讯》、《侨区快讯》、泉州政务网等专题刊发。《疫情对脱贫攻坚工作的影响——以永春县为例》得到省委领导的批示。永春县扶贫开发服务中心获评全国脱贫攻坚先进集体，并获得市委市政府集体记功。

坚持目标标准，精准施策。建立县乡村三级一把手抓扶贫的领导工作机制，层层压实脱贫攻坚责任，按照“六个精准”“五个一批”要求精准施策。严格动态调整。结合推广“五步走”群众工作法，按照“一核、二看、三比、四评议、五公示”的“12345”贫困人口进出识别程序，建立贫困户信息网络监测系统，确保扶贫对象有进有出、扶贫信息真实管用。加强贫困人口动态调整，对识别认定的对象及时落实帮扶措施和相关政策，无返贫、整户新增对象，原有贫困户人员因出生、嫁入等原因户内人员新增88人，因死亡、嫁出、清退等原因户内减少10户118人。攻坚重点对象。对已脱贫但不够稳定的建档立卡贫困户43户150人，选配有经验、有能力、有责任心的副科级以上领导干部45人挂钩帮扶，有针对性采取产业、就业、社会帮扶、扶志扶智、兜底保障等各类帮扶措施318条。通过帮扶，返贫风险均已全部消除。应对疫情冲击。年初面对突如其来的新冠疫情，在省19条、市8条出台前率先制定17条措施（包括生活补助、生产帮扶、就业保障、产销对接等方面），落实资金433.17万元，精准帮扶贫困户恢复生产，未发生因疫返贫致贫。加强产业扶持。强化中央财政专项扶贫发展资金、省市财政专项产业扶贫发展资金使用管理，加大力度扶持脱贫户因地制宜发展特色种养业以及参与农产品加工、乡村旅游、电子商务等项目，实施“一户养一群鸡鸭、一户种一片茶果、一户有一人就业”的“三个一”产业发展思路，力争做到每个有劳动能力的脱贫户都有1个以上增收脱贫项目，让其从生产发展中稳定增收，持续巩固脱贫成果。发挥致富带头人的产业基地的引领作用，持续发挥农业龙头企业和农民专业合作社带动贫困人群发展生产、增收脱贫的作用。为贫困户发展提供资金保障，2020年新增7户建档立卡贫困户贷款29万元，累计发放贷款4263.09万元，发放贴息资金224.95万元，存量贷款18户81万元。帮助贫困人口发展养殖业、种植业、手工业，落实好产业扶贫保险政策，全年为151户贫困户办理产业扶贫保险，保险金额389.89万元，保费16.02万元，办理133起出险案件，支付赔款27.76万元。开展消费扶贫，保证贫困户有稳定的经济收入。加大就业扶贫力度，强化技能培训，帮助贫困劳动力实现稳岗就业。建立脱贫监测户和边缘户返贫致贫风险预警干预机制。安排专人接听记录，鼓励农户通过扶贫服务热线电话、“一键报贫”手机信息平台主动申报，或通过每月组织乡村干部走访排查、相关部门专项筛查、全县脱贫攻坚数据库筛查等，提出监测对象初步名单；落实“日汇总、周核实”制度，县扶贫办每天汇总一次信息，次日交办。建立脱贫监测户和边缘户返贫致贫风险预警干预机制，对脱贫监测户和边缘户实施跟踪和动态监测。截至12月底，县12316平台收到申报监测对象232条，其中误操作138条，移交乡镇核实94条，无发现符合纳入监测范围的对象。

坚持补齐短板，落实“两不愁三保障”。推动教育、住房、医疗、低保兜底等扶贫政策精准落实，加快补齐“三保障”和饮水安全保障短板；对部分老旧、破损等感观较差的住房202户实施改造提升，重点开展房屋安装扶梯、屋顶漏水、改水改厕、安装加固门窗、通讯通电、修建出行简易便道等住房提升工作，配套补助资金289.078万元。抓项目实施，促农村发展条件改善，2020年，10个省级第五轮整村推进重点村规划、调整项目32个，累计完成投资1200多万元。

创新建立防返贫控新贫稳脱贫“一库五机制”。“一库五机制”即脱贫攻坚数据库，运行管理、信息收集、统筹协调、帮扶响应、落实闭环五项机制，建成覆盖县乡村组的四级扶贫管理模式，有效破解信息收集渠道不畅、预警不及时、部门力量分散等几个脱贫攻坚痛点问题，可全面、实时监督帮扶过程、帮扶成效，做到心中有底，及时掌握动态，快速消弭风险，将有返贫和致贫风险消除在萌芽状态，补齐扶贫工作短板，助推精准扶贫战略落到实处，全面巩固脱贫攻坚成果。有四个特点：即成为“一键报贫”平台的有益补充，通过整合全县236个村（社区）的2000多名计生小组长兼职扶贫中心户长，覆盖全县每个角落，延伸工作触角；实现对困难对象群体的系统化、数据化。综合运用大数据信息，实现电脑手机APP一体化，通过让数据多跑腿，让干部少跑路的方式，实现了坐在办公室、下乡的路上随时随地便捷查询，实时掌握乡镇、村（社区）对贫困户帮扶的情况，以及贫困户最新状态，解决了以往情况不明、底子不清的问题；关注重点更加突出，县扶贫办每月对收集的全县脱贫户各项信息、预警动态进行数据分析研判，及时发现存在的返贫风险，全县共收集13266条脱贫攻坚数据，预警“两不愁三保障”和饮水安全等问题312条，并通过部门会商制度，对预警的问题采取“一对一”精准施策，全年对479户（因病因残204户、因学27户、受疫情影响248户）困难对象进行应急救助，下拨资金119.6万元；实现闭环管理，采取定期调研、不定期抽查和组织乡镇交叉检查等方式，对脱贫攻坚工作进行监督检查，及时发现存在问题并督促有关单位核查整改，同时对帮扶措施落实情况予以督查并反馈帮扶成效，确保脱贫攻坚各项工作落深落细落实落到位、形成闭环，解决了以往镇村信息上不来、县级相应帮扶措施下不去的信息不畅问题。

坚持有效防范，探索设立“防贫险”。将贫困人口、非贫低收入人口作为保障对象，参保人数采取按月更新，实行动态管理，对可能因病、因学、因灾而返贫致贫情况实行针对性救助，险种从医疗扩充到“两不愁三保障”，每人最高享有9.8万元保障，力争实现“提前预警，未贫先防”，全面筑起防返贫控新贫稳脱贫“拦水坝”。永春县总结为贫困户购买扶贫补充医疗保险经验，2020年县财政投入100多万元在全省率先探索设立“防贫保”保险，取得较好实效。“防贫保”主要有5个特点：即突出保障两类重点人群。对全县所有建档立卡贫困户和脱贫线3倍（即1.2万元）以内的六类重点人群全部投保；建立动态调节机制。六类重点人群防贫保参保人数按实际情况每月更新，实行动态管理，有效控制新贫发生；扩大保障范围，保险保障内容从原来的单项保医疗全面覆盖到“两不愁三保障”范围、重大疾病病种扩大到50种（在中国保险规定外，增加福建省常见的20种病种）、每个人能获得最高补助额扩大到9.8万元（大病7万元+住房、饮水等设施损毁2万元+因学0.8万元）；简化理赔手续，因病、意外住院补助金，保险公司根据县医保局结算数据快速进行赔付，实现“主动理赔”服务，群众仅需一张身份证和银行卡即可实现理赔；放大扶贫资金效应，协议规定，保险公司全年理赔金额要达到总投保保费的90%～160%之间。如果少于理赔额90%，则保险公司应将差额款用于特困户补助或特困生的补助金。

壮大村集体经济发展。根据调查统计数据，2020年村集体经营性收入10万元以下的村0个，完成市下达目标任务；经营性收入10万～20万元的村60个，占29%；经营性收入20万～50万元的村143个，占68%；经营性收入50万元以上的村6个，占3%。强化落实主体责任，将发展壮大村级集体经济目标任务纳入乡镇年度绩效考评。落实“福村贷”、发展壮大村（社区）集体经济奖励办法、发展村集体经济人才评选等支持激励措施，激发内生动力，推动各乡镇、村2020年增收项目的实施。实施“强村（强企）带弱村”行动发展壮大村集体经济，下发《中共永春县委组织部 永春县农业农村局 永春县财政局关于实施“强村（强企）带弱村”机制促进村集体经济发展的通知》（永农发〔2020〕102号）文件，组织乡镇村策划强村（强企）带弱村发展村集体经济创收项目，安排市县专项资金1000万元，扶持53个村通过强村（强企）帮带发展特色农业与加工业、乡村旅游、光伏发电、物业出租等村财创收项目，参与的弱村即低收入村占全县70个低收入村达75.7%，参与的弱村村均年增加收入在1.5万元以上，有效推动全县村集体经济的发展。如，达埔镇依托香产业优势，组织9个低收入村出资，与强企泉州强民香业有限公司合作和带动支持下，通过在香产业园二期置地0.92公顷，建设标准厂房用于香料加工、销售，与该公司进行合作香料加工与销售，约定固定年收益率6%，从面上有效增加低收入村收入。指导实施村集体经济试点创收项目，投入1200万元支持20个村发展乡村旅游、特色农业、厂房建设出租等20个扶持村集体经济试点创收项目，切实增加村集体经济收入。如桃城镇洋上村对试点果园项目，通过公开拍卖园地，并将配套完善的基础设施和规范采购的生产资料与承包方进行合作，投入60万元的试点资金年可增加村财收入超9.1万元，收益率达15%。继续实施“百社百村带千户”行动，由农民专业合作社联结9个低收入村集体，通过投资入股发展现代农业增加村集体收入，参与村每村投入5万元，年可获得0.5万元的村财收入。推动20个乡村振兴省级试点村与基础较差的弱村结成对子，力促弱村变强、强村更强。引导乡镇、村坚持因地制宜、分类指导和“一村一策”，2020年全县谋划推动实施村集体经济发展项目超300个。各乡镇立足本地资源、产业等优势，谋划实施村财增收项目，促进村集体经济发展。如，坑仔口镇西坪村、诗元村入股美岭水泥，魁斗村入股莉芳茶厂，蓬壶镇组织17个村筹资入股铭发食品、启一信息科技项目，享受固定分红。

（分管领导：李婉真 撰稿人：林伟超）

永春县获评全国河湖长制工作激励县

2020年，永春县贯彻中央及省、市河湖长制工作有关部署要求，在做好疫情防控的基础上，强化日常履职，提升工作能力，攻坚难点问题，持续推进河湖长制工作“见实见效”，获评国务院2019年河湖长制工作激励县（全国10个县），获评全国优秀河长、河长制先进工作者各1名、泉州市最美河道专管员1名，选送《河道“郎中”》微电影荣获第二届“守护美丽河湖——争创示范河湖”全国短视频公益大赛一等奖，代表福建省参加水利部太湖流域片河湖长制工作交流会并作典型经验交流，东关桥国考断面水质全年均值达Ⅱ类考核要求，河湖长制工作做法多次在中国水利报等中央及省、市媒体刊发报道，2次获泉州市市长王永礼肯定批示。

示范建设推动工作“标准化”。河长办示范建设。完善提升东关镇河长办，增设无人机巡河系统、河道监控系统等，形成一套河长办标准化运作样板；指导蓬壶、达埔、吾峰、湖洋等4个试点乡镇挖掘特色，实施河长办示范建设，形成各具特色、运转得力的乡镇河长办，持续提升基层河长制工作水平。宣传阵地示范建设。与泉州市党内政治生活体验馆、县委党校合作，将“河长制”作为生态文明建设的重要内容，纳入领导干部党课培训计划，打造集现场观摩、真人讲解、教学互动于一体的学习阵地，提升党员河长、领导干部的河湖管理水平；以岵山镇河长办建设为依托，与永春生态文明研究院、岵山社区大学合作，打造集宣传展示、交流座谈、全民参与的乡镇级水生态研学馆，定期举办河长研学培训活动，将河长制触角延伸到镇村。项目化运作示范建设。以清新流域为引领，提升岵山金溪、桃城南星溪、五里街霞陵溪、东关桃溪等样板工程，谋划清新流域“十四五”项目库，加强与产业发展、乡村振兴、水利风景区建设相融合，催生“水经济”，打造人水和谐的富美乡村。

靶向出击推动工作“实效化”。集火力清“四乱”。贯彻全省河湖长制工作推进会精神及泉州市1号河长令要求，县级河长亲自部署“碧水清河”行动，在全县集中开展“四乱”大整治，改善河湖面貌。抓重点提水质。针对桃溪6条水质不达标支流，县级总河长、流域河长先后开展现场办公17次，县检察院、县河长办将其纳入2020年度联合督办项目，先后开展联合督办5次，一线督促治理工作；相关乡镇河长按照水质提升方案，逐项落实污染治理工作。

科技借力推动工作“信息化”。巡河信息化。启动城区5个人口密集乡镇无人机巡河，并建立“每天1巡，一周1报”制度，解决疫情期间人工巡河不便的难题，提升巡河覆盖面，推动巡河常态化。检测信息化。与县检察院联合组建公益诉讼快速检测实验室，实现“水质快速检测、结果专业权威”，为环境损害类公益诉讼案件取证勘查、环境检测提供技术支撑，成为依法管河治水的“硬核科技”。推广水质在线监测系统，要求水质不达标乡镇常态使用，实现数据及时记录、定期分析汇总，为解析污染源、开展污染治理提供“智力支持”。

多措并举推动工作“常态化”。完善考评机制。完善河长制日常考评细则，在每月河道问题检查考评的基础上，增加“巡河App有效使用率、宣传信息报送、四乱问题整改落实”三大检查考评项，通过逐项赋分、总分排名、文件通报的形式，强化对河长制工作的日常监督，并将其纳入年度绩效考核，“以评促动”推进镇级河长履职尽责。发动全民监督。与广电网络公司合作开展河湖问题举报有奖活动，依托“河长制110”举报受理平台，对举报件及时处理、闭环跟进，提升公众参与河湖保护的便捷度与满意度，让“全民监督”成为“河长制”常态推进的有效手段。强化亮榜推优。在河长制电视云平台增加每月水质、巡河率及问题整改公示，以“亮丑”激发河长工作责任感；每年有计划地推选出一批优秀河长、河道专管员及幸福河湖案例，并在公众号、电视台宣传报道，以“评优”激发河长工作荣誉感，形成推进河长主动作为的激励机制。

（分管领导：李永传　撰稿人：王虹雄）

永春县获列入全国第四批“绿水青山就是金山银山”实践创新基地

永春，古称“桃源”，面积1456.87平方千米，下辖22个乡（镇）、236个村（社区），户籍人口60.17万人；地处晋江上游，是泉州市的“后花园”。永春县坚持学习贯彻习近平关于生态文明建设的指示精神，坚定不移走绿色发展之路，一任接着一任干、一张蓝图绘到底，持续探索绿水青山与金山银山之间双向转化的有效路径，全面打造“乡愁故里、生态桃源、美丽永春”；先后荣膺首届“中国生态文明奖”先进集体、第二批国家生态文明建设示范县等称号；党政领导生态环境保护目标责任书考核连续五年“优秀”；2020年10月被生态环境部评为第四批“绿水青山就是金山银山”实践创新基地，成为福建省第二个、泉州市首个获此殊荣的地区。

*注重顶层设计，构建生态文明格局。*强化组织领导。高规格成立由县委、县政府主要领导任组长的“绿水青山就是金山银山”实践创新基地建设工作领导小组，全县28个职能部门和22个乡镇全部纳入成员单位，建立“一把手”负责制；定期组织召开协调会、联席会等，集中解决“两山”基地建设过程中的具体问题与困难。坚持规划引领。强化生态振兴顶层设计，提前做好各项工作的谋划与筹划，编制实施“两山”实践创新基地建设实施方案、空间规划、生态文明建设示范县规划、全域旅游发展规划、乡村振兴规划及各产业发展专项规划，精准施策，靶向发力，对全县经济社会发展、生态文明建设统筹部署，有效指导永春科学打通“两山”双向转化通道，擦亮“有一种生活叫永春”城市品牌。构建宣传阵地。开展“两山”实践创新基地建设，成立全国首个县级生态文明研究院，举办生态文明大讲堂，实现全县党政领导干部生态文明培训100%。强化环境基础教育和生态文明警示教育基地建设，编制永春乡土生态文明读本，将生态文明作为素质教育的重要内容，提高全民环保意识。创新打造全省首个县级水生态文明馆—永春县水生态文明馆，图文并茂地展现生态文明建设取得的成效，全面打通生态文明理念线上线下融合传播的同心圆。

*聚焦生态环境，厚植绿水青山本底。*强化环境治理，保障生态安全。永春县始终坚持生态优先、绿色发展的理念，全力塑造“天蓝、地绿、水净”的生态环境。天蓝：综合实施优化产业布局、企业节能降耗、扬尘管控、“散乱污”治理、淘汰黄标车、挥发性有机物（VOCs）治理等举措，全县空气环境质量优良率持续保持在95%以上，$PM_{2.5}$年均浓度稳定在20微克每立方米左右，达到世界卫生组织第二阶段标准，实现“永春蓝”常态化。地绿：加强土壤污染治理与修复，完成重点行业企业用地的基础信息采集，强化危废产生和经营单位监管，全县未发现疑似污染地块及污染地块，土壤环境质量总体稳定。深化农村垃圾、生活污水处理，因地制宜推进农村生活污水、垃圾收集处理设施建设。2015年底永春县被住建部确定为“全国农村生活污水全面治理示范县”，成为全国100个示范县之一；2020年，永春县入选福建省首批10个农村污水治理试点县。水净：探索推行河湖长制工作，强化水环境污染综合治理，组织实施“一河一策”，把桃溪流域综合治理作为生态环境保护工作的“一号工程”，编制实施《永春县桃溪流域水质提升方案》。深化桃溪流域综合治理经验，注重小流域、清新流域水质提升，强化饮用水源保护，“五全六治”综合治理典型经验在全省推广。太湖流域片第三次河长制工作交流会和全国农村水电绿色改造现场会先后在永春召开。2020年，全县5条主要河流水质环境功能区达标率100%，国、省、市控断面水质均达到Ⅲ类及以上。改善人居环境，打造美丽乡村。生态是永春的最大优势，农村是永春的主体风貌。以获得中国人居环境范例奖的大羽村为标准，持续深化“清新桃源·宜居永春”三年行动，实施“新房美化、裸房装修、古厝修缮、

违建拆除、搭盖清理”五大行动，2019年创成4个“无裸房乡镇”、10个“无裸房镇区”和100个“无裸房村”。获评全国农村人居环境整治成效明显激励县，列入全省实施乡村振兴战略重点县。从2012年开始，通过全面深入调查研究，针对永春的自然生态优势和农村风貌，在全省率先启动实施美丽乡村建设，坚持两个遵循，即充分保护乡村肌理，充分保留乡愁记忆；提出“三不”原则，不搞大拆大建，不套用城市标准，不拘一个建设模式，经历了环境整治、文化挖掘、产业培育三个阶段，做到“一村一品、一村一韵”，累计创建了80个示范村、25个精品村，为全省的美丽乡村建设提供了示范借鉴。出台105条标准，成为全国《美丽乡村建设规范》的制标单位。至2020年，永春县有2个全国农业旅游示范村、2个国家级最美休闲乡村、2个中国乡村旅游模范村、1个国家级历史文化名镇、1个国家级历史文化名村、5个中国传统村落、17个国家级生态乡镇。

*创新体制机制，注入共建共享动力。*建立健全生态文明制度。深化林权制度改革，坚持确权赋能，放活林地经营权，累计颁发非规划林地林权证36本；建立林业产权金融服务平台和产权抵押融资风险分担机制，累计完成林权（林地、林木）赎买842.67公顷；创新推出“花卉贷”“林好贷”“林易贷”等林业金融新产品，为百姓贷款33548万元；实施“一乡一品”工程，累计发展林下经济项目327个。深化全国农村集体产权制度改革，2019年完成236个村（社区）股权制改革，基本完成农村土地确权颁证。深化自然资源资产负债表运用，创新开展2个乡镇的党政领导干部自然资源资产离任（任中）审计。推进生态文明体制改革。加快落实省级国家生态文明试验区改革任务，完成空间规划编制工作，构建出以“三区三线”为主体的空间格局，形成“一本规划、一张蓝图”。创新开展自然生态空间用途管制，划定生态空间，出台了国家重点生态功能区产业准入负面清单，加快推动产业生态化和生态产业化，科学引导县域产业绿色发展。优化完善生态文明机制。创新生态环境监管机制，为全县生态振兴保驾护航，全省率先成立“生态警察”、提出“湖长制”，构建县-乡镇-村三级河长，由县委书记、县长任总河长，设立副总河长6人，乡镇级河长160人，村河道专管专员211人；全省首创“河长制110”指挥中心，启用无人机“自动巡河”，组建24小时在线问题受理专业队伍，对云平台、随手拍、监督热线举报问题快速处理。创新生态环境考核机制。落实“党政同责”“一岗双责”的党政领导生态环境保护目标责任制，每年签订责任书，突出以绿色发展为导向，根据部门及乡镇功能与定位，实行差异化考核，严格执行领导干部任期生态环境目标责任制、生态环境损害责任终身追究等制度，促进领导干部切实履行自然资源资产管理和生态环境保护责任。

*坚持融合发展，推动金山银山转化。*在理念上，注重生态引领。秉持“尊重生态、顺应自然”的理念，把生态融入经济社会发展全局，探索生态产品市场化机制，构建“生态资源向生态资产转变、生态资产向资本转变、资本向股本转化”的“三级市场”；按照“景城一体、城乡一体、全域布局、产业互补”的思路，制定永春县国家重点生态功能区产业准入负面清单，有序推进旅游产业、城市建设、土地利用、环境保护等多规合一，划定“四大功能区”的产业布局引导全域空间的“点上开发”。以全域旅游为总抓手，整合资源，促进一二三产业的融合发展，打造新型“靠山吃山、靠水吃水”的发展模式，实现生态环境向生态经济的蜕变。2016年后，永春县生产总值年均增长8.1%，旅游收入从34亿元增加到2019年59.57亿元，农村居民人均可支配收入从13517元提高到2019年17142元，百姓真正得到了实惠。在路径上，注重三产融合。整合资源，引导优势产业上下游互动联动融合，培育新型的、成规模的、高成长的“三次产业”。传统产业方面，引导推动轻纺鞋服等传统规模产业实施机器换工、重整技改、业态提升，实行清洁生产模式，提高生产效率、推进节能减排。严格环境质量要求，加大污染综合整治，严控“高污染、高耗能”行业产能，加快淘汰技术工艺落后、资源能源消耗高、环境污染严重、产品质量不达标、生产安全隐患大等落后产能。全面整治“散乱污”企业及集群、落后产能，实行清单式、网格化监管，优化能源利用结构。加大可再生能源消纳力度，到2019年底，全县规上工业增加值能耗降低14.23%。有根产业方面，老醋、香、陶瓷三大特色有根产业坚持采用传统工艺，既可以通过原料需求倒逼种植业发展，又能够嫁接文化创意、健康养

生和旅游经济，繁荣第三产业。2019年，永春县香产业、老醋产业、陶瓷产业分别实现产值约85亿元、10亿元、54亿元。现代农业方面，永春坚持走生态化、规模化、品牌化发展的路子。注重发展种养结合、生态养殖等循环农业模式，建设20个精品农业示范基地，有4个产品通过绿色食品认证、20个产品通过无公害农产品认证。注重与旅游业、养生业有机融合，发展休闲养生旅游和美丽乡村旅游，培育一批一二三产高度融合的“田园综合体”，建成3个省级乡村旅游休闲集镇、20个省级乡村旅游特色村。全域旅游方面，围绕“产业绕着旅游兴、环境为着旅游美、乡镇靠着旅游富”的导向，发挥生态资源优势，拓宽“旅游+”思路，与文化、研学、康养、工业、农业、林业融合发展，形成“习拳、品茗、闻香、尝鲜、玩瓷、赏画”六大核心产品，把旅游打造成永春的支柱产业之一，培育13个国家A级景区，是全省A级景区最多的县。实现全县旅游接待人数年均增长21.6%，旅游总收入年均增长23.3%，2019年接待游客527.86万人次，总收入59.57亿元。在机制上，注重改革创新。永春县以桂洋镇为试点，探索生态产品市场化路径，建立绿色资源台账，创新生态企业联营模式，策划生态产品转化项目，创新生态资本向股本转化路径。截至2019年底，桂洋镇村集体收入10万元以上5个、20万元以上3个，增收幅度比2018年提升近50%。该模式获省委改革办推广。创新绿色产品融资方式，创新推出“花卉贷”“林好贷”等普惠金融信贷产品，助力农业农村发展，农民增收致富。同时，永春县建立长效考核管护机制。通过建立生态文明考核“一体系”“三制度”，推进“两山”模式可持续运行。

（分管领导：叶励光 撰稿人：谢伟笔）

永春县获评中国红曲醋都

永春老醋，又名乌醋或福建红粬醋，是“中国四大名醋”之一，具有色泽棕黑、浓酸不涩、醇香浓郁的特点，享誉海内外，历史悠久，工艺独特，是国家地理标志产品，泉州市非物质文化遗产。永春县立足永春老醋的产业发展实际，实施老醋产业倍增计划，明确围绕做大做强永春老醋基地，通过“整合资源、提升质量、打响品牌、龙头带动”，推动老醋产业提质增效。2020年，永春县被中国食品工业协会评为中国红曲醋都。

夯实产业发展平台。规划建设一个园区。围绕引导老醋企业集聚、规模发展，永春县规划建设了123.6公顷老醋科技产业园区，已完成控制性详细规划。园区建成后，将引导新办的老醋企业和现有老醋企业入驻，形成地理上的产业集群，打造成三产融合基地。制定一份扶持政策。制定出台了《关于促进永春老醋产业加快发展的十条措施》，从支持企业加大固投、鼓励开发新产品、加大宣传推介力度等十方面措施，加快扶持老醋产业发展壮大。联姻一所科研院校。与中国食品发酵工业研究院签订战略合作框架协议，将在科研攻关、标准制定、产业发展等方面开展合作互动，为企业创新提供平台支撑。

开展专题品牌宣传。以“千年红曲醋，健康伴你行”为主题，组织开展永春老醋品牌宣传系列活动。开展品牌直播。与省广电影视集团合作，11月30日，在永春县岵山镇祥奏小宗开展永春老醋品牌宣传系列活动启动仪式以及永春老醋品牌专场直播活动。通过邀请当红主持人刘仪伟、省内各地自媒体作者、网红直播达人、美食大咖进行直播，并同步在直播福建、海博TV、一直播、央视移动+、微博、头条、抖音、快手等平台播出，全网观看量近218.2万人次，直播点赞、转发、评论、社群总互动量超7万人次；开展“县长带你买好货”直播推介，助推永春县老醋等特色产品销售渠道，两个小时成交6万多单。讲好老醋故事。聘请省广播影视集团融媒体资讯中心制作专题宣传片，讲好老醋“三个千年”（千年红曲、千年红酒、千年老醋）故事，对永春老醋历史、工艺、优点进行全方位展示。聘请专家撰写《永春老醋的历史与传承》专著，帮助产业理清历史传承，指出发展思路。投放宣传广告。从网络平台、主流媒体、户外广告以及新媒体平台等多方面渠道进行

宣传，在东南卫视《福建卫视新闻》、福建综合频道《福建新闻联播》中播放15秒预告宣传片及新闻报道；在《风动福建》《乡村欢乐购》《新闻启示录》等开展专题报道；播放福建新闻广播上下班高峰时段整点广告，同时将在春节期间在省内高铁动车站进行一周广告投放，在“广电商城”上架永春老醋产品，利用广电推广方案，协同带动，扩大永春老醋品牌知名度。举办高峰论坛。12月12日，举办首届中国红曲醋产业发展高峰论坛，邀请浙江大学、福州大学、南昌大学、福建师范大学、福建农林大学等著名教授到会，通过主题演讲的形式共同探讨红曲醋产业创新与发展问题，助力永春老醋实现新跨越。

*加大企业创新力度。*从工艺技术上求突破，鼓励企业在做好传统工艺、品质传承的同时，注重生产工艺和设备的创新改良，提升老醋的产量和体量。现有的永春老醋醋业、津源酱醋、金春酿造等传统老醋企业纷纷实施技改增资，对制醋的生产设备进行优化和研究，2019—2020年固定资产投入超1亿元。在产品创新上下功夫，引导企业加大产品研发投入，开发醋衍生产品，老醋产品已突破单一的佐餐调味品，拥有了海鲜醋、蒜香醋、饺子醋、红醋、猪脚老醋等品种丰富的老醋产品。产品类型上也扩大到了醋饮料、醋豆，保健醋，红曲胶囊等，功能更加多样化。从品牌打造上求发展，鼓励企业实施差异化发展线路，对标国内一线品牌，打造企业自主品牌和产品品牌，拥有桃溪、顺德堂、福泉春、桃星等4枚省著名商标和3枚市知名商标。永春老醋醋业和顺德堂获评“福建老字号”，金春酿造获评“泉州老字号”。在商业模式上扩市场，鼓励企业拓展网络销售、直播销售、跨境电商等线上渠道，利用京东永春特产馆，淘宝永春特色馆等大型电商平台和白鹤拳文化商城，万春寨特产城，永商手礼网等本地商城平台，持续开拓国内外市场。

*深化产业融合发展。*永春县推动“工文旅”深度融合发展，致力打造一、二、三产深度融合的老醋基地。新投产的得壹醋业专门开辟原料种植基地、设立研发实验室、创新生产工艺，旨在打造一、二、三产融合发展示范。七匹狼集团投资正在建设的侨新老醋文创园，利用原永春县化肥厂火电车间土地及地上建筑物开发老醋传统产业工业旅游，并对传统酿造食醋菌种以及对创新酿造工艺的技术进行研发，打造年研发食醋2000吨的旅游观光工厂，建成后预计每日接待游客200人次；永春老醋醋业公司在地方国营福建省永春酿造厂旧址上建设永春老醋文化创意园，顺德堂醋业挖掘永春老醋和企业的历史渊源打造文化旅游观光点，均被评为省级工业旅游示范点和省观光工厂。

*发展思路日益明晰。*由于本土企业家、社会资本、国有企业纷纷看好老醋产业，表现出较强的投资意愿，老醋产业已成为最具潜力的产业之一，特别是在今年新冠疫情的冲击下，醋所属的调味品行业不但没有受到影响，反而逆势增长，发展前景十分广阔。永春县将以获评中国红曲醋都为契机，通过加快产业园区建设，洽谈引进1～2家产业龙头企业，开展评选制醋大师赛，起草修订永春老醋标准，开展外包装设计大赛，重新制定扶持政策，收集民间年份老醋等措施入手，营造浓烈的永春老醋发展氛围，扩大永春老醋品牌影响力，加快形成以永春老醋为主，融合农业种植、红曲生产、科技研发、工业旅游、物流配送等为一体的老醋产业链条，力争老醋产量达到10万吨以上，醋等发酵产业集群产值突破100亿元，实现“从一瓶醋到发酵产业”蝶变的目标。

（分管领导：王明显　撰稿人：李志晟）

开展“三治融合”示范村（社区）创建活动

2020年，永春县探索乡村治理有效路径，按照“创新载体、建立机制、试点先行、示范推广、全面推进”的工作思路，在全县范围内开展为期三年（2020—2022年）的“三治融合”村（社区）创建活动，探索建立“自治＋六规范”“法治＋六零”“德治＋六新”示范村（社区）工作体系，构建社会治理新格局。《八闽快讯》《海峡通讯》《侨区快讯》《福建日报》《福建法治报》《泉州晚报》等对永春县“三治融合”创建工作进行了宣传报道，市委副书记张永宁和市委常委、政法委书记林锦明分别作了批示肯定。

以自治为本，提升社会治理多元性。基于基层自治组织运行仍不够规范，以“六规范自治”（规范民主选举、规范民主协商、规范民主决策、规范民主管理、规范民主监督、规范民主评议）调动村民参与的积极性和主动性，推动基层自治更加有魂、有序、有力、有效。实行多元共治。加强村级党支部等基层党组织建设，成立一都山歌小镇、横口福鼎等5个联村党委，19个小区兼合式党支部。在老年协会、乡贤促进会等社会组织建立起党支部或党小组。当年全县共有老年协会党支部28个、党小组196个，试点成立红色乡贤振兴促进会43个。拓宽各类主体参与农村公共事务的渠道，推进新型经营主体负责人、老党员、新乡贤、妇女群众等群体参与乡村治理，探索“村民说事”“红色管家”“村企联盟”“共产党员户”等治理新模式，强化“一核多元”的乡村治理格局。采取积分奖励。以推行积分制等易于调动群众积极性的形式为突破口，将村民参与基层治理转化为可量化、可评价的数据指标，激发群众参与乡村治理的内生动力。达埔镇新琼村建立村民小组长积分制、蓬壶镇东星村推行“志愿服务+积分奖励”制度、外山乡草洋村设立“德治银行”等。全县积分奖励活动如火如荼，全年有3万多名村民参与积分活动，兑换奖励物资价值合计近80万元。对村干部引领村民自治情况进行量化积分，以优秀、良好、一般、较差4个等次量化等级，全县共发放绩效奖励526.14万元。开展近邻互助。针对因城镇化发展，邻里关系日渐疏离化的问题，镇村党组织探索既符合各地实际，又各具特色管用的近邻互助乡村治理模式。如湖洋镇吴岭村创办“邻里守望堂”，五里街镇鼎元星城—御龙庭小区兼合党支部成立近邻基金和“近邻帮帮团”，岵山镇建立党员古厝长、古街长、古树长“三长”，提高村民自治管理水平和村民组织的凝聚力。

以法治为要，推动社会治理法治化。基于有些群众法治意识相对薄弱，乡村赌博陋习、失信、电信网络诈骗仍较为多发的现象，以“六零法治”（零上访、零失信、零诉讼、零诈骗、零涉毒涉赌、零未成年人犯罪）引导和促进群众办事依法、遇事找法、解决问题用法、化解矛盾靠法，让法治思想逐渐深入人心。突出法治引领。实施农村“法律明白人”培养工程。全县已审核确认“法律明白人”1386名，共分发普法资料10万余份，参与各类主题宣传活动1200余场，源头化解矛盾纠纷106起，有效预防群体性事件12起、“民转刑”案件6起。为加强“法律明白人”示范带动作用，一都镇仙阳村、岵山镇茂霞村、桃城镇南星村分别成立个人品牌调解室，全年为群众解决矛盾纠纷案件32件。突出资源整合。整合乡镇法庭、派出所、司法所、律师事务所等力量，推行“135”庭所共建联合调解机制，全年共排查矛盾纠纷3173件，调解成功3169件，成功率99.87%。4月，五里街镇司法所运用“135”联合调解工作模式，与派出所、镇法律顾问中心联动，迅速化解一起意外死亡纠纷。突出源头治理。发挥村干部兼职辅警作用，全县有兼职辅警308名，共源头化解矛盾纠纷407起，排查安全隐患43个，预防群体性事件4起。此外，一都镇建立了边界民间纠纷联访联调机制，横口乡成立移民安置党员先锋调解队等，提升矛盾纠纷源头化解水平。2020年全县社会治安总体稳定，呈现“两降一升”的良好态势，越级上访下降66.7%。

以德治为基，完善社会治理软约束。基于相对复杂的基层治理形势，德治作为自治与法治间的补充和“润滑”作用。以“六新德治”（新内涵、新风尚、新实践、新氛围、新传承、新形象）推进社会公德、职业道德、家庭美德、个人品德建设，营造崇德向善、诚信友爱的良好社会风尚。榜样立德。树榜样、立标杆，发挥先进典型的示范带动作用。评出“好婆媳”1895名、身边好人3520名、慈孝模范972名。鼓励镇村党组织常态化开展评比活动，其中吾峰镇吾顶村开展“争当文明吾顶人，我为名人故里添光彩”主题评选，评出各类文明户80户，横口镇福中村评选“孝心示范户”等共10户，呈祥乡呈祥村为75户“共产党员户”挂牌。文化养德。发掘和培育优秀文化传统，在永春旅游活动中心场所打造永春新时代文明实践中心，在五里街镇、岵山镇、玉斗镇等地以“文艺志愿服务”为主基调，结合融入本乡镇“善”元素及“乡风文明”元素，建设好新时代文明实践所。全县在线注册各类志愿者达7.7万名，占常住人口16.5%，发起志愿服务项目11749个，志愿服务总时长7008956小时，志

愿者人均时长92.2小时，各项数据指标均创历年新高。评议树德。挖掘本土圣贤、伟人、名人家风家训等历史故事，结合“道德讲堂”和“乡贤议事”两大载体，组织开展群众评议活动，构筑“以评论理、以评明德、以评树德”的全民评议格局。苏坑镇嵩山村开展“和善村民”“和美家庭”“和睦邻里”评选，利用苏坑大讲堂开展“五和”宣讲活动；坑仔口镇诗元村设置家风家训馆，集中展示好人好事、五佳乡贤、孝亲榜样等先进人物事迹，凝聚行善互助、积极向上的良好风气。

经过近一年来的探索和实践，永春县“三治融合”创建工作取得了初步成效，城乡治理水平不断提升，善治的土壤愈加肥沃深厚，群众获得感、幸福感和安全感不断增强，为深入实施乡村振兴战略、谱写永春绿色崛起新篇奠定更加坚实的基础。

（分管领导：宋月娥 撰稿人：黄安馨）

2020年11月8日，永春县矛盾纠纷多元化解中心成立并举行揭牌仪式　（县司法局 供图）

大事记

1月

3日，县慈善总会联合县农信社、南利针织有限公司、万家美轻纺服饰、永春爱尔眼科医院、步步情鞋城等爱心单位举办2020年冬令物资发放仪式，为东关、东平、岵山、仙夹、湖洋、外山等6个乡镇578户国定、省定困难户、五保户发放衣物、粮油等物资价值近50万元。

6—8日，政协第十五届永春县委员会第四次会议在县人民会堂召开。县委书记庄永智出席开幕式并讲话。县政协主席林海鸥代表政协十五届永春县常务委员会向大会作工作报告。会议审议通过了政协第十五届永春县委员会常务委员会关于十五届三次会议以后提案工作情况的报告和《中国人民政治协商会议第十五届永春县委员会第四次全体会议决议》，表彰2019年度优秀提案和提案承办先进单位，听取县政协十五届四次会议提案初审情况的报告。

7—9日，永春县第十八届人民代表大会第四次会议在县人民会堂召开。会议听取县政府工作报告。选举吕建成为永春县人民政府县长、陈守林为永春县监察委员会主任，表决通过县十八届人大社会建设委员会、监察和司法委员会组成人员人选名单，表决通过关于县人民政府工作报告的决议。

9日，县长吕建成主持召开县政府全体成员会议，贯彻落实县“两会”精神。

9日，副市长朱启平到永春县岵山镇调研脱贫攻坚、乡村振兴与农村人居环境整治工作。县长吕建成等参加活动。

15日，市政协主席李转生到永春县五里街镇开展春节前慰问优抚对象、低保户和计生困难户，县政协主席林海鸥参加活动。

15日，仙夹镇漆艺交流中心成立暨拜师仪式举行。

16日，县人武部党委第一书记任职大会召开。市委常委、泉州军分区政委刘建军在会上宣读关于永春县人武部党委第一书记的任职命令，任命庄永智为永春县人武部党委第一书记，并颁发任职通知书。

17日，省委组织部副部长、省公务员局局长张晓华到永春县走访慰问困难党员，县委书记庄永智、县长吕建成等参加活动。

18日，披云灵光家国情故事馆开馆暨广场启用仪式在吾峰镇举行。原省委常委、秘书长黄文麟，市人大常委会原主任傅圆圆，原市人大常委会副主任、市扶贫协会会长潘燕燕，县长吕建成、县人大常委会主任康思坚等参加活动。

20日，永春县召开“不忘初心、牢记使命”主题教育总结会，学习贯彻习近平总书记在“不忘初心、牢记使命”主题教育总结大会上的重要讲话精神，落实省委、市委会议要求，总结永春县主题教育成果，对巩固拓展主题教育成果、加强党的作风建设、全面推进从严治党作出新的部署。县委书记庄永智主持会议并作总结讲话。市委第6巡回指导组副组长庄怀璇出席并讲话。县长吕建成、县人大常委会主任康思坚、县政协主席林海鸥等参加会议。

22日，中共永春县第十三届纪律检查委员会第五次全体会议召开。会议回顾2019年纪检监察工作，部署2020年任务。县委书记庄永智参加会议并讲话，县长吕建成传达中央、省、市纪委全会精神，县人大常委会主任康思坚、县政协主席林海鸥等参加会议。市纪委监委派员到会指导。县委常委、纪委书记、县监委主任陈守林代表县纪委常委会作工作报告。

25日，永春县召开疫情防控响应措施会商会议及防控加温会，各乡镇、卫健系统、公安交管部门、市场监管局、文体旅游局等部门全力投入新冠肺炎防控工作。

26日，全省首个地方性新华侨联谊会——永春县柬永华侨联合会在县侨联成立，中国侨联副主席、省侨联主席陈式海到会祝贺。

27日，永春县召开新冠肺炎疫情应急指挥部疫情防控工作会商会。县委书记庄永智、县长吕建成等参加。会议成立永春县新型冠状病毒感染的肺炎疫情应急指挥部，下设综合协调组、疫情防控与医疗救治组、医学观察组、交通检疫组、舆情宣传与环境整治组、维稳处置组、后勤保障组、返工劝导组、督查督导组。

2月

14日，市委书记、市防控新型冠状病毒感染的肺炎疫情应急指挥部总指挥长康涛到永春实地检查指导疫情防控工作。

16日，永春县召开疫情防控和复工复产工作视频会。县委书记庄永智、县长吕建成等参加会议。

16日，县新冠病毒核酸检测实验室投用。

19日，永春县发布《关于疫情防控期间支持企业复工复产十一条措施的通知》，新增多项补贴措施，支持企业和项目有序、有力、有效复工复产。

23日，副市长朱启平到永春县东关、岵山等乡镇开展市级河长巡河工作调研。县长吕建成等参加活动。

26日，市人大常委会副主任黄阳春到永春县对涉农企业春耕备耕开展情况进行调研。县委书记庄永智等参加活动。

2月，永春县启动云端战疫，全面推行网上政务办理、视频面试"云招聘"平台、网上销售等举措，快速办理复工复产的各种手续，解决企业办证不便、招工难、交通物流难、市场拓展难等诸多困难，为企业复工复产按下快捷键。

3月

3日，福州市永春商会和德化商会正式接收位于福州市台江区的永德会馆，该馆解放初作为公产划给福州台江区，是日使用权正式回归永春、德化两县。

4日，市长王永礼到永春调研春季农业生产工作。

5日，市委常委、组织部部长孔繁军到永春县调研企业复工复产情况。

11日起，永春县启动以房屋安全为整治重点，在全县范围内开展地毯式、拉网式安全生产隐患大排查大整治和百日攻坚行动。

18日，3个县级以上重点项目集中开工。其中，永春县污水处理厂扩建配套管网三期工程为市级重点项目，紫隆陶瓷生产项目、嘉恒陶瓷科技项目为县级重点项目，3个项目总投资3.553亿元，年度计划投资1.47亿元。

19日，永春县参加泉州市重大项目集中"云签约"活动，有7个项目进行签约，总投资10.17亿元，项目涉及医药、建筑、环保、制香等绿色产业领域。县委书记庄永智、县长吕建成等参加活动。

27日，副市长李伙金率领市委第十检查组到永春县检查2019年度全面从严治党主体责任落实情况，约谈县委领导班子成员，反馈检查发现问题，督促整改落实。

3月，永春县陶瓷产业人才实践基地在介福乡陶瓷工业园九牧集团良瓷科技公司举行挂牌仪式。

4月

1日，省委常委、纪委书记刘学新，副省长郭宁宁到永春调研，县委书记庄永智等参加活动。

14日，石鼓镇桃场社区永春抗战历史纪念馆完成布馆。

16日，永春县召开十三届县委第十轮巡察工作动员部署会。

14日，省食品工业协会副会长兼秘书长林玉明带队到永春县开展永春老醋产业情况调研活动。

22日，市委常委、政法委书记林锦明带队到永春县开展调研督导，县委书记庄永智等参加活动。

27日，副市长吕刚到永春县调研"四好农村路"建设及专项债申报工作。

25日，市第二批重大项目集中云签约活动举行，永春县设立分会场。永春印石山新型建材生产项目、泉州市巨将智能家居项目、永春孚诺泰环保设备生产项目等3个项目落地永春，总投资4亿元。县委书记庄永智、县长吕建成等在永春分会场参加活动。

28日，岵山镇茂霞村、蓬壶镇仙岭村入选2019年度省乡村振兴实绩突出村。

5月

10日，市委书记康涛到永春县调研督导脱贫攻坚和“三农”领域等重点工作，并召开座谈会。县委书记导庄永智等参加活动。

14日，市人大常委会副主任吴汉宗到永春县调研城乡居民基本医保基金使用管理情况。

18日，泉州市政府公布第六批非遗代表性项目名录，永春县一都山歌、介福龙窑瓷器制作技艺、逐火把、掌中木偶戏入选第六批市级非遗代表性项目名录。至此，永春县共有2个国家级、6个省级、14个市级、46个县级非遗传承项目。

27日，省工业和信息化厅厅长翁玉耀带队到永春县调研。副市长肖汉辉，县委书记庄永智等参加活动。

27日，市人大常委会副主任许文贵到永春县调研生态公益林保护管理情况。

27日，五里街镇人民调解委员会陈耀辉调解工作室被省委政法委、省司法厅命名为省级金牌调解工作室，属全省首批。

28日，市人大常委会副主任蔡思红到永春县开展《泉州市市容和环境卫生管理条例（草案）》《泉州市机动车停车条例（草案）》立法调研。

29日，县总工会、人社局、农业农村局、县委人才办、玉斗镇等联合举办首届永春县评茶员职业技能竞赛。

29日，永春县位列全国县城新型城镇化建设示范县名单。

5月，永春县获评国务院2019年河长制湖长制激励县，为全省唯一。

5月，岵山镇茂霞村、蓬壶镇仙岭村入选2019年度省乡村振兴实绩突出村名单。

5月，永春县9户家庭入选福建省抗疫最美家庭。

5月起，永春县在县乡机关企事业单位中实施“在职党员回家工程”，组织1990名在职党员到常住小区报到，“回家”开展志愿服务。

桃城、五里街、玉斗等3个乡镇开展网格化服务管理试点工作，按照“街巷定界、规模适度、任务相当、无缝覆盖、动态调整”原则，每个网格人口控制在300户左右，划分出451个单元网格，并在每一个网格安排一个网格员，实行“微化”管理。

6月

3日，县长吕建成在省农业农村厅主办的“县长带你买好货”网络直播间推介永春柑橘、永春佛手茶、永春老醋、永春鸡蛋等特色产品，说生态，谈人文，话历史，唠家常，细数永春非遗，探秘特色佳肴。两个小时的直播，全网观看量达237万人次，点赞、评论互动数达42.3万人次，下单6万单。

3日，永春县举行福建（泉州）哈工大工程技术研究院永春工作站签约暨揭牌仪式。

4日，财政部驻福建监管局党组书记、局长梁勇到永春县开展地方财政运行有关情况调研。县长吕建成等参加活动。

4日，中国社会科学院研究员戴学锋带队到永春县调研全域旅游试验区创建工作。省文旅厅一级巡视员吴立官等参加活动。

10—11日，永春县首届工艺美术大师评选活动暨福建省（永春）“匠艺杯”工艺美术现场技能大赛在县旅游集散中心举行。大赛由福建省工艺美术协会、泉州市城镇集体工业联合社、县人民政府主办，70名工艺能手参加，评出一等奖7名、二等奖18名、三等奖24名和永春县工艺美术大师25名。

18日，生态环境部南京环境科学研究所副研究员赵志强带领核实组，对永春县“绿水青山就是金山银山”实践创新基地建设工作进行现场核实。县委书记庄永智等参加活动。

22日，省政协副主席刘献祥带队到永春县开展寺庙医药文化遗产保护和发展调研。市政协副主席骆沙鸣，县委书记庄永智、县政协主席林海鸥等参加活动。

23日，市政协副主席陈益到永春县开展“小流域水环境整治”视察活动。

24日，永春特色农产品直营中心（山海协作示范点）揭牌仪式在石狮市湖滨街道举行。

6月，永春县成立蜜蜂产业协会。

6月，省花卉协会盆景分会第五届理事会换届大会暨省盆景大师评定站授牌仪式在永春县举行。

7月

4日，宁夏吴忠市委常委、同心县委书记马洪海率队到永春县开展参观考察活动。县委书记庄永智等参加活动。

7日，水利部太湖流域管理局到永春县开展县域节水型社会达标建设年度复核工作。

9日，省委党校常务副校长、福建行政学院常务副院长胡忠昭到永春县调研。

11日，县总医院举行“陈良龙名医工作室”签约暨揭牌仪式，全县首个名医工作室正式成立。

12日，省旅游协会常务副会长陈维平率队到永春县开展国家全域旅游示范区验收工作。县委书记庄永智、县长吕建成等参加活动。

13日，永春县举行“阳光1+1（社会组织+老区村）”牵手行动集体签约仪式，25家社会组织与30个老区村采取“‘多家帮一村’‘一家帮一村’‘一家帮多村’”的方式，自愿结对，集体签约。

24日，市委常委、政法委书记林锦明到永春县就乡村振兴工作开展调研活动。

7月，永春县入选福建省首批农村污水治理试点县。

8月

5日，东关镇举办2020年春季条状浓香型闽南水仙茶王赛颁奖典礼暨茶叶生产技术讲座。

7日，2020年泉州市首期贫困劳动力职业技能培训班在东关镇举行开班仪式。

13日，在永春白鹤拳创始人方七娘诞辰纪念日之际，五里街镇政府、永春拳协会联合举办以“祭拜师祖方七娘弘扬白鹤天下春”为主题的纪念方七娘诞辰暨白鹤拳文化节活动。当天，在举行南狮、白鹤拳、藤牌武术表演等的同时进行云直播。

14日，省十三届人大代表（泉州第二小组）到永春开展推进“六稳”、落实“六保”工作专题调研。县委书记庄永智、县人大常委会主任康思坚等参加活动。

15日，市委书记康涛到永春县调研督导安全生产和脱贫攻坚等重点工作。县委书记庄永智、县长吕建成等参加活动。

15—16日，中央党校社会和生态文明教研部生态文明建设教研室主任李宏伟教授到永春县开展调研。县委书记庄永智、县长吕建成等参加活动。

16日，位于五里街镇埔头村的永春县第一家香料博物馆开馆。该馆分为景观浏览区、香料体验区、香道教学区、香料研究区、香料展示区等五大功能区。

18日，市人大常委会副主任黄阳春带领市委全面依法治市办检查验收组到永春县开展“七五”普法总结检查验收工作。县委书记庄永智、县长吕建成、县人大常委会主任康思坚等参加活动。

19日，全省第三季度重大项目视频连线集中开工活动举行，永春县设分会场，县委书记庄永智、县长吕建成等参加活动。

19日，农行永春县支行与县陶瓷行业协会举办乡村振兴融资对接会。

20日，纪念永春解放71周年暨《永春县革命老区发展史》首发式活动举行。

23日，由省少年儿童图书馆与吾峰三有书屋共建的蒙养书院举行授牌仪式。蒙养书院由三有书屋负责管理，是一家以服务少年儿童为宗旨的公益性书院，面向幼儿园、小学、中学及单位、机构、团体的图书馆、阅览室等提供借阅服务。

24日，永春县举行林世哲扶助贫困学生教育发展协会2020年中学生学科素养测试奖金颁发仪式。全县有31所中学参加2020年学科素养测试，1165人获奖，共发放奖金16.12万元。

25日，坑仔口镇举办首届黄花菜节。

26日，省妇联党组书记、主席徐珊娜到永春县调研妇联组织建设改革“破难行动”工作。

26日，永春芦柑科技小院入选2020年“福建省科协科技小院”“中国农技协科技小院”。

27日，省委宣传部二级巡视员卓少锋带领省委宣传部县级融媒体中心验收工作组到永春县检查验收县融媒体中心建设工作。县委书记庄永智等参加活动。

28日，县供销社与县农信社联合举行泉州市首次“三位一体”战略合作签约仪式。

29日，泉州市产业链招商推介会暨项目集中签约活动举行。永春县设分会场收听收看并参加签约活动。县委书记庄永智、县长吕建成等在永春分会场参加活动。

8月，永春县入选全国“互联网+”农产品出村进城工程试点县。

9月

2日，国家文物局副局长宋新潮到永春县调研文物保护工作。省文旅厅党组成员、省文物局局长傅柒生，副市长周真平，县委书记庄永智等参加活动。

2日，省防指副总指挥、省应急厅厅长刘琳率队到永春县调研自然村紧急避灾点设置和危险区域群众转移避险演练工作。市委常委、副市长洪自强，县长吕建成等参加活动。

3日，“全市关心下一代传承红色基因教育基地”揭牌仪式在石鼓镇桃场社区举行。

11日，闽西南水资源合作工作联席会议在永春县召开。

8—11日，永春县在2020厦门国际投资贸易洽谈会暨丝路投资大会与升富莒贸易有限公司签约富圆锌业项目，总投资6.9亿元。

14日，致公党福建省委侨法宣传暨“防疫有我爱心助侨”金秋义诊助学活动在苏坑镇举行。

14—15日，省老体协主席王美香带队到永春县调研指导“老年人健身康乐家园”创建工作。县长吕建成等参加活动。

15日，永春县在横口乡召开泉州白濑水利枢纽工程建设征地移民安置工作动员会暨集中签约仪式。县长吕建成等参加活动。

16日，水利部景区办到永春县调研桃溪水利风景区。

9月16日至10月18日，永春县举办“全闽乐购”永春好物节，以中闽百汇广场、时代广场等综合体商圈为核心，涵盖购物、餐饮、酒店、家电、汽贸、石油、文旅、通信等行业113个商家参与，发放消费券289413张，吸引近864006人次参与，拉动全县商贸文旅消费1.16亿元。

22日，2020年福建省“中国农民丰收节”庆祝活动启动仪式在岵山镇茂霞村举行，副省长崔永辉，泉州市市长王永礼，县委书记庄永智、县长吕建成、县政协主席林海鸥等参加活动。

24日，苏坑镇被中国轻工业联合会和中国陶瓷工业协会授予“中国陶瓷特色镇·苏坑”称号。

9月，全县第一家关爱退伍军人老兵驿站在桃城镇南星社区成立。

10月

10日，永春县被生态环境部命名为第四批“绿水青山就是金山银山”实践创新基地。

14日，永春县检察院被最高人民检察院授予“第七届全国先进基层检察院”称号，首次跨入全国先进基层检察院行列。

19日，永春县获评全国农村承包地确权登记颁证工作典型地区。

25日，2020泉州市雪山定向越野赛在呈祥乡雪山风雅颂山庄举行。这是泉州市举办的首次专业性定向越野赛事，永春户外运动协会获团体赛一等奖。

29日，省政协主席崔玉英到中国香都彬达文创园、五里街镇大羽村、县政协机关调研，省政协秘书长陆开锦、市政协主席李转生、县委书记庄永智、县政协主席林海鸥等参加活动。

31日，福建红色旅游村跑系列主题活动永春站在横口乡福中村鸣枪起跑，近300名村跑爱好者参加。

11月

3日，永春县桃城镇举行桃城乡村治理人才驿站揭牌仪式。驿站由桃城镇与永春县生态文明研究院联合创设，主要分为善治工作坊、多功能大厅、公共文化展厅、办公区和接待区五大空间布局。

8日，永春县矛盾纠纷多元化解中心成立并举行揭牌仪式。

10日，五里街镇入选2020年度“泉州十佳特色小城镇”。

13—18日，永春县2020年秋季茶王赛在县农业农村局举行，评出茶王3名，金奖6名，银奖9名。

19日，横口乡福中村“红四军召开群众大会旧址”、蓬壶镇“仙岭德兴堂”被省文物局列入第十批省级文物保护单位。

21日，以“四季橘香　芦柑之家”为主题的2020年中国永春芦柑文化旅游节开幕式在达埔镇猛虎柑橘场举行，同时举办农产品创意大赛颁奖仪式、2020年秋季茶王赛颁奖仪式、“农民丰收节”交接仪式、永春芦柑购销签约仪式、“践行‘两山’理论　助力乡村振兴”战略合作签约仪式、京东永春农特产馆开馆仪式、芦柑祖树果品拍卖仪式、老树芦柑开采仪式及乡村旅游示范线路推介等仪式，县长吕建成在开幕式致辞。

11月，蓬壶镇仙岭村党支部书记苏天恭获评2020年全国劳动模范。

11月，永春县入选首批福建省全域生态旅游示范县。

11月，永春县获评“2020全国县域数字农业农村发展先进县”。

12月

1日，玉斗镇举办“乡村振兴”项目签约仪式暨佛手茶文化节。

1日，由省农业农村厅主办，市农业农村局、县农业农村局、司法局、蓬壶镇承办的2020年福建省"宪法进乡村"活动在永春举行。现场分发普法宣传材料5000多份，同时开展现场有奖法律问答、法律咨询服务等活动。

4日，岵山镇（水果）、湖洋镇（芦柑）入选第十批全国"一村一品"示范村镇。

12日，首届中国红曲醋文化发展高峰论坛在永春举办。

16日，全国"心香"杯斗香赛系列活动开幕在永春县达埔镇举行。

18日，县科协获评"2020年全国科普日活动优秀组织单位"。

19日，以"世界瓷源中国永春"为主题的陶瓷文化创作交流系列活动在介福乡紫美村举行。

19日，市政协主席李转生带领在泉省政协委员到永春开展侨联工作专项视察，县政协主席林海鸥参加活动。

28—29日，政协第十五届永春县委员会第五次会议在县人民会堂召开，县委书记庄永智出席开幕式并讲话。会议审议并通过县政协主席林海鸥代表十五届县政协常务委员会所作的工作报告、副主席张敏辉所作的提案工作情况报告；接受张敏辉辞去县政协副主席职务；听取副主席李江源作县政协十五届五次会议提案审查报告；审议通过县政协十五届五次会议决议；表彰2020年度10件优秀提案和10个提案办理先进单位。

29—30日，永春县第十八届人民代表大会第五次会议在县人民会堂召开。会议听取县长吕建成向大会所作的政府工作报告，表决通过《关于县人民政府工作报告的决议》《关于县"十四五"规划纲要的决议》《关于县计划工作报告的决议》《关于县财政工作报告的决议》《关于县人大常委会工作报告的决议》《关于县人民法院工作报告的决议》《关于县人民检察院工作报告的决议》。

12月，五里街镇获评2020年福建"全域生态旅游小镇"、埔头村获评2020年福建"金牌旅游村"。

2020年12月19—20日，以"世界瓷源 中国永春"为主题的陶瓷文化创作交流活动在永春县介福乡举行。

（介福乡 供图）

县情概貌

自然地理

【区位面积】

永春县地处福建省东南部、晋江东溪上游，东邻仙游县，南接南安市、安溪县，西连漳平市，北与德化县、大田县毗邻。介于北纬 25° 13′ 15″～25° 33′ 45″、东经 117° 41′ 55″～118° 31′ 9″之间。全县总面积 1456.87 平方千米。县人民政府在桃城镇衙口街 1 号，距泉州市区 70 千米。

（县民政局 供稿）

【地形地貌】

永春属福建省内陆山区县。以蓬壶镇马跳为界，分为东西部。地势由西北向东南倾斜。西北部，戴云山脉的主体部分延伸入境，群山叠峰，裂谷纵横，最高海拔 1366 米（呈祥乡雪山）；北部，德化县、大田县交界线上横贯彻一条东西走向的脊线，是闽江、晋江水系的分水岭；东部地势呈阶梯状，海拔降至 200 米左右，形成以县城为中心的山前盆地，最低海拔 83 米（东关镇东关村）。此外，主要水系流经的蓬壶、达埔、岵山、湖洋等山间小盆地呈串珠状分布。这些盆地是县主要农业耕作区。永春县是晋江东溪上游发源地，境内有桃溪、湖洋溪、坑仔口溪、一都溪四大水系。

（县自然资源局 供稿）

【气候】

2020 年，永春县年平均气温 21.7℃，与 30 年平均气温 20.8℃相比高 0.9℃，创历史新高；年内≥35℃的高温日数 58 天，与常年比较异常多。年度总降水量 1507.4 毫米，较历年平均年总降水量 1764.3 毫米少 256.9 毫米；年内出现大雨及以上日数 26 天，其中暴雨日数 6 天；雷暴天气 45 天，主要发生在 3—9 月；全年有 1 个台风影响永春县，与常年相比数量偏少、影响偏轻。年日照时数 1833.9 小时，比常年平均年日照时数 1673.7 小时多 160.2 小时，相比属显著偏多年份。年平均风速 1.9 米 / 秒，年最多风向为西北风。全年平均相对湿度为 79%。

（县气象局 供稿）

资 源

【土地资源】

全县农用地 128561.7 公顷，建设用地 10075.6 公顷，未利用地 6905.55 公顷。耕地保有量 19275 公顷，基本农田保护面积 16590.67 公顷。

【矿产资源】

全县已发现各类矿产资源 30 种。根据全国矿产储量数据库系统统计，永春县煤炭保有资源量 7696.427 万吨，水泥用灰岩资源量 32819.285 万吨，高岭土资源量 908.47 万吨，陶瓷土资源量 325.8 万吨，明矾石资源量 31.3 万吨，脉石英资源量 29.31 万吨，铅、锌金属量 76125.09 吨，矿泉水探明资源量为 743 立方米 / 天，地热资源丰富。

（县自然资源局 供稿）

【水资源】

永春水资源主要由降水、山塘水库蓄水和地下水组成，多年平均年降水量1711.9毫米，多年平均水资源总量18.21亿立方米。永春县流域面积1652.85平方千米，境内流域面积50平方千米以上的溪流有16条。主要溪流有5条，即晋江东溪上游的桃溪、湖洋溪和岵山溪；晋江西溪上游的坑仔口溪、一都溪。2020年，全县总用水量19674万立方米，农业用水量最多，为13110万立方米（其中耕地灌溉用水量12364万立方米，林牧渔畜用水量746万立方米），占总用水量的66.6%；其次是工业用水量2659万立方米，占总用水量的13.5%；居民生活用水量3479万立方米，占总用水量的17.7%；城镇公共用水量1557万立方米，占总用水量的7.9%；生态与环境补水量427万立方米，占总用水量的2.2%。万元工业增加值用水量为19立方米。农田灌溉水有效利用系数0.57。

（县水利局 供稿）

【森林资源】

全县林地面积10.562万公顷，森林面积10.314万公顷，森林覆盖率69.69%，森林蓄积743.0473万立方米，林地保有量10.56万公顷。森林面积中：乔木林面积8万公顷，占77.56%；竹林面积0.788万公顷，占7.64%；国家特别规定灌木林面积1.408万公顷，占13.65%；非林地上片林面积0.118万公顷。森林面积按起源分：天然林面积3.123万公顷，人工林面积7.191万公顷。天然林面积中：乔木林面积2.516万公顷，占80.56%；竹林面积0.607万公顷，占19.44%。人工林面积中：乔木林面积5.484万公顷，占76.28%；竹林面积0.181万公顷，占2.52%；国家特别规定灌木林地面积1.408万公顷，占19.58%；非林地上片林面积0.118万公顷，占1.64%。生态公益林面积3.210万公顷，占林地面积的30.40%，均为省级生态公益林地。

【植物资源】

永春属南亚热带向中亚热带过渡的湿润季风气候区，海洋性气候和大陆性气候并存。由于东南季风的影响，雨量充沛，气候温暖湿润，复杂的地形和丰富的水热资源，使永春成为生物多样性丰富区。全县已查清维管植物193科817属1583种，其中蕨类植物35科58属97种，种子植物158科759属1486种。种子植物中裸子植物10科21属35种，被子植物148科738属1451种。被子植物中双子叶植物129科578属1176种；单子叶植物有19科160属275种。境内分布的国家一级重点保护野生植物有5种：水松、水杉、银杏、南方红豆杉、钟萼木；国家二级重点保护野生植物10种：金毛狗、黑桫椤、刺桫椤、榉树、闽楠、半枫荷、花榈木、红豆树、鹅掌楸、福建柏；省级重点保护野生植物16种：油杉、青钱柳、沉水樟、红锥、华南桂、细柄半枫荷、红楠、福建悬钩子、绒毛小叶红豆、短柱树参、多毛羊奶子、刨花润楠、福建酸竹、鳞苞锥、乌冈栎、白桂木。

【野生动物资源】

据永春县1998年野生动物资源常规调查和1999年夏季进行的专项调查资料表明，全县有兽类7目13科26种，其中猎人访问3目3科6种；鸟类13目34科114种，其中猎人访问1目1科1种；两栖类1目5科18种；爬行类2目11科31种，其中猎人访问1目2科2种。国家一级重点保护野生动物有豹、蟒等2种；国家二级重点保护野生动物有穿山甲、大灵猫、小灵猫、金猫、白鹇、红隼、红脚隼、游隼、鹰雕、乌雕、普通鵟、黑冠鹃隼、赤腹鹰、黑鸢、松雀鹰、雀鹰、草鸮、领角鸮、鹰鸮、虎纹蛙等20种；省级重点保护野生动物有棕鼯鼠、黄腹鼬、黄鼬、豪猪、豹猫、画眉、滑鼠蛇、火斑鸠、黑斑蛙、白鹭、大白鹭、眼镜蛇、眼镜王蛇、戴胜、金腰燕、毛脚燕、家燕、小山蛙、戴云湍蛙等19种。

【古树名木资源】

全县共有古树22科、34属、39种，总株数为700株。其中散生古树297株，古树群5群，403株。其中一级古树23株，二级47株，三级630株。全县千年以上的古树有4株，其中圆柏2株，位于蓬壶镇观山村芹菜庵和桂洋镇文太村宫边；桂花1株，位于石鼓镇桃场社区观音阁；南方红豆杉1株，位于横口乡福中村宫角。

（县林业局 供稿）

【能源资源】

永春县水资源总量18.21亿立方米，水力资源理论蕴藏量17.12万千瓦，其中可供开发量11.9万千瓦。永春县水电开发较早，被誉为“小水电之乡”。至2020年底，全县有水电站136座，其中县属水电站10座，引资水电站3座，国企自备水电站4座，乡村水电站119座，共装机223台，装机容量10.86万千瓦，水能资源开发率91.1%。2020年全县水电发电量2.5亿千瓦时。

（县水利局 供稿）

【旅游资源】

永春，县域面积1456.87平方千米，辖22个乡镇，236个村（社区），素有“万紫千红花不谢，冬暖夏凉四序春”的美誉。全县森林覆盖率69.69%，绿化程度达到95%，入选全国首批“国家全域旅游示范区”单位，获评福建省首批全域生态旅游示范县。全县拥有国家AAAA级景区2个：牛姆林、北溪文苑；国家AAA级景区5个：百丈岩、魁星岩、乌髻岩、仙洞普济寺、雪山旅游区；国家AA级景区6个：老醋文创园、余光中文学馆、云河谷景区、天湖岩、中国香都、埔头农业公园；全国农业旅游示范点2个：北溪和仙岭—汤城—观山片区；省级观光工厂3个：永春老醋文创园、彬达文创园、顺德堂老醋食品有限公司；省级生态旅游示范区3个：牛姆林、雪山旅游区、北溪文苑；省级乡村旅游休闲集镇3个：呈祥乡、五里街镇、岵山镇；省四星级乡村旅游休闲集镇1个：岵山镇；福建省全域生态旅游小镇1个：五里街镇；省级乡村旅游特色村26个：大羽村、茂霞村、观山村、东溪村、三岭村、埔头村、南美村、西村村、福东村、福德村、锦龙村、丰山村、吾江村、苏合村、东美村、花石村、龙水村、东里村、新琼村、西昌村、夹际村、山后村、汉口村、紫美村、云峰村、塘溪村；省四星级乡村旅游特色村2个：大羽村、三岭村；福建省“金牌旅游村”2个：大羽村、埔头村。星级酒店2家、旅行社及营业部26家。同时，还有2项国家级非物质文化遗产品：纸织画、白鹤拳；7项国家地理标志产品：永春芦柑、永春佛手、永春篾香、永春老醋、永春漆篮、永春纸织画、岵山荔枝。

（县文体旅游局 供稿）

环境质量

【大气环境质量】

2020年，永春县环境空气质量状况总体优良，综合指数为2.19，空气质量优良以上天数为360天，优良率98.6%。可吸入颗粒物（PM_{10}）年均值0.033毫克每立方米，细颗粒物（$PM_{2.5}$）年均值0.018毫克每立方米，二氧化氮年均值0.008毫克每立方米，二氧化硫年均值0.006毫克每立方米，均达到国家一级标准。一氧化碳（CO）日均值第95百分位数浓度年均值0.8毫克每立方米，臭氧（O_3）日最大8小时平均值第90百分位数浓度年均值0.114毫克每立方米，均达到年评价指标二级以上标准要求。

【水环境质量】

2020年，晋江水系永春段功能区水质达标率均为100%，水质状况优。桃溪、湖洋溪、一都溪、坑仔口溪等4条主要河流水质环境功能区达标率均为100%。永春县第三自来水厂县级集中式饮用水水源地水质达标率100%。

（永春生态环境局 供稿）

建置 区划 人口

【建置沿革】

西周至春秋战国属七闽、闽越地，秦朝（前221—前207年）属闽中郡，西汉初属闽越国。西汉元鼎五年（前112年），废闽越。西汉元封元年（前110年）闽越国灭亡，属会稽郡。东汉建安（始于196年）初，属侯官县。三国吴永安三年（260年），置建安郡，增置东安等县，属东安县。西晋太康三年（282年），析建安郡置晋安郡，改东安县为晋安县。南朝宋泰始四年（468年），改晋安郡为晋平郡。南朝齐（479—502年）复为晋安郡。南朝梁天监（502—519年）中，析晋安郡置南安郡，直至南朝陈（557—589年）均属南安郡。

隋开皇九年（589年），南安郡改为县，以其西北二乡置桃林场，属南安县。唐武德元年（618年）改建安郡为建州，唐武德五年（622年），析建州、南安县置丰州，属丰州南安县。唐贞观元年（627年），丰州并入泉州（今福州），属岭南道泉州南安县。唐嗣圣元年（684年），析泉州的南安、莆田、龙溪置武荣州，属岭南道武荣州南安县。唐景云二年（711年），改泉州为闽州，以武荣州为泉州（今泉州），属闽州都督府泉州南安县。至五代后唐长兴三年（932年），均属南安县。

后唐长兴四年（933年），闽

王王延钧称帝，升桃林场为桃源县，属泉州。后晋天福三年（938年，闽通文三年），改桃源县为永春县。后汉乾祐二年（949年），南唐升泉州为清源军，直至后周（951—960年），永春均属清源军。宋属福建路泉州。元代，属福建行中书省泉州路。

明洪武元年（1368年），属福建布政使司泉州府。清雍正十二年（1734年），福建总督郝玉麟请准，升永春县为永春州，辖德化、大田二县，直隶福建布政使司。民国2年（1913年），废府、州，仍为永春县，属厦门道。民国16年（1927年），废道，设行政督察区，属福建省第四行政督察区。

1949年8月，福建省人民政府成立。9月9日，永春县划属福建省第五行政督察区。1950年3月14日起，属泉州行政督察专员公署。9月18日起，属福建省人民政府晋江地区专员公署。1955年3月12日起，属福建晋江专区。1971年6月17日起，属晋江地区行政公署。1985年6月起，晋江地区改为泉州市（原泉州市改为鲤城区），属福建省泉州市至今。

（县委史志室 供稿）

【行政区划】

2020年，永春县辖一都、下洋、坑仔口、玉斗、桂洋、锦斗、苏坑、蓬壶、达埔、吾峰、石鼓、五里街、桃城、东平、东关、岵山、仙夹、湖洋18个镇，横口、呈祥、介福、外山4个乡，共22个乡镇。全县辖209个村民委员会，27个社区居民委员会，共236个村（社区）委会，下设2590个村民小组。

乡镇、村（社区）区划情况如下：

桃城镇辖丰山、洛阳、上沙、姜莲、仑山、外邱、洋上、大坪8个村，桃城、环翠、桃东、桃溪、化龙、德风、留安、榜头、南星、花石、济川、卧龙、长安、张埔14个社区。

五里街镇辖大羽、埔头、高垄、吾东、吾边、蒋溪6个村，五里街、仰贤、儒林、西安、华岩5个社区。

一都镇辖光山、龙卿、林山、鲁山、仙友、黄田、仙阳、南阳、黄沙、三岭、美岭、玉三、吴殊、苏合14个村。

下洋镇辖下洋、上姚、曲斗、涂山、新坂、大荣、溪塔、长汀、新村、含春10个村。

蓬壶镇辖八乡、联星、南幢、美林、高峰、高丽、丽里、孔里、壶南、鹏溪、观山、西昌、美中、美山、军兜、壶中、魁都、都溪、汤城、仙岭、魁园、东星22个村。

达埔镇辖新溪、洑溪、光烈、金星、东园、岩峰、汉口、狮峰、洪步、达德、新琼、达中、达理、楚安、建国、篷莱、前峰、延寿、溪源、乌石、达山21个村。

吾峰镇辖枣岭、吾中、吾西、后垄、择水、吾顶、培民、梅林8个村。

石鼓镇辖吾江、半岭、马峰、凤美、洑江、大卿、东安、卿园8个村，石鼓、社山、桃场、桃星、桃联5个社区。

岵山镇辖岭头、龙阁、磻溪、塘溪、铺上、铺下、茂霞、和林、南石、文溪、北溪11个村。

东平镇辖东山、太山、太平、霞林、冷水、鸿安、文峰、店上、云美9个村。

湖洋镇辖吾岭、龙山、上坂、溪西、溪东、清白、美莲、桃源、桃美、锦凤、锦龙、湖城、篷莱、高坪、玉柱、白云、石厝17个村。

坑仔口镇辖玉西、魁斗、诗元、西坪、福地、洋头、杏村、景山8个村。

玉斗镇辖玉斗、玉美、竹溪、凤溪、红山、白珩、新珩、云台、炉地9个村。

锦斗镇辖锦溪、卓湖、洪内、长坑、珍卿、云路6个村。

东关镇辖内碧、南美、金城、山城、东关、溪南、美升、东美、外碧9个村，东华、北硿、龙坑3个社区。

苏坑镇辖嵩山、嵩溪、光明、洋坪、嵩安、东坑、熙里7个村。

桂洋镇辖桂洋、文太、壶永、岐山、茂春、金沙、库湖、新岭8个村。

仙夹镇辖夹际、东里、德田、美寨、龙美、龙水、龙湖、山后8个村。

横口乡辖云贵、福德、姜埕、贵德、福联、福中、环峰、上西坑、下西坑、横坑10个村。

介福乡辖龙津、紫美、福东3个村。

呈祥乡辖呈祥、西村、东溪3个村。

外山乡辖云峰、墘溪、草洋、福溪4个村。

（县民政局 供稿）

【人口】

计生口径　2020年末永春县总人口642400人，出生人口5024人，出生性别比121.61，死亡人口3338人，人口自然增长率2.63‰。

统计数据　根据第七次全国人口普查（普查标准时点为2020年11月1日零时）汇总资料，永春县常住人口422531人，比第六次全国人口普查（2010年）减少29686人，下降6.56%；全县共有家庭户148226户、集体户4403户，家庭户人口410813人、集体户人口11718人，平均每个家庭户的人口2.77人。全县常住人口中，男性人口216869人，占51.33%；女性人口205662人，占48.67%。常住人口性别比（以女性为100，男性对女性的比例）105.45。

户籍人口　截至2020年11月30日（户籍年统时间），永春县总人口601660人，总户数169158户，其中城镇人口285992人，乡村人口315668人，男性319173人，女性282487人。

（县卫健局、统计局、公安局 供稿）

外事 侨务 台港澳事务

【外事工作】

成立防控新冠肺炎疫情应急指挥部外事组，办理3家企业邀请外国人来华商务签证，受邀入境来华的外国人12人，掌握受邀人来华行程、健康状况等，做好受邀人的入出境情况反馈。

【著名侨乡】

永春县是著名侨乡。2020年，永春有海外华侨华人116万人，分布世界五大洲49个国家和地区。有印度尼西亚、马来西亚、新加坡、越南、泰国、缅甸等地回国定居的归侨2300多人。海外永春宗亲同乡社团组织116个，遍布世界各地，马六甲永春会馆成立于1800年。全国侨联副主席尤扬祖、颜子俊、李铁民三侨领，吴作栋、郑文尧、郑仓满等都是永春乡亲。旅外乡亲通过各种方式为家乡的建设发展建言献策，慷慨捐赠。许多海外乡亲利用各种优势，回乡投资兴业。

【侨务工作】

深化联络联谊。加强与海外重点团组、重点人士的联络，接待马来西亚李耀昇、杨美盈伉俪，匈牙利颜仕林，澳大利亚颜子明，柬埔寨陈泰安等回乡交流访问的旅外乡亲。向海（境）外同乡社团、代表人士寄发贺年卡1064份。引导回归创业。发挥“世永联”和海外社团的作用，加强与各社团和专业人才的联系，宣传推介，引导回归创业，推动一批侨资、外资企业建设生产。推动世永联大厦建设。大厦外立面装修已完成10层以上部分，顶层、12～15层内装修基本完成；1～3层石材干挂构件完成安装，6～9层刮腻子粉基本完成，累计完成项目工程量3000多万元，完成总工程量的80%左右。引导做好在柬埔寨遇难永春籍乡亲家属的慰问帮扶工作。及时做好与有关部门的协调工作，同时开展捐赠倡议活动，旅外乡亲和社会各界慷慨捐赠60多万元。做好国内侨政服务。办理涉侨寻根、信访、维权等8件；办结华侨回国定居业务2件，完成1件人大建议、5件政协提案的答复工作；协助北硿华侨茶果场的侨居造福工程办理不动产产权证。落实扶助救助工作。做好26户低保、2户精准扶贫散居贫困归难侨、37名遭遇大病大灾贫困归难侨补助的发放工作。加强侨捐管理服务。做好2019年度永春县侨捐数据库并及时上报；开展2020年度永春县侨捐数据库统计工作；引导海外乡贤支持参与家乡各项社会公益事业发展建设。开展侨乡文化名镇创建。推动湖洋镇、仙夹镇开展侨乡文化名镇名村创建工作，指导做好侨力资源、涉侨历史建筑、涉侨文化遗产、侨胞捐赠、组织保障等方面工作。做好疫情防控工作。疫情期间，旅外乡亲捐款捐物助力家乡防疫，累计捐赠防疫口罩287245个、医用手套79000副、防护服2050套、测温仪211个、人民币330多万元。在境外疫情扩散情况下，及时开展疫情防控宣传劝导工作，对回永春的旅外乡亲做好人文关怀，同时向海外捐赠一批防疫物资。

【台港澳事务】

2020年新增闽台农业融合发展示范基地2个，实施闽台合作重点项目9个，完成投资3500万元。9月，泉台两地香品同业公会和生产企业共同参与起草制定的《生态香通用技术规范》《香艺表演（篆香、隔火熏香）服务规范》2项团体标准顺利通过专家审定，10月正式发布实施。12月，福建省农业农村厅、福建省人民政府台港澳事务办公室在永春闽台农业融合发展产业园设立台湾高校学校农业教学实践基地，服务台胞、台属、台商。1月，走访慰问台胞、台属12人，发放慰问金9000元。年内为13位老龄台胞发放生活补贴38400元。5月，组织走访台资企业，了解企业复工复产及疫情防控工作落实情况。6月，为台胞王怡欣开具有关证明。6月，为台胞蔡晴开具有关证明，协助就读华侨中学。发挥港澳重点社团重点人士的作用，推动佳联矿业公司在福信公司大楼设立佳联矿业办公总部，推进天沐温泉度假村建设并于上半年正式开业。港澳台胞热心家乡公益事业，2020年度“慈心在永春”慈善公益活动上表彰省政协委员、香港永春同乡会会长郑文红在该年度中为永春慈善事业所做的贡献。

（县外事办、侨务办、港澳台事务办公室 供稿）

民族 宗教

【民族工作】

2020年，永春县有少数民族31个、人口3600多人，分布呈大分散、小聚居格局。其中，东关镇南美回族村625人（回族），金城畲族村374人（畲族），吾峰镇吾西村横山角落388人（畲族），坑仔口镇福地村皇古角落103人（畲族），达埔镇新溪村岱山角落58人（畲族），达埔镇汉口村后溪寨角落93人（回族），一都镇黄沙村水尾角落32人（畲族）。在民族工作中，指导民族村（落）用好用足用活民族政策以及各类惠农政策，推动少数民族扶持项目落地生效。协调做好市林业局、旅游局挂钩帮扶民族村工作，加大对民族村（落）资金扶持和项目支持力度，补上少数民族传统教育、文化、体育、卫生等民生短板，推动民族村（落）实施乡村振兴战略。督促少数民族村（落）有序开展新冠肺炎疫情防控，做好对重点人员的信息登记及健康检测等，引导推迟或取消民族村农户乔迁宴、结婚宴和各类民俗活动。落实少数民族优惠政策，为5名少数民族贫困大学生争取助学金2万元。

【宗教事务管理】

2020年，永春县有佛教、道教、基督教等3个宗教团体，有依法登记颁证的宗教活动场所89处，其中基督教堂会22处，佛教场所25处，道教场所42处，信众2万余人。永春县传达贯彻全国、全省、全市宗教工作会议精神，做好中央宗教督查“回头看”有关问题整改落实工作，健全乡村宗教工作两级责任制，建立县乡村三级网格化服务管理体系。在新冠肺炎疫情防控工作中，全县89处宗教活动场所和445家民间信仰场所全部第一时间落实“两暂停”。在突如其来的疫情期间，宗教界共捐款17万元，捐赠物资N95医疗口罩14100个、医用一次性口罩7800个、医用防护服35件等一批物资，助力全县疫情防控。6月2日起，全县宗教活动场所逐步有序开放。做好宗教领域安全隐患大排查大整治和房屋安全“百日大整治”。6月底，联合消防大队组织3个宗教团体分别开展宗教活动场所安全知识培训和消防演练，增强宗教场所管理人员的消防安全意识，提升消防安全技能，夯实宗教活动场所安全生产工作基础。永春大同基督教堂、永春元宝观被中央统战部、国家宗教事务局授予“首届和第三届全国创建和谐寺观教堂先进集体”称号。

（县民宗局 供稿）

经济社会文化发展

【经济实力】

2020年，永春县完成地区生产总值494.52亿元，比上年增长3.0%。其中：第一产业增加值26.47亿元，增长3.9%；第二产业增加值306.77亿元，增长3.3%，其中工业增加值270.14亿元，增长3.5%；第三产业增加值161.28亿元，增长2.0%。规模以上工业总产值828.91亿元，增长4.3%。农林牧渔业总产值46.61亿元，增长4.9%。固定资产投资增长0.7%。社会消费品零售总额178.08亿元，下降2.6%。实际利用外资0.55亿元，增长6.0%。一般公共预算总收入18.52亿元，下降4.5%，其中地方一般公共预算收入11.82亿元，下降3.7%。城镇居民人均可支配收入35077元，增长1.8%；农村居民人均可支配收入18163元，增长6.0%。

【项目建设】

实施项目带动战略，拉动投资增长，增强经济发展后劲。重点项目方面。落实“项目攻坚2020”，实行县领导挂钩包干项目制度，优化绩效年度考核方案，创新“季度+全年”考核，做到每季度都有项目开竣工，有序均衡推进。全年共实施重点项目229个，完成投资253.35亿元。新增“五个一批”项目20个，总投资42.8亿元。招商引资方面。出台《招商项目管理办法》，加大招商引资力度，共引办工业企业138家，计划总投资63.49亿元。组建5个产业链招商专班，创新“云洽谈”“云签约”招商模式，新引办千万元以上工业企业104个、年度投资50.32亿元，分别增长50.7%、67.2%。20个“云签约”重大项目开工建设12个、投产4个。要素保障方面。处置批而未供土地60公顷，盘活闲置土地18公顷。应对《中华人民共和国土地管理法》变化，提前规范前期报批程序，征收土地25.47公顷。为156家企业新增授信14亿元，向356家企业发放贷款15亿元。建立专项债“多层次项目库”，申请专项债券项目6个，获发行4.84亿元。

【产业培育】

新兴产业逐步向好，加大引进、扶持、培育力度，九牧永春智慧制造产业园一期投产，获评“工信部工业互联网示范试点项目”；博纯材料是全国最大的从事锗烷生产企业；美宏科技一期彩色碳粉试投产；冠中环保新材料落地开工。有根产业集聚提升，重点扶持香、老醋、陶瓷三大特色产业，突出龙头项目带动，完善提升园区建设，香、醋、陶瓷产值分别达102亿元、12亿元、65亿元，比上年增长均超过20%，永春县被授予“中国红曲醋都”称号。传统产业做大做优，三信织造重组成功，奔达拍卖盘活，万家美、晋昇中润加大技改投资，福源锌业完成资产重组试生产，美岭水泥实施综合节能改造，轻工纺织、机械装备等规模产业产值分别达356亿元、61亿元。三产活力显现，建设“美丽永春”直播带货基地，社会消费品零售总额178.08亿元，电商销售额32亿元。开发“畅游永春”旅游App，全年接待境内外游客338.58万人次，旅游总收入35.07亿元。永春县获评首批省全域生态旅游示范县，县旅游集散中心被评为省十佳示范点。

【城乡环境】

坚持拓空间增内涵，城乡面貌展现新颜。城市建设有序推进。组织开展国土空间总体规划编制，完善国土空间规划治理体系。实施积水点改造，解决18处城区内涝。新改建污水管网23千米、燃气管网15千米、给水管网13千米。完成9个老旧小区改造，惠及1770户家庭。启动实施榜头片区改造，推动桃场片区、金龟山片区开发建设。新建10个口袋公园，完成东平高速出口景观工程。开展违建整治，拆除“两违”18万平方米。推进新基建，建成420个5G基站。乡村振兴加快步伐。推进2个省级乡村振兴特色乡镇、20个试点村建设，打造3条市级乡村振兴示范线路。承办全省“中国农民丰收节”省级主会场活动。推进农产品“一品一码”全过程可追溯，新获绿色食品认证7家。永春县获评“全国县域数字农业农村发展先进县”。湖洋镇、岵山镇获评全国“一村一品”示范村镇。改建农村公路67千米、危桥6座，完成安保工程73千米、国省干线“白改黑”32千米。生态环境日益优化。落实河湖长制，完成晋江防洪工程等项目建设，东关桥等国、省控断面水质达到考核要求。永春县河湖长制工作受国务院督查激励。永春县被列入全国第三批节水型社会建设达标县。51件中央环保督察整改事项全部验收销号。完成矿山生态修复2.93公顷、植树造林866.67公顷，水土流失治理3133.33公顷。

【发展活力】

永春县获评国家第四批“绿水青山就是金山银山”实践创新基地。桃溪国家湿地公园试点通过国家考核验收，获评全国农村承包地确权登记颁证工作典型地区。完善县乡财政收入分享方案，提高乡镇分成比例，加大增收奖励力度，调动乡镇培植税源积极性。新增备案高新技术企业8家、科技小巨人领军企业11家、瞪羚企业6家、省级科技小院1家。设立福建（泉州）哈工大工程技术研究院永春工作站，深化产学研合作，提升企业创新能力。建成综合性第三类医疗药械车间，借助克里贝尔技术力量，实现CDMO模式化运营。推动优质资源改制挂牌交易，新增3家企业到海峡股权交易中心挂牌交易。

【社会事业】

坚持民生优先，致力补齐民生短板，财政民生支出29.53亿元，占预算支出的79.3%。脱贫攻坚全面打赢，未发生返贫致贫现象。教育事业再创佳绩，高考 7 人录取清华、北大，永春一中高考特优生培养居全省县域中学第一，永春六中通过省级二级达标中学验收，启动永春一中分校前期工作。卫生健康稳步提升，完成县医院急诊科、疾病预防控制中心改建提升，启动卒中中心建设，设立省附一医院永春县总医院专家工作站，柔性引进省协和医院专家团队。社会大局安定稳定，综治“三率”位居全市前列。汲取泉州欣佳酒店“3·7”坍塌事故教训，开展安全生产三年行动和各领域安全隐患大排查大整治专项行动，安全生产态势保持稳定。严格食品安全监管，通过省级食品安全社会共治示范县考评验收。

（县政府办 供稿）

【人文积淀】

永春是千年古邑，地灵人杰，历史文化底蕴深厚。晋代以后，中原人不断进入永春生息发展。历代崇文重教，文化兴盛，涌现出盛均、留从效、留正、柯述、庄夏、陈知柔、颜廷榘、李开芳、庄际昌、林兴珠、周自超、林俊、宋渊源、梁披云、梁灵光、林一心、林俊德、尤扬祖、颜子俊、李铁民、刘抗、余光中等英贤俊彦。韩偓、朱熹、李廷机、弘一法师、陈嘉庚等历史名人曾游历永春。永春是著名的侨乡，港澳台同胞的主要祖籍地。永春华侨擅长经商，在南洋一带创造了“无永不开市”的传奇。永春是著名的革命老区县，是福建省较早成立党组织的县份，有张大宣、李南金、李剑光、林士带等 14 名县团级革命烈士。永春拥有 4 处国家级文物保护单位，2 项国家级非物质文化保护遗产，7 项国家地理标志保护产品，获评“中国香都”“中国红曲醋都”“中国陶瓷之乡”“中国民间文化艺术之乡”“中国芦柑之乡”“中国名茶之乡”等。

（县委史志室 供稿）

精神文明建设

【文明城市创建】

2020 年组织各类创城迎检、加温、冲刺会 20 多次，迎中央、省、市检 10 多场，组织各类督查检查 50 多轮次，形成全员动员、全员参与的创城工作格局。着力夯实创城基础。重点推进市政设施整修、老旧小区管理提升、交通秩序整治等 13 项整治提升行动，全面夯实城市基础设施建设水平；引导加快规划增划 2000 多个停车位，规范机动车、非机动车停放管理，切实解决停车难问题；持续开展创城督查，建立清单销号机制，针对督查中存在的2000多个短板弱项问题，梳理制定整改清单，逐个整改、逐项销号、逐一过关。着力提升城市品位。倡导“斑马线让行”“垃圾不落地”等文明交通、文明行为，提升市民文明素养。实施集贸市场改造提升工程，规范经营秩序，提升服务和管理水平。发挥智慧城市建设作用，推进数字化城管体系建设，督促整改提升弱项缺项 6 万多处，实现城市管理由单一渠道向多元化、多维度的转变。结合 100 多个县级美丽乡村及省级乡村振兴试点村建设，着力于改善城乡环境卫生和公共秩序，推进全域文明创建。着力树立新风正气。坚持以培育和践行社会主义核心价值观为根本，利用多种载体、采取多种形式，推动核心价值观进机关、进农村、进社区、进企业、进校园，深入开展“讲文明树新风”活动，营造崇德向善的浓厚社会氛围。先后设置公益广告宣传牌 2300 多处，宣传展示长廊 8 条，小景观 50 多处。永春县创城参与率、知晓率、满意率均达 95% 以上，被省文明委推荐入围参评第六届全国文明城市，接受中央文明委考评验收。

【新时代文明实践活动】

志愿服务方面。建强志愿服务队伍，开展丰富多彩的志愿服务活动，推动培育守望相助新风，年底全县注册志愿者 7 万多人，占本地常住人口的近 16%，其中注册团队 821 个，发布项目 10508 个，各项指标均位列泉州市前列。结合全域创城举行永春县“志愿服务集中活动周”启动仪式，召集省、市、县各级文明单位代表，桃城镇、五里街镇、石鼓镇等城区三乡镇政府代表，共 130 多个单位 5000 多人参与。向全县志愿者及志愿服务组织发出志愿服务倡议，得到积极响应，全县广大志愿者积极参与文明城市创建等重点工作。在疫情防控期间积极协助做好宣传普及、物资筹措、医疗保障、慰问帮扶等志愿服务项目。第一时间与相关职能部门联合发出倡议书，为 100 多名防控一线医护人员家庭提供以“前线有你 后方有我”为主题的专项志愿服务活动，并组织志愿者慰问永春县的两位支援湖北的“逆行者”。新时代文明实践站所建设方面，在五里街新时代文明实践所建设基础上，县委文明办多次深入岵山镇、玉斗镇市级新试点指导工作，引导其以“文艺志愿服务”为主基调，结合融入本乡镇“善”元素及“乡风文明”元素，推动新时代文明实践所建设并通过市级验收。

【农村精神文明创建】

抓示范促普及，推动外山乡草洋村立足市级乡风文明联系点项目建设，开展乡村“德治 + 六新”创建活动，打造“德治银行”，推动村民主动参与文明共建，营造浓厚的精神文明宣传氛围。深化吴岭村“邻里守望”的文明乡风理念，依托“邻里守望堂”，持续提供一顿免费爱心午餐，让本村 60 岁以上老人每天一聚集，并适当安排一些文化、体育活动，让农村老人在老有所养、老有所乐。并在此基础上，引导该村以“邻里守望堂”为纽带，依靠老人、发动老人、引领老人反哺乡村治理，促进农村德治融合，提升乡村振兴的质量和水平，群众的获得感幸福感安全感显著增强。泉州市《强基促稳信息专报》第 16 期重点报道永春“邻里守望”工作经验。

【推进移风易俗】

推动全县开展“汇聚文明力量移风易俗、打赢疫情防控阻击战”行动。发挥各级文明村镇、文明单位、文明家庭（户、个人）的示范带动作用，引导营造讲科学、讲文明、讲卫生的浓厚社会氛围，涌现出道德模范助力疫情防控、坚守一线排查、为村民赠送口罩等一大批感人事迹。同时，立足“喜事新办、丧事简办、神事不办”原则，配合县新冠疫情防控指挥部向全县先后发出 3 份移风易俗相关公告，推进丧事简办、清明文明祭扫等工作落地见效。相关工作取得显著成效，在下半年的泉州市移风易俗“三率”测评中，永春县知晓率达 95%，位列泉州市第二，支持率、满意率均达 100% 位列泉州市第一，永春县 26 个村镇被评为市级移风易俗典型示范村镇。

【文明单位评选表彰】

组织对 2017—2020 年度市级文明村镇、文明单位（学校）进行推荐。其中，永春县有 56 个村镇，9 个社区，56 个单位，27 所学校，1 个风景旅游区，3 对军民共建单位，5 名个人获市委、市政府文明先进创建工作表彰，受表彰数量较上届上升 23.2%；同时推进省级、县级精神文明各类先进评选表彰工作，截至年底各级表彰数量均位居泉州市前列。指导仙夹镇山后村创建全国文明村，取得显著成效，至 2020 年永春县全国文明村镇在一都镇美岭村、五里街镇基础上，新增全国文明村 1 个。

（县委文明办 供稿）

中共永春县委

综　述

【提升驾驭复杂局面推动高质量发展的执政能力】

深入学习贯彻习近平总书记重要讲话重要指示批示和中共十九届五中全会精神，始终保持专注发展的战略定力，不断提高驾驭复杂局面、推动高质量发展的能力。

贯彻落实省委“三四八”机制。紧盯阶段节点，紧抓环节链条，召开31次常委会深入学习贯彻习近平总书记重要讲话及重要指示批示精神，县委中心组组织22次集中学习研讨《习近平在厦门》《习近平在宁德》《习近平在福州》系列采访实录和《习近平谈治国理政》（第三卷）等。围绕加强科技创新、优化产业结构、促进居民收入等方面细化70条工作措施，通过领导调研、专题会议、督查督办等形式，协调解决工作推进中存在的困难和问题，总结提炼好的成效做法，确保习近平总书记重要讲话重要指示批示精神在永春落地生根。

谋划推进全方位推动高质量发展超越任务。召开全县工作会议，明确经济社会发展各项工作任务，坚持稳中求进、改革创新、实体立县，聚焦绿色发展，聚力项目攻坚，紧盯乡村振兴，深化改革创新，用心补齐短板，夯实发展超越的后劲支撑。召开县委十三届十三次全会，审议通过《中共永春县委关于深入学习贯彻习近平总书记重要讲话重要指示批示精神全方位推动高质量发展超越的决定》，结合“十四五”规划，系统研究战略蓝图，把新发展理念贯穿全过程和各领域，以系统思维解决科技创新、产业结构、居民收入等方面的差距，加强全局性谋划，整体推进。

掀起贯彻中共十九届五中全会精神热潮。全面对标对表党的十九届五中全会提出的新判断、新目标、新部署、新要求，立足新发展格局，找准全县定位，紧密结合实际，精心编制“十四五”发展规划，牢牢把握重点任务和中心工作，以融合发展为路径，以创新驱动为引擎，围绕高质量发展、全面深化改革、生态文明建设、增强民生福祉、提升社会治理水平等方面，谋划重大政策、重大项目、重大举措，统筹兼顾、扎实推进，更好地支撑和推动永春县“十四五”发展，打造“有一种生活叫永春”。

【统筹推进疫情防控和经济社会发展】

坚持“两手抓、两手硬”，统筹推进疫情防控和经济社会发展，迅速有序恢复生产生活秩序。

防控有力。第一时间启动一级响应机制，组建指挥部作战体系，定期会商研判，分区分级精准防控，快速有序处置2例输入性新冠肺炎病例。建立大数据中心，创新数据核查“一库四机制”，得到副省长、公安厅厅长田湘利批示肯定。实行“大数据+网格化”排查工作法，盯住每个环节，压紧压实属地、部门、单位、个人“四方责任”，抓实抓细疫情防控各项措施，疫情形势总体平稳可控。

巩固有效。突出“人、物”同防，严守进口冷链食品关口。加强重点人群、重点场所管控，落实“验码、日常消杀”等常态化防控措施。加大加密核酸检测，按照要求执行各类人群核酸检测频次。加强医疗机构感控管理，指导各医疗机构发热门诊和发热诊室全部按照“三区两通道”要求进行改造。加强突发应急处置准备，组织开展2020年永春县大规模人群核酸筛查检测桌面推演，进一步织密疫情防控网络，巩固防控成果。

复产有序。落地落实各级稳增长、保发展措施，先后制定“复工复产11条措施”等一系列助企纾困政策，205家规上工业企业3月份全部恢复生产，重点项目全部按时间节点复工。组织实施促“六稳”“六保”追赶行动，开展工业增产增效行动等12个专项行动，兑现各类扶持资金1.84亿元，减免各类税费、保费2亿元。降低企业用气、物流成本。新增市场主体7663户，增长12.3%。

【推动产业转型升级提速】

全面落实中央“六稳”“六保”任务，稳住经济基本盘，推动产业转型升级提速，加快形成新的经济增长点。

新旧产业齐头并进。传统产业不断优化。三信织造重组成功，奔达拍卖盘活，万家美、晋昇中润加大技改投资，良瓷科技、迈特富纺织等企业开展产学研合作项目，打造企业技术中心、工业设计中心等创新平台，轻工纺织产业产值增长16%。美岭水泥实施综合节能改造，降低熟料的煤消耗量，年节约1500吨标准煤。新兴产业持续向好。九牧5G智慧制造示范产业园融合推进，博纯材料完成股改并加快三期半导体材料生产线建设，美宏科技一期彩色碳粉试投产，福源锌业完成资产重组并恢复生产，冠中环保材料落地开工。

有根产业集聚增效。抓好老醋、香、陶瓷三大特色有根产业。建成中国香都产业人才传承发展中心，举办全国“心香杯”斗香赛、线上香博览会等活动，推广永春香品牌。新增4家香企入驻产业园区，升级中国香都打卡体验区，推出生态香、中药家居香，香产业产值增长20%。加快老醋产业园建设，获评“中国红曲醋都”，举办首届中国红曲醋产业发展高峰论坛。引入侨新老醋文创园项目，盘活永春化肥厂火电车间。津源醋厂二期加快建设，得壹醋业投入生产，老醋产业产值增长19%。完成苏坑陶瓷产业园二期、介福陶瓷产业园一期建设，新引进陶瓷企业14家、投产11家，全省建筑卫生陶瓷行业推广应用新一代信息技术现场会在永春召开，陶瓷产业产值增长20%。

服务产业深度融合。成立第三产业增产增效服务9个小分队，精准对接现代物流、商贸服务、房地产等10个行业77家重点企业，新增货运企业8家。组织大型商超开展“永春好物节”“特价单品”等线下促销活动，社会消费品零售总额178.08亿元，增长2.6%。举办“陌上客——永春探春记”直播活动，吸引120万次观看。建设“美丽永春”直播带货基地，电商销售额增长33%。获评首批省全域生态旅游示范县，开发“畅游永春”旅游App，县旅游集散中心被评为省十佳示范点。

【推动开展“项目攻坚2020”】

开展“项目攻坚年”活动，加大招商引资力度，优化营商环境，增强全方位推动高质量发展超越的后劲支撑。

攻坚项目，强化支撑。落实“项目攻坚2020”，提高重点项目绩效考核分值，实行县领导挂钩包干重点项目制度，定期开展滞后项目协调调度。做好项目储备资金对接，30个项目被纳入国家重大项目建设储备库，需求资金26.7亿元。县疾病预防控制中心实验室改建等7个项目申报2020年中央、省预算内资金23348万元，总投资71121.91万元。截至年底，共争取到马跳水库等11个项目预算内资金9573.57万元。用好“三级五环问题清单”，先后协调解决防疫物资、机械设备调试、用地审批等问题，42个县级以上重点项目早于全市实现全部复工。截至12月底，全年229个重点项目完成投资253.35亿元，完成年度投资计划的97.8%。

大力招商，优化保障。坚持“疫情”有阻、招商不堵，实施以商招商、产业链招商，新引办千万元以上工业企业98个、年度投资45.1亿元，分别增长34.2%、31.9%。20个“云签约”重大项目，开工建设12个、投产4个。处置批而未供土地60.04公顷、盘活闲置土地18公顷、闲置厂房4.8万平方米。应对《中华人民共和国土地管理法》变化，征收土地25.46公顷，报批用地用林326.07公顷。建立专项债“多层次项目库”，申请专项债券项目4个，获发行4.84亿元。为138家企业新增授信13.65亿元，向302家企业发放贷款12.58亿元。推动桃源融资担保公司与市中小企业担保公司开展共同合作。

拓展平台，创新驱动。绘制新型城镇化新样板。加快推进县城城镇化补短板强弱项工作，获评国家级县城新型城镇化建设示范县。以香文化创意体验园、“中国红曲醋都”、九牧5G智慧产业园建设为核心，嫁接文化创意、健康养生和旅游经济，打造新型“靠山吃山、靠水吃水”的发展模式，获评全国第四批“绿水青山就是金山银山”实践创新基地。打造产业融合新格局。以永春芦柑为抓手，融合农业产业园、农业科技园等载体，推动一产接二连三，拓展延伸农业产业链，编制的国家农村产业融合示范园通过省级审批并上报。

【促进城乡建设协调发展】

以深化“宜居环境建设”为抓手，以“全面提升城市品质”为目标，进一步完善城区功能，强化乡村治理，推动城乡协同发展。

优化城乡建设。组织开展国土空间总体规划编制，完善国土空间规划治理体系。开展违建整治，拆除两违16.23万平方米。新改建污水管道20千米、燃气管网15千米、给水管网10千米。完成9个老旧小区改造，惠及1773户家庭。开展“间绿透绿、显山露水”工作，建设10个口袋公园，完成东平高速出口景观工程。启动实施榜头片区项目改造，推动开展桃场片区、金龟山片区开发建设。实施新基建建设，建成420个5G基站，完成主城区及镇区5G无线网络规划和12个小区宽带建设覆盖。

强化环境整治。空气质量持续保持优良水平，稳定达到国家二级标准，空气质量优良率保持在95%以上。落实河长制，完成晋江防洪工程等项目建设，国、省控断面水质达到考核要求。桃溪国家湿地公园省验收通过并报国家验收。列入全国第三批节水型社会建设达标县。接受省市及国务院检查组对永春县农村人居环境整治三年行动的考核验收，农村人居环境整治工作取得阶段性成效。完成白濑水库（永春部分）征迁等前期工作，推进横口集镇区迁建，加快马跳水库建设。治理水土流失3153.33公顷。

深化乡村振兴。推进2个省级乡村振兴特色乡镇、20个试点村建设，打造3条市级乡村振兴示范线路。承办全省“中国农民丰收节”省级主会场活动。举办秋季茶王赛、厨王争霸赛、永春芦柑文化旅游节。推进农产品“一品一码”全过程可追溯，新获绿色食品认证7家。实施10个现代农业重点项目、22个增资扩产项目，完成投资27.62亿元。建设高标准农田800公顷，新增耕地32.73公顷，完成粮食播种14526.67公顷。改建农村公路67千米、危桥6座、安保工程73千米，国省干线“白改黑”31.4千米。获评“全国县域数字农业农村发展先进县”，入选全国“互联网+”农产品出村进城工程试点县。

【补短板惠民生提升群众福祉】

坚持补短板、惠民生，不断提升公共服务水平，努力让群众的获得感、幸福感更加充实、更有保障、更可持续。

打赢脱贫攻坚战役。创新防返贫、控新贫、稳脱贫“一库五机制”（指创建一个脱贫攻坚数据库，包括建立运行管理、信息收集、统筹协调、帮扶响应、落实闭环等五项机制），在全省率先设立“防贫保”保险，巩固拓展脱贫攻坚成效。制定应对疫情冲击17条措施，未发生因疫返贫致贫。突出关注脱贫但不稳定、受疫情影响及六类重点人群，落实产业、兜底保障等帮扶措施，保障稳定脱贫。组织帮扶省市级扶贫开发重点村60个，谋划生成帮扶项目318个，撬动投资过亿元。重点关注不稳定脱贫对象、低收入人群，落实稳岗就业、兜底保障、项目扶贫等帮扶措施318条。加快培育村集体增收6种模式，建立医疗保险6道防线，推进责任落实5个全覆盖，确保无返贫、新增对象。

补齐民生领域短板。持续加大民生投入，全县民生财政支出占一般公共预算支出的78.3%。实施56个县级为民办实事项目，全年完成投资18.42亿元，占年度计划的100.56%。新增城镇就业1298人，城镇登记失业率1.26%。推进社会保险参保扩面，实施全民参保计划，城乡居民养老保险参保率99.99%。实施低保户、特困户、贫困残疾人安居工程201户。新建区域性养老服务照料中心2所，居家养老活动中心56个。全省创建“老年人健身康乐家园”工作研讨会在永春县召开。永春县获评第三批“全国老年远程教育示范区”。

筑牢平安稳定基石。深化“强基促稳”三年行动，开展“三治融合”（指自治、法治、德治相结合的城乡基层治理体系）示范村（社区）创建活动，排查化解各类矛盾纠纷3468件。推行“村干部兼职辅警”机制，实施网格化服务管理试点，探索基层治理新途径。推进扫黑除恶“六清”行动，审结涉恶案件2件，现存涉黑恶案件全部结清，综治“三率”位居全市前列。“七五”普法收官。扎实开展安全生产专项整治三年行动、安全隐患大排查大整治和房屋安全百日“大整治”，安全生产态势稳定。通过省级食品安全社会共治示范县考评验收。做好第七次全国人口普查。完成深化民兵调整改革任务。

完善公共服务体系。教育事业再创佳绩。高考7人录取清华、北大，永春一中高考特优生培养居全省县域中学第一，新、扩建幼儿园5所、中小学校舍3幢，新设立2所县属实验小学。医疗卫生稳步提升。深化县域紧密型医共体试点建设，设立福建医科大学附属第一医院永春县总医院专家工作站，启动卒中中心建设，柔性引进福建医科大学附属协和医院专家团队。完成县疾病预防控制中心搬迁、妇幼保健院大楼建设；完成县疾病预防控制中心、县医院、县中医院新冠病毒核酸检测生物实验室建设；通过改建县医院感染性疾病科和急诊科、配齐县中医院康复科医疗设备，提升县级公立医院综合服务能力。文体事业繁荣发展。完成国家公共文化服务体系示范区创建，镇村综合文化站（中心）全覆盖。4处国保单位三防工程和苦寨坑窑遗址本体保护工程通过国家文物局立项。新晋2处省级文物保护单位。举办全省红色旅游村跑、泉州首届定向越野赛等全民运动健身赛事。

【提高党的建设科学化水平】

坚持和加强党的全面领导，突出“抓班子、带队伍、打基础、谋长远”，履行全面从严治党主体责任，不断提高党建科学化水平，为全方位推动高质量发展超越提供坚强保障。

强化班子建设。切实负起谋划指导学习宣传贯彻习近平新时代中国特色社会主义思想，以及中共十九大，中共十九届二中、三中、四中、五中全会精神的政治责任和领导责任，牢牢把握好方向、节奏、标准，从县委常委会抓起，抓实集中学习、专题党课、专题研讨、查摆整改等各个环节工作，做到上行下效、示范推动。班子成员以身作则、廉洁自律，严格遵守党章党规、纪律规矩，带头增强“四个意识”、坚定“四个自信”、做到“两个维护”，落实管党治党责任，严肃党内政治生活，过好双重组织生活，自觉接受监督，带头遵纪守法，推进依法治理，树立常委会自身良好形象。

凝聚各方力量。支持人大、政府、政协、监察、司法机关依照法律和各自章程独立负责、协调一致地开展工作。加强和改善党对统一战线的领导，注重发挥各民主党派、无党派人士、社会各界及老干部的作用。加强党外代表人士队伍建设，深化民营经济统战工作，有效维护民族宗教领域和谐稳定。加强和改进新形势下工商联工作，利用“世永联”载体，发挥旅外的116万多永春侨亲的优势，做好异地商会、行业协会、同业公会的党组织建设和作用发挥，疫情期间共筹集防控资金3571.1万元，以及负压救护车、口罩、防护服等大批物资；“回归创业工程”成效明显，引入回归创业企业34家。贯彻党的群团工作会议精神，加强和改进党的群团工作，支持、引导工会、妇联、共青团、科协、残联等群团组织围绕县委工作大局开展工作，延伸群团组织服务链建设。加强党管武装工作，抓好国防动员、人防、民兵预备役建设。

优化干部管理。严格执行《党政领导干部选拔任用工作条例》《党政领导干部考核工作条例》，突出“注重工作实绩”和“因岗择人、人岗相适”，推动形成能者上、优者奖、庸者下、劣者汰的正确用人导向。结合疫情防控和“项目攻坚2020”专项督查，开展一线干部考核，建立“两头尖”干部名册。加强干部日常管理，健全县管干部信息数据库，完善优秀年轻干部动态管理。持续开展“人人上讲台、全员提素质”活动，实施“四个一线”培养工程，举办2期科级干部进修班、1期优秀年轻干部培训班和中共十九届四中全会精神轮训班，132名处级、科级干部参加省市干部培训机构的学习。落实职务与职级并行和乡镇工作补贴政策，出台《关于激励关爱疫情防控一线党员干部人才十条措施》，用心用情关爱基层一线干部。

夯实基层基础。开展“最美党群服务中心”和“最美党建文化走廊”创建活动，打造可视化党建品牌。将12个农村超大支部升格为党总支，组建3个社区党委，推动村党组织升格下延。推行村干部积分制考评办法，发放绩效奖励526.14万元。选配95名村务助理，为2021年村级换届储备力量。落实64名社区民警兼任村（居）委员会主任助理，提升基层治理水平。开展乡村振兴试点示范党建“三级联创”工作，推行村民小组长积分制、村民积分制，成立43个红色乡贤振兴促进会，不断提升乡村振兴和基层社会治理水平。出台《关于加强乡镇党校规范化建设推动乡村党员教育培训全覆盖的通知》，在“七一”中国共产党建党节期间举办首期培训班，实现22个乡镇“六有”（有机构、有场所、有师资、有质量、有制度、有经费）党校全覆盖。成立疫情防控指挥部临时党委，从县直机关中抽调236名干部组成22支疫情防控驻村工作队，组建236支村（社区）党员先锋队，助力疫情防控。实施省级扶持村级集体经济试点，给予20个试点村每个村60万元的补助；开展“强村（强企）带弱村”行动，实施村集体经济发展项目53个，总投资8097万元。

全面从严管党治党。做好省、市主体责任检查反馈问题整改，开展县级全面从严治党主体责任落实情况检查。健全各级党委（党组）领导班子述责述廉、民主生活会、“三重一大”决策等党内监督制度，不断深化“1+1+1”会诊制度，有力督促主体责任落实。针对疫情防控、房屋安全“百日大整治”行动、遏制农村乱占耕地建房乱象等领域开展督查督导，推动工作提质提效。组织开展脱贫攻坚“推磨式”全覆盖交叉检查，配合做好市委脱贫攻坚专项巡察“回头看”，组织开展两轮四批常规巡察，发现问题505个，对13个乡镇148个村（社区）开展专项巡察。出台《永春县作风建设年活动方案》，开展形式主义官僚主义、损害营商环境、扶贫领域、民生领域、乡村振兴、环境保护等8个专项治理，征集全县党内外不同层次、界别代表对干部作风建设8方面55条意见建议，锤炼务实重干、担当作为的好作风。全年开展党内问责11起22人。查处形式主义、官僚主义问题10起21人，违反中央八项规定精神问题6起8人。

加强宣传思想和意识形态工作。制定《关于进一步推动学习宣传贯彻习近平新时代中国特色社会主义思想走深走实的工作方案》《关于深入学习〈习近平在福建〉等系列采访实录的工作措施》等文件，推动全县持续深入开展“大学习”活动。印发《学习贯彻党的十九届五中全会精神县委宣讲团宣讲工作方案》，组建县委宣讲团，分赴基层开展分众化宣讲活动。配合“‘泉’民开讲”宣讲工作，入选“‘泉’民开讲”脱贫攻坚专场并在全市进行宣讲。贯彻落实《中国共产党宣传工作条例》（以下简称“条例”），成立县委宣传思想工作领导小组（意识形态工作领导小组），制定下发《关于建立健全巡察机构与县委宣传部工作协调机制的意见》，组建意识形态工作责任制专项巡察（督查）人才库，持续推动条例执行情况监督检查“四个纳入”和意识形态工作“八个纳入”落细落实。制定《永春县敏感舆情应对处置工作领导小组关于进一步落实舆情处置工作机制的通知》，健全统筹网络舆情收集研判报送机制。成立县融媒体中心党组，推动县融媒体中心实质性整合运作，并接受省委宣传部验收检查。围绕“决胜全面小康、决战脱贫攻坚”重大主题和防抗新冠肺炎疫情、复工复产、安全生产等中心工作，在各媒体平台开设专题专栏，持续在中央、省、市主流媒体刊发相关报道和信息。把“学习强国”作为创新党员学习教育方式的重要内容，党员日平均学习积分连续28周位居全市各县（市、区）第一，全年有114篇稿件在“学习强国”刊发。全力推进全国文明城市和各级文明单位（村镇、校园）创建，稳步推进新时代文明实践所（站）常态化开展活动。

重大决策 重要会议

【重大决策】

开展三农领域重点工作　2020年是全面建成小康社会目标实现之年，是全面打赢脱贫攻坚战收官之年，永春县深入贯彻2020年中央1号和省委1号、市委1号文件精神，落实中央和省、市的决策部署，统筹抓好三农领域重点工作，聚焦打赢脱贫攻坚战和补上全面小康三农领域突出短板，强化举措、狠抓落实，推进农业高质量发展，确保脱贫攻坚战圆满收官，确保农村同步全面建成小康社会。

推进国家治理体系和治理能力现代化　深入贯彻《中共中央关于坚持和完善中国特色社会主义制度、推进国家治理体系和治理能力现代化若干重大问题的决定》（以下简称“决定”）的实施提高政治站位，增强贯彻落实党中央决定的自觉性和坚定性。推动党的领导制度体系落到实处，发挥党委总揽全局、协调各方的领导核心作用。推动人民当家作主制度体系落到实处，推进社会主义民主政治建设。推动中国特色社会主义法治体系落到实处，推进法治永春建设。推动中国特色社会主义行政体制落到实处，构建人民满意的服务型政府。推动社会主义基本经济制度落到实处，促进县域经济高质量发展。推动繁荣发展社会主义先进文化制度落到实处，把文化打造成为永春亮丽名片。推动统筹城乡的民生保障制度落到实处，不断满足人民群众多层次多样化需求。推动共建共治共享的社会治理制度落到实处，加快形成“强基促稳”长效机制。推动生态文明制度体系落到实处，建设国家重点生态功能区。推动服从服务国家大局制度机制落到实处，促进军民深度融合、永台两岸交流和提升外事工作水平。推动党和国家监督体系落到实处，促进形成决策科学、执行坚决、监督有力的权力运行机制。加强组织领导，建立健全贯彻执行党中央决定的责任体系和工作推进机制。

加强和改进人民政协工作　贯彻落实习近平总书记关于加强和改进人民政协工作的重要思想，按照坚持和完善中国特色社会主义制度、推进国家治理体系和治理能力现代化的战略部署，根据《中共中央关于新时代加强和改进人民政协工作的意见》（中发〔2019〕40号）和省委、市委实施意见精神，结合永春实际，发挥人民政协专门协商机构作用，把握履职工作中心环节，健全人民政协工作制度，强化政协委员责任担当，加强党对人民政协工作的领导。

全方位推动高质量发展超越　充分认识全方位推动高质量发展超越重大意义和深刻内涵，坚定自觉用习近平总书记重要讲话重要指示批示精神统一思想和行动，准确把握全方位推动高质量发展超越的总体要求和战略目标，全方位推动高质量发展，全面深化永台各领域融合，以坚强有力的党组织确保全方位推动高质量发展超越各项工作落深落细落实。

深化改革加强食品安全工作　学习贯彻习近平新时代中国特色社会主义思想，根据《中共福建省委、福建省人民政府关于印发〈福建省深化改革加强食品安全工作行动方案〉的通知》和《福建省食品安全委员会关于落实国务院食品安全委员会深化改革加强食品安全工作重要政策措施分工方案的通知》精神，出台《永春县深化改革加强食品安全工作实施方案》，健全食品安全责任体系，落实“四个最严”要求，完善食品安全工作机制，推动食品产业高质量发展，引导食品安全社会共治。

加强新时代文化和自然遗产保护利用工作　学习贯彻习近平总书记关于文化和自然遗产保护利用的重要论述，落实习近平总书记《〈福州古厝〉序》和关于厦门鼓浪屿申遗成功等重要指示批示精神，贯彻落实《中共福建省委福建省人民政府关于深入学习贯彻习近平总书记重要论述加强新时代文化和自然遗产保护利用工作的意见》（闽委发〔2019〕11号）和《中共泉州市委　泉州市人民政府关于深入学习贯彻习近平总书记重要论述加强新时代文化和自然遗产保护利用工作的实施意见》（泉委发〔2019〕14号），着力解决文化和自然遗产保护利用不平衡不充分、保护主体责任落实不够到位、让遗产“活起来”办法举措不多等问题，坚持创造性转化、创新性发展，深入挖掘文化和自然遗产的文化内涵和时代价值，促进新时代永春县文化和自然遗产保护与经济社会协调发展。强调提高政治站位，增强做好新时代文化和自然遗产保护利用工作的责任感和使命感；强化担当作为，全力推进新时代永春县文化和自然遗产保护利用工作；健全工作机制，强化责任落实，开创永春县文化和自然遗产保护利用工作新局面。

【县委全委会议】

县委十三届十三次全体会议　9月3日，中共永春县委第十三届委员会第十三次全体会议召开。县委书记庄永智向全会作工作报告。全会学习贯彻习近平总书记对福建工作的一系列重要讲话重要指示批示精神，贯彻落实省委十届十次全会、市委十二届十二次全会精神，明确新的目标举措。审议通过《中共永春县委关于深入学习贯彻习近平总书记重要讲话重要指示批示精神　全方位推动高质量发展超越的决定》和《中共永春县第十三届委员会第十三次全体会议决议》，讨论全方位推动高质量发展超越《科技创新行动计划》《优化产业结构行动计划》《促进居民增收行动计划》。

县委十三届十四次全体会议　12月25日，中共永春县第十三届委员会第十四次全体会议召开。县委书记庄永智向全会作工作报告。全会审议通过《中共永春县委关于制定永春县国民经济和社会发展第十四个五年规划和二〇三五年远景目标的建议》和全会决议。

【县委常委会会议】

十三届县委常委会第93次会议　1月16日，县委书记庄永智主持召开十三届县委常委会第93次会议，传达学习习近平总书记在中央政治局专题民主生活会上的重要讲话和在“不忘初心、牢记使命”主题教育总结大会上的重要讲话精神以及《习近平在厦门》《习近平在宁德》采访实录，《地方党政领导干部食品安全责任制规定》，中央、省委、市委政协工作会议和全市抓党建促农村宗教治理工作座谈会精神，研究《永春县国家农村改革试验区推进美丽乡村经营管护机制试验的方案（送审稿）》《关于建立县政府向县人大常委会报告国有资产管理情况制度的意见（送审稿）》、2020年全县工作会表彰对象名单（送审稿）等相关事宜。

十三届县委常委会第94次会议　1月22日，县委书记庄永智主持召开十三届县委常委会第94次会议，传达学习十九届中央纪委四次全会、省纪委十届五次全会和市纪委十二届五次全会精神，研究召开县纪委十三届五次全会有关事项、县纪委十三届五次全会工作报告（送审稿）以及干部人事议题。

十三届县委常委会第95次会议　1月26日，县委书记庄永智主持召开十三届县委常委会第95次会议，传达学习中央政治局常务委员会和省、市常委会研究新型冠状病毒感染的肺炎疫情防控工作会议精神，对进一步做好永春县防控工作再研究、再部署、再动员。

十三届县委常委会第96次会议　2月5日，县委书记庄永智主持召开十三届县委常委会第96次会议，传达贯彻中央政治局常委会和省委、市委常委会研究加强新型冠状病毒感染的肺炎疫情防控工作会议精神，听取永春县当前疫情防控工作情况汇报，研究下一步防控工作。

十三届县委常委会第97次会议　2月15日，县委书记庄永智主持召开十三届县委常委会第97次会议，传达学习中央政治局常委会和省委、市委常委会研究加强新型冠状病毒感染肺炎疫情防控工作会议精神，研究永春县下一步防控工作；传达学习中共中央办公厅印发《纪检监察机关处理检举控告工作规则》，研究确定全县疫情防控先进基层党组织和先进个人名单，召开中共永春县委全面依法治县委员会第二次会议等相关事宜。

十三届县委常委会第98次会议　2月20日，县委书记庄永智主持召开十三届县委常委会第98次会议，研究人事议题。

十三届县委常委会第99次会议　2月29日，县委书记庄永智主持召开十三届县委常委会第99次会议，传达贯彻习近平总书记在中央政治局会议和在统筹推进新冠肺炎疫情防控和经济社会发展工作部署会议上的重要讲话精神，省委、市委常委会会议精神暨召开县应急指挥部第20次会议；召开中共永春县委全面深化改革委员会第五次会议；传达学习全国、全省、全市组织部部长会议精神，研究永春县贯彻意见；研究确定永春县推荐上报市级2017—2019年度精神文明建设各类先进名单及永春县第十五届（2017-2019年度）精神文明建设各类先进评选推荐工作；研究县委机构编制委员会、教育工作领导小组、军民融合发展委员会、网络安全和信息化委员会组成人员等有关事宜。

十三届县委常委会第100次会议　3月12日，县委书记庄永智主持召开十三届县委常委会第100次会议，传达贯彻习近平总书记在中央政治局常委会会议上的重要讲话精神，省委、市委常委会会议精神暨召开县应急指挥部第24次会议；研究《永春县2020年重点建设项目推进工作实施方案（送审稿）》《永春县“项目攻坚2020”活动方案（送审稿）》；传达学习中央、省委、市委政法有关会议、领导批示精神，全国、全省、全市公安局局长会议精神，全国、全省、全市统战部长会议和全省、全市民族宗教局长会议及有关文件精神，全国、全省、全市宣传部部长会议精神，研究永春县贯彻意见以及干部人事议题等相关事宜。

十三届县委常委会第101次会议　3月26日，县委书记庄永智主持召开十三届县委常委会第101次会议，传达贯彻习近平总书记在中央政治局常务委员会会议上的重要讲话精神，省委、市委常委会会议精神暨召开县应急指挥部第28次会议；传达贯彻市委常委会会议精神，召开房屋安全“百日大整治”、安全生产隐患大排查大整治和百日攻坚行动会商会。

十三届县委常委会第102次会议　4月9日，县委书记庄永智主持召开十三届县委常委会第102次会议，传达学习习近平总书记在中央政治局常委会会议、浙江考察时的重要讲话和省委、市委常委会会议精神，以及省领导到永春调研讲话精神，研究永春县贯彻意见；召开中共永春县委全面深化改革委员会第六次会议，研究《永春县“强基促稳”三年行动2020年实施方案（送审稿）》；研究《县委常委会2020年工作要点（送审稿）》。

十三届县委常委会第103次会议 4月28日，县委书记庄永智主持召开十三届县委常委会第103次会议，传达学习习近平总书记在中央政治局常委会上的重要讲话、对安全生产的重要指示强调精神和省委、市委常委会会议精神，研究永春县贯彻意见；研究《福建省永春县“绿水青山就是金山银山”实践创新基地建设实施方案（送审稿）》《中共永春县委关于市委集中整治形式主义官僚主义推动“六个落实”专项交叉巡察整改进展情况的报告（送审稿）》《关于建立防返贫控新贫“一库五机制”的实施意见（送审稿）》；听取2019年县委巡察工作情况汇报；传达学习市委宣传部有关文件精神，研究永春县整改落实意见；传达学习《中国共产党党校（行政学院）工作条例》暨全国全省党校（行政学院）校院长会议精神，全国、全省、全市抓党建促决胜脱贫攻坚电视电话会议主要精神，研究永春县贯彻意见；召开中共永春县委全面依法治县委员会第三次会议、中共永春县委审计委员会第二次会议；召开县委主题教育领导小组会议，研究永春县主题教育总结报告等相关事宜。

十三届县委常委会第104次会议 5月14日，县委书记庄永智主持召开十三届县委常委会第104次会议，传达学习习近平总书记在中央政治局常委会上的重要讲话精神和省委、市委常委会会议精神，全省深入学习贯彻落实习近平总书记重要讲话重要指示批示精神情况通报暨部署会和市委常委会会议精神，市委书记康涛到永春调研重要讲话精神，市委脱贫攻坚专项巡察“回头看”见面沟通会精神，中央、省、市对台工作会议主要精神，省委常委会关于加强新时代退役军人工作会议精神、全省退役军人工作会议精神、十二届市委常委会第176次会议精神、泉州市双拥共建工作领导小组第28次会议精神；召开中共永春县委财经委员会第三次会议；研究县委《关于新时代加强和改进人民政协工作的实施意见（送审稿）》；听取县人大、政府、政协、法院、检察院党组汇报以及研究干部人事议题等事宜。

十三届县委常委会第105次会议 5月26日，县委书记庄永智主持召开十三届县委常委会第105次会议，传达学习习近平总书记在中共中央党外人士座谈会上、在山西考察时、在中央政治局常委会上的重要讲话精神和省委、市委常委会会议精神，《中国共产党机构编制工作条例》主要精神，研究《永春县乡镇机构改革实施方案（送审稿）》等事宜。

十三届县委常委会第106次会议 6月11日，县委书记庄永智主持召开十三届县委常委会第106次会议，传达贯彻习近平总书记重要讲话重要指示批示和全国两会精神以及省委、市委常委会精神，研究《永春县贯彻落实第二轮中央生态环境保护督察反馈意见整改方案（送审稿）》《关于进一步加强社会工作专业人才队伍建设的实施意见（送审稿）》《永春县村干部兼职辅警管理办法（试行）（送审稿）》《关于持续解决困扰基层的形式主义问题为决胜全面建成小康社会提供坚强作风保证的具体行动清单（送审稿）》，召开中共永春县委国家安全委员会第二次会议、中共永春县委全面深化改革委员会第七次会议、中共永春县委全面依法治县委员会第四次会议。

十三届县委常委会第107次会议 6月24日，县委书记庄永智主持召开十三届县委常委会第107次会议，传达学习习近平总书记在宁夏考察时的重要讲话精神和省委、市委常委会，上级通知、全市乡村振兴专题会议精神，召开中共永春县委国家安全委员会第三次会议以及研究干部人事等事宜。

十三届县委常委会第108次会议 7月9日，县委书记庄永智主持召开十三届县委常委会第108次会议，传达学习习近平总书记对防汛救灾工作作出的重要指示、在中央政治局第二十一次集体学习时的重要讲话精神和省委、市委常委会会议精神，全国巡视工作会议暨十九届中央第五轮巡视动员部署会、全国市县巡察办主任提级培训班主要精神和全省巡视巡察工作会议暨十届省委第八轮巡视动员部署会、巡视业务暨巡察指导督导工作专题培训会主要精神，研究《中共永春县委关于市委脱贫攻坚专项巡察“回头看”移交问题整改情况的报告（送审稿）》《永春县残联改革方案（送审稿）》，以及2019年县直单位、乡镇绩效评估结果及有关案件等事宜。

十三届县委常委会第109次会议 7月17日，县委书记庄永智主持召开十三届县委常委会第109次会议，研究人事议题。

十三届县委常委会第110次会议 7月21日，县委书记庄永智主持召开十三届县委常委会第110次会议，传达学习习近平总书记对进一步做好防汛救灾工作作出的重要指示、在中央政治局常委会会议上的重要讲话精神和省委、市委常委会会议，省委、市委贯彻《中国共产党宣传工作条例》会议及《新时代公民道德建设实施纲要》《新时代爱国主义教育实施纲要》精神，研究《关于抓好“三农”领域重点工作确保如期实现全面小康的实施意见（送审稿）》。

十三届县委常委会第111次会议 7月30日，县委书记庄永智主持召开十三届县委常委会第111次会议，研究人事议题。

十三届县委常委会第112次会议 8月5日，县委书记庄永智主持召开十三届县委常委会第112次会议，传达贯彻习近平总书记在吉林考察时的重要讲话精神和省委、市委常委会会议精神，省管干部学习贯彻中共十九届四中全会精神轮训班和全省河（湖）长制工作推进会精神，《中华人民共和国公职人员政务处分法》以及全国、全省、全市扫黑除恶专项斗争重点行业领域突出问题专项整治会议精神。

十三届县委常委会第113次会议 8月21日，县委书记庄永智主持召开十三届县委常委会第113次会议，传达贯彻习近平总书记在中共中央党外人士座谈会上的重要讲话、对“十四五”规划编制工作作出的重要指示强调和省委、市委常委会会议，市委书记康涛到永春调研重要讲话、中共福建省委十届十次全会、泉州市《贯彻落实〈2019—2023年全国党政领导班子建设规划纲要〉实施方案》和全市年轻干部培养工作座谈会、全市组织部部长专题工作座谈会会议精神以及研究干部人事议题等事宜。

十三届县委常委会第114次会议 9月2日，县委书记庄永智主持召开十三届县委常委会第114次会议，传达学习习近平总书记对制止餐饮浪费行为作出的重要指示、在安徽考察时的强调讲话和省委、市委常委会会议，习近平总书记关于禁毒工作重要批示以及国家、省、市有关禁毒工作会议精神，研究召开中共永春县委十三届十三次全体会议等事宜和永春县软弱涣散基层党组织情况。

十三届县委常委会第115次会议 9月17日，县委书记庄永智主持召开十三届县委常委会第115次会议，传达学习习近平总书记在经济社会领域专家座谈会上、在全国抗击新冠肺炎疫情表彰大会上的重要讲话精神和省委、市委常委会会议精神，研究关于给予永春县公安局“11·22”重大跨境网络赌博专案组集体记三等功和王可忠等6名个人记三等功的建议事宜、有关案件、因公牺牲事项以及干部人事议题等事宜。

十三届县委常委会第116次会议 9月29日，县委书记庄永智主持召开十三届县委常委会第116次会议，传达贯彻习近平总书记在科学家座谈会上、在湖南考察时、在基层代表座谈会上的重要讲话精神和全市党外年轻干部培养专题座谈会精神，研究《2020年度永春县绩效评估工作方案（送审稿）》。

十三届县委常委会第117次会议 10月15日，县委书记庄永智主持召开十三届县委常委会第117次会议，传达学习中央政治局会议和省委常委会会议精神、习近平总书记在中国人民警察授旗仪式上的重要训词精神、《福建省生态环境保护督察工作实施办法》及听取永春县贯彻落实第二轮中央生态环境保护督察工作情况，召开永春县平安建设领导小组第一次会议，研究《永春县平安建设领导小组及其办公室工作规则（送审稿）》《永春县平安建设领导小组专门工作组组成方案（送审稿）》。

十三届县委常委会第118次会议 10月28日，县委书记庄永智主持召开十三届县委常委会第118次会议，传达学习习近平总书记在深圳经济特区建立40周年庆祝大会上和在广东考察时、在中央党校（国家行政学院）中青年干部培训班开班式上的重要讲话精神，十九届中央第六轮巡视动员部署会和十届省委第九轮巡视动员部署会主要精神以及全市乡镇（街道）安全生产“1+X”全交叉专项督导问题清单交办会精神，通报永春县存在问题。

十三届县委常委会第119次会议 11月3日，县委书记庄永智主持召开十三届县委常委会第119次会议，研究人事议题。

十三届县委常委会第120次会议 11月11日，县委书记庄永智主持召开十三届县委常委会第120次会议，传达学习中共泉州市

委办公室　泉州市人民政府办公室关于印发《防范化解重大风险不力问题责任倒查工作机制（试行）》精神，中共中央办公厅　国务院办公厅印发《关于加快推进媒体深度融合发展的意见》精神，研究成立永春县永源城市建设有限公司事宜以及干部人事议题。

十三届县委常委会第121次会议　12月2日，县委书记庄永智主持召开十三届县委常委会第121次会议，传达学习习近平总书记关于统筹疫情防控和经济社会发展重要论述和省委、市委常委会会议精神和《中共泉州市委组织部转发省委组织部关于开展领导干部个人有关事项报告专项整治工作的通知》，召开市委有关文件征求意见会，研究县十八届人大五次会议和县政协十五届五次会议召开有关事项、永春县（2017—2019年度）精神文明建设各类先进名单及省、市、县级文明奖金发放相关事项调整事宜、《永春县贯彻落实〈2019—2023年全国党政领导班子建设规划纲要〉的实施办法》、第十五届永春县政协委员调整建议名单、永春县排查整顿农村发展党员违规违纪问题认定处理情况、2020年第四季度重点项目专项攻坚行动推进落实情况以及干部人事议题。

十三届县委常委会第122次会议　12月17日，县委书记庄永智主持召开十三届县委常委会第122次会议，传达学习习近平总书记在全国劳动模范和先进工作者表彰大会、在中央政治局常务委员会会议上的重要讲话和省委、市委常委会会议精神，2019年度省委、市委全面从严治党主体责任检查典型问题通报精神，全国双拥模范城（县）命名暨双拥模范单位和个人表彰大会及省、市会议精神；研究《政府工作报告（送审稿）》、《永春县2021年为民办实事项目初步安排（送审稿）》、《永春县2021年县级管理项目一览表（送审稿）》、《永春县2021年部门及乡镇管理项目一览表（送审稿）》、《永春县2020年国民经济和社会发展计划执行情况和2021年计划（草案）》、《永春县2020年县级财政预算调整草案的报告》、《永春县2020年预算执行情况及2021年预算草案的报告》、县十八届人大五次会议有关事项、县政协十五届五次会议有关事项，召开中共永春县委退役军人事务工作领导小组第三次会议以及研究干部人事议题等事宜。

十三届县委常委会第123次会议　12月25日，县委书记庄永智主持召开十三届县委常委会第123次会议，传达贯彻中央、省委、市委经济工作会议精神和中共福建省委十届十一次全会、中共泉州市委十二届十三次全会精神，研究召开中共永春县委十三届十四次全体会议等事宜。

十三届县委常委会第124次会议　12月25日，县委书记庄永智主持召开十三届县委常委会第124次会议，研究《永春县国民经济和社会发展第十四个五年规划纲要（送审稿）》，召开疫情防控工作专题会商会。

【县委其他重要会议】

乡镇党委书记抓基层党建述职评议会议　1月20日，县委书记庄永智主持召开乡镇党委书记抓基层党建述职评议会议，学习贯彻习近平新时代中国特色社会主义思想以及省委书记于伟国、市委书记康涛在抓基层党建述职评议会上的讲话精神，研究部署加强全县基层党建工作。市委组织部派员到会指导。会议听取各乡镇党委书记、县直机关党工委常务副书记、县委离退休干部党工委书记、县工业园区党工委书记抓基层党建述职并进行评议。

县“不忘初心、牢记使命”主题教育总结会　1月20日，县委召开“不忘初心、牢记使命”主题教育总结会，学习贯彻习近平总书记在“不忘初心、牢记使命”主题教育总结大会上的重要讲话精神，落实省委、市委会议要求，总结永春县主题教育成果，对巩固拓展主题教育成果、加强党的作风建设、全面推进从严治党作出新的部署。县委书记庄永智主持会议并作总结讲话。市委第6巡回指导组副组长庄怀璇出席并讲话。

全县新型冠状病毒感染的肺炎疫情应急指挥部疫情防控工作会商会　1月27日，全县新型冠状病毒感染的肺炎疫情应急指挥部疫情防控工作会商会召开。会议成立永春县新型冠状病毒感染的肺炎疫情应急指挥部，下设综合协调组、疫情防控与医疗救治组、医学观察组、交通检疫组、舆情宣传与环境整治组、维稳处置组、后勤保障组、返工劝导组、督查督导组。

全县疫情防控和复工复产工作视频会议　2月11日，全县疫情防控和复产复工工作视频会议召开，传达贯彻落实省、市加强疫情科学防控有序推进企业和项目复产复工工作视频会议精神，部署全县疫情防控和复产复工工作。

全县决战决胜脱贫攻坚视频会　3月27日，全县决战决胜脱贫攻坚视频会召开。县委书记庄永智指出，2020年是脱贫攻坚战的收官之年，要坚决扛起政治责任，展现担当作为，全面发力冲刺，确保全面建成小康社会一个都不能少。各级各部门要咬定目标不松劲，深入学习贯彻习近平总书记重要讲话精神，对标对表党中央决策部署，按照省、市、县部署要求，全面梳理过细重点任务，着力巩固脱贫成果、构建长效机制，确保如期高质量完成脱贫攻坚任务，向党和人民交出合格答卷。县委副书记郭宁通报全县脱贫攻坚成效交叉检查存在的问题，并部署存在问题整改及迎接市委脱贫攻坚专项巡察“回头看”等相关工作；湖洋镇、吾峰镇、蓬壶镇丽里村、达埔镇新琼村作典型发言。

全域旅游工作汇报会　6月3日，县全域旅游工作汇报会召开。县委书记庄永智要求，要有系统思路、整体规划、长短结合，做好顶层设计，把全域旅游和乡村振兴更好地结合起来，提升永春县全域旅游整体水平。要突出特色，注重实效，真正体现出效益，以县城为依托，着重打造好“五里街—介福”“岵山—仙夹”两条精品线路，并加快推进休闲旅游街区和智慧旅游系统建设等重点工作，发挥主观能动性，确保全域旅游创建工作落实到位。

全县发展壮大村集体经济工作推进会　7月13日，全县发展壮大村集体经济工作推进会召开。县委书记庄永智指出，发展壮大村财是脱贫攻坚的必答题，是政治承诺。习近平总书记的论述，为工作指明了目标方向，提供了根本遵循。各级各部门要知难而进，奋力拼搏，认识到集体经济的重要性。各镇村要正视不足，整合挖掘各方面资源，同时，要意识到发展的关键因素在人，要调动积极性、主动性，激发内生动力。

全县创城冲刺攻坚会　7月20日，全县创建文明城市冲刺攻坚会召开。县委书记庄永智要求，在创城过程中，要争取把好做法转化成长效机制，在优化城市外在形象的同时，提升城市文化内涵和城市品位，打造一个真真正正的全国文明城市。

乡（镇）党委书记党管武装工作述职报告会　9月16日，乡（镇）党委书记党管武装工作述职报告会召开。县委书记、县人武部党委第一书记庄永智强调，各级各部门要聚焦兴武强军，聚焦问题解决，聚焦军民共建，协同协作、齐抓共管，扎实推进党管武装各项工作。

全方位推动永春高质量发展超越务虚研讨会　9月23—24日，全方位推动永春高质量发展超越务虚研讨会召开，研究分析全县经济社会发展情况，探讨如何推动永春高质量发展超越的新思路和新举措，谋划“十四五”规划工作。

全县经济工作百日攻坚动员部署会　10月10日，全县经济工作百日攻坚动员部署会召开。县委书记庄永智指出，要深入贯彻落实省、市部署要求，开展全县第四季度经济攻坚行动，集中力量，百日攻坚，全力以赴扩大有效投资、创造有效供给，确保全面完成年度目标任务，为2021年“十四五”开局打下基础。

全县农村人居环境整治工作现场会　2020年是农村人居环境整治三年行动的收官之年，为强化提升农村居住环境，打好实施乡村振兴战略第一仗，10月15日，全县农村人居环境整治工作现场会在苏坑镇召开。会前，与会人员实地察看苏坑嵩山村人居环境整治整改现场和苏坑工业园区环境卫生保洁模式。

县委办工作

【概况】

2020年，县委办公室把握“服务中心、建设队伍”两大任务，综合协调、精准高效、注重落实，完成制发县委文件68件、县委办文件88件，编发《永春调研》16期，刊发《桃源快讯》正刊36期、增刊65期，向上报送各类党委信息846条，其中被省《八闽快讯》、市《侨区快讯》录用160条，获省、市领导批示21人次。

【文稿质量提升】

强化精品意识，提高文稿质量。强化精品意识，健全“大综合”工作格局，落实文稿服务机制和重要文稿集体研讨、点评制度，用“绣花”功夫精雕细琢，力求文稿思路清、高度够、表达清、特色明。强化学习意识，坚持不懈抓好理论武装，在学思践悟上下功夫，提高科室成员综合素质。强化服务意识，注重研究全局工作和政策思路，既吃透“上情”，又摸清“下情”，高标准高质量做好服务工作。2020年，围绕县委常委（扩大）会，县委十三届十三次、十四次全会，县十八届人大五次会议、县十五届政协五次会议、县团拜会、全县工作会、县四套班子领导月工作汇报会、全县组织工作会、县委中心组学习（扩大)会、疫情防控专题会商会，贯彻中共十九届五中全会精神，省委十届十次、十一次全会精神，市委十二届十二次、十三次全会精神，贯彻省、市专题会议精神，季度、月经济形势分析，疫情防控、安全生产、乡村振兴、项目攻坚、宜居环境建设、脱贫攻坚、强基促稳、防抗台风，开展“作风建设年”活动，以“咬定青山不放松”的韧劲，用心做好文稿服务工作。全年起草县委常委会会议纪要共29期，专题会议纪要6期，牵头起草、把关各类文件和文稿300多篇，成稿文字在100万字以上。

严格细致把关，提高办文质量。组织开展文件简报精简清理工作，规范县直部门编印简报的数量、范围和篇幅，从根本上解决文件简报过多、过长问题。执行《中国共产党党内法规和规范性文件备案规定》和《党政机关公文处理工作条例》，印发《永春县党内规范性文件备案实施办法》《关于做好党组（党委）规范性文件报送备案工作的通知》《关于进一步规范公文处理工作的通知》，进一步规范程序，严把内容政策关、文字关、体例格式关、校对关，确保公文格式规范、用词准确、逻辑严谨。全年制发县委文件68件，县委办文件88件，报送市委备案规范性文件10份。规范公文传阅，保证公文运转安全、高效。

【调研与信息工作】

加强调研工作，当好决策参谋。引导督促各乡镇各部门围绕“七大行动”，着眼于永春县在创新驱动、绿色崛起、开放融合、清新美丽、普惠共享等方面亟须解决的问题，开展调研，探索提出具有针对性和可操作性的新思路、新举措，为打造“有一种生活叫永春”的品牌出谋献策。全年编发《永春调研》16期；有10多篇调研文章在上级各类刊物和媒体上发表，宣传和推介永春。

注重精准高效，搞好信息服务。发挥党委信息主渠道作用，紧贴县委中心工作，关注社会反映的热点、难点和焦点问题，定期刊发《桃源快讯》。全年刊发《桃源快讯》正刊36期，增刊65期。收集、选编各类信息，加大向上报送信息工作的力度，全年编发上报各类党委信息846条，其中省《八闽快讯》录用51条，市《侨区快讯》录用109条，共获省、市领导批示21人次。

【综合协调和服务保障】

强化督促检查，推动工作落实。围绕县委重大决策部署，制定《重要决策部署落实暨县委、县政府主要领导批示交办事项办理情况绩效评估办法（试行）》，对县委主要领导交办和明确督办事项及时进行分解立项，定期或不定期开展督查，及时反馈落实情况，全年对各种重要会议和县委主要领导调研交办等事项进行任务分解抓落实15次。做好上级督查部门转办件和督办件的办理工作，办理上级领导批示件8件，办结率100%；办理县委主要领导批示督办件23件，形成批示件办理专报25期，推动领导批示事项的有效落实。在新冠疫情防控和安全生产隐患大排查大整治的形势下，联合县纪委监委、县委组织部、县政府督查室组成督查督导组，聚焦各乡镇和县直有关单位是否落实好各级疫情防控和安全隐患排查整改等工作和上级到永春督查督导发现的问题举一反三开展进行实地督查，共发现问题39个，在督促各单位开展问题整改和履行好各自职责的同时，为县委决策部署提出建议94条，采纳75条，采纳率79.8%。

加强协调联系，注重沟通交流。发挥县委办公室综合协调职能，加强同省、市有关部门的联系，及时了解上级工作动态和要求，学习借鉴各地先进经验。加强同县人大、县政府、县政协办公室的联系沟通，定期开展工作交流，做好重要活动和相关工作的协调。做好县四套班子主要领导和县委常委周工作安排收集汇总。加强与县直有关部门及乡镇的联系，及时掌握全县经济社会发展和党建工作动态，提供给县委领导参考。精心做好县委领导下基层调研活动筹备服务工作，协调、衔接考察点安排及调研方案，确保领导活动紧扣主题、突出重点、掌握情况、解决问题，使调研活动取得实实在在的效果。

坚持高效简洁，做好综合协调。发挥运转枢纽作用，科学安排，注重细节协调，较好地完成重大活动、会议的组织工作。按照“认真、细致、周密”的工作要求，完成了中央、省、市领导到永春调研、其他县（市、区）到永春参观考察等重要活动。按照“会前协调充分、会中服务规范、会后落实到位”要求，高质量地完成县委常委（扩大）会，县委十三届十三次、十四次全会，县十八届人大五次会议，县十五届政协五次会议等重要会议的组织、协调、服务工作。按照“务实、高效、简洁”原则，合理简化会议议程，严格控制会议时间。全年承办各类会议200多次。

夯实安全基础，强化服务保障。根据省市统一部署，完成协助组织部、纪委等部门电子政务内网接入工作，协助政法委电子政务内网接入的后期工作。开展保密安全检查，对全县涉密计算机、党政部门涉密人员、信息网络等进行专项检查，加强指导，落实责任，严防失泄密事件的发生。推进重要领域国产密码推广应用。全年共收发办理明密电报13200份次，无一差错，保证了中央和省市县重大决策和重要工作部署的迅速贯彻落实。

搞好后勤服务，增强保障能力。结合办公室安全保密、信息化建设、公文改版及“1028”工程等新要求，完成电脑替代工作，购置相关办公设备，提升机关精益化管理水平和服务保障能力。完善财产使用登记、办公用品采购等各项制度，推行无纸化办公。完善值班与应急工作机制，坚持24小时值班制度和突发事件、节假日期间领导带班制度，做好下情上报、上情下达，确保信息畅通。健全行政后勤内部管理制度，规范接待工作程序，提高接待工作水平。加强县委大楼的环境卫生整治和维护管理。规范公务用车管理，实现安全行车。

（分管领导：林琼芳　撰稿人：陈鹏锋）

组织工作

【概况】

2020年，永春县有基层党委58个，党总支33个，党支部805个，党员25031人，其中当年新发展党员374人。全年县委组织工作围绕夯实基层基础、优化干部管理、注重人才引进等工作展开，按照分类指导、统筹推进的方式方法创新推进农村、机关、企业等领域基层党建工作，组织开展培训干部1295人次，提拔提级116人，引进省、市级高层次人才188人，为推动高质量发展提供坚强保障。

【组织工作】

农村基层党建工作　实施“砺心工程”。落实每月第一个工作日集中开展党员活动制度，举办红色短视频大赛，出台《关于加强乡镇党校规范化建设推动乡村党员教育培训全覆盖的通知》，创建22个“六有”（有机构、有场所、有师资、有质量、有制度、有经费）乡镇党校。从县直机关中抽调236名干部组成22支疫情防控驻村工作队，组建236支党员先锋队。开展“学习身边榜样”征文活动，评出获奖作品20篇。实施“造血工程”。开展省级扶持壮大村级集体经济试点，给予20个试点村每个村60万元的补助，开展“强村（强企）带弱村”行动，组织18个强村、16个优质企业帮带53个弱村，年总增收176.2万元。推行发展壮大村集体经济奖励办法，全县共有73个村兑现奖励83.13万元。谋划生成村集体经济增收项目352个，汇编《永春县发展壮大村级集体经济案例选编》。实施“善治工程”。开展自治、法治、德治“三治融合”示范村创建活动，评出10个“最美党群服务中心”和10条“最美党建文化走廊”，将12个农村超大支部升格为党总支。推行村干部积分制考评，全县共发放绩效奖励526.14万元。联合县公安局全面推行“村干部兼职辅警”制度，选配95名村务助理，开展乡村振兴试点示范党建“三级联创”工作，探索推行村民小组长积分制、村民积分制，试点成立43个红色乡贤振兴促进会，推进美丽乡村建设和基层社会治理。

各领域基层党建工作　注重分类指导、统筹推进，推动机关、城市、离退休、国企、学校等领域党建全面进步。在机关党建领域，策划生成“我爱我家”——永春家风家训文化园、红色教育滋养初心使命的实践与思考、党建引领电商助力乡村振兴等25个党建工作重点项目。围绕建设“模范机关”主题，开展特色党建项目评选活动。开展第三届“推进机制活、建设新福建”机关体制机制创新优秀案例征集评选活动，择优选送参加全市评选，分获二、三等奖。在城市党建领域，组建3个社区党委，优化组织设置。实施“在职党员回家工程”，常态化开展“建家、理家、暖家、爱家”四项行动。组建物业行业联合党支部和22个居民小区

兼合式党支部，依托永春县美丽乡村云平台增设“近邻党建”模块，组织4197名在职党员到常住小区报到，建立33个在职党员微信群，构筑在职党员八小时之外的“家”。在国有企业党建领域，落实国企党建30项重点任务，创建并启动天湖山公司党委“三极联创”党建工作机制和供电公司党委“两化三力”（指提升党员干部专业化、年轻化和创新力、执行力、协同力水平）、建立健全“有事找党组织”机制，提升国有企业党建规范化水平。在中小学校党建领域，在党员干部、教师中推进“党建＋教育教学”“党建＋师资建设”“党建＋立德树人”“党建＋实践活动”融合载体，引导党员在“四个融合”中主动作为、彰显能力、树立形象。在离退休党建领域，新成立4个离退休干部党支部，新建“老党员之家”20个，实现全县离退休干部党员活动阵地全覆盖。开展培育“桑榆党旗红”离退休干部党建示范典型活动，打造离退休干部党建精品工程，提升全县离退休干部党建工作制度化、规范化、科学化水平。

【干部工作】

干部选拔任用　严格执行《党委（党组）讨论决定干部任免事项守则》和《党政领导干部选拔任用条例》，准确把握干部选拔任用的原则、条件、资格，把政治标准作为选人用人的首要标准，落实“凡提四必”制度，完善干部选拔任用全程纪实制度，坚持民主推荐、考核预告、任前公示、任前征求意见、任职试用期、廉政知识测试、任前廉政对照检查、全委会票决等制度。全年共调整县管干部271人次，其中提拔使用90人，进一步使用8人，职级晋升26人，试用期满正式任职34人，退休31人，组织处理1人。

干部历练培养　实施“四个一线”培养工程，把干部选派到急难险重岗位中去实践磨炼，先后抽调1012人次经验丰富、工作扎实的领导干部参与疫情防控工作，抽调215名干部参与白濑水库枢纽工程、马跳水库、兴泉铁路等重点项目建设。结合疫情防控工作和“项目攻坚2020”专项督查活动，分别成立4个一线考核督导组，了解各领导班子和干部重点工作情况，建立“两头”干部实绩档案。建立优秀年轻干部库，压实党委（党组）干部培养主体责任，实行年轻干部培养联系人制度，为年轻干部制定“一人一策”成长方案，让更多优秀年轻干部脱颖而出，至年底共有优秀年轻干部229名，其中35岁以下167人，占72.9%。

干部监督管理　严把干部选任廉政关口，做好拟提拔任用干部任前公示、个人档案审核工作，组织136名拟提任、转任干部开展任前廉政法规知识测试，举办第二期新提任领导干部廉洁从政专题培训班，208名2017年以后新提任的领导干部参加培训。落实谈心谈话制度，用好提醒、函询、诫勉等组织措施，共对县管干部函询6人、谈话提醒26人、诫勉谈话16人。共收到21条干部监督信息，受理转办16件信访件。强化对“一把手”的监督，对2名县直单位主要负责人和2名乡镇党政正职开展经济责任审计。下发《关于开展违规经商办企业情况专项治理的通知》，实施县管干部违规经商办企业专项治理行动。做好“12380”举报受理查核，严格国家工作人员因私出国（境）、请销假、干部社团兼职等日常审批管理工作。

干部教育培训　举办党的十九届四中全会精神轮训班、2期科级干部进修班、1期优秀年轻干部培训班和选调生履职能力提升班，通过线上线下相结合的形式，提高干部业务素质和履职能力。配合上级干部培训抽调工作，安排132名处、科级干部参加省市干部培训机构的学习。持续开展“人人上讲台、全员提素质”活动，联合县农业农村局、水利局、应急管理局等职能部门精心组织脱贫攻坚、防汛、应急管理等相关业务培训，利用视频会议、网络自学等方式，累计培训干部1295人次，提升干部专业能力和履职能力。

干部激励关怀　出台《关于激励关爱疫情防控一线党员干部人才十条措施》，8名在疫情防控一线表现突出、堪当重任的干部得到提拔重用或晋升职级，60名表现先进的干部获通报表扬。用好县级关心关爱基层干部专项资金，走访慰问疫情一线干部、困难干部667人次，发放慰问金63.99万元。乡镇年度考核优秀班子中干部评为“优秀”的比例提高到30%，确保乡镇机关工作人员收入高于县直机关同职级人员20%以上，调整28名长期在边远乡镇工作的干部到县直单位或城区周边乡镇工作，持续开展乡镇“五小”（小食堂、小厕所、小澡堂、小图书馆、小文体室）设施建设，改善基层干部工作生活条件。执行《永春县关于规范容错纠错机制的实施细则（试行）》，正确对待被问责和受处分的干部，3名曾受处分但工作敢于担当作为、实绩突出的干部得到提拔使用或晋升职级。

【公务员管理】

公务员考试录用　完成永春县公务员考试录用工作，全县共招录公务员（含参公）79人。

全县机关事业单位年度考核　会同县人社局组织实施2020年机关事业单位工作人员年度考核工作，1667人年度考核“优秀”获奖励，其中记“三等功”50人、“嘉奖”1617人。

【人才工作】

完善人才工作机制　出台《吸引国内外高水平高校毕业生专项行动方案》《鼓励重点民营工业企业引才聚才的十条措施》《柔性引才管理办法（试行）》《人才疗养基地管理办法（试行）》等文件。

夯实人才平台建设　引进张清仲博士创业项目入驻智汇园，对接福建（泉州）哈工大工程技术研究院设立永春工作站，新增“中国农技协科技小院”1家，省级学会服务站3家、技能大师工作室2家、众创空间1家，市级学会创新驱动服务站3家、专家工作站1家。

提升人才队伍水平　全年新增省引才“百人计划”1人，省级高层次C类人才1人，市级高层次人才186人。创建科技特派员工作站3个，新增科技特派员省级34人、市级48人。下放非公职称评审权试点，评选44名制陶、制香助理工程师。

优化人才发展环境　制定县处级领导干部挂钩联系重点高层次人才制度，33名处级领导挂钩联系33名高层次人才。推进3个市级“人才之家”提档升级，设立5处县级“人才之家”，构建完善的人才服务体系。举办福建省“师带徒”引凤计划人才项目资本对接会、“激发用人主体活力”民营企业家示范培训班等大型活动，在人民网、组织人事报、新华网、中新网、学习强国、福建日报等省上媒体刊发宣传报道80余篇。

非公企业和社会组织党建工作

【概况】

2020年，永春县有非公企业和社会组织党委2个，党支部157个，党员1378人。随着非公企业“党建入章”的融合开展及党建工作指导员的选派，促进非公企业党组织和党员作用的发挥，保证企业持续健康稳定发展。

【开展党建融入公司治理】

推动“党建入章”提质增效，中组部《组工信息》《福建组工信息》等刊发永春县做法。开展“党建入章”示范点创建活动，按照“八个一”要求，探索推行制度融通、党群融洽、人才融汇、文化融魂、法纪融合“五融”工作法，推进万家美、迈特富、良瓷科技、莉芳茶厂等4个市级示范点和21个县级示范点创建工作。

【规上工业企业党的建设】

提升“两个覆盖”工作质量，至年底已有403家非公企业完成“党建入章”，占比达到88%。完善党建工作指导员选派管理制度，选派147名党建工作指导员联系458家非公企业，实现全覆盖。

（分管领导：黄永炎　撰稿人：潘耿元、陈森淼、黄卡泽、张木德、李伟波）

宣传工作

【概况】

2020年，永春县宣传思想文化战线深入学习贯彻《中国共产党宣传工作条例》，贯彻中央和省委、市委、县委关于宣传思想工作的重大决策部署，履行“举旗帜、聚民心、育新人、兴文化、展形象”的使命任务，守正创新推动宣传思想工作不断强起来，为永春经济社会发展提供坚强有力的思想保证、舆论支持、文化支撑和精神动力。

【学习贯彻《中国共产党宣传工作条例》】

把学习贯彻《中国共产党宣传工作条例》（以下简称“条例”）作为一项重要政治任务，成立永春县委宣传思想工作领导小组（意识形态工作领导小组）及其办公室，制定下发领导小组《工作规则（试行）》，切实加强对宣传思想工作的组织领导，构建大宣传工作格局。多次召开县委常委会会议传达、学习、贯彻上级文件会议精神。结合意识形态工作责任制专题督查，开展条例贯彻执行情况检查，推动县委工作部门各单位切实抓好条例“四个纳入”的贯彻执行。召开全县宣传思想文化工作会议，落细落实主体责任。

【理论武装】

把学习宣传贯彻习近平新时代中国特色社会主义思想作为首要的政治任务，组织开展中心组学习，制定下发专题学习重点内容安排和学习计划，印发《关于进一步推动学习宣传贯彻习近平新时代中国特色社会主义思想走深走实的工作方案》等文件，持续掀起“大学习”热潮。县委理论学习中心组围绕学习贯彻新思想，组织开展23场集中学习及研讨活动、印发自学专刊36期，县委理论中心组体会文章《深入学习系列采访实录打造“有一种生活叫永春”品牌》在《泉州晚报》刊发。制定实施《学习贯彻党的十九届五中全会精神县委宣讲团宣讲工作方案》，15个宣讲小组开展近30场分众化宣讲活动。参加“泉民开讲”宣讲工作，推荐市级宣讲员4人、素材课件4篇，其中1人入选“泉民开讲”脱贫攻坚专场人选并在全市进行宣讲。把“学习强国”学习平台作为创新党员学习教育方式，日平均积分共38周位居全市各县（市、区）第一，114篇稿件在“学习强国”学习平台刊发，经验交流信息《永春县“四强化、四注重”扎实推进“学习强国”学习平台推广使用》在《八闽快讯》《侨区快讯》刊发，并得到市委副书记、宣传部部长张永宁批示肯定。

【意识形态工作】

开展市委主体责任检查、意识形态工作督查暨县委巡察反馈有关问题整改落实情况抽查，推动落实意识形态工作落实。结合“强基促稳”工作，组织开展提升基层意识形态行动，在市委宣传部牵头的“提升基层意识形态和舆情处置工作能力专项行动”全市考评中位列第一档。对照习近平新时代中国特色社会主义思想和中共十九届四中、五中全会精神，对照党章、宪法等有关法律法规以及疫情防控和安全生产工作要求，强化社科阵地管理，持续规范县内各社科类讲座、报告会、论坛的举办程序，督促各主办单位严格审查、把关、报备。开展“扫黄打非”专项行动，“扫黄打非”工作在全市综治考评中位列第一。

【舆论宣传引导】

围绕县委县政府中心工作，聚焦永春县防抗新冠肺炎疫情、安全生产、脱贫攻坚、乡村振兴、国家公共文化服务体系示范区创建等重点工作，构建电视、报纸、新媒体互联互通的县级新闻矩阵，全年《永春新闻》栏目采编并播出新闻2800多条次，编发《桃源乡讯》报纸52期1500多篇稿件及新闻照片，其中《致永春父老乡亲》防抗疫情短视频点击量超41万次，创永春本地新闻点击量之最。开展对外宣传，在中央、省、市级媒体刊发报道1000多篇（幅），被中央、省、市电视台采用新闻近600条。县长“带货直播”在央视移动+、微博、头条、抖音、百度等各平台同步播出，全网观看量达237万人次，线上成交6万多单。持续打响“有一种生活叫永春”品牌，推出6集《大美永春》城市形象系列宣传视频和14集《美食记忆》系列短视频，《有一种生活叫永春》宣传片被“新华社全球视频平台”和“今日头条”采用，两天内点击量超过162万人次。发挥新媒体传播优势，开展纪念方七娘诞辰暨白鹤拳文化节、福建省“中国农民丰收节”主场活动、全国“心香杯”斗香赛、首届中国红曲醋产业发展高峰论坛等一系列直播转播活动，及时传递热点信息。县报道中心连续八年被福建日报社评为优秀报道组。

【融媒体中心正式运作】

落实县融媒体中心“三定”方案，核定56名财政核拨事业编制，成立县融媒体中心党组，配齐配强县融媒体中心领导班子。整合县广播电视台、电影公司、《桃源乡讯》编辑中心并入县融媒体中心，启动清产核资等各项工作，推动实质性整合运作，8月接受省委宣传部验收检查。组建微信公众号+视频号+微发布信息传播“微矩阵”，构建集中统一的县域新闻资讯、权威发布和舆论引导平台，占领新媒体舆论阵地。与福建省广播影视集团开展为期一年的整体宣传策划及传播合作，通过品牌策划、整合传播和城市形象片拍摄等开展宣传推介。2020年，县融媒体中心获评全省融媒体新闻协作先进集体。

【精神文明创建活动】

强力推进全国文明城市创建，通过创城公益广告宣传牌、宣传展示长廊、小景观和制作创城宣传视频彩铃及推送微信朋友圈公益广告等广泛开展宣传，创城参与率、知晓率、满意率均达95%以上。组织开展“强基促稳”三年行动“乡风文明”示范创建专项行动，推进乡村“德治＋六新”创建活动，推广湖洋镇吴岭村“邻里守望”的文明乡风理念，提升乡村振兴的质量和水平，市《强基促稳信息专报》第16期报道永春县“邻里守望”工作经验。建强志愿服务队伍，开展丰富多彩的志愿服务活动，全县注册志愿者78243人，各项指标均位列全市前列。引导新时代文明实践所市级试点岵山镇、玉斗镇以“文艺志愿服务”为主基调，结合融入本乡镇“善”元素及“乡风文明”元素，常态化开展活动，探索创新。开展2020年度泉州市学雷锋活动示范点和岗位推选活动，永春县获评学雷锋活动示范点1个、学雷锋标兵1人。

【文化品牌打造】

加快“书香永春”建设，投入100万元提升县图书馆“人均藏书量”，建设提升一批特色“百姓书房”。“在水一方·夜游永春”文化惠民小舞台、“文化进乡村·文明进万家”等“魅力永春·文化惠民”特色项目复工开演。举办近10场大型书法、美术、摄影展览及散文比赛，出版《绿水青山就是金山银山生态文明摄影作品集》，并同步进行书画、摄影作品网络展。开展永春县优秀文艺作品和文艺人才年度评选工作。县文联获评泉州市“在疫情防控中文艺创作和文艺宣传工作中表现突出的先进集体”。开展社科普及工作，永春抗战历史展览展示活动被列为省2020年革命老区中央苏区社科普及特色活动资助项目，余光中文学馆、永春老醋文创园获评市社科普及基地。推进文化产业发展，五里街镇旧街产业园等5个项目被列入2020年市文化产业重点项目，岵山镇获评省级侨乡文化名镇。推进全域旅游工作，打造文旅融合品牌，天沐温泉旅游度假区、仙乡（仙夹镇）特色旅游风景道项目被评为泉州市第二批“六大旅游产品”。开通永春旅游微博、微信、抖音、微信公众号等新媒体矩阵，策划举办“陌上客——永春探春记”网络直播活动，吸引120多万观众观看。新晋2处省级文物保护单位。4处国保单位消防、安防工程和苦寨坑窑遗址本体保护工程通过国家文物局立项。

（分管领导：陈埔军　撰稿人：林泉城）

统战工作

【概况】

2020年，全县统一战线深入学习贯彻习近平总书记关于加强和改进统一战线工作的重要思想，中共十九大，中共十九届四中、五中全会精神，立足新起点，奋进新时代，围绕县委县政府中心工作，主动作为，推进统战各项工作取得较好成效。

【强化政治引领】

深化“不忘初心、牢记使命”主题教育活动成果，通过举办中共十九届五中全会精神专题宣讲、召开学习交流会、组织教育培训、开展一系列主题教育活动等形式，推动习近平新时代中国特色社会主义思想进民主党派、进民族乡村和宗教活动场所、进非公企业和商会、进新的社会阶层、进港澳台及海外社团，推进国旗、宪法和法律法规、社会主义核心价值观、中华优秀传统文化“四进”宗教活动场所，引导全县统一战线成员增强“四个意识”、坚定“四个自信”、做到“两个维护”，把握正确政治导向，凝聚广泛思想共识。

【同心助力疫情防控】

面对突如其来的新冠肺炎疫情，县委统战部立即全面发动和统筹组织海内外乡亲和社会各界人士捐款捐物，累计捐赠770多万元和救护车1辆、各类口罩148.8万个、手套11.5万副、医用帽子3万个、消毒液0.65万公斤等各类防疫物资，及时有效缓解全县防疫物资紧缺的局面。全县89处宗教活动场所、445处民间信仰活动场所第一时间全部关闭、停止聚集性活动。工商联和各商会协助做好回乡人员摸排工作，工商界人士自觉履行社会责任，不哄抬价格，不屯货居奇。抽调统战干部参与做好境外人员入境管理服务、交通检疫点和村级一线等防疫工作，对回乡的旅外乡亲做好人文关怀工作，同时向海外同乡社团和乡亲捐赠口罩11.87万个等一批防疫物资。引导统一战线成员参与扶贫济困、助学助残、义诊赠药等各项公益慈善活动。实施“同心安居工程”，落实帮扶和补助资金128.6万元，帮助18户困难户进行危旧房改造。各乡镇募集教育基金1.25亿元，其中大部分为港澳台海外乡亲和社会各界人士捐赠。

【践行新型政党制度】

落实习近平总书记对建设新型政党制度提出的新要求，支持各民主党派履行政治协商、参政议政、民主监督职能，发挥作用。引导民主党派和无党派人士等统一战线成员围绕县委县政府中心工作和全县经济社会发展的重大问题开展考察调研活动，建言献策。在2020年市县“两会”上提出建议、提案108件，县人大常委会表彰的13件代表优秀建议中有2件由民主党派提出，县政协表彰的10件优秀提案中有9件由民主党派、民营经济人士、新的社会阶层人士、无党派人士提出。县政协成立的17个政协委员工作室中有14个是党外人士。支持各民主党派加强自身建设，严把党派成员发展质量关，做好民主党派换届工作，提高民主党派基层组织建设制度化规范化水平，把农工党永春小组纳入管理。

【维护民族宗教和谐稳定】

开展民族团结进步宣传月活动，铸牢中华民族共同体意识。加大对民族村（落）支持力度，落实少数民族帮扶资金37万元，实施项目2个，推进乡村振兴。落实宗教工作两级责任制和三级网格化服务管理体系，坚持依法管理宗教事务。坚持宗教中国化方向，引导宗教与社会主义社会相适应。落实宗教活动场所人员、财务、资产、会计、治安、消防安全、文物保护、卫生防疫等八项管理制度，规范宗教活动场所和民间信仰活动场所管理，创建“一少三无一规范”（即少烧香，无烧金纸、点蜡烛、放鞭炮等影响环境、危害安全行为，规范佛教、道教、民间信仰活动场所管理）安全生态和谐寺观，推进文明敬香，推动移风易俗，开展宗教场所不动产登记工作，做好宗教领域安全隐患大排查大整治。

【民营经济统战工作】

贯彻落实中央《关于加强新时代民营经济统战工作的意见》，着力把民营经济统战工作做实做细，促进民营经济健康发展、民营经济人士健康成长。与公、检、法、司等单位联合开展“服务六稳六保，护航民企发展”“送法进企业”等活动，完善工商联法律服务平台。发挥商会平台作用，宣传推介永春，以永商回归创业园为依托，累计引进回归创业项目34个。发动各商会和企业家筹集243.1万元物资用于光彩助学活动。持续开展“百企帮百村”活动，43家企业及商会结对帮扶贫困村薄弱村45个和贫困户172户575人，累计落实帮扶资金825.85万元。县工商联连续三年被评为全国“五好”工商联，被评为2020年度全县招商引资先进集体。推进商会组织规范化建设，厦门市永春商会、泉州市泉永商会、湖洋商会获评全国“四好”商会。福州永德会馆正式开馆，成为永春县在省会推介旅游资源、历史文化、特色产品的重要窗口。

【拓展新的社会阶层人士工作】

坚持分类施策，探索创新，不断拓展党外知识分子和新的社会阶层人士统战工作的广度和深度。发挥好县新阶联的桥梁纽带和平台载体作用，成立兼合式党支部，设立2个实践创新基地、6个同心服务站、20个同心图书室，开展各类联谊交流、社会服务和公益活动。

【加强侨亲和港澳台同胞联络联谊】

加强与港澳台同胞和海外侨亲的联谊交流，举办“海外侨领走进永春”考察交流活动，开展“暖侨行动”取得较好反响。完成全县侨情与港澳乡情和永春籍留学生普查工作。整理汇编《南洋名人集传之永春人》，修缮尤扬祖故居，建设永春华侨抗战展示馆。港澳台胞及海外乡亲捐赠家乡公益事业2832万元。世永联大厦建设顺利推进。侨乡文化名镇名村创建工作取得新成效，湖洋镇获评市级侨文化名镇。做好扶助贫困归侨侨眷、涉侨寻根、维权等服务工作。在柬埔寨成立柬永华侨联合会。

（分管领导：郑龙目　撰稿人：郑伟文）

政法工作

【概况】

2020年，永春县政法工作贯彻落实中央、省委、市委关于政法维稳部署要求，围绕疫情防控和经济社会发展各项工作，牢牢把握“五个坚决防止”底线要求，推进“平安永春、法治永春、过硬队伍”三大建设，战疫情、防风险、保安全、护稳定，社会大局保持和谐安定。2020年底，永春县群众安全感率达99.57%、扫黑除恶好评率达98.90%、执法满意率达98.29%，分别位居全市第1位、第3位、第4位，获评全省“全省第四轮第一批平安县”。

【服务保障疫情防控】

加强组织领导。及时召开专题书记办公会，研究部署新型冠状病毒感染的肺炎疫情防控期间社会稳定工作；制定下发《中共永春县委政法委员会关于做好新型冠状病毒感染的肺炎疫情防控期间社会稳定工作的通知》（永委政法〔2020〕3号），对防控疫情期间工作进行部署。县委政法委发挥牵头抓总作用，采取“四不两直”方式，常态化深入防控一线开展督导。县委常委、政法委书记王文杨带队到22个乡镇和交通检查点，一线检查督导疫情防控，推动责任落实。县法院、县公安局领导班子成员分别带队到各基层法庭、派出所检查督导疫情防控工作，推动各项工作落地落效。

加大排查化解。按照“属地管理，谁主管、谁负责”的原则，各乡镇、部门集中力量进行矛盾纠纷排查化解工作。对于潜在矛盾纠纷，进行一次全面排查，做到底数清、情况明。落实领导包案制度，分类疏导化解，把矛盾化解在基层，把问题化解在萌芽状态。疫情期间倡导群众通过网上投诉和写信等方式反映诉求，依法及时就地解决群众合理诉求，切实维护群众合法权益。疫情期间，永春县共摸排各类矛盾纠纷线索157条，成功化解157条，化解率为100%，协议涉及金额833.27万元。发挥村干部兼职辅警机制优势，提升乡村源头治理成效。比如，防控疫情以后，锦斗镇村民采取堵路封村的做法，引发双方村民矛盾，锦斗派出所立即指令村干部兼职辅警及时介入，全力做好同村人员思想工作，耐心开展情绪疏导、矛盾化解，最终成功化解该起事件隐患。

突出打击整治。全县每日投入警力500余人次，同步发动村干部兼职辅警，开展基础排查，构筑群防群治抵御疫情的严密防线，并设置25个检查点，全天候过滤筛查，坚决守住入永安全通道。严惩违法犯罪，县法院、检察院、公安局联合发布关于依法严厉打击疫情防控期间违法犯罪行为的通告，发挥司法职能，开展联合执法，加大对农贸市场、超市、药店、餐饮等经营主体检查，督促做好环境卫生整治及消杀工作，落实疫情防护措施。

【主动靠前服务大局】

县法院出台《服务保障永春县经济社会秩序加快恢复的工作意见》，主动适应疫情防控常态化新形势，服务保障经济社会发展。县检察院依法审慎办理疫情防控期间企业犯罪案件，深化涉民营经济案件立案监督和羁押必要性审查专项活动的工作成效，依法保障和促进民营经济健康发展。县公安局推行“不见面审批”，推行“一件事”套餐服务、“一窗办理”服务，实现企业群众办事线上“一网通办”、线下“最多跑一趟”。县司法局成立新冠肺炎疫情防控期间企业复工律师公益法律服务团，为企业和劳动者提供法律服务。

【扫黑除恶纵深推进】

围绕扫黑除恶行动目标要求，主动对标对表，持续加压发力，坚决彻底推进扫黑除恶“六清”行动和谋划好常态化推进扫黑除恶“六建”工作，始终保持好扫黑除恶治乱强大攻势，坚决打赢扫黑除恶专项斗争收官战。强化高位推动。县委县政府始终把扫黑除恶专项斗争作为一项重大政治任务抓紧抓实，10月26日，永春县召开深入推进扫黑除恶专项斗争工作会，县党政主要领导对扫黑除恶工作做了再动员再部署。强化攻坚突破。全年永春县共摸排核查涉黑恶线索47条，已全部办结。全县共打掉涉恶犯罪集团1个；立涉恶9类典型案件96起，破73起；刑拘涉恶犯罪嫌疑人82人；抓获涉恶网上在逃人员18人（至年底永春县无涉黑恶目标逃犯存量）；县检察院提起公诉涉恶团伙案件3件18人，县法院判决4件20人，2020年12月前受理的案件已全部审结。强化“打伞打财”。县纪委监委制定纪检监察机构片区协作实施方案，由机关领导班子成员、相关纪检监察室按照划片分工安排，对公安破获的涉黑涉恶案件开展联点包案，加大对“有黑无伞”和省扫黑办挂牌督办案件的攻坚力度，强力整治涉黑涉恶腐败和“保护伞”。全年共立案8件8人，其中查结涉黑涉恶腐败和充当“保护伞”问题8件8人（给予党纪政务处分8人）。至年底，全县涉黑案件判处罚金3万元，已执行到位财产刑206.4万元，违法所得15.8万元。涉恶案件判处罚金90.2万元，责令退赔196.359972万元，至年底已执行到位财产刑71.43万元，责令退赔32.3794万元。县公安机关查封冻结扣押涉案资产约4045万元。强化行业清源。组织开展扫黑除恶专项斗争重点行业领域专项整治，主动对标对表，强化攻坚突破，做到“动真除患”，对未能摸排提交有效黑恶线索的14个单位由主要领导和分管领导向扫黑除恶领导小组签字背书；强化“三书一函”发送闭环管理，督促行业主管部门落实“一案一整治”的同时，堵塞漏洞，完善机制。全年共发出“三书一函”14份。同时，结合打击治理电信网络诈骗、涉黄涉赌违法犯罪、“套路贷”违法犯罪、“飓风肃毒”“云剑”“清朗”系列等专项行动，以点带面，推动扫黑除恶乱象整治工作有序开展。强化建章立制。通过以案促改，梳理专项斗争中暴露出来的普遍性、深层次问题，把专项斗争中成熟的经验和做法，转化为制度规范，提升斗争水平。将“一案三查”确立为常态化工作机制，畅通线索移交、信息共享渠道。健全政法机关和纪检监察机关同步立案、联合办案等措施，将涉黑涉恶案件提级管辖、异地侦办等经验做法机制化常态化。完善办案单位协作配合机制，加强对涉黑涉恶案件办理情况全程动态监控，防止冤假错案；建立健全政法机关与行业主管部门协同联动机制，完善问题通报等制度，推动出台长效性、规范性的综合防控措施。

【维护社会安定稳定】

督促各乡镇各有关部门做好各级人大政协“两会”、“9·8”投资会、第三届“数字中国”建设峰会、中共十九届五中全会等重大活动安保维稳任务，保持社会大局稳定安定。深入开展安全隐患大排查大整治“百日攻坚”，持续抓好民爆物品安全大检查，危化品“一体化”监管平台“三项考评”均100%。派出所履行消防职责，全面清缴火患。深入推进道路交通安全综合整治，全力除隐患防事故保平安。开展信访矛盾“三消三减”（消化重访，减存量；消化隐患，减风险；消化诉求，减民怨）专项行动，2020年已完成历史积案24件、重复信访件31件。开展国家安全宣传活动，完善基层人民防线组织体系建设，推进全县各级防线组织落实反奸防谍防范保卫主体责任，开展网络安全责任大检查，落实网络安全主体责任，确保网络安全。

【治安形势持续向好】

全县共立刑事案件997起，比升0.3%，破刑事案件470起，比升12.17%，破案率47.14%，比升5%。县法院受理各类案件9116件，结案8688件。县检察院批准逮捕各类犯罪嫌疑人130件206人，提起公诉199件289人。聚焦扫黑除恶、打击治理电信诈骗和跨境网络赌博等重点工作，统筹网上网下、境内境外“两个战场”，强力推进各项专项行动。坚持“既破大案、又管小案”，21起八类严重暴力案件全破，侦破侵财类案件247起，比升36.46%。落实“122”机制，强化跨境网络赌博犯罪专案攻坚，元月14日，端掉“11·22”跨境网赌大案，刑拘34人，全部移送起诉，查扣1000多万元，冻结8000万余元，公安部、省公安厅电贺表扬。推进打击治理电信网络诈骗专项行动，紧盯1622名涉诈重点人员，确定10个重点整治乡镇，强化人员管控、破案打击、清查整治、宣传教育，坚决铲除滋生涉诈违法犯罪土壤。全年破获电信网络诈骗案件82起，抓获犯罪嫌疑人156人，同比上升446.67%、178.57%。打掉电信诈骗窝点9个。破获省督民族资产类诈骗案1起，抓获犯罪嫌疑人11人。

【风险隐患源头治理】

县委、县政府把县、乡镇、村（社区）三级矛盾纠纷多元化解平台建设纳入2020年为民办实事项目。建设完成县矛盾纠纷多元化解中心。全县22个乡镇236个村（社区）已完成矛盾纠纷多元化解中心（工作室）和“一庭三所”联合调解室建设。2020年，全县共调处各类民间纠纷3601起，调解成功3597起，成功率99.89%。新成立永春永大陶瓷工业有限公司人民调解委员会、陈建清人民调解工作室、肖清江人民调解工作室暨“两代表一委员”调解工作室和李军杨老兵调解工作室，陈耀辉个人调解室被省委政法委、省司法厅命名为“省级金牌调解工作室”。在全市率先出台在全县农村培育“法律明白人”的实施意见，明确全县236个行政村（社区）每村确定3名以上“法律明白人”培养对象。至年底，全县已培育“法律明白人”1386人，创建培养示范村（社区）34个，培育“法律明白人”骨干538人。

【社会治理亮点纷呈】

推进“三治融合”创建。出台《关于开展自治、法治、德治“三治融合”示范村（社区）创建活动的实施意见》，作为全县“强基促稳”的主要抓手，在全省率先探索实践自治、法治、德治“三治融合”的基层社会治理模式，开展自治、法治、德治“三治融合”示范村（社区）创建活动，创建“三个六”（“自治+六规范”、“法治+六零”和“德治+六新”）村（社区），推进基层治理能力提升。创建工作取得成效，得到市委副书记张永宁和市委常委、政法委书记林锦明肯定，《八闽快讯》、《侨区快讯》、市委改革办刊文推介，《福建日报》《福建法治报》《泉州晚报》等主流媒体报道。

推行“村干部兼职辅警”新机制。结合永春现状，探索实践“村干部兼职辅警”治理机制，全县236个村（社区）选聘村干部任警务助理308人，有效缓解警力不足压力。发挥村干部人缘地缘优势，提升预测预警预防水平，推动警务机制优势转化为乡村治理优势。入围第六届社会治理创新博鳌论坛“法治影响中国典范案例”。全年兼职辅警村干部共摸排矛盾纠纷468起，排查安全隐患49个。

推行县域网格化服务管理。推进“一网多用”“一张网格管治理”，提升网格化服务管理整体效能。成立县域网格化服务管理指挥部及其办公室，县委书记庄永智、县长吕建成为指挥长，切实加强组织领导和指导协调。在桃城镇、五里街镇、玉斗镇等3个乡镇开展试点工作，根据村（社区）的人口数量、地域面积、角落分布、社情民情等情况划分网格，3个试点乡镇共划分458个单元网格，招聘网格员458人。试点工作初见成效，《八闽快讯》《福建改革财经情况》《侨区快讯》《市“强基促稳”信息专报》《泉州晚报》等对永春县开展网格化服务管理试点工作的做法进行了宣传报道，市委书记康涛，市委常委、纪委书记游宇飞，市委常委、政法委书记林锦明等分别作了批示肯定。

【法治建设全面深化】

全县共开展法治宣传活动70多场、赠送《新型肺炎防控法律知识50问》《新型冠状病毒肺炎疫情防控法律知识读本》《中华人民共和国宪法》《中华人民共和国民法典》《中华人民共和国道路交通安全法》等法律书籍8万余册（份），开展法治讲座30余场次。紧盯重要法治宣传“节点”。完成“七五”普法检查验收工作，做好“八五”普法规划谋划工作，抓实法治宣传工作。深化“法律六进”新格局，先后开展了新春“三下乡”、“四下乡”、文明城市创建、“3·8”妇女维权宣传周、“3·15”国际消费者权益日、“4·15”国家安全宣传日、“5·15”打击和防范经济犯罪宣传日、“6·26”国际禁毒日、“11·1”反间谍法实施六周年宣传、反邪教宣传月、《中华人民共和国社区矫正法》宣传月等一系列送法下乡进村入户等活动。编印《中华人民共和国民法典》典型案例，组建“民法典”宣讲团，已开展宣讲近百场。攻克法治文化建设“难点”。推进法治文化建设。乡镇法治文化阵地建设纳入全县“强基促稳”行动和乡村振兴战略综合考评内容，推进法治文化广场、法治文化长廊、教育基地、法治文化公园和景区等具有民族特色和本地文化的法治宣传阵地建设，至年底全县有法治文化阵地近100个，其中五里街镇投入近100万元打造全国最长（总长6千米）的法治文化漫道景观带，实现“一镇一特色”“一村一精品”。加快建设“法治永春”，推动形成办事依法、遇事找法、解决问题用法、化解矛盾靠法的社会环境。至年底，全县22个乡镇、236个村（社区）法律顾问覆盖率达100%，建立顾问律师微信群，超额完成上级下达的村（社区）法律顾问示范点创建任务。提供“你扫码我服务 最多跑一趟”服务、声讯法律咨询和法律服务引导，全年法律援助中心共受理法律援助案件606件（其中民事案件211件、刑事案件175件，行政案件220件），为群众挽回经济损失452.50万。抓住法治宣传载体“亮点”。主动适应“互联网+”新形势，运用微电影、微视频、漫画等形式开展法治宣传。县法院拍摄生态司法工作视频短片，获评福建省优秀生态司法影视作品。县检察院制作生态司法纪实片《山水检印》，讲述守山护林、治水护水、三江源联盟检察故事。拍摄公益微视频《不再沉默》获首届中国法治微电影“纪录片单元优秀作品”，并获评全国检察微视频“十佳作品奖”，微电影《未完成的画》获“首届全国未成年人检察微电影微视频微动漫作品评选展播”二等奖。县司法局全年推送法治宣传文章（信息）184

篇，互联网普法受众25万余人；今日头条累计推送原创法治宣传文章132篇；永春新闻网累计推送法治宣传文章（信息）115篇。发布微信339篇，粉丝数达4560多人，点击量超过50万人。其中《中国普法创新网》登载28篇，《一线法治》登载25篇，省司法厅官网登载15篇，被《福建日报》客户端采用1篇。

（分管领导：郭云龙 撰稿人：王志腾）

机构编制

【概况】

2020年，永春县机构编制工作围绕中心、服务大局，贯彻落实上级和县委、县政府的决策部署，发挥机构编制部门的职能作用，当好机构编制资源的“好管家”，体制改革的“操盘手”，法治政府建设的“助推器”，主动适应新形势、理清新思路、制定新措施、服务新常态，不断深化行政体制改革，推进县级党政机构改革、乡镇体制改革、事业单位改革以及重点领域和关键环节体制机制改革等工作，进一步严肃机构编制管理、加强队伍建设，县乡两级机构改革完成，控编减编工作有新成效，事业单位改革有新突破，自身建设有新提升，为奋力谱写永春绿色崛起新篇提供有力制度和组织保障。

【乡镇机构改革完成】

根据省、市有关乡镇机构改革的统一部署和深化乡镇机构改革有关会议精神及文件要求，永春县严格按照路线图和时间节点要求，全面推进乡镇机构改革工作。构建科学高效职能体系。编办与各乡镇、各相关部门沟通交流、通过实地调研、召开座谈会等形式征求意见，同时加强与兄弟县（市、区）横向联系，及时向县委、县政府和市委机改办请示汇报，按照县领导的批示指示，数易其稿，不断完善，最终形成《永春县乡镇机构改革实施方案》，基本构建了系统完备、科学规范、运行高效的乡镇机构职能体系。完成“三定”规定制定工作。编办把制定“三定”规定作为改革的重要任务来抓，《永春县乡镇机构改革实施方案》经市里批复后，编办第一时间着手开展乡镇“三定”规定制定工作，在学习上级会议和文件精神、吃透精神要领、把握关键环节后，结合各乡镇工作实际，有针对性地研究解决“三定”规定中的共性和个性问题，对职责确定、内设机构设置、法规依据等方面进行从严把关、从严审核，切实维护“三定”规定的权威性和规范性。按照制定“三定”规定时间节点，绘制工作图，倒排工期，压茬推进，7月27日，各乡镇“三定”规定正式印发和实施。确保人员转隶工作有效进行。编办与组织、人社部门加强协同协作，建立工作专班，排定时间节点，优化转隶流程，确保人员转隶工作积极有序、平稳高效，为新成立的乡镇事业单位运行提供保障。各乡镇人员转隶工作以机构编制框架为依据，采用组织决定与各乡镇协商相结合的方式稳步推进，根据实际工作需要，并征求本人意见后进行转隶。至年底，全县398名涉改事业单位人员转隶工作全部完成。

【机构编制管理】

贯彻落实中央“两个不得突破”精神和要求，行政编制不得突破中央核定总数，事业编制数不得突破2012年底基数，县级机关工勤事业编制一律收回。严格执行机构编制管理权限和程序，坚持集中统一管理和“一支笔”审批制度，发挥机构编制部门的职能作用，以2012年底的机构编制统计数据为基数，作为人员编制控制的底线和红线，从严审批机构编制事项。结合政府职能转变和党政机构改革、事业单位改革，坚持“有增有减、撤一建一”和“编随事走、人随编走”等原则，持续加大职责和机构编制的整合力度，推进事业单位改革，如撤销县侨联旅行社，设立县华侨服务联谊中心，完成永春县最后一家经营类事业单位改革。至年底，共整合规范事业单位名称及主管部门5家，撤销事业单位89家，收回事业编制593名，新设立事业单位81家（其中各乡镇下属副科级事业单位68家），稳步推进省、市部署的事业单位改革任务。建立和完善机构编制动态调整机制，挖掘现有机构编制潜力，盘活现有机构编制资源，配合组织部做好巡视整改工作。机构编制实名制实现常态化管理，依托“福建省机构编制管理信息系统”，根据“三定”规定及机构编制调整文件，对全县各类行政机关、事业单位机构设置、编制（职数）核定、职能配置等基础数据进行全面梳理调整，做到具体机构设置与按规定审批的机构、实际配备人员与财政供养人员、信息系统平台数据与机构编制实际数据“三对应”，建立脉络清晰明白、数据真实可靠的机构编制台账，做到底数清、情况明，为机构编制监督检查夯实基础。加强与组织、财政、人社等部门的沟通协作，促进信息交流和共享，提升机构编制实名制管理水平，探索机构编制管理的新方法、新途径，推进机构编制管理工作科学化、规范化、制度化建设，更好地适应新形势需要。

【重点领域行政体制改革】

开展行政类事业单位改革，厘清职能边界。把握政事分开这条主线，对承担行政职能事业单位的职能进行清理，实现职能回归“不留尾巴”、机构编制“不破限额”、改革过渡“不存隐患”。推进综合执法改革，压实主管部门对履行行政执法职责和加强队伍建设的责任，加强对执法队伍的业务指导，健全综合行政执法监管机制，各乡镇统一设置副科级事业单位“综合执法队”。贯彻中共十九届四中全会精神，完善社会治理模式，推进治理体系和治理能力现代化，强化社会治安综合治理，完善综治队伍建设，整合提升网格化服务管理水平，设立“永春县综治中心（永春县县域网格化服务中心）”。保障国家公共文化服务体系示范区创建工作，整合设立“永春县文物保护中心”和“永春县体育中心”。

【完善权责清单管理制度】

持续做好国务院、省、市政府取消和调整行政审批事项的衔接落实工作，及时对县乡两级权责清单进行相应的动态调整。党政机构改革后，及时对县级各相关部门权责清单进行重新梳理，至年底，共有8个部门公布本部门的权责清单。针对尚未公布权责清单的政府部门，督促及时与市级对口部门对接，尽快梳理调整本部门权责清单，及时送审并按程序公布，确保按时完成部门权责清单调整工作。乡镇机构改革后，编办主动承担省级经济欠发达乡镇（介福乡）权责清单先行修订试点工作，为省委编办印发《乡镇权责清单范本》提供有效参考。以省委编办印发的《乡镇权责清单范本》为基础，结合永春县实际，依据法律法规和规章逐项梳理乡镇权责清单，22个乡镇分别保留法定权责事项204项；县直派驻单位共保留权责事项1189项；县直有关部门委托或下放权责事项27项；首批梳理公布的县乡“属地管理”责任事项33项；经济发达镇参照省政府《赋权指导目录（一）》申请赋权的权责事项77项，打通便民服务“最后一公里”。

【事业单位登记管理】

规范业务办理流程。按照行政审批标准化、规范化的要求，依照受理、审核、核准、公告等法定程序，做好事业单位法人设立、变更、注销、证书补领等基础性登记工作。结合党政群机构改革，同步推进事业单位登记工作。全年依法办理设立登记63件，变更登记80件，注销登记111件，于3月31日前完成401个事业单位的年度报告公示工作。加强网上名称管理。贯彻落实中央、省、市有关文件精神，宣传开展中文域名注册和网站挂标的重要性和必要性，增强各单位的自觉性、积极性、主动性。依托机构编制信息管理系统，对全县机关事业单位中文域名注册、自建网站运行以及网站标识加挂情况进行梳理，建立网上名称管理工作台账，做到底子清、情况明，确保域名注册信息的真实性和规范性。定期对中文域名状态进行检查，对已到期域名及时进行续费，实现中文域名注册和网站挂标“两个全覆盖”。

（分管领导：林小谦　撰稿人：周润泽）

机关党建

【概况】

2020年，永春县机关党组织有党委会19个，党总支8个，党支部314个，党员6389人。当年县直机关组织开展“让党中央放心、让人民群众满意”的模范机关创建活动，策划生成党建工作重点项目25个，举办支部书记培训班一期参加人数180人，举办新党员、入党积极分子培训班一期参加人数170人，评选表彰县直机关第八轮（2018—2019年度）先进“五好”党支部62个。

【开展政治理论学习】

深入学习贯彻习近平总书记在中央和国家机关党的建设工作会议上的重要讲话及省委、市委、县委机关党的建设工作会议精神。学习贯彻省委《关于加强和改进新时代机关党的建设的意见》、市委《关于加强和改进新时代机关党的建设的若干措施》，开展专项调研，结合县直机关实际情况，组织起草并由县委印发实施《关于加强和改进新时代机关党的建设的若干措施》。下发关于《在县直机关开展创建“让党中央放心、让人民群众满意的模范机关”活动的意见》，列出县直机关创建模范机关重点工作清单，指导县直机关开展模范机关创建工作，使创建模范机关的过程成为提升党建质量、破解发展难题、推动事业发展的过程。引导党员领导带头深入学习领会中共十九届五中全会精神，发挥领学促学作用，将中共十九届五中全会精神纳入支部书记培训内容，开展中共十九届五中全会精神“进基层、进教材、进头脑”工作，做到宣传到位，落实到位，贯彻到位。联合县总工会开展中共十九届五中全会知识竞赛，造浓学习氛围。

【开展机关特色党建项目活动】

深化党建项目化管理，引导机关各级党组织和党员干部围绕县委中心工作，找准党建与业务融合的发力点，策划生成党建工作重点项目，筛选确定“我爱我家”——永春家风家训文化园、红色教育滋养初心使命的实践与思考、党建引领电商助力乡村振兴等25个党建工作重点项目。擦亮特色党建品牌，围绕建设“模范机关”主题，开展特色党建项目评选活动，经逐级筛选、现场演示和专家评审，评选出县直机关特色党建一、二、三等奖共12个项目，优秀组织奖8个单位。选育的“打造‘124’党建交通快车 推动‘四好农村路’高质量发展”的特色党建项目在全市获得三等奖。

【机关基层组织建设】

贯彻落实《中国共产党党和国家机关基层组织工作条例》，推广运用“三合一”机关党建工作体系，持续坚持做好“三诺”工作，深化“五好党支部”创建和“海丝先锋”达标创星活动。加强与巡视巡察对接，督促指导被巡视巡察部门机关党建方面存在问题的整改。“七一”中国共产党建党节期间对获评县直机关第八轮（2018—2019年度）先进“五好”党支部的62个机关党（总）支部进行表彰，调动县直机关各级党组织抓党建、带队伍、促发展、走前头的积极性和创造性。开展课题调研，在县直机关以创建“模范机关”为研究重点，组织开展2020年全县机关党建课题调研活动，择优选送6篇参加市机关党建研究会优秀论文评选，获得二、三等奖各1篇，其中党工委撰写的《以“模范机关”创建引领机关党建高质量发展》获得三等奖。指导工信商务、住建、卫计系统做好党委会和纪委会更名。

【机关党员教育管理】

贯彻落实《党员教育培训规划》，常态化抓好党员教育，丰富教育载体，采用理论学习与现场教学相结合，用活林俊德纪念馆、横口朱德红军遗址等红色教育资源，提高学习质效。举办支部书记培训班一期，参训人数180人，培训具有针对性和实用性，邀请专家作《做一名合格的党支部书记》专题辅导讲座，组织开展关于中共十九届五中全会精神、《习近平在厦门》、《习近平在宁德》、《习近平在福州》、《习近平在福建》、《习近平谈治国理政》（第三卷）和《中国共产党党和国家机关基层组织工作条例》的交流研讨，组织县直机关支部书记开展党建示范点、党建品牌项目观摩交流，有效提高支部书记的履职能力；举办新党员、入党积极分子培训班一期，参训人数170人，邀请专家作《干惊天动地事 做隐姓埋名人——学习林俊德先进事迹》专题辅导讲座，增强新党员、入党积极分子的党性修养和党性锤炼。

【机关精神文明建设】

“七一”中国共产党建党日期间，开展“控疫情、保安全、促发展”主题征文比赛，共评选出征文类一等奖2篇，二等奖4篇，三等奖8篇，优秀奖20篇；视频摄影类优秀作品20件，有效宣传县直机关各级党组织和党员在疫情防控、复工复产和安全生产隐患大排查大整治工作中涌现的先进典型和感人事迹，提振全县机关党员干部干事创业精气神。持续推进体制机制创新，开展第三届“推进机制活、建设新福建”机关体制机制创新优秀案例征集评选活动，共征集到23篇，择优选送参加全市评选活动，获得二等奖3篇，三等奖2篇，其中党工委培育的《乡村振兴廾新篇 机关党建勇当先》获得三等奖，党工委连续三届获得优秀组织奖。推进县直机关各级文明单位与社区开展结对共建活动，向县直机关广大党员干部职工发出《厉行节约 反对浪费》倡议书，发挥机关党组织和党员在文明城市创建行动中、在厉行节约坚决制止餐饮浪费上的引领表率作用；推动15支机关党员志愿服务队常态化开展志愿服务活动，组织4000多名机关事业单位在职党员到社区开展志愿服务。

【机关党员助力抗疫复产】

下发《关于切实发挥县直机关各级党组织战斗堡垒作用和共产党员先锋模范作用坚决打赢疫情防控阻击战的通知》《关于在职党员到村（社区）开展疫情防控工作的通知》，党员先锋主动担当强“道口”，在高速路口、重要交通路口等加强值守检疫；机关党员社区报到强“服务”，和社区干部一起开展外来人员登记、体温测量、防疫知识宣传等。协助县委组织部抽调236名县直机关干部参与全县236个村（社区）疫情防控、复工复产工作。动员组织5717名县直机关党员、领导干部参与到房屋安全“百日大整治”专项行动，开展自查自纠、承诺践诺，带动群众做好房屋安全隐患大排查大整治和安全生产各项工作。

（分管领导：黄永平 撰稿人：潘婷婷）

巡察工作

【概况】

2020年，县委巡察办组织开展2轮5批常规巡察，1轮村级党组织专项巡察，常规巡察单位24个，巡察“回头看”单位2个，发现问题680个，移交问题线索12条，立案调查9件11人，党纪政务处分9人，移送司法机关4人。

【落实组织保障】

坚守政治巡察定位，全面贯彻巡视工作方针，县委牢牢扛住巡察主体责任，2020年召开3次常委会、2次“五人小组”会议、2次领导小组会议学习贯彻上级有关巡视巡察新部署新精神，及时听取巡察工作情况汇报，研究部署巡察工作。完成县委巡察干部库调整工作，选优配强巡察力量，通过调动、遴选等方式充实事业干部3人，至年底，巡察办在编干部13人（到编率81.25%），巡察干部库入库干部177人。

【巡察工作开展】

统筹疫情防控和巡察任务，及时调整工作方案和巡察计划，坚持以常规巡察为主，综合运用、穿插使用专项巡察、巡察“回头看”等方式开展监督。常规巡察“全覆盖”，4年来组织11轮23批常规巡察，巡察单位117个，发现问题2988个，移交问题线索128条，立案调查54件，党纪政务处分56人，移送司法机关8人、公安机关1人。村级组织“专项巡”，按照县纪委监委片区协作工作机制，采取“巡、纪”联合模式，对13个乡镇148个村（社区）开展村级党组织专项巡察，发现问题1516个，问题线索1件，提出意见建议53条，实现全县所有村级党组织“一村一清单”全覆盖。重点领域“回头看”，配合市委做好脱贫攻坚专项巡察“回头看”，组织对县科技局、吾峰镇开展巡察“回头看”，推动被巡察党组织扛起巡察整改主体责任，补齐整改短板，以实际成效取信于民。

【推动整改落实】

紧盯巡察整改任务和成果运用，推动做深做实“后半篇文章”。完善整改机制。制定出台《关于加强巡察整改日常监督工作的办法（试行）》，修订完善《巡察整改工作手册》《巡察整改须知》，明确巡察整改的政治要求、主体责任、监督责任，切实把抓整改融入日常工作，融入深化改革，融入全面从严治党，融入班子和队伍建设。传导工作压力。以“四方会审”为抓手，面对面听取被巡察党组织主要负责人巡察整改进展情况汇报，对照巡察反馈意见，逐条逐项集中“会诊”，全年召开“四方会审”会议14场，提出意见建议130多条，推动问题整改266个，中纪委内刊《华东之窗》以“‘四方会审’合力抓整改‘后半篇文章’”为题报道永春县经验做法。加强移交督促。统筹做好市委专项巡察后续整改工作，及时向县分管领导通报巡察情况，向县纪委监委移交问题线索12条，抓好县委“五人小组”会议点人点事问题整改落实，全年发函16份，涉及县直有关单位12个，推动完善制度6项，挽回经济损失38.51万元，促进综合施治、标本兼治。强化日常监督。巡察办会同组织部、县纪委监委有关纪检监察室组成联合督查组，采取查阅资料、个别谈话、问卷调查、现场核实等方式，对照整改进展报告和问题台账，逐一了解核实，全面跟踪推动整改落实。至年底，巡察反馈问题2583个，已整改到位2459

个，整改率 95.2%。

【提升巡察业务素质】

巩固深化“不忘初心、牢记使命”主题教育成果，引导巡察干部做到勇于负责、敢于斗争，组织8名巡察干部参与疫情防控督导、交通检疫等工作。加强作风和纪律建设，推进巡察组临时党支部规范化建设，开展廉政家访，了解掌握巡察干部思想和生活情况。加强制度建设，制定出台《县委巡察工作领导小组工作规则》等制度文件5项，完善与县纪委监委、县委组织部、县委宣传部、县审计局、县信访局等单位“1+5”协调机制，推动巡察各环节、各流程有序规范开展。加强巡察宣传，探索开发“二维码”信访举报小程序，“点对点”发送二维码举报彩信 2.4 万多条，省纪委监委网站以“‘码’上反映，马上处理”为题报道永春县经验做法。讲好永春“巡察故事”，中纪委内刊《党风廉政建设》、《华东之窗》、省纪委监委网站、《福建巡视巡察参考》以及《泉州通讯》、《泉州晚报》等市级以上媒体、内刊11次报道永春县经验做法。

（分管领导：施少中　撰稿人：施少中）

老干部工作

【概况】

至2020年底，县委老干部局服务管理的离退休干部4992人（其中：离休干部28人、“5·12”退休干部13人、原四套班子处级退休干部23人、其他科级及以下退休干部4928人），离休干部遗偶70人。离休干部最高年龄100周岁，最低年龄87周岁，平均年龄91.9岁。全县建有离退休干部党支部28个，支部党员782人。2020年，县委老干部局在全县绩效综合评估获优秀等次，被省委老干部局评为全省老干部工作信息和宣传报道工作先进集体，被市委、市政府表彰为2017—2019年度市级文明单位，县老年大学被省教育厅、省委老干部局评为福建省达标老年大学。

【老干部思想政治学习】

县委老干部局与县老教委联合推进市级为民办实事项目“老年远程教育示范提升工程”，2020年在全县扶持培育5个示范点，永春县获评第三批全国老年远程教育示范区。推进信息化与日常工作深度融合。建好用好微信公众号，及时推送老干部工作先进典型、习近平总书记重要讲话重要指示精神，打造凝聚离退休干部正能量的网上家园和精神载体。宣传推广“离退休干部工作”“福建离退休干部”“中共泉州市委老干部局”等微信公众号，扩大老干部工作微信公众号关注覆盖面。推广普及“福建老干部”App，组织老干部工作者学习并熟练掌握手机软件操作要领，采取多种方式帮助老干部安装使用，提高信息化平台在老干部工作中的载体作用，拓宽老干部学习渠道。利用“福建老干部”App、微信公众号、福建广播电视等平台，组织全县离退休干部收看四场离退休干部专题报告会，邀请县委党校副校长宣讲中共十九届五中全会精神，向老干部发放《学习参考资料》12期，让老干部保持思想常新。保障政治待遇落实，组织原任县处级以上的离退休干部参加全县各类重要会议，每季度组织老干部“走出去”参观考察活动，发挥老干部的优势和作用。年初召开2019年全县工作通报会，8月24日召开2020年上半年工作通报会，向老干部通报全县经济社会发展情况及下一阶段工作安排，征求老同志对于招商引资、文明城市创建、脱贫攻坚等方面工作的意见建议。

【离退休干部党建工作】

开展离退休干部党建典型培育工作，指导培育1个省级示范离退休支部、2个市级示范离退休干部党支部、1个市级示范老党员之家、1个市级示范老党员服务站，重点培育4名市级先锋老党员。在各离退休干部党组织间开展《习近平在福州》等采访实录学习活动，传承好、贯彻好习近平总书记在福建工作时创造的宝贵思想财富、精神财富和实践成果，助力永春经济发展取得新成效。11—12月组织工作人员深入各乡镇开展离退休干部党建工作走访调研，掌握全县离退休干部党建工作现状，指导各离退休干部党组织、老党员之家、老党员服务站加强规范化建设，引导有条件的地区成立离退休干部党组织或老党员之家，2020年新成立离退休干部党支部4个，新建“老党员之家”20个，实现全县离退休干部党员活动阵地全覆盖。12月举办全县离退休干部党组织书记培训班，提升离退休干部党务工作者综合素质和业务能力，发挥离退休干部党组织书记凝聚老干部、引领老干部的领头雁作用。

【引导老干部增添正能量】

围绕“我看脱贫攻坚新成就”主题开展正能量系列活动，联合福建老年报社在《福建老年报》上开设“银辉闪耀 桑榆助力 打赢脱贫攻坚战”专栏，“全景式”展现永春县老干部参与脱贫攻坚战的新作为。通过举办座谈会、实地走访、文艺会演等形式，引导离退休干部讲好永春脱贫故事，发挥老干部优势，在贯彻新发展理念、打赢脱贫攻坚战等工作中出谋划策、贡献智慧力量，为永春实现绿色崛起增添正能量。利用传统媒介和网络新媒体宣传永春老干部先进典型事迹，2020年共有90多条信息报道被各级媒体发表，其中《福建泉州永春县：银发党员上“疫”线》被人民日报社主管的中国城市报《城市先锋行》刊登，《泉州永春陈兴：百岁老党员活出精彩人生》被泉州广播电视台和学习强国福建频道刊登，《老党员用心创作“三句半”巧话全会精神“暖心怀”》《“免费午餐”凝聚敬老爱老助老合力》被福建电视台乡村振兴公共频道刊播，《八旬退休老党员 手抄海报宣传十九届五中全会精神》被东南网刊登，居家养老工作被中央电视台财经频道《中国经济大讲堂》作为先进典型进行分享。通过展示先锋模范，做好正面引领，营造良好的舆论氛围，引导离退休干部为经济社会发展增添正能量。

【老干部服务保障工作】

推进精准化与服务管理深度融合。根据人员调整情况，及时更新干部职工挂钩联系离休干部名单，落实“月电联、季走访”，建立健全离休干部诉求台账，及时收集整理老干部的意见建议，畅通老干部诉求渠道，为老干部及时解决问题。配合县党政领导开展春节慰问工作，走访慰问挂钩联系的老干部，体现县委、县政府对老同志的关怀，调动老干部参与推动永春经济社会发展的积极性和主动性。落实上级补助政策，及时提高离休干部无工作遗属定期定额生活补助费标准和“5·12”退休干部高龄护理费标准，确保老干部老有所养、老有所医。协助办理12位老干部丧事，协调县医院，为老干部提供个性化体检服务，完成2020年老干部健康体检工作，为老干部的健康保驾护航。做好重阳节走访慰问工作，共走访慰问离退休干部78人，发放慰问金38400元，同时前往东莞、深圳等地慰问易地安置老干部遗属，让他们也感受到组织的温暖。

（分管领导：陈慧玲 撰稿人：曾泽群）

党史研究和地方志工作

【概况】

2020年，史志研究室贯彻落实省、市史志工作规划，完成二轮修志任务，完成年鉴征编工作，编印地方史志书籍刊物，开展地情综合服务和史志宣教工作，对乡村记忆文化项目和各类场馆建设进行史志指导，服务永春发展大局。

【续修县志】

《永春县志（1988—2007）》于2020年7月通过市委史志室审查验收，8月18日经县政府批准出版，12月正式印发。该书分上下2册，共45篇250多万字，客观系统地记述1988—2007年永春县自然、政治、经济、文化、社会的历史与现状，总结改革开放以后的建设历程与成就，体现时代特征和地方特色。

【征编综合年鉴】

年初组织《永春年鉴（2020）》筹备工作，3月启动征编，6月完成资料收集工作，7月底形成58万字初稿，9月定稿，年底付印。

【点校旧志文献】

下半年，启动旧志点校工作。经数月征集，整理出可查旧志6种（明嘉靖《永春县志》、明万历《永春县志》、清康熙《永春县志》、民国《永春县志》、清乾隆二十二年刊《永春州志》、清乾隆五十二年刊《永春州志》），12月开始点校。

【出版《永春县革命老区发展史》】

5月，与县老促会联合编纂的《永春县革命老区发展史》由厦门大学出版社正式出版发行。全书26.7万字，分为“峥嵘岁月”“探索前行”“改革春潮”“壮丽新篇”4章，如实记录永春百年来的革命史迹和建设历程。

【编印史志主题刊物】

《永春史志》第9期年中开编，10月定稿，12月印刷发行。该刊综合考虑县年度热点和史志工作重心，侧重开展党史宣传和红色教育的同时，进行方志学术探讨和志鉴编纂培训。

【史志宣教工作】

开展地情综合服务。发挥史志部门优势，持续开展“读志用志”和党史宣传活动，挖掘整理地情资源，配合相关部门开展工作，为永春实现绿色崛起添砖加瓦。1月20日，在县文庙举办永春书院文化藏品展。7月，为岵山镇清水祖师文化园规划、五里街镇古街VR体验等提供史志方面的意见建议。8月下旬，为县城镇集体工业联合社筹备编印的画册提出史志方面的意见和建议。11月，为福州永德会馆布馆提供“无永不开市”的相关资料，为岵山镇布置榜舍龟文化馆提供相关资料。全年为乡、镇、村和中小学校赠送史志书籍近百册，接待咨询100多人次，为社会各界提供各类史志资料数万字。

助力提升红色教育基地。立足全县重要革命遗址，配合县委宣传部等部门，策划生成、遴选建设、培育完善一批红色教育基地。整理提供相关图文资料，配合做好乡镇红色纪念馆的布馆工作，为相关单位提供永春红色讲解员所需的党史资料。1月18日，参与指导建成的梁披云梁灵光纪念馆在吾峰镇吾顶村开馆。3月底，配合石鼓镇党委政府在桃场社区颜氏家庙（抗战时期中共永春支部旧址）完成永春抗战历史纪念馆布馆工作。

宣传党史地方史知识。11—12月，县委史志室副主任林联勇分别为县委党校选调生履职能力提升班、县委宣传部支部学习会、县文体旅游局导游员讲解员培训班授课《地名背后的历史——以永春为例》《永春抗战风云》《永春历史简说》，取得较好的反响。

【史志指导】

协同县档案馆多次下乡指导岵山镇茂霞村、东关镇外碧村、一都镇仙阳村、东关镇南美村开展乡村记忆文化项目建设，审核村志稿件。12月，为配合《永春县省级乡村振兴试点村考评方案》实施，制定发布《永春县地方志稿审查验收办法》，规范地方志稿审核流程。

【配合省市志鉴编纂】

主动配合完成省、市史志部门开展的年鉴和志书编写工作。3月组织开展《泉州年鉴（2020）》永春部分征集撰写工作，4月完成上报。先后向上级史志部门提供永春县红军标语、《泉州改革开放口述史料（第二辑）》永春县资料、《福建“中央红军村”》（第二辑）永春部分资料、永春县组织史等相关图文资料数万字。

（分管领导：林联勇　撰稿人：颜志嘉）

党校工作

【概况】

党校坐落于永春县五里街镇真武路98号，是县委直属事业单位，核定编制23人，在编在岗17人，内设机构有办公室、教育股、行政股、理论研究室、培训中心。党校坚持“党校姓党”、从严治校、质量立校，突出理论教育和党性教育主业主课地位，扎实推进干部培训、宣传教育、科研工作、现场教学等各项工作。

【干部培训】

贯彻落实习近平新时代中国特色社会主义思想和中共十九大，中共十九届二中、三中、四中、五中全会精神，贯彻落实《中国共产党党校（行政学院）工作条例》，完成全年培训任务。全年共举办科级干部进修班2期、优秀年轻干部培训班1期、新提任领导干部廉洁从政专题培训班1期、应急管理专题培训班1期、学习贯彻中共十九届四中全会精神2期、选调生履职能力提升培训班1期；承接省委党校厅级班、处级班，市委党校处级班、科级班，清流、大田、长乐、海沧区等其他党校到永春现场教学21个班次，培训人数600多人次。

【宣传教育】

围绕习近平新时代中国特色社会主义思想以及党和国家重要会议精神等，开展习近平新时代中国特色社会主义思想，中共十九届四中、五中全会精神等宣讲活动，组织骨干教师深入全县各部门各乡镇开展集中宣讲，全年宣讲29场次。

【科研咨政】

注重发挥科研优势，组织课题组，申报科研课题，深入调研，撰写调研文章，在科研咨政上实现突破。2020年有多个课题立结项，其中获得省委党校课题立项2个，同时，上年1个省委党校立项课题结项并被评为优秀成果；获得市委党校立项课题4个，其中被评为二级结项课题2个，三级结项课题2个。多篇党建文章获得发表，其中在《永春党建》发表论文1篇；在《西部论坛》刊物上发表哲学思维论文1篇；在《丝路纵横》CN期刊上发表生态文明建设论文1篇；在《泉州通讯》刊物上发表党建文章1篇。

【现场教学】

注重现场教学基地的建设，至年底已有各级党校现场教学基地共23个。其中，泉州市党内政治生活体验馆现场教学基地被省委党校授牌；泉州市党内政治生活体验馆、石鼓镇石鼓湿地公园、仙夹镇龙水村、达埔“中国香都”4个现场教学基地被市委党校授牌；围绕党性教育、乡村振兴、水生态文明建设、特色文化等4个方面为18个县委党校现场教学基地授牌。

（分管领导：郑本川　撰稿人：苏辉煌）

档案工作

【概况】

2020年，永春县档案工作加强对泉州市第二批“乡村记忆文化”项目的业务指导，4个示范村通过市级验收工作。全年完成清点档案10.783万卷次，数字化扫描7万多页，规范梳理排序完成133个全宗卷，完成解密划控条数14.5万条，通过市档案局测评验收。完成接收有关社会民生和重点项目档案，接待来访群众6000多人次。

【新冠疫情防控】

1月27日至2月24日，为配合县新型冠状病毒感染的肺炎疫情防控工作，县档案馆临时闭馆，暂停档案、政府公开信息查阅以及参观接待等在馆对外服务。开馆后，县档案馆按照有关要求，严格落实各项常态化疫情防控措施，做好档案信息查阅利用服务工作，全年累计接待来访群众6000多人次，调阅档案8000多卷次，免费提供档案复印件近20000页。

【“乡村记忆文化”项目】

10月21—22日，泉州市档案局、市委史志室联合组成验收组到永春县开展泉州市第二批“乡村记忆文化”项目示范村验收工作，永春县4个示范村——一都镇仙阳村、岵山镇茂霞村、东关镇外碧村、南美村通过验收。2018—2020年县档案局、档案馆与县方志部门着力加强业务指导，切实抓好乡村记忆文化建设，推动乡村记忆文化抢救保护、乡村记忆档案规范化建设、乡村记忆文化编研以及开发利用等工作，累计完成珍贵档案实物征集800多件，村级建档2000多卷，数字化扫描7万多页，以及5个示范村的村志编纂工作。

【提升档案安全保管水平】

开展全市档案馆业务测评迎检工作。完善档案保管条件，提高安全保管能力，增设档案库房温湿度自动记录系统，加大安全防护措施，安装库房门禁系统。组织馆藏档案全面清点摸排工作，将责任落实到个人，对馆藏档案的数量和质量进行全面清点梳理，累计清点档案10.783万卷次。完善档案全宗卷，按照《全宗卷规范》（DA/T12—2012）要求，将馆内各个全宗立档单位的档案来源、历史和现状按照规范进行重新梳理排序，共完成全宗卷133个。组织开展到期文书档案解密划控工作，对到期档案里的文件进行逐份鉴定，对到达保密期限的涉密档案进行解密划控，做好开放档案的公布开放工作，累计完成解密划控条数14.5万条。11月，县档案馆通过泉州市档案局测评组验收。

【重点建设项目档案专项验收】

组织对国省干线纵四线永春介福（德化界）至石鼓公路工程介福至高垅村段、国省干线联二线永春上姚至曲斗段公路工程等重点建设项目档案进行专项验收，指导做好整改落实，顺利完成验收工作。

【档案资源开发利用】

加大档案征集力度，前往县融媒体中心征集有关照片、音视频档案，共征集照片1万余张，音视频档案数据容量近2TB。加大编研开发力度，发挥档案文化作用，编纂完成《抗日战争档案汇编·永春县卷》，并通过国家档案局终审。继续做好民生档案接收工作，方便群众查询利用，接收县民政局2017—2020年婚姻登记档案2404卷。

（分管领导：陈永盛　撰稿人：庄建梁）

永春县人民代表大会

综　述

【检查监督】

2020年，永春县人大常委会围绕县委重大决策部署和群众关注的热点难点问题，坚持以人民为中心，把依法监督、重点监督、跟踪监督结合起来，提高监督的针对性和实效性，促进“一府一委两院”依法行政、依法监察、公正司法。助力经济高质量发展，对县“十四五”规划编制工作进行调查，听取和审议上半年计划执行情况报告，对县住建局、文体旅游局工作进行评议。助力管好人民“钱袋子”，听取审议2019年县本级决算和审计工作、2020年上半年预算执行情况、地方政府性债务管理情况报告，首次听取审议国有资产管理情况报告，对部门预算编制情况进行调查，推进预算联网审查监督工作，实时监督预算执行情况。助力乡村振兴出成效，听取审议乡村振兴工作情况报告，并首次开展专题询问，提出相关审议意见，并对县政府办理落实审议意见情况开展满意度测评；就花卉产业发展，开展3次调查检查督办，听取审议专项工作报告。促进依法治县，作出支持检察机关公益诉讼工作的决定，听取审议县法院关于基层法庭建设情况的报告，对加强基层普法工作进行重点督办，开展代表旁听行政诉讼案件庭审工作。促进民生保障。对贯彻实施社会保险法、食品安全法及省食品安全条例情况进行检查，听取审议传染病防治工作情况报告，对中小学课后服务工作情况进行调查。依法做好备案审查工作，确保规范性文件合规合法。做好群众来信来访工作，全年受理转办群众来信来访40件次。

【重大事项决定】

围绕永春县经济社会发展的重大问题和民生热点难点，讨论有关重大事项。于第十八届人大常委会第三十一次会议决定接受郑炳良辞去永春县第十八届人大代表职务；于第十八届人大常委会第三十三次会议作出《关于批准2019年县本级决算的决议》，决定接受邱筱彬辞去县第十八届人民代表大会常务委员会委员职务的请求，决定接受潘双贵、邱筱彬、陈文忠辞去县第十八届人大代表职务，作出《永春县人民代表大会常务委员会关于支持检察机关公益诉讼工作的决定》；于第十八届人大常委会第三十四次会议决定接受施再友辞去县第十八届人大代表职务，通过县人大常委会关于接受陈发源辞去县人大常委会副主任职务请求的决定；于第十八届人大常委会第三十六次会议决定接受陈清华、林纪旺辞去永春县第十八届人民代表大会代表职务，决定县第十八届人民代表大会第五次会议于2020年12月28—30日在县人民会堂举行。

【人事任免】

坚持把党管干部原则同依法行使人事任免权统一起来，确保县委推荐的人选通过法定程序成为国家机关工作人员。全年任免地方国家机关工作人员58人次，接受辞职2人次，组织宪法宣誓7人次。

3月23日，经永春县第十八届人大常委会第三十一次会议审议通过：决定免去刘永强的永春县人民政府副县长职务；任命姚启炉为永春县人民法院审判委员会委员、副院长；任命吴美红为永春县人民法院审判委员会委员、副院长；任命刘正灿为永春县人民法院审判委员会委员；任命姚建春为永春县人民法院审判委员会委员；任命林超拔为永春县人民法院审判委员会委员；免去蔡培南的永春县人民法院副院长职务；免去林华强的永春县人民法院副院长职务；免去陈昆扬的永春县人民法院审判委员会委员、审判员职务；免去林艳燕的永春县人民法院审判员职务。

5月25日，经永春县第十八届人大常委会第三十二次会议审议通过：任命吕建设为永春县人民法院民事审判庭庭长，免去其永春县人民法院生态环境审判庭庭长职务；任命郭荣辉为永春县人民法院刑事审判庭庭长，免去其永春县人民法院蓬壶人民法庭庭长职务；任命陈瑞兴为永春县人民法院行政与生态环境审判庭庭长，免去其永春县人民法院刑事审判庭庭长职务；任命黄永煌为永春县人民法院桃城人民法庭庭长，免去其永春县人民法院石鼓人民法庭庭长职务；任命陈良溪为永春县人民法院石鼓人民法庭庭长，免去其永春县人民法院交通审判庭庭长职务；任命吕一灵为永春县人民法院达埔人民法庭庭长，免去其永春县人民法院执行庭副庭长职务；任命曾惠婷为永春县人民法院蓬壶人民法庭庭长，免去其永春县人民法院蓬壶人民法庭副庭长职务；任命杨巍为永春县人民法院下洋人民法庭庭长，免去其永春县人民法院执行庭副庭长职务；任命颜明川为永春县人民法院立案庭副庭长，免去其永春县人民法院审判监督庭副庭长职务；任命黄燕珍为永春县人民法院民事审判庭副庭长，免去其永春县人民法院民事审判第一庭副庭长职务；任命曾琼婷为永春县人民法院民事审判庭副庭长；任命郭丽清为永春县人民法院刑事审判庭副庭长；任命颜华忠为永春县人民法院桃城人民法庭副庭长，免去其永春县人民法院刑事审判庭副庭长职务；任命吕曙晋为永春县人民法院石鼓人民法庭副庭长，免去其永春县人民法院达埔人民法庭副庭长职务；任命杨德时为永春县人民法院蓬壶人民法庭副庭长；任命林剑梅为永春县人民法院下洋人民法庭副庭长；免去黄建国的永春县人民法院审判委员会委员、审判员职务；免去刘正灿的永春县人民法院执行庭庭长职务；免去李旭升的永春县人民法院审判监督庭庭长职务；免去涂劲松的永春县人民法院民事审判第一庭庭长职务；免去姚建春的永春县人民法院行政审判庭庭长职务；免去林超拔的永春县人民法院桃城人民法庭庭长职务；免去姚启炉的永春县人民法院达埔人民法庭庭长职务；免去苏昌庆的永春县人民法院下洋人民法庭庭长职务；免去林刚义的永春县人民法院石鼓人民法庭副庭长职务；免去詹国荣的永春县人民法院下洋人民法庭副庭长职务；任命邱双洁为永春县人民检察院检察员；免去王灿阳的永春县人民检察院检察员职务。

7月31日，经永春县第十八届人大常委会第三十三次会议审议通过：接受邱筱彬辞去永春县第十八届人民代表大会常务委员会委员职务的请求，该决定报下一次县人代会备案；决定任命潘双贵为永春县发展和改革局局长；决定任命林清江为永春县人民政府信访局局长；决定免去郑晓毅的永春县人民政府信访局局长职务；免去潘茂林的永春县监察委员会委员职务。

9月28日，经永春县第十八届人大常委会第三十四次会议审议通过：任命陈泉水为永春县监察委员会委员；免去颜景生的永春县人民法院审判员职务；免去蒋启平的永春县人民检察院检察委员会委员、检察员职务；接受陈发源辞去永春县第十八届人民代表大会常务委员会副主任职务的请求，本决定报下一次县人代会备案。

12月18日，经永春县第十八届人大常委会第三十六次会议审议通过：免去李新鹏的永春县人民检察院副检察长、检察委员会委员、检察员职务。

【代表工作】

完善代表建议督办机制，确定10件县人大代表建议作为重点件，由常委会领导分别带队进行重点督办；组织对县第十八届人大第四次会议代表建议办理和十八届人大一次会议议案续办情况进行视察并听取审议专项报告；审议通过《关于代表优秀议案、建议和先进承办单位评选表彰办法》，评选表彰13件代表优秀建议和3个先进承办单位，激励人大代表和代表建议承办单位履职尽责，提升建议办理质量。交办的代表建议、批评和意见125件，按照职责分工分解为154件次，代表对建议办理均表示满意或基本满意；县委书记、县长等县领导带头以代表身份开展履职活动，与部分人大代表和群众代表互动交流，解决了一批实际问题；常委会组成人员通过多种形式联系代表，畅通反映情况、听取意见的渠道，更好地了解基层情况，反映人民呼声；坚持邀请代表列席县人大常委会会议，组织代表特别是一线代表参加常委会组织的视察、调研、执法检查等活动，让代表提高监督的实践能力，增强履职的本领；依托强农服务平台开展系列主题活动，新成立“仙夹新农人产业代表民情接待室”“一都镇人大代表乡村旅游行业活动室”等特色行业代表活动室，整合各行业各级代表专业优势，拓展代表活动方式；永春县《深化“活动室”建设 促进代表履职提质增效》案例入选新时代全省县乡人大工作创新案例。

【助力疫情防控】

新冠肺炎疫情发生以后，县人大常委会贯彻党中央决策部署和省、市、县委工作要求，迅速行动、依法履职。出台关于依法全力做好新冠肺炎疫情防控工作的实施意见，为永春县依法科学有序防控疫情提供强有力支撑。对永春县贯彻实施野生动物保护法及全国人大、省人大有关决定情况进行检查，督促加大宣传力度，健全专业队伍，强化监管措施，加强协同配合，革除滥食野生动物陋习。深入定点联系企业、人大代表所属企业和重点项目开展调研，推动企业做好疫情防控和复工复产等工作。深入开展“访代表鼓干劲，帮企业克时艰”主题调研活动，为企业送服务、解难题、促转型。持之以恒抓好人大常委会机关常态化疫情防控工作。号召永春县各级人大代表参与和支持疫情防控、复工复产等工作，在各自岗位上发挥表率作用。县人大常委会防控疫情的做法得到《人民代表报》等媒体的宣传报道。

【上级调研视察】

4月8日，市人大常委会副主任黄阳春带队到永春县开展“控疫情、促复工、抓安全”专题“双联”活动。4月10日，市人大常委会副主任吴友才带队到永春县开展“控疫情、促复工、抓安全”专题“双联”活动。4月21—22日，省人大常委会委员、环城工委主任朱华一行到永春县走访慰问人大代表及调研传统村落保护工作，市人大常委会副主任蔡思红等参加活动。5月14日，市人大常委会副主任吴汉宗带队到永春县调研城乡居民基本医保基金使用管理情况。5月27日，市人大常委会副主任许文贵带队到永春县调研生态公益林保护管理情况。5月28日，市人大常委会副主任蔡思红带队到永春县开展《泉州市市容和环境卫生管理条件（草案）》《泉州市机动车停车条例（草案）》立法调研。6月16日，市人大常委会副主任许文贵带队到永春县开展野生动物保护法及省实施办法实施情况执法检查和“两个决定”贯彻落实情况检查活动。8月14日，省人大代表（泉州第二小组）到永春县就推进“六稳”、落实“六保”工作开展专题调研活动。9月8日，市人大常委会副主任许文贵带队到永春县开展代表建议重点督办件《关于农村饮水安全的建议》办理情况调研。9月18日，省人大常委会侨台工委副主任叶勇鹏到永春调研华侨茶果场、香、醋发展情况。11月3日，省人大常委会调研组到永春县开展《福建省乡村振兴促进条例（草案）》立法调研。11月25日，福建农林大学植保学院院长候有明、副院长刘国坤、杨广，生物农药国家重点实验室负责人关雄等到永春县调研人大代表活动室运行情况。12月15—16日，省人大常委会秘书长刘道崎到永春县调研代表履职活动平台和人大代表活动室开展情况，了解智慧制造、流域治理、香产业发展情况，市人大常委会主任陈灿辉等参加活动。

【志愿服务活动】

2月5日，县人大常委会机关志愿服务队协助五里街镇政府摸排西坝小区人大套房住户信息。4月9日，县人大常委会领导和县人大常委会机关志愿者到五里街镇大羽村参加义务植树活动。6月30日，县人大常委会主任康思坚到挂钩的五里街镇慰问生活困难党员，县人大常委会其他领导分别到各自挂钩乡镇慰问生活困难党员。7月9日，县人大常委会机关志愿者向群众、代表、工作人员分发文明创城宣传单，打造文明办公氛围。7月10日，县人大常委会机关志愿服务队联合桃溪社区开展“携手文明，我为创城”环境卫生清理整治活动。7月16日，县人大常委会机关志愿服务队走进五里街社区居委会开展结对共建活动。7月20日，由县人大常委会机关牵头，联合县发改局、县总工会及五里街社区居委会的志愿者上街开展环境卫生清理活动。10月20日，县人大常委会机关志愿服务队慰问退休老同志。11月10日，县人大常委会机关志愿者清理办公楼周边环境卫生。

重要会议

【第十八届人民代表大会全体会议】

第十八届人民代表大会第四

次会议　1月7—9日，永春县第十八届人民代表大会第四次会议在县人民会堂召开。会议听取和审议了县政府、县人大常委会、县人民法院、县人民检察院，审议了计划和预算工作报告，并对6个工作报告作出了相应的决议；决定接受庄永智辞去永春县人民政府县长职务的请求；选举吕建成为永春县人民政府县长，陈守林为永春县监察委员会主任，李智发、郑成旺、颜全胜等3人为永春县第十八届人大常委会委员；决定设立永春县第十八届人民代表大会社会建设委员会、监察和司法委员会，并表决通过其组成人员；举行宪法宣誓仪式；收到代表们提出的建议、批评和意见123件。

第十八届人民代表大会第五次会议　12月28—30日，永春县第十八届人民代表大会第五次会议在县人民会堂召开。会议听取和审议了县政府、县人大常委会、县人民法院、县人民检察院，审议了“十四五”规划纲要、计划和预算工作报告，并对6个工作报告和“十四五”规划纲要作出了相应的决议；选举刘裕乾、陈金英为永春县第十八届人大常委会委员；举行宪法宣誓仪式；收到代表们提出的建议、批评和意见156件。

【县人大常委会会议】

第十八届人大常委会第三十次会议　2月11日在线上举行。会议审议并通过《永春县人大常委会关于依法全力做好新型冠状病毒肺炎疫情防控工作的实施意见》。

第十八届人大常委会第三十一次会议　3月23日召开，会议审议通过县人大常委会2020年工作要点；审议关于郑炳良辞去县人大代表职务事项，决定接受郑炳良辞去永春县第十八届人大代表职务；听取和审议并表决通过县人大常委会代表资格审查委员会关于个别代表的代表资格的审查报告，确认永春县第十八届人民代表大会实有代表227名；决定补选县第十八届人大代表；县人大常委会内司委提交关于2019年规范性文件备案审查工作情况的书面报告；审议人事任免事项，决定免去刘永强的永春县人民政府副县长职务，通过县人民法院有关工作人员的任免；审议通过关于李智发任永春县第十八届人大常委会代表资格审查委员会委员的议案；颁发任命书，举行宪法宣誓仪式。

第十八届人大常委会第三十二次会议　5月25日召开，会议组织学习《中共福建省委关于加强新时代人大工作和建设的决定》精神；听取和审议县政府关于环境状况和环境保护目标完成情况的报告；听取和审议县政府关于地方政府债务监督管理情况的报告；听取和审议县法院关于基层法庭工作情况的报告；听取和审议县人大常委会代表资格审查委员会关于个别代表的代表资格的审查报告，确认永春县第十八届人民代表大会实有代表229名；会议审议并通过县人民法院、县人民检察院有关人事任免事项，为新任人员颁发任命书；会议听取部分泉州市第十六届人大代表的履职情况报告。

第十八届人大常委会第三十三次会议　7月31日召开，会议学习第十三届全国人民代表大会第三次会议精神；听取和审议县政府关于《中华人民共和国食品安全法》及《福建省食品安全条例》实施情况的报告；听取和审议县政府关于污水管网建设情况的报告；听取和审议县政府关于2019年县本级预算执行和其他财政收支情况的审计工作报告；听取和审议县政府关于2019年县本级决算草案的报告，审查批准2019年县本级决算，作出《关于批准2019年县本级决算的决议》；听取和审议县政府关于2020年上半年国民经济和社会发展计划执行情况的报告；听取和审议县政府关于2020年上半年预算执行情况的报告；审议关于邱筱彬辞去县人大常委会委员职务事项，决定接受邱筱彬辞去县第十八届人民代表大会常务委员会委员职务的请求；审议关于潘双贵、邱筱彬、陈文忠辞去县人大代表职务事项，决定接受潘双贵、邱筱彬、陈文忠辞去县第十八届人大代表职务；听取和审议县人大常委会代表资格审查委员会关于个别代表的代表资格的审查报告，确认县第十八届人民代表大会实有代表226名；决定补选县第十八届人大代表；审议关于支持检察机关公益诉讼工作的议案，作出《永春县人民代表大会常务委员会关于支持检察机关公益诉讼工作的决定》；审议并通过县政府、监察委员会有关人事任免事项，为新任人员颁发任命书，举行宪法宣誓仪式；听取部分泉州市第十六届人大代表的履职情况报告；听取和审议县政府关于乡村振兴工作情况的报告，并开展专题询问。

第十八届人大常委会第三十四次会议　9月28日召开，

会议听取和审议县政府关于《中华人民共和国社会保险法》实施情况的报告；听取和审议县政府关于传染病防治工作情况的报告；听取和审议县政府关于花卉产业发展情况的报告；听取和审议关于县第十八届人大第一次会议议案续办和县第十八届人大第四次会议代表建议、批评和意见办理情况的报告；审议关于施再友辞去县人大代表职务事项，决定接受施再友辞去县第十八届人大代表职务；听取和审议县人大常委会代表资格审查委员会关于个别代表的代表资格的审查报告，确认县第十八届人民代表大会实有代表229名；审议人事任免事项，通过了县监察委员会、县人民法院、县人民检察院的有关人事任免，并为新任人员颁发任命书；审议通过县人大常委会关于接受陈发源辞去县人大常委会副主任职务请求的决定，并报下一次县人代会备案；审议通过关于余永坚任永春县第十八届人大常委会代表资格审查委员会主任委员的议案；举行宪法宣誓仪式。

第十八届人大常委会第三十五次会议　11月24日召开，会议学习党的十九届五中全会精神；审议表决通过了《永春县人大常委会关于代表优秀议案、建议和先进承办单位评选表彰办法》；对县政府办理《县人大常委会关于〈中华人民共和国食品安全法〉及〈福建省食品安全条例〉执行情况的审议意见》情况进行满意度测评，测评结果为满意；对县政府办理《县人大常委会关于我县实施乡村振兴工作情况的审议意见》情况进行满意度测评，测评结果为满意；听取和审议县政府关于中小学课后服务工作情况的报告；听取和审议县政府关于国有资产管理情况的报告；对县住房和城乡建设局工作情况进行评议，投票测评结果为满意；对县文体旅游局工作情况进行评议，投票测评结果为满意；听取和审议县人大常委会代表资格审查委员会关于个别代表的代表资格的审查报告，确认永春县第十八届人民代表大会实有代表226名；审议通过县人大常委会主任会议关于补选县第十八届人大代表的议案；审议通过县人大代表补选方案；审议并表决通过了县第十八届人大第四次会议代表优秀建议和先进承办单位。

第十八届人大常委会第三十六次会议　12月18日召开，会议听取和审议县政府关于2020年县本级预算调整方案（草案）的报告，作出批准调整2020年县级预算的决议；审议关于陈清华、林纪旺辞去县人大代表职务事项，决定接受陈清华、林纪旺辞去永春县第十八届人民代表大会代表职务的请求；听取和审议县人大常委会代表资格审查委员会关于个别代表的代表资格的审查报告，确认县第十八届人民代表大会实有代表226名；审议并决定县第十八届人民代表大会第五次会议于2020年12月28—30日在县人民会堂举行；表彰县第十八届人大第四次会议代表优秀建议和先进承办单位。

第十八届人大常委会第三十七次会议　12月25日召开，会议听取和审议县政府关于“十四五”规划编制情况的报告；审议县人大常委会工作报告（审议稿），表决通过县人大常委会工作报告。

（分管领导：黄圣宇　撰稿人：李一辉）

永春县人民政府

综　述

【农村经济】

2020年全县实现农业总产值47.37亿元，比上年增长5%，农村居民人均可支配收入18163元，增长6.0%。建设高标准农田800公顷，新增耕地32.73公顷。实施10个现代农业重点项目，完成投资28亿元。新建生态农业基地37个，新增芦柑标准园133.33公顷、生态茶园133.33公顷。引进沃柑、茂谷柑等品种，实现四季均有柑橘鲜果上市。入选全国"互联网+"农产品出村进城工程试点县。承办全省"中国农民丰收节"省级主会场活动。举办秋季茶王赛、厨王争霸赛、永春芦柑文化旅游节。推进农产品"一品一码"全过程可追溯，新获绿色食品认证7家。永春县获评"全国县域数字农业农村发展先进县"。湖洋镇、岵山镇获评全国"一村一品"示范村镇。

【工业经济】

2020年全县实现全部工业增加值279.4亿元，增长3.5%。三信织造重组成功，奔达拍卖盘活，晋昇中润加大技改投资，福源锌业完成资产重组试生产，美岭水泥实施综合节能改造，年节约1500吨标准煤。建成中国香都产业人才传承发展中心，举办全国"心香杯"斗香赛、线上香博览会等活动，推广永春香品牌；新增4家香企入驻园区，推出生态香、中药家居香，香产业产值增长20%。盘活永春化肥厂火电车间，引入侨新老醋文创园项目。实施津源醋厂二期建设，得壹醋业投入生产。永春县被评为"中国红曲醋都"，举办首届中国红曲醋产业发展高峰论坛，老醋产业产值增长19%。完成苏坑陶瓷产业园二期、介福陶瓷产业园一期建设，苏坑镇获"中国陶瓷特色镇"称号。新引进陶瓷企业14家，投产11家，2项陶瓷生产专项技术获国家级科技进步奖，陶瓷产业产值增长20%。九牧永春智慧制造产业园一期投产，博纯材料完成股改并加快三期半导体材料生产线建设，美宏科技一期彩色碳粉试投产，冠中环保新材料落地开工。

【第三产业】

2020年全县第三产业增加值161.28亿元，增幅2.0%。建设"美丽永春"直播带货基地，社会消费品零售总额178.08亿元，电商销售额32亿元。开发"畅游永春"旅游App，全年接待境内外游客338.58万人次，旅游总收入35.07亿元。五里街镇入选"全域生态旅游小镇"，永春县获评首批省全域生态旅游示范县，县旅游集散中心被评为省十佳示范点。

【项目攻坚】

落实"项目攻坚2020"，实行县领导挂钩包干项目制度，优化绩效年度考核方案，创新"季度+全年"考核，做到每季度都有项目开竣工，有序均衡推进。全年实施重点项目229个（子项目388个），完成投资253.35亿元。健全完善"五个一批"（重点建设项目谋划一批、签约一批、开工一批、投产一批、增资一批）项目常态化管理机制，全年新增"五个一批"项目20个，总投资42.8亿元。兴泉铁路、泉南高速改扩建、马跳水库等一批重点项目顺利推进。开展全员招商，组建县招商工作协调组，搭建有根产业、生物医药、高端智造、现代服务、文旅康养等5个产业链招商专班，推动招商引资工作向纵深发展，对接签约了冠中环保材料产业园、集英创新产业园、智能电动车、绿色装配式建筑产业基地、侨新老醋、中顺科技、尚岛科技、良塑科技项目等 86 个项目，总投资 100 多亿元。其中，中顺科技、尚岛科技、良塑科技等 44 个项目落地开工、投产。

【城乡建设】

以列入全国县城“新型城镇化建设示范县”为契机，谋划生成补短板强弱项项目 156 个 224.34 亿元。启动实施总投资 35.44 亿元的榜头片区改造项目，推动石鼓桃场片区、金龟山片区开发建设。完善提升基础设施。新改建污水管网 23 千米，燃气管网 15 千米，给水管网 13 千米；完成 9 个老旧小区改造，惠及 1773 户家庭；改造建设农村公路 67 千米，危桥 6 座，安保 73 千米；完成 32 千米国省干线“白改黑”系列工程。统筹推进新基建。完成主城区及镇区 5G 无线网络规划、12 个小区宽带建设覆盖，新增开通无线网络 8 处、建成 420 个 5G 基站。深化美丽乡村建设。创建省级乡村振兴特色乡镇 2 个、试点村 20 个，市级乡村振兴示范线路 3 条。推进美丽乡村经营管护机制改革，打造古镇乡愁和慢生活两个片区，推动美丽乡村与乡村振兴、全域旅游有机结合。

【生态文明】

永春县获评国家第四批“绿水青山就是金山银山”实践创新基地。桃溪国家湿地公园试点建设通过国家考核验收。加强大气污染防控，全年空气环境质量优良率保持在 95% 以上。落实河湖长制，完成晋江防洪工程等项目建设，东关桥等国、省控断面水质达到考核要求。河湖长制工作受国务院督查激励。永春县被列入全国第三批节水型社会建设达标县。51 件中央环保督察整改事项全部验收销号。完成白濑水库（永春部分）征迁等前期工作，推进横口集镇区迁建，加快马跳水库建设。矿山生态修复 2.93 公顷、植树造林 866.67 公顷，水土流失治理 3133.33 公顷。

【民生保障】

全年民生投入 29.53 亿元，占一般公共预算支出的 79.3%。实施为民办实事项目 249 件，完成投资 81.03 亿元。创新防返贫、控新贫、稳脱贫“一库五机制”，在全市率先制定应对疫情冲击 17 条措施，落实资金 433.17 亿元，未发生因疫返贫致贫。新增城镇就业 1621 人，城镇登记失业率 2.19%。实施全民参保计划，城乡居民养老保险参保率 99.99%。实施低保户、特困户、贫困残疾人安居工程 201 户。新建区域性养老服务照料中心 2 个，居家养老活动中心 56 个。

【社会事业】

优质教育成效显现，高考 7 人被清华、北大录取，“一本”上线率高于全省平均线，位居泉州市前列。永春一中高考特优生培养居全省县域中学第一，永春六中通过省级二级达标中学验收。深化医疗改革，推进片区医联体试点，构建分级诊疗服务体系。设立省附一医院永春县总医院专家工作站，启动卒中中心建设，柔性引进省协和医院专家团队。改建提升县医院急诊科，完成县疾控中心、县医院、县中医院新冠病毒核酸检测生物实验室建设，疾病预防控制中心改扩建项目建成投用。新晋蓬壶德兴堂、横口郭氏家庙 2 处省级文物保护单位。苦寨坑窑遗址、魁星岩摩崖石刻造像、永春文庙、福兴堂 4 处全国重点文物保护单位消防、安防工程通过国家文物局立项。举办全省红色旅游村跑、泉州首届定向越野赛等全民运动健身赛事。深化“强基促稳”三年行动，开展“三治融合”示范村（社区）创建活动；全面推广“135”庭所共建机制，排查化解各类矛盾纠纷 3601 件。推行“村干部兼职辅警”机制，实施网格化服务管理试点，探索基层治理新途径。开展扫黑除恶专项斗争，综治“三率”位居全市前列。“七五”普法规划顺利完成。深入开展房屋安全百日“大整治”、安全隐患大排查大整治、安全生产专项整治三年行动，安全生产态势保持稳定。通过省级食品安全社会共治示范县考评验收。做好第七次全国人口普查工作。

重要会议

【县政府常务会议】

2 月 7 日，县长吕建成主持召开县政府第 45 次常务会议，传达学习中央政治局常委会和省委、市委、县委常委会研究加强新冠肺炎疫情防控工作会议精神，部署下阶段防控工作；研究《关于疫情防控期间支持中小微企业生产经营五条措施》等相关事宜。

2 月 18 日，县长吕建成主持召开县政府第 46 次常务会议，传达学习中央政治局常委会和省委、市委、县委常委会研究加强新型冠状病毒感染的肺炎疫情防控工作会议精神，部署下阶段防控工作；研究《关于支持企业疫情防控期间有序复工复产的十一条保障措施》等相关事宜。

2月25日，县长吕建成主持召开县政府第47次常务会议，研究《关于疫情防控期间支持中小微企业生产经营的补充通知》等相关事宜。

3月31日，县长吕建成主持召开县政府第48次常务会议，传达学习中央、省、市、县决战决胜脱贫攻坚会议精神，研究《永春县关于建立防返贫控新贫“一库五机制”的实施意见》《永春县国土空间总体规划（2020—2035年）编制工作方案》《永春县2020年县乡（镇）财政体制管理规定》《福建永春桃溪国家湿地公园保护管理规定（试行）》等相关事宜。

4月27日，县长吕建成主持召开县政府第49次常务会议，组织《优化营商环境条例》专题讲座，研究《福建省永春县“绿水青山就是金山银山”实践创新基地建设实施方案》《关于贯彻落实福建省消防安全责任制实施办法的若干意见》《关于规范农村宅基地审批管理的意见（试行）》《永春县天湖山矿区煤矸石综合利用管理实施意见》等相关事宜。

6月1日，县长吕建成主持召开县政府第50次常务会议，传达学习习近平总书记对审计工作重要指示和全国、全省审计工作会议以及省、市、县委审委会会议精神，研究县政府贯彻意见；研究《永春县贯彻落实第二轮中央生态环境保护督察反馈意见整改方案》《永春县县域农村生活污水治理专项规划（2019—2030）》《关于进一步加强社会工作专业人才队伍建设的实施意见》《永春县村干部兼职辅警管理办法（试行）》等相关事宜。

7月9日，县长吕建成主持召开县政府第51次常务会议，组织《中华人民共和国安全生产法》专题讲座，研究《关于抓好“三农”领域重点工作确保如期实现全面小康的实施意见》等相关事宜。

8月25日，县长吕建成主持召开县政府第52次常务会议，组织《中华人民共和国土地管理法》《最高人民法院关于行政机关负责人出庭应诉若干问题的规定》专题讲座，传达学习习近平总书记对禁毒工作的重要指示精神以及上级相关会议精神，研究永春县贯彻意见；研究《永春县土地征收管理暂行实施意见（送审稿）》《永春县泉州白濑水利枢纽工程建设征地补偿和移民安置实施方案（送审稿）》等相关事宜。

9月1日，县长吕建成主持召开县政府第53次常务会议，研究《永春县全方位推动高质量发展超越优化产业结构行动计划》《永春县全方位推动高质量发展超越科技创新行动计划》《永春县全方位推动高质量发展超越促进居民增收行动计划（送审稿）》等相关事宜。

9月28日，县长吕建成主持召开县政府第54次常务会议，传达学习习近平总书记在基层代表座谈会上的重要讲话精神，并布置国庆节、中秋节期间重点工作；研究《永春县人民政府关于加快永春闽台农业融合发展（果业）产业园建设的若干意见（送审稿）》《2020年度永春县绩效评估工作方案（送审稿）》等相关事宜。

11月5日，县长吕建成主持召开县政府第55次常务会议，研究《关于永春县产业招商项目管理意见（送审稿）》《关于永春县促进“双循环”经济发展的若干措施（送审稿）》等相关事宜。

12月8日，县长吕建成主持召开县政府第56次常务会议，组织《中华人民共和国政府信息公开条例》专题学习讲座，研究《乡镇权责清单（送审稿）》《永春县城镇土地定级和基准地价（2019年修编）》《关于永春县扶持产业龙头企业发展的若干意见（送审稿）》《永春县2020年县级财政预算调整草案》等相关事宜。

12月16日，县长吕建成主持召开县政府第57次常务会议，研究2021年县《政府工作报告（送审稿）》《永春县2021年为民办实事项目初步安排》《关于永春县2020年国民经济和社会发展计划执行情况和2021年国民经济和社会发展计划草案的报告（送审稿）》《永春县2021年县级管理项目一览表（送审稿）》《永春县2021年预备项目一览表（送审稿）》《永春县2021年部门及乡镇管理项目一览表（送审稿）》《关于永春县2020年预算执行情况及2021年预算草案的报告》《永春县第六批县级文物保护单位》《永春县非物质文化遗产第四批县级保护名录》等相关事宜。

12月25日，县长吕建成主持召开县政府第58次常务会议，研究《永春县国民经济和社会发展第十四个五年规划和二〇三五年远景目标纲要（送审稿）》和2020年度行政机关规范性文件清理事宜等相关事宜。

【县长办公会】

4月27日，县长吕建成主持召开第38次县长办公会议，研究关于永春化肥厂火电车间拍卖、《关于支持外贸型企业发展五条措施的通知（送审稿）》、关于建设第三类医疗器械GMP生产车间、关于收储永春县南德针织时装有限公司部分用地（2012-92号B区地块）等相关工作。

6月1日，县长吕建成主持召开第39次县长办公会议，研究成立“福建（泉州）哈工大工程技术研究院永春工作站”、关于永春青年创业园继续享有免租等优惠政策、关于收储富临国际企业总部会所（2013-85号地块）未建部分用地等相关工作。

7月9日，县长吕建成主持召开第40次县长办公会议，研究《泉州白濑水利枢纽工程建设征地移民安置协议书》、关于原芦柑批发市场（现香都广场）国有建设用地使用权出让合同纠纷一案判决情况、关于福建省广播电视传输发射中心403台迁建项目、关于进一步完善上市公司限售股减持纳税奖励及鼓励股权投资类企业发展规定的建议、《泉州平安创展项目投资协议书》、《永春县数字融合智慧谷项目建设招商协议书》等相关工作。

8月25日，县长吕建成主持召开第41次县长办公会议，研究《永春县电力设施建设补偿标准的实施意见（送审稿）》《关于推动商贸业稳定发展扶持政策的通知（送审稿）》，推进永春县桃源融资担保有限公司业务开展事宜并研究关于解除金福源科技（福建）有限公司投资协议、关于给予县公安局“11·22”重大跨境网络赌博案专案组集体三等功和王可忠等6名个人三等功的建议、关于适当提高永春县中小学（幼儿园）高、中级教师岗位结构比例等相关工作。

9月28日，县长吕建成主持召开第42次县长办公会议，研究桃源融资担保有限公司与市中小担公司共同担保协议、与有关银行机构政府性担保业务合作协议和《永春县政府性融资担保机构尽职免责暂行管理规定（送审稿）》、关于永春县城区智慧停车项目建设、关于九牧集团机会税源奖励协议书事宜等相关工作。

11月5日，县长吕建成主持召开第43次县长办公会议，研究关于成立永春县永源城市建设有限公司、关于调整完善大湖山煤炭矿区巡查工作机制、关于魁星山庄代垫道路建设资金支付、关于永春木竹家具厂土地及地上建筑物收储等相关工作。

12月8日，县长吕建成主持召开第44次县长办公会议，研究关于新一轮公车平台委托管理、关于调整县疾病预防控制中心和县产品质量检验所等事业单位专业技术岗位结构比例等相关工作。

政府办工作

【概况】

2020年，县政府办公室围绕县政府中心工作发挥承上启下、联系内外、协调各方的作用，确保县政府各项决策部署的有效落实。全年制发县政府文件427份、县政府办文件103份，编辑《永春要讯》34期、增刊20期，上报信息被省、市采用174条。

【综合服务】

提高综合协调能力。坚持在高效、严谨、规范上下功夫，发挥办公室承上启下、联系内外、协调各方的作用，做到统筹有力、超前谋划、做好服务、协调有方，有效推动各项工作高效运转。学习党的方针政策和国家法律法规、上级文件精神等，提升理论水平、开阔视野，做到准确把握上级要求，同时立足永春县实际，对事关全县的重大工作部署认真分析，及时了解领导关心的重点、把握领导意图，做到准确、有效传达。以县委、县政府的安排部署为工作主轴，加强与市政府办、县委办、人大办、政协办的沟通协调，密切与县直部门、乡镇的协作配合，督促、协调上级各项决策部署落实，形成全县上下一盘棋的良好工作格局，确保政令畅通。履行办文办会主责。制定出台《永春县人民政府办公室发文办理规定》，明确、规范文件的起草、审核、印制、收发等环节，做到文件制发、管理更加准确、及时、规范、安全，提高办文效率；开展“文字材料综合提升行动”，成立4个文字材料组，分片包干县直部门和各乡镇，负责文字收集汇总与研究分析，保证公文质量。全年撰制各类公文530件，其中县政府文件427件、县政府办文件103件。

处理、转办县政府主要领导批示件1933件。接收、处理省、市政务内网文件2520件，乡镇、部门呈报件334件；形成会议纪要62份，其中专题会议纪要42份。坚持周全缜密承办会务，做好会务统筹协调，控制会议次数和规模，精简各种会议。做好会前通知、会中服务、会后情况收集上报，加强议题、议程安排的协调把关和各个环节的服务，特别是对县政府全体会、常务会、县长办公会等一些高规格会议，坚持做好会议决策前的各项准备工作，提前对需要审议的议题进行审核，并经县政府领导审定同意后才提交会议研究，从源头上确保会议的权威性和高效率。全年承办县政府常务会14次、县长办公会7次，各类专题会议48次，保证了县政府决策事项及政务工作的贯彻落实和正常开展。全年县本级文件、会议同比精简38.9%、48.7%，有效缓解了基层压力。落实应急管理制度。组织规范政府系统值班工作制度，健全完善县直应急部门、乡镇、村（社区）、企事业单位值班值守工作机制，落实县政府总值班室24小时值班制度，保障通过值班系统联系县政府及县政府办公室的各类来文来电，确保来文及时周转无压误、来电耐心处置无投诉。建立健全应急值守工作机制和应急管理决策机制，有序完成突发事件信息处置，对各乡镇各部门上报的突发公共事件信息、前兆信息，及时启动应急信息报告机制。全年接报各类突发事件信息、预警信息等45条次，按规启动上报程序11条次，未出现被市级通报逾期报送或瞒报、弱报、漏报情况。优化后勤保障质量。健全县委县政府大院管理制度，加强维护管理，开展大院绿化、美化、垃圾分类等环境整治，改善办公条件。健全公务接待管理制度，控制接待标准，规范接待工作程序，由专人负责接待工作，分工明确，各负其责。健全公车管理制度，做好公车平台运行管理工作，加强机关驾驶员管理、单位车辆的日常管理和维修、油料管理、用车调度工作，为公务出行提供安全、便捷服务。健全办公用品使用登记、采购等各项制度，规范财务和办公用品管理，完善大宗办公用品纳入政府公开采购。

【政务信息报送】

全年编辑《永春要讯》34期、增刊20期，上报信息被省、市采用174条。其中《永春县“一库五机制”助力全面打赢精准脱贫攻坚战》在省《今日要讯》第60期专报上刊发。《永春县调配防“疫”茶饮》《永春县关于“四无”房屋排查情况、面临困难及建议》《永春县落实“二三五”工作法 打造基层河长制工作样本》在《泉州要事专报》刊登，《永春县关于进一步促进消费增长的具体措施》《永春县关于2020年春节期间招商选资工作情况》在《泉州要讯增刊》刊登。2020年政务信息工作全市排名第8、全省第16。

【督查与落实】

发挥督查督办实效。围绕县委、县政府的各项决策，落实县政府重要决策跟踪督办制度，做好《政府工作报告》目标任务、县政府重要会议议定事项和重大工作部署的分解落实，围绕县政府重要文件、重要会议、重大决策和领导批示，加强跟踪检查与督促，提高督查工作实效。比如，督办落实县委、县政府为民办实事项目，56件为民办实事项目完成投资18.42亿元，占年度投资计划100.56%，推进教育、医疗、养老、城乡基础设施不断完善。全年发出督办通知8份，落实省、市、县领导批示督办件15件，做到每项工作有跟踪、有落实、有反馈，办结率100%。做好建议提案办理。针对人大代表建议和政协委员提案涉及面广、要求高、办理难度大的实际，始终坚持“认真负责，积极主动、实事求是、注重质量”的办理原则，探索和创新办理工作机制，加强业务指导和督促检查，规范办理程序，确保办理任务保质保量完成。2020年共办理省人大代表建议2件、省政协提案1件，市人大代表建议3件、市政协提案1件，县人大代表建议125件、县政协提案148件，办结率均为100%，满意、基本满意率100%。加强机关效能建设。倡导“马上就办、真抓实干”，坚持以实绩论英雄，发挥好效能督查的应有作用。2020年，针对防疫防控、房屋安全整治、重点项目攻坚、环保督查、乡村振兴、强基促稳等开展专项督查83次，下发《效能警示函》17份，典型案例效能通报问责3份，督促整改问题切实解决。强化机关效能督查，组织社会监督员结合节前、节后开展定期、不定期机关单位效能明察暗访；会同县纪委监委、两办督查室及组织人事部门成立督查专班，联合开展综合督查342日次，督促各级各部门转变工作作风，增强政府的公信力和执行力，保障疫情防控、复工复产、安全排查工作落到实处；会同行政服务中心、发改局先后组织开展3次专题督查调研，召开2场座谈会，着力提升政务服务水平。

（分管领导：黄培坦 撰稿人：詹振尧）

行政审批

【概况】

2020年，县行政服务中心统筹推进疫情防控和深化“放管服”改革，对标先进、大胆创标，以企业群众办事为中心，瞄准关键领域关键环节，借力信息技术支撑，聚力改革创新，在全市首创建设工程规划许可承诺制试点和启用项目审批会商会审线上平台，致力打造全方位利企宽松的营商环境，增强企业群众的获得感和满意度。

【行政审批改革】

简化工程规划许可。制定进一步推进建设工程规划许可审批制度改革工作的通知（永工审办〔2020〕1号），在全市首创建设工程规划许可承诺制试点，取消建设工程规划方案批复，合并建设工程设计方案评审、景观艺术评审等技术审查环节，调整为建设工程规划许可的内部程序；对教育、卫生、文化、体育、社会福利、工业厂房、县级重点项目等7类项目实行告知承诺制，即来即办，将“事前审”变为“事后查”。创立会商会审即时反馈机制。在全市率先启用项目审批会商会审线上平台，为每个工程建设项目量身定做梳理“审批路线图”和“审批清单”，形成信息通畅、互联互通、网上留痕机制。建立健全中介和专家管理体系，为项目“多评合一”“多测合一”提供智库支撑。成立永春县建筑设计方案评审专家委员会，建立县级“多测合一”中介名录库，完善评审机制，提升审批效率。推进“一事一次办”改革。以高效办成“一件事”为目标，围绕我要开办企业、我要办理商品房登记、我要生产第一类医疗器械、开办农家乐、道路货物运输合作社等11件事事项，集成“办好一件事”所涉及的审批服务事项，通过业务整合和流程再造，推行“全流程受理、后台分发流转、窗口统一出件”集成服务，实现企业群众“一件事一次办好”。推动高频事项全省通办。按照深入推进82项高频政务服务事项在全省范围内通办的通知（闽审改办〔2020〕11号）要求，规范统一82项高频事项办理标准，优化办事流程，加强数据共享，打破办事群众户籍地或居住地限制，推进不动产抵押权登记、出租汽车驾驶员从业资格注册等82项高频事项通过省网上办事大厅实现全省、全市、全县范围内通办、异地可办。推行“交地即交证”。对四至清晰、权属无纠纷、土地出让金、税款等规定税费缴纳完毕的出让土地，在签订《成交确认书》时，即为用地单位办理用地规划许可证和不动产权证书，登记时限由原来5个工作日压缩至即办，已为欣丝龙针织服饰有限公司等项目提供了“交地即交证”服务，最大限度地缩减了企业等待办证的时间，助力全县出让用地早开工、早投建。

【便民利企举措】

推行“不见面”审批。梳理公布753项“一趟不用跑”和1107项“最多跑一趟”事项清单，分别占进驻中心事项的66.66%和97.96%；梳理1125项“不见面”审批事项，优化网上传输功能，细化办理条件，为企业群众提供电脑端“网上办”、手机端“掌上办”、自助一体机“自助办”、双向快递“邮寄办”等“不见面”审批服务。对疫情防控期间，企业办理的审批服务事项实行快递双向免费，费用由中心承担。服务企业复产复工。从自然资源、住建、交运、市场监管等涉企窗口抽调业务骨干，组建代办业务突击队，开辟“绿色通道”，实行急事急办、特事特办，通过材料“容缺预审”“预约办理”“上门服务”“延时办理”等方式，主动靠前服务33个重点项目，为福建瑞迈舒医疗科技有限公司、福建爵能厨卫科技项目当场办理变更营业执照等事项，做到疫情审批服务不打烊，企业经营不中断。推行“三级联动”代办协办。制定永春县重点项目审批代办协办“三级联动”服务工作实施方案（永工审办〔2020〕2号），对县级以上重点项目审批服务实行中心全程代办、部门审批窗口协办、乡镇协办员辅办的全程无偿代办协办“三级联动”服务，由3名代办协办员分别挂钩服务22个乡镇重点项目，为项目业主提供政策法规咨询、前期材料准备、全程免费代办协办、应缴规费核算、审批结果答复等“一条龙”

服务。试点推行区域评估。在蓬壶镇工业园区和介福陶瓷工业园（二期）开展工程建设项目区域评估试点工作，提前完成工程建设项目开工前审批过程中涉及水土保持方案评审工作，形成整体性、区域化评估结果，提供区域内工程建设项目全部共享并免费使用，提高审批效率，减轻企业负担，节约社会资源，加快项目落地。开展疫情防控阻击战。第一时间成立疫情防控工作领导小组，制定疫情防控应急方案，细化防控措施，实行进出人员单向流动；安排专人负责进厅人员身体状况监测排查、信息登记、业务咨询指导和预约登记核实，根据进厅人数随时动态调整进厅安排。每天2次对中心进行全方位消杀，在发光二极管（LED）显示屏滚动播放疫情防控口号，张贴疫情防控海报，开展疫情应急科普宣传和县防控公告、措施，呼吁办事群众加强自我防控。

（分管领导：潘彩花　撰稿人：王炳忠）

信访工作

【概况】

2020年，县信访局共受理群众信访1093件，比上年上升16%；“12345”便民服务平台1958件，上升50.2%；接待群众来访40批53人次，分别下降56.52%和54.7%，逐步形成“走访”变“网访”的良好信访态势。做好全国、省、市、县“两会”，第三届数字中国建设峰会，中共十九届五中全会等重大会议活动期间的信访工作，重要会议活动期间未发生进京和到省市非信访接待场所滋事扰序问题。

【推动矛盾纠纷排查化解】

推行“最多投一次”阳光信访工作机制。按照“八个精准”流程、“一事一分析”登记办理，推动合理合法信访事项及时就地解决。截至12月底，共330件信访件纳入“最多投一次”办理，一次性办结化解率92.4%，超过60%的目标。推进信访评理室建设。要求各乡镇按照“七有”（有牌子和桌签、有办公场所、有办公设备、有工作制度、有工作流程图、有评理台账、有评理人才库）建设标准，规范建设好评理室。全县完成县级评理室建设1个、镇级评理室建设22个、村级评理室建设236个，各乡镇结合各地特色，创新评理工作形式，开展评理工作，同时总结经验做法，利用新闻媒体开展宣传。全县累计开展信访评理562件，化解558件，化解率99.29%，在各级媒体上发表评理相关信息20篇。推行乡镇信访联席会议制度。强化基层信访矛盾源头预防，探索建立乡镇信访工作联席会议制度，结合实际制定详细指导方案。全县22个乡镇已挂牌成立乡镇信访联席会议，建立工作制度，协调化解信访事项55件，形成上下联动、沟通顺畅、运转有序、协调有力的工作局面。做好疫情防控下的信访工作。疫情防控初期，县信访局和县直有关单位群众来访接待场所暂时关闭，同时加强对网络信访件的办理，对涉疫情信访事项，信访部门和有权处理机关均按照“四个第一时间”和“六个及时”工作要求及时办理，累计办理涉疫情信访件133件，办结133件，办理期限内办结率100%。

【信访矛盾化解攻坚】

坚持党政领导挂钩包案联系化解信访积案机制，按照信访规范要求推进信访积案化解。深化信访系统“解难题　化积案”9个专项行动，实现3件信访积案100%化解。结合市县“强基促稳”专项行动工作要求，开展信访矛盾“三消三减”（消化重访，减存量；消化隐患，减风险；消化诉求，减民怨）专项行动，完成市信访局交办的历史积案12件，息诉息访10件，均超过市信访局下发的目标任务。县自行排查化解历史积案13件、重复信访件30件。开展治理重复信访、化解信访积案专项行动，化解上报28件。

【信访法治化建设】

规范依法分类处理和信访复查工作。按照《依法分类处理信访诉求工作规则》《福建省依法分类处理信访诉求工作细则》要求，推动依法分类处理信访事项，全年实施依法分类46件，主要是行政许可、行政处罚类。完善信访复查机制，提升复查工作水平，全年受理信访复查24件，不予受理4件，撤销有权机关答复意见11件，及时纠正基层不规范、不正确的答复。加大法治信访宣传力度。组织开展《信访条例》修订实施15周年宣传月、信访法规宣传月等信访法治宣传活动，全年发放信访条例宣传册、依法信访漫画图册8000多本。

推进扫黑除恶专项斗争。建立全县信访系统扫黑除恶专项斗争线索摸排收集报送工作机制，明确摸排范围内容和方式，全面排查各辖区各行业内可能涉黑涉恶的线索信息，并及时移交县扫黑办和县公安局，依法按程序办理，累计排查、移交群众反映涉黑涉恶线索问题19件。

【总结信访经验做法】

县信访局上报的《永春县横口乡成立移民安置调解室》《永春县横口乡成立移民安置党员先锋调解队》在《福建信访》发表，上报的《永春县着力做好“三篇文章”共建和谐社会》在泉州市《侨区快讯》上刊发。永春县达埔镇撰写《“三个坚持”推动信访积案化解提质增效》、外山乡撰写《探索跨域联合共治机制 化解邻壁乡村矛盾纠纷》在泉州市《“强基促稳”信息专报》上刊发，得到市委主要领导批示肯定。

（分管领导：肖东明 撰稿人：林春艳）

永春香都广场 （桃源乡讯社 供图）

政协永春县委员会

综　述

【经济法制与人口资源、农业和农村工作】

围绕市委、市政协“加快推进泉州市制造业高质量发展”开展专题调研，形成《关于进一步推动陶瓷产业做强做大的建议》调研报告，被《市委市政协专题协商会议“加快推进泉州市制造业高质量发展　”材料汇编》收录；围绕“推动香产业转型升级，打造新的经济增长点”开展专题协商会，提出7个方面28条意见建议，协商成果得到县委、县政府的肯定；组织委员到永春福源锌业有限公司视察，就促进企业整改升级建言献策；组织委员参与《关于加速民宿产业发展助推乡村振兴的建议》重点提案督办活动。发挥界别优势，助推法治建设。围绕“谁执法谁普法”开展民主监督协商活动，形成呈阅件《关于加大力度推进“谁执法谁普法”普法责任制工作的建议》，呈送县主要领导和相关部门，助力全县普法工作；组织委员参加县检察院举办“服务‘六稳’‘六保’护航民企发展”主题的检察开放日活动、拟不起诉案件公开审查以及县司法局“社区矫正开放日”活动；组织委员参加县法院召开的涉黑涉恶执行异议案件听证会、廉政监督员座谈会，参加县检察院检风检纪监督员座谈会，对法院、检察院工作作风建设等方面提出意见建议，助推“阳光司法”、干警队伍建设。围绕“县、乡、村生活污水处理环保项目运营情况”开展民主监督协商活动，多方面提出意见建议，助推乡村振兴；组织委员对全县养老服务情况开展调研，形成《关于多元化发展养老服务的建议》提案，纳入2020年度重点提案，并参与重点提案督办活动；密切关注全县人口监测与家庭发展，配合相关部门落实系列奖扶工作、节日慰问活动；做好省、市政协到永春县开展“完善保障机制，提高基层财政‘三保’能力”“乡村人才振兴”“《福建省河长制规定》实施情况”和“小流域水环境整治”等调研视察活动；接待广东省清远市、福安市、泉港区等地政协到永春县调研文化产业发展、农村污水处理、养老事业发展等工作。围绕全县“三农”热点问题，组织委员就“加速民宿产业发展”深入基层调研视察，形成《永春民宿产业发展调研报告》（在《永春调研》2020年第5期刊登），同时得到县委书记庄永智的肯定批示；围绕“全县光伏扶贫项目运营情况”开展对口协商，形成呈阅件《县政协“全县光伏扶贫项目运营情况”议题视察协商意见建议》，促进光伏扶贫项目健康运营；组织委员参与《关于深入开展农产品质量整治行动的建议》等重点提案督办活动；做好福安市、泉港区等兄弟县（市、区）政协参观考察农村污水处理、生态安全水系建设、镇河长办标准化建设等工作。

【提案办理、教科卫体、文化文史和学习工作】

坚持“围绕中心、服务大局，提高质量、讲求实效”的工作方针，将协商民主贯穿提案工作全过程，在提高提案质量和办理效果等方面进行探索，提案工作彰显新活力。县政协十五届四次会议立案的148件提案交73个承办单位办理，均在规定5个月期限内办理完毕，办复率100%，满意率100%；完善重点提案督办制度，提升督办实效，《关于深入开展农产品质量整治行动的建议》等6件重点提案督办工作均在年度内完成，表彰《关于加快乡村宜居环境整治的建议》等

10件优秀提案、县农业农村局等10个提案办理先进单位。组织委员深入永春职业中专学校开展产教融合调研，调研文章《深化产教融合，提升“产学研用”一体化水平》在市政府市政协“深化产教融合，助力高质量发展”专题协商会议上作书面发言；围绕“加强我县突发公共卫生事件应急体系建设”常委会议题，组织相关委员开展视察协商，形成《关于进一步提升公共卫生防控能力的建议》调研报告，为全县突发公共卫生体系建设出谋献策；围绕“基础教育建设情况”等议题开展对口协商，提出意见和建议；做好省政协副主席刘献祥带队到永春县开展“福建寺庙医药文化遗产保护和发展”调研活动；组织委员参加2020年新春送文化、科技、卫生、法律“四下乡”暖冬活动。注重以文聚力，以史资政，召开《永春文史资料》第35辑文稿征集工作座谈会，征集永春古寨、古城、古街、书院、农场发展等历史事件和史实资料；强化委员学习培训，编印《学习资料》3期，并通过“永春政协”微信公众号向委员推送政治理论学习文章；围绕“全国重点文物保护单位保护和利用”议题开展对口协商，助力文物保护和利用工作；组织委员深入湖洋镇吴岭村视察移风易俗馆、邻里守望堂，推动移风易俗工作见成效。

【港澳台侨、民族宗教工作】

发挥侨乡优势，加强与港澳委员的沟通联系，组织委员撰写《关于打造国际生态香产业的建议》等提案10件；围绕“凝聚侨智发挥侨力，助推永春绿色崛起”课题深入调研，形成调研报告（在《永春调研》2020年第7期刊登），助推全县经济社会健康发展；围绕“外商投资企业升级发展”议题开展对口协商，助推企业发展；以助推永春柑橘产业可持续发展为课题，组织委员深入叙柑园开展视察协商，支持鼓励台湾青年到永春创业就业；组织委员参与《关于创造良好营商环境，扶持小微企业发展的建议》重点提案督办活动；号召、引导港澳委员、异地委员及在外侨亲投身家乡公益事业和共同抗击疫情；助推湖洋镇开展侨乡文化名镇名村创建，探索侨乡侨文化资源的挖掘与盘活。组织宗教界别委员深入道教、佛教、基督教等宗教场所开展《宗教事务条例》贯彻落实情况视察协商，督促指导全县宗教管理工作；以助推“民族乡村振兴与旅游产业融合”为议题，组织委员深入民族村落开展对口协商，推动各民族交流和发展；以“和谐寺观教堂创建”为主题，组织调研组赴青海考察，形成调研报告；组织委员撰写《关于加强永台合作交流，助力永春高质量发展的建议》等提案6件；走访少数民族贫困群众，帮助困难学生申请慈善助学金，关注少数民族青少年的成长；协助指导宗教界深化宗教活动场所“四进”活动；引导宗教团体和宗教界人士主动参与社会公益慈善活动，疫情期间捐款捐物抗击疫情，资助困难学生和困难家庭，其中捐款2.85万元支持养老院建设运营。

【为民办实事办好事】

2020年，县政协围绕全县发展大局，高举旗帜，凝聚共识，汇聚力量，建言献策，为全方位推动永春高质量发展超越做贡献。聚焦中心建言资政，就“加强我县突发公共卫生事件应急体系建设”“基础教育建设”等组织开展常委会专题协商4次、专委会对口协商4次，助推经济社会发展；围绕“规范民宿经营，助推乡村振兴”等课题开展调研，形成调研报告5篇，调研成果得到有效转化，为县委县政府科学决策提供参考；做好县政协十五届四次会议立案的148件提案办理工作，实施县政府、县政协领导领衔联合督办重点提案活动6次，增强提案办理成效；围绕“县、乡、村生活污水处理环保项目运营情况”等议题开展重点民主监督活动2次，助推县委、县政府决策部署落实到位；加强与政协参加单位、民族、宗教界代表人士和台港澳同胞、海外侨胞的联系联谊，发动政协委员、政协参加单位和海外侨胞捐资出力抗击疫情，组织委员参加扶贫济困、助学奖教、公益慈善活动，尽心尽力解民忧民困，提升群众的幸福感、获得感、安全感。牵头组织到锦斗镇开展2020年新春送文化、科技、卫生、法律“四下乡”暖冬活动，受益群众1500余人次，切实让群众得到实惠。深入挂钩乡镇和省级建档立卡贫困村开展调研，争取上级帮扶项目和资金，走访慰问贫困户和困难职工。各委员联络组坚持开展新春慰问、结对帮扶、金秋助学等活动，为贫困户和贫困优秀学生送去慰问金、慰问品折合12万元。林世哲扶助贫困学生教育发展协会扶助家庭经济困难学生296人（其中大学生16人），发放助学金38万元；奖励中小学学科素养优秀学生1165人次，颁发奖励金16.12万元。召开永春县林世哲扶助贫困学生教育发展协会第二次会员大会，完成协会换届选举工作。

重要会议

【县政协十五届五次全体会议】

县政协十五届五次全体会议于12月28日召开。县四套班子领导参加会议，与委员共商发展大计，共谋发展良策。县委书记庄永智在讲话中肯定政协一年来的工作并提出新一年工作要求；会议审议并通过县政协主席林海鸥代表十五届县政协常务委员会所作的工作报告、副主席张敏辉所作的提案工作情况的报告；委员们列席县十八届人大五次会议，讨论并赞同县长吕建成所作的政府工作报告及其他报告；会议接受张敏辉辞去县政协副主席职务；听取副主席李江源作县政协十五届五次会议提案审查报告；审议通过县政协十五届五次会议决议；表彰2020年度10件优秀提案和10个提案办理先进单位。

【县政协常委会会议】

十五届县政协常委会第十六次会议　1月8日召开。听取县政协十五届四次会议各组召集人汇报讨论县委书记庄永智讲话、县政府工作报告及其他报告情况；听取审议县政协常委会工作报告及提案工作报告、县政协十五届四次会议决议（草案）情况；审议通过县政协十五届四次会议决议（草案）。

十五届县政协常委会第十七次会议　5月8日召开。会议通报县政协2020年工作要点和协商工作计划。

十五届县政协常委会第十八次会议　7月9日召开。会议听取县卫健局关于“加强我县突发公共卫生事件应急体系建设”情况通报，并就“加强我县突发公共卫生事件应急体系建设”议题开展专题协商，与会委员紧扣议题，结合视察调研情况和自身工作实际，从加大资金投入、人才队伍建设、完善机制体制等方面建言献策。

县政府县政协专题协商会暨十五届县政协常委会第十九次会议　9月30日召开。会议听取工信商务局关于“推动香产业转型升级”有关情况通报，部分政协委员、香企代表围绕议题，根据调研视察情况和工作实际，从宣传推介、招商选资、人才培养、产业链拓展、市场建设、文化转化、政策支持等方面献策献计。县委、县政府领导吕建成、张金发、郭浪滔应邀出席会议。

十五届县政协常委会第二十次会议　12月9日召开。会议传达学习中共十九届五中全会精神；听取县政府关于县政协十五届四次会议提案办理情况通报并进行专题协商；审议通过部分县政协委员调整事宜；审议通过召开县政协十五届五次会议有关会务事宜；审议确定表彰2020年度优秀提案和提案承办先进单位。

十五届县政协常委会第二十一次会议　12月29日召开。会议听取县政协十五届五次会议各组召集人汇报讨论县委书记庄永智同志讲话、县政府工作报告、县“两院”工作情况通报以及其他报告情况；听取审议县政协常委会工作报告及提案工作报告、县政协十五届五次会议决议（草案）情况；审议通过县政协十五届五次会议决议（草案），接受张敏辉因任职年龄原因辞去政协第十五届永春县委员会副主席职务。

（分管领导：吴成益　撰稿人：郑灵锋）

永春县纪委 监委

综 述

【落实“两个责任”】

压实管党治党政治责任，县委带头全面履行从严治党主体责任，对标对表省委“八个坚定不移”，制定主体责任清单、推行领导干部权责清单、落实“1+1+1”会诊机制、落实“一把手”背书等制度。2020年，县委、县政府主要领导约谈乡镇（部门）“一把手”16人次，点出问题35个。形成抓早抓小抓关键的良性循环。县纪委监委全面履行监督责任，召开县纪委十三届五次全会传达上级精神，部署全年工作。突出政治监督，印发《关于加强对“关键少数”的政治监督工作方案》，绘制永春政治监督“责任树”，建立全县县管干部“两档案”1030份，紧盯关键人、抓住关键处、管住关键事。做实做细日常监督，实施片区一体化工作机制，统筹基层监督力量，开展协作办信办案，规范化水平不断提升，针对性开展企业稳岗补助发放审核、民政资金、兴泉铁路征迁资金使用情况等片区专项监督，派驻机构“探头”作用有效发挥。协助县委开展2019年度全面从严治党主体责任落实情况检查工作，完善全面从严治党制度8项，督促完成省、市责任制检查49个问题的整改，对11名领导干部、6个党组织实施党内问责。

【“三不”一体推进】

坚持“严”的主基调，推动反腐肃纪持续深入。2020年共立案134件142人，其中乡科级干部9人，移送司法机关6人，处理行贿人员2件4人。科学实践监督执纪“四种形态”批评教育帮助和处理468人，分别占比70%、13.1%、9.4%、7.5%，其中党纪政务处分137人。建立案件审理“三审机制”（片区协审、交叉互审、专家会审），有效破解基层审理难题，经验做法在中国纪检监察杂志上发表。出台《片区问题线索管理暂行办法》，强化线索跟踪管理，推动件件有着落。抓实案后整改，针对查处的典型问题，向有关单位发出纪检监察建议书14份，督促召开专题整改会议12次、警示教育大会11场、建章立制11项。深化廉政教育，剖析溪南村系列违纪违法案件并进行通报，组织参加案件旁听庭审，提高警示震慑针对性实效性。举办“永春县第二期新提任领导干部廉洁从政专题培训班”，加强领导干部纪律教育。构建纪检监察系统宣传矩阵，党风廉政宣传报道位居全市前列。推进市委重点党建项目“我爱我家——永春县家风家训文化园”建设，打造廉政宣传阵地品牌。

【深化专项整治】

树立以人民为中心的发展思想，把整治群众反映强烈的腐败和作风问题放在突出位置。协助县委开展“作风建设年”活动，结合形式主义官僚主义、损害营商环境、扶贫领域、民生领域、乡村振兴、环境保护等8个专项治理，推动全县各级广泛征求基层群众和社会各界对作风建设的意见建议264条，查摆作风方面问题300个，制定整改措施449条。开展2次纠治“四风”专项督查，查处违反中央八项规定精神和形式主义官僚主义问题16起29人。组织22个乡镇纪委开展脱贫攻坚“推磨式”全覆盖交叉检查，发现问题285条，查处扶贫领域违纪问题5起7人。推进教育、医疗、住房、食品药品安全等方面15个专项整治监督，问责民生领域侵害群众利益问题6起11人。打好扫黑除恶专项斗争收官之战，新增立案8件，给予党纪政务处分8人。完成安全生产工作“1+X”全交叉专项督导，梳理汇总形成问题254个，开展全县房屋安全“百日大整治”行动专项监督，发现问题22个。

【推进巡察工作】

精准落实政治巡察要求，坚持“有形覆盖”和“有效覆盖”相统一，采取常规巡察、专项巡察、巡察“回头看”等多种方式，完成十三届县委任期内巡察全覆盖。巡察启动以后，开展11轮23批常规巡察，巡察单位117个，发现问题2967个，移交问题线索127条，立案54件，处分56人，移送司法机关8人。加强自身建设，开展“巡察工作规范提升年”活动，开展巡察制度立、改、废，制定出台领导小组、巡察办、巡察组工作规则，建立与县委组织部、县委宣传部等单位“1+5”协调机制，巡察制度体系和运行机制不断完善。加强巡察整改日常监督，通过“四方会审”、巡察整改专项督查、纪检监察日常监督等方式，推动巡察整改落实落细。至年底，巡察反馈问题已整改到位2459个，推动建章立制600多项，挽回经济损失800多万元。

【服务矛盾化解】

创新基层矛盾化解机制，实施“强基促稳”纪检监察服务基层专项行动，建立“三个三”信访矛盾纠纷化解机制，开展“十百千”“找差距、抓落实、解难题、化积案”专项行动，集中化解一批信访举报难题积案，引入律师接访机制，开展带信下访32场次，化解信访积案24件，开展法律咨询26人次，引导通过司法途径解决诉求11件。全年接收信访举报302件，检控类同比下降40.61%，检控类初信初访同比下降49.28%，信访举报总量、检控类初信初访件数量、重复举报数量等降幅均远大于全市平均值，处置问题线索数连续三年远超检举控告信访数，减存量遏增量效果显现，经验做法得到市委、市纪委主要领导批示肯定。

重要会议

【县纪委十三届五次全会】

1月22日，县纪委召开十三届五次全会，学习贯彻习近平新时代中国特色社会主义思想，全面贯彻落实中共十九大精神，按照十九届中央纪委四次全会、省纪委十届五次全会、市纪委十二届五次全会部署和县委的要求，回顾2019年全县纪检监察工作，研究部署2020年工作任务。庄永智、吕建成、康思坚、林海鸥等县四套班子领导出席会议。县长吕建成在会上传达十九届中央纪委四次全会、省纪委十届五次全会、市纪委十二届五次全会精神。县委书记庄永智发表讲话，对2020年全县党风廉政建设和反腐败工作提出明确要求。庄永智强调，全县各级党组织要领会精神、提高站位；要聚焦重点、标本兼治；要强化担当、落实责任；坚持把党风廉政建设和反腐败斗争作为党的建设的重大任务紧紧抓住不放，不断增强落实“两个责任”的担当意识和行动能力，持续深入推进全面从严治党。县委常委、县纪委书记、县监委主任陈守林主持会议，并代表县纪委常委会作工作报告。

（分管领导：陈良明　撰稿人：胡福琼、尤雪羚）

民主党派 工商联

民革永春县总支部

【概况】

民革永春县总支部下设3个支部，民革党员95人，其中本科以上学历39人，大专学历44人。民革党员担任市人大代表1人，县政协委员10人。2020年，民革永春县总支部注重自身建设，提升民革党员素质，发挥民革的特点和优势，在各自岗位上奉献社会；围绕全县工作重点和经济社会发展重大问题，开展课题调研，民革党员中的人大代表、政协委员提交的提案、意见和建议18件。民革永春县总支部被民革泉州市委评为“2019年度参政议政先进集体”。

【组织建设】

按照《民革泉州市委关于开展示范性支部创建评选活动的工作方案》要求，根据自身的特色和亮点，做好示范性支部创建评选的工作规划，切实抓好思想建设、制度建设和组织建设等基础工作，打造民革特色的支部活动。2020年，发展2名新党员，优化总支部民革党员的年龄结构，提升民革党员的整体素质。选派两位骨干党员参加省、市民革举办的“骨干党员培训班”学习。邹秀红被市民革评为2019年度信息宣传工作先进个人；黄学敏被市民革评为2019年度参政议政先进个人；李拯民被中共永春县委员会、永春县人民政府评为“2019年度推进全域旅游发展先进个人”；薛长辉被中共永春县委员会、永春县人民政府评为“2019年度招商引资先进个人”；张丽莲被永春县妇女联合会评为“永春县三八红旗手”；洪能鹏被永春县人社局、教育局评为“2019—2020学年度先进教育工作者”；洪能鹏被评为东关镇“2019—2020学年度先进教育工作者”；邹秀红被永春县监察委员会聘为第一届特约监察员。民革党员参与新冠肺炎抗疫活动，涌现出林宝花、林桂妹等一批抗疫先进个人。

【参政议政】

2020年县“两会”期间，民革党员中的人大代表、政协委员提交的提案、意见和建议共18件，其中市人大代表建议1件，县政协委员提案17件（其中集体提案10件）。参加民革泉州市委开展的“提案征集评选活动”，提交了《关于扶持发展特色民宿、休闲观光旅游的建议》《关于推进我市乡村文化振兴的建议》等5篇提案。民革永春总支部被民革泉州市委员会评为“2019年度参政议政先进集体”。

【课题调研】

围绕县委、县政府的中心工作和事关永春经济社会发展的重大问题，选好调研课题，深入岵山镇、达埔镇、苏坑镇开展调研，撰写《加强应急管理工作的思路与对策》《从永春县苏坑镇谈农村地区如何破解乡村振兴人才困局》等调研文章。反映社情民意信息，向民革泉州市委提交5篇次，其中采用4篇次；向永春县政协提交的《关于解决五里街西安村许港角落村民吃水难的建议》等3件社情民意，引起县委、县政府重视。民革党员中人大代表、政协委员参加各级人大、政协组织的视察、考察和调研活动及中共永春县委、县人大、县政府、县政协召开的政治协商会、座谈会、情况通报会等，客观反映社情民意，消除群众误解，从中塑造民革组织在社会中的良好形象。

【服务社会】

发挥民革自身优势和特点，

结合实际，开展公益事业，帮助群众分忧解难。组织民革党员到仙夹镇参观学习乡村振兴建设情况并开展“扶贫救困”献爱心活动，捐款8000元资助16户贫困家庭。开展扶贫挂钩工作，捐款1000元资助蓬壶镇东星村挂钩贫困户。党员中的政协委员响应县政协的倡议，多次慷慨解囊，捐助爱心款项8000元。响应县委统战部“同心助力我县疫情防控”的号召，发动民革党员积极参与、凝心聚力，踊跃捐款捐物，共捐助资金7550元、物资价值2.3万元。

（分管领导：皱秀红 撰稿人：黄学敏）

民盟永春县总支部

【概况】

2020年，民盟永春县总支部有盟员57人，下设2个支部，分别为教育支部和综合支部。盟员陈伟义获中共福建省委组织部援藏一周年考核“优秀”，被评为昌都市洛隆县优秀援藏教师。

【组织活动】

组织开展形式多样活动。县民盟总支委员每季度召开一次支委会，组织学习上级盟委会议精神，回顾总结本季度总支工作开展情况，讨论研究下季度工作计划。定期召开全体盟员会议，组织学习中共及上级会议有关精神，统一思想，提高盟员自身素质和工作水平；召开民主生活会，与会成员开展批评与自我批评，增进团结，总结经验，扬长避短，共同提高。支部定期开展各种活动，邀请总支委员参加活动。11月17日下午，民盟永春县总支部召开学习贯彻中共十九届五中全会精神座谈会，组织全体盟员学习《中国共产党第十九届中央委员会第五次全体会议公报》，郑东霞主委要求盟员深刻领会中共十九届五中全会精神，勉励大家发挥民主党派的作用，紧紧围绕中共永春县委、县政府中心工作，群众关注的热点、难点和焦点问题，积极参政议政，建言献策，提出更多金点子，为经济社会发展服务。

【参政议政】

积极参政议政，反映社情民意。县政协会议上递交《关于切实保护闽南方言，传承闽南文化的建议》《关于完善县城人行步道夜间照明状况，提升城市品位的建议》《关于解决城区交通拥堵问题的建议》《关于“让美丽乡村动起来”的建议》《关于构建永港澳青年交流平台的建议》等8个提案；市人民代表大会提交议案《关于“补足教育‘短板’建构家族教育社会体系”的建议》等。

【联谊交流】

7月11日，由民盟永春县总支、民盟厦门市湖里区基层委、中共永春县介福乡党委政府主办的民盟湖里区基层委文创支部陶瓷文化创作（永春介福）基地揭牌仪式在世界原始青瓷发祥地、中国陶瓷之乡永春介福紫美村举行，永春、湖里民盟携手助力乡村振兴。7月12日，在第八届岵山荔枝文化旅游节拉开帷幕的第二天，永春、泉港两地盟友聚集在乡愁故里永春，开展盟务交流活动，探讨乡村振兴之路。8月6—7日，中国民主同盟福建省委会“完善社会治理体系的文化机制建设”课题组到永春调研，省市县民盟相关领导和盟员参加活动。10月2日，民盟泉州市书画总支部赴永春县开展盟务交流及采风写生。11月29日，为深化中共十九届五中全会精神学习和庆祝民盟永春县总支部升格一周年，民盟永春县总支组织部分盟员赴泉港区参观调研，与民盟泉港总支交流座谈。盟员们表示将牢记入盟誓言，立足本职工作，关注乡村振兴，为泉州的经济社会发展添砖加瓦，建言献策。

【服务社会】

盟员陈捷在新疆支教、盟员陈伟义继续在西藏洛隆县支教，2名盟员热爱祖国、情系边疆、无私奉献的精神，得到社会各界的肯定。陈伟义获中共福建省委组织部援藏一周年考核 “优秀”，被评为昌都市洛隆县优秀援藏教师。盟员立足岗位，发挥专长，助力疫情防控工作。同时在线交了一次特殊的盟费，共捐人民币7600元。开展精准扶贫助学行动，资助2名品学兼优、家境贫寒的学生，为贫困学子点亮上学梦。盟员周梁泉十年如一日研究和推广乡愁文化。2020年，福建民盟、中国民主同盟以《盟里有个“周乡愁”》为题宣传周梁泉的事迹，福建师大等高校聘任其为客座副教授，相关单位邀请其在中华孝道文化高峰论坛、谷文昌干部学院及部分高校开设乡愁讲座。

（分管领导：郑东霞 撰稿人：尤一梅）

民进永春县小组

【概况】

2020年，民进永春县小组会员27人，其中本科学历以上17人，大专学历10人，县政协委员2人。2020年，民进永春县小组发挥自身优势和特点，加强学习，开展调研，参政议政，在各自岗位上为永春经济社会发展做出贡献。

【组织建设】

组织会员传达学习省民进2020年参政议政年会暨“履职能力建设”主题年工作会议精神，以及民进泉州市委六届十三次、十四次常委（扩大）会议精神，学习贯彻习近平新时代中国特色社会主义思想和中共十九届四中、五中全会精神；组织会员参加由民进市委会召开的新闻宣传和信息工作研讨网络视频会，提高民进会员的履职能力。

【参政议政】

围绕永春经济社会发展以及社会关注的热点问题，深入调查研究。与民进丰泽工委到大羽村、埔头村联合开展“文旅融合助推乡村振兴的课题”调研活动。在县政协会议上，提交《关于大力发展农民职业教育，助推乡村振兴的建议》《关于城区老旧小区改造与管理的建议》等提案。

【服务社会】

开展“新春送祝福活动”，走访慰问老会员，送去组织的关怀及慰问金500元；发动民进会员捐款、捐物支持新冠疫情防控工作，共捐款3900元；与台盟永春县支部在下洋中学、达埔中学联合共建“同心书屋”，捐赠430多册书籍。

（分管领导：李春梅 撰稿人：黄蓉娜）

致公党永春县委员会

【概况】

2020年，致公党永春县委员会有4个支部，致公党党员145人，其中泉州市人大代表2人、政协委员2人，县人大代表2人（其中常委1人）、政协委员15人（其中常委4人），多名致公党员被聘为特约监察员、勤政廉政监督员、诉前调解员、人民陪审员等。

【思想建设】

加强思想引领，凝聚政治共识。以习近平新时代中国特色社会主义思想为指导，组织致公党党员学习贯彻中共十九大、中共十九届五中全会精神，开展“不忘合作初心，继续携手前进”主题教育活动。

【参政议政】

坚持同心致远、发挥党派优势。面对新冠肺炎疫情，致公党永春县委会强化使命担当，组织致公党党员投身到疫情防控工作中，为打赢疫情防控阻击战贡献党派力量。面对突如其来的新冠肺炎疫情，致公党永春县委会即发动党员募捐5000多元，并由党员作词、作曲和演唱的公益歌曲《逆行的方向》于2月5日制作完成，该歌曲先后在学习强国、网易云、央视新闻端、致公党福建省委会微信公众号及泉州网等多个主流平台展播，收获众多好评。心系战“疫”，组织发动致公党党员捐款捐物近11万元，捐给县慈善总会及武汉抗疫一线，口罩近20000个分发给永春基层防控一线人员。致公党党员黄晓红被致公党省委会评为抗击新冠疫情先进个人。持续做好大“致公有爱”社会服务品牌，开展应急救护培训近20场。致公党党员郑镇辉等坚持一对一资助优秀贫困大学生每年每人10000元，还捐献10万多元为永春二中、侨中、苏坑中学等添置教学设备。

【参加致公党福建省委成立40周年庆祝活动】

2020年是中国致公党成立95周年，致公党省委会成立40周年，致公党永春县委会组织致公党党员参加系列庆祝活动，致公党党员张燕红撰写的征文获评全省十佳征文，颜光锐、吕少京、林文代的书画作品参与展出，施由森、郑泽新被致公党省委会分别聘为致公党省委会环境委、青年委员会委员。

（分管领导：叶东方 撰稿人：黄晓红）

台盟永春县支部

【概况】

台盟永春县支部有盟员11人，其中本科及中高级职称以上人员9人，泉州市政协委员1人，永春县政协委员1人。

【参政议政】

开展课题调研，围绕永春经济社会发展以及两岸关系发展中的新情况新问题，深入调查研究，完成调研文章1篇，撰写社情民意5篇，提交市政协党派提案1件、个人提案1件，县政协党派提案1件、个人提案2件。组织台盟盟员参加台盟市委会“脱贫攻坚”盟员议政日活动，参与“建立解决相对贫困长效机制”专项调研等，积极建言献策。

【理论学习】

始终把学习贯彻习近平新时代中国特色社会主义思想作为台盟盟员理论学习的主题主线，通过集中学习、座谈会、交流研讨、自学等形式，领会习近平总书记关于加强和改进统一战线工作的重要论述，巩固拓展“不忘合作初心，继续携手前进”主题教育活动成果，加强政治引领，凝聚思想共识。坚持台盟支部学习制度，学习《习近平在福建》等系列采访实录、《习近平谈治国理政》（第三卷）、习近平总书记在党外人士座谈会、在纪念中国人民抗日战争暨世界反法西斯战争胜利75周年座谈会上等重要讲话精神，学习贯彻中共十九届四中、五中全会精神，全国“两会”精神，台盟支部班子成员发挥领学促学作用，推动学习教育走深走实。投身疫情防控工作。凝聚全员思想共识，把思想和行动统一到中共中央和省、市、县决策部署上来。从事医务工作和基层工作的盟员坚守岗位，加班加点奋战在抗疫一线，为打赢防控新冠肺炎疫情的人民战争、总体战、阻击战贡献台盟力量。贯彻落实台盟中央《关于开展台盟读书学习活动的通知》，启动“书香台盟·我爱阅读”活动，开展“学新思想、学盟章盟史，做合格盟员”教育实践活动，倡导盟员和机关干部多读书、读好书、善读书。

【工作交流】

配合台盟中央两岸文化交流委员会到永春开展闽台民俗文化调研，立足余光中文学馆，结合永春历史文化特色与调研组进行两岸文化交流讨论。

【服务社会】

做好服务社会，与民进永春小组联合，在达埔中学、下洋中学建立“同心书屋”，为2所中学捐赠近20000元图书。响应号召动员台盟盟员，同心携手、同向发力，募集盟员捐款1000元。

（分管领导：古宏颖 撰稿人：古宏颖）

农工党永春小组

【概况】

2019年10月，农工党永春小组成立，隶属于农工党福建省科教文三支部。2020年，农工党永春小组成员10人，其中本科学历9人，大专学历1人，高级职称1人，中级职称8人，医药卫生领域8人。

【组织建设】

2020年8月15日，农工党党员苏素真、郭志成参加中国农工民主党成立90周年暨农工党福建地方组织建立90周年纪念大会，重温农工党的光辉历程，学习农工党发展宝贵经验，提升对农工党的认识，继承优良传统、提高履职能力，11月12日，农工党永春小组学习贯彻中共十九届五中全会精神，邀请县司法局宣讲团成员郑建发作“共学用好民法典　助推引领新发展”专题讲座。通过学习《中华人民共和国民法典》，增强社会主义法治观念，提高依法履职能力，提高运用法治思维和法治方式解决问题的能力和水平。

【参政议政】

2020年9月21日，农工党永春小组成员和农工党福建省委会领导及相关专家到永春县岵山镇、桃城镇、湖洋镇开展养老课题调研，了解到永春县是年继续瞄准山区农村居家养老服务方面的短板，聚焦农村留守、空巢、独居等老年人特殊群体，逐渐形成“免费午餐助养、半耕伴读乐养、邻里守望互养”的山区养老永春样板。针对医务工作者在一线参与疫情防控工作，核酸检测要求应检尽检，覆盖范围大，工作任务重，农工党永春小组组长苏素真在工作中发现核酸检测必须在通风的环境中，医务人员身着密不透风的防护服，特别是在酷热的夏天，对身体是一个非常大的考验，为提高核酸检测的效率和保护医务人员的安全，向农工党福建省委会参政议政部提交《学习新加坡先进经验采用移动式咽拭子检测站进行检测和战略储备的建议》的提案，这篇文章发表在福建农工信息第426期，苏素真获评为农工党福建省委会社情民意信息工作先进个人。

【服务社会】

农工党党员苏素真、林永发、郑桂芬、郭志成、林伟评在2020年疫情防控工作中，不忘初心、牢记使命，坚守在疫情防控一线，勇当一方百姓生命安全和身体健康的守护人。疫情期间，农工党党员郭志成、林珊华通过农工党福建省委会向中国初级卫生保健基金会捐款，为疫情灾区奉献爱心。永春县总医院检验科林伟评参加由中央人民政府遣派到香港的内地核酸检测支援队，为香港于2020年9月进行普及社区检测提供支援。郭志成在基层调解工作中表现突出，获得福建省首批“平安之星”候选人。

（分管领导：苏素真 撰稿人：林珊华）

县工商联

【概况】

2020年，县工商联围绕职能，主动作为，提升服务，攻坚克难，推动民营经济健康发展和民营经济人士健康成长，永春湖洋商会、泉州市泉永企业商会、厦门市永春商会等3家商会组织获评“2019—2020年度全国‘四好’商会”；永春县陶瓷行业协会获评“2020年度福建省‘四好’商会”；县工商联党组书记林振华获评“2016—2019年度全省统战系统先进工作者”。至年底，县工商联有会员2504人，常执委138人。有基层组织15个，其中：工业园区商会1个、乡镇商会6个、同业公会8个。异地商会19个。

【助力疫情防控】

2020年新冠肺炎疫情发生后，县工商联作为县防控新冠肺炎疫情应急指挥部成员单位，同县委统战部、县侨联等部门联合发出《关于捐赠疫情防控急需医用防护物资的倡议书》，发动各异地永春商会、同业公会、行业协会、乡镇商会及民营经济人士捐资捐物，共抗疫情。共筹集防控资金3571.1万元（其中：向县慈善总会捐赠469.01万元、向有关乡镇和单位捐赠302.09万元、美岭集团向中华慈善总会捐赠2800万元），以及负压救护车、各类口罩、手套、防护服、消毒物品等大批防控所需的医疗物资。县工商联及各异地永春商会、同业公会、行业协会、乡镇商会和民营经济人士的典型事迹多次被中国网、东南早报、海峡都市报、永春县电视台等主流媒体宣传报道。

【民营经济人士教育引导】

加强对民营经济人士教育引导，持续开展理想信念教育实践活动，筑牢共同思想政治基础。先后组织民营企业家到永春抗战历史纪念馆、泉州市党内政治生活体验馆等地参观学习，弘扬红色文化，强化使命担当。召开县工商联（总商会）九届四次执委会，组织学习中共十九届五中全会精神、习近平总书记7月21日在企业家座谈会上的讲话精神、《关于加强新时代民营经济统战工作的意见》和《中华人民共和国民法典》等，引导民营经济人士树立和贯彻新发展理念，坚定发展信心，心无旁骛办企业。

【服务企业发展】

搭建平台，创新服务，助力优化营商环境。搭建政企沟通平台。加强与公、检、法、司等部门的交流协作，畅通政企沟通渠道，联合开展“服务六稳六保，护航民企发展”主题活动、“送法进企业”宣传活动、专题法治讲座等，完善工商联法律服务平台，提升民营企业家依法治企能力。开展三方联合接访暨“宪法进企业”职工法治宣传活动，构建和谐劳动关系。搭建政策宣传平台。深入会员企业、基层商会开展走访调研，主动了解会员企业复工复产情况，帮助协调解决企业遇到的困难和问题。深入宣传扶持企业发展的相关政策，推动各项惠企政策落实落细。搭建人才服务平台。推荐参评高级工程师3人，工程师25人，为民营经济发展提供人才支撑。创新行业协会评价人才的有效方式，探索行业协会人才自主评价，帮助指导县陶瓷行业协会取得初级职称评审权限， 评审通过陶瓷工程助理工程师21人。

【推进回归工程】

走访福州、厦门、泉州、深圳、东莞、广州、海南、上海等地永春商会，发挥工商联、商会组织的平台作用和优势，开展招商推介、引智引资工作。以永商回归创业园为依托，加大回归创业招商工作力度，促进资金、项目、技术、人才回归。截至2020年底，永商回归创业园引入回归创业企业 34 家。12 月 15 日，“福州永德会馆”正式开馆，成为永春县在省会推介旅游资源、历史文化、特色产品的重要窗口，同时也是在榕乡贤敦睦乡谊、同话桑梓、共谋发展的家园。

【基层组织建设】

按照“政治引领好、队伍建设好、服务发展好、自律规范好”要求，加强“四好”商会建设，推动基层商会科学、规范、有序发展。永春湖洋商会、泉州市泉永企业商会、厦门市永春商会等 3 家商会组织获评“2019—2020 年度全国‘四好’商会”；永春县陶瓷行业协会获评“2020 年度福建省‘四好’商会”。永春县汽车行业公会组织换届，永春圆丰汽贸有限公司总经理康建业连任会长。指导成立中共永春县陶瓷行业协会兼合式支部，推动社会组织党的建设和党的工作有效覆盖。

【慈善公益活动】

引导民营经济人士带头投身各项光彩事业，做到富而有德、富而有爱、富而有责。2020 年，筹集物资近 300 万元用于光彩助学活动。泉永企业商会、厦门永春商会回乡开展慈善慰问活动，走访慰问贫困户 150 多户，发放慰问金 10 万元。永春湖洋商会携手泉州市第一医院医疗队开展专家义诊活动，免费服务 200 多名群众，发放降血糖血压药品；开展重阳节敬老助老慰问活动，为 30 多名孤寡贫困老人、残疾老人、退伍老军人等送上节日红包和生活用品。组织 10 个同业公会、行业协会、乡镇商会前往宁夏开展闽宁对口协作工作，与宁夏同心县签订结对帮扶协议，落实帮扶资金 10 万元。助力打赢脱贫攻坚战，“百企帮百村”精准扶贫行动成效明显。共有 43 家企业及商会结对帮扶 45 个贫困村、薄弱村，落实帮扶资金 825.85 万元，帮扶贫困户 172 户、575 人。

（分管领导：林建波　撰稿人：刘娜）

2020 年 2 月 6 日，宜购市场有限公司（马来西亚总公司）、义乌市互惜贸易有限公司（中国分公司）捐赠 53.8 万元，为永春医院购买救护车一部

（县委统战部　供图）

群众团体

总工会

【概况】

2020年，永春县工会工作围绕统筹推进疫情防控和经济社会发展大局，发挥群团组织服务链作用，在助推复工复产复市、提升职工队伍素质、开展维权服务、助力乡村振兴等方面主动作为、靠前服务，团结带领职工群众为全方位推动高质量发展建功立业，各项工作取得明显成效，彰显工会组织的新担当、新作为。

【意识形态引导】

加强意识形态工作宣传阵地管理，落实“三审”制度，把好政治方向关、舆论导向关、价值取向关，工会助力乡村振兴、开办暑托班和创城志愿行动等特色工作获得中工网、福建文明风和市委《侨区快讯》等权威媒体报道。劳动节期间联合县委宣传部等部门举办全县职工网络才艺展示活动，通过各平台展播职工在疫情防控、复工复产和脱贫攻坚等各条战线上的亮丽风采，点击量累计达数万，在社会上引起广泛影响。联合永春县电视台推出7期“周日采风”特别专辑，讲述陶瓷、老醋、香、漆篮等传统手工行业传承人故事；推出7期“劳动者之歌”采访特辑，传递出各行各业优秀劳动者爱岗敬业、甘于奉献声音，在全社会营造学习劳模工匠、争当劳模工匠的浓厚氛围。

【发挥典型引领作用】

推荐蓬壶镇仙岭村党支部书记苏天恭获评“全国劳动模范”称号，为永春县30多年后再度获此殊荣；贯彻落实市委、市政府“人才港湾”计划，推荐1人入选第四批“泉州工匠”，上报“名师带高徒”结对师徒500对；命名5家劳模创新示范基地和5家匠艺传承工作室；县总医院获得省“五一劳动奖状”，2家单位获省级工人先锋号，推荐3人获省“五一劳动奖章”。开展“最美家庭”评选活动，推荐郑加平家庭获评“全国最美家庭”，两家庭入选福建省总工会“职工最美家庭”，评选出30家县级“最美家庭”。

【服务疫情防控和经济社会发展】

加大对防疫一线工作人员关心关爱力度，组织4名防疫抗疫社区工作者参加2020年一线职工疗休养活动；对援鄂医护队员及家属、医院一线医护人员、疾控中心职工等进行全覆盖慰问，靠前慰问医疗物资生产企业职工等群体，累计发放慰问金8.9万元。指导企业做好“网格化”防控及复工复产工作，出台外来务工人员“幸福返泉”一次性交通补贴和非公企业职工医疗互助优惠等两项政策，被纳入永春县支持企业复工复产十一条措施，累计补助省、市外来务工人员144人，补助金额4.25万元；13家规模以上企业享受职工医疗互助优惠政策，惠及职工2125人，优惠金额5.1万元。开展小微企业工会经费全额返还工作，全年返还小微企业28家、金额25万元。组织开展职工“免费游泉州”活动，推动支持永春县职工消费券发放工作，发放金额43.93万元，促进扩大内需和消费升级，助力提振全县经济社会发展。

【创新推进劳动技能竞赛】

推进产业工人队伍建设，结合永春县重点项目、传统产业的实际，创新比赛形式、载体和内容，开展一系列技能竞赛、岗位练兵活动。举办全县首届评茶员职业技能竞赛、首届盆景职业技能竞赛、第二届“电网杯”职工职业技能竞赛；承办泉州市首届佛手茶制作职业技能竞赛、第二届福建省制香行业职工职业技能竞赛，参赛选手获评各级“技术能手”、“五一劳动奖章”等称号，助推人才梯队建设，调动职工参与乡村振兴的积极性和主动性。深化职工“五小”创新活动，做好职工技术创新项目的培育、展示、转化工作，2020年，有10个项目获奖，其中一等奖2个、二等奖2个、三等奖6个。

【做实“温暖”工程】

落实城镇困难职工解困脱困工作，“两节”期间，慰问困难职工88人、金额14.1万元；慰问一线职工44人、金额4.4万元；为外来工和环卫工人发放120份大礼包。联合市总工会开展儿童节系列慰问活动，赠送450份“六一大礼包”。开展“高温慰问”活动，慰问一线职工750人。开展“金秋助学”活动，26名困难职工子女申请，发放助学金16.8万元。重阳节前走访慰问16位高龄劳模。开展为“八大群体”赠送入会爱心礼包活动，赠送数百份大礼包及宣传册。开展“环卫工人关爱月”活动，累计慰问一线环卫工人55人，发放慰问金3.5万元和大礼包1.2万元。结合“维护农民工权益、助力乡村振兴”宣传活动，邀请永春县总医院湖洋分院对环卫工人进行免费体检。做细职工医疗互助工作，出台职工大病补助方案，全县有19499名职工参与，872人次申领补助金，补助金额160万元，43人次获大病补助，补助金额10.1万元，缓解全县各级工会职工的因病致贫问题。

【工会在安全生产中发挥作用】

参与全县安全生产“百日攻坚”行动和“安全生产月”活动，成立工作领导小组，对单位周边房屋进行排查摸底，督促企业租户签订安全生产自查自改承诺书。发挥基层工会组织网络作用，做细做实安全生产和劳动保护工作，健全创新“安康杯”竞赛活动机制，发动全县700余家企事业单位参与“安康杯”竞赛。做好市级先进个人与集体的推荐工作，2020年度推荐3名个人和12家集体获奖。结合“工资集体协商要约行动月”活动，将安全生产和卫生整洁等纳入各级企业工会工作的重要内容，推动职工参与企业安全生产监督管理。

【打造多元职工服务体系】

在全市率先举办职工子女暑托班，开设8个班160名职工子女参加，补贴16万元，缓解职工子女暑期“看护难”问题。实施共享职工之家“125”工作机制，新建苏坑电商园、介福陶瓷行业工会联合会等共享职工之家，提升中国香都共享职工之家为省级共享职工之家，打造“十分钟服务圈”。在永春县医院、县中医院建设2家“医生休息室”，营造尊医重卫的浓厚氛围。推进母婴设施建设，新建设7家“妈妈小屋”，做好6家已建“妈妈小屋”的维护工作，3家妈妈小屋获得省总工会2020年度新建公共场所“妈妈小屋”2万元的资金补助，推荐1家获评省“我最喜爱的妈妈小屋”。补助65万元建设13个环卫工人爱心服务点，补助6万元建设2个户外劳动休息室，全县环卫工人休息场所得到改善。

【扶助农民工创业】

制定出台《永春县农民工创业扶助工程三年行动规划（2020—2022）》和《关于2020年永春县农民工创业扶助工程实施方案》，着力以创业促发展、以创业带就业，对创业资金困难农民工提供资金、技术帮扶，搭建农民工合作交流平台，组建农民工创业专家服务队，定期到各创业项目中进行创业指导、政策讲解、创业培训等，带动农民工系统提高综合素质和创业水平。2020年扶助农民工创业项目25个，其中市级示范点6个，带动周边农民工就业429人，有效打开全县农民工创业工作新局面，助力乡村振兴、脱贫攻坚。

【基层工会规范化建设】

集中时间、集中力量，对全县规模以上工业企业209家、小微企业535家开展拉网式调查，有针对性、多形式推进组建工作，建会率达到90%以上。持续开展“八大群体”建会入会专项行动，组建保安、快递、家政服务行业工会，发展会员933人。坚持把工种相近、经营相似、行业相同的职工吸纳到工会中来，指导成立苏坑工业园区工会联合会；指导五里街相关农业合作社、湖洋水果产业园组建农业合作社联合工会，把工会建到产业链上。按照“八个有”标准，开展经常性上门指导活动，着力推进基层工会规范化建设，打造一批组织健全、制度规范、经费落实、服务到位、运行良好、职工信赖的党建带工建示范点，推荐泉州双恒集团有限公司工会获评省总工会非公企业党建带工建示范点。按照全国、省、市

“模范职工之家”“模范职工小家”建设评定规范，推荐6个基层工会获评市级以上模范职工之家，6个工会小组获评市级以上模范职工小家，3人获评省级优秀工会工作者。

（分管领导：康财城 撰稿人：张晓宾）

共青团

【概况】

共青团永春县委下辖基层团委35个（乡镇22个、中学12个、中职1个），团工委4个（机关事业单位3个、非公企业1个），团总支9个，团支部401个；有专职团干26人，兼职团干444人；全县14～35周岁青年157344人，其中14～28周岁青年83604人，团员10459人，团青比12.51%；全县少先队队员48902人，少先队大队159个。2020年，共青团永春县委贯彻落实习近平总书记关于青年工作的重要思想，充分发挥党的助手和后备军作用。

【青少年思想引领】

结合共青团工作实际，发挥共青团在青年思想引领、舆论推动、精神激励、文化支撑作用，不断把学习习近平新时代中国特色社会主义思想，尤其是习近平关于青年工作的重要思想教育引向深入。结合“青春心向党·建功新时代”主题宣传教育活动，持续推进“青年大学习”网上主题团课，推动全体团员青年学习常态化、制度化，团支部覆盖率100%。以讲促学，举办大学生拓展营、“新青年 新乡村 新发展”青年人才沙龙，锻炼团员青年政治素质和综合素养。注重青年的典型示范作用，2020年获评省五四青年奖章集体1个，省级“两红两优”3名（个）；市五四青年奖章个人6名、集体3个，市级“两红两优”19名（个）；新增县级青年五四奖章个人15名、集体8个，县级“两红两优”63名（个）。

【从严治团】

强化团员队伍管理。注重团前教育和团员教育培训工作，严把团员入口关，做好发展团员调控工作。结合智慧团建工作，对全县基层团组织进行梳理，重点清除空心团支部，强化对镇村两级团组织的指导和管理，规范中学团组织建设，指导班级团支部的撤并，做好学社衔接工作等，智慧团建综合系统年度各项指标均排在全市中上。注重团干队伍建设。规范和加强基层团干部队伍建设，严格考核新任团干部，配齐配强乡镇、学校团委书记，组织开展团干部轮训370多人次。做好优秀团干部推荐，团县委机关4名专职团干部3名转岗到重要岗位、1名提拔到乡镇任职；乡镇22名专职团干部中，有9名提拔为乡镇党政班子成员。加强少先队辅导员队伍建设，全县159个少先队大队均配齐大队辅导员，开展少先队论义评选、辅导员业务培训等工作，提升辅导员专业素养。统筹推进全县非公团建。以园区团建为抓手，下发《共青团永春县委员会关于进一步推进我县非公经济组织团建工作的实施方案》，制定《共青团永春县委园区非公团建工作方案》，走访各工业园区，深入调研，立足各乡镇产业特色，在苏坑、达埔、介福、县工业园区探索推行企业文化聚合型、多元一体型、龙头企业带动组建型、团青资源优化共享型等4个园区非公团建模式，打造可学习借鉴、可复制推广的典型示范点，实现园区非公团建工作与企业管理同频共振、互促双赢，自2020年7月以后新成立62个社会领域团组织。

【青年创新创业服务】

强化青创园孵化功能。发挥永春青年创业园功能，提供多个创业工作岗位及人才引进、税收奖励、政策咨询、创业指导、项目孵化等“一站式”公共服务，营造良好的创业创新氛围。2020年，推荐成都工业学院电气工程学院副教授张博申请福建省第七批引才“百人计划”创新人才项目申报认定，相关人才资料获省委组织部审核通过，完成专家评审视频答辩和现场走访考评工作。扶持创新创业。会同县人社局、财政局等部门实施“三年百名青年见习计划”，帮扶离校2年未就业毕业生和16～24岁失业青年。联合金融机构，推动县青商会“银企”合作共建，永春农商行、农信社分别授信县青商会5亿元、8亿元助力青年创新创业。全年为全县青年提供各类创新创业贷款5.7亿元。服务乡村振兴。指导各乡镇团委、部分县直团支部，因地制宜实施“一地一品”团建项目，开展服务乡村振兴、助力脱贫攻坚等项目56个，如蓬壶镇团委打造蓬壶版“李子柒”，拍摄“苏小仙”系列视频，助力枇杷、荔枝等农产品销售；石鼓曾仲明、东平李建民等青年致富带头人的先进事迹被福建日报、中新网等多家主流媒体报道；吾峰镇团委“驻村的味道”的特色做法被推送至团中央。在青年创业园、蓬壶镇探索建立团代表联络室，搭建团代表“履职平台”和与普通团员青年的“联系平台”，帮助代表了解青年诉求和思想动态，为团组织开展活动提供支持。

【大学生交流活动】

推进“永春籍高校大学生”导流计划。举办“2020 年永春县暑期优秀大学生拓展营活动”“2020 年返乡大学生座谈会”“2020 年‘青春有约——爱在泉州’永春单身青年人才户外拓展活动”，选派 5 名优秀高中毕业生参加 2020 年“福腾 200”福建省优秀青年人才成长营（泉州行）活动，为永春高校及机关企事业单位优秀青年人才搭建对接平台。择优确定 30 名来自中国医科大学、福州大学、西北大学等高校在读大学生担任青年人才工作联络员，发挥自身在校友会中的影响力和号召力，设立 30 个联络员微信群，150 多名大学生负责宣传推介永春人才工作政策和引才计划。引导高校学子“返家乡”社会实践。征集 18 家机关企事业单位 83 个实习岗位，为返乡大学生职业生涯规划提供暑期实践，全年接收到永春社会实践高校大学生 32 人。例如“永春爱故乡”“吾峰三有书屋”与华侨大学、福建师范大学联合开展大学生暑期支教活动，丰富永春乡村学子的暑期生活，为助推乡村振兴提供青年人才力量。鼓励青年参与“三下乡”服务。通过“政府引导 + 镇校共建 + 高校大学生参与 + 机构嵌入服务”模式，组织在外高校青年学子参与文化、科技、卫生“三下乡”活动，在蓬壶、吾峰、东平、岵山等乡镇成立返乡大学生志愿者服务队，吸引近 130 名在校大学生参与。

【青少年教育】

开展少先队工作。初二年级以下学校各年级全面建立少先队组织，规范基础队务，要求辅导员做好队前教育，加强学校少先队标准化建设。坚持全童入队，建立少先队员成长档案，创新推广雏鹰奖章体系，并表彰一批县级优秀少先队个人与集体。开展“绽放青春战疫 坚定制度自信”主题宣传活动、“争做新时代好队员 上好开学第一课”主题教育实践，围绕“践行社会主义核心价值观，争做向上向善好青年”主题，深化爱国主义教育、中华优秀传统文化教育，加强团队仪式教育，传承红色基因，树立社会主义核心价值观。完善青少年宫阵地建设。整合永春青少年校外教育资源，促进青少年校外教育工作发展，实施青少年宫改扩建项目。该项目实际用地 1787 平方米，总建筑面积 5101.92 平方米，用于建设青少年综合活动中心，内设青少年教育展厅、志愿服务中心、青年商会、青年人才交流中心等空间。2020 年 12 月，该项目工程主体建设进行内部装修。开展预防青少年犯罪工作。与县检察院、教育局共同选派 24 名法治辅导员，开展“法治进校园”讲座 133 场，受众 1.7 万人次；拓展青少年校外阵地，改造提升县未成年人心理健康辅导站，建设未成年法治教育基地，联合县心理协会，开展“心灵守护 乡村振兴”心理健康科普行百场活动。完善中小学法治辅导员工作机制，从加强队伍建设、业务培训、经验交流等入手，提高法治辅导员队伍业务水平，发挥其对青少年学生法治教育的主导作用。发挥社会工作服务中心作用，开展非营利性专业社会工作服务，定期承办各项公益活动，助推留守儿童身心健康成长。

【青年志愿服务】

引导有专业特长的大学生、机关企事业青年职工、新兴领域青年等群体加入青年志愿者行列，打造多层次志愿服务专业人才梯队，在社会治理中发挥积极作用，截至 2020 年底有注册志愿者 12000 多人。在疫情防控期间，动员各类青年人才发挥专业专长助力战“疫”，在医疗救护、交通运输、社区防控等领域成立青年突击队 26 支，召集青年志愿者 600 多人冲锋一线；发动县青商会等爱心人士募集防疫资金 11 万余元；牵头开展“前线有你 后方有我”“青春助学 疫路有我”等活动，保障一线医护人员无后顾之忧，为全县 1000 多名学生免费打印学习资料，提供志愿服务 4000 多小时；文艺志愿者原创抗疫歌曲《曙光》被人民网、团省委推介。打造返乡大学生志愿服务队品牌，在蓬壶、吾峰、东平等乡镇成立返乡大学生志愿者服务队，引导其围绕乡镇中心工作，聚焦当地青少年需求常态化开展志愿活动，组织 1000 多人次提供志愿服务近 5000 小时。

（分管领导：郭雅靖　撰稿人：李佳鹏）

妇 联

【概况】

2020年，永春县妇联工作把握新形势下党对妇女儿童和家庭创建的新要求，按照“1+3”（“1”即延伸拓展群团组织服务链内涵；“3”即项目化、品牌化、效益化）工作思路，开展县级妇联改革破难行动，新建设22个新兴领域妇女组织和50个“妇女微家”，激活基层妇联活力，举办网络直播和巾帼家政培训，带动妇女创业就业，拓展“妇女援助中心”阵地建设，注重普法维权宣传活动，持续关爱困境妇女儿童，深化家庭文明建设弘扬好家风，让良好的社会风气充盈整个桃源大地。

【县级妇联改革破难行动】

明确目标，精心部署。成立“县级妇联改革破难行动”领导小组，研究制定行动方案，厘清改革破难清单，打造“四新”组织妇联和“妇女微家”示范点，实现各乡镇全覆盖。2020年新建设22个新兴领域妇女组织和50个“妇女微家”，其中苏坑电商园妇联、荔枝公社、永芳纸织画社、知青驿站妇女微家，建家成效明显。永春县探索县级妇联改革破难行动工作取得成效并在侨区快讯第50期工作交流版刊发报道。打造品牌，激活活力。以打造“三百四有”［指省妇联以服务大局有担当、创新活动有载体、积极履职有制度、妇女工作有实效为标准，在全省开展百个先进乡镇（街道）妇联，百个先进村（居）妇联和百名优秀妇联主席推荐活动”］创建活动为载体，提升富有地方特色、基层能落实、妇女愿参与的工作品牌。每个乡镇申报1个特色项目，同时推送上级妇联展评，5个项目入围市级展评，4个项目获得省级展评。

【乡村振兴与妇女创业就业】

加强策划推介。发挥新媒体的作用，服务永春乡村振兴和促进妇女创业就业。12月22日，县妇联主席成为“直播带货”达人，走进联合科技局、邮政永春分公司举办的“巾帼创业‘她’力量，科技助农‘邮’你来”的网络直播间，推介永春特色产品，把“流量”变“销量”，直播两小时，有9家优质企业，25款产品参加。通过宣传推广本地产品，提高永春品牌知名度，贡献乡村振兴巾帼力量。与时俱进搭平台。岵山镇塘溪村的“荔枝公社”是全县第一家“妇女微家”，当地妇女依托远近闻名的岵山晚荔，携手开发荔枝手工作坊、研学体验小铺、特色民宿等项目，研发出荔枝豆腐花、荔枝白兰地、荔枝茶宠等农特产品和文创产品，打造成为一支优秀妇女团队，推进乡村振兴，得到省市领导肯定。

【巾帼建功】

助力高质量发展。加大巾帼家政培训力度，全年举办家政培训班7期348人次，培训后就业240余人，投入资金9万元；选送作品参加市第三届巾帼巧匠工艺美术精品（线上）展览，通过大师点评促进传承创新提升技艺，助推产业发展。实施脱贫攻坚巾帼行动。各级妇联采取“合作社＋贫困户”“电商＋农户”等与新业态结合的扶贫帮扶模式，苏坑镇电商园妇联，采取“一对一”精准扶贫方式，将电商园打造成为妇女创业就业基地。联合农信社开展妇女创业贷款“巧妇贷”，授信5亿元，为城乡创业妇女提供金融帮扶。

【巾帼维权】

拓展“妇女援助中心”阵地建设。采取“妇工＋社工＋志愿者”方式整合力量，确保中心日常运行，加强部门沟通联系，整合自身资源，发挥基层妇联的职能优势，实现村级家庭调解室全覆盖，实现矛盾就地化解，最大限度维护家庭和社会和谐稳定。注重普法维权宣传活动。深入各乡镇、联合有关单位共同开展线上线下法律、心理咨询、婚姻家庭咨询等不同类型的宣传活动3场，为基层妇女群众提供普法宣传、法律援助、纠纷调解、心理疏导等服务；举办线上“反家庭暴力及防控新冠肺炎”知识有奖竞答，有1603人次参与答题；联合有关单位拍摄法制微视频《不再沉默》；对家政员、育婴员培训穿插设置法制课程，加强对妇女的法制宣传。加大源头维权力度。深化“平安家庭”创建，建立婚姻家庭纠纷大排查大化解责任清单，对隐患家庭进行拉网排查和跟踪化解，做好信访接待工作，主动帮助困难姐妹寻找出路，要求对反映事情进行深入走访了解，尽心尽力帮助妇女姐妹解决实际困难，推动婚姻家庭矛盾纠纷化解在早、化解在小、化解在基层，最大限度维护家庭、社会和谐稳定，全年化解矛盾纠纷18起。

【巾帼关爱】

持续关爱困境妇女群体。推进“两癌”免费筛查，发起“母亲健康1+1”公益募捐活动筹集善款17万余元；结合省市县妇联慰问工作，慰问贫困妇女100多人，慰问金20万余元；联合相关部门开展“为贫困母亲圆梦”活动为4名贫困母亲实现微心愿；联合国寿公司开展“关爱女性健康”活动，推广女性安康保险2000多人，为城乡妇女群众提供1亿多元的风险保障。办好两个为民办实事项目。下拨29万余元专项经费支持1个“妇女援助中心”和29个“儿童之家”建设,组织开展实事项目自查工作,推进项目建设规范化，管理运行常态化，持续发挥公益性服务功能。

【家庭文明建设】

深化家庭文明建设弘扬好家风。常态化开展寻找“最美家庭”“五好家庭”活动和家风家训宣传展示活动，讲好家庭故事，弘扬好家风。全县涌现市级以上五好家庭、最美家庭9户，其中全国级称号1户，省级称号4户。开展制止餐饮浪费进家庭活动，引导巾帼志愿者主动参与文明城市创建。开展特殊时期特殊家教。举办“书香小芽儿”线上亲子阅读、抗疫绘画、书法、手抄报、微视频作品征集展播活动，总访问量计1.7万人次；依托微信公众号开设专栏推出“特殊的亲子时光”直播课、音频课，开展“宅”家亲子教育指导；开展《福建省家庭教育促进条例》和“双合格”家庭教育宣传实践活动，东平镇霞林村确定为福建省家庭教育进社区项目实施点，促进家庭教育知识普及工作开展。聚焦家庭需求做实家庭服务工作。开展“欢乐童心·绽放梦想”、庆“六一”“我们和困境、留守儿童在一起”及暑期儿童关爱服务、安全教育、送教下乡活动31场次，近万家长和儿童受益；开展“网上庆‘三八’、答题长知识、快来抢红包”活动、“抗击疫情　祝福祖国”作品网上评选活动，策划拍摄《2020六一特辑》，其视频在东南网、电视台等媒体平台展播，营造全社会关心关注关爱儿童的良好氛围；与坑仔口镇妇联联合举办农村妇女就业创业育婴月嫂培训，帮助她们就业。

（分管领导：谢锵锵　撰稿人：陈桔雯）

科　协

【概况】

2020年，永春县科协组建“科技永春”志愿服务支队，举办“2020年永春县农函大实用技术培训班”5期，有410多人参加，举办“阳光心态、健康永春”公众心理健康科普行百场活动，受益人数22800多人次。联合县教育局举办2020年永春县青少年科技教育论文评选活动，推荐参加第十六届泉州市青少年科技教育论文获奖12篇。县科协被中国科协评为2020年全国科普日优秀组织单位。

【科协组织建设】

组建“科技永春”志愿服务支队，全县成立科技志愿服务大队27支，成立科技志愿服务队238支，注册科技志愿者2018人，编织覆盖全县的科技志愿服务网，发挥科技工作者的智力优势和专业优势，在各领域广泛开展科普宣传活动，助力新时代文明实践中心建设，推动社会文明进步。指导成立泉州市永春乐丰农林专业合作社、桃城中心小学、第三实验小学、蓬壶中心小学、乌石学校、横口学校等6家科学技术协会。举办乡镇科协秘书长培训班，提升基层科普服务能力。

【科普惠农】

筛选岵山镇等134个单位和个人充实县“基层科普行动计划”项目储备库，做好培优和举荐工作，取得显著成效。其中：介福乡陶瓷文化历史展馆、外山乡大风车（新能源）科普教育基地、永春县水生态文明馆等被评为第九届泉州市科普教育基地，为基层争取到省市“基层科普行动计划”项目奖补资金70万元。举办“2020年永春县农函大实用技术培训班”5期，受训410多人次。联合玉斗镇政府、县茶叶同业公会举办2020年春季玉斗镇永春佛手茶王赛，搭建茶农学习交流平台，提高茶农制茶技艺和品牌意识,弘扬永春佛手茶文化，助力乡村振兴战略实施。

【科普宣传】

县科协被中国科协评为2020年全国科普日优秀组织单位，推送的原创歌曲《我是快乐的科普员》被中国科协评为2020年全国科普日优秀活动，2020年永春县全国科普日主场活动被省科协评为2020年福建省全国科普日优秀活动。牵头组织开展2020年永春县全国科普日活动，其间全县 71 个部门和单位围绕“决胜全面小康，践行科技为民”主题开展科普活动 103 场次，1320 多名科普志愿者参与宣传咨询活动，直接或间接受益者达到 28 万人次。加大科普信息化建设。指导建设坑仔口镇西坪村等 7 个科普中国示范 e 站，推动科普中国落地应用服务，县科协被中国科协评为 2020 年科普中国信息员队伍建设优秀组织单位，全年新注册科普信息员 2171 人，分享科普文章 613739 篇，注册人数在全市排名第二、分享文章数在全市排名第一。获评 2020 年福建省全民科学素质网络竞赛活动县级优秀组织单位，组织发动全县干部群众 10.3 万人参与 2020 年全国农民和福建省全民科学素质网络竞赛。参与科技三下乡活动，赠送有关农村实用科技书籍 3000 多册。举办“阳光心态、健康永春”公众心理健康科普行百场活动，受益人数 22800 多人次。持续与县电影公司开展协作，每天不定时在电影预告片中间或在电影映前投放科普公益广告，播放“科普大篷车”“科普新说”等系列科普节目，实现资源共享。根据中国科普研究所调查显示，2020 年永春县公民具备科学素质的比例达到 11.20%，高于全国（10.56%）水平，较 2015 年的 6.40% 提高了 4.80 个百分点，超额完成“十三五”末永春县公民具备基本科学素质的比例达到 10.00% 的工作目标。

【科协活动创新】

永春芦柑科技小院入选 2020 年“福建省科协科技小院”“中国农技协科技小院”，指导新成立 3 家学会创新驱动服务站，并有永春云霖茶业有限公司、泉州永春永展柑橘专业合作社等 2 家获评市级学会创新驱动服务站，制定出台《永春县科协所属学会理事会换届工作暂行规定》《永春县学会创新服务驱动服务站建设管理办法（试行）》及财务相关规定。指导县农技协与湖洋镇锦凤村、县花卉协会与达埔镇蓬莱村开展“百会帮百村”村会技术合作活动 2 个。举办“永春芦柑种植新技术”“永春县地被苗种植技术”等技术交流座谈会，推动永春芦柑和花卉产业发展，助力乡村振兴。

【青少年科技教育活动】

永春一中、桃城中心小学、第三实验小学、横口学校等 4 所学校被评为第九届泉州市青少年科技教育示范学校。选派校外兼职科技副校长 8 人。举办 2020 年永春县青少年科技创新大赛，共征集作品 75 件，评出优秀作品 51 件，推荐参加第十七届泉州市青少年科技创新大赛获奖 12 件。组织参加第 35 届福建省青少年科技创新大赛获奖 2 件。推荐参加第六届泉州市青少年科学影像作品竞赛获奖 10 件，参加第十一届全国青少年科学影像节 1 件。组织 6 所学校开展青少年科学调查体验活动，900 多名学生和科技辅导员参加。县级流动科技馆持续在全县中小学校巡展 10 场，承办泉州市“启梦者”科普巡展活动 2 场。开展“刺桐科学传播学者下基层”进学校、进社区、进农村、进机关、进企业等 16 场次。

【科技学术交流】

联合县教育局举办 2020 年永春县青少年科技教育论文评选活动，推荐参加第十六届泉州市青少年科技教育论文获奖 12 篇。举办永春县科技创新大赛辅导教师和机器人竞赛辅导教师线上培训班 4 个班次，共有 650 多人次参加。县农技协理事长张生才被中国农技协评为“十佳最美乡土科技人才”和被省委宣传部、省科协等部门评为“2020 年福建省最美科技工作者”。县老科技工作者协会副会长陈跃飞主编的《永春芦柑志》被评为第十四届福建省自然科学优秀学术论文。

【助力疫情防控】

勇担应急科普主力军。选派 7 名干部，深入一线指导乡镇开展疫情防控和推进企业复工复产。发挥科协组织网络优势和科学普及主阵地作用，第一时间投入全县新冠肺炎疫情防控阻击战，展开应急防疫科普大宣传活动，向全县科技工作者发出《坚决打赢疫情防控阻击战》倡议书 2000 多份，发动乡村科协组织“三长”、科普信息员、科普志愿者 3200 多人，通过科普中国 e 站、科普微信公众号、科普宣传画廊（栏）、户外大屏等各类科普平台，开展线上线下应急防疫科普宣传，发出科学权威声音。累计张贴科普挂图 2270 张，制作疫情科普信息 14 期 55 条，转发科普信息 20.6 万条次，分发宣传材料 17 万份，有效引导社会公众科学防控，促进社会和谐稳定。

（分管领导：康永光　撰稿人：黄炳足）

侨联

【概况】

2020年，县侨联下辖一个事业单位——永春县华侨服务联谊中心，直属组织有县侨联法顾委、侨青联；全县有12个乡镇设立侨联会，设有158个村级侨联小组，设1个乡镇侨联党支部；县侨联法顾委下设7个乡镇级的法律服务联系点，15个村级侨益维权岗，形成“县—乡—村”三级侨联工作网络。2020年度，县侨联以突出创新载体建设、创新平台建设、创新机制建设、创新职能建设、创新队伍建设“五个创新”为抓手，提高政治站位服务全县发展大局，立足改革创新推进侨联事业发展，获评全国侨联系统优秀“侨胞之家”称号。

【助推经济社会发展】

召开“侨港澳台企业新春联谊座谈会”，围绕永春县投融资环境、知识产权保护、侨企创新发展等议题进行深入交流，引导侨港澳台企业统筹推进疫情常态化防控和经济发展；协助美宏科技有限公司解决外籍科技人员返厂难、资金运转难问题，促进该公司引进美国CI公司彩色碳粉项目于2020年9月投产，其超音速气流研磨工艺填补国内彩色碳粉物理法生产工艺的空白；走访外资企业，组织企业间相互交流与学习，找准加强华裔新生代商贸活动突破口，寻找合作商机；承办“海外侨领走进永春”考察交流活动，听取来自北美、欧洲、大洋洲、亚洲30多名侨领侨商对永春发展的意见建议，搭建交流合作平台，架起永春与世界经贸合作交流的桥梁；报送贯彻县委十三届十三次会议提出的打好“侨乡牌”决策部署工作意见呈阅件，为服务永春高质量发展建言献策，贡献侨界智慧。

【团结侨界共同抗疫】

第一时间发出《呼吁书》，发动海内外侨亲同心抗疫，筹集49万只口罩、1050套防护服，缓解永春县抗疫初期医用物资紧缺难题；组织侨联干部职工、侨青联委员捐资7.1万元，慰问永春县2名援鄂医护人员家属及全县122名表现突出奋战在抗疫一线的医护人员；落实工作措施，为集中隔离作医学观察的返乡华侨提供暖心服务；向马来西亚、印度尼西亚、菲律宾、柬埔寨、美国、加拿大永春同乡会捐赠口罩11.87万只，体现守望相助、共克时艰的抗疫精神，全县侨界同心抗疫工作得到县委、县政府的肯定。

【传承弘扬华侨精神】

探索侨乡侨文化资源的挖掘与盘活，增强海外侨亲尤其是华侨新生代对祖国、对家乡的归属感、认同感。筹集资金100万元修缮著名侨领尤扬祖故居；拨款3万元资助、指导石鼓镇侨联在永春抗战旧址创建“永春华侨抗战展示馆”；遴选石鼓卿园“登进堂”、达埔“三侨领纪念馆”、吾峰“梁披云梁灵光纪念馆”，致力打造为华侨文化交流基地；集资200万元重建永春一中梁披云楼；强化涉侨文宣工作，在市侨联《海丝侨声》、永春《桃源乡讯》等上发表永春侨联创新实践经验、保护传承华侨文化资源、弘扬华侨精神、建设华侨文化交流基地等方面文章5篇，弘扬主旋律、传递正能量。

【拓展联络联谊活动】

完成全县侨情普查工作，实施侨情数据库平台建设，实现资源共享，形成持续更新机制，帮助9名海外侨亲成功寻根；联动组织、统战、公安、教育等部门开展永春籍留学生普查工作，拓展与海外出国留学生的联络联谊领域，为引才引智科技兴县服务；组织侨务干部赴海南万宁兴隆考察永籍归侨创办的，被列入国家四大生态教育基地和物种基因库的兴隆热带花园，寻找合作商机；采用线上线下相结合的形式加强海外联络联谊工作，马来西亚华侨捐款建设永春八中塑胶跑道和兴修外碧村水利设施。

【致力改善侨界民生】

深入推进侨界精准扶贫，落实各级侨联贫困侨救助资金75.43万元，扶助贫困侨105人，扶助大病大灾归侨侨眷121人，帮扶产业项目9个；发挥林世哲教育基金扶助贫困学生和促进教育事业发展作用，2020年度资助296名贫困初、高中、大学生，发放助学金38万元，奖励中小学科素养测试优胜者1165人次，发放奖励金16.12万元；发放梁披云、颜秀兰教育基金助学助教金8万元，资助贫困中小学生105人、教师20人；举办港胞黄少江奖学奖教活动仪式，奖励

8名录取清华、北大的永春籍优秀学生，每人5000元，发放永春一中、文明中学、新溪小学奖教金，合计16.9万元；发动侨界及热心乡贤捐款24.32万元帮扶一对在柬埔寨遇害的新侨夫妇家属，将被害人女儿纳入林世哲教育基金扶助对象；依法维护侨界正当权益，到东关镇开展“归侨侨眷权益保护法”“民法典”宣传暨法律咨询活动，举办“民法典”专题讲座。

【加强侨联自身建设】

成立全省首个县级地方性新侨组织----柬永华侨联合会，该成立以后在支持家乡抗疫和帮扶遇害侨胞家属中做出贡献；成立委员联络组，制定工作制度和管理办法，组织委员联络组分赴永泰、宁德地区开展乡村振兴、侨企对接、华侨农场转制学习考察活动，拓宽视野、服务发展；开展“湖洋鼎和莲海外青年创新创业基地”调研活动，推动永春柑橘产业发展；选派5名侨联干部赴泉州参加2020年专、兼职干部业务培训班，提升做好侨务工作能力；编纂《永春县第十二次归侨侨眷代表大会》纪念册、《调研报告、创新文稿汇编》，激发侨务工作者干事创业精气神。

（分管领导：郑志民 撰稿人：陈珊妹）

文联

【概况】

2020年，县文联发挥“团结引导、服务管理、联络协调、自律维权”的职责，团结带领全县文艺工作者坚持以人民为中心的创作导向，坚持“二为”方向和“双百”方针，创作更多优秀文艺作品，弘扬主旋律，传播正能量，为永春实现“生态之都、文化之旅、康养之地、智造之谷”发展目标挥毫泼墨、培元铸魂。县文联下属有作家协会、美术家协会、书法家协会、摄影家协会、诗词学会、音乐家协会等19个协会和湖洋镇文联，共有会员1500多人，其中国家级会员42人（书协12人、美协16人、摄协10人、作协2人、音协2人），省级会员86人（书协39人、摄协20人、作协14人、美协7人、音协6人），在全市名列前茅。当年县文联被市文联评为泉州市“在疫情防控中文艺创作和文艺宣传工作中表现突出的先进集体”。

【举办主题文艺活动】

县文联配合县委、县政府工作大局，围绕生态文明建设、脱贫攻坚、疫情防控等中心工作开展主题文艺活动。全年举办11场书法、美术、摄影展览及征文比赛。其中：联合举办“绿水青山就是金山银山”生态文明主题书画展，出版《绿水青山就是金山银山生态文明摄影作品集》，全面生动展现永春的生态之美和“生态永春”的实践成果，唱响“有一种生活叫永春”的特色品牌；承办2020年福建省“中国农民丰收节”系列活动之一的“八闽丰收节节高　幸福小康样样红”摄影展，从“产业兴”“生态美”“乡风淳”“社会安”“百姓富”五个篇章集中展出60幅优秀摄影作品；联合举办“全面建成小康社会——我眼中的脱贫攻坚”主题征文活动、“最美稻田　畅享丰收”摄影大赛、“人才助力小康”摄影比赛、庆“五一”职工网络才艺展示活动、“爱国情·强国志·报国行”主题征文活动、“控疫情、保安全、促发展”主题征文活动、永春特产特征描述有奖征集等活动。

【文艺抗“疫”】

岁末年初新冠肺炎发生以后，县文联立即行动，号召全县文艺工作者用诗歌、散文、曲艺、歌曲、绘画等艺术形式，从不同角度宣传疫情防控知识措施、展现群防群控工作，声援战斗在第一线的工作人员，歌颂抗击疫情最美逆行者，鼓舞全县人民抗击疫情的信心和决心。永春县文艺工作者创作出歌曲《逆行的方向》《等你凯旋》、方言三句半《叔伯婶姆请注意》、山歌《今年过年不出门》，以及国画、漫画、书法、文学、诗词等近400件以抗击疫情为主题的优秀文艺作品。其中，《叔伯婶姆请注意》等作品被“学习强国”学习平台、中国网、东南网刊载，方言三句半《叔伯婶姆请注意》的网络点击率突破38万人次。

【文艺助力经济社会发展】

县文联引导各文艺家协会发挥专业优势，助力永春经济社会发展。县美术家协会与县委文明办合作，设计一批具有本土特色元素的创意广告、插画作品，制作成为公益广告，助力永春创建全国文明城市；县美术家协会与蓬壶镇西昌村签约“阳光1+1”（社会组织+老区村）牵手行动，因地制宜谋划开展帮扶工作；县摄影家协会积极参与中国农民丰收节、“康养福地•舌尖永春”——王味厨霸赛、北溪桃花节、首届“黄花菜节”等活动，义务拍摄大量图片，制作软文进行宣传；县作家协会会员自发成为余光中文学馆志愿者。

【文艺惠民活动】

县文联团结引导各文艺家协会常态化开展文艺惠民活动。2020年元旦、春节期间，组织县书法家协会、县摄影家协会会员和中医专家到湖洋镇溪东村开展写春联、爱心义诊公益活动；县文联在桃城镇花石社区、岵山镇茂霞村举办摄影展，将文艺展览搬进村（社区），让高雅的艺术更接地气，让文艺成果惠及群众；县书协、美协、摄协、作协、戏剧家协会、南音社、诗词学会、纸织画研究会等开办公益培训班200多场次，定期开展文艺进校园活动；县纸织画研究会在云龙桥头举办纸织画公益教学体验；县南音社在南音社举办南音公益大会唱，承办“新时代　新思想　新征程”全县南音社团大联欢、“管弦赞中华”传统文化进万家南音大会唱等；县书协开展“迎中秋　庆国庆”永春县书法家协会走进警营书法笔会活动；县戏剧家协会举行“雪山颂　军民情”迎中秋贺国庆军民文艺联欢演出；县诗词学会、县作协联合举办首届中秋国庆乡愁诗文吟诵会。

【拓展文艺宣传阵地】

县文联的文艺展厅承办多场书法、摄影展，成为展示永春文艺水平和进行文艺交流的重要平台。出版第226期《桔红》报，向各乡镇、各单位、文艺家们免费赠阅上千份。各协会“永春作家”“桃源诗苑”“永春县摄影家协会”“鹿鸣书社”“永春美术”“永春戏剧”等微信公众号定期发布工作动态、名家名作，传播文艺正能量。在县融媒体中心微信公众号、永春新闻网站上推送宣传报道30多篇，《桃源乡讯》用一整个版面刊发“八闽丰收节节高　幸福小康样样红”摄影展活动。在《桃源快讯》刊发题为《文艺百花竞绽放，亮点频现见真章——县文联积极推进文化建设工作》等文章。

【文艺精品创作】

完善《永春县优秀文艺作品和文艺人才奖励办法》，2020年开展第二届优秀文艺作品和文艺人才评选工作，共收到摄影、文学、书法、美术、音乐、工艺作品及优秀文艺人才申报材料98份，经专家评委会评审，表彰17份优秀文艺作品和2名优秀文艺人才，激发文艺工作者的创作热情。推荐报送庆祝中国共产党成立100周年和全面建成小康社会重大主题文艺创作项目《驻村的味道——第一书记驻村工作生活手记录》，推荐黄惠芬获评2019—2020年度泉州市文化艺术优秀人才，出版《永春民俗大观》。

【文艺交流活动】

县文联坚持把“走出去、请进来”作为转变协会会员观念、提升协会活动水平的重要措施，拓展文艺交流渠道和途径。组织文艺工作者参加采风、进修、交流与展览；邀请林容生、林海钟等美术名家到永春指导和开展写生活动；支持县作协、美协、书协、摄协等多次走进锦斗、仙夹、呈祥等美丽乡村采风创作。开展“筑梦美丽永春　助力乡村振兴”写生活动，联合开展“奋进小康路　共筑中国梦”永春、台商区美协山海联动写生活动等。

（分管领导：薛远萍　撰稿人：郑凤杰）

贸促会

【概况】

2020年，永春县贸促会践行“不忘初心、牢记使命”，以促进贸易和投资为重点，打造服务品牌，拓宽服务领域，创新服务模式，提高服务质量，在厦门“9•8”投洽会上完成签约项目一个，合同外资2500万美元。

【助力企业复工复产】

受新冠肺炎疫情影响，永春县企业发展环境遭遇严峻的挑战，尤其是外贸企业面对海外订单积压及延期交货等一系列问题的困扰。贸促会发挥“亦官亦民”优势，通过保姆式服务、协助办理新冠肺炎疫情不可抗力事实性证明书等方式，帮助企业早日复工复产，减少损失，与企业共渡难关，稳住发展步伐。

【开拓外贸市场】

落实“品牌泉州海丝行、境外行”部署要求，参与“一带一路”建设，宣传推介永春香、老醋等特色产业，参与做好中国（泉州）海上丝绸之路国际品牌博览会，企业获得意向订单近1000万美元。巩固拓展传统服务项目，谋划培育新的服务领域和衍生服务，在推动完善外经贸发展环境、助推投资促进、扩大中外企业交流合作、促进开放型经济发展等方面发挥重要作用。争取各级、各地贸促会平台资源，加强与国（境）外商协会的联系与沟通。参加“9•8”投洽会，利用海内外投资商汇集厦门的机遇，参与招商引资活动，完成签约项目一个。

【商事法律服务】

推行“单一窗口”审批模式，落实企业自主打印模式，2020年福建万家美轻纺服饰有限公司自主打印原产地证268份，其中优惠证138份，提高了服务效率，帮扶企业出口。全县贸促会打印一般产地证453份，优惠产地证716份。做好各项出证认证和法律咨询业务，全年提供各类法律咨询25次。根据疫情发展态势，及时走访调研出口美国重点企业，宣传各级外贸出口扶持措施，鼓励企业增强信心，努力降低不利影响，稳定出口市场，指导企业用活用好原产地规则，有效规避贸易风险，下基层、走企业、进广场，宣传国内外经贸法规政策，做好释疑解难和献计献策工作。

（分管领导：李永联 撰稿人：曾丽花）

残联

【概况】

2020年，县残联发挥群团组织服务链作用，聚焦主责主业，发展壮大扶残助残项目品牌，统筹推进新冠肺炎疫情防控和残疾人事业，全年新办证1785人，截至年底全县持残疾人证11375人。

【残疾人新冠疫情防控】

开展受疫情影响有返贫风险残疾人调查和救助。针对受疫情影响残疾人户，县残联组织乡镇残联全面排查，建立和落实返贫监测预警、动态帮扶等机制，强化社会保障兜底，对受疫情等影响的6户易致贫户，给予每户2500元临时救助，并根据受疫情影响严重程度在扶残项目上给予倾斜。疫情防控期间给予4家盲人保健按摩机构一次性场租补助8500元。

【残疾人民生保障】

落实决胜脱贫攻坚工作。全县建档立卡贫困残疾人578人（其中：国定425人、省定153人）全部脱贫。扶持贫困残疾人居家托养180人，每人补助2000元，共发放36万元。建设贫困残疾人“安居工程”11户，每户补助3万元，合计补助33万元。开展就学扶助系列工作。实施残疾儿童少年15年免费基础教育，落实“四免两补”政策。学前教育彩票公益金助学补助15人，每人补助3000元，共补助4.5万元。开展高中、中专及高等院校的贫困残疾学生和贫困残疾人家庭子女就学对象调查摸底工作，实施高中、中专及高等院校的贫困残疾学生和贫困残疾人家庭子女就学扶助，全县有37名残疾学生和267名残疾人家庭子女就读高中以上获得补助52.5万元。2020年对当年考上大学的6名残疾学生补助4.5万元。

【残疾人康复服务】

实施残疾人精准康复服务行动。筛查残疾人康复需求3796人次，康复服务率100%；其中需要辅助器具692人次，适配率100%。230人次申请辅具补贴，共补贴55.59万元。其中定制耳背式助听器230台、轮椅41台、多功能护理床7张、假肢29具、矫形器21支及其他辅具40件。申请免费人工耳蜗3台。实施0～14岁残疾儿童康复救助。全县0～6岁残疾儿童申请康复补助158人，发放康复补助金134.9万元；7～14岁补助39人31.40万元，其中贫困2人，补助1.47万元。0～14岁合计197人，补助166.3万元。开展精神残疾人康复救助。精神一级康复补贴每人1200元，二级每人800元；三、四级每人各500元。为全县1062名持证精神残疾人提供康复补贴，共投入83.14万元，满足精神残疾人的基本康复需求。实施复明工程。免费施行白内障复明手术368例，每例补助450元，共补助16.56万元。主动对接省残联、省卫健委出台的规范非持证残疾儿童评定和医学诊断等文件要求，在全市率先组织评残机构对45名0～17岁非持证的肢体（含脑瘫）、智力、精神障碍儿童集中开展康复救助评定和医学诊断工作，助推残疾儿童康复救助工作的开展。

【残疾人就业帮扶】

贯彻“六稳”“六保”要求

促进残疾人就业的实施方案。全县城镇残疾人新增就业11人，农村残疾人新增就业100人，100%完成新增就业指标；全县残疾人新增培训118人，100%完成残疾人新增培训指标。采取公开招投标方式引进残疾人创办的永春县无界电子商务有限责任公司入驻县福乐家园，通过电商直播带货，实施产业化扶贫助残项目，创建残疾人就业示范点，安置残疾人就业3人、辐射带动残疾人家庭5户。举办农村残疾人实用技术培训班，讲授油茶栽培、槟榔芋种植等技术，107名残疾人参与培训，提高残疾人就业能力。

【残疾人宣传文体活动】

整理编印并发放永春县《助残惠残政策汇编》《残疾人基本型辅助器具宣传手册》等材料1000多份，联合省辅具中心、市康复中心等机构开展残疾预防宣传、辅具流动服务车百乡行等活动5次，服务残疾人300多人次，免费发放轮椅、坐便椅等辅具及送医送药，宣传落实辅具补贴制度。组织永春历年获奖残疾人创作17件艺术作品参加泉州市2020残疾人艺术作品网络展销活动，永春残疾人艺术品优秀创作者陈东凤参加泉州市2020年残疾人艺术作品直播义卖活动。选送永春特色工艺作品《花中福》《龙盘》参加华东地区残疾人文化创意作品大赛，其中作品《花中福》（作者：陈东凤）获文创类作品二等奖。选拔3名象棋选手参加泉州市残联举办的残疾人中国象棋赛，其中选手郑少安获象棋比赛视力组第二名。

【残联人证一窗受理】

自2020年11月起，县残联定于每个月第一个星期二联合县医院、县中医院、县安康医院在残联开展“一窗受理”办理残疾人证服务，为肢体、智力和精神类别残疾办证人群提供申请、评定、公示、审核、制证等“一站式”服务，一次性办结，实现残疾人办证“最多跑一趟”。2020年累计开展活动2次，现场办理残疾人证127人。

（分管领导：陈金宝　撰稿人：林小康）

红十字会

【概况】

2020年，县红十字会在疫情期间接收海内外防控物资价值577540.90元，在遗体和角膜器官捐献的宣传活动中，有2例遗体捐献。

【开展应急救护“六进”活动】

永春县红十字会组织开展应急救护进社区、进农村、进学校、进企业、进机关、进家庭“六进”活动，联合泉州红十字义工团开展助学助贫活动，做好红十字各项人道主义救助，推动骨髓、器官和遗体的捐献。先后到县纪委、交通局、桃城镇南星社区、石鼓镇政府、吾峰“三有”书屋、儿童之家、湖洋中心小学、东平中心小学、县人行、县政协、县委党校等单位为县域内的党政干部、社区居民、中小学生开展急救知识培训。与南安市红十字会联合为小记者、佛教协会、诗山中学等开展急救知识培训。

【做好境内外防疫物资接收工作】

县红十字会是疫情防控成员单位，承担永春县境外物资捐赠的通关手续办理和物资接收以及特殊群体的口罩发放工作。其间共接收海内外防控物资捐赠18批次，价值577540.90元。按捐赠来源分类，接受境内捐赠物资2批次，价值131449.80元；接受境外捐赠物资16批次，价值446091.10元。按捐赠品种分类，接受口罩、防护服、护目镜、手套等防护用品16批次，价值517685.10元；接受核酸检测试剂及耗材等1批次，价值3406.00元；其他零星物资1批次，价值56449.80元。其中口罩207565个，防护服1750套，测温仪50个，手套10万只，护目镜58个。

【推动人体器官捐献】

负责造血干细胞、遗体和角膜器官捐献的宣传活动。年内实现2例遗体捐献。永春县器官、遗体到单位捐献登记在册已达62例，另有多人通过工作人员推荐的微信平台进行登记，2020年永春籍登记人数达156人，网络登记194人，捐献志愿者中不乏年轻人。

（分管领导：颜长暹　撰稿人：黄晓红）

计生协会

【概况】

2020年，永春县计生协会所属乡镇级协会22个，村级协会236个，企业协会6个。计生协会发挥“带头、宣传、服务、监督、交流”五大职能，落实宣传教育、生殖健康咨询服务、优生优育指导、计生家庭帮扶、权益维护和流动人口服务等“六项重点任务”，发挥联系育龄妇女和计生家庭的桥梁和纽带作用。

【计生协会组织建设】

县、镇、村、组“四联创”工作有序推进，县级达到“先进县级计生协会”标准，巩固省级“四联创”先进县水平，被省人口计生领导小组通报表扬。巩固计生基层群众自治工作水平，全县有95个县级“六好”示范村（社区），其中4个村（社区）被评为国家计划生育基层群众自治示范村（社区）。巩固福建翔达管桩有限公司流动人口计生协会示范点，全县示范点5家。

【计生困难家庭帮扶】

继续在达埔镇实施中国计生协“生育关怀携手行－计生困难家庭发展致富”项目，在蓬壶镇实施省级幸福工程项目，在全县开展县级致富幸福工程，为计生困难家庭、计生贫困母亲提供帮扶资金。在外山乡、湖洋镇、达埔镇、锦斗镇、介福乡5个乡镇建立计生家庭帮扶基地，实行“基地（公司、企业、合作社、致富能人等）＋计生协会＋计生贫困户”模式，带动计生贫困家庭共同致富。在全县各乡镇通过小额贴息项目精准帮扶计生困难家庭，扶助安居工程对象，为特困家庭提供1万元帮扶资金。举办“生育关怀·金秋奖学助学”资金颁发仪式，救助因病因灾、子女上学困难的计生户，助力莘莘学子圆梦大学。完善计生家庭帮扶信息数据库，将数据库运行和维护纳入计生协会日常管理。

【计生特殊家庭帮扶】

通过在经济上扶助、在精神上慰藉、在生产上扶持、在生活上关怀、在医疗上保障、在就业上优先，形成政府主导、协会实施、部门联动、个性关怀的帮扶模式，确保失独家庭难有所帮、病有所医、心有所托。每季度开展“关爱小组”活动，并给予每个“关爱小组”每年2000元的经费保障。实行失独家庭动态管理制度，及时掌握失独家庭的动态和需求。对新增失独家庭及时进行慰问，将部分失独家庭分别纳入致富工程和安居工程扶助对象，并为其进行房屋修缮，提供帮扶资金。于“两节”、中秋节、重阳节等重要节假日，为失独家庭送去慰问金和节日祝福。

【推进生育关怀项目】

联合县卫健局、县妇幼保健院在永春电视台联合开设《科学育儿公益讲堂》，拓展“家园互助小组”农村早教特色模式，建立“家园互助小组”60个。联合县人社局、县妇联、好帮手家政服务有限公司举办初级育婴员培训班4期，培训育婴员210人。联合县卫健局、县慈善总会慰问计生困难家庭儿童50人，每人发放800元慰问金。在永春侨中、永春二中、第三实小等基地校开展40场以“成长之道”和“沟通之道”为主题的宣传服务活动，提升青少年健康素养。在一都、蓬壶2个乡镇开展创建幸福家庭活动——生殖健康援助行动“蓝氧”项目试点工作。

【计生家庭权益维护】

建立县级计生协会法律援助工作站，并在全县22个乡镇实现计生协会法律援助工作站全覆盖，降低援助门槛，落实便民措施，为计生群众提供更加及时、有效的法律援助服务。代理计生户法援案件121件，惠及群众289人，挽回经济损失189.82万元，为计生户调解民事纠纷176宗，协调维护计生户合法权益72件。落实计生家庭意外伤害保险，全县有18089户参加，参保额180.98万元，已为314户计生家庭理赔232.46万元，简单赔付率达到156.2%。

【人口健康宣传服务活动】

在“两节”、“5·29”会员活动日、“7·11”世界人口日等重要时期，发动全县各级计生协会发挥自身优势和特色，开展主题宣传志愿服务及走访慰问活动，为群众解答全面两孩政策、预防艾滋、生殖健康、优生优育、法律援助等方面的问题。县四套班子领导带领挂钩乡镇的县直单位负责人对上一年度“计生安居工程”乔迁献爱心，捐款赠物。县计生协会联合卫健局走访慰问计生困难家庭，联合慈善总会等对计生特殊家庭进行专项慰问。持续在微信公众号转发主流思想，推动工作动态。组织各级协会踊跃向主流媒体与专业报刊投稿，及时反映基层协会动态、交流工作经验，展示帮扶成效，挖掘和采写先进典型。

（分管领导：许福兴　撰稿人：郑梅玲）

社科联

【概况】

2020年，永春县社科联贯彻落实《福建省社会科学普及条例》要求，推进社科普及工作，开展内容丰富、形式多样的社会性、群众性、经常性社会科学普及活动，促进公众人文社会科学素养和社会文明程度提升。

【政治理论学习】

始终把深入学习贯彻习近平新时代中国特色社会主义思想作为首要政治任务，学习领会中共十九届五中全会精神，做到学懂弄通做实。参加永春县学习贯彻中共十九届五中全会精神宣讲团，先后为石鼓镇、外山乡等乡镇作专题讲座。组织全县各单位干部职工参与省社科联举办的“深入贯彻落实党的十九届四中全会精神，推进新时代新福建治理现代化”“深入学习贯彻党的十九届五中全会精神”等网上有奖竞答活动，获第13期竞答活动“优秀组织奖”、第14期竞答活动“最佳组织奖”。

【意识形态工作】

深入学习贯彻《中国共产党宣传工作条例》，持续推动意识形态工作责任制的贯彻落实。根据《社会团体登记管理条例》规定，加强对社科团体的日常管理，指导其遵循自身章程，围绕工作任务，组织开展主题鲜明、形式多样的各种活动。加强对社科类讲座、论坛、报告会、研讨会等意识形态阵地的管理，确保意识形态领域安全。

【社科普及宣传活动】

永春抗战历史纪念馆展览展示活动列为2020年福建省革命老区中央苏区社科普及特色活动资助项目。余光中文学馆、老醋文创园被评为2020—2022年度泉州市社会科学普及基地。10月17—23日，组织开展“决胜全面小康决战脱贫攻坚”为主题的社会科学普及宣传周活动，邀请专家教授宣讲《习近平在福建》等4部系列采访实录、《中华人民共和国民法典》等，开展“社会科学在你身边”普及咨询活动，宣传全面建成小康社会取得的历史性成就，讲好脱贫攻坚奔小康的中国故事、永春故事，推动新思想走深走实。常年开放余光中文学馆、老醋文创园、林俊德纪念馆、永春抗战历史纪念馆等展馆展区，深受广大干部群众欢迎，取得良好效果。

（分管领导：李端阳　撰稿人：康佳杰）

法治 军事

法治政府建设

【概况】

2020年，永春县贯彻落实中共中央、国务院印发的《法治政府建设实施纲要（2015—2020年）》及《党政主要负责人履行推进法治建设第一责任人职责规定》和中央全面依法治国工作会议及省市部署要求，主动作为，强化措施，开拓创新，狠抓落实，推动法治政府建设工作提质增效。

【健全领导责任体系】

坚持把党的领导贯彻到推进法治建设的全过程和各方面，发挥县委在法治建设中的领导核心作用，党政主要负责人履行推进法治建设第一责任人职责，召开县委全面依法治县委员会第二、第三、四次会议。县委全面依法治县委员会发挥牵头抓总、把关定向、系统推进的作用，县委依法治县办综合协调、督促指导、具体推动，确保法治建设各项工作稳步推进落地见效。主要负责人做到“四个亲自”“五个同”，即重要工作亲自部署、重大问题亲自解决、重点环节亲自协调、重要任务亲自督办，法治建设工作与经济工作同部署、同推进、同督促、同考评、同奖惩；分管领导抓法治建设工作具体落实，其他党委、党组成员按照一岗双责尽职履责，着力夯实法治永春建设各项基础。2020年县委中心组邀请专家教授作《中华人民共和国民法典》《中华人民共和国公职人员政务处分法》《中国共产党宣传工作条例》《中华人民共和国安全生产法》等学法专题辅导讲座12次、县政府常务会议安排4次专题学法讲座。制定下发《永春县“法治政府建设年”拓展提升项目清单》，突出法治重点，拓升“法治政府建设年”成效。制定《2020年度永春县绩效评估工作方案》，将各乡镇政府、县直各单位权力运行、行政复议、规范性文件审查报备、拓展提升“法治政府建设年”等法治建设成效纳入考核。落实党政一把手为第一责任人制度和法治政府建设工作情况年度报告制度，开展贯彻落实中央关于党政主要负责人履行推进法治建设第一责任人职责和法治政府建设重要决策部署情况书面督察。落实全县领导干部任前法律知识考试和年度述法制度，全年组织5场93人参加任前“法考”，720多名副科级以上党员领导干部进行2019年度述法。

【基层法治建设】

统筹推进依法防控工作。贯彻落实中央全面依法治国委员会第三次会议精神，研究出台《中共永春县委全面依法治县委员会关于依法防控新型冠状病毒肺炎疫情、切实保障人民群众生命健康安全实施方案》，全面梳理疫情防控法律法规规章，及时提供精准的疫情防控普法宣传资料，在全市率先编印《新冠肺炎防控法律知识50问》2万册。助推企业复工复产。强化法律服务为企业“减负”，组建公益律师团队指导企业应对各类法律纠纷，到63家企业进行访谈，依托永春县掌上公共法律服务平台优化法律服务供给方式，引导企业和劳动者通过“掌上办”“网上办”“预约办”“邮寄办”等方式寻求法律服务，提供法律咨询近100次，解决企业各类涉法问题70多个。组织律师为32家民营企业进行“法治体检”，促进民营企业依法经营管理，提高法治服务效能，为企业发展保驾护航。2020年，永春县人民法院审理苏某某等5人明知没有口罩货源仍发布卖口罩信息骗取钱款涉嫌诈骗罪案件5件5人。依法规范房屋安全监管，构建安全管理长效机制。研究制定《永春县住建领域安全生产隐患大排查大整治实施方案》等文件，开展大排查大整治工作。截至12月25日，全县排查发现隐患房屋336幢，73920平方米。处置完成227幢、53345平方米（已封房336幢、转移73920平方米，加固33幢、7260平方米，拆除182幢、40040平方米），处置完成率67.6%；无房屋处置进行司法程序。全年新增获得安全生产标准化优良项目2项；新增办理施工许可项目57个（房建类45个、面积86.8万平方米，市政类12个、长度6.1千米）。2020年全县共有在建项目106个（房屋建筑类93个，受监面积315万平方米，市政类项目13个，长度6.4千米）；全县建设工程质量安全处于受控范围，安全生产形势总体平稳，没有发生等级以上工程质量安全事故。

【行政行为规范】

推行行政执法三项制度。结合全县机构改革情况，在全县范围内开展行政执法主体资格确认工作，确认永春县发展和改革局等第一批48个单位具备行政执法主体资格，并在永春县人民政府网站公布。确定永春县人民政府网站为全县统一的行政执法公示平台，按照“谁执法、谁公示”的原则，依法及时向社会公开行政执法信息，接受社会监督。

制定《永春县2020年度行政执法案卷评查工作方案》，推动县直各执法部门实行案卷评查制度，分别在5月和9月分两次随机抽取县生态环境局、文体旅游局、市场监管局、卫健局、自然资源局、城管局、交通运输局、农业农村局等10个部门的200余件行政执法案件进行评查，对各单位案卷评查中存在的问题进行通报，督促相关部门进行整改，及时查漏补缺，切实提高行政执法水平，促进依法行政。依法审理行政复议案件，畅通复议救济渠道，全年办理或配合办理行政复议案件5件，办结5件。强化规范性文件合法性审查。要求未经合法性审查不得过会，做好程序衔接配合，及时送交市政府和县人大常委会备案，明确审核时限，并在县政府网站上公开。全年审查县政府规范性文件9件，审查率、公开率、合法率和备案率都达到100%。配合省市做好法规草案和政府规章草案的征求意见工作，提出27条修改意见。开展2020年度行政机关规范性文件清理工作，保留现行有效规范性文件54份、废止30份，并向社会公布。贯彻落实《重大行政决策程序暂行条例》，开展合法性审查75件。加强合同审查工作，统一合同示范文本，明确承办单位的职责，制定合同合法性审查表，规范政府合同合法性审查标准。审查白濑水利枢纽工程等重点项目合同，为重点项目建设提供法治保障，全年审查重大合同23件。发挥律师作用，聘请2名专职律师为县委县政府法律顾问，为政府决策提供专业的法律意见和建议。

【服务型政府建设】

推行企业开办标准化建设。梳理企业开办涉及事项，将企业注册、公章刻制等六大内容纳入企业开办流程进行闭环管理，优化企业开办“一窗通办”个性化服务系统，新增电子表单自动生成等功能，实现服务链条最全、服务效能最优。对比改革前，“一窗通办、一日办结”服务新模式，企业开办时限从原先承诺的4个工作日压缩至2个工作日内。加快推进投资项目审批制度改革。优化简化小型项目立项用地规划许可阶段审批流程。对于重大建设项目推行容缺办理，项目审核通过后再补交有关材料，压缩项目审批时限，最大限度缩短审批时间，加速审批进程。全面推广证明事项告知承诺制。出台《永春县司法局关于全面推广证明事项告知承诺制的通知》，全县范围内除法律法规有明确规定或直接涉及国家安全、生态环境保护和直接关系公民人身、重大财产安全的事项外，原则上都要实行证明事项告知承诺制。推行“扫码办事”服务。在不改变各入驻部门已在各家金融机构设立的收费账户和增加行政服务中心财务人员工作量的基础上，推行“一码扫”，减少企业在银行与政务服务大厅来回跑，方便企业办事。推进行政服务网上办理。落实“审批官”服务制度，审批时限压缩至7个工作日内，省网上办事大厅永春分厅“一趟不用跑”占比74.9%、全流程网办占比65%。

【公共法律服务】

加强行政调解组织建设。在县民政局、市场监管局、交通运输局、生态环境局、自然资源局、公安局、卫健局、退役军人事务局等8个县直部门成立行政调解组织。发挥信访化解机制作用。坚持领导干部接访常态化制度，加强“网上信访”工作，实行诉访分离，推进“法治信访”。创建“三无”县乡村，全县22个乡镇“三无”乡镇20个，达标率 90.9%，全县236个村（社区）达标村234个，达标率99.2 %。“福建省信访信息系统”收到信访件1062件，已办结 990件，正在办理中 72件，及时受理率和按期办结率都达到100 %。健全完善“大调解”工作体系。成立多元化解中心，配齐配强基层调解组织力量，全县22个乡镇均配备2名以上专职调解员，全县村（社区）调解员708名。

全县22个乡镇均已依托司法所建立公共法律服务工作站，提供法律咨询、人民调解等多项服务内容，提高公共法律服务水平。开展“五在场”活动。推进村（社区）法律服务示范点建设，全年新创建60个村（社区）法律顾问示范点，示范点创建率达60 %以上。村（社区）法律顾问举办普法宣传活动22场，解答群众法律咨询778人次，发放法治宣传资料2000余份，处理群体性纠纷2次，参与调解纠纷11次，参与修订村（社区）自治组织章程、村规民约等涉法文书273份，起草、审查有关合同39份。在全省首创检察院法律援助工作站，建成县检察院 、法院 、残联、看守所法律援助工作站等8个品牌法律服务工作站。

【强化监督职能】

自觉接受县人大及其常委会的法律监督和县政协的民主监督。全年办理人大代表建议125件、政协提案148 件，满意和基本满意率均达100%。全县各级政府部门配合县委开展巡察工作和纪委监察机关的党纪政纪监督工作，对巡察组、纪委监察机关提出的存在问题积极整改，自觉接受党内监督。推进政务公开工作，自觉接受社会监督。全年全县主动公开政府信息792条，全文电子化率100%，全县累计收到政府信息公开网络申请件9件，在规定时限内办理9件，办结率100%。全年开展民意征集5次，网上调查3次，在线访谈13次，政民互动交流有序开展。

【法治意识提升】

紧抓“关键少数”。落实县委常委会、县政府常务会会前学法制度和党委（党组）理论中心组学法制度，开展民法典集体学习，将民法典纳入国家工作人员学法用法考试内容，举办民法典讲座，邀请福建师范大学法学院教授、博士生导师林旭霞作《〈民法典〉：一部中国特色的权利保护法》专题辅导。2020年，县委理论学习中心组举办3期学法讲座，县政府常务会4次专题法治讲座。县委党校在科级干部进修班、优秀年轻干部培训班等3期主体班次增加宪法、民法典等法治教育课程内容。深化普法宣传。成立民法典宣讲团，深入机关、学校、乡村、小区等开展专题讲座，全年开展宣讲活动168场；在人民公园建成民法典宣传主题公园，桃城镇丰山村建成以《中华人民共和国民法典》为主题的法治文化长廊；县司法局、法院等编印民法典宣传折页及《〈民法典〉亮点案例汇编》读本，向基层一线干部群众赠送民法典书籍和宣传折页、民法典读本合计3.1万本（册、份）。组织全县62个县直部门和部分省市驻永单位及22个乡镇1950名国家工作人员参加全省国家工作人员统一学法考试，合格率100%。联合县教育局举办2020年全县中小学生“学宪法 讲宪法”法治知识竞赛和演讲比赛。举行宪法宣传周启动仪式，编排《中华人民共和国宪法》《中华人民共和国民法典》三句半闽南语表演，开展“宪法七进”等十二项活动，掀起宪法宣传新高潮。全县投入150万余元新建提升各类建设法治文化阵地25个，在五里街镇打造6千米全国最长法治文化漫道，编印成《永春县法治文化阵地建设集锦》；五里街镇大羽村法治文化广场被命名为福建省首批省级法治文化建设示范基地。落实“谁执法谁普法”普法责任制，持续推进“135”庭所共建和自治、法治、德治“三治融合”示范村（社区）创建活动及“法律明白人”“法治带头人”培养工程，调整充实法治副校长和法治辅导员队伍，开展法律“八进”活动。2020年福建省“宪法进乡村”活动在永春岵山举行，泉州市三方联合接访暨“宪法进企业”主题日职工法治宣传活动在永春县工业园区举办。永春县两作品获“泉州市青少年法治教育优秀宣讲教材”二等奖；制定2020年度全县重点对象学法计划并落实，以疫情防控、安全生产为重点，在各乡镇、县直各部门掀起学习宪法、防疫、应急、民法典等法律法规的热潮。梳理完善涉改部门权责清单，推动部门依清单履职，印发《关于县级政府部门权责清单梳理调整工作有关事项的通知》（永委编办〔2020〕3号），梳理完善涉改政府部门权责清单，加快涉改部门对外梳理公布行政许可和公共服务事项，推动各部门依清单履职尽责，确保“法定职责必须为”“法无授权不可为”。

（分管领导：宋月娥 撰稿人：黄安馨）

公安

【概况】

2020年，永春县公安局学习贯彻习近平总书记在全国公安工作会议上的重要讲话和在中国人民警察警旗授旗仪式上的重要训词精神，当好防控疫情排头兵、维稳创安主力军、“强基促稳”探索者，履行新时代公安机关的职责使命，为永春县获评省“第四轮第一批平安县（市、区）”做出贡献。副省长、公安厅厅长田湘利三次批示肯定永春公安工作，打击跨境网络赌博案件得到公安部电贺表扬。

【刑事侦查】

全县立案997起（年内案件，下同），比上年994起上升0.30%，破案470起，比上年419起上升12.17%，破案率47.14%（同比上升5%）。刑事拘留犯罪嫌疑人327人（同比下降26.84%），逮捕犯罪嫌疑人225人（同比下降28.57%），移送起诉犯罪嫌疑人391人（同比下降34.17%）。全县立涉恶9类典型案件96起，破案74起（含年前案件）；打掉涉恶犯罪集团1个；刑事拘留涉黑恶犯罪嫌疑人82人；抓获涉黑恶上网在逃人员18人；查封冻结扣押涉案件资产约为4045万元。

【经济犯罪侦查】

加强风险隐患排查、打击经济犯罪、化解矛盾问题，提高办案效率，全县立案14起，破案17起（含年前积案），刑拘14人，移送起诉11人。

【禁毒工作】

开展“飓风肃毒2020”会战行动、“净边2020”等打击涉毒违法犯罪专项行动，打击各类涉毒违法犯罪，深化禁毒宣传教育，持续优化帮扶管控。全年破获毒品犯罪案件4起，抓获毒品犯罪嫌疑人4人，查处吸毒人员20人次。举办禁毒文艺晚会3场、大型宣传活动2次、禁毒图片展15次，开展毒品法制教育15场，悬挂标语横幅56条，分发宣传单1.3万张，利用街面LED显示屏滚动发布标语39条。参加社区戒毒社区康复124人，社区戒毒社区康复执行率100%。

【治安管理】

受理刑事案件11起，破获刑事案件8起，其中开设赌场案1起，非法采矿2起，容留卖淫案1起，寻衅滋事案1起，非法持有枪支案1起，故意伤害案2起，抓获各类犯罪嫌疑人11人，逮捕3人，起诉8起9人。受理行政案件10起，已处罚8起12人。公安部、省级、市级下发线索协查149条。其中“昆仑2020”专项工作，联合烟草专卖部门破获生产销售伪劣产品案1起、捣毁生产假烟窝点2处，缴获假烟案值近155万元，破获破坏环境案2起。打击黄丑违法犯罪专项行动，破获涉黄刑事案件1起，抓捕1人，暗访场所9处。检查各类涉爆涉枪涉危从业单位444家次，发现各类隐患220处，已完成整改。侦破已封闭矿井设备被盗案件4起，抓获犯罪嫌疑人3人。对2019年1月以后民爆物品、烟花爆竹、剧毒化学品购买审批项目1000余份申请材料开展“回头看”，涉爆单位5家、检查10家次、检查覆盖率100%，发现安全隐患38处、落实整改38处、整改率100%；牵头组织清缴、销毁企业生产剩余炸药851.2公斤，雷管3409发，导爆索1万米。全县有烟花爆竹单位158家，全年检查248家次，发现安全隐患136处、落实整改136处、整改率100%；查处烟花爆竹行政案件2起，行政拘留2人，收缴、销毁各类非法烟花爆竹1000余件。全县有剧毒化学品单位1家、易制爆化学品单位2家、放射性物品使用单位4家、散装汽油单位54家，检查127家次，发现安全隐患46处，落实整改46处。对全县公安机关公务用枪配备使用情况开展2次排查整治。摸排核实登记出租房屋8033家，实际出租5374家，实际入住12293人（其中入住重点疫区人员407人），查处未按规定登记出租房东7人。推行“互联网+”服务管理举措，实现“防控疫情、服务不停”。逐户摸清出租房屋情况，摸排出租房5374家，发现隐患1049家（其中群租房59家），限期整改963家（其中群租房45家），整改1037家，整改率98.9%。推动64名社区民警兼任村（社区）主任助理。

【出入境及往来港澳台管理】

县公安局出入境管理大队对标新时代“枫桥经验”“漳州110”“晋江刑警背包精神”三个典型，落实各项便民利民措施，加强窗口服务工作，严厉查处涉外违法犯罪活动，深化外国人管理工作。全年窗口受理各种证件2118人次，其中大陆居民往台166人次，普通护照660人次，港澳旅游999人次，探亲248人次，为境外人员办理出入境证件、签注32人次。妥善处置各类涉外案（事）件7起20人，其中非法入境1起13人，非法居留4起5人，诈骗1起1人，未尽监护义务致使外国人非法居留1起1人，遣送出境13人。

【道路交通管理】

道路交通管理工作以“减量控大”为目标，为全面建成小康社会创造良好道路交通环境。全年永春县发生一般以上交通事故42起、死亡39人、受伤21人、直接经济损失20820元，与上年同比分别下降36.36%、33.9%、34.38%、22.63%，一般以上事故四项指数同比全面下降。追究刑事责任10人，吊销驾驶证10本。加大交通事故逃逸案件的侦破力度，严打威胁群众安全感的交通事故逃逸行为。全年发生一般以上肇事逃逸案件1起，侦破1起、侦破率100%。受理交通事故人民调解102起，办结92起，办结率90.2%，涉及当事人218人，涉及金额808.99万元，其中人民法院司法确认出具民事裁定37起、涉及当事人45人。开展隐患排查11次、排查隐患57处，整治完成55处，摸排出的各类交通安全隐患589处，协调责任部门进行整改，整改完成率100%。查处五类十项交通违法行为44430起，其中醉驾毒驾63起、酒驾204起、客车超员5起、货车超载764起、摩托车超员4066起、现场超速1277起、涉牌违法4796起、涉证违法3804起、其他车辆超员732起、摩托车未戴头盔28719起。深入社区145次、运输企业415次、学校310次开展交通安全宣传，挂图巡展400次，播放光盘450次。全县系统注册交通安全管理站、交通安全劝导站及交通安全劝导员、协管员用户数490名，已完成手机绑定用户数490名，利用两微一平台开展提示、教育，机动车驾驶员手机短信平台发送交通安全提示短信80万多条，发布、转发微信信息420多条，推送交通安全知识宣传朋友圈广告60万多条，与永春融媒体中心联办“红绿灯下话安全”栏目，组织媒体随警采访65次，在各级新闻媒体刊播稿件290多条。下乡2次到村（社区）为群众办理摩托车驾驶证175本。办理车辆注册登记7978辆，核发合格标志17130份、转移登记3652本、注销236本、其他9267次；新办驾驶证128本、换证16542本、增驾392本、年度体检93人、年度审验4661人。

【推进执法规范】

履行公安职能，推进执法规范化建设。严把涉疫案件质量关，实时指导涉疫案件办理，开展涉疫情案件专项检查，全面梳理已办和在办的涉疫刑事、行政案件，发现执法问题及时进行通报并落实整改。开展行政拘留执行排查清理，梳理出行政拘留未执行人员538人，逐案实质性审查未执行拘留理由，排查出法定理由未执行198人，法定应执行未执行176人，请假出所0人，停止执行90人，清理后补执行74人。开展刑拘后未报捕未起诉案件专项检查，梳理出刑拘后未报捕且未移送审查起诉17人，其中刑拘后变更为取保候审2人，直接释放2人，解除取保候审10人，解除监视居住3人。对照省公安厅制定的执法办案管理中心数据规范和验收标准，合理制定时间表、路线图，借鉴其他单位经验做法，征求一线办案民警的意见建议，对县公安局原办案中心功能区进行智能化改造。以执法资格考试为载体，引导民警以学习考试促业务提高，全年组织3名民警报名参加基本级执法资格考试，3名民警参加高级执法资格考试，2名民警通过全国法律职业资格考试。选派16名民警参加市公安局举办的两期全市公安机关法制民警和法制员培训班，系统学习公安法律法规和法治业务知识。全年接收信访件233件，其中初信初访32件，网络信访件151件。化解省公安厅交办的涉警信访积案2起、市公安局排查交办的信访积案2起。

【加强警务督察】

加强警务督察。围绕重大疫情防控、重大活动安保、重点人员管控、公安机关内部安全隐患排查整治、道路交通安全整治、服务窗口效能、队伍教育整顿等方面开展现场警务督察100余次，出动督察警力210人次，车辆50辆次。

以争创全省公安机关网上督察示范点为契机，依托县公安局网上督察中心对全县31个单位的219个监控点位进行258次全面轮巡，发现疫情防控、执法规范、内部管理、监控视频和内务卫生等方面问题1291个，点对点督察提醒685次，录入系统问题604个，下发《网上督察专报》32期。联合法制大队、指挥中心等部门开展涉黄涉赌警情专项督察、执法记录仪使用情况专项督察、刑事案件受立案专项网上督察等工作。不间断对局属各大队贯彻落实工作例会部署情况进行督导，制作下发《督察情况通报》25期；受理“12389”投诉举报平台各类投诉信访件25件；受理维护民警执法权威类案件11起，刑事处罚5人，行政处罚9人。通过“大数据+网上督察”理念提炼永春《维护民警执法权威类案件技战法》上报市公安局获通报表扬。年底永春网上督察中心获评省级示范点。

（分管领导：李志恩 撰稿人：龚江辉）

检 察

【概况】

2020年，永春县检察院全面履行检察职能，依法共同抗疫展现检察作为，聚力服务打好“三大攻坚战”，刑事检察优化提升，民事行政检察精准监督，公益诉讼检察提质扩面，未成年人检察更有温度，各项工作取得新进展，被最高人民检察院授予“第七届全国先进基层检察院”称号。

【依法共同抗疫】

开展“党旗红引领检察蓝”活动，正科级党员干警全部深入一线，参加村（社区）疫情防控，服务复工复产。强化疫情防控和依法履职并重，联合发布《关于依法严厉打击疫情防控期间违法犯罪行为的通告》，开展涉疫犯罪专项监督，提前介入涉疫刑事案件4件，批捕4件，起诉5件。加强看守所检察工作，督促看守所落实新入所人员隔离关押、疫情监测等制度，强化防疫措施。

【服务打好“三大攻坚战”】

加强生态检察，提起公诉破坏生态资源犯罪案件11件13人。做深做实“三江”水资源生态保护联盟工作，以交界地带为重点开展联合监督执法，守护绿水青山。参与防范金融风险，办理涉众型经济犯罪和各类新型金融犯罪案件，发出《检察建议书》2份。开展“亲清护企”，聘请“涉台检察联络员”，走访非公企业，开展调研座谈，服务保障“六稳”“六保”。

【刑事检察】

全年批准逮捕各类刑事犯罪案件130件206人，不批准逮捕57件82人。提起公诉199件289人，不起诉10件14人。强化侦查监督，立案监督3件4人。与县纪委监委配合，受理移送案件3件6人，批准逮捕1件1人，提起公诉2件5人，改变管辖1件1人。强化审判监督，对222名被告人提出量刑建议，法院采纳率92%。提出抗诉1件，法院已依法改判。加强刑事执行检察，开展暂予监外执行和判实刑未交付执行等专项检察活动，加强社区矫正检察，促进刑罚正确执行。

【民事行政检察】

开展民事执行款物专项监督及非诉执行专项监督，加强民事审判和执行活动监督。持续推进虚假诉讼领域深层次违法行为专项监督活动，坚决遏制“打假官司”现象，组织开展涉“套路贷”“恶意逃废债”等虚假诉讼专项监督，办理虚假诉讼监督案件6件，均得到采纳并裁定再审。办理行政执法监督案件18件，发出检察建议18件，支持行政机关依法行政。

【公益诉讼检察】

用法律智慧守护公共利益，与县河长办、县水利局联合建设公益诉讼快速检测实验室，县人大常委会通过决议支持检察机关加强公益诉讼检察工作。针对群众反映强烈的河道污染、野生动物保护等生态环境问题，开展调查核实，向有关职能部门发出行政公益诉讼诉前检察建议32件，均获采纳并得到整改落实，推动绝大多数问题在诉前得以解决。多方探索“等外”新领域公益诉讼，办理刑事附带民事公益诉讼案件1件。

【未成年人检察】

云录制法治开学第一课，在全县范围进行推广，观看人数8万余人次，并被中宣部“学习强国”福建频道采用推广。牵头联合团县委制定《关于在未成年人司法保护工作中引入青少年司法社工的意见》，引入青少年司法社工对8名涉案未成年人进行帮教。会同县公安局、教育局共同制定《教育行业从业申请人违法犯罪记录信息前置查询制度（试行）》，对2423名教育行业从业申请人进行违法犯罪记录信息前置查询。持续推进“未成年人零犯罪村（社区）”创建，联合团县委改造提升“永春县青少年法治教育基地”，为青少年提供更好的法治教育环境。

（分管领导：李学奋 撰稿人：吕晓艳）

法院

【概况】

2020年，永春县法院坚持以人民为中心的发展思想，落实“六稳”“六保”要求，发挥司法职能，践行司法为民，推进司法改革，建设过硬队伍。全年受理案件10098件，结案9576件，结案率94.83%，各项质效指标持续向上向好。

【刑事审判】

全年审结刑事案件226件395人。推进扫黑除恶“六清”行动，克服疫情困难，在县看守所新建审判法庭，到泉州、南安看守所异地开庭，受理涉黑恶案件6件28人，审结4件20人。开展“打财断血”专项执行，执结涉“黑财”案件50件，执行到位313.48万元，到位率97.76%。参与“断卡”行动，受理涉银行卡犯罪案件14件17人。助推“无毒县”创建，涉毒品犯罪案件比上年下降80%。保持惩治腐败高压态势，组织120多人旁听职务犯罪案件庭审。

【民事审判】

全年新收民事案件4536件，审结4334件。创新“圆桌谈案”工作方法，促进纠纷实质化解，调、撤结案2542件，服判息诉率99.85%。力推共同抚养调解方案，解开抚养权争夺“死结”，化解离婚纠纷597起。平衡劳动者权益和企业发展，化解劳动纠纷172起。强化涉侨审判工作，联合县侨联出台涉侨维权工作意见。多形式开展《中华人民共和国民法典》学习宣传，印制《“典”亮美好生活》宣传册，上线民法典“微课堂”，组织法官到机关、学校、村居现场宣讲。

【行政审判】

从2020年起，永春县法院开始管辖安溪、德化两地行政诉讼案件。全年收案166件（含行政赔偿案件），审结154件，其中，判决行政机关败诉17件。注重行政争议实质化解，引导达成和解或撤诉16件。规范当事人依法行使诉权，对27件不属于行政诉讼受理范围的，依法裁定不予受理或驳回起诉。强化非诉行政执行审查，裁定准予执行64件。及时向县委报告永春县行政机关涉诉情况，分析案件特点，提出相关建议。

【生态司法】

践行“两山”理念，擦亮生态司法品牌。典型做法被写入省法院工作报告。保护“绿水青山”。设立驻河长办法官工作室，助力桃溪流域综合治理。审结涉林刑事案件10件12人，判令被告人补种、管护林木14.93公顷。审结环境公益诉讼案件1件，责令被告人赔偿环境治理、修复费用。打造“金山银山”。审结土地承包合同案件6件，规范农村自然资源承包经营行为。与团县委、仙夹镇等举办乡村治理青年交流会，开展“三级联创”，助力乡村振兴。决胜“脱贫攻坚”。为困难群众减缓免诉讼费54.35万元，发放司法救助金6.5万元，兑付执行保险金13.38万元。执结涉农涉贫案件119件，执行到位1850万元。帮扶26户贫困户实现脱贫。

【执行工作】

全年新收执行案件4988件，执结4753件，执行到位5.93亿元，实际执结率全市第一。突出保障民生，执结涉民生案件1349件，执行到位2289万元。加大执行力度，冻结存款2.2万余次，查封不动产341处、车辆667辆，纳入失信黑名单16486人次，限制高消费2681人次，限制出境5人，实施司法拘留15人，罚款163人次；严惩拒执犯罪，移送侦查1件1人，判决1件1人；对1名侮辱法官的被执行人处以司法拘留，对1名阻碍执行的被执行人家属予以罚款。推进善意执行，通过引导执行和解，解决3个小区逾期办证、逾期交房历史难题；开展失信信息专项清理，清理符合屏蔽、撤销条件的失信信息12838条。

【法治营商】

发挥司法职能作用，以保促稳、稳中求进。稳金融。审结涉金融案件1039件，标的额5171.86万元；开展涉金融专项执行，帮助金融机构兑现债权5807.8万元。

保企业。审结涉企案件 1633 件，标的额 4.047 亿元；执结涉企债权案件 135 件，执行到位 2.1 亿元；运用“活封”、减免执行费等手段帮助 21 家企业渡过难关。组织法官走访企业、举办讲座，提示企业经营决策法律风险。注活水。加速破产企业财产处置，保护债权人权益，盘活社会资源。拍卖土地厂房 21.72 万平方米，成交额 3.13 亿元；妥善处理“芦柑市场”项目纠纷，拍卖雄益置业名下土地，释放闲置土地 13.67 公顷。

【社会治理】

发挥司法在社会治理中的作用，助推最优县域治理。强化情感联结。11 名法官挂钩联系“三治融合”创建示范村（社区），40名干警参加青年志愿者服务队，1 名干警担任社区“党员楼长”，投身服务群众第一线。强化工作联系。加强与妇联等的沟通联络，协力打造家事审判司法品牌；邀请基层群众担任司法联络员、人民陪审员，让群众有序参与和监督司法。强化共建联动。推进“庭所共建”长效发展，设立驻苏坑工业园区调解室。庭所合力化解纠纷 200 多起，确认调解协议效力 43 份。省法院院长吴偕林两次为该做法作出批示，并于 10 月到永春实地考察调研。

【抗击疫情】

坚持守土有责、守土尽责，经受住疫情大考。在院内，第一时间成立防疫领导小组，及时通告疫情期间诉讼事项安排，全面落实防疫举措。在院外，16 名党员干警参加疫情防控和企业复工复产。在线上，为当事人提供网上诉讼服务。在微信公众号编发普法案例，倡导尊重医者、保护动物理念。在线下，严惩妨碍疫情防控犯罪行为，审结涉疫诈骗案 5 件。妥善审理受疫情影响的民商事案件，审慎考量疫情不可抗力。及时出台工作意见服务保障经济社会秩序加快恢复。

【司法为民】

推进“一站式多元解纷和诉讼服务体系”建设，提供“一站式”纠纷解决方案。“调”字当先。在县矛盾纠纷多元调处中心设立诉非联动中心，在院部聘请退休法官、人民调解员协助调解纠纷 171 起。“快”字发力。组建速裁团队，快速审结案件 277 件，平均审理周期较普通程序缩短 93%。“优”字升级。推进诉讼服务中心转型升级，合理布置和优化大厅布局。“跨”字深化。深化跨域立案诉讼服务，办理跨市以上区域事项 27 件、跨中院以上层级事项 2 件。

（分管领导：郭荣良　撰稿人：黄惠莹）

司法行政

【概况】

2020 年，永春县创新开展司法行政工作，桃城和五里街司法所上报的案例被司法部案例库采用，“法律明白人”做法的相关文章先后刊登在《八闽快讯》《侨区快讯》《福建法治报》《泉州晚报》等主流媒体。局党支部特色党建项目获评全县一等奖，并作为县级代表参加市级比赛。

【法治宣传】

8 月，永春县高分通过泉州市“七五”普法总结验收。制定出台《永春县关于实行国家机关“谁执法 谁普法”责任制实施意见》《永春县国家机关“谁执法谁普法”责任清单》等文件，把“以案释法”机制融入司法、执法和法律服务全过程，建立执法、司法典型案例定期面向社会公众发布展示制度。编印《人民调解案例》和 18 种“以案释法”七五普法宣传折页近 5 万份，在全市率先编发《新冠肺炎防控法律知识 50 问》2 万余册，全方位开展《中华人民共和国传染病防治法》等疫情法律法规宣传。先后打造法治文化阵地近百个，并建成全国最长（总长 6 千米）的法治文化漫道景观带，编印《中华人民共和国民法典》典型案例，组建“民法典”宣讲团，开展宣讲近百场。

【人民调解】

全县 22 个乡镇 236 个村（社区）完成矛盾纠纷多元化解中心（工作室）和“一庭三所”联合调解室建设。全年共调处各类民间纠纷 3601 起，调解成功 3597 起，成功率 99.89%。在全县开展人民调解工作“三比三看”竞赛活动，评选表彰 26 名“2019 年度永春县乡村调解能手”。新成立永春永大陶瓷工业有限公司人民调解委员会、陈建清人民调解工作室、肖清江人民调解工作室暨“两代表一委员”调解工作室和李军杨老兵调解工作室，陈耀辉个人调解室被省委政法委、省司法厅命名为“省级金牌调解工作室”。

【“法律明白人”培育】

出台在全县农村培育“法律明白人”的实施意见，明确全县236个行政村（社区）每村（社区）确定3名以上“法律明白人”培养对象，将该项工作作为民主法治示范村（社区）、乡村治理示范村的评选条件。全县培育“法律明白人”1386人，创建培养示范村（社区）34个，培育“法律明白人”骨干538人。2020年，“法律明白人”源头化解矛盾纠纷106起，预防群体性事件12起、“民转刑”案件6起。

【法律服务】

提高法律服务质量。法律援助中心和公证处推出“你扫码我服务最多跑一趟”便民服务机制。全年受理法律援助案件606件（其中民事案件211件、刑事案件175件，行政案件220件），为群众挽回经济损失452.50万元；公证处办理公证496件。在防疫期间，畅通“绿色通道”，开展“法治体检”，支持全县生产企业依法有序复工复产。完善公共法律服务体系。全县22个乡镇、236个村（社区）法律顾问覆盖率100%，村（社区）法律顾问示范点创建率达到60%，组织村（社区）法律顾问入驻“掌上公共法律服务”平台。成立律师所联合党支部，引导律师参与信访接待和矛盾纠纷化解。开展“法治暖企”行动，组建法官、律师、公证员等37人公益法律服务团，针对企业需求开展“一对一”“面对面”“点对点”专业法律咨询服务，为复工复产企业提供法律意见建议300多条。

【特殊人群管理帮扶】

落实管控措施。依法设立永春县社区矫正委员会，深入开展《中华人民共和国社区矫正法》实施宣传工作。2020年新接收社区矫正对象174人，期满解除矫正159人，在册社区矫正对象348人。建立社区服刑人员日报告制度，引入社区矫正心理测试新机制，重新犯罪率控制在1%以内，社区矫正对象参加人身意外综合保险比例达到98%。疫情期间，每周一次通过信息管理系统和视频网络系统，对各司法所进行视频监督指挥，强化对社区矫正对象的监管教育。

开展就业帮扶。2020年新衔接刑满释放人员318人，实现刑满释放人员无缝对接。健全2025名刑满释放人员安置帮教档案，做到一人一档，并将情况及时录入信息管理系统。建成湖洋绿闲农业合作社安置就业基地、双恒集团就业基地、景圃生物科技公司就业基地等5个刑满释放人员“帮扶就业基地”，对刑满释放人员开展安置帮教工作，安置率和帮教率均达到100%。

【行政执法规范】

开展行政执法“三项制度”自查自纠工作，督促各单位对落实“三项制度”情况进行梳理，查找存在问题并加以整改。全县行政执法主体和执法人员资格首批确认有行政执法主体资格单位48个，有省级行政执法资格人员532人；联合县检察院对县自然资源局、生态环境局、市场监管局、城管执法局、农业农村局开展案卷评查，规范行政机关执法程序和执法行为。

【规范性文件备案审查】

全年开展文件合法性审查50份。经审查，以县政府名义发文的规范性文件予以备案登记9份，县直各单位以本单位名义发文报送备案审查4份，予以规范性文件备案登记4份。审核以县政府名义签订的合同20份，出具法律审核意见书20份。

（分管领导：宋月娥 撰稿人：黄安馨）

人民武装

【概况】

2020年，永春县落实党管武装第一书记述职制度，注重国防动员工作和驻永部队建设，开展专武干部和民兵骨干训练，完成年度征兵任务。永春征兵“五率”综合考评泉州市第一，永春县征兵办公室被省征兵办评为全省征兵先进单位。

【完成年度征兵工作】

按照“一季征兵，全年准备”的思路，围绕“保质量、保廉洁、保疫情防控”目标和“五率”要求，严把体格检查、政治考核、走访调查、廉洁监督等环节，做到组织健全、宣传有力、体检规范、政审严格、走访到位、监督全面，确保征兵工作廉洁高效。超额完成征兵任务，征兵“五率”综合考评泉州市第一，永春县征兵办公室被省征兵办评为全省征兵先进单位。

【国防动员建设】

落实党管武装第一书记述职制度，协调召开专题议军会研究国防动员工作和驻永部队需求问题，落实上年度议军会议定事项，坚持把练兵备战动员作为第一要务，适应新的指挥体制，按照“在岗值班、常态戒备、指挥通畅、高效灵敏”要求，狠抓战备制度落实，确保不漏情、不错情、不误情。利用兵役登记时机，专武干部、民兵营长主动上门，宣讲国防和征兵政策，会同地方有关部门搞好《关于进一步完善军人优待政策，切实增强军人荣誉感的通知》的宣传，“让军人成为全社会尊崇的职业”理念深入人心，营造全社会关心支持参与国防后备力量建设的氛围。

（分管领导：张冰　撰稿人：尤奕升）

退役军人事务

【概况】

2020年，永春县退役军人事务开展“基层基础基本建设年”“思想政治工作年”的“两个年”活动和“五比五看”（比“五有”看落实、比服务看成效、比引领看作用、比创新看特色、比文化看“军味”）创“五有”（有机构、有编制、有人员、有经费、有保障）先进单位活动，推进全国示范型退役军人服务中心（站）创建工作，全县退役军人服务体系实现实体化运行，退役军人服务保障工作扎实有效。

【退役军人服务中心（站）创建】

以开展“基层基础基本建设年”活动为契机，按照全国示范型退役军人服务中心（站）创建标准，推进县、乡镇、村（社区）三级退役军人服务体系建设。投入资金对县退役军人服务中心按照具有专门的办公活动场所、信访接待室的要求进行整修，并按全国示范型创建标准配齐必要的设备；下拨经费用于部分乡镇、村（社区）退役军人服务站建设派遣人员到乡镇、村(社区)协调指导退役军人服务站建设，提升全县退役军人服务站规范化建设水平。

【退役军人思想政治建设】

开展“思想政治工作年”活动，加强对退役军人党员教育管理。依托“林俊德纪念馆”“抗日战争时期中共永春支部旧址”“朱德红军旧址”设立3个县级“退役军人红色教育基地”，建立县、乡镇两级“退役军人红色教育基地”，组织退役军人党员开展红色教育，教育引导退役军人在经济社会发展中当先锋、作表率；开展“四尊崇”（指新兵入伍要有欢送仪式、举行座谈、挂光荣牌、拍集体照）、“五关爱”（指退役返乡要有迎接仪式、谈心谈话、宣讲政策、推介岗位、高效办事）、“六必访”（指日常关怀要做到退役返乡必访、立功受奖必访、英模典型必访、重要节日必访、遇到困难必访、重大变故必访）工作，提高退役军人的幸福感获得感；组织成立县、乡镇、村（社区）三级退役军人志愿服务队，发挥退役军人在美丽乡村建设、脱贫攻坚、应急救援、抗疫防灾中的先锋队作用。开展困难帮扶援助工作，建立健全困难退役军人数据库，发放临时困难补助金。与爱尔眼科医院开展“守护光明·致敬最可爱的人”眼健康公益活动，为退役军人提供眼健康知识专业咨询、眼健康检查和治疗等普惠服务；与民生电器、美的集团福建分公司、创维福建分公司开展“拥军优属”行动，发放拥军优属补贴卡1万余份，在全社会营造尊崇军人、关爱军人、优待军人的浓厚氛围。

【防控新冠疫情】

开展新冠疫情防控及政策宣传，及时关闭烈士纪念碑等活动场所，对县光荣院实行封闭式管理；发挥体系优势和作用，动员全县退役军人系统工作人员及退役军人参与一线疫情防控。

【建立退役军人联系制度】

局机关和服务中心实行重点联系制度，班子成员各重点联系2人，其他工作人员，以股室、中心为单位重点联系5人。乡镇实行普遍联系制度，推行乡镇挂村领导联系1～2名退役军人，驻村工作队和村（社区）两委及其他人员普遍挂钩联系退役军人，实现对辖区内退役军人联系服务全覆盖。

【优待抚恤】

做好退役军人和其他优抚对象信息采集工作，及时为2019年9月入伍的现役军人家属和2020年9月退役的士兵采集信息，对符合悬挂条件的对象及时组织悬挂光荣牌。开展自查自纠工作，对悬挂不到位或出现光荣牌掉漆、脱模、字迹模糊等的及时给予更换悬挂。

落实优待抚恤政策，先后发放义务兵家属优待金、退役士兵地方经济补助金、立功受奖和大学生入伍一次性奖励金；落实抚恤补助标准自然增长机制，发放优抚对象定期生活补助金。发放临时价格补贴、医疗门诊补助，用于解决退役军人生活、医疗、住房等困难。“八一”中国人民解放军建军节、春节前夕，开展重点优抚对象、困难退役军人、现役军人家庭走访慰问活动，发放慰问金、春节年画。

【褒扬纪念】

发动全县11.5万人次参与清明网上祭英烈活动。“9·30”烈士纪念日，举行向县烈士纪念碑敬献花篮活动，并向张伟杰烈士家属颁发烈士光荣证，走访慰问烈士遗属和抗美援朝老战士并发放慰问金。开展烈士纪念设施第二、三阶段数据采集校核工作，完成1个县级烈士纪念设施、8个零散烈士纪念设施、110个零散烈士墓的信息采集校核工作，完成率100%；投入经费，推进全县烈士纪念设施提升改造和修缮保护；在全市率先与县人民检察院联合出台《关于建立英雄烈士保护工作协作机制的意见》，构建英雄烈士保护监管体系。

【退役军人接收安置】

2020年，妥善接收退役军人。开展全县退役军人就业情况调查，动态掌握情况，搭建就业平台，举办线上线下招聘会2场，通过微信工作群发布企业招聘岗位信息40多条，多渠道提供就业服务。引导退役士兵复学，多名退役军人参加各类实用性的职业技能培训，做好符合条件的退役士兵参加全省高职扩招专项报名工作。

（分管领导：林添景　撰稿人：徐振强）

人民防空

【概况】

2020年，永春县人民防空工作实施人防地面应急指挥中心建设，推进社区人防工程规范化建设，按规定落实基建工程人防基础设施任务。

【人防地面应急指挥中心建设】

做好人防地面应急指挥中心建设各项准备工作，成立工作小组，制定工作计划，按照时间节点有序推进项目建设进度。按照“八室一库一中心”功能配置要求设计，该设计方案已通过省人防办批复。

【社区人防规范化建设】

根据《泉州市人防办推进社区人防规范化建设实施方案》要求，坚持人防工作重心下移，面向基层，实现人防工作向乡镇、村（社区）延伸，制定《永春县人防办关于推进社区人防规范化建设实施方案》，开展建设社区人防规范化建设试点工作，试点建设基本完成。

【人防宣传演练】

推进人防宣传教育活动。发放人防宣传材料及《居安思危备战人防》宣传电影光盘至各中小学，组织学生参观人民防空展板、观看宣传片；推进人防宣传进网络，通过政府网站、微信公众号、大型LED户外宣传屏幕等媒体，发布演练公告和防空防灾知识；推进人防宣传进社区，组织人民防空宣传志愿者入户宣传，现场提供防空防灾知识咨询。

做好防空警报试鸣暨人口疏散演练宣传工作，向机关企事业单位、学校、群众团体及网站、有线电视等媒体发布防空警报试鸣公告，在全县22个乡镇分发人防宣传材料2万多份。组织县城区学校师生2万多名和御龙庭小区500多名群众参加疏散演练，御龙庭小区演练活动邀请县政府分管副县长、人武部政委、各相关单位、各人防工作站干部及综合应急、抢险抢修2支人防专业队伍和社区群众500多人参加。

根据市、县国动委《关于抓好国防动员重点潜力统计调查的通知》精神，坚持以形成动员保障能力为目标推进各项准备工作。统计人防工程、战备物资、通信保障设施、人员保障等战备资源。组建人防专业队伍5个分队共90人，统一配置专业队服装和旗帜，训练人防专业队伍人员，提高专业队伍遂行任务的能力。

【开展人防专项整治】

加强专项整治的组织领导。在市人防办、县纪委等指导下，围绕6个方面自查自纠工作重点，对专项治理项目进行“大起底”，摸清底数。2020年5月，省人防办对泉州市人防系统腐败问题专项治理工作开展了调研督导，检查县人防办梳理上报的项目审批资料，未发现存在审批问题或后期追缴处理不当。

（分管领导：吴红玲 撰稿人：姚晓芙）

双拥共建

【概况】

2020年，永春县围绕双拥“创模”做好拥军优属、拥政爱民、军地共建工作，开展国防教育宣传，设立退役军人红色教育基地，开展“送法律、送政策、送文化”进军营活动，为部队解难事办实事，开展走访慰问，军地合力参加疫情防控。

【拥军优属】

开展双拥“创模”暨国防教育宣传月活动。在医院、银行、车站、商家店面等场所，悬挂、播放双拥宣传标语150多条，设立“军人优先窗口”或者放置“军人依法优先”标志80多块，营造“军爱民、民拥军、军民团结一家亲”的氛围。设立退役军人红色教育基地。依托永春抗战历史纪念馆、朱德红军旧址、林俊德纪念馆等红色文化场所，举行永春县退役军人红色教育基地揭牌仪式，为全县退役军人提供红色教育阵地。开展“送法律、送政策、送文化”进军营活动。县文化馆与武警中队联合开展“以武会武——永春非遗进军营”军地文化交流活动，县双拥办、县人武部政工科、县文体旅游局联合开展“雪山颂 军民情”——2020迎中秋贺国庆军民文艺联欢活动。解难事办实事。支持人武部加强基础设施建设、武警中队晾衣房改造和卫兵室装修等实事项目。开展走访慰问。慰问全县老复员军人、在乡伤残军人、退役军人等重点优抚对象和军休干部、企业军转干部及其他困难优抚对象；与县人武部联合走访慰问永春籍荣立“二等功”（含）以上和服现役满30年以上的现役军人以及参加防汛救灾、援鄂抗疫官兵。

（分管领导：沈伟星 撰稿人：周剑协）

2020年10月，县双拥办、县人武部、县文体旅游局联合开展“雪山颂 军民情”——2020迎中秋贺国庆军民文艺联欢活动（林培枝、周巧玲 摄）

生态环境保护和自然资源管理

生态环境保护

【概况】

2020年，永春县全年生态环境质量保持优良。5月，永春县获评国务院2019年河湖长制工作激励县（全国10个县）。10月，永春县获评全国第四批“绿水青山就是金山银山”实践创新基地，为福建省第二个，泉州市首个获此殊荣的地区。同月，永春县桃溪国家湿地公园通过省级验收及国家林草局初步验收。11月，水利部公布第三批节水型社会建设达标县（区）名单永春县榜上有名。同月，永春县被评定为福建省全域生态旅游示范县。

【水环境质量提升】

多渠道管控，提升水环境质量，从生活污水收集处理、农业面源污染防治、河道生态修复、工业企业监管等方面做好东关桥国考断面水质提升，2020年东关桥国考断面水质均值为Ⅱ类，达到国家考核要求。开展农村生活污水收集处理工作。编制《永春县域农村生活污水治理专项规划（2019—2030年）》，入选福建省首批农村生活污水治理试点县。通过项目、资金、资源整合，统筹推进农村生活污水治理。推进入河排污口整治。开展全面排查、核实、分类，共排查入河排污口122个，已完成整治98个。加强饮用水源地保护工作。完成蓬壶镇自来水厂水地及湖洋阳高水库水源地2个“万人千吨”饮水水源地勘界定标，开展集中式饮用水源地年度环境状况评估，评估结果为优秀。定期开展集中式饮用水水源地环境状况巡查工作，确保人民群众饮水安全。

【大气污染治理】

加强大气污染源监督管理，加强涉气企业的监督检查，对12家涉气“散乱污”企业实施查封、取缔。推进大气污染防治专项治理，依照《泉州市大气污染强化治理专项行动方案》要求，实施3个市级大气重点治理项目，3个治理项目已全部完成。开展移动源监管。推进颗粒物、挥发性有机物（VOCs）道路走航监测工作。开展查处机动车超标排放专项行动4次，抽测机动车36辆，下达限期治理通知单2份。联合开展VOCs测管联动。全面摸底排查辖区内制鞋、印刷等涉VOCs企业，完成6家制鞋、印刷企业排放口、无组织废气监测。

【土壤污染防治】

开展集中式地下水型饮用水源和重点污染源调查。排查核实上报地下水“双源”清单52家，防渗摸排企业10家。排查9家涉镉等重金属行业企业、10家“守护净土”重点监管企业。开展重金属污染防控，推进实施2家铅锌选矿企业切断污染物进入周边农用地工程项目。完成3家重点行业企业用地采样调查。对全县受污染耕地安全利用进行类别划分，编写《永春县受污染耕地安全利用工作方案》，开展受污染耕地安全利用项目。有序推进危险废物排查整治，制定《2020年度永春县危险废物规范化管理工作方案》，加强危险废物监管，2020年，全县产生危险废物353.89吨，转移349.41吨（2019年底贮存3.14吨），处置利用率97.9%。

【环境违法行为整治】

优化环境执法监管方式，结合信息化监管方式掌握的情况，落实“双随机”检查制度，开展“清水蓝天”专项执法检查、伪劣汽柴油无害化处置环境执法检查和排污许可证专项执法行动、小加工点小作坊专项整治等。共出动执法人员1971人次，检查企业536家次，立案查处12家违法企业，其中查封5家、处罚6家，罚款81318元，移送公安实施环境污染犯罪案件1起，取缔散乱污企业12家，下达环境监察通知书7份、责令改正违法行为决定书7份。

【环保服务经济发展】

推进审批服务便民化，提高审批效率。全年审批建设项目环境影响报告表55个、建设项目环境影响报告书8个，发放全国版排污许可证56本。创新环评服务方式，实施环评审批正面清单。在全市范围内率先实行环评告知承诺制改革试点，对工程建设、社会事业与服务业、畜牧业等多个领域的17个大类44个小类行业项目，实行承诺制改革，简化审批流程，审批时限由原来的环评报告表法定时限30个工作日、报告书60个工作日缩短到1个工作日，实现当日办结。实行承诺制以后，审批承诺制建设项目环境影响评价项目23个，共计减少审批时限98个工作日。深入一线服务企业。对重点项目提前介入，了解企业在环保方面存在困难和需求，积极寻找攻坚克难的具体对策，高效高质服务企业的发展，解决爵能科技、恒钛锻造等20多个县级以上重点项目在环保方面遇到的问题。

【环保宣传教育活动】

举办“有一种生活叫永春——绿水青山就是金山银山”生态文明书画、摄影系列活动，优秀作品于“6·5”环境日期间在永春生态环境微信公众号展示，并于中秋国庆期间，在旅游集散中心举办“绿水青山就是金山银山”生态文明主题书画作品展，接待游客及书法爱好者逾2000人次，生动展示“生态永春”的实践成果，唱响“有一种生活叫永春”的特色品牌。举办“美丽中国，我是行动者——环保服务进企业”暨纪念“6·5”世界环境日主题系列宣传活动，组织环保志愿者主动进企服务，倾听企业心声，向企业宣传环保有关法律知识，耐心向企业解答生产建设过程中遇到的环保法律法规和项目建设审批问题。同时结合企业实际，指导排污许可证办理和环保设施建设，提高企业主主体责任意识，落实绿色发展理念，助推永春绿色崛起。

（分管领导：叶励光 撰稿人：谢伟笔）

自然资源管理

【概况】

2020年，永春县完成补充耕地124.4公顷；报批土地54.44公顷，征收土地25.46公顷，供应土地110.53公顷，出让国有土地77.36公顷，成交金额10.92亿元；查处违法违规用地51宗，面积10.31公顷；完成批而未供土地处置58.7公顷，闲置土地处置17.83公顷；完成全县农村地籍和房屋调查工作。

【用地保障】

完成组件上报农用地转用和土地征收审批10个批次（涉及18个项目），面积267.41公顷，获批用地指标54.44公顷，保障兴泉铁路站前广场等重点项目用地需求。上报市政府获批农村村民住宅用地农用地转用3个批次，面积1.02公顷，涉及115宗农村宅基地建设。

【土地收储及招拍挂出让】

出台《永春县批而未供与闲置土地处置工作方案》，全年处置批而未供土地58.7公顷，闲置土地17.83公顷，完成永春县2019-42、43号地块（佳联矿业）等项目的征地工作，共征收土地25.46公顷，完成2019-96地块（湖洋镇玉柱村）等8宗土地的收储。

2020年，永春县招拍挂出让国有土地37宗，土地面积773605.2平方米，成交金额109155万元。其中，经营性用地9宗，土地面积142992平方米，成交价款96485万元；工业用地27宗，土地面积627263.2平方米，成交价款12370.3万元。其他用地1宗，土地面积3350平方米，成交价款300万元。完成对津源酱醋、强民香业、庞博香业等37宗国有建设用地使用权交地确认书的签订。

【耕地保护】

落实最严格的耕地保护制度，确保完成年度补充耕地任务，全年共上报五批市级验收，有22个项目通过市级验收，合计新增耕地31.47公顷，其中水田14.53公顷，加往年结转的92.93公顷，合计完成补充耕地124.4公顷，任务完成率380%。

【不动产登记】

全年颁发不动产权证书14490本，发放不动产登记证明8518份。一般登记业务的用时由原来的承诺5个工作日缩减至3个工作日内完成，商品房转移登记基本实现当天受理当天办结。推广便民服务举措，新增不动产登记微信预约功能，启用永春县不动产抵押登记电子证明，开通不动产登记费微信扫码支付功能，提升不动产登记的办事效率和服务效能。

【矿产资源管理】

按照第三轮矿场资源总体规划办理矿业权审批手续，公开拍卖出让1宗采矿权，办理3宗采矿权和1宗探矿权登记手续，收取采矿权出让收益2550万元。开展矿业权人勘查开采信息公示工作，全县矿业权人在3月底前完成填报并公示， 9月22日组织3名专家对省自然资源厅抽查的2个矿山进行实地核查，并将核查结果录入“自然资源部全国矿业权人勘查开采信息公示系统”。多次集中开展矿山安全生产隐患排查治理专项行动，出动检查人员465人次，检查矿山63家次，并跟踪做好隐患整改验收工作，实现“闭环”管理。

生态修复完成湖洋培柱采石场和锦斗南山暗林采石场等2个矿山生态修复治理工程，治理面积2.94公顷。策划福建省永春县天湖山历史遗留废弃矿山集中区土地整治项目，上报自然资源部，列入自然资源部生态修复项目储备库。策划生成下洋镇区西侧废弃煤矿地质环境治理工程，至2020年底项目已完成设计和招投标，正在进行施工。福建省天湖山能源实业有限公司含春煤矿省级绿色矿山通过省自然资源厅确认，列为省级绿色矿山。

【自然资源管理执法监察】

全年办结51宗违法用地案件，违法面积10.31公顷，其中占用耕地3.57公顷，处以罚款191.72万元，没收违法建筑物1.81万平方米，责令拆除违法建筑物2.63万平方米。查处违法采矿案件3宗，涉及破坏矿产资源价值22.04万元。其中，2宗违法开采饰面用花岗岩石材的案件因涉嫌犯罪已移交公安机关进一步调查，对1宗违法取土洗砂的案件进行行政处罚6.01万元。

【国土规划管理】

推进县级国土空间总体规划和乡镇国土空间总体规划编制，基本完成10个专题研究和国土空间总体规划初步方案，建立全域全要素的空间管制体系。通过增加批次、严控时限、加强对接等措施，完成17个批次的土地利用总体规划调整修改，涉及村民建房181宗2.5269公顷、项目建设60宗65.9455公顷，完成14个片区控制性详细规划动态维护。开展“多规合一”实用性村庄规划编制，将村庄规划作为乡村振兴和美丽国土的治理手段和治理工具，报批完成23个村庄规划编制成果和10个村庄规划评估成果。

【自然资源调查监测】

完成全县农村地籍和房屋调查，完成总计四批次209个行政村及6个中心城区外社区的农村地籍和房屋调查工作。其中已经完成县级自查并完成成果整改申请市局验收的有165个村、88175宗，其余1个合同包50个村约1.6万宗，已完成资料收集和建库约1.1万宗，其余开展数据建库和补充资料收集工作。

【测绘地理信息】

完成建筑物规划放（验）线测量项目31个、规划核实测量项目20个、房产测绘项目19个、规划指标测算项目34个、城市批次建设项目用地报批图件13宗、农村村民住宅建设用地农转用报批图件201宗、违法建设用地测量70宗等工作。组织开展对辖区8家测绘单位进行安全生产检查，抽取5家不动产测绘中介机构开展“双随机”检查工作，强化对测绘资质单位的日常监督管理，规范测绘地理信息市场秩序。

（分管领导：吕志坦 撰稿人：吕志坦）

综合经济管理

发展和改革工作

【概况】

2020年，永春县发展和改革工作坚持疫情防控和经济社会发展“两手抓”，密切监测粮油储备供应、经济运行状况等，做好“六稳”（稳就业、稳金融、稳外贸、稳外资、稳投资、稳预期）、“六保”（保居民就业、保基本民生、保市场主体、保粮食能源安全、保产业链供应链稳定、保基层运转）工作，为全县实现防控发展“双胜利”提供有力保障。

【编制方案规划】

出台《永春县促“六稳”“六保”追赶行动方案》，做好疫情对宏观经济及永春县经济影响的分析研判工作，加大工业用电量、人民币存贷款余额、税票等关键性指标主管部门协调跟进力度，及时提出针对性、可操作的对策措施；印发实施《永春县第三产业增产增效行动方案》，成立9个服务小分队，精准服务10个行业77家重点企业，永春聚富果品等4家服务业企业纳入省级企业名单。牵头组织编制永春县“十四五”规划纲要，对接中央和省市关于“十四五”发展的部署，把永春的战略、定位、优势等融入编制中，在多次召开座谈会、深入乡镇调查研究、征求各方面意见建议的基础上，完成《永春县国民经济和社会发展第十四个五年规划和二〇三五年远景目标纲要（草案）》，策划生成“十四五”重点项目615个，总投资1737.7亿元。

【深化试点示范】

绘制新型城镇化新样板。编制《永春县新型城镇化建设示范县实施方案》，围绕四大领域17项建设任务，按照“缺什么补什么”的原则，谋划生成新型城镇化补短板强弱项项目156个，总投资224.34亿元。其中，公共服务领域项目71个，总投资59.87亿元；环境卫生领域项目17个，总投资17.28亿元；市政公用领域项目47个，总投资84.13亿元；产业培育领域项目21个，总投资63.06亿元。力争2022年底，常住人口城镇化率达到63%，户籍人口城镇化率达到48%，城镇规划建设管理水平更上台阶，城镇综合承载能力不断提升。2020年5月，永春县被列入国家级县城新型城镇化建设示范名单（全国120个，全省10个，全市3个），加快开展县城城镇化补短板强弱项工作。创建生态文明新平台。加快探索“两山理论”，上报全域生态综合体参选国家生态文明试验区现场交流会，推荐生态产品“三级市场”改革等典型案例，助推获评国家“绿水青山就是金山银山”实践创新基地。

【推进项目攻坚】

出台《永春县“项目攻坚2020”活动方案》，全县实施县级管理重点项目103个，完成投资109亿元。加强跟踪衔接，精准对接，兴泉铁路永春站站前广场、永春县榜头小区、永春轻工新城智慧产业园基础设施工程等4个项目获得2020年地方政府专项债券资金4.84亿元；县感染性疾病科改建、蓬壶中学塑胶跑道改造等8个项目获预算内资金9618万元。

【优化营商环境】

开展优化营商环境攻坚提质活动，组织各部门申报2020年泉州市优化营商环境“最具获得感”十大举措，提炼8个创新举措报送市营商办，其中“‘五抓五创’聚力创新　打造工建审批新速度”举措通过资格初审。加快构建以信用为基础的新型监管机制，推进“信易贷”支持中小微企业融资，授信525万元，截至12月31日，在全国“信易贷”平台注册企业数在全市各县（市、区）排名第二。在泉州市区域信用状况监测季报（2020年第1期），永春位列全市各县(市、区）第一。深化“放管服”改革，实行政务服务“好差评”制度，推进行政审批服务事项细化梳理、数据汇聚共享及“一件事”集成改革，协调推动一批高频政务服务事项实现区域通办、异地可办。创新开通“网上会审绿色通道”，为兴泉铁路永春站站前广场等项目快速办理可行性研究报告审批业务，疫情期间完成“不见面备案”项目99个。新增咏春云河等3家非上市企业到海交所挂牌交易，新增长绿食品饮料、九斗生态农业等3家股份制改制企业，新增泉州市上市后备企业3家、泉州市科创板上市后备企业1家、泉州市市场外市场挂牌后备企业18家。

【着力综合施策】

推行“线上开标、不见面开标”的公共资源交易活动。2020年共交易506宗，成交金额262850.0397万元，增值21005.99万元，节约11860.4541万元。其中：建设工程类225宗，成交金额131270.8962万元，节约10554.5124万元，节约率7.44%；政府采购类109宗，成交金额17960.98037万元，节约金额1305.9417万元，节约率6.77%；国有产权交易140宗，成交金额7073.9631万元，增值604.99万元，增值率9.35%；土地使用权出让32宗，成交总价为106544.2万元，增值金额20401万元，增值率23.68%。落实粮食安全各项工作。推进疫情防控期间保供稳价工作。在原储备量基础上逐步增加应急大米临时储备，保障大米加工能力。协调交运部门对运粮车辆实行登记放行和县内通行48趟次，协调外调大米等民生物资865吨。完成应急大米增储任务400吨，完成拍卖储备粮8269吨，新增地方储粮任务600吨。开展2020年春秋两季粮食库存检查和粮油实物清查工作，强化粮食质量安全监测，持续推进粮食系统“餐桌污染”专项治理，全年抽检样品40份，合格率100%。开展2020年新收获粮食质量安全监测专项工作，抽取农户原粮样品48份，合格率100%。对岵山粮食仓库（空仓）进行维修改造，加装仓库货架、消防、监控等设施设备，确保救灾物资储存安全。持续深化安全生产工作。全面开展安全生产隐患排查整治百日攻坚行动和专项整治三年行动，拆除重大安全隐患房屋3幢，实行封房硬隔离房屋7处，整改一般隐患30处。联合县财政局邀请县消防中队官兵对干部职工进行安全生产知识培训和安全生产消防演练。

（分管领导：薛巍炜 撰稿人：张曦君）

财　政

【概况】

2020年，全县一般公共预算总收入18.52亿元，比上年下降4.5%，其中，地方一般公共预算收入11.82亿元，下降3.7%。全县一般公共预算支出37.14亿元，增长11.5%。

【抓收入涵财源】

加强部门联运配合机制，注重分析、把握重点税源、重点企业、主要非税收入项目的变动情况，确保应收尽收。完善县乡（镇）财政管理体制。县乡（镇）财政分四类采取“完成奖励，增收分成，减收扣补”的奖扣办法，兑现2019年乡镇工商税收超收奖励1786.21万元。全面清理结转结余，盘活财政存量资金。全年收回部门结转结余存量资金1.46亿元，集中用于疫情防控、“六稳”“六保”等急需领域支出。支持政府扩大投资。全年争取政府债券6.63亿元，主要用于新冠疫情防控、兴泉铁路永春站站前广场和轻工新城智慧产业园基础设施工程等一批重点项目建设。通报表彰纳税大户。全县2020年度共有75家年度纳税200万元以上重点纳税企业受到县委、县政府表彰。加强金融服务实体经济。成立县桃源融资担保公司，为县域企业提供融资担保业务；办理企业应急“过桥”资金1.34亿元，减轻企业的融资成本，支持县域实体经济的发展。贯彻落实服务经济转型升级一系列优惠奖励政策，兑现各项惠企资金2.06亿元；继续支持减税降费政策，全年全县减税降费(含阶段性)达2亿元，做到惠企惠民。

【保支出惠民生】

保持过“紧日子”精神。落

实精打细算过紧日子守底线防风险政策，严控“三公”经费支出，兜牢“三保”（保工资、保运转、保基本民生）底线，着力落实2020年一般性支出压减15%任务目标。落实教育惠民政策，全年教育经费支出9.07亿元，比上年增长4.14%，教育“三个增长”指标达到法定要求，落实教师与本县公务员奖金、津补贴差额。启动城西中学、榜头实验小学、化龙实验小学、第五实验小学等一批新建、续建工程。完善城镇社会保障体系，全年安排社会保障和就业、卫生健康支出8.98亿元，保障公益医院基础建设、城乡医保、社保和困难群众的基本健康需要。加强三农支持，促进乡村振兴。全年安排农林水资金5.41亿元，搞好乡村财源建设；实施乡村振兴战略，下达乡村振兴试点示范项目资金3803.13万元；加强扶贫资金监管，下达扶贫资金7813.82万元，实施产业扶贫、专项扶贫，巩固扶贫攻坚成果。创新驱动发展获表彰。落实打好疫情防控、项目建设、全面脱贫三大攻坚战和实施乡村振兴战略，保障和改善民生等有关重大政策措施真抓实干，支持大气污染、水资源水流域污染、土壤污染的防治，保卫一方蓝天净水，取得明显成效。永春县受到国务院办公厅关于 “河长制湖长制工作推进力度大、河湖管理保护成效明显”的通报表彰，获得财政部奖励1000万元，促进“生态永春”的更快更好发展。

【管资产促增值】

开展房屋安全“百日大整治”行动，重点排查安全生产隐患，落实整改措施，确保安全有用。推行“阳光交易”，提升资产效益，全年国有产权交易155宗，成交金额7386.27万元，比委托额增加681.79万元，增值率10.17%。创新公产管理模式。对倒塌、旧损的房产开创代管代建资产管理模式，确保公产的安全，保障资产的完整。深化国有企业监管。自2020年起首次落实向县人大常委会报告国有资产管理情况，依法接受人大监督。实施国有企业退休人员社会化管理，成立永春县国有企业退休人员社会化管理工作小组，印发《关于永春县国有企业退休人员社会化管理实施方案》，全年完成国有企业退休人员3249人社会化管理的移交工作。

【抗疫情稳发展】

持续深化政府采购“放管服”改革，优化营商环境。精简政府采购方式审批，取消县级代理机构库操作权限的开通，简化疫情防控项目事前采购的资料准备，建立防控物资政府采购“绿色通道”，确保采购单位不因物资采购影响疫情防控，促进生产企业复工复产。全年完成公开招标、单一来源采购项目118宗，预算金额1.92亿元，中标金额1.77亿元，节约率7.8%。网上超市采购806笔，采购金额2063.31万元。制定新冠疫情防控工作加班伙食补助办法，保障防控人员餐饮安全；印发新冠疫情防控期间减免企业房租的系列文件，加大中小微企业纾困帮扶，减免各类经济体资产租赁费3个月，减免承租户367户租金524.09万元。开通防控资金支付“快速通道”，及时申报、拨付各级疫情防控补助资金3844.06万元；加大稳岗返还力度，实施发放企业失业保险稳岗补贴、困难企业稳岗补贴，保障全县“六稳”“六保”政策落到实处。

【强监督促落实】

实施直达资金改革。深化财政预算资金拨付机制改革，2020年首次采取财政补助资金直达项目单位和受益人，资金支付平台全程跟踪，减少资金停留环节，提高资金使用效益。加强财政性资金投资项目的工程预算和竣工结算的评审，共审核661个项目，送审金额19.55亿元，审定金额17.66亿元，核减1.89亿元，节约9.7%。开展2020年“1+X”和扶贫资金专项督查，对全县44个行政企事业单位开展“1+X”专项督查工作。加强财政绩效监控，对城建、交通扶持企业新出台重大项目，开展事前绩效评估工作，对一般公共预算项目实行绩效目标管理全覆盖。

附表1：永春县2020年度财政收支决算一览表

（分管领导：刘正利　撰稿人：林金建）

永春县 2020 年度财政收支决算一览表

表 1　　　　单位：万元

一般公共预算收入

科目名称	年初预算	调整预算	完成数	完成率
一、一般公共预算收入	126400	111500	118184	105.99%
（一）税收收入	91900	72400	77122	106.52%
1. 增值税	45550	31280	31173	99.66%
增值税（50%）	28200	20410	20047	98.22%
营改增值税（50%）	17350	10870	11126	102.36%
2. 营业税（50%）	—	—	—	—
3. 企业所得税（40%）	11450	9200	9160	99.57%
4. 个人所得税（40%）	2000	7400	10469	141.47%
5. 资源税	2300	1400	1398	99.86%
6. 城市维护建设税	4200	2700	2909	107.74%
7. 房产税	2600	2400	2311	96.29%
8. 印花税	1330	1200	1126	93.83%
9. 城镇土地使用税	3200	3500	3204	91.54%
10. 土地增值税	9000	6420	8002	124.64%
11. 车船税	1800	1800	1823	101.28%
12. 环保税	170	170	171	100.59%
13. 耕地占用税	1400	170	254	149.41%
14. 契税	6900	4760	5122	107.61%
15. 其他	—	—	—	—
（二）非税收入	34500	39100	41062	105.02%
1. 专项收入	8500	7700	8032	104.31%

一般公共预算支出

科目名称	年初预算	调整预算	完成数	完成率
一、一般公共预算支出	284933	377838	371395	98.29%
（一）一般公共服务支出	31496	30626	30518	99.65%
（二）国防支出	309	346	346	100.00%
（三）公共安全支出	11346	13040	13040	100.00%
（四）教育支出	82602	90697	90657	99.96%
（五）科学技术支出	2725	3585	3543	98.83%
（六）文化旅游体育与传媒支出	3317	5162	5132	99.42%
（七）社会保障和就业支出	53887	58189	58088	99.83%
（八）卫生健康支出	24627	30774	30620	99.50%
（九）节能环保支出	4807	10464	10464	100.00%
（十）城乡社区支出	5445	17319	17319	100.00%
（十一）农林水支出	20016	55459	54270	97.86%
（十二）交通运输支出	3385	14785	14136	95.61%
（十三）资源勘探信息等支出	13687	13914	13862	99.63%
（十四）商业服务业等支出	543	1249	1106	88.55%
（十五）金融支出	—	19	19	100.00%
（十六）自然资源海洋气象等支出	1500	6673	2961	44.37%
（十七）住房保障支出	1767	5337	5337	100.00%
（十八）粮油物资储备支出	1405	533	533	100.00%
（十九）灾害防治及应急管理支出	3509	3839	3626	94.45%
（二十）债务付息及发行费用	15560	15716	15716	100.00%

政府性基金预算收入

科目名称	年初预算	调整预算	完成数	完成率
一、基金预算收入	141500	124300	129681	104.33%
1. 国有土地使用权出让收入	138050	121163	125916	103.92%
2. 城市基础设施配套费收入	2200	1900	2535	133.42%
3. 污水处理费收入	700	817	817	100.00%
4. 福利彩票公益金收入	250	120	117	97.50%
5. 体育彩票公益金收入	300	300	296	98.67%
二、补助收入（专项补助）	824	824	10343	—
三、上年结转收入	—	14502	14652	—
四、新增地方政府专项债券收入	—	48400	48400	—
五、调入资金	—	—	521	—
基金收入总计	142324	188026	203597	—

政府性基金预算支出

科目名称	年初预算	调整预算	完成数	完成%
一、基金预算支出	54429	104010	97575	93.81%
1. 大中型水库移民后期扶持基金支出		593	593	100.00%
2. 国有土地使用权出让收入安排的支出	50155	39747	34233	86.13%
3. 文化旅游体育与传媒支出	—	39	39	100.00%
4. 城市基础设施配套费安排的支出	2200	2779	2093	75.31%
5. 污水处理费支出	700	916	700	76.42%
6. 抗疫特别国债安排的支出	—	7440	7440	100.00%
7. 国家重大水利工程建设基金支出	300	300	300	100.00%

续表 1

一般公共预算收入

科目名称	年初预算	调整预算	完成数	完成率
其中：教育费附加	2600	1700	1882	110.71%
2. 行政性收费收入	1200	2700	3238	119.93%
3. 罚没收入	3000	2200	2520	114.55%
4. 国有资产经营收益	5400	—	—	—
5. 国有资源有偿使用收入	1400	4000	4391	109.78%
6. 政府住房基金收入	55	55	58	105.45%
7. 其他收入	14945	22445	22823	101.68%
二、上级补助收入	78837	100921	177650	—
1. 返还性收入	10690	10690	10690	—
2. 一般性转移支付收入	41480	63564	134530	—
3. 专项性转移支付收入	26667	26667	32430	—
三、上年结转使用数	—	499	4510	—
四、债务转贷收入	—	11452	75918	—
五、调入预算稳定调节基金	—	13008	13008	—
六、调入资金	87930	93387	98358	—
—	—	—	—	—
—	—	—	—	—
—	—	—	—	—
—	—	—	—	—
—	—	—	—	—

一般公共预算支出

科目名称	年初预算	调整预算	完成数	完成率
（二十一）其他支出	3000	112	102	91.07%
二、上解上级支出	7100	8800	7234	—
1、原体制上解	3100	3403	3403	—
2、专项上解	4000	5397	3831	—
三、债务还本支出	—	20059	85326	—
四、安排预算稳定调节基金	—	—	15507	—
五、援助其他地区支出	1134	1204	1204	—
六、调出资金	—	—	519	—
七、结转结余数	—	—	6443	—
其中：结转使用数	—	—	6443	—
支出总计	293167	407901	487628	—

附：一般公共预算总收入

科目名称	年初预算	调整预算	完成数	完成%
一、一般公共预算收入	126400	111500	118184	105.99%
二、上划中央收入	72000	62500	67002	107.20%
（一）增值税（50%）	45550	31280	31173	99.66%
（二）企业所得税（60%）	17175	13800	13740	99.57%
（三）个人所得税（60%）	3000	11100	15703	141.46%
（四）消费税（100%）	70	100	94	94.00%
（五）车辆购置税（100%）	6205	6220	6292	101.16%

政府性基金预算收入

科目名称	年初预算	调整预算	完成数	完成率
8. 彩票公益金安排的支出	1074	2034	2015	99.07%
9. 其他政府性基金安排的支出	—	48400	48400	100.00%
10. 债务付息支出	—	1709	1709	100.00%
11. 债务发行费支出	—	53	53	100.00%
二、调出资金	87895	91505	91597	100.10%
三、上解支出	—	—	49	—
四、债务还本	—	—	7941	—
五、年终结转结余	—	—	6435	—
基金支出总计	142324	—	203597	—
国有资本经营预算收支				
国有资本经营预算收入	110	235	235	100.00%
国有资本经营预算上级补助	—	—	5	—
国有资本经营预算支出	75	179	179	100.00%
调出资金	35	61	61	—
社会保险基金预算收支				
社会保险基金预算收入	50210	57257	58869	102.82%
其中：保险费收入	20195	21116	21327	101.00%
财政补贴收入	29069	34994	34507	98.61%
社会保险基金预算支出	42764	43020	43603	101.36%
本年收支结余	7446	14237	15266	—

税　务

【概况】

2020年，永春县入库各项收入22.33亿元，比上年减收1.87亿元，下降7.72%。其中：税收收入14.93亿元，减收1.77亿元，下降10.60%；社会保险基金收入4.23亿元，增收362万元，增长0.52%；非税收入3716万元，减收1358万元，下降26.76%。一般公共预算总收入14.60亿元，完成调整后预算数13.66亿元的106.88%，仍比上年减收1.58亿元、下降9.74%。县税务局通过2020年省级文明单位考评验收，有1名干部获得"泉州五一劳动奖章""泉州市金牌工人"称号。

【税费统管】

坚持组织收入中心，加强税种管理，强化企业所得税预缴申报、汇算清缴和后续管理力度，实现汇算面100%；贯彻《中华人民共和国车辆购置税法》，征收入库车辆购置税6953.78万元。加强同有关部门的协调配合，提高基本养老保险费等非税收入征缴质效，有序推进组织收入工作。但受到疫情、减税降费及经济形势影响，各项收入出现了较大的回落，全年入库各项收入22.33亿元，比上年下降7.72%。税收收入占财政总收入比重78.84%，为地方经济发展提供了财力支撑。

【减税降费】

发挥税收职能，做好支持企业疫情防控和复工复产。制作发放《疫情防控优惠政策》《个人所得税年度汇算优惠政策》等宣传材料4000份，通过短信、微信等宣传《支持疫情防控和复工复产税收政策》；开通绿色通道，开展点对点辅导，其中5家新购设备扩大产能的疫情防控重点保障物资生产企业一次性税前扣除683万元；加强优惠政策落实督促检查，推进减税降费工作落到实处。全年新增减税降费19642万元，其中2020年新出台的政策减税降费11377万元（税收3550万元，社保降费7195万元，非税收入减免632万元）；办理出口退税3.12亿元，其中：出口货物退税2.37亿元，免抵调库7500万元。

【纳税服务】

县税务局推进"非接触式"办税服务，建设24小时自助办税服务厅，拓展网上、线上办税缴费服务，宣传"易税"服务体系，引导外来建安纳税人通过"税e链"平台办理跨区域涉税事项。成立"青年先锋队""巾帼先锋队"，在线开展二维码扫码远程辅导，电子税务局涉税事项线上办理占比92.76%。持续优化税收营商环境，出口退税办理提速50%，5个工作日全部退到位；利用钉钉直播平台，以"税务+直播"的模式举办各类政策培训，在线答疑解惑；拓展银税互动助力企业融资，帮助64户企业以"纳税信用"换取7992万元的"融资资本"，缓解企业资金压力。"12366"税务服务平台全年零投诉，在2020年泉州市纳税人满意度第三方测评中获得第一名。

（分管领导：陈凯祥　撰稿人：张秋蓉）

2020年度入库税金一览表

表2　　　　单位：万元

序号	项　目	合　计	中　央	地　方			
				小计	省级	市级	县级
1	总　　计	192061	36650	155411	22529	27034	105848
2	一、税收收入合计	149329	67858	81471	2748	24	78699
3	1. 增值税收入	63984	31992	31992	−737	0	32729
4	(1) 国内增值税	63984	31992	31992	−737	0	32729
5	一般增值税	32724	16362	16362	−185	0	16547
6	改征增值税	24078	12039	12039	−552	0	12591
7	其中：中国铁路总公司改征增值税收入	0	0	0	0	0	0
8	残疾人就业增值税退税	0	0	0	0	0	0

续表 2

序号	项　　目	合 计	中 央	地 方			
				小计	省级	市级	县级
9	软件增值税退税	-26	-13	-13	0	0	-13
10	资源综合利用增值税退税	-292	-146	-146	0	0	-146
11	成品油增值税退税	0	0	0	0	0	0
12	黄金增值税退税	0	0	0	0	0	0
13	光伏发电增值税退税	0	0	0	0	0	0
14	风力发电增值税退税	0	0	0	0	0	0
15	管道运输增值税退税	0	0	0	0	0	0
16	融资租赁增值税退税	0	0	0	0	0	0
17	免抵调增增值税	7500	3750	3750	0	0	3750
18	免抵调增改征增值税	0	0	0	0	0	0
19	(2) 进口货物增值税	0	0	0	0	0	0
20	2. 消费税收入	94	94	0	0	0	0
21	（1）国内消费税	94	94	0	0	0	0
22	其中：成品油消费税	0	0	0	0	0	0
23	（2）进口消费品消费税	0	0	0	0	0	0
24	其中：进口成品油消费税	0	0	0	0	0	0
25	3. 企业所得税	22905	13743	9162	2	0	9160
26	其中：中央固定收入	0	0	0	0	0	0
27	（1）一般企业所得税	22900	13740	9160	0	0	9160
28	内资企业	21505	12903	8602	0	0	8602
29	外资企业	1395	837	558	0	0	558
30	（2）分支机构预缴所得税	5	3	2	2	0	0
31	内资企业	5	3	2	2	0	0
32	外资企业	0	0	0	0	0	0
33	（3）总机构预缴所得税	0	0	0	0	0	0
34	内资企业	0	0	0	0	0	0
35	外资企业	0	0	0	0	0	0
36	（4）分支机构汇算清缴所得税	0	0	0	0	0	0
37	内资企业	0	0	0	0	0	0
38	外资企业	0	0	0	0	0	0
39	（5）总机构汇算清缴所得税	0	0	0	0	0	0
40	内资企业	0	0	0	0	0	0
41	外资企业	0	0	0	0	0	0
42	（6）企业所得税待分配收入	0	0	0	0	0	0
43	内资企业	0	0	0	0	0	0
44	外资企业	0	0	0	0	0	0

续表 2

序号	项　　目	合 计	中 央	地 方			
				小计	省级	市级	县级
45	4. 个人所得税	26223	15734	10489	0	0	10489
46	利息所得税	0	0	0	0	0	0
47	其他个人所得税	26440	15864	10576	0	0	10576
48	汇算清缴退税	-217	-130	-87	0	0	-87
49	5. 资源税	1398	0	1398	0	0	1398
50	6. 城市维护建设税	2909	0	2909	0	0	2909
51	7. 房产税	2311	0	2311	0	0	2311
52	8. 印花税	1127	0	1127	0	0	1127
53	证券交易印花税	0	0	0	0	0	0
54	其他印花税	1127	0	1127	0	0	1127
55	9. 城镇土地使用税	3204	0	3204	0	0	3204
56	10. 土地增值税	8002	0	8002	0	0	8002
57	11. 车船税	1823	0	1823	0	0	1823
58	12. 车辆购置税	6292	6292	0	0	0	0
59	13. 烟叶税	0	0	0	0	0	0
60	14. 耕地占用税	254	0	254	0	0	254
61	15. 契税	8553	0	8553	3431	0	5122
62	16. 环境保护税	244	0	244	49	24	171
63	17. 其他税收	6	3	3	3	0	0
64	二、成品油消费税退税	0	0	0	0	0	0
65	三、个人所得税代扣代缴手续费退库	-52	-31	-21	0	0	-21
66	四、出口退税合计	-31190	-31190	0	0	0	0
67	1. 出口货物退增值税	-23690	-23690	0	0	0	0
68	2. 改征增值税出口退税	0	0	0	0	0	0
69	3. 免抵调减增值税	-7500	-7500	0	0	0	0
70	4. 免抵调减改征增值税	0	0	0	0	0	0
71	5. 出口消费品退消费税	0	0	0	0	0	0
72	五、社会保险基金收入合计	65947	0	65947	17848	26944	21155
73	1. 企业职工基本养老保险基金收入	17006	0	17006	17006	0	0
74	2. 失业保险基金收入	377	0	377	0	377	0
75	3. 职工基本医疗保险基金收入	12825	0	12825	0	12825	0
76	4. 工伤保险基金收入	263	0	263	0	263	0
77	5. 生育保险基金收入	526	0	526	0	526	0
78	6. 城乡居民基本养老保险基金收入	5239	0	5239	0	0	5239
79	7. 机关事业单位基本养老保险基金收入	16926	0	16926	842	168	15916
80	8. 城乡居民基本医疗保险基金收入	12785	0	12785	0	12785	0

续表 2

序号	项　　目	合 计	中 央	地 方			
				小计	省级	市级	县级
81	9. 其他社会保险基金收入	0	0	0	0	0	0
82	六、非税收入合计	3716	13	3703	1350	0	2353
83	1. 教育费附加收入	1882	0	1882	0	0	1882
84	2. 地方教育附加	1255	0	1255	1255	0	0
85	3. 文化事业建设费收入	8	0	8	8	0	0
86	4. 海上石油矿区使用费收入	0	0	0	0	0	0
87	5. 税务部门罚没收入	12	12	0	0	0	0
88	6. 其他	1	1	0	0	0	0
89	七、其他收入合计	4311	0	4311	583	66	3662
90	1. 工会经费收入	618	0	618	0	0	618
91	2. 职业年金	3693	0	3693	583	66	3044

统 计

【概况】

2020年，县统计局做好农业、工业、商业、建筑业、服务业、固定资产投资、房地产开发、人口、劳动力、劳动工资、能源消费、社会科技、文化产业、各类价格和城乡居民收入等常规统计调查，完成第七次全国人口普查、全县绩效评估公众评议等专项统计调查，持续开展《中华人民共和国统计法》和《统计违法违纪行为处分规定》的宣传活动，发挥统计监测、预警作用，为县委、县政府决策经济社会发展提供依据。

【常规统计调查】

组织完成涉及国民经济和社会发展各领域的常规统计调查。按照“先有库、再有数”原则，对联网直报单位进行全面核实，对新增的单位及时进库报批，确保所有符合填报要求的企业全部进入调查单位库，全年申报新增“四上”（指规模以上工业企业、资质等级建筑业企业、限额以上批零住餐企业、规模以上服务业企业）企业107家。优化专业统计的基础数据采集、汇总处理、上报评估等各工作环节，统计数据上报全面准确及时。

【专项统计调查】

按照上级普查机构的统一部署，组织完成全国第七次人口普查入户登记、数据审核上报工作。根据普查汇总资料，永春县常住人口422531人，比第六次全国人口普查减少29686人，下降6.56%；全县共有家庭户148226户、集体户4403户，家庭户人口410813人、集体户人口11718人，平均每个家庭户人口2.77人。全县常住人口中，男性人口216869人，占51.33%；女性人口205662人、占48.67%，常住人口性别比（以女性为100，男性对女性的比例）105.45。组织实施全县绩效评估公众评议等专项统计调查。

【统计保障与服务工作】

组织实施“七五”普法，开展统计法制宣传教育。以专业工作为依托，开展经常性宣传，利用年报会、业务培训会和农普宣传活动等，对《中华人民共和国统计法》进行有针对性地宣讲，提高专业统计人员的法律知识。以统计监督检查为契机，推动法治建设规范化。贯彻落实乡镇统计工作规范化建设，开展各乡镇统计专网节点管理工作。加强网络及信息系统安全管理，提高信息保密安全工作水平。以建设学习型统计为目标，选送干部参加国家和省、市统计部门业务培训，强化面向本局（队）干部、乡镇分管领导、乡镇统计站、调查单位的经常性业务培训，提高全县统计干部的综合素质。

完善统计微信公众号，加大政府信息公开力度，组织编印《永春统计月报》《2020年统计年鉴》《2020年永春县国民经济和社会发展统计公报》等。定期发布月度国民经济统计主要指标，做好季度经济运行情况通报工作。认真研究市对县政府绩效评估指标考核体系，对2020年市对县政府绩效评估指标考核体系提出修改意见和建议，配合县效能办制定2020年县对乡镇绩效评估指标考核体系，及时关注2020年绩效指标运行情况。从统计数据角度为全县各种活动提供数据支持，配合做好市人大经济调研。

（分管领导：潘黎生　撰稿人：黄易、林荣垣）

审 计

【概况】

2020年，县审计局完成审计（调查）项目32个。审计查出违规金额430万元，管理不规范金额28145万元，非金额计量问题 169个。移送有关部门处理事项2件，移送纪检监察机关处理事项 3件，移送处理金额159万元。应上缴财政197万元，应归还原渠道资金755万元，应减少财政拨款或补贴8万元。审计期间被审计单位自行纠正整改金额397万元。审计促进整改落实有关问题资金11102万元。提出审计建议62条。横口乡原党委书记和原乡长任期经济责任审计项目获评全省优秀审计项目。《晋江洛阳江流域生态保护和修复情况审计存在问题及建议》获市长王永礼批示“这就是目标引导与问题导向的好素材！”，晋江安海镇党政主要领导经济责任审计项目获常务副市长洪自强批示“审计履行监督职能，对促进小城镇规范管理提出针对性建议，很好！”，五里街镇古街改造项目审计调查报告获县委书记庄永智批示“审计及时发现问题，并提出很好建议”，横口乡政府财政决算审计报告获县长吕建成批示“县审计局发挥监督作用，提出规范和针对性审计建议”。县审计局党支部获评为县直机关第八轮（2018—2019年度）先进“五好”党支部。

【政策跟踪审计】

开展新冠肺炎疫情防控资金和捐赠款物专项审计、应对疫情稳定经济增长措施落实情况跟踪审计、“三促进”（促进就业优先政策落实、促进财政资金提质增效、促进优化营商环境）专项审计、国有资产和资本运营管理情况审计调查、土地收储和存量情况审计调查、化解投资趋缓堵点痛点难点专项调查等国家重大政策措施落实情况跟踪审计和审计调查项目，确保各项政策措施落到实处、发挥实效。

【财政资金审计】

开展县财政局同级审及县交警大队预算执行情况审计，审计查出违规金额310万元，管理不规范金额10329万元，促进被审计单位上交县财政170万元，归还原渠道资金101万元。有效促进财政收支行为的规范，提高财政资金使用绩效。

【民生项目审计】

根据上级审计机关的安排，开展安溪县“两不愁三保障”落实情况专项审计调查，保障扶贫资金走完“最后一公里”。结合各审计项目开展永春县扶贫和乡村振兴相关政策及资金审计，审计查出管理不规范金额21万元，非金额计量问题5个。5月派出7名审计人员配合县扶贫办对全县22个乡镇开展扶贫资金检查，规范扶贫资金使用和管理。开展居家和社区养老服务改革专项审计调查，审计查出违规金额80万元，管理不规范金额118万元，促进归还原渠道资金180万元，维护人民群众养老权益。开展两江（指晋江、洛阳江）流域生态保护和修复专项审计调查，审计查出管理不规范金额432万元，非金额计量问题11个，助力打赢污染防治攻坚战。

【经济责任审计】

开展湖洋镇原党委书记和原镇长、县科学技术协会主席、县农业机械站站长、晋江市安海镇原党委书记和原镇长共4个单位（乡镇）领导干部任期经济责任审计，审计查出违规金额38万元，管理不规范金额2036万元，促进归还原渠道资金26万元。开展湖洋镇原党委书记和原镇长、晋江市安海镇原党委书记和原镇长自然资源资产离任审计，审计发现管理不规范金额28万元，非金额计量问题25个，推动领导干部切实履行自然资源资产管理和环境保护责任。

【政府投资项目审计全覆盖】

加强对政府投资项目的审计监督，促进政府投资建设领域健康发展。开展五里街镇古街改造项目审计调查和东平镇偏远山区集中搬迁安居工程建设管理情况审计调查，审计发现管理不规范金额9780万元，非金额计量问题35个，核减投资额8万元。加强专项资金审计，确保专项资金专款专用。开展有关公共卫生服务、支持中小企业发展和管理、职业教育、自然资源、社保就业科目审计和地方政府债券审计，审计发现管理不规范金额190万元，促进归还原渠道资金176万元。加强行政企事业财务收支审计。对县特殊教育学校、县商业总公司等2个行政企事业单位2019年度的财务收支情况进行审计，审计发现管理不规范金额26万元，促进归还原渠道资金3万元。加强乡镇财政决算审计。对达埔镇2018—2019年度财政决算和其他财政收支情况进行审计，审计发现违规金额2万元，管理不规范金额5206万元，非金额计量问题8个。加强对网络安全和信息化的审计监督。结合各审计项目开展信息系统和网络安全审计，推动被审计单位完善相关制度，保障信息系统安全、可靠和高效运行。

【“1+X”专项审计】

结合6个审计项目，持续开展中央八项规定精神“1+X”专项审计，切实遏制公款消费中的各种违规违纪违法现象，促进被审计单位落实中央八项规定及实施细则精神，厉行勤俭节约，精打细算过紧日子，守底线防风险。2020年移送县纪委监委2条“1+X”专项督查发现问题线索。派出8人次协助市、县委巡察办开展巡察工作，建立健全与巡察机构的工作协调机制，形成监督合力。

【大数据审计】

2020年首次对全县财政一级预算单位2019年度财务数据开展采集、整理和分析工作。采集到位、标准化单位数66个，数据采集率和标准化率达100%。在对财务数据归集、整理、标准化的基础上，开展数据分析，并对分析发现的线索和疑点通过现场审计和向疑点相关单位发函核实确认的方式开展精准审计。审计发现2个问题，促进相关单位上交县国库73.68万元。

（分管领导：刘志荣 撰稿人：王珊玲）

市场监管

【概况】

2020年，县市场监督管理局严抓市场监管领域各项防控工作，全年检查批发、农贸市场1086个次，药械、餐饮等经营主体12931家次，受理各类咨询、建议、投诉、举报案件453件。查处各类市场违法案件90起，罚没56.6万元。

【市场新冠疫情防控】

抓帮扶指导强保障。提前介入，主动服务，帮扶迈特富、瑞迈舒、双恒3家企业通过应急审批措施取得医疗器械生产许可证和产品注册证（临时），全县口罩、防护服日产能从疫情前的零产量提升到产量高峰期日产能10万只和2000件。推进复工复产工作。联合县公安局、城管局开展执法巡查，对容易出现人员密集的场所、店铺密集的区域开展网格化监管，共巡查经营户1.3万多家次，给予警告、关停等行政处罚74户。助力全县小型经营门店实现复查复工，疫情防控进入常态化。推进学校安全复学。对学校食堂、校内医务室、校园周边食品药品经营单位进行全覆盖排查整治，发现并消除安全隐患46处。监督抽检粮食制品、禽畜肉、一次性餐具等样品28个，确保源头供应原料产品质量稳定。按照“应检必检、每批必检”的原则，15个快检室节假日无休开展校园食堂食品安全快速检测，是年检测17568批次，下架销毁不合格食材23批次，保障校园食品安全。做好中高考食品安全保障工作。加强防护物资监管。立案相关案件2起，组织抽检口罩5批次，不合格4批次，进行约谈并督促整改。做好重点行业、重点场所监管工作。对全县16个农贸市场25家冷冻食品经营户、35个生鲜食品冷冻库进行摸排，组织执法人员对辖区冷库从采购、运输、仓储、市场到消费者手中全链条的监督检查。摸排农贸市场和冷链行业从业人员的信息554条，报送县疾控中心进行核酸检测。

【服务经济发展】

推动香产业链发展。完善国检中心配套设施，完成“人才书吧”建设，建成集科技、体验、互动为一体的香文化展示厅。强化与西藏质检院合作，研究指导藏香国家标准申报，推进联合申报的1项总局技术保障课题。2020年9月，香检中心受国家市场监督管理总局委托，派员参加“技术援藏”工作表现突出，受总局领导肯定。提升科研活动水平，初步建成精油提炼实验室，探索香料精油提取科学研究工作；新增获批立项市级科研项目

1项，申报国家市场监督管理总局项目1项，新发表核心期刊论文2篇，申请发明专利2项实用新型专利1项。持续推进标准建设，指导永春县香制品同业公会起草团体标准2个。深化商事登记制度改革。实行多证合一、证照分离等改革，促进市场主体提质增量。全县新增各类市场主体5930户，比上年增长27.15%，其中企业1904户，增长88.70%。受理“一窗通办”700余件，免费刻制公章767套，帮助群众节省费用55万余元；开展市场主体年报工作，内资企业、外资企业、农民专业合作社年报率分别为90.61%、87.43%、94.92%，市场主体年报率完成总体良好，部分指标位居泉州市前列。推进标准工作。指导好帮手家政服务公司等3家企业开展省级家政服务标准化、农业标准化示范创建工作。强化计量提升工作。开展“免费检定”工作，完检定加油机、各类大平秤等7635台件，减免检定费用40余万元。

【安全生产监管】

开展安全隐患排查处置工作。重点围绕房屋安全、小作坊小加工厂等开展排查整治，全年检查场所和单位2013家，发现一般隐患问题25个，完成整改18个，限期整改7个，报送联合惩戒“黑名单”4个。牵头开展小作坊排查处置工作，责令停止经营活动58家，引导办照227家。《以“三有”全力推进小作坊小加工厂隐患排查处置工作》的经验做法在全市通报交流。强化食品安全监管。15个常设快检室持续开展食品安全快速检测50060批次，下架不合格食品94批次，合格率为99.81%，检测数量居泉州市第一。开展食品安全监督抽检样品218批次，不合格1批次，合格率99.32%。开展节日市场、冷藏冷冻食品、网络餐饮服务等食品专项整治行动20多个，立案12起，罚没款13.3万元。开展网络订餐食安封签工作，发放食安封签15.9万个。推进“一品一码”工作，全县1850家食品生产经营户注册、使用可追溯系统，累计录入数据58.3万笔。永春县创建省级食品安全社会共治示范县通过泉州市市场监管局初检。强化药品安全监管。开展医用防护用品、中药饮片等专项检查，立案28起，罚没6.8万元。深化药械不良反应监测，上报ADR133例、新的严重的49例，MDR29例、严重的12例。帮扶企业办理药品经营许可证相关事项60件、医疗器械许可1件、备案22件。强化特种设备监管。以涉疫单位（县医院、县中医院、隔离点、健康管理站等）和充装单位使用的特种设备安全为检查重点，强化动态管理，落实隐患整改。是年全县新增特种设备台235台（部），总数1722台，使用登记率99.86%，定期检验率99.36%，检查特种设备使用单位389家，隐患整改率100%。强化市场安全监管。保持对市场领域违法违规行为的高压态势，打击哄抬物价、商标侵权、销售假冒伪劣产品等扰乱市场秩序违法行为。推进企业诚信体系建设。开展“双随机、一公开”跨部门联合抽查，抽取经营户200户次，发现存在问题企业24家，列入经营异常名录24家，抽查任务完成率100%。开展无证照查处工作。查处取缔无照经营户14家，发出各类监管文书1600多份，指导办照1500多户，永春持证持照率、亮证亮照率较上年都有所提高，均达98%以上，全县的无照经营比例明显低于上年。推进扫黑除恶专项斗争。突出市场监管重点、敏感领域涉黑涉恶线索摸排，摸排农贸市场等重点区域、各类交易场所15处，走访消费者682人，经营者895户，梳理排查投诉举报等线索841件，未发现黑恶势力。

【知识产权保护】

2020年，永春县新申请专利1891件，其中发明专利申请135件、实用新型1517件、外观设计239件；专利授权1464件，其中授权发明专利17件、实用新型1119件、外观设计328件；有效发明专利340件，每万人口发明专利拥有量为7.26件。全县新增注册商标900件，注册商标总数达8100件，比上年增长12.5%。挖掘特色资源，引导、帮助传统特色产业申请注册地理标志证明商标，地理标志工作走在泉州市前列。至年底，全县有地理标志证明商标5件，22个乡镇有10余个乡镇有意申报地理标志证明商标。其中，“永春白番鸭”“五里街韭菜”已被国知局受理，“岵山番石榴”“蓬壶面线”等12件已与第三方知识产权服务公司签订协议。知识产权运用。推进永春芦柑提升工程项目，与中国美院合作设计产品包装，规划建设生态芦柑示范园。指导邦正等3家公司办理专利质押贷款6400万元，推荐锦林环保、佳威塑料2家公司申报省知识产权优势企业。

（分管领导：林齐鸣　撰稿人：蔡燕华）

公共安全管理

应急管理

【概况】

2020年，永春县安全生产形势总体平稳。全年发生生产安全事故起数5起、死亡人数5人，分别比上年下降16.67%和持平。

【健全安全生产责任体系】

调整成立以县委书记、县长任主任的安全生产委员会，把成员单位增加至51个，组建16个专业委员会，由分管副县长牵头负责相关行业领域安全生产工作，实行重大安全生产问题领导挂钩整治制度；县委常委会会议、县政府常务会议分别多次听取应急管理工作有关情况汇报，研究解决安全生产重大问题。安全隐患大排查大整治百日攻坚期间，县主要领导每周亲自主持召开会商会，县委、县政府主要领导带头抓安全生产，组织开展安全生产督导调研、警示约谈等活动，推动建立“党政同责、一岗双责、齐抓共管、失职追责”责任体系。细化安全生产各项任务，压紧部门监管和乡镇属地管理责任。引导企业建立健全自我约束、持续改进的安全生产内控机制，加强企业主体责任，完善企业安全管理规范，深化“黑名单”制度，健全失信惩戒和守信激励机制。

【夯实安全生产基层基础】

推进安全生产与社会综治“两张网”深度融合，明确县、乡镇、村（社区）、单元四级网格工作负责人和权责，打通安全生产监管“最后一公里”。深化“科技兴安”举措，投入165万元为161家规上企业安装“智慧消防用电”设备1217套（已安装831套）；投入60.37万元为32个住宅小区安装电动自行车智能充电桩系统（482套），集中充电场所（120个）和智能充电口（2085个）；全县累计安装独立式感烟探测器275个、简易喷淋设施82套，免费为1285名老人安装了智能烟感报警器，筑牢消防用电安全“防火墙”。扩大安全生产社会化服务，全县22个乡镇和县工业园区聘请第三方开展安全检查服务，解决基层技术力量不足问题。编制形成《永春县安全风险评估报告》，推进县、乡镇、村（社区）、企事业单位建立本级重大风险点台账及管控措施，为完善风险分级管控、隐患排查治理双重预防机制建设和创建永春安全发展县打牢基础。

【安全生产隐患排查治理】

围绕“查得出来”，创新建立“一网一库、两随机、三比对、四会商”工作机制。编织安全监管大网。实行“23个大网格（22个乡镇、1个工业园区）、236个中网格（村、社区）、1387个小网格（工作小组）、2290多名网格员”网格化责任机制，通过网格员全覆盖排查，增加排查对象5202家，新发现隐患3079条。建立企业信息大数据库。将全县所有企事业单位2997家（含避灾点）录入泉州市安全隐患排查整治信息系统，做好乡镇、部门监督检查和企业自查、整改情况录入。实行“两随机”抽查。按照“四不两直”（即不发通知、不打招呼、不听汇报、不用陪同接待、直奔基层、直插现场）“双随机”（即在监管过程中随机抽取检查对象，随机选派执法检查人员）的方式，对各乡镇各企业安全隐患排查整治情况进行抽查。开展三项比对检查。用电数据比对：对月生活用电超1000度的异常用户实施精准排查，共发现加工点319处，“三合一”场所10处。导则化比对：制定各行业安全隐患排查整治工作导则，由各乡镇对照导则开展检查。查源头比对：对排查的厂房私设加油罐的企业，倒查工厂业主、倒查油源；对“多拉快跑”的渣土车等运输车辆，倒查运输车队、倒查货物源头。健全四级会商机制。县指挥部、专项整治组、职能部门、乡镇定期开展会商，分级分类会商研究解决具体问题，小隐患不出乡镇，大隐患不出县。

针对“整得下去”，创新建立“三单三改”工作机制。精准开“三单”。对排查出来的隐患和问题进行分析研判，建立“问题清单、责任清单、销号清单”，责令1595家企业限期整改，定准对策措施，确保形成闭环。落实好“三改”。由县纪委监委牵头，成立23个督导组，分别对22个乡镇和县工业园区安全隐患整改情况实施全过程跟踪督导，指导他们实行分级、分类、分批整改。根据隐患整改难易程度由乡镇、村（社区）分级落实整改，明确“规模以上企业由行业主管部门负责，规模以下企业由乡镇负责，个体工商户、小微企业、小作坊、加工点由村（社区）负责”。根据隐患行业类别由县直有关单位落实整改。根据隐患急重轻缓分批落实整改，有堵有疏，科学有序推进整改。

【重点行业安全生产专项治理】

道路交通方面。实行县、乡（镇）、村（社区）三级书记抓道安，新增人脸识别抓拍取证，加大执法力度，全县共查处各类严重交通违法行为36731起，其中酒驾145起，醉驾50起，货车超载623起，其他35913起。全县共摸排交通隐患589处（驾驶人37人，车辆117辆，道路365处，企业70家），已完成整改588处，整改完成率99.8%。消防安全方面。开展“三合一”场所专项整治，确立了桃城、达埔、蓬壶、东平、石鼓、五里街等6个消防整治重点乡镇实行县领导挂钩制度，创立“四周”（即每周组织县广播电视台对一个乡镇“三合一”场所整治情况进行采访，每周曝光一批存在消防安全隐患的企业，每周通报一次“三合一”场所整治情况，每周通报一次“三合一”场所整改情况）工作法，至6月底，永春县完成了市政府挂牌督导的蓬壶、达埔两个区域性消防安全突出问题的验收销案。8月以后，针对自建房加工场所消防安全整治工作，将全县22个乡镇和县工业园区分成6片区，由县工信商务局、公安局、住建局、市场监管局、城管局、消防救援大队等6个主管部门挂片落实“三督一牵头”（“三督”即督全面摸查、督及时评查、督快速整改，“一牵头”即包片单位牵头组织县直有关单位联合执法），对自建房所有者及各经营主体安全生产违法行为依法查处，消除全县自建房加工场所消防安全隐患，共摸排出来的711幢涉及759家自建房加工场所，发放告知单711份，各加工场所应急预案、灭火和疏散演练全覆盖（除取缔关闭外，共744场），停产停业整顿31家，取缔关闭19家，拆除违法临时搭盖4家，罚款2.2万元。工贸企业方面。实施“执法倒逼落实”方法，强化重大隐患整改落实。如针对永春县介福国太木材加工厂车间厂区达不到防尘防爆要求，与民房安全距离不足，构成重大隐患。由县应急局责令停产整改、罚款并协调电力部门给予断电，倒逼企业主动拆除。又如责令工业园区6家企业立即停止使用锅炉，在取得锅炉使用许可证前不得擅自使用，县工业园区管委会、市场监管局等部门每天到企业开展一次执法检查，倒逼企业转型使用天然气设备，主动退出锅炉设备使用。自然灾害方面。落实县、乡、村、监测员四级群测群防网络体系，持续开展地灾简易治理工程。积极向上级争取资金和政策，对威胁较大的隐患点实施地质灾害治理工程。如吾峰镇择水村地质灾害点，影响1幢房子2户13人安全，13人已搬离，并设立警示标志，加大巡查力度。对全县255个避灾点实施全面监测防控，加强水库大坝、堤防、水闸、泵站、小水电、小山塘汛期安全检查，及时发现玉斗镇玉美村坂仔山塘坝体前后坝坡存在塌陷，坝体存在漏水的重大安全隐患，并通过开展临时性应急除险，空库运行，山塘除险加固等措施，有效地排除了重大险情。

【应急管理工作开展】

靶向施策，加强联合执法，重拳打击各类非法违法行为。通过联合执法行动，推动依法立案并作出行政处罚5起，处罚金额35.6万余元。实施“一十百千万”（即一场县委中心组学习，十场较大规模专题讲座，百场应急救援演练，千人参加应急知识考试，万人网上知识学习培训）方案，加强应急预案编制、收集和修订，督促指导各级各有关部门开展各类应急演练活动

（防汛抗灾、道路交通、消防、危险化学品等）20余次，参演人员3000余人。加快建设以县级应急救援大队和政府专职消防站为骨干力量，企业专职消防力量为辅助，社会微型消防站为补充的应急救援体系，强化应急救援能力建设，提升应急系统和各类应急力量的安全技能和应急管理能力。投入防灾减灾工作。调整防汛抗旱指挥部、森林防灭火指挥部2个议事协调机构，对全县45处地质灾害点和高陡边坡等进行巡查监控，转移受灾群众406人次；投入50万元提升10个避灾点建设标准；发放自然灾害救助资金6万元，覆盖239名受灾群众；为普通农户（13.5万户）、贫困户农房（4378户），投保自然灾害公众责任险230.23万元。强化森林队伍建设和火情管控，有效处置森林火警64起。抓好防汛抢险队伍建设及物资储备（共建立抢险队伍66支1471人，储备皮筏艇37艘，救生衣2334件，救生圈1278只，麻袋1.12万条，编织袋16.98万条），确保正常使用。

【开展安全生产三年专项整治】

根据永春县安全生产实际情况和工作重点，通过深入调研，健全完善工作机制，务实举措，推动安全生产专项整治三年行动开展。层层建立风险清单、隐患和问题清单、任务和措施清单、成果清单“四张清单”。建立风险清单，明确风险点位（单位或部门）、风险等级及采取的管控措施；隐患和问题清单要制定时间表、路线图，明确整改责任单位、整改要求；任务和措施清单要明确牵头单位和推进的整改时限、路线图；成果清单要明确专项整治期间制定或修订的法规规章、标准、制度及创新性措施等成果。健全完善“四项机制”。建立信息报送机制，至少每季度督查一次各乡镇、各部门专项行动推进情况，包括“四张清单”更新情况、重点工作进展情况、存在的突出问题、典型做法以及阶段性工作总结等；建立督查督办机制，县安委会成立专项整治综合督查组，从实施方案印发开始，对各地专项整治部署落实工作进行督查，对重大问题、重大隐患实施挂牌督办；建立联合执法机制，县安委会办公室根据各部门提交的跨部门突出问题、重大隐患及重大非法违法行为等，牵头协调建立联合执法工作机制，进行联合执法查处，县级各有关部门可自行协调建立联合执法工作机制，对相关行业领域开展联合执法；建立数据共享机制，县安委会办公室牵头在县级层面建立风险、隐患、措施、成果等数据共享机制，为各相关单位防范安全风险及开展联合执法、共享工作成果提供参考。综合运用“四种手段”。综合运用考核巡查、通报约谈、警示曝光、奖励问责等手段和措施，督促各责任部门和单位按期、高质量完成相关工作任务，确保专项整治工作取得实实在在成效。

【安全生产宣传培训】

结合“4·15”全民国家安全教育日、“5·12”全国防灾减灾日、“9·18”防空防灾和6月安全生产月咨询日宣传活动，统筹新冠肺炎疫情防控，结合线上线下活动，在棣兰体育场和各乡镇、工业园区组织开展形式多样、丰富多彩的宣传活动，共接待咨询群众5000余人，发放宣传资料15000余份，短信群发安全知识10000余条。通过电视、广播、新媒体等形式开辟专题专栏宣传防灾减灾和安全生产知识，组织各行业领域警示教育片制作和播放，开展“学理论强理念除隐患保安全”主题征文比赛，使之家喻户晓，深入人心。以高危行业职业技能提升培训为抓手，开展监管行业领域教育培训，共开展工贸企业、非煤矿山、危险化学品、烟花爆竹主要负责人及安全管理人员培训11期，组织电（焊）特种作业培训2期，培训企业负责人和安管员2000余人次，特种作业120多人次。

【助力疫情防控】

助推企业复工复产。根据常态化疫情防控工作要求，为企业复工复产防范安全风险推出网上审批等9个方面温馨提示和便企举措；印发《关于扎实做好疫情防控期间复产复工安全生产工作的紧急通知》等，精准服务指导企业复工复产，统筹做好疫情防控和安全生产工作。加强督促检查。成立以科级干部带队的4个督导组，采取“四不两直”方式，对22个乡镇分片包保，开展便企服务和督导检查，督促企业落实“一责两案”（“一责”即落实企业疫情防控主体责任，签订疫情防控承诺书；“两案”即指导企业制定疫情防控预案和复工复产方案），做好安全风险隐患排查整治和管控。开展重点防疫场所排查。牵头会同县住建、卫健、市场监管、文体旅游、消防等6部门组成联合检查组，对全县3处疫情集中隔离观察点和定点救治医院开展安全专项督查检查，检查发现问题隐患11项，及时督促有关部门和单位整改销案。支持疫情防控工作。派出5名党员支援乡村一线抗疫，严格内部防控管理，宣传普及疫情防控知识，提醒加强自身防护。动态掌握干部职工健康状况。采购口罩、消毒药水等个人防护用品，组织开展办公场所消杀工作。加强与联建社区、挂钩扶贫村对接联系，给予防疫资金和物资帮助。

（分管领导：颜声灶　撰稿人：陈志远）

消防救援

【概况】

2020年，永春县发生火灾62起，死亡1人，受伤0人，直接财产损失34.9万元。同比上年，火灾起数下降27.06%，死亡人数上升100%，受伤人数持平，直接财产损失下降70.67%，全县火灾形势保持总体稳定，无重特大火灾事故发生。当年县消防救援大队获第十三届泉州青年五四奖章集体、2017—2019年泉州市文明单位、2020—2022年省级青年文明号等荣誉称号，下辖桃城消防救援站获2020—2022年泉州市青年文明号荣誉称号。2020年有3人获总队、支队“优秀共产党员”称号。

【防火监督】

2020年争取地方消防业务经费170万元，专项经费260万元。提请政府将下洋消防站建设纳入为民办实事项目，申请划拨建设资金800万元，督促下洋消防站建设按计划推进。压实消防安全主体责任。提请县政府召开专题会议对消防安全集中大排查大整治、消防安全整治三年行动等专项活动进行研究部署。推动住建、教育、文体旅游、民族宗教等行业主管部门发文部署本系统火灾隐患大排查大整治、消防安全宣传教育等工作。联合县城管、交警、住建等部门约谈全县危化品企业、重点单位、第三方评估机构、仓储物流和快递服务企业主要负责人。组织召开现场会，指导县教育、卫健、民政、民族宗教部门消防安全标准化管理达标创建。向22个乡镇下发《“三合一”隐患督办通知书》，运用消防工作联席会议这一工作平台，下发通知文件28份，定期通报乡镇消防安全专项工作进展情况，推动各乡镇落实消防安全工作职责。深化消防安全综合治理。以消防安全专项整治三年行动为主要抓手，分系统开展消防安全隐患排查整治。全县排查消防重大安全风险隐患单位8家，纳入安全生产“关注”对象2家，纳入安全生产失信“黑名单”1家。开展各领域排查整治。高层建筑整治联合住建局和桃城、石鼓、五里街等乡镇召开全县高层建筑消防安全“三年行动”专项整治部署会，督促高层建筑管理使用单位开展自查自纠并建立问题隐患清单。督促254幢高层建筑开展查纠隐患272个，监督抽查29幢。厂房、仓库整治排查厂房、仓库522家，发现并整改火灾隐患1269处，收集单位自查登记表522份，组织消防宣传培训、演练20次，发放各类消防宣传材料3000余份。联合工信商务、应急等部门对厂房、仓库进行督导检查，向博纯材料和双龙特种气体2家化工企业下发《关于加强危化企业夏季消防安全工作的提示函》。小加工作坊和“三合一”场所整治推动蓬壶、达埔镇完成区域性消防隐患整治，如期验收销案；创新采用相关数据比对，帮助乡镇摸清小加工作坊底数690家。县“三合一”场所整治办建立每月随机抽查机制，全县排查“三合一”场所1000家，整改994家，整改率99.4%。其中生产性“三合一”场所458家，经营性“三合一”场所542家，查封并立案处罚14家，罚款10.82万元，断水或断电处理14家。县“三合一”场所整治办完成对22个乡镇全覆盖工作督导，共督导“三合一”场所114家，发现回潮8家，下发督办通知书18份，举报核实4家。群租房整治在桃城镇打造出租屋整改示范点，召开整治现场会，组织观摩学习。联合公安局对前期排查发现的70家租住10人以上（含10人）群租房消防安全整治情况进行专项督导，督促整改消防隐患300余处。老旧场所整治结合创城工作，推动住建局、桃城镇在老旧小区改造中升级改造消防设施和打通消防车通道，开展小加工作坊、改用仓库消防安全隐患整治“回头看”行动排查整治330家，整改消防安全隐患405条。自建房整治全县排查自建房改用生产、储存建筑711幢，涉及经营主体759家，停产停业整顿31家，取缔关闭19家，拆除违法临时搭盖4家，查封2起，罚款22050元。其中通过采用“四比对”（即8月份用电大户数据、“三合一”数据、小加工作坊数据、房屋大排查大整治数据）、组织防火巡查小组进行全数核查的方式，帮助蓬壶、苏坑、玉斗、呈祥等4个挂片乡镇摸清底数，排查自建房加工场所242家，停产停业整顿24家，取缔关闭6家，拆除违法临时搭盖1家，查封2起，罚款15250元。沿街店面整治排查沿街示范店面539家，其中存在“下店上宅、前店后宅”现象的285家，已整改279家，正在整改6家，整改率97.9%。开展“双随机”消防安全检查。消防监督检查人员按照“双随机、一公开”系统抽选情况，深入辖区重点单位进行全面细致的消防监督检查。实施打通消防生命通道工程。对全县56个既有住宅小区和3个新建小区完成标准画线、立牌管理；对22个公共建筑进行标准画线、立牌，已完成21个。联合住建局和桃城、五里街镇对桃东新村、交通局宿舍楼等9个改造中的老旧小区进行调研分析，开展消防车通道治理联合执法行动7次，对31个住宅小区消防车通道进行逐一过细检查，确立“示范一批”小区7个、“提升一批”小区17个、“挂牌一批”小区7个。创新乡镇治理违停“温馨提示”贴单制度。对乱停、影响消防车、其他车辆和行人通行的车辆进行贴单提示，并对违法行为进行拍照固定证据，向交警或消防等部门进行移送。强化农村地区火灾防控工作。牵头组织农村用火用电消防安全工作会商，研究分析农村防火工作的薄弱环节，形成农村消防安全风险调研分析报告。指导县助困公益协会成立一支消防志愿者服务队，协助应急局开展8场工贸企业安全生产专题培训，培训人数600人。优化消防站点布局，推进下洋消防站建设，完成桩基混凝土浇筑。推广“智慧消防”物防技防设施。全年乡镇安装独立式感烟探测器1064个、简易喷淋设施183套。县政府投入165万元为161家企业免费安装1217套智慧用电设备，已完成139家企业安装设备795套。33个住宅小区共投入60.87万元安装电动自行车智能充电桩系统483套，集中充电场所121个，智能充电口2095个。免费为全县1285名农村留守老人安装使用NB-IoT“智能烟感”。推进冬春火灾防控工作。联合住建局召开火灾事故约谈警示会、住宅物业小区消防安全工作部署会，对全县70家电动自行车经销商进行培训约谈，开展流通领域电动自行车专项整治，深入五里街、岵山、仙夹、玉斗等乡镇、派出所指导冬春火灾防控工作，提高乡镇、派出所人员检查、发现、督促整改火灾隐患的能力。开展消防安全宣传培训。拍摄制作3部消防专题警示教育片，创新建立“火灾警示机制”，通过组织消防违法案件、火灾事故相关人员观看警示教育片，加强消防宣传教育工作，震慑消防违法行为。分批分类对重点单位、重大火灾隐患单位、仓储物流、快递服务、危化品企业、电动车行业等负责人进行约谈培训10余次，发动各行各业收看“企业职工消防安全”网络直播4次、5万余人，发动乡镇在小型消防车上安装“大喇叭”，增设25处“三合一”场所消防安全宣传专栏，发动派出所、消防志愿者、基层网格员等宣传力量深入重点场所和重点领域常态化开展消防安全宣传。以“安全生产月”和“119”消防宣传月为契机，在中闽百汇商场开展大型商场消防综合应急救援演练和多种形式消防队伍比武竞赛，投入近万元制作一批笔筒、削皮刀、购物袋等“接地气惠民生”消防宣传品，深入开展消防宣传“五进”工作，投入8万元在万星文化公园打造全市首座消防主题文化公园并投入使用。在县电视台对桃城、达埔、蓬壶等重点乡镇开展“三合一”场所整治行动进行专题报道，中国应急管理报、福建电视台等主流媒体相继报道永春县“打通生命通道”、消防主题公园等消防安全工作开展情况。

【消防技能演练】

从严治队，突出风险管控。开展涉赌涉贷问题整治活动，收集征信报告70份，涉赌、涉贷情况报告表140份，发现涉赌涉贷问题线索1条，确定涉贷重点人员1人，建立档案资料，实行捆绑帮扶教育，形成督察通报5份，发现和督促整改问题70处，及时解决队伍中存在的小、微问题。聚焦实战，深化岗位练兵。依托县慈善总会解决训练奖励经费，累计发放奖金1.88万元。加强同乡镇专职队、企业微型消防站的联勤联动，定期组织开展业务技能培训，牵头举办多种形式消防队伍比武竞赛，对取得前三名的个人和团体进行表彰，发放奖励资金1.04万元。联合迅捷水上救援队开展水域救援训练，每周开展2次重点单位熟悉演练，修订完善灭火救援预案50余份，开展灭火救援实战演练100余次。重视安全，加强事故防范。推进“知危险、识危险、会避险”作战训练安全管控、队伍作战训练安全专项整治、安全集中排查整治等专项活动，召开专题会研究分析水域救援行动安全防事故事宜，开展作战训练安全大讨论，形成队伍作战训练安全分析报告。印制发放《灭火救援典型战例》《作战训练安全手册》《典型灾害事故处置安全行动要点提示》学习书籍180余本，每周进行2次安全理论知识学习和战例复盘，常态化开展安全防护训练，提升队伍作战训练安全水平。

（分管领导：陈煌龙 撰稿人：颜杰）

防震减灾

【概况】

地震监测预报，2020年永春县铜埔山GPS基准台，玉斗、石鼓基岩烈度速报台，永春二中土层地震烈度速报台及桃东台站的监测管理维护和群测群防工作，运行无明显异常。3个动物宏观观测点即湖洋镇金斗洋生态园、东关镇云河养殖场，一都镇南虹石蛙生态养殖场，均利用视频监控手段提高宏观观测点观测效率，全部无明显异常。桃东台站按泉州市地震观测台站标准化方案及图册（试行）进行准化建设，台站外观形象和观测室内部布设得到全面升级。地震预警系统建设经费列入“十三五”规划、2020年永春县为民办实事项目，2020年完成安装53个，累计完成安装256个，提前超额完成建设任务，覆盖主要中小学、村、社区等人员密集场所。

【防震应急场所建设】

2020年县财政投入100余万元加强地震应急避难场所建设及维护。其中新建3个，分别是仙夹中学、介福中学、吾峰中心小学应急避难场所，全县避难场所达22个。督促各避难场所业主单位、所在单位做好应急避难场所管理、维护和启用演练。不定期对应急避难场所进行巡检，对存在问题的场所要求管理单位限时整改。

【防震减灾宣传】

采取多种形式加强防震减灾宣传。利用有线电视、板报、标语、微信、网页等形式在防震减灾宣传周普及防震减灾知识，提高全民的防震减灾意识。在城区张挂横幅标语，在县有线电视台连续滚动播放标语口号，播放地震预警系列科普片。通过手机短信对“5·12”防灾减灾日主题及防震减灾知识进行宣传，发送短信1万条。通过微信朋友圈广告线上推广对“5·12”提升基层应急能力，筑牢防灾减灾救灾的人民防线主题及防震减灾科普常识以科普动画片形式进行宣传。宣传周期间，总计播放10万条。发挥防震减灾科学传播师作用，现有省级传播师5名，市级传播师1名，续聘县级传播师13名，邀请科学传播师进校开展地震安全教育专题讲座活动。全年开展防震减灾宣传讲座50多场，发放10000多份的防震避震与自救要诀等宣传单，增强学校师生对防震减灾知识的了解，提高师生们的安全意识和应对地震灾害的避险自救能力，为构建平安校园提供安全防护。动员党员干部、群众参与泉州市局多部门联合举办的防灾减灾知识视频讲解比赛，永春县获1等奖1名，2等奖1名，3等奖2名，优秀奖2名。开展科普示范学校创建工作。桂洋中心小学、第三实验小学、石鼓中心小学被认定为2020年度福建省防震减灾科普示范学校。蓬壶中心小学、下洋镇中心小学、永春六中被认定为2020年度永春县防震减灾科普示范学校。

（分管领导：陈文联 撰稿人：王惠华）

金融

人民银行

【概况】

2020年，中国人民银行永春县支行全县本外币各项存款余额260.62亿元，比上年增加25.17亿元，增长10.69%；全县本外币各项贷款余额174.36亿元，比上年增加20.33亿元，增长13.20%；不良贷款余额1.31亿元，不良贷款率为0.75%。

【货币政策】

贯彻执行稳健的货币政策与宏观审慎政策“双支柱”调控框架，加大金融支持供给侧结构性改革力度；发挥支农支小再贷款及普惠小微企业贷款两个直达工具的支持作用，运用3000亿元防疫保供专项再贷款向全国性疫情防控重点保障企业元龙公司发放200万元专项再贷款，运用5000亿元再贷款再贴现专用额度政策支持238户小微企业获得优惠利率贷款6540万元，运用10000亿元再贷款发放优惠利率贷款23715万元，解决830户小微企业主生产经营和农户种植的资金需求；推进利率市场化改革降低融资成本；加大金融支持稳企业保就业力度。成立永春县应对疫情金融服务工作小组，研究推出疫情期间支持复工复产的一系列金融措施。截至12月末，9家银行业机构累计对接1356家企业，信贷获得企业355家，占31%，其中对165家企业授信143335万元，对65家企业进行展期或续贷55169万元，对388家企业新发放贷款155225万元；新发放贷款占本年度各项新增贷款的76.34%。搭建政银企沟通交流平台，联合工信商务局等政府单位开展慧企政策宣讲活动，引导金融机构和企业开展协商和签订协议，破解银企信息不对称难题，提高融资速度和效率。辖内金融机构举办政银企对接会19次，对接企业826家，达成授信协议6.03亿元，后续发放贷款6.71亿元。组织辖区9家银行业金融机构开展金融支持制造业、小微企业供应链融资倍增行动计划，继续加大对小微企业、民营企业支持力度，截至12月末，永春县制造业贷款余额10.27亿元，比年初增加0.39亿元，增长3.95%。

【金融服务】

做好金融精准扶贫收官工作。健全金融支持产业带动脱贫机制，引导信贷资金向产业扶贫倾斜，重点支持受疫情影响的贫困户恢复生产经营活动和扶贫项目开工建设。推进移动支付便民工程建设和农村普惠金融服务点规范化建设。按照云闪付应用场景建设要求，引导农商行永春支行在北溪旅游景区完成“云闪付等支付渠道线上线下景区自助售票系统”建设并投入运行。引导督促各银行机构在每个营业网点周边500米范围内每月新增10个活跃商户。开展农村普惠金融服务点规范化建设，全年撤换5个服务点，服务点云闪付服务加载率达100%；在桃溪社区新增农村普惠金融综合服务点1个，切实解决廉租房老年人取款问题。推进现金示范区建设。完善锦斗镇、一都镇、吾峰镇现金服务示范区和达埔镇乌石村、延寿村、前峰村人民币流通净化示范村建设，提高现金服务水平，满足群众现金需求。向农村偏远地区的便民服务点配送34台激光式验钞机和宣传资料，提高便民点鉴别能力和综合服务水平。2020年示范区银行各网点累计为1028家商户办理人民币兑换和缴存业务313笔，金额403.15万元。加强调查统计和金融研究。建立“月度统计指标分析”制度，提高对金融统计数据变化的把控，更好地服务履职需要。做好社会融资规模统计，提高统计数据管理能力，确保安全生产和使用。多领域开展经济受疫情影响程度调查和制度性调查，加大对辖区实体经济的生产经营、金融需求变化、金融服务经济能力及自身风险状况的了解，促进金融与经济的对接，关注金融风险，为上级精准施策提供决策参考。货币金银业务稳步发展。指导金融机构做好残损人民币兑换、现金调拨和券别调剂业务，全年现金回笼136.74亿元，投放123.74亿元，净回笼13亿元；小面额残损人民币上缴0.2亿元，小面额人民币投放0.27亿元；兑换特殊残损币492张、金额43100元。加强疫情防控期间现金使用安全管理，落实现金收支两条线和回笼现钞消杀制度，确保未经消毒的现金不再流通到社会。全年银行业金融机构收缴假币2045张（枚），金额112305元。做好新版人民币5元纸币发行配套工作，确保新版5元人民币顺利发行。履行国库核算职责，全年共办理国库收入26.43万笔，金额39.18亿元；预算支出6.42万笔，金额60.09亿元；预算收入退库0.75万笔；金额3.11亿元；预算更正142笔，金额6.85亿元。推动征信业务发展。深化中小微企业和农村信用体系建设工作。履行“双牵头”职责，推进地方社会信用体系建设，配合发改局等部门做好公共信用信息平台建设，推动政务信息公开，建立长效合作机制和责任分担机制。推进中小企业信用体系建设，全年更新企业名称、地址、股东、高管等信用信息11户，提供企业信用报告查询服务121次，为企业打印信用报告129份；柜台查询个人信用信息25次。截至12月末，收集并录入中小企业信用信息材料453份，更新中小企业信用信息161户并有121家中小企业通过这一途径获得银行授信。加强农村信用体系建设，建立信用档案137115户，评定信用农户69976户，累计发放农户贷款3353602万元，农户贷款余额622405万元，其中正常贷款614012万元，不良贷款8546万元，不良贷款率1.37%。创建12个信用镇（乡）、168个信用村，创建规模和数量均位居泉州市前列。稳步推进中征应收账款融资服务平台业务发展。推动辖内新增企业用户开通数、融资笔数和融资金额的持续增长，重点推动在线确认类业务成交笔数和融资金额的提高。全年办理应收账款融资业务35笔，融资发生额9983万元，余额93790万元。通过中征应收账款融资服务平台办理应收账款融资1亿元，比上年增长17.97%；成交34笔，比上年增加5笔。改善支付服务环境。加强对辖内银行机构取消企业银行账户许可后的核查工作，对核查发现的问题及时予以指导纠正。联合公安等部门强化银行账户风险防控和排查力度，建立可疑线索移送机制；开展“断卡”行动，对涉案个人银行账户实施惩戒措施，形成打击治理跨境赌博和防范电信诈骗的高压态势。通过开展宣传活动提升社会公众对出租、出借、买卖银行账户及赌博的危害、诈骗的特征等认识；会同公安局推行企业开立银行账户签订《不参与电信诈骗承诺书》，从源头上遏制银行账户被用于违法违规活动。加强反洗钱监管。联合政法部门加强涉黑涉恶资金管控和打财断血工作，及时纠正金融机构反洗钱工作存在的问题，提升反洗钱监管工作水平；健全反洗钱工作协调机制和情报会商机制，密切与地方政府、公安机关、司法部门在反洗钱工作中的协调、合作和情报交流，向公安机关移送线索3条。

【金融法治】

推进基层法治央行建设。提升干部职工法治意识，推进政务公开工作；制定政务信息公开制度，规范政务主动公开和依申请公开工作；落实“好差评”制度，强化服务意识，好评率达100%。探索金融普法+扶贫，设立金融扶贫普法点；开展行政处罚案件执行回头看，修订行政处罚委员会审议制度，更新市场主体名录库和执法人员名单，规范行政行为；深化规范性文件清理工作。加强金融消费者权益保护工作。利用“3·15”金融消费者权益日、6月守住钱袋子、“6·14”信用关爱日、9月金融知识普及月和“12·4”国家宪法日等时点开展消费者权益保护、人民币防伪、防范金融诈骗等系列宣传活动，提升宣传的深度和广度。做好金融广告监测处置工作，组织商业银行报送非法金融广告线索，向上级报送1条非法金融广告监测线索。做好消保投诉案件处理，维护金融消费者合法权益。

【金融改革】

3月1日起，银行业金融机构

新发放的贷款全部实施贷款市场报价利率（LPR），促进辖内银行业金融机构贷款利率加点差稳中有降，据综合估算，全年辖区金融机构让利超1600万元；8月31日按时完成全辖LPR转换，有效推动利率市场化改革进程。以LPR指导定价促进金融机构利率水平的降低，对贷款利率点差明显扩大的金融机构，及时加强窗口指导，督促其切实打破贷款利率隐性下限，降低贷款利率水平。健全利率监测制度，及时报备利率调整情况，开展利率定价能力评估。

【金融创新】

稳妥推广农村土地承包经营权抵押贷款业务。继续做好辖区农村承包土地经营权抵押业务的衔接，督促辖区金融机构稳妥做好农地经营权抵押贷款业务，增强农村金融供给。截至12月末，永春县农地承包经营权抵押贷款余额5.98亿元，1—12月累计发放523笔2.17亿元。创新农村金融服务机制。加大对“三农”信贷投放力度，2020年投放涉农贷款135.36亿元，占全部贷款的77.63%。创新金融产品和服务，满足乡村振兴多样化的金融需求，辖区金融机构相继推出“商标权质押贷款”“农户异地创业贷款”“美丽乡村贷”“土地承包经营权抵押贷款”“光伏贷”等产品。推进金融对新型经营主体的支持。落实新型农业经营主体“主办行”服务机制，加大对农业产业化龙头企业、家庭农场、农业专业大户、农民专业合作社等规模经营主体的金融支持力度，促进乡村振兴。截至12月末，5家涉农金融机构支持新型农业经营主体累计发放贷款8.49亿元，贷款余额2.81亿元。

【金融稳定】

运用央行评级和存款保险早期纠正功能推动地方法人机构稳健经营。关注股东隐性关联、股东与授信大户隐性关联、股东持续出资能力，守住防风险工作底线。制定《人行永春县支行应对挤兑等突发事件处置预案》，提高应对辖区银行机构挤兑突发事件处置能力，增强应对处置的针对性和有效性，维护区域金融安全稳定。提升监管效能构筑处置合力。结合辖区实际及经济形势和金融风险趋势性变化，加强监管协调和共享，做好与地方政府、金融监管部门的沟通协调，防止金融风险反弹。联合财政局出台《永春县促“六稳”“六保”赶超行动支持企业发展政策措施申报指南》，扶持企业发展。加强对重点领域的监测和跟踪。密切关注疫情对金融的影响和冲击，保持对潜在风险的警惕性和紧迫感，牢固守住防范化解金融风险防线；加强对房地产、产业链等重点领域的监测和分析，加强对民间融资和非法金融活动以及具有融资功能的非金融机构的风险监测和排查；在疫情尚未完全结束和金融风险突发频发的特殊时期，强化重大事项工作报告制度落实和执行。完善综合管理工作，增强金融管理质效。做好辖区内15家银行业金融机构及非银行金融机构的2019年度综合评价，首次将评价结果通报商业银行上级行，确保各商业银行上级行了解县级分支机构贯彻落实人民银行各项政策情况，督促金融机构做好限期整改，促进其增强经营管理水平。

【外汇管理】

优化外汇服务。开辟企业复工复产外汇绿色通道，降低疫情对辖区涉外经济的影响。推行外商投资企业年报“多报合一”，简化外汇行政许可资料和实行网上行政许可，推广行政许可“好差评”，实现让数据多跑动企业少跑路。全年通过“网上办”办理外汇业务33笔，实现名录登记全面上网。新出口企业15家增加出口4710万美元，成为永春外贸出口的新生力量。推进诚信合规企业进出口收付汇便利化措施落地。支持泉州锦林环保高新材料有限公司成为工行福建省分行首批诚信合规企业，该企业运用便利化措施办理远期结汇2笔83万美元、货物贸易收结汇74笔1348万美元。精准对接企业复工复产融资需求，全年通过区块链平台办理出口应收账款融资3笔107万美元。推行资本项目收入支付便利化真实性审核和税务备案表线上审核。鼓励银行实施结售汇优惠让利，引导企业改进汇率风险管理。辖区银行共为95家企业实施结汇价优惠，惠及面达96.39%，累计结汇20435万美元，实际让利超过180万元。落实资本项目便利化措施。贯彻落实《中华人民共和国外商投资法》及其实施条例，支持企业外方股东已分配利润留存境内再投资，全年辖区企业外方股东分配利润3500万元人民币，全部留存境内再投资；福建万家美轻纺服饰有限公司将进行利润转增注册资本，内部挖潜初见成效。引导中资企业用好外债政策，完成永春九牧厨卫有限公司6000万港元的全市首笔离岸贷款外债登记、外债提款登记及还本付息变更登记，做到现场受理一次办结，助力企业获得低成本融资。深入企业进行面对面政策解读，推动资本项目便利化政策落地，新增外商投资资本金流入561万美元。强化数据监测，防范跨境资金异常流动风险。加强高新技术企业和新兴行业以及外商投资撤资的监测分析，研判辖区外贸形势。开展贸易信贷数据核查，提升贸易信贷数据质量。排查防疫物资出口收汇风险，对出口企业进行预警，有两家采用预收货款来应对。开展经常项目、资本项目检查，规范银行外汇业务经营行为。

【信息调研】

促进专题调查成果的有效转化，提高金融研究工作实效。1—12月组稿投稿调研文章12篇，其中11篇被《泉州金融调研》采用；报送信息29篇，人行总行、福州中支、市中支、《金融时报》、市委市政府采用11篇次。加强热点研究，向人行市中支、福州中支上报11篇次调研文章，被采用8篇次。上报县人行领导调研文章4篇。发挥信息参谋助手作用。充实支行信息员队伍，加强政务信息报送，健全信息激励机制，推动政务信息工作提质增效，2020年报送政务信息214篇次，全市信息考评排名第四。通过《福建日报》《泉州晚报》、中新网、永春新闻等媒体报道县支行《装满“菜篮子”、转动“车轮子”、备足“钱袋子”》《“菜篮子”“车轮子”“钱袋子”永春县奏响复工复产三部曲》《永春县奏响复工复产三部曲》《永春：“金融活水”精准灌溉实体经济》信息，以及《永春金融系统掀起学习十九届五中全会精神热潮》。加强舆情监测，提高舆情处置效率和掌控力，把握舆论动向。

【风险管控】

提升会计财务精细化管理水平。制定公务用车改革实施方案；制定支行过好“紧日子”工作实施方案；推进不动产清理规范工作，规范不动产进度位居全市前列，获人行中支纪委书记肯定。遵守各项财经纪律，整改会计联合检查中存在的问题，规范会计财务行为，加强财务风险管理，夯实会计财务基础工作。提升内审工作实效。开展固定资产管理专项审计、国库主任检查本级国库执行会计制度情况、2020年风险评估工作。落实泉州市中支“问题整改督查行动”实施方案，对照问题清单进行排查，履行审计监督职责。强化审计整改跟踪，深化审计成果运用。提升规范管理水平。加强和完善各项保密管理制度和计算机信息安全工作制度，组织召开2次保密委员会成员会议，加强保密宣传教育培训，把保密规范管理作为一项重要的日常制度性工作，持之以恒抓好落实。组织新入职员工签订保密承诺书，开展2020年度保密自查自评工作，确保个人保密风险自查自评全覆盖。加强政务值班工作，强化政务值班的应急工作能力，确保联系畅通，提高应对紧急、突发事件的处置水平。开展生产安全隐患大排查，加强消防安全培训，增强干部职工的安全防火意识。以建设节约型单位为目标，开展节能宣传活动，落实节能措施，推动节能工作。做好用电、用水、电梯定期巡检工作，落实设备实施维护要求，排查整改办公大楼和宿舍楼安全隐患，提升员工满意度和获得感。

（分管领导：叶茂建　撰稿人：郑小宽）

银保监管

【概况】

2020年，永春县银行业机构总数68个，比上年增加1家。其中县级支行9个，二级支行18个（含泉州银行社区银行1个），信用社30个，邮政储蓄营业所11个。至2020年末辖区银行机构各项资产280.62亿元，比年初增加30亿元，各项存款余额255.69亿元，比年初增加27.78亿元，增长12.19%；增量比上年增加14.68亿元。各项贷款余额174.36亿元，比年初增加20.33亿元，增长13.2%；增量比上年增加8.17亿元。不良贷款余额1.31亿元，比年初增加0.03亿元，不良贷款率0.75%、下降0.08个百分点。截至2020年末，辖内各种保险机构34家，其中：县级财险机构8家、寿险4家，其他中介机构8家，分支机构14家。2020年实现保险收入6.34亿元，比上年增长2.32%。其中产险2.12亿元，下降0.88%；寿险4.22亿元，增长4%。辖区银行保险运行平稳，未发现重大违法违规和风险事件。

【服务实体经济】

督促引导辖区银行保险业机构响应党中央、国务院、银保监会关于抗疫情、全力支持复产复工保企业运行的号召，加大对辖区中小微企业、民生的支持力度，为永春县疫情防控、复工复产和实体经济发展提供精准金融服务。督促银行业保险业机构落实分区分级差异化防控要求，严格做好消杀防护，避免人员聚集和密切接触。坚持常态化防控，落实“外防输入、内防反弹”防控要求，坚持疫情防控不放松、不懈怠。组织深入一线开展金融支持复工复产专项督查，为企业解难题办实事。

强化监管引领，提升金融服务实体经济质效。指导辖区银行业机构落实泉州银保监分局出台的《关于进一步提升疫情防控和支持企业恢复生产金融服务工作质效的意见》。努力满足复工复产金融需求，有效落实减费让利政策。督促金融机构合理让利，助力稳住经济基本盘。推动临时性延期还本付息政策落地，相关贷款本息1.14亿元；压降融资成本，疫情以后累计为3131家次企业、个人（包括个体工商户）调降贷款利率，贷款期限内节省利息0.23亿元，展期续贷衔接1542笔，金额8.4亿元，无还本续贷1612笔，金额8.27亿元。降低保险费率1705笔，金额73万元，延长保险期限17户、惠及87辆运营汽车，延期收取保费1131户，金额318万元。实施制造业贷款提升工程。强化监管督导考评，实现制造业贷款逆势增长，全县制造业贷款余额10.66亿元，较年初增加7800万元。提升普惠金融服务成效。实现小微金融服务“增量扩面、提质降本”目标，信用贷款增速、占比有所提高，两家农小机构中长期贷款占比达56.28%，同比提高5.11个百分点。推进整村授信、金融助理、红色金融等助力乡村振兴，涉农贷款比年初增长14.59%。维护金融消费者合法权益。督促中国银行主动介入，妥善处理“原油宝”投诉，推动纠纷化解，配合分局处理信访1件，责成纪律处分1人。

【信用风险防控】

树牢底线思维，推进重点领域金融风险攻坚。强化信用风险防控。辖区年末不良贷款率0.75%，比全国平均水平低1.19个百分点，比全市平均水平低0.64个百分点。全年处置不良贷款1.73亿元。紧盯流动性风险。开展“流动性管理深化年”活动，指导永春农信社做好流动性风险压力测试和应急演练，建立流动性应急管理沟通机制。注重案件风险防控。与省银保监局案件稽核处联合开展永春县银行业保险业案件防控分析会，压实主体责任，健全案防机制，严肃案件追责，加快案件处置，加强存续管理。保持严监管高压态势。深化市场乱象整治“回头看”，开展法人机构现场督导，完善“监审联动”机制，布置内审项目2个。

【推进机构改革】

突出监管导向，推动银行业保险业深化改革发展。强化公司治理监管。启动永春农信社改制农商行工作，指导两家地方法人机构实施股权托管，用好董（理）事、高管履职监管评价工具，地方法人机构公司治理水平进一步提升。加强集中度风险监管。督促永春农信社科学制定大额贷款管理办法，合理调整贷款结构，防范垒大户风险。建立基层保险监管机制。督促保险公司回归本源，年末“理财型保险”保费收入占总保费收入16.68%，比上年下降13.13%。

【法人机构监管】

做好两家法人机构的监管，经营总体稳健。督促永春农信社做好2019年“查找风险，消除隐患”自查专项行动项目考评，启动2020年“查找风险，消除隐患”自查专项行动；督促两家农小机构按照要求做好股权托管工作，确保在2020年6月底前在海峡股权托管中心完成托管工作；开展对县农信社、漳农商村镇银行两农法人机构年度监管评级、理董事及高管人员履职评价；开展永春农信社关联交易情况排查、漳农商村镇银行流动性风险排查督导，并对一匿名举报（违规贷款）事项进行核实；受分局农银科委托对拟开业的村镇银行蓬壶支行进行实地查看、对拟任合规部门负责人于晖开展任职前谈话，并出具监管意见。督促两家法人机构做好省局2020年季度经营与风险情况通报中存在问题的整改。开展对两家法人机构员工行为大排查“回头看”督导及评估。

【案防工作】

联合省银保监局案件稽核处在永春农信社召开全县案件风险防控分析会，提高银行保险业机构案件防控意识和水平；督促辖区银行、保险机构根据分局和县扫黑办的要求开展扫黑除恶专项斗争；与县公安部门联合召开辖区银行业机构节日和季度安保工作会议，组织对部分机构网点节假日及重要时点的安保工作开展检查，确保辖区银行保险业机构全年安全无事故。

【金融行业组织】

指导县银行业协会做好年度总结、聘请外部审计对协会财务收支进行审计，开展制度建设情况“回头看”工作、行业协会规范收费专项行动的自查、财务管理情况自查工作。

（分管领导：李伟然 撰稿人：童宝禹）

工商银行

【概况】

2020年，中国工商银行股份有限公司永春支行内设综合部、市场一部、市场二部、外拓部、营业部，下辖城关支行、桃城支行、五里街支行及达埔支行，承办人民币存款、结算，代理收付款项及代理基金；人民币贷款、票据；外汇存款、外汇贷款、外汇汇款、外汇兑换、国际结算、结汇、售汇、代客外汇买卖等业务。截至2020年12月31日，本外币全部存款余额203717 万元，各项贷款余额148099万元，发放个人贷款8649万元、项目贷款6000万元、普惠金融贷款4867万元。

【金融服务】

金融消费宣传采取常态化宣传与专题宣传相结合的方式，通过在全辖各网点营业大厅内设置标识牌和宣传专栏，设立宣传专区，摆放征信宣传折页等宣传材料，供客户翻阅，宣传有关金融消费者利益相关的基本内容，提高社会大众的自我保护意识和法治观念；在营业大厅内设立业务咨询台或专柜，由大堂经理、网点主管负责咨询和解答，利用LED屏幕营业网点门口宣传标语，利用网点营业大厅屏幕滚动播出工行总行、人民银行制作的金融消费动漫宣传等多种方式，针对不同社会群体开展宣传教育。工行反假、反洗钱宣传队与人行永春县支行、永春县公安局一起走进基层，向过往民众发放宣传折页，结合发生的实际案例，详细讲解不法分子常用的新型电信网络诈骗手段；组织营业部、外拓部深入一都镇为民兵现场办卡，向消费者普及金融知识及反洗钱知识，履行大行社会责任，多层次、多渠道、多形式地做好金融知识、反洗钱知识宣传工作。8月10日至9月10日期间，再次在全辖各营业网点以“打击非法金融放贷 共创平安和谐社会”为主题，重点针对学生、务工群体、民营小微等特定对象，开展金融放贷相关知识暨反洗钱知识宣传月活动。

【内部管理】

开展案例警示教育，逢重要节点开展提示提醒工作。持续开展形式多样、立体式的学习，采用现场与非现场相结合、传签、线上等方式加强典型案例学习。开展打击电信诈骗及账户专项治理，强化宣传，开展存量账户及新开账户风险排查、识别、管控工作，警银联动。加强运行管理，提高核算质量。全行各网点业务运营质量稳中有升，全年四个季度分类等级均未出现D类以上网点，客服经理通岗率100%，现场管理人员“磐石”项目微课学习满分通过率100%，客服经理微课学习通过率达到100%。

（分管领导：辜丽红 撰稿人：郑一新）

农业银行

【概况】

截至2020年底，中国农业银行股份有限公司永春县支行（以下简称“永春农行”）本外币存款余额57.33亿元，比年初增加4.84亿元；各项贷款余额44.1亿元，比年初增加6.9亿元；不良贷款余额671万元，不良率0.15%，法人贷款连续5年保持零不良。

【三农服务】

探索服务三农的有效途径，创新推出惠农e贷、医护e贷、生猪快农贷等系列产品，惠及三农各项产业行业。至2020年底，全行涉农贷款余额40.13亿元，占各项贷款91.03%，比年初增加6.5亿元，增幅19.24%。其中，惠农e贷余额86050万元，比年初净增33936万元；医护e贷比年初净增916万元；生猪快农贷比年初净增968万元。疫情期间，永春农行坚持开门营业，及时为民众提供服务。网点现金柜员办理业务全程佩戴口罩及手套，并配备18台现金消毒设备对现金进行消毒。在全辖网点设置“立等可取”窗口，做好全县人民的社会保障卡发卡、换卡服务，至年底有效卡比年初净增17512户。主动践行“送金融服务下乡”责任，全年到一线乡村开展金融服务活动20余场，覆盖全辖所有乡镇。

【支持企业防控疫情】

保障复工复产。永春农行落实县政府、上级行关于疫情防控期间支持企业复工复产的通知，精准对接企业需求，保障复工复产。为防疫医药企业提供700万元授信。降低融资成本，让利于企。全年为92家企业、3.46亿元贷款下调利率，共计为92家企业节省利息324.09万元。化解融资风险。为4家受疫情影响且有复工复产需求的企业办理纾困贷2520万元；为3家受疫情影响的企业办理风险化解转贷5430万元；为受疫情影响导致流动资金暂时紧张的3家企业办理无还本续贷1220万元；为个人客户因疫情影响申请贷款延期还款4笔、135万元。

【助力脱贫攻坚】

银政合作扶贫。主动对接扶贫主管部门，开展金融精准扶贫，截至2020年底，永春农行发放扶贫贷款186户，金额875万元。班子挂点扶贫。支行班子成员“结对子”帮扶建档立卡贫困户，与吾峰镇5户贫困户建立帮扶关系，通过捐助帮扶、智力帮扶已实现全部脱贫。践行教育扶贫。连续七年结对帮扶永春县第八中学贫困学生5人、每年帮扶金额1万元。

（分管领导：苏晓斌　撰稿人：苏巧萍）

中国银行

【概况】

截至2020年底，中国银行股份有限公司永春支行各项存款余额93551万元，较年初新增9629万元；各项贷款余额70125万元，比年初增加3753万元（剔除不良转让金额）；不良贷款余额2171万元，不良率3.10%，比年初下降0.97%；实现利息净收入2244万元，净收入2916万元；实现拨备前利润1678万元。

【服务实体经济】

2020年，普惠型小微企业贷款16168万元，较年初新增6350万元，计划完成率109.49%，普惠户数新增33户，完成率110%，定向降准口径贷款余额新增6356万元，完成率110%，普惠金融贷款不良余额由年初1.81%降为0，实现不良贷款额及不良率双降。落实稳外贸、稳外资的政策要求，发挥外汇外贸金融服务优势，为企业提供及时高效的国际结算服务，助力企业发展。

【存款业务】

通过对存量客户的挖潜，开展授信、理财产品、结算等多方位营销，增加企业日均存款沉淀。跟踪新项目、新成立企业，实现落户基本户开户并带来一定的存款及结算。

【个金业务】

个金条线严格落实过程管理，定期通报存款完成进度和产品捆绑率，每周反馈各网点重点指标完成情况，推进个金业务发展。2020年将重点按揭业务作为重点突破项目，对当地重点房地产开发商进行走访，营销按揭业务，并成立零贷协作小组专人对接，对楼盘销售现场进行签约，经过一系列优质服务，突破零贷业务瓶颈，赢得开发商及购房借款人信任。以产品带动全量金融资产增长。利用主动负债类产品，比如大额存单、结构性存款等，做好客户维护，针对不同的客户群体推介适用产品，在提高客户收益率的同时保持流动性，得到客户的好评。

【公益活动】

组织党员开展支持抗击新冠肺炎疫情自愿捐款和消费扶贫的爱心活动。组织员工参加永春县委组织部举办的“粽香沁端午　心连党群情”开展金融知识宣传活动，并作为此次活动唯一的“金融服务”队参加志愿服务活动深入富临国际小区走访慰问困难户活动。参与永春县委宣传部牵头组织的挂钩帮扶单位给予计生纯女户、失独家庭等对象的帮扶慰问活动。

【合规管理】

2020年，加强员工异常行为排查，强化员工合规意识。通过开展案例警示教育、财务内控合规自查、员工行为大排查等活动，总结及借鉴相关案例，树立合规管理意识，强化内控管理，加大反洗钱工作力度；按规定有计划做好重要岗位轮岗及强制休假规定；落实保密管理各项工作制度，加强保密宣传教育培训，防范失泄密风险。全年无发生泄密问题及保密违规行为等现象。各党支部分别与4家单位签订党建共建和廉洁伙伴协议，通过共建活动促进业务发展。

（分管领导：陈剑平 撰稿人：辜志勇）

建设银行

【概况】

2020年，中国建设银行股份有限公司永春支行各项存款余额25.76亿元，是年新增5.36亿元。其中：对公存款余额13.35亿元，是年新增3.74亿元；储蓄存款余额12.42亿元，是年新增1.31亿元。各项贷款余额21.35亿元，是年新增3.36亿元。其中：存贷比82.86%。不良贷款余额（五级分类口径）520万元，比年初下降230万元，不良贷款率0.24%，比年初下降0.17%。对公贷款零不良。实现账面利润6594万元，比上年增加1365万元，增幅26.10%，人均利润122.11万元。

【公司类资产业务】

加大大中型项目储备与贷款投放，对公贷款余额4.61亿元，是年新增2.85亿元，增幅161.93%。

【零售类资产业务】

以个人零售类资产业务为重点，做好个贷特别是个人住房贷款的受理。个人贷款余额16.73亿元，全县四行占比35.98%，余额比年初新增5154万元，全年投放22947万元。

【普惠金融业务】

服务小微实体企业，践行社会责任，普惠金融贷款余额2.77亿元，比年初新增9165万元，增幅49.42%。

【电子银行应用】

将拓展电子银行业务作为提高服务质量、拓展服务品种、增强市场竞争力的一项最为重要的基础性工作，尤其是将手机银行作为重点工作加以引导推进，是年手机银行活跃客户27930户，手机银行新开账户签约同步率87.67%，快捷支付有交易客户50380户。

（分管领导：林培东 撰稿人：潘志鹏）

县农信社

【概况】

2020年，永春县农村信用合作联社（简称“县农信社”）业务经营稳步向前，经营效益稳中有升，风险防控成效明显，渠道建设持续发力，获全省农信系统2020年度“业务增长十佳行社”、全国服务乡村振兴十佳县域银行、省模范职工小家、省“安康杯”先进单位、县纳税大户等称号。

【业务经营】

至2020年12月末，各项存款余额110.80亿元，比年初增加10.18亿元，增幅10.12%；日均存款余额105.91亿元，比年初增加13.08亿元，增幅14.09%；市场占有率为43.47%，位居全县金融机构首位。各项贷款余额66.24亿元，比年初增加7.66亿元，增幅13.08%；日均贷款余额63.05亿元，比年初增加8.43亿元，增幅15.43%；市场占有率为37.99%，位居全县金融机构首位。农户贷款户数42997户，比年初增加2938户，授信覆盖面34.19%，比年初上升2.34个百分点，用信覆盖面29.13%，比年初上升2.48个百分点，大额贷款占比1.43%，比年初下降0.23个百分点。

【经营效益】

2020年实现财务收入6.86亿元，比上年增加0.64亿元，增幅10.21%，在全省农信系统排第8名；考核利润总额2.98亿元，增加288万元，增幅0.97%；人均考核利润113.52万元，增加1.69万元，增幅1.51%；净利润1.36亿元；缴纳税金6475万元，占全县各银行机构纳税额七成以上，位居全县第三位，连续十二年获永春县“纳税大户”称号。

【风险防控】

至2020年12月末，不良贷款总额8501.67万元，比年初上升1739.25万元，不良率1.28%，比年初上升0.13个百分点。受疫情影响，不良贷款余额及占比较年初略有上升，但仍低于全市平均水平。

【渠道建设】

全辖电子交易占比96.6%，比

年初提高0.92个百分点。县农信社手机银行客户达到18.13万户，比年初增加0.92万户，动户率35.81%，新版升级率69.2%。扫码收单商户数1.41万户，比年初增长0.25万户，增幅22.01%，扫码收单动户率73.90%。

（分管领导：陈妍丽 撰稿人：颜晓琳）

邮储银行

【概况】

中国邮政储蓄银行永春县支行（以下简称“永春邮储银行”）在全县有12个金融服务网点（含邮政代理网点，下同），网点数居全县金融机构第二位，乡镇覆盖率达45.45%，有金融从业人员115人。截至2020年12月31日，永春邮储银行（自营+代理）本外币存款余额207507万元；居全县金融机构第四位，较年初净增28888万元，其中个人存款余额180309万元，较年初净增21908万元；公司存款余额27151万元，较年初净增7077万元。各项贷款余额83697万元，居全县金融机构第五位，比年初净增17281万元，其中经营性贷款年净增13838万元。

【助力企业复工复产】

政银企联动，助力经济发展。3月13日，邮储银行泉州市分行与永春县人民政府签署抗疫贷款专项资金战略合作协议，为永春县人民政府授信5亿元，用于保障全县农业、工业生产复工复产，现场与3家企业签署金融服务协议。全年支持疫情防控企业扩大产能32户，金额16050万元，新增实体经济信贷投入42笔，金额5291万元，降低贷款利率34笔，贷款期限内节省利息105.87万元，无还本续贷9笔，金额5719万元，有效满足疫情期间多元化的金融服务需求。按照永春县政府发布的《关于疫情防控期间支持企业复工复产十一条措施的通知》做好金融保障服务。针对存量客户受疫情影响的资金周转困难户，给予办理无还本续贷、贷款展期、具体力度适受疫情影响的轻重情况具体审批，如为永春因疫情导致资金周转困难的1家食品公司、1家化工科技公司分别给予等额办理无还本续贷496万元、51万元，支持企业经营周转。推出快捷贷产品，押品+流水+担保，最高500万元自主放贷，无须提供纳税、财报等烦冗手续，快速审批，利率最低至基准利率，如为1家建材有限公司授信198万元，企业自主发放198万元贷款用于经营周转。线上线下齐发力，强化网络自助申请的小微易贷、免抵押的信用易贷、邮薪贷、邮储花呗、网贷通等贷款产品营销，是年新增极速贷客户158人，授信额度6527万元，发放极速贷439笔，金额7356万元，通过手机申请，10分钟审批，减少手续又提升速度。关注受疫情影响较大的行业客户，根据企业实际情况向上级行争取优惠支持，减轻企业财务负担，同时按上级行政策对普惠型小微客户执行优惠贷款利率，降低企业融资成本，是年实行LPR最低加点50BP的利率优惠，同时纯线上申请免提供材料、免评估费，最大限度地为企业高质量发展提供便捷、高效、优惠的金融服务。

【践行普惠金融】

送贷下乡，助农惠农。持续在全辖开展“万村千乡、送贷入户”金融服务活动，采取与乡镇行政村建立信用村合作平台给予整村授信措施，组织人员定期深入辖内行政村进行信贷业务宣传和现场受理，填补贷款空白村，全年创建信用镇3个，累计3个；新增信用村25个，累计42个；新增授信金额4902万元，放款金额3642万元，为农户提供优惠融资需求。共搭平台，普之城乡。根据县域主要产业资金需求特点，加大产品创新力度，持续推出“芦柑贷”“茶叶贷”“花卉贷”“神香贷”“商会贷”等多种贷款产品。是年与花卉协会、香制品同业工会、厦门永春商会、永春湖洋闽南水仙茶协会等联合召开了多场专题对接会，主动为县域经济产业搭建融资平台。全年发放芦柑贷710笔，金额11866万元；茶叶贷151笔，金额2306万元；花卉贷645笔，金额10697万元。助力民生，精准扶贫。推广支持贫困户学生就学的“生源地助学贷款”，主动对接政府平台，帮助家庭经济困难学生圆梦大学。至12月底，发放生源地助学贷款1083笔，金额797万元；根据泉人社〔2018〕313号文要求，支持创业发展，至12月底发放创业贷款37笔、金额370万元。

【风险防控】

鉴于国内外经济金融形势复杂多变，尤其海外疫情的全面爆发加剧了中国经济运行的内外风险，加强信用风险管理，按照预设风险防线、筑牢风险底线、锁定存量风险、管住增量风险的总要求，做到降旧控新，实现速度、效益、质量的协调发展，更好地服务实体经济。截至2020年12月31日，不良贷款余额498万元，占比0.6%，较年初下降1.23个百分点。全行实现全年零案件、零重大风险事件和零监管处罚。

（分管领导：郑惠龙 撰稿人：陈小凤）

泉州银行

【概况】

至年底，泉州银行股份有限公司永春支行存款总额53086万元，较年初增加17086万元，贷款总额53351万元，较年初增加6033万元，不良贷款余额79.77万元，不良率为0.15%，营业收入1626万元，净利润1050万元，全年经营安全无事故。是年支行营业厅被省总工会评为“工人先锋号”荣誉集体。

【金融服务】

服务永春经济建设。2020年为永春地区企业和居民提供包括信贷支持、资产增值管理、项目建设等方面金融服务，实现互利共赢，年度表内外信贷投放累计3.36亿元，纳税263万元；办理“无还本续贷”业务38笔，金额11195万元；民营企业贷款余额46617万元，占表内贷款比重85%。服务永春小微企业。常态化开展“百行进万企”活动，对接县金融办、工业区管委会等部门提供的意向融资企业清单，指定专人跟进联系营销，综合运用好产品开展融资对接活动，有效降低银企信息不对称难题，努力满足企业融资需求。完成永春县桃源融资担保有限公司准入，合作授信1亿元，并落地首笔业务，金额1000万元，年末普惠型小微企业贷款余额10081万元，较年初增加2339万元。做好疫情期间金融服务。疫情期间加大对存量信贷客户的贷后走访频率，综合应用“应延尽延”“无间贷”等政策，通过贷款展期、续贷等方式给予企业一定期限的延期还本付息安排。利用金服云平台开展“纾困”贷款营销对接工作，支持企业复工复产。针对受疫情影响暂遇困难的企业，通过利率下调等措施，减费让利降低企业经营成本。主动给予10家企业下调贷款利率，涉及贷款本金32650万元；发放“纾困”贷款6笔，金额累计1240万元；涉延期还本付息客户6户，贷款金额733万元。服务永春本地居民。全年开展活动62场，其中常规活动39场，公益活动10场，专项活动13场。主要在公共场所开展金融知识、打击治理电信诈骗犯罪宣传和社区公益理发、给社区老人送温暖、“疫情送温暖”免费领取口罩等公益活动。

（分管领导：蔡云龙 撰稿人：蔡云龙）

农商行

【概况】

2020年，泉州农村商业银行股份有限公司永春县支行各项存款余额44143万元，比年初增加6748万元，增幅18.05%，全年日均存款56715万元；各项用信总余额65722万元，增加10912万元，增幅19.91%；不良贷款438.97万元，不良率0.67%；有小额标准贷及小微征信贷客户6963户，已激活6432户，已用信5131户，授信金额46451万元，用信余额25513万元，2020年标准贷产品增量13000多万元。被评为“泉州市工人（五一）先锋号”、泉州市模范职工小家及县级文明单位。

【科技赋能】

着眼常态化疫情形势下，推出小额标准贷线上办贷，凸显“线上化”服务模式，实现“产品标准化、办贷无纸化、风险数据化、审批自动化、营销网络化、尽职免责化”，投放信用贷款，解决融资贵、担保难、让大数据说话，客户只要不失信，在农商行就能贷到款，提升普惠金融服务可得性。

【助力乡村振兴】

助力抗疫。在疫情防控期间，与桂洋镇联合共建“桂洋智慧在线”，其中“泉·家平安”模块系针对疫情防控需要推出的满足乡镇网格化管理需要的应用平台，该平台不仅能实现疫情防控“即时化”、村居管理“智能化”，还能为企业复工复产提供人员招聘等服务，助力疫情防控和经济发展。宣传推广。组织开展“金融夜校”“金融知识普及月”“金融知识进万家”“金融消费者权益日”等宣传活动。依托“党建+金融”模式，先后和县供销社、税务局签订战略合作协议，强化党建共建、优势互补、务实推进。县税务局将小微征信贷产品精准推送给小微企业主；县供销社在全县22个乡镇共23个网点挂牌金融服务便民点、张贴产品宣传广告，并组织18名员工加入泉州农商银行永春县支行乡村振兴信息员队伍，金融触角延伸至各个乡镇、各个乡村角落。至年底全行发展乡村振兴信息员60多人，为解决金融服务“最后一公里”提供有效途径。

（分管领导：郭锦户　撰稿人：郑晓雯）

人寿保险

【概况】

2020年，中国人民人寿保险股份有限公司永春县支公司实现总保费（含集团）2.675亿元，比上年增长2.03%，股份总保费2.669亿元，增长2.05%。其中首年标保2394.46万元，长险首年期交4991.10万元，10年期及以上期交2670.44万元，短期险2432.02万元。

【寿险人力资源管理】

大个险渠道月均持证人力955人，月均主举达成379人，季均有效人力达成496人，月均星级人力达成78人，同业对标人力比值214.60%。团险渠道有销售人员18人，前三季度有效人力分别完成51人、46人、49人，均超额完成目标，年度有效人力完成18人，完成率100%。银保渠道客户经理11人，实动人力44个，完成率159%。

【政保业务】

借助学校平台，在全省首创学生及家属的“疫情保险”，实现保费24万元。结合扶贫业务工作的开展，全省首创“防贫保”，解决脱贫户的“两不愁三保障”问题，实现收费29万元。政企互动，与县金融办联合发文，推进乡镇小额险销售。加强女性安康业务推进，完成23.76万元，比上年增长12.18% 。学平险全县提费，是年保费达548万元，比上年增长100万元，在2019年较高的投保覆盖率基础上，当年投保人数增长近千人，总投保人数达35442人，覆盖率超90%。

【客户服务】

全年柜面处理新单69713件，新单首年保费6493.9万元；各类保全16453件；理赔4406件，理赔金额2115.6万元；调查1574件，其中理赔调查315件，保后核查859件；会办处理861件。对个人医疗险保险理赔小额案件，给予优先处理，以提高理赔服务品质，提升小额案件理赔时效。

【风险管控】

开展保险法律法规教育、保险典型司法案例分析、“诚实守信合规经营”、“三反”（反欺诈、反洗钱、反非法集资）以及扫黑除恶相关知识的风险合规教育宣导培训；开展防范非法集资风险、扫黑除恶专项斗争、“治理销售乱象打击非法经营”、“打赢三大攻坚战风险大排查”、“巩固治乱象成果　促进合规建设”、员工行为大排查、侵害消费者权益乱象整治、从业人员失信风险排查、重点风险专项治理等风险专项检查及整改工作，改进薄弱环节，提升合规水平。

（分管领导：陈辉　撰稿人：辜丽琴）

人保财险

【概况】

2020年，中国人民财产保险股份有限公司永春支公司保费收入1.017亿，纳税金额1161万元。获评“福建省巾帼文明岗”称号、泉州市分公司2020年度车险续保优异奖第三名、2020年度车险培训贡献奖第一名、2020年度二级车行渠道经营优秀奖第二名、2020年度标杆团队奖第一名、2020年度育人优秀团队奖第二名、2020年度服务管理工作考核评比一等奖等荣誉称号。

【服务民生保障】

疫情防控期间，拓展服务领域，发挥机构自身优势提供特色适当简化企业理赔手续，切实提高办结效率，确保支付赔款通畅运行，保障企业复工复产资金及时划拨。加强政企互动，了解政府部门民生保险需求情况，确立所需保障；围绕疫情防控需要，用足用好政策、主动对接，启动“保险+科技+服务”模式，扩展企业雇主责任险、综治险、校园方责任险、学平险的四款责任险的理赔责任范围主动覆盖新型冠状病毒保险责任，受益企业21家，受益学校91个，受益学生 20703 人。加大服务三农和助力脱贫攻坚力度，发展种植业保险、林木保险、扶贫保险，实现民生业务“应保尽保”。推进全县水稻种植保险全覆盖措施落地，全年有 11466.67 公顷参保，保额 8630 万元；养殖险方面，提高生猪保险覆盖面，创新推进生猪高传染性疾病扑杀保险，为养殖户增量扩产保驾护航；探索推进特色农产品农业保险，如设施农业大棚保险、韭菜目标价格保险、马铃薯种植保险，保障农民生产利益。

【提升优质服务】

2020 年，人保财险永春支公司接收各类险种有效立案数 8554 件。其中完成给付车险 5325 件，赔款 4066.50 万元，非车险 2780 件，赔款 313.42 万元。“线上化理赔”提高线上金融服务效率，依托网络、小程序等电子渠道服务管理和保障，加强线下配套服务和宣传引导，完成线上化理赔服务案件 526 件。在疫情防控期间，建立绿色通道结合线上“非接触式”模式，优化理赔服务流程，优先处理因疫情影响受损出险的理赔客户，做到应赔快赔，提升理赔便利性。通过落实数字化战略，引入科技应用，护航核损核赔。无人机结合“两步走（户外助手）”App 作为查勘工作，通过无人机提供的航拍影像在 APP 上手绘森林地块的位置，进行面积测绘，完成边界的确定，制作出平面图，截图留存，为保险标的确权留下依据。

利用节日契机，在扶贫日开展产业扶贫保险宣传、入社区关爱留守儿童、发动协赔员队伍下乡宣传民生险种、融入政府综治险宣传队进乡镇。对内设置人保驿站，提供休息座椅、便民药箱、饮水设施、空调等便民设施，聚焦客户需求，紧盯弱项指标，尽量多地推出差异化、场景化的客户增值服务，做到服务常推常新，提升客户的获得感、体验感和幸福感，打造客户身边的“暖心服务站”。落实警保联动，便民服务理念，将触角延伸下去，利用各乡镇网点上线警保联动服务窗口，服务有需求的群众。以“线上线下融合”为工作架构，加强线下窗口与线上服务融合，持续推进放管服窗口线上引流、线下服务等工作持续深化增值服务可及性，探索内外服务推广新模式。

（分管领导：郑晶晶　撰稿人：黄佳珊）

永春县桃城镇　　（县融媒体中心　供图）

农业 农村

农业农村工作

【概况】

2020年，永春县完成农林牧渔业总产值47.37亿元，比上年增长5%。其中，农业产值29.58亿元，增长5.2%；林业产值1.47亿元，下降23%；牧业产值13.83亿元，增长8.6%；渔业产值0.17亿元，增长1.5%。农村居民人均可支配收入18163元，增长6.0%；粮食总产8.89万吨，增长0.8%；水果总产6.79万吨，下降69%；蔬菜总产13.64万吨，增长3.1%；茶叶总产1.04万吨，增长6.13%；食用菌总产6.57万吨，增长4.78%；肉蛋奶总产36259吨，增长8.16%。

【粮食生产】

2020年全县粮食作物播种面积14440公顷，其中，水稻11633.87公顷，甘薯1762.8公顷，马铃薯955.87公顷，大豆48.67公顷。粮食总产88990吨，平均亩产410公斤。鼓励流转土地和抛荒山垅田复耕种粮，稳定粮食生产。

【现代农业发展】

开展现代农业发展竞赛活动，项目列入县“五大战役”量化考核，营造全域推进、比拼赶超的浓厚氛围，推进全县现代农业发展。2020年完成投资28.3618亿元，占年度计划的102.75%；全县10个现代农业项目（包含43个子项目）超时序推进，全部投产投用。

【美丽乡村建设】

2020年，永春县把美丽乡村与乡村振兴示范线打造、全域旅游等工作结合起来，建设10个美丽乡村示范村、11个美丽乡村整治示范村、6个美丽乡村精品村。进行顶层设计。永春县以被列入全国农村改革试验区美丽乡村经营管护机制改革试点县为契机，聘请中国美院、北大团队编制《永春美丽乡村和全域乡村振兴战略性策划》《福建省泉州市永春县推进国家农村改革试验区建设探索美丽乡村经营管护机制创新的顶层设计方案》，对全县美丽乡村进行顶层设计。打造五大片区。以已创建的县级示范村、精品村及20个省级乡村振兴试点村、3条市级乡村振兴示范线上的村为基础，连片打造古镇乡愁片区、慢生活片区、朝圣养生休闲片区、东部风情片区、生态休闲旅游片区。实施一批项目。改变往年以村为单位进行补助的做法，建立以补助精品示范片区特色项目的项目化管理机制。采取4个一批（即“谋划储备一批、论证确定一批、开工实施一批、竣工验收一批”）的办法，建立项目库，通过“现场PK+专家评分”的办法，重点发展美丽乡村经营性项目，策划实施产业发展、农村人居环境整治等项目53个，总投资8700万元，其中县级补助1700万元。

【农村人居环境整治】

2020年是农村人居环境整治三年行动的收官之年。永春县对标三年行动目标任务，对照省市县农村人居环境整治工作要点，补短板强弱项，统筹抓好新冠肺炎疫情防控和农村人居环境整治工作，推进“一革命四行动”，持续开展村庄清洁行动，完成中央、省市三年考核验收工作。3月31日，县委乡村振兴办制定下发《中共永春县委实施乡村振兴战略领导小组办公室关于印发〈永春县2020年农村人居环境整治工作要点〉的通知》文件，明确农村人居环境整治年度工作任务；5月10日召开脱贫攻坚、乡村振兴和农村人居环境综合整治工作培训视频会；7月23日制定下发《中共永春县委实施乡村振兴战略领导小组办公室关于印发〈永春县农村人居环境重点整治专项行动实施方案〉的通知》，明确重点整治任务、工作措施和工作要求；10月15日，在苏坑镇召开全县农村人居环境整治工作现场会，县委书记庄永智、县长吕建成参加并发表讲话，推动全县农村人居环境再整治、再提升。分别于10月21日、11月17日、11月27日迎接市级、省级以及国务院人居环境检查组的三年考核验收工作，农村人居环境整治取得了阶段性成效，并在全省考核中获得了优秀等次。2020年9月30日，副市长朱启平对刊登在《农村人居环境整治简报》第33期的《福建永春外山乡：推进环境整治 让乡村宜居宜业宜游》对永春外山农村人居环境整治做法给予肯定批示；2020年10月29日永春县外山乡在全市实施乡村振兴战略暨巩固脱贫成果补齐农村短板现场推进会上作题为《美化人居环境 绘好如画乡村》典型发言；2020年11月16日 在《农村人居环境整治简报》第55期刊登《福建永春苏坑镇：创新方式方法打造“净美”乡村》。

【农产品质量监测】

开展农产品质量监测，全年县乡两级开展快检农残留12426样，兽残1155样；开展部、省、市三级监督抽检374批次，其中部级4批次、省级104批次、市级266批次，合格率99.73%；开展风险监测180批次，其中省级86批次、县级委托第三方检测机构94批次，均合格。实施食用农产品合格证与一品一码追溯并行制度，将328家生产备案主体纳入食用农产品合格证与一品一码追溯并行平台监管，全年共赋码1.6万张，平均每个主体赋码48.8张，超省级要求15张的考核指标。“三品一标”新获认证企业9家，泉州永春新绿芦柑专业合作社、永春县建林生态农业专业合作社、永春益丰生态农业专业合作社、福建施畴农业有限公司、福建永春华兴芦柑种植与管理专业合作社、永春县汇鑫生态果园专业合作社等6个主体的永春芦柑和泉州市金斗洋生态农业有限公司的乌龙茶获农业农村部绿色食品认证，福建永春阳成禽畜养殖有限公司和永春下洋镇永家生态养殖场的生猪获农业农村厅无公害农产品认证。创建福建省优质农产品标准化示范基地6家：永春县魁斗莉芳茶厂（国际标准化基地）、永春县蓬壶茶厂（国际标准化基地），泉州市九斗生态农业有限公司、福建上沙岭农业开发有限公司、永春云峰农牧有限公司、福建省德福生态农业有限公司。品牌建设方面，咏春云河白番鸭列为2019年度福建省名牌农产品，在福建高速公路一线设立5座高立柱双面广告牌开展为期一年的宣传活动；永春白番鸭获评福建省十大区域公用品牌，绿芳牌永春佛手获评2020年度福建省名牌农产品。全国绿色食品原料（永春柑橘、茶叶）标准化基地续报通过专家的现场检查。

【畜牧业】

畜牧业发展情况　2020年，全县肉蛋奶总产量3.92万吨，其中，肉类总产量1.86万吨、蛋类总产量2.06万吨；生猪存栏14.8万头，牛存栏0.5万头，羊存栏2.8万头，家禽存栏152.13万羽。

重大动物病疫防控　开展春秋季动物疫病强制免疫工作，4月15日完成“春防”，10月14日完成“秋防”。全年免疫牛口蹄疫0.91万头次、羊口蹄疫4.85万头次、猪口蹄疫24.42万头次、猪高致病性蓝耳病24.17万头次、鸡禽流感198.22万羽次、鸭禽流感65.8万羽次，猪瘟24.68万头次，鸡新城疫196.1万羽次，有效控制动物疫病的发生和蔓延。

生猪检疫“瘦肉精”监测　强化“瘦肉精”残留检测，全年检查养殖场（户）130户次、屠宰场286场次，抽检2603头份生猪尿样，检测合格率100%。在全县各乡镇设立产地检疫申报点，明确检疫申报点负责范围，全年接受产地检疫申报6646批次，产地检疫生猪11.9万头，禽48.7万羽，申报受理率100%；接受屠宰检疫申报50820批次，屠宰检疫生猪产品573.2万余公斤。

根据规模养殖直联直报信息平台统计数据，至2020年底永春县畜禽粪污资源化综合利用率达98.67%，粪污处理设施装备配套率达100%，粪污资源化利用水平得到提升。推广生态环保养殖模式，重点推广“漏缝地板—干清粪—少冲洗—种养结合—零排放”“漏缝地板—异位微生物发酵床—零排放”生态环保养殖模式。改造的规模生猪养殖场全部采用漏缝地板，其中20家采用自动刮粪设备，同时，全县有16家养殖场采用异位发酵综合治污技术，既实现污染物减量化，改善猪场的小环境，同时减轻人工清粪成本，达到减污与增收的效果。

【渔业】

推进渔业绿色高质量发展　推进福建绿耕耘农业科技有限公司工厂化循环水养殖加州鲈鱼和黄鳝动工建设。把该项目建设成为渔业节水、绿色、环保的示范养殖模式。把永春县冠菌现代农业发展循环水澳大利亚淡水龙虾养殖尾水的处理模式建设成为养殖尾水处理示范点，并把养殖尾水列入市级检测点。

开展人工增殖放流　维持水域生态平衡，防止饮用水源水体富营养化，净化水质，确保城乡居民的饮水安全。在龙门滩四级电站水库饮水源保护区开展渔业增殖放流活动，增加保护区黑脊倒刺鲃种质资源和自然种群数量，发挥保护区物种保护功能，两次放流活动共投入资金25万元，放流数量35万尾。

强化水产品质量安全监管　在全县范围内组织开展2次水产养殖执法行动。出动执法人员13人次、车辆4辆次，检查14家养殖单位，发放宣传材料70份。8月23日，配合省级开展水产品产地质量安全抽查，抽检4家养殖单位，5个养殖样品进行样品质量检测。全年开展水产品药物残留快速检测55批次，涉及8个乡镇、17家养殖单位，样品检测合格率100%。推进食用水产品质量安全“一品一码”追溯管理工作，落实部门工作职责，制定下发《加快推进食用水产品质量安全“一品一码”追溯管理工作实施方案》（永农发〔2018〕227号）。全县8家水产养殖企业纳入水产品“一品一码”追溯管理系统，已全部赋码销售。

开展饮用水源生态环境调查并提供保水方案　规范饮用水源地放养鱼类工作，杜绝污染饮用水水源地环境，保障人民群众饮用水安全，协助龙门滩四级水电有限公司委托福建省淡水水产研究所开展龙门滩四级电站水库（永春县第三自来水水源地保护区）水生态环境调查，并结合调查结果提出保水建议及方案。

【养蜂业】

《永春县志》记载永春明代就有养蜂，具有数百年的酿造传承。永春蜂蜜的生产地域范围为永春县现辖行政区域，介于北纬25° 13′ 15″ ～25° 33′ 45″，东经117° 41′ 55″ ～118° 31′ 9″之间。永春蜂蜜色泽呈白色至琥珀色，香味浓郁，甜而不腻，活性酶含量高，营养丰富，含有多种微量元素和氨基酸。2020年，全县养蜂农户4000多户，养蜂规模由15万群发展到20多万群，实现产量近4000吨，销售额达1.2亿元，蜂蜜及其衍生产品销售为当地蜂农的一大收入来源。

（分管领导：李婉真　撰稿人：林伟超）

林业工作

【概况】

2020年，永春县林业工作践行绿水青山就是金山银山的发展理念，持续深化国土绿化，推动生态提质，筑牢绿色崛起的生态基础。在全国（如埠）盆景精品展上，永春县选送的榕树盆景“峥嵘岁月”获特等奖，还获得3个金奖、2个银奖。永春县作为泉州市唯一一个被纳入福建省重点生态区位商品林赎买试点县，超额完成赎买任务。2019年度永春县保护发展森林资源目标责任制检查工作位居泉州市第一名，评定为优秀。桃城镇、蓬壶镇获评省级森林城镇，横口乡上西坑村等10个村获评省级森林村庄。

【造林绿化】

2020年，永春县完成植树造林面积869.54公顷，完成任务数的107.8%，其中“三沿一环”森林景观带完成60.87公顷、村庄绿化完成21个村14公顷、珍贵用材树种造林286.6公顷、其他造林更新508.07公顷，人工造林更新中，中央林业改革发展资金造林补贴项目606.6公顷；完成森林抚育项目3522.07公顷，完成任务数的105.7%；完成封山育林2003公顷，完成率103.6%；完成义务植树102.3万株，完成率104.4%；义务植树实际参加人数33.2万人，尽责率107.1%。开展绿色乡村三年行动，改善农村人居环境，促进农村绿色发展。共有27个项目村，种植桂花、罗汉松、福建山樱花、香樟、羊蹄甲、蓝花楹等珍贵或乡土树种绿化大苗8735株。

【森林资源保护与管理】

森林采伐限额管理。使用集体林采伐限额89167.6立方米，低于121800立方米的限额指标。强化伐区管理，实行伐前检查、伐中监管、伐后验收制度。严禁天然林商业性采伐。做好林地审核审批工作。通过主动靠前服务、加强与上级林业主管部门沟通协调等措施，做好建设项目征占用林地报批材料整理和审核上报工作，全年共完成91个项目142.9757公顷使用林地审核报批工作，为全县经济发展和基础设施项目提供用林要素保障，同时确保使用林地控制在上级下达的定额指标之内。

森林资源二类调查。根据《福建省林业厅关于开展全省第四次森林资源规划设计调查工作的通知》（闽林综〔2016〕27号）文件精神，完成森林资源“二类”调查工作并通过省、市验收。

森林防灭火及扑火职能移交工作。根据中央机构改革精神，协助县应急管理局做好1—4月过渡期间森林防灭火工作，春季森林防火期结束后，完成向县应急管理局森林消防队伍整建制和扑火职能移交工作。林业局继续承担森林火灾预防工作，指导开展防火巡护、火源管理、防火基础设施建设、宣传教育、督促检查等森林火灾预防工作。

林业有害生物防治。林业有害生物成灾面积148.87公顷，成灾率为1.39‰；防治总面积6047.27公顷，其中无公害防治面积6047.27公顷，无公害防治率100%；预测发生面积1533.33公顷，实际发生面积1647.27公顷，预测准确率93.08%；应施苗木产地检疫面积2.07公顷，产地检疫率100%。实施松材线虫病防控，完成林分改造任务70.2公顷，松枯死木清理21417株，挂设APF-1型诱捕器1200套进行诱杀和监测，全年捕捉到天牛53583只；实施以菌治虫366.67公顷，释放花绒寄甲防治33.33公顷。

林业刑事案件查处。森林公安先后开展“春季行动”、“绿剑2020”、“打击非法交易和滥食野生动物”、“昆仑2020”、内部安全隐患大排查大整治及扫黑除恶、禁种铲毒等专项行动，形成打击犯罪合力，严厉打击各类破坏森林资源违法活动，开展4次执法质量检查考评，全年受理各类森林案件20起，其中刑事案件立案8起，破案7起（1起年前案），破案率75%。

林业行政案件查处。林业执法大队立案查处各类涉林违法案件38起，行政处罚41人次，涉刑案件移交森林公安查处2起2人次，林业行政处罚共计30.88万元。开展涉林违法违规私建墓地专项排摸整治工作，做好豪华墓地、活人墓地专项整治工作，遏制各种破坏森林资源的违法行为，维护林区稳定。

野生动物保护专项整治。新冠肺炎期间，开展野生动物保护专项整治行动，对全县所有71家野生动物人工繁育场所及经营加工单位进行现场检查，督促其做好防疫工作，依法打击违法犯罪行为。开展以食用为目的野生动物养殖场退养转产转岗工作，制定实施方案，撤回、注销相关许可证件和文书或者声明作废。

自然保护地优化整合。经过优化整合，全县省级以上自然保护地数量5个，面积3818.75公顷，对比整合优化前增加面积12.28公顷。其中省级自然保护区1个、省级风景自然公园1个、省级森林自然公园2个和国家级湿地自然公园1个。

【桃溪国家湿地公园】

12月底通过国家林草局对桃溪国家湿地公园试点建设的验收。2020年完成桃花里公园、东平湿地修复、东关湿地二期、五一水库等湿地保护与修复项目建设。完成省级院士专家工作站“永春桃溪流域湿地健康评价及生态恢复与保护对策研究”的课题攻关。完成湿地公园标桩立界，出台《福建永春桃溪国家湿地公园保护管理规定（试行）》。落实小水电退出机制，保障湿地公园内水量充沛，水质优良，湿地公园生态系统得到有效恢复。完成室外科普宣教系统项目建设，举办“共建桃溪湿地 共享生态美景”为主题的社区共管共建宣传活动，通过开展湿地公园商标征集、举办鸟类摄影大赛等活动，对湿地保护进行广泛的宣传，提高公众对湿地公园的知晓率和保护热情。

【林业产业】

花卉产业。新增花卉种植面积64.2公顷，花卉种植总面积2710.5公顷。完成旧茶果园改造绿化苗木基地20公顷，智能温室物联网实施面积8450平方米。10月，在全国（如皋）盆景精品展上，永春县选送的榕树盆景“峥嵘岁月”获特等奖，还获得3枚金奖、2枚银奖。

设施林业。完成市级设施林业项目合格面积178.21公顷，其中设施竹林抚育施肥面积106.67公顷、设施油茶抚育施肥面积63.07公顷、油茶绿色栽培示范项目8.47公顷。建设机耕路10千米，下拨2020年现代农业（设施油茶、竹林和特色经济林）补助资金66万元。

林下经济。新增项目13个，项目总数达330个；新增面积147.73公顷，总面积达20534.67公顷；新增产值190万元，总产值达5.6275亿元。获批市级林下经济扶持资金45万元，扶持项目9个；县级扶持资金8万元，扶持项目4个。

【林业改革】

林权赎买试点县建设。永春县是福建省泉州市唯一林权赎买试点县，2020年重点生态区位商品林赎买68.06公顷，其中置换68.06公顷，2016年以来共完成赎买842.68公顷，超额完成赎买任务。典型经验“泉州永春：商品林赎买护了山林，富了村民”在福建学习强国福建省地方板块上发表。通过林权赎买试点，有效破解生态保护与林农利益的矛盾，维护林农合法权益，促进林区安定、稳定。

新型林业经营主体发展。2020年创建林业专业合作社28家，总数达345家；新增经营面积407.2公顷，总面积达8477.07公顷；创建家庭林场15家，总数达122家；新增面积27.93公顷，总面积达1923.1公顷。获批省级新型林业经营主体标准化建设扶持资金54万元，扶持合作社标准化建设2家和家庭林场标准化建设4家；获批市级示范新型林业经营主体扶持资金20万元，扶持合作社1家、家庭林场3家；县级示范新营经营主体扶持资金6万元，扶持合作社1家和家庭林场2家。仙夹龙水村、仙夹山后村、介福紫美村及碧溪谣获评“森林人家”。

【林业科技】

对《特色花卉绣球新品种选育》项目进行技术指导，依托花卉省级院士专家工作站，研发花卉新品种。县林业局获泉州市营造林技能竞赛团体第三名。

（分管领导：陈咏梅　撰稿人：苏君琪）

水利工作

【概况】

2020年，永春县完成水利项目投资10亿元。其中：晋江防洪工程永春堤段，投资5000万元，治理达埔、蓬壶段项目3千米；安全生态水系项目，投资4000万元，建设一都镇一都溪、横口乡一都溪及支流、东平镇桃溪支流等3个安全生态水系项目25千米；农村水系综合整治，投资3000万元，实施工业区、济川溪雨污分流改造水质提升工程，综合治理25千米；马跳水库，年度投资2.3亿元，完成弃渣场、混凝土拌和系统、配套改建公路路基路面等建设及淹没区范围内的电力、通信、光缆迁改；全面治水及河长制工作，投资6.22亿元，综合统筹各部门项目，实施治污水、防洪水、涵养水、美化水、利用水等6个大类项目；库区移民项目，投资480万元，完成移民后期扶持项目6个；绿色水电改造，年度投资80万元，拆除退出龙阁、竹溪、卓湖一级、卓湖二级、尾溪等5座电站，增加4.3千米河道的生态流量。

【防灾减灾】

完成防汛抗旱领导机构的调整。按照省市的统一安排，理顺防汛抗旱指挥体系和工作机制，调整充实县防指领导组成员，县水利局调整充实防汛抢险专家组，健全完善水利工程抢险技术支撑体系。落实行政首长负责制，落实全县42座小（二）型及以上水库和63座山围塘的行政责任人、管理责任人和技术负责人。完善防汛队伍建设及物资储备，全县共建立抢险队伍66支1471人，配备冲锋舟，救生筏、编织袋等防汛物资。开展汛前安全大检查，3月17日起，县防指抽调水利、自然资源局、住建等防指成员单位对全县各乡镇防汛备汛及相关防汛预警设施、设备进行汛前安全大检查。修订完善各类防汛预案。结合疫情防控组织全县乡镇、村（社区）修订完善各项防汛应急预案，各水库管理单位修订完善水库调度规程，提高水库科学调度水平，确保安全度汛。做好防灾减灾体系维护。组织技术人员对全县各类水情雨情测报系统、防汛指挥决策系统等进行检查维护，确保在防台风暴雨工作中发挥预警预报作用。开展防汛抗旱业务培训。4月17日，召开2020年全县脱贫攻坚和防汛抗旱业务知识培训工作视频会议，对各类防汛相关人员进行技术培训，提升基层人员的防汛指挥决策与应急抗灾处置能力。完成县级防汛救灾及城市超标准洪水救灾综合演练，组织开展全县危险区域群众自主转移演练和避险明白卡发放，提高群众主动避险避灾的意识和能力。县应急局和县水利局采取领导联合带班，合署办公的协调联动机制，做好防范暴雨洪水各项工作，强化领导带班的24小时值班制度，加强监测预警，及时做好上情下达、下情上报工作。

【河长制工作】

清“四乱”。落实泉州市1号河长令，开展“碧水清河”行动，发现并解决河道“四乱”问题41个，其中，河湖“乱占”问题24个663平方米、河湖“乱建”问题9个322立方米、河湖“乱采”问题1个20立方米、河湖“乱堆”问题7个195立方米，全县累计清理河道内废土弃渣约1700立方米，清理河漂垃圾约20700立方米。提水质。重点开展6条水质不达标支流污染治理，全年东关桥国控断面水质均值达Ⅱ类要求，省、市控断面水质达标率100%。

【管水治水】

永春县节水型社会达标建设通过太湖流域管理局复核，被水利部评为第三批节水型社会建设达标县；完成省水利厅2020年度水资源管理和节水管理落实情况核实工作；按照省、市要求，结合永春县实际，联合县发改局，制定落实《永春县落实国家节水行动方案》；按照省水利厅水资源“三条红线”管理要求，落实最严格水资源管理制度，强化用水总量控制，加强取水许可管理，推进计划用水和节约用水，用水水平和用水效率不断提升。

【民生水利】

农村饮水安全工程。年度投资500万元，实施14个村级农村饮水安全巩固提升项目，受益人口1.7万人，落实1478户4625人建档立卡贫困人口饮水安全保障工作。探索城乡供水一体化建设模式，提高供水质量和管理水平。农业水价综合改革。年度投资140万元，实施石鼓镇大边灌区农业水价综合改革666.67公顷。水土流失治理。年度投资2461万元，完成水土流失治理3153.33公顷。

【水利工作创新】

持续推进河湖长制工作。以河湖长制工作“见实、见效、见能”为目标，强化河长履职，攻坚河湖问题，推进河湖长制工作，获评国务院2019年河湖长制工作激励县（全国10个县）；东关镇河长以全国河湖长制先进县志愿支援身份为湖北省网上授课，获得广泛好评。永春县河长办主任代表福建省参加水利部太湖流域片河湖长制工作交流会，并作典型经验交流。聚焦脱贫攻坚饮水安全短板。“多举措，全方位”保障全县1472户4580人建档立卡贫困人口饮水安全，组织全县水利系统干部职工分成13个服务推进组，深入236个村、社区，排查建档立卡贫困人口饮水安全保障问题，通过逐户入户排查复核、落实用水优惠政策、全覆盖水质检测、提高贫困户集中供水入户率、加强供水整改、安装家用净水机等措施，保障1472户建档立卡贫困户饮水安全。加大水政执法力度。在全县范围内开展非法采（洗）砂专项整治行动，深化“生态警察+河长制”“检察院+河长制”“法院+河长制”等新机制。一年来，县水政监察大队依法查处南安市诗山镇西上村村民林木春妨碍行洪案、拆除东关镇溪南马甲水电站废弃厂房、横口乡船山岩旅游中心违建问题。

（分管领导：李永传 撰稿人：王虹雄）

气 象

【概况】

2020年，永春县年平均气温异常偏高，日照显著偏多；降水偏少，高温过程偏多偏强，强对流天气早发频发，台风季台风影响偏轻。主要气象灾害有：台风、暴雨、强对流天气、大雾、高温、干旱。全年暴雨日数6天，高温日数（≥35℃）58天。

【气象要素分布】

气温：2020年年平均气温21.7℃，与30年年平均气温20.8℃相比高0.9℃，创历史新高（历史最高纪录为2019年，年平均气温为21.5℃）。其变化趋势如图1所示：

降水：2020年年总降水量为1507.4毫米，较历年平均年总降水量1764.3毫米相比少256.9毫米，属正常。出现大雨及以上的日数26天，其中暴雨日数6天。其变化趋势如图2所示：

日照：2020年度年总日照时

数 1833.9 小时，比常年平均年总日照时数 1673.7 小时多 160.2 小时，相比属显著偏多年份。其变化趋势如图 3 所示：

平均风速：年平均风速 1.9 米 / 秒，年最多风向为西北风。

相对湿度：全年平均相对湿度为 79%。

【主要气候事件】

年内≥ 35℃的高温日数为 58 天，与常年相比多很多。

全县共有 6 次暴雨过程，汛期强降水天气较多，降水强度较强。雷暴天气共 45 天，主要发生在 3—9 月。

全年有 1 个台风影响永春县，与常年 2 ～ 3 个相比属于偏少，影响偏轻。

【气象现代化建设】

与县农业农村局、县科学技术协会等单位合作，调整涉农专家联盟成员，印发《关于深化农业气象技术与服务融合发展的通知》，深化合作，强化联动与信息共享，聘请高级农艺师张生才为研究型业务指导专家，提高气象为农服务的指导性和针对性，打通农业气象服务“最后一公里”，为研究型业务开展及农业增效奠定基础。强化服务意识，提高气象监测、预报预警服务水平。对每一次天气过程进行认真研判，做好灾害性天气过程及重大节日、重大活动的预报服务。参与县防指的一系列活动，暴雨影响期间，24 小时在防汛办参与值班，及时向县领导汇报天气形势，为地质灾害隐患点及危险区域的群众转移安置赢得至关重要的时间，尽最大可能减少人员伤亡和灾害损失。密切关注天气及旱情发展，主动履职，及时组织人工影响天气作业，全年共作业 2 次，发射炮弹 6 枚，为农业生产提供保障。

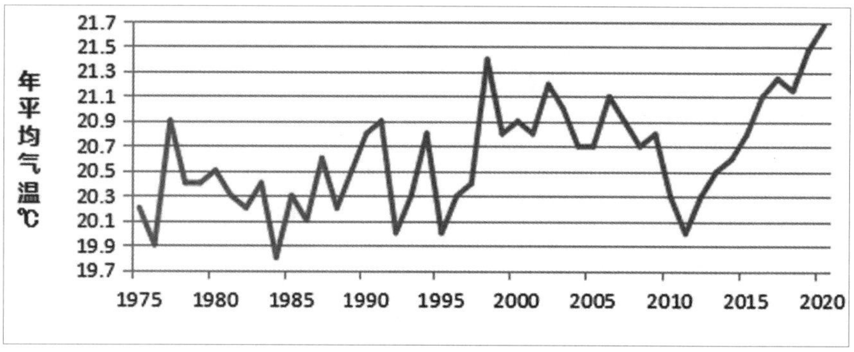

图 1 1975—2020 年永春县历年年平均气温

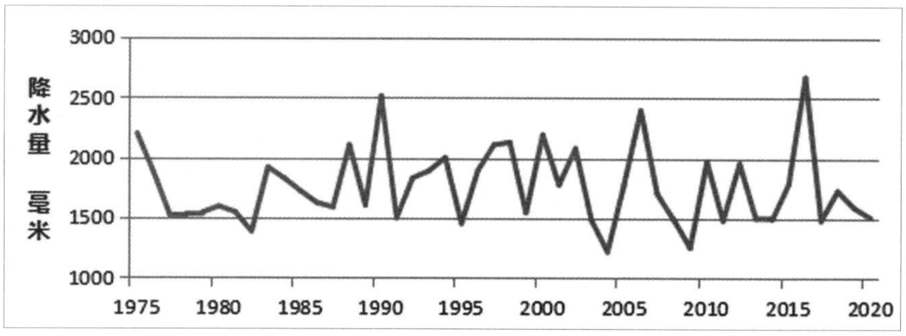

图 2 1975—2020 年永春县历年年总降水量

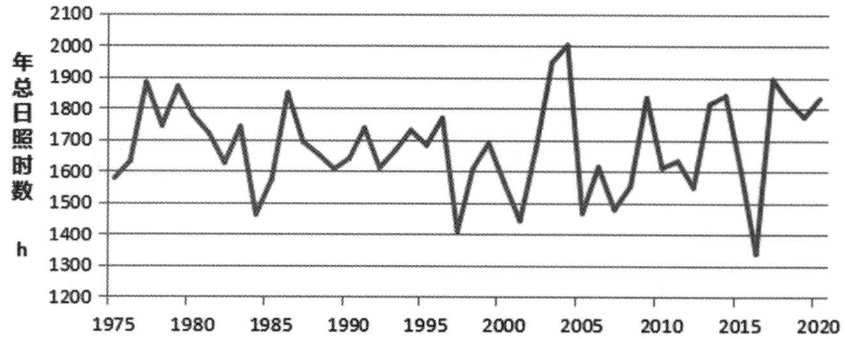

图 3 1975—2020 年永春县历年年总日照时数图

【气象文化建设】

开展“两微”宣传工作，3.23 气象日、5.12 科普宣传采用线上线下宣传模式，提高公众对气象防灾减灾救灾工作的认识，增强防灾减灾意识。以“准确、及时、创新、奉献”的气象精神为指引，提升气象服务保障能力，获得“2017—2019 年度市级文明单位”命名表彰，争创省级文明单位。

（分管领导：胡晓兵 撰稿人：陈斯智）

水土保持

【概况】

2020 年，永春县坚持将水土

流失治理与实施乡村振兴战略相结合，与美丽乡村建设相结合，与提升人居环境质量相结合，走可持续发展之路，全县完成治理水土流失面积3160公顷，占泉州市下达任务的104.7%，完成投资3495万元。其中，水保部门完成治理2140公顷，完成投资2778万元。

【国家水土保持重点建设工程】

2020年，永春县实施的国家水土保持重点建设工程为永春县一都溪、玉斗溪、湖洋溪小流域水土流失综合治理项目，共完成投资578.57万元，其中中央资金400万元，地方配套178.57万元，治理水土流失面积1200公顷，建设安全生态水系2.66千米，治理崩岗5座。

【中央预算内投资项目】

2020年，永春县实施的中央预算内投资项目为永春县坡耕地水土流失综合治理试点工程，分二期实施，完成投资649万元，其中，中央资金450万元，地方配套199万元；完成治理坡耕地173.27公顷，配套修建机耕道路7.42千米、田间道路1.61千米、蓄水池20口、排水沟7.42千米。

【省级重点县水土流失治理项目】

2020年，永春县实施的福建省水土流失治理重点县项目为永春县锦斗溪、外山溪小流域水土流失综合治理项目，完成投资533.63万元，其中省级资金400万元，地方配套133.63万元，治理水土流失面积666.67公顷，建设安全生态水系2.3千米，治理崩岗1座。

【市级水土流失治理项目】

2020年，永春县实施的市级水土流失治理项目包括补偿费返还治理、水生态文明、水利专项资金三类14个子项目，完成投资197万元，其中市级资金130万元，地方配套67万元；完成治理水土流失面积86.67公顷。

【监督管理能力建设】

加大对生产建设项目的监督检查，做到全方位、全覆盖，不留死角；做到认真仔细，不流于形式，不走马观花，逐一检查水土保持措施落实情况，发现问题及时督促整改，从源头上防止人为造成水土流失。同时，结合县委、县政府全面治水的工作部署，完善河长制，以清理“五乱”（乱采、乱伐、乱垦、乱挖、乱倒）为重点内容，以联动执法为重要手段，以桃溪、湖洋溪流域以及主要公路两侧和面城一重山为重点区域，强化重点地区生态环境的监管，加大自然生态景观保护力度。2020年全县开展执法检查23次，出动检查人员72人次，检查生产建设项目23个，发出整改通知书5份，督促补办水土保持方案6份，收取水土保持补偿费167.5151万元。

【水土保持宣传】

开展水土保持宣传进党委、进人大、进政府、进政协、进党校、进企业的“六进”活动，实施重点人群科普教育，增强全民水土保持观念和意识。结合监督执法检查，向项目业主发放水土保持法律法规宣传手册，以增强项目建设单位的水土保持法律法规观念和防治水土流失责任意识。12月10日，县水保中心通过和泉州市移动传媒公司合作，开展福建省第七个水土保持宣传日活动，在公交车LED上投放水土保持宣传标语，宣传频次时长15分钟，一天30频次，宣传时间一个月，以此扩大宣传，营造良好浓厚的宣传范围。

（分管领导：黄伟鸿 撰稿人：许祖龙）

农业机械

【概况】

2020年，永春县农机总动力30.65万千瓦，在农机购机补贴政策执行及农机化推广工作推动下，种植业机械、林果业机械动力持续增加。全年完成水稻机插2666.67公顷、机耕10776.67公顷、机收10660公顷，水稻耕种收综合机械化率达71.42%。

【农机社会化服务】

做好农机推广和农机作业指导。组织农机技术人员深入农机合作社、农机服务队、水稻种植大户，对水稻育插秧、机械化收获等技术进行宣传讲解，通过举办推广示范现场会等形式指导做好水稻机插秧田管以及农机具保养、维修服务、安装调试等工作，全年分别在东平镇举办春耕现场会、在湖洋镇玉柱村举办水稻机插秧现场会、在湖洋镇玉柱村锦龙村举办水稻机插秧现场会、在仙夹镇与市农机总站联合举办全市水稻机收现场会。现场会通过示范演示水稻机械化作业，推广普及水稻全程机械化生产技术，掀起农机化服务生产热潮，促进水稻全程机械化，助推农业粮食生产。鼓励合作社、服务队根据本地的实际情况，开展农机化创新服务模式。桃城镇分生农机服务队提供农机租赁，农机作业服务。泉州永春盈慧农业专业合作社采取“合作社带动小农户发展模式”，由合作社为农户提供种子、农机具，并派遣专人指导农民开展机械化耕种，待作物成熟后，由合作社统一收购销售。以此来辐射带动周边农民开展农机化生产，降低生产成本，提高农民收入，提升农机化作业水平。全县有农机专业合作社8家，农机服务队2家，2020年农机作业服务面积超2000公顷。推行以示范基地建设促进农机与农艺融合，建设2个农作物生产全程机械化示范基地：一都镇水稻生产全程机械化示范基地、玉斗镇茶叶生产全程机械化示范基地。其中，一都镇水稻生产全程机械化示范基地实现水稻机耕面积138.67公顷、机种面积138.67公顷、机械植保面积136.67公顷、机收面积138.67公顷；玉斗镇茶叶生产全程机械化示范基地实现茶叶机耕面积12公顷、机械植保面积12公顷、机收面积13.33公顷、机械运输面积13.33公顷、机械烘干数量1.6吨。加强农机作业实地调研和外地学习先进经验结合，引导农机服务组织扩大农机作业规模，拓展农机化服务领域。

【农机购置补贴】

按照疫情防控工作阶段要求，加强农机办理窗口场所卫生消毒、人员测温和推广使用“八闽健康码”等，加快业务办理速度尽量减少人员在窗口停留时间和推广使用手机App申请农机补贴。了解掌握农民需求，帮助农户联系农机经销企业咨询购买农机。制定实施《永春县农业机械报废更新补贴实施方案》。2020年度全县使用农机购置补贴资金235.04656万元，其中中央补贴资金144.75625万元，省级补贴资金90.29031万元。受理指标确认书数2194份，受益户数1888户，机具数量2481台。其中，果园轨道搬运机15台，轨道总长度8000米。

【农机安全生产】

加强农机源头管理，强化责任意识，按规定办理各项农机监理业务，依法行政审批，做好拖拉机驾驶证的审验以及拖拉机的安全技术检验等工作，做到严把四关（培训关，考试发证关，牌证放发关，检验关）的要求。当年检验拖拉机86台，注销拖拉机31台；拖拉机驾驶员驾驶证期满换证75人，开展农机安全宣传36次，发送农机安全宣传短信5000余人次，发放宣传资料6000余份；排查农机事故隐患35项，已整改35项。加强农机安全宣传，提高机手安全防范意识。围绕《农业机械安全监督管理条例》，深入田间地头、农机操作场所，农贸市场、社区利用宣传展板、横幅、发放宣传资料、广播、宣传单、媒体、通过手机短信平台群发手机短信等开展形式多样、生动活泼的宣传教育活动。开展农机专项治理工作，通过开展全县多功能拖拉机交通安全大宣传隐患大排查大整治专项行动，确保2020年全县农机安全生产形势持续稳定向好。推进“平安农机”创建工作，介福乡被评为泉州市平安农机示范乡镇。

（分管领导：陈文泉　撰稿人：林志胜）

工业和信息化

工 业

【概况】

2020年，永春县完成工业增加值279.40亿元，比上年增长3.5%；规模以上工业产值828.91亿元，增长4.3%；全年工业用电8.0399亿千瓦时，增长7.2%。

【助力工业企业疫情防控和复工复产】

助力应急物资企业早开工。疫情发生后，引导明智生物科技、瑞迈舒、迈特富、元龙、双恒等5家新建或转产防控物资企业早开工、早复产，及时帮助企业解决生产所需的洁净车间、水、电和员工住宿等问题。做好复工复产物资保障。多方渠道筹集应急物资，开设专门预约采购通道，确保企业实际复工人员防护口罩、额温枪、手套、消毒液等4类物资100%供应，累计为全县规上限上企业提供80多万个平价防护口罩及其他防疫物资。推动企业复工复产工作。落实《永春县促"六稳""六保"追赶行动方案》工作要求，在做好应急防控工作的前提下，通过加大政策激励力度、建立挂钩联系企业制度、减轻企业生产成本、帮助企业拓展市场等多项举措，推动企业复工复产，复工初期企业普遍反映的员工返岗、原材料采购和国内物流等问题基本得到解决，全县企业总体呈现复工时间早、复工进度快的良好态势。在产规上企业于3月份前全部恢复生产。

【强化工业经济运行调控】

强化工业运行调控。重点对209家规上企业的用电、税收、产值等指标进行运行监测，按照生产经营情况进行分类指导、因企施策，确保发挥对工业经济发展的支撑作用。规模以上工业企业累计实现产值828.91亿元，其中，有147家规上工业企业实现产值正增长，占规上工业企业总数70.33%；产值增长率两位数以上的113家。加大对规下企业跟踪服务力度，鼓励企业"小升规"，2020年累计新增规模以上企业29家，比上年增长81%。促进工业投资。加大工业投资力度。2020年，永春县工业投资比上年增长20%，增幅位居泉州市第3位，其中，工业新建项目投资增长72.9%，技改投资下降2.2%。新增29家技改投资备案，福居新型墙砖、奥克力矿泉水等2个项目投资额超1亿元，晟园塑胶、福岑纺织等16个项目投资额1000万元至1亿元。加快工业企业招商。把招商引资作为强基础、扩规模、增总量的第一抓手，各乡镇和机关单位履行各自招商职责，分组进行招商，有效推动项目落地。2020年新引办工业企业104家，其中投资1000万～5000万元（不含）70家，投资0.5亿～1亿元（不含）14家，投资亿元以上20家；投资总额50.32亿元。加大服务企业力度。开展专题品牌宣传。获评"中国红曲醋都"，组织开展永春老醋品牌宣传系列活动，助力企业拓展市场。聘请省广播影视集团融媒体资讯中心制作专题宣传片，聘请专家撰写《永春老醋的历史与传承》专著，举办首届中国红曲醋产业发展高峰论坛、全省建筑卫生陶瓷行业推广应用新一代信息技术现场交流会。开展直播推介活动。全网观看量近218.2万，直播点赞、转发、评论、社群总互动量超7万人次。开展"县长带你买好货"直播推介活动，助推永春老醋、佛手茶、芦柑等特色产品销售渠道，两个小时成交6万多单。开展"一村一品"带货，累计订单4万多单。加大惠企政策宣传落实。对省市县近期出台的政策进行梳理汇总，编印《支持促进产业发展优惠政策汇编（二）》1000多册，分发给各企业，提高企业政策知晓率，帮助企业用好用足上级惠企政策，助力企业渡过难关。全年为企业兑现各类扶持资金5972.5911万元。开展“百千”增产增效行动。制定永春县《关于贯彻落实〈福建省深化服务民营企业“三个一百”活动方案〉的通知》，深化县、乡镇党政主要领导与民营企业座谈、县政府领导精准服务龙头企业、深化行长进企业活动，切实帮助企业解难题、增实效，9家工业企业纳入省级“百千”增产增效行动重点企业名单。加快相关企业破产重组。完成三信织造、福源锌业破产重整，实现投产。帮助奔达公司完成破产清算，拍卖闲置资产。帮助企业降低成本。降低用电成本。为非高耗能大工业和一般工商业企业阶段性减免5%的应交电费，累计惠及全县3.84万电力客户、降低用电成本1704.73万元。降低用气成本。当年全县天然气工业用户气价由3.7元/立方米下降到2.95元/立方米。给予企业天然气补贴，累计为11家企业兑现天然气补贴112.67万元。降低物流成本。与泉州艾度供应链有限责任公司、永春弘桥智谷信息科技有限公司签约，用平价打破永春县物流抱团高价壁垒，帮助电商园区物流成本每单从3元降至1.9元，提升全县电商企业市场竞争力。降低融资成本。继续发挥应急转贷资金作用，帮助企业资金周转，全年累计为13家企业办理转贷17笔，转贷金额1.3432亿元。

【发展数字经济】

推广“数控一代”，发展智能制造。2020年，耀诚玻璃认定为省级智能制造试点示范企业，达盛香业公司的全自动制香机列入2019—2020年泉州市“数控一代”示范项目产品。加快数字基础设施布局。制定《5G通信基础设施规划》，以5G移动网络，工业互联网等为重点，加快构建永春县高速、移动、安全的新一代信息通信基础网络。2020年已建成5G基站500个，超额完成目标任务，实现县城区及工业园区的5G网络全覆盖。提升千兆宽带接入用户覆盖面，提升光端口占比和光纤用户渗透率。全县光缆线路长度达到16876千米，互联网宽带接入端口达到108.3万个，移动电话基站达到0.266万个。城区宽带接入速率最高达200M，农村宽带接入速率超过100M。建设永春县城市大脑。整合现有的云数据资源，构建数字永春数据底座，建设永春县域云中心，提升数据运用水平，为县内产业信息化系统提供运行基础环境，推动数字化产业的发展，已完成项目立项。打造工业互联网示范引领。打造九牧永春智慧制造产业园，与华为、中国电信在智能制造、智慧园区、工业互联网等领域深化合作，致力打造5G工业互联网内网建设改造标杆样板工程，带动陶瓷产业数字化、网络化、智能化升级。九牧永春智慧制造产业园项目（一期）被工信部评为2020年工业互联网试点示范项目。2020年12月，在永春县九牧智慧产业园召开全省建筑卫生陶瓷行业推广应用新一代信息技术现场交流会，深入探讨新一代信息技术与产业融合趋势，为传统制造业5G+工业互联网转型发展提供新思路，促进5G、工业互联网、大数据、人工智能等新兴技术与实体经济深度融合。

【企业安全生产】

开展工业领域排查。配合有关部门做好工业行业安全生产隐患督导排查。会同县应急管理局、工业区管委会、消防大队等部门对规上工业企业开展安全生产检查，对检查中发现的问题要求企业立即整改到位。同时加大对民爆企业的检查力度，确保民爆企业安全生产。根据《关于印发〈永春县小作坊小加工厂安全隐患排查处置专项工作方案〉的通知》（永安指〔2020〕4号）文件精神，配合市管局督促指导涉及医药、民爆器材等小作坊小加工厂安全隐患排查处置工作，全县未发现存在涉及医药、民爆器材等行业的小作坊小加工厂。

【产业选介】

轻纺鞋服业　推动纺织鞋服产业进行智能化改造，推广数控机床、工业机器人的开发和应用，引导产业向技术研发、品牌带动、标准引领、核心制造等方向发展。拥有万家美、南德针织、恒福织造等一批智能化生产水平较高的企业，万家美被认定为泉州市数字化车间。加大招商引资力度，盘活困难企业和闲置资源。完成翔升翔运纺织、奔达、三信织造等大型企业盘活，晋昇中润纺织、林生纺织已投产，三信织造重组完成。迈特富、锦特材料等企业开发特种材料和功能性安全防护产品，2020 年实现产值 356 亿元。

香产业　依托永春县丰富的竹产品香原料优势，提高农副产品附加值。规划建设中国香都产业园一、二期，建设香都小镇，获得“中国香都”称号，出台“新香八条”，编制《中国香都香产业发展规划》，引导制香企业立足传统工艺，以市场需求为导向，加强科技研发，创新香品品种，并融入工业旅游、文化创意等要素资源，逐渐做大做强香产业。现已拥有省著名商标 8 枚，省名牌产品 6 个，市知名商标 8 枚。达盛香业、金丰香业等 2 家企业已在海峡股权交易中心挂牌交易。2020 年实现产值 102 亿元。

陶瓷产业　立足高岭土资源丰富的优势，提高高岭土附加值。以介福乡被评为“中国陶瓷之乡”和介福乡发现的商周古窑址被评为全国十大考古新发现为契机，逐步完善苏坑陶瓷工业园、介福陶瓷产业园等产业平台，引进的九牧 5G 智慧产业园区一期项目点火试产。2020 年实现产值 65 亿元。

机械装备制造业　以泉永机械、永盛铸造等传统型制造企业为代表，引入“数控一代”新设备、新技术，实现了机械制造自动化、智能化，生产效率得到提升。源福机械、骏发重工等一批机械装备制造企业陆续投产，机械制造行业获得新一轮发展机遇。行业产品主要有工程机械配件、汽车配件及电子产品等几大类。2020 年实现产值 61 亿元。

食品饮料业　以饮料加工、茶叶初精制加工、饮用水等为主，拥有汇源果汁、金蕾食品等优势企业，致力做精食品饮料产业，推动企业扩容投产，提升产品附加值，延伸食品饮料产业链。2020 年实现产值 61 亿元。

生物医药产业　立足永春县丰富的中草药资源，以药用植物、生物中药、生物保健、医疗器械、疫苗研制生产为重点，引入雷恩生化、修正永春制药公司、明智生物科技、瑞迈舒医疗科技等一批重点企业。其中，2019 年引进的明智生物科技、瑞迈舒医疗科技主要生产医用消毒液、消毒酒精、口罩、防护服等消杀用品和防护用品，已于 2020 年 2 月投产。2020 年实现产值 35 亿元。

老醋产业　加快实施老醋产业倍增计划，出台《关于促进永春老醋产业加快发展的十条措施》，规划建设老醋产业园区，创建“中国红曲醋都”，聘请专家起草《永春老醋产业发展规划》，与中国食品发酵工业研究院签订战略合作框架协议，新引办的得壹醋业项目已试投产，七匹狼集团侨新老醋项目落地建设；老醋公司、津源酱醋厂、金春酿造等企业实施技术改造，扩大产能。2020 年实现产值 12 亿元。

新材料产业　新招引佳联矿业、美宏科技等一批高新项目入驻永春。总投资 30 亿元的九牧智慧制造产业园一期项目已建成投产；博纯材料产能进一步扩大，新增多种电子混合气体产品，筹备三期 COS 半导体材料生产线项目建设，加快上市步伐。福源锌业企业完成重整，进行厂房装修及设备维修、订购设备等。

（分管领导：王明显　撰稿人：李志晟）

城镇集体工业

【概况】

2020 年，永春县城镇集体工业联合社组织工艺美术艺人参加 2020 粤港澳大湾区工艺美术博览会和福建省工艺美术创意设计大赛，举办第一届永春县工艺美术大师评选活动暨福建省（永春）“匠艺杯”工艺美术现场技能大赛，组织编撰《永春工艺美术》，协助岵山镇申报特色区域并获中国轻工业联合会授予“中国特膳食品（九制熟地）之乡”称号。

【工艺美术行业】

组织工美艺人参展参评。组织李海生、吕荣树两名大师参加 2020 粤港澳大湾区工艺美术博览会，选送的 6 件作品获“国匠杯”银奖 2 枚。组织 14 名工艺美术人才参加第三届福建省工艺美术创意设计大赛，获得金奖 2 枚、银奖 2 枚、铜奖 3 枚。举办第一届永春县工艺美术大师评选活动暨福建省（永春）“匠艺杯”工艺美术现场技能大赛。为全县的工艺美术艺人搭建一个技艺比拼、学习交流、创新创造的平台，挖掘和培育工艺美术人才，营造浓厚的工艺美术发展环境。共有 58 人参加现场创作大赛，进行技艺比拼，大赛评出金奖 8 枚、银奖 17 枚、铜奖 25 枚。活动还评出永春县工艺美术大师 25 名，为相关人员参评第四届泉州市工艺美术大师创造条件。组织编撰《永春工艺美术》。该书是一本全面反映永春传统工艺美术的宣传画册，收录44名省、市、县工艺美术大师的82件代表作品，介绍永春主要传统工艺美术品类，展现永春传统工艺美术的发展成果，宣扬永春的传统文化，弘扬永春的工匠精神。

【助力企业疫情防控】

落实疫情防控工作任务。根据新冠疫情防控工作要求，及时传达上级关于疫情防控工作的会议精神和工作部署，落实防控各项工作要求，加强对本单位工作人员、企业人员、外来办事人员等环节的防控管理，实施办公环境消杀，落实疫情防控部署要求。抽调两名工作人员参加乡镇疫情防控工作。落实疫情租金减免政策，为企业减免房租12万元。

【企业职工社会保障】

注重集体企业职工稳定工作。做好职工的日常服务工作，协助职工办理养老、基本医疗保险、退休手续等方面工作。做好职工的社会保障工作。2020年元旦和春节期间职工慰问支出12.95万元，支付无退休金的职工老年生活保障金154176元，支付职工医疗保险补贴和社会养老保险补贴266910元，支付重阳节慰问离退休老干部和满80周岁及以上职工2.58万元。

（分管领导：张仕榕　撰稿人：陈志宏）

工业园区

【概况】

永春县工业园区总规划面积为1046.67公顷，总规划工业用地面积666.47公顷，已开发工业用地538.93公顷。至2020年12月，县工业园区入驻企业159家，其中投产企业128家，在建11家。其中规模以上工业企业74家，当年新招引入驻园区企业51家，总投资额40.97亿元。2020年，县工业园区围绕新冠疫情防控和复工复产工作，持续推进园区基础设施建设，获评为市级精神文明建设先进单位。

【园区项目建设】

轻工新城智慧产业园工程：基础设施总投资1.4亿元，2020年计划投资6000万元，实际完成6070万元，占年度计划101.17%，完成项目前期手续办理及工程招投标工作，进行项目土地平整及基础设施建设。老醋科技产业园项目：基础设施建设项目总投资4亿元，2020年计划投资1亿元，实际完成2400万元，占年度计划24%，已办理项目用地预审，完成可研报告编制及项目一期方案设计，进行项目一期施工图设计及勘察单位招投标工作。轻工新城机械园安置房项目：2020年计划投资2000万元，实际完成2175万元，占年度计划108.75%，完成济川安置区、张埔安置区安置房项目施工，进行项目竣工验收。园区企业重点项目：九牧良瓷项目于2020年3月窑炉点火，4月试生产，6月正式生产；禾力重工项目已建设完成并投入生产；百胜包装、华飞金属、嘉恒陶瓷等一批项目实现从土地出让、进场建设、设备安装和试生产不超12个月的新纪录。

【疫情防控与企业复工复产】

做好疫情防控工作。坚持宣传培训全覆盖。先后发放各种宣传画、宣传册（页）和疫情防控公告3万多份，覆盖园区所有企业及返岗员工；邀请县疾控中心人员，深入每家企业现场指导督促，重点培训区隔化防控措施。坚持网格化管理全覆盖。采取“领导包片、干部包企”，对园区经营单位全覆盖服务管理，帮助解决口罩18万个、消毒水1.2吨；定期根据高、中风险和重点地区疫情变化、上级工作要求和企业共性问题，编写工作提示，做好上情下达和解疑释惑，确保各个阶段的防控措施落实。坚持人员管控全覆盖。干部入企开展排查，指导企业做好重点疫区返岗员工健康管理工作；用5天时间改造建设南星健康管理中心（195套公寓），为全县省外重点地区返工人员及九牧良瓷公司员工等446人提供集中健康观察服务；对接县指挥部做好人员接送、集中观察及核酸检测等工作，境外接回18人次。组织园区52家企业1308名省外、境外员工进行核酸检测，做到“应检尽检”；推广“八闽健康码”，做到员工使用全覆盖。做好秋冬季新冠肺炎疫情防控工作。制定《永春县工业园区管委会关于印发〈永春县工业园区应对秋冬季新冠肺炎疫情防控与医疗救治工作方案〉的通知》，组建防控工作专班，多次召开专题会议部署疫情防控工作，组织冷链、冻库从业人员90人进行核酸检测，结果均为阴性；制定《永春县工业园区大规模人群核酸筛查检测组织工作方案》，做好采样点选址及物资准备、人员调查摸底等工作。推动企业复工复产。做好返岗保障。协调封闭式管理的乡镇、村，鼓励本土员工尽快回流返工；指导企业省外人员有序可控回流，统一设置员工健康管理卡，推广健康码，方便员工出行；协助县人社部门，打通企业招聘渠道，为企业用工做好服务。做好物流保障。在企业复工之初，干部坚持12小时工作制，衔接协调交通组，及时出具相关证明，协助企业物流运输“进得来、出得去”。做好政策保障。持续实时监测企业运行情况，前瞻分析市场变化，及时向县指挥部反馈情况，促成县相关扶持措施的出台；汇编《支持促进企业发展优惠政策汇编（二）》，重点宣传疫情期间各级各项惠企政策；编发微信公众号信息，传递县政府最新扶持政策；联合县财政、工信商务、税务等部门做好上门辅导，及时兑现政策等，保障企业快速复工复产。当年二、三季度，园区企业总用电量分别比上年同期增长18%、25.8%，为全县工业经济发展提供支撑。保障企业安全生产。抓安全生产隐患大排查大整治到位。组织园区企业开展安全生产隐患自查，自查率100%；管委会统一购买第三方安全服务，组织安全工程专家对所有企业全覆盖检查，督促检查情况及时分析，形成问题清单，抓闭环管理。本次排查安全生产隐患1066条，完成整改1066条，整改率100%。同时，联合县市场监管局等多部门开展园区锅炉专项检查，拆除6台、封存2台无证照燃煤锅炉；组织取缔欧美龙、仨豊食品等地块租赁场所内非法设置的加油站，拆除2台加油机、2个储油罐；对发现的1处“三合一”场所、7家使用易燃可燃材料隔墙场所进行强制执行。5月以后，配合县第二十三督导组对园区企业开展督查，检查13家企业，发现隐患51处，全部完成整改。抓牢房屋安全隐患大排查大整治到位。对园区所有企业采取“业主自查＋专家排查”的方式开展地毯式排查，做到“一幢不漏，一栋不漏、一层不漏”。初步统计，共排查已（在）建企业产权业主137家，各类建筑物738幢，总建筑面积约231.2万平方米。已督促春江源食品、安永机械、仨豊食品、邦正、阳升禽畜、德恒、奇力印花、骏发重工、佳宝化工、云腾实业等10家企业主动拆除存在较大隐患建筑13060平方米。复核排查人员密集场所房屋21幢和钢结构房屋127幢，发出隐患整改通知书48份。委托第三方检测机构对园区所有C级房屋进行重新复核，推进房屋处置工作。

【体制机制创新】

做好闲置土地盘活工作。加大招商力度，降低园区厂房闲置率。组织调查收集园区企业闲置厂房相关信息，及时向各乡镇、各部门推送进行招商引资，协同盘活闲置厂房。2020年盘活园区企业闲置厂房100113平方米，盘活园区批而未供土地9块共26.88公顷。协助做好奔达公司、三信织造公司司法问题的处置，两家公司完成资产拍卖盘活，新业主均提出具体投资计划，并纳入2021年县重点项目管理盘子。联合县自然资源局，重点处置味安食品公司和禄富纸业公司闲置用地问题，该公司职工宿舍楼完成基础施工，8号厂房完成施工图设计；促成禄富纸业公司主动向县政府提出收回土地的申请，并达成按原出让价收回土地的意向。推动服务企业工作。持续开展“企情日记”活动，组织干部深入企业摸实情、办实事、求实效，针对企业的问题需求精准做好服务。持续通过微信公众号、LED显示屏，宣传各级惠企政策和招聘信息。先后开展政策宣讲会、金融服务对接会、企业家培训班等，鼓足企业发展信心，激发企业发展热情，为园区经济发展赋能。联合县民政局，对工业园区14条未命名支路进行命名，为企业对外信息服务提供准确地址服务。加大整治乱倾倒建筑垃圾及在园区违规停放车辆问题，全年移送县城市管理局执法处理6起乱倒建设垃圾、25起在绿化带上违停车辆，移送交警部门处理400多起在园区主次干道违停车辆。协调协商县教育部门，帮助企业解决53名高管子女择校入学。

【招商引资】

2020年，招引入驻县工业园区企业51家，总投资额40.9744亿元，其中投资5亿元以上的企业2家，投资1亿～5亿元（不含）的企业11家，投资0.5亿～1亿元（不含）的企业9家，投资1000万～5000万元（不含）的企业29家。最大项目冠中科技项目投资15亿元。

（分管领导：陈志宏　撰稿人：刘金进）

供电公司

【概况】

2020年，永春县全社会用电

量 15.21 亿千瓦时，比上年增长 7.84%；大工业累计电量 8.04 亿千瓦时，增长 7.19%；实现售电量 12.83 亿千瓦时，增长 9.27%。

【电网规划与建设】

打造坚强电网。开展“十四五”电网规划和电力设施布局，远近结合、分步实施，有序开展电网建设改造，更好地满足社会经济发展需求。推进在建工程建设。对照目标节点，梳理倒排工程推进计划，紧盯工程进度和关键环节，确保项目早日投产。投产高垄—西昌 110 千伏线路工程、苏坑 35 千伏输变电工程等两个超长工期工程，提前投产桂洋 35 千伏变电站 2 号主变扩建工程。全年开工项目 6 个。开工建设 35 千伏以上线路 106.75 千米，新增主变 2 台，容量 1.26 万千伏安。建设可靠配网。累计新建及改造低压线路 159.66 千米、10 千伏线路 203.36 千米、电缆 11.63 千米、配变 76 台、改造户数 1.95 万户。开展乡村电气化工程建设，推进 9 个老旧小区电力设施改造，开展 5 个大中型小区单电源改造。攻坚迎峰度夏“卡脖子”配电工程，完成 9 项配电迎峰度夏工程、25 项防雷改造项目，确保人民群众在夏季用电高峰期间用电无忧。

【供电优质服务】

提升供电服务。完成全国两会、疫情防控、中高考、丰收节等 23 项重大节日和重要活动的供电保障任务。按“一级保电”级别，为丰收节省级直播现场增配一台（备用电源）快速切换装置保障现场供电。推广“网上国网”App，用户足不出户即可实现“指尖办电”。加强投诉热点分析，制定精准客户服务策略，推动片区网格综合服务人员、管理、责任“三到位”。举行“实施新时代‘双满意’”工程，助力永春决胜全面小康，发布供电服务“十大承诺”。营造良好营商环境。主动对接省、市、县重点项目 38 个，重点落实恒钛锻造、九牧智慧园区、泉南高速拓宽、福源锌业、横七线石鼓至达埔动车站、温泉安置小区、济川和张埔安置小区、盛福新苑廉租房等重点项目送电。跟踪业扩配套工程建设管理，确保与客户工程同步建设、同步投运。累计低电压客户用电工程报装送电 5437 户，流程平均时长 2.04 个工作日，客户用电工程量同比增长 38.42%；累计高压送电 80 户，平均时长 25.3 个工作日。

（分管领导：蒋泽庭 撰稿人：王玮云）

煤炭行业管理

【概况】

至 2020 年底，泉州市仅剩永春县长汀煤矿有限责任公司长汀煤矿 1 处地方煤矿，设计生产能力 15 万吨／年，为长期停建项目。永春县地方煤矿保有资源储量 2866.14 万吨，可采储量 2435.769 万吨（含县矿、乡镇煤矿）。其中，长汀煤矿保有资源储量 683 万吨，可采储量 580.1 万吨。

【煤炭化解过剩产能】

煤矿关闭退出情况。根据国务院、省政府关于煤炭去产能工作部署，确定 2020 年度关闭煤矿 1 处、化解过剩产能 15 万吨／年，为省属国有煤矿天湖山能源实业有限公司铅坑煤矿。2020 年 9 月 29 日通过省级去产能关闭退出验收。奖补资金下拨情况。省财政厅下达永春县关闭退出煤矿 9 处，产能 99 万吨，资金 3600 万元。经 9 处关闭煤矿申请，县级相关部门审核合格，县政府批准，将 3600 万元全额拨付给煤矿企业，用于关闭小煤矿消除安全隐患、矿山环境恢复治理等方面使用。

【煤炭安全生产】

安全监管执法检查 2020 年，累计开展监管执法检查 33 次，发现隐患问题 134 条，提出监管建议意见 28 条。其中：对在产煤矿省属天湖山能源实业有限公司含春煤矿检查 15 矿次，发现隐患问题 99 条，未发现煤矿重大事故隐患。大排查行动开展以后，组织主要涉煤部门开展联合检查 7 矿次。

煤矿安全整治三年行动 推进 3 个专题实施方案落实。组织开展习近平总书记关于安全生产重要论述专题学习 11 场次；组织县煤炭技术服务中心全体监管干部及天湖山能源实业有限公司管理人员、矿井从业人员收看《生命重于泰山——习近平总书记关于安全生产重要论述》电视专题片 7 场次；天湖山能源实业有限公司于 11 月 3 日举办“习近平总书记关于安全生产重要论述”知识竞赛。组织实施企业安全生产主体责任三年行动专题实施方案，煤矿根据《自查指引导则》完成自查自纠并上报自查报告。组织实施安全生产警示教育专题实施方案，完成1部警示教育片制作，开展水害、火灾、顶板、机电运输、瓦斯防治、消防安全等6个专题教育培训和事故警示教育，共20个班次，1536人次受训。加大重大灾害排查治理。开展水害、火灾、机电提升运输和安全避险“六大系统”管理、顶板管理和领导下井带班、井下民爆物品管理、职业健康和安全培训、皮带输送机等7个专项监管执法检查，发现隐患问题33条，均按要求督促落实整改，实现闭环管理；督促煤矿执行图纸交换制度，及时提交《井上下对照图》《通风系统图》《采掘工程平面图》等3种图纸资料；由国土部门开展越界GNSS检查和井下测量，经检查未发现越界开采；推广应用井下高压微雾装置，含春煤矿主要通风线路及工作面完成70套高压微雾装置改造安装；开展水患调查，天湖山能源公司委托福建省197地质大队完成现场调查、报告编制工作并报市级组织专家评审；开展煤矿冲击地压分析论证，在企业完成自查论证的基础上，组织专家对县域煤矿冲击地压情况开展分析论证；县煤炭技术服务中心、应急局、自然资源局、天湖山公安分局等涉煤部门每月对含春煤矿开展联合检查并召开月度工作会商会。开展风险研判、建立“两个清单”。对县域煤炭行业安全风险进行全面梳理，汇总形成《永春县煤炭行业安全风险管控清单》，提出10项安全风险及53条具体制度措施，明确整治时限和责任人，实施整治并及时推进工作进度；对照煤矿安全整治三年行动实施方案8大项29小项工作任务开展排查，梳理“问题隐患”和“制度措施”两个清单，召开部门会商会，推进工作落实落细。截至12月16日，县级部门排查主要问题22条，制定制度措施33条（其中制度10条，措施23条），已整改18条，正在整改7条，长期坚持8条。

大排查大整治专项行动　根据《永春县煤矿安全隐患大排查大整治实施方案》，推进“十个一”工作措施，坚持一矿一档、一矿一策及每月检查全覆盖，落实每月会诊、分析、会商制度，开展每季预警、警示等工作。3月10日以后，累计开展检查66矿次，出动监管执法人员307人次，发现隐患问题145条，未发现重大事故隐患，其中：顶板管理29条、“一通三防”管理44条、机电运输11条、地测防治水20条、制度落实及安全管理38条，已整改145条，整改率100%。

煤矿水害防治　3月，开展汛前水害专项检查，督促矿井落实汛期值班制度，开展汛前水害专项自查、联合排水试验及防治水专项培训等工作。4—5月，组织对天湖山能源实业有限公司及下属生产矿井汛期安全措施进行全面检查；指导生产矿井分别开展汛期水害专项应急演练及月度水害专项排查，督促落实安全防范措施。6月以后，开展煤矿水害事故综合应急演练；开展全覆盖汛期水害专项检查；与气象部门签订预报预警合作协议；推行水患区域“四线”管理办法；督促指导含春煤矿完成水患调查及开展水害补充调查;加强值班值守、完善应急预案，提高水害应急处置能力。

【煤炭行业安全宣传教育】

安全生产月活动　组织监管干部、煤矿企业及矿井管理人员、一线工人参加上级部门举办的安全生产知识网络学习和知识竞赛。开展安全生产月“排查整治进行时”专题活动，对生产矿井开展安全检查和专家技术问诊。6月16日，开展安全生产咨询日活动，举办安全生产知识谜语竞猜等活动；开展安全生产专家咨询；播放事故警示教育片和安全生产微电影；开设安全生产法制课堂；对新颁布的煤矿水害防治监管监察执法要点进行宣贯；组织监管干部及企业管理人员48人次集中学习习近平总书记关于安全生产重要论述；在矿井张贴宣传标语50张，向煤矿班组和从业人员发放宣传手册等材料300份。

警示教育培训　开展“学法规、抓落实、强管理”活动，督促指导煤矿企业、矿井采取线上线下相结合，分级分类学习煤矿安全法律法规标准和“一规程三细则”。3—7月，组织各岗位各工种培训47班次，2606人次参训；组织煤矿企业、矿井安全管理人员等参加国家煤监局“学法规、抓落实、强管理”活动1～5期专题视频讲座学习，438人次参训。8月，组织全员水害专题培训及事故警示教育4班次355人次受训、火灾专题培训及事故警示教育4班次331人次受训。9月，组织顶板管理专题培训及事故警示教育2个班次172人次受训。10月，组织瓦斯防治专题培训及事故警示教育3个班次

195 人次受训。11 月，组织消防安全专题培训及事故警示教育 4 个班次 276 人次受训。

（分管领导：陈文桐　撰稿人：张思怡）

天湖山能源实业有限公司

【概况】

截至 2020 年末，福建省天湖山能源实业有限公司（以下简称“公司”）保有资源储量 2095.06 万吨，其中可采储量 1146.72 万吨。全年原煤产量 32 万吨，完成原煤销量 33 万吨，实现营业收入 1.81 亿元，实现利润 -1336.45 万元，纳税 3004.66 万元。

【规范原煤开发利用】

公司各生产矿井按照已审批的开发利用方案组织生产，无超能力生产和越界开采等违法情况。公司成立生产技术部，所属矿井成立生产技术办，配备的工程技术人员满足矿山安全生产工作需要；矿山统计年报表等材料上报准确、及时；开展年度资源储量动态监测工作，按要求编制储量年报，及时报送国土部门备案；采取一系列加强资源储量管理的办法和措施， 落实并推进煤矿安全生产标准化体系建设工作，矿井经政府管理部门组织考核取得相应标准化等级；强化正规开采、考核回采率、薄硬煤层开采、老区复采和地质找煤等工作，多次接受政府监管部门的检查，获得肯定。

【企业经营管理】

落实疫情防控措施。在疫情防控中，第一时间落实一级响应机制，组建指挥部作战体系，贯彻落实上级决策部署，抓紧抓实抓细各项工作。及时学习通报疫情形势，学习宣传对象实现全员全覆盖；抓实员工健康管理，落实好“矿区消毒、体温监测、隔离观察、健康建档”等重点，全年在矿员工及亲属无确诊和疑似病例；做实应急管理工作，做好办公区域安全、通勤安全、用餐安全和防控应急物资的供应，落实好与地方有关部门的备案工作。

组织复工复产。针对省外员工人数较多、无法及时到位的特殊实际，及时与地方政府沟通协调，开展省外员工“点对点”大巴车接运、分批次全员核酸检测等灵活措施，保证所有员工及时到位；采用“线上线下”微信群、分场所等多种方式组织安全教育培训，落实好复工复产的安全技术论证；优化劳动组织，科学生产计划，集中组织生产，2 月 17 日按要求准时复工，2 月 27 日实现全面达产。疫情期间，疫情形势总体平稳可控，复工复产工作组织有序，保障煤炭稳定供应。

企业内部改革持续深化。在企业经营形势极其严峻的背景下，持续深化企业内部改革，激发企业运营活力。以生产单价、福利保障和中层管理人员薪酬等作为重点，推进薪酬体系改革；按照公司党委“1+X”专项督查的要求和职代会相关工作任务部署做好审计工作，规范经济业务重点领域重点问题、薪酬福利津补贴、五项费用开支，完善生产经营、财务收支、资金运营等内控机制；强化经济业务的过程监督，防范风险、规范运作，推动历史遗留问题的清理处置；突出人岗相适，分流富余人员，通过优化生产系统、科学设置岗位、中层干部提前 2 年退出管理岗位等措施落实“十三五”减员目标，企业比上年减员 254 人（其中合同制 116 人），管理人员数量和矿井万吨用人得到控制，全年用工成本实现一定程度减支；推动档案数字化建设，档案信息建设进一步完善；深化公务用车制度改革，企业公务用车管理规范；执行国安部门和集团相关的网络安全和保密规定，形成企业网络安全和保密工作的长效机制。

铅坑关停退出平稳有序。以“安全、稳定、有序”为目标，针对“任务时间紧、安全标准高、分流空间小、思想波动大”等具体困难，积极稳妥开展铅坑煤矿关井闭坑工作。9 月通过省、市、县三级政府部门组织的去产能检查验收。关闭工作突出员工分流这一重点难点，细化分流方案，强化沟通协调，力求人岗相适，做好释疑解惑和一人一事的具体工作，妥善分流安置，至 12 月初，完成最后一批次人员分流，共 511 人得到稳妥安置。关井闭坑过程中，实现思想不乱、工作不断、安全保障、矿区秩序稳定。

生产均衡实现稳产增量。贯彻落实集团苏桥煤矿现场会精神，促进结构持续优化调整，生产均衡，增量稳产。生产布局持续优化。推进地质找煤专项工作，开展含春煤矿地质诊断、掘进劳动竞赛等工作，探明煤量 10.24 万吨，采出 6.38 万吨，采掘点位比上年下降 22.57%，逐步实现压缩点位、适度集中、布局合理的生产转变。提高劳动效率。推行“降价提租”、单价与任务挂钩浮动结算等措施，结合管理绩效对标工作，实行“一优三减”与矿井班子成员挂钩考核，快速掘进队月平均单进103.7米，比上年提高5.8%；重点采面单产1107.35吨/月，提升5.3%；矿井万吨掘进率259.28米/万吨，比上年降低7.4%。推进支护改革。投入防腐坑木526.1立方米，推广应用光爆、锚网喷支护，共完成锚网喷巷道1051.8米，比上年提高11.7%；光爆巷道327.8米，提高20.5%。实现稳产增量。在疫情、铅坑煤矿关闭退出的叠加影响下，逆势超额完成生产任务，含春煤矿完成产量28万吨，比上年增加4.02万吨。

成本费用控制措施有力。以落实“盯预算、降成本、促增盈”为主基调，牢牢把握环节要素的控制，强力推进成本管控。严抓预算管控，坚持月度绩效与全员薪酬挂钩考核并当月兑现的工作机制，刚性考核；完善成本内控体系，科学分析预测生产经营情况，增强成本管控对生产经营活动的导向性，调动积极因素，促进成本费用可控、在控。严抓资金管理，落实资金管理办法，强化资金分级归口审批权限，规范财务收支行为，统筹安排资金，落实“三项资金”的考核，及时回笼货款，清理备用金和旧欠款，尽可能采用汇票结算付款，资金运行总体良好，使用效率和效益显著提高。严抓物资管理，统筹协调关闭矿井的材料设备的“回盘运存用”工作，坚持“先调拨、后采购”，控制吨煤材料成本，吨煤材料成本同比下降8.55%，物资储备资金同比下降9.47%。

煤炭营销调整积极有效。面对疫情影响和区域行业形势产生的变化，围绕“维护价格体系、优化场地库容、积极开拓市场、深化煤质管控”等难点重点，紧跟市场形势，做好特殊时期煤炭市场的维护工作。上半年，受疫情影响，部分重点用户复产时间滞后，普遍开工不足，部分客户改烧烟煤或其他燃料，煤炭市场份额大幅萎缩。面对严峻的销售形势，积极做好与客户的密切联系和深度沟通，跟踪、掌握用户复工、复产情况，及时恢复供需关系。加强潜在市场的寻找力度，在稳定现有用户的基础上，挖掘潜在客户，拓宽销售面，确保市场份额。下半年，随着疫情防控形势逐渐向好，在深入市场调研和效益测算的基础上，及时转变经营策略，以稳定售价为主基调，适当下调降价幅度较大用户的发运量，提前50天完成销售任务。

攻坚战役推进全面有序。统筹推进退休人员社会化管理工作，克服移交退休职工多（1291人）、分布广、时间紧、事项杂、影响大、党组织关系移交政策性障碍协调难等困难，明确目标，细化分工，统筹协调，按照时间节点全面完成移交工作，为全省的国有企业退休人员移交社会化管理做出突破性进展示范。含春煤矿新一采区运输系统优化重点技改项目按时间节点竣工验收，项目完成井巷工程988.9米，资金480.67万元（其中省级财政资金250万元，自筹资金230.67万元）。第一批土地复垦项目完成水稻收割和交易指标结算审核，已委托自然资源部门进行挂牌交易；第二批土地复垦项目完成施工任务3.98公顷，正组织项目竣工测量、耕地质量等别评定，申请县级竣工验收。生态恢复治理工作，已完成铅坑煤矿矸石山削坡平整，播撒草籽，其余区域将对照修编后的矿井生态恢复治理方案，结合土地复垦情况，开展场地测量，含春煤矿“绿色矿山”建设工作有序实施，整治矸石山面积17941平方米，经省自然资源厅公示纳入2020年度省级绿色矿山名录。电厂资产处置、金源土地处置工作有序推进。

转型项目调研审慎推动。在集团转型发展的总体框架内，坚持“四不做”和“就近就地”原则，着眼于人员分流，解决资源、就业机会和核心技术等主导因素的制约，围绕集团战略主业方向寻找和精选项目。发挥前期项目调研办公室的作用，结合区域产业布局发展，进行省内外及周边地区可供开发利用的萤石矿、机制砂等资源调查，寻求适合煤矿的转产项目；对接地方政府产业规划，寻找发现地方品牌较好、美誉度较高、发展前景优良的产业，进行并购重组的可行性调研；全年完成11个项目的调研，确定了德化美龙矿业瓷石矿等2个重点调研项目、3个前期调研储备项目，为企业转型的项目培育和项目储备奠定基础。

【安全生产管理】

坚持依法办矿，守红线、筑底线，安全生产态势保持平稳。开展安全生产专项整治三年行动，组织安全隐患大排查大整治，突出源头治理、系统治理、精准治理，及时消除各类风险隐患。推进煤矿“学法规、抓落实、强管理”活动，围绕“一规程三细则”，执行新《煤矿安全培训规定》，落实全员安全教育培训，分层级组织事故警示教育。积极推进安全生产标准化管理体系建设，落实企业主体责任，夯实安全生产基础，确保矿井动态达标。完善安全风险分级管控及风险清单、重大隐患整改和重大专项工作安全盯守责任制度，修订完善考核机制，推进“四清单一台账”建设，持续提升制度管理水平。坚持提足、用好原则，全年安全生产费用投入1686万元，持续夯实安全基础建设，完成安全监控系统升级改造。强化“一通三防”管理，全面规范通风构筑物建设，井下安全六大系统不断完善。精心组织、完善预案，强化落实，高度重视各级各类的安全检查、安全体检、专项督查和环保检查工作，隐患整改率达100%。严格落实值班值守制度，强化两级安全工作督办，突出落实重点面、生产过程和班末的“三个盯守”，推进现场管理的责任落实。

【企业和谐发展】

组织学习习近平新时代中国特色社会主义思想和中共十九届五中全会精神，开展《习近平在福建》等系列访谈实录的学习，持续夯实基础，提升素质能力，推动党政融合新进展，深化“党徽耀天湖”党建品牌创建，推进“三级联创”等企业党建工作；重视意识形态领域工作，强化意识形态引导，落实意识形态工作责任制，突出意识形态保方向；强化党建实效作用，明确岗位责任，严格业务标准，狠抓工作落实，队伍建设和履职能力有新进步；加强正面宣传，多做解疑释惑，提升正能量，确保矿区和谐稳定，保持心齐劲足、风正气顺的良好氛围；对照全面从严治党主体责任清单，落实好“一岗双责”，主体责任有效落实；发挥好“1+X”专项督查机制作用，在领导履职待遇、公务用车、业务接待等方面加强规范管理，纪委监督责任落到实处；强化综合治理，发挥好群团作用，凝心聚智形成新合力；结合棚户区改造深化“文明片区”创建管理，建设美丽矿区；投入468万元资金用于各类民生工程；落实出入井检身制度，加强重点部位“四防”检查，加大特殊时段及重点区域的巡查力度，做好各类矛盾纠纷的调解，“平安矿区”活动持续深化；完成第七次全国人口普查工作；实现职代会提出的保收入目标。

（分管领导：林聪波　撰稿人：林　琛）

县企联会

【概况】

永春县企业与企业家联合会（以下简称“县企联会”）成立于2012年3月，是一个非营利性的社会组织，有会员208人，其中团体会员51人。2020年，县企联会围绕新冠疫情防控和企业的复工复产服务会员企业，发动会员企业开展金秋助学活动，资助贫困学生32人。

【服务企业】

年初，常态性向会员企业发送各级政府、医疗专家有关防控疫情的规定流程及惠企政策等信息。主动与县人社局、融媒体中心协商，请求电视台增加播放蓬壶泉通摩托车配件有限公司招聘员工信息的滚动次数，帮助企业解决招工问题。通过正规渠道采购口罩等紧缺防控疫情物资，及时送到部分急需口罩的会员企业。

【上级调研】

4月，市企联会会长林伯前、执行副会长郑玉宝一行到永春调研，并与县委书记庄永智、县长吕建成、县企联会会长庄进勇等座谈交流，了解永春县企业的疫情防控、复工复产、安全排查、存在困难等情况。6月，省企联执行副会长郭国华、会员部副部长蔡平英一行到永春调研，先后走访县企联会、金正建设公司、美岭水泥公司、桃城建工公司，并分别举行座谈会，听取关于复工复产、经营管理、市场开拓、企业转型等情况介绍。

【金秋助学】

7—9月，多渠道开展金秋助学活动，发动会员企业参与金秋助学活动：县企联会副会长会员单位——桃城建设工程有限公司捐资4.1万元，资助8个贫困大学生；县企联会副会长会员单位——永春县农信社捐资9万元，资助20名贫困大学生；联系、配合石狮市工商个体私营企业协会，由其牵头组织石狮市部分爱心企业家到永春开展金秋助学活动，共有4名永春籍贫困大学生获得平均5000元的资助，并将连续扶助四年。

（分管领导：林金电　撰稿人：陈润泽）

邮政

【概况】

2020年，中国邮政集团公司福建省永春县分公司（以下简称“永春邮政”）设有邮政普遍服务营业网点25个，其中城市网点4个、农村网点21个，全县建立便民服务站106个，设有投递部18个，投递段道49段，邮路总长1601千米，在全县209个行政村设置村邮站落实信报接转。永春邮政有从业人员205人，全年实现业务收入4033.9万元。

【邮政服务能力提升】

2020年，永春邮政开展普遍服务巩固提升专项活动，重点组织开展对县城区及以上普通邮件投递、内部处理、压降普遍服务给据邮件丢损（信息断点率）、投递质量专项整治等活动，全县普遍服务水平得到有效提升。提升普服工作实效，规范管理制度。重新调整普服网点等级，逐步推进“三年行动”各项工作，确保32项工作指标完成；协调解决代办网点改自办网点工作，完成代办改自办网点1个，通过搬迁提升改变原有形象差、服务质量不稳定等问题。加强投诉管理，提升客户投诉处理满意率。年内客户投诉及时有效回复率、投诉处理满意率均达100%；全县无重大有理由投诉发生。做好职工技能培训提升工作，参与第八届泉州市邮政系统职工岗位练兵技能竞赛，有1人获得第2名、1人获得第5名、1人获得第6名、团体总分第三名的好成绩。

【邮政安全管理】

2020年永春邮政贯彻“安全第一，预防为主”的方针，落实安保标准化达标工作要求，开展“平安邮政”创建活动，强化内控责任和制度的执行，层层签订安全生产责任书，实行安全生产一票否决制。组织开展全县邮政投递服务质量大检查，提升各单位收寄服务工作质量。做好“平安邮政”管理工作和金融网点安全评估迎检工作，组织开展代理金融安防排查“百日大行动”活动，贯彻工作要求，强化金融从业人员行为管理，提升内部风险管控水平，确保企业资金安全。

【邮政经营策略攻坚】

助力脱贫攻坚方面，电商扶贫项目持续推进，累计建成3家村级扶贫邮乐购站点，打造1个扶贫大单品。污染防治方面，全县包装废弃物回收装置布放率达到邮管局下达指标，“9792”工程量化指标达标，义务植树超额完成市公司下达指标。防范化解重大风险方面，扎牢制度笼子，完善内控机制、自律机制、惩戒机制，有效防范化解金融风险。

【企业文化建设】

2020年永春邮政坚持做好党员教育常态化制度化工作的开展，动员职工参与志愿服务活动，在本单位组建志愿服务队，加强局内外环境卫生管理，加强门前“三包”清理工作，组织志愿者参加交通劝导和文明城市卫生清理活动。永春邮政关注员工生产生活，弘扬爱心工程，做好重病职工、困难职工慰问工作，组织职工进行健康体检。加强民主管理，获评“2020年度全省企业民主规范化建设示范单位”。

（分管领导：黄超辉　撰稿人：肖琼霞）

电信

【概况】

2020年，中国电信股份有限公司永春分公司（以下简称永春电信）秉承“让客户尽情享受信息新生活”的企业使命，贯彻省市公司云改数转战略，坚持党建统领、守正创新、开拓升级、担当落实，为“十四五”发展开好局起好步。2020年永春电信营业收入1.0694亿元，电信固定电话用户5.4万户，宽带用户7.7万户，天翼用户14.1万户。

【打造红色电信品牌】

永春电信党支部坚持学习习近平新时代中国特色社会主义思想，贯彻落实“党建巩固深化行动”，践行以人民为中心的发展思想，推进党建巩固深化行动的落地，推进全面从严治党，履行“一岗双责”，健全廉洁谈话、工作报告、述职述廉和约谈提醒等制度。坚持开展“党团引领促发展，众志成城开门红”“战疫先锋 发展先行”“5G网络建设”、党团员共建全国文明城市等主题实践活动，组织党员先锋队立足岗位实际，支持企业复工复产、参与文明创建志愿服务活动、深入一线开展走访慰问活动，发挥党支部的战斗堡垒作用和党员先锋模范作用。

【创建行业领先的5G网络】

2020年，永春电信加大5G网络和千兆光宽的建设力度，全年累计投入1.4亿元。截至2020年12月，全县累计开通85个室外站点和224个载扇，室分90台PRRU，主要覆盖桃城、五里街、石鼓、岵山部分镇区以及县委大楼、九牧智慧车间、中闽百汇等。千兆网络原已覆盖全县各乡镇，2020年推进升级万兆EPON接入，满足千兆宽带用户接入，打造碧桂园、富临国际、宝龙等千兆宽带小区。致力推动5G云网赋能产业数字化转型，助力数字永春的发展。与九牧公司共同探索“5G+工业互联网应用”，实现5G技术与本地产业的深度融合，已落地生产设备管理、产线能耗管理、智慧仓储、自动质检等九大类场景22项应用，促进管理效能全面提升，生产效率提高35%，产品不良成本率降低5%，能源用量减少7%，企业运营成本减少8%，人工成本降低20%。与县教育局携手引入教育部的核心数字教材资源，为学校提供权威、优质、集约和高效的配套备课授课系统，以有限的成本短期内大面积普及性解决与发达地区教育资源的差距。2020年为全县131所小学、8个教学点，共1191个班级，购置“人教数字教材”，为6所智慧校园试点校采购6套智慧黑板。永春电信聚焦政府为民办实事项目，与永春县水利局合作，以科学性、实用性、稳定性、安全性和兼容性为设计原则，为全县42座水库搭建自动测报及智能化管理监控数据平台，实行全天候全自动水位、雨情及实时视频监控，构建集实时监测、统计分析、防汛调度为一体的综合防汛指挥系统。

【落实提速降费】

2020年永春电信贯彻落实国家提速降费政策，针对不同套餐推出专属流量包或流量升级包，降低用户通信费用；降低中小企业专线费用，助力企业复工复产。永春电信发挥云网融合优势，为各行业客户提供云资源产品免费试用、折扣优享、安全保障、应用融云等多项优惠政策，打造集安全防护、服务器安全和数据安全为一体的解决方案，让客户享有全方位的安全保障服务，筑牢安全可信的“安全堤坝”。

【提升客户服务品质】

永春电信秉承“用户至上，用心服务”的经营服务理念，坚持“以客户为中心”的服务体系和“服务好不好，客户来评价”的服务评价体系，分布于全县各个乡镇的营业网点，通过硬件设备的投入、操作流程的不断优化和队伍建设的提升为用户提供更为优质的全方位服务。贯彻落实国务院联席办、工信部关于“断卡”专项行动有关工作要求，重点防范治理电话卡在办理、流转环节中收卡、贩卡等违法违规行为，加强与公安机关的联防联控机制，配合做好涉案电话卡信息查询和异常涉诈线索处置，对非法开办、贩卖电话卡行为形成防范打击合力，维护社会和谐稳定。联合桃城镇政府等单位开展“预防通信网络诈骗，构建平安和谐桃城”等主题宣传活动，增强居民群众的防范意识，为有效遏制通信网络诈骗违法犯罪活动筑牢防火墙。

（分管领导：陈文塘　撰稿人：曾欣艺）

移　动

【概况】

中国移动通信集团福建有限公司永春分公司（以下简称“永春移动”）设综合部、市场部、网络部、政企客户部4个部门，有职工123人。2020年，永春移动围绕保持区域通信市场领先者地位的目标，巩固市场领先优势、网络领先优势、和谐企业优势，加快企业转型发展，实现全年运营收入2亿元，用户规模26万户。

【网络建设】

2020年，永春移动在4G/5G网络、传输网络和宽带网络建设方面持续加大资源投入，全年累计投入成本1.55亿元。通过强化网络基础设施建设，提升企业网络核心能力，为永春人民提供更快速、便捷和安全的无线通信网络和全业务网络，助力永春经济的快速发展。全年完成90个5G站点SA/NSA双模建设开通，站点覆盖桃城、石鼓、五里街、岵山等县城区。建设上线110个站点，3000个端口，行政村覆盖率100%，自然村覆盖率81%。推进光纤到户建设，提升传输网络的承载能力，完成30段配套站点光缆施工，以及20沟千米、50孔千米的12段管道建设。对重要交通干线、景区、热点区域及重要商圈进行网络扩容，解决信号拥堵问题，完成福建省"中国农民丰收节"主会场开幕、县长带货直播、中闽百汇端午节带货直播、永春厨王争霸赛等重要活动的网络支撑保障。

【助力打造"智慧永春"】

落实提速降费举措，优化流量和资费套餐，进行无线网络和宽带扩容升级，开展品质提升建设，让客户享受移动4G及5G的高速和便利，2020年永春移动人均使用流量超7G，其中5G客户数达5万户。打造智慧小区及智慧家庭，深入住宅小区及农村家庭，提升光纤覆盖率和宽带普及率，推广互联网电视，推动手机、电视、电脑三屏融合发展，依托家庭宽带发展和目摄像头、语音遥控器、家庭安防等智慧家庭信息化产品，致力为五里街大羽村建设信息化平安乡村，逐步促进人们的传统生活方式向智能化、信息化迈进。促进行业发展信息化，聚焦政务、医疗、教育、金融、旅游、酒店等行业持续加大资源投入，2020年永春移动为地方政府开发"畅游永春"App全域旅游智慧服务平台及农产品展示中心，为五里街镇政府打造5G+沉浸式展厅项目，为县交警大队完成永春县城区监控设备新建及升级改造，推动各行业的信息化发展。

【参与社会活动】

引导员工奉献社会，通过党员先锋队、青年突击队、青年文明号等载体，做好疫情防控信息化服务、县定点医院网络扩容和隔离安置小区网络建设等工作，开展贫困生助学、文明交通劝导、环境保护、"3•15"服务宣传等志愿服务活动12场。落实扶贫任务，除常态宽带义诊等便民服务外，2020年开展助农直播2场，芦柑"以购代捐"1.5万公斤，结对帮扶走访6次，实现60个省级建档立卡贫困村宽带全覆盖。

（分管领导：吴继志 撰稿人：林 捷）

联 通

【概况】

截至2020年12月，中国联合网络通信有限公司永春县分公司（以下简称"联通永春县分公司"）累计电话用户3.8万户、宽带用户0.3万户；全年业务收入2358万元。

【网络建设】

联通永春县分公司加大4G、5G网络建设及相关基础配套投资，至2020年已开通863个3G、4G基站，3G、4G乡镇覆盖率100%，4G基本实现桃城、五里街、东平、石鼓、蓬壶、达埔、岵山、下洋、苏坑、介福、湖洋等乡镇和工业园区、重要旅游景点全覆盖。5G基站先行开通85个，基本实现县城包括五里街、石鼓网络覆盖。随着网络的升级优化，用户满意度不断提高，网络投诉率呈下降趋势。为抵御自然灾害，保障网络安全运行，提升网络的抗风险能力，联通永春县分公司在网络架构方面优化桃城传输汇聚、蓬壶、达埔、下洋、湖洋、岵山、东平等重要乡镇传输主干200多千米，同时新建2个综合接入机房，新建8个光交并对4个旧光交进行扩容、整治；传输方面完成42条传输线路纤芯隐患整治；配套方面更换落后电源配套6套、淘汰老旧变压器3个。网络抗风险能力大大提升。同时定期组织专业人员进行应急演练，为永春联通用户的安全使用奠定坚实的基础。

【数字引领】

随着永春美丽乡村建设的快速推进，全县整体生态环境出现了质的飞越，联通永春县分公司继无人机"自动巡河"项目后，开展进行5G、智能AI技术等全国领先课题的研究，2020年在社会治理方面取得重大突破。应用5G技术和基于低空无人机遥感的数据采集赋能河流五大应用场景（水资源、水生态、水灾害、水工程、水监督），构建低空5G网联无人机驾驶舱河流管理系统，将5G网联无人机采集和应用的数据，包括高清视频、红外视频、数字正射图、多光谱图、三维建模、视频识别在系统上进行实时的展示，根据5G+MEC无人机采集回的高清遥感影像数据，用边缘云计算对数据进行就地处理大大减少视频回传的时延，对桃溪河道进行三维建模，通过建成的模型展现河道及其周边的具体情况，2020年无人机累计飞行312次、约3120千米，为桃溪流域治理起到了有力的辅助作用。落地永春县应急管理局智慧用电项目，共安装1175台，涉及267家企业及学校。智慧用电（电气火灾监控报警系统）：可实现对配电柜、二级箱柜、末端的配电箱等各关键节点中的供电测（三相电压、供电质量）、用电测（三相电流、漏电流、线缆/环境温度、电能等）电气安全数据监测。借助智慧用电项目落地契机，在全县各工业区及乡镇开通物联网基站93个。

【企业文化建设】

联通永春县分公司以中共十九届五中全会精神为引擎，将学习成果转化为治企有方、兴企有为的实际行动，围绕地方政府的发展布局，坚持聚焦创新、合作，做好“十四五”规划加快数字化转型步伐，助推永春产业数字化升级，智慧用电安全监管平台、无人机自动巡河试点项目、5G边缘云运用等项目成果获得省、市、县电视台多次报道。注意发扬永春红色基因，传承红色精神，党建统领，推动生产经营出成果，推进“二次创业、三次转型”显成效。以数字化转型为契机，通过开展“5G先锋、泉州联通在行动”主题活动，前后三次保障2020年泉州市重大项目云签约活动、无人机助力地方政府“4·15”国家安全教育日宣传、永春县应急管理局“6·17”组织安全生产咨询日讲解智慧用电项目以助推安全生产、“9·1”无人机助力宣传永春禁毒协会开展“学习民法典　唱响正气歌”等活动，以促进创新“智慧用电”“水利无人机”等项目签约。持续开展“精准扶贫　精准脱贫”慰问活动，参与县委、县政府开展的贫困户帮扶慰问送温暖活动和定点扶贫，落实帮扶资金5000元，“资费扶贫”发展266户。

（分管领导：肖有土　撰稿人：吕鸿瑜）

广电网络

【概况】

福建广电网络集团股份有限公司永春分公司（以下简称“广电网络永春分公司”）设6个职能部门，9个乡镇广电网络中心站。主要职责是承担中央电视台、各省卫视、福建省省市县电视台以及付费频道节目信号传输；经营高清互动电视、广电宽带、电子商务、视频点播、阳光政务、远程教育等增值业务；为客户提供专线传输业务，开展“互联网+”业务，参与数字福建、智慧城市和美丽乡村建设，负责“村村通”管理和建设，应急会商系统以及政府视频会议平台等建设；经营网络工程建设、文化传播、广告服务、文化投资、电视商城等业务，是广播电视网络运营商和节目集成商。2020年，广电网络永春分公司围绕广电网络集团的决策部署，提质增效，强化服务，实现收入3850万元，有线电视有效用户保有量75928户，高清用户保有量43734户，互动用户保有量29220户，宽带用户保有量24191户。2020年，广电网络永春分公司获评泉州市文明单位。

【巩固主营业务】

强化维系，保住存量。持续管控正常无欠费率，要求员工提前介入，跟紧用户账户情况，减少流失。2020年，各项业务在网率指标均居泉州市前列。紧抓传统节日契机，开展全员营销、回网续费竞赛、劳动竞赛、短期路演PK赛等，营造比学赶超氛围。创新渠道，加大宣传。携手建材家装联盟，在多个小区投入上百个电梯版面宣传，创新宣传新模式，在全县300多个电梯淘屏投入广告，及时更换淘屏内容，以提高群众知晓率。发力集客，全员拓展。开展全员小集客业务拓展竞赛，收集小集客用户信息，分片责任到人，逐一走访，填补主营业务的不足。

【强化集客品牌】

加强与各部门、各单位的业务联系和协作，关注政府工作动态，聚焦重点行业，做好客情维系，深耕细作。永春县河长制项目持续发酵。5月，国务院办公厅印发《关于对2019年落实有关重大政策措施真抓实干成效明显地方予以督查激励的通报》，永春县位列10个首批河湖长制工作激励县之一，并获得1000万元的激励资金。在永春县申报河湖工作的八大创新工作举措中，广电网络永春分公司承建或参与建设的有六项，得到县委、县政府的肯定。从河长制综合信息管理系统，全国首创河长制电视云平台，到水生态文明展示馆、河长制“110”指挥中心、河长制工作软件（广电网络永春分公司拥有该软件著作权）、水质监测、蓝线测绘等项目，项目对象也延伸到了乡镇一级。实现业务的连锁反应，2020年新增或中标与河长制有关的项目7个，合计327.977万元。针对河长制、美丽乡村云平台等项目的运营情况，每个月汇总形成一份运营报告，保持项目长久的生命力。疫情防控期间，积极发挥作用支持政府工作。疫情防控期间，永春县委组织部依托广电网络永春分公司美丽乡村云平台开展诉求征集和服务保障。“民呼我应”机制在全县推广，平台公众号增设“口罩预约”菜单，便民的同时引导更多群众关注美丽乡村云平台。在美丽乡村云平台电视端、手机端同步上线了“共战疫情”专栏，下设上级指示、通知公告、防控第一线、防疫常识等栏目，每日上载永春县重要公告、基层党组织抗疫工作实录、实用防疫知识等内容，发挥广电网络“党媒政网”优势，助力全县疫情防控宣传。

【提升服务质量】

规范营业厅的管理，2020年营业厅满意率99.13%、主动服务到位率95.88%、体验服务到位94.40%。做好日常监督管理，每周不定时对工单规范、营业厅监控、高拍仪上传资料、电话营销等数据提取自查，并把自查结果通报至微信群。每月不定期通报营业厅三率、新装满意率、修障满意率、客户资料修改等情况，及时发现并解决问题。提升电话营销工作，加大电话营销技巧培训、组织案例分享，提高线上营销产能，完善对成功率的考核，做到奖罚分明。一线人员对电话营销有了新的认识，2020年广电网络永春分公司的电话营销以9.76%成功率位列泉州市第一名。

【保障技术安全】

确保安全播出。确保广播电视网络信号安全传输播出，落实意识形态工作责任。保障财政、政务、防汛高清视频会议，配合各级视频会议会前联调工作。做好安全生产排查整治工作。对机房安全生产隐患进行全面排查，建立隐患排查整治台账，及时整改。开展安全生产保护设施检查，对各营业厅、办公场所等即将过期的灭火器进行排查更换，更换74个干粉灭火器，44个二氧化碳灭火器，对全县营维员的绝缘胶靴进行更换配备，对每个乡镇站新配备绝缘手套、测温枪等设备。开展取电点和线路安全隐患整治，暂时发现取电隐患27处，线路安全隐患20处，已全部整改。加大乡镇机房建设。根据乡镇分前端机房的规范化和标准化的建设要求，对乡镇机房进行技术改造建设、环境修缮和动力系统部署，完成8个乡镇机房供配电改造，升级6个机房的不间断电源（UPS）及电池组，更换2个机房空调设备。开展机房接地检查整治，整治17个乡镇机房接地系统。优化宽带网络体验。细化家客宽带的二层网络，提升体验，保障推流网的正常运行。完成外半县推流环网建设，每个乡镇机房双万兆上联，保证业务保护倒换及带宽负载。配合各乡镇站做好网络终端整治，当年终端合格率分别达到92%、99%、99%以上。统筹协调，有序推进工程建设。2020年不包括地下管道工程，工程立项39个项目，批复36个，已立项77.12%，批复总金额257.3万元（待批复15.7万元）。2020年立项金额其中主干光缆工程8.4万元，新区入网工程136.6万元，双向网改工程38万元，接入网干线工程41.8万元，管道线路建设改造68.7万元，集客信息化项目40万元。2020年批复项目36个，开工项目30个，完工项目19个，终验项目12个。

（分管领导：欧阳文峰　撰稿人：郑艺萍）

通信基站建设

【概况】

中国铁塔股份有限公司泉州市分公司永春办事处（以下简称永春铁塔）作为永春通信基站建设主力军，已建设通信基站1404座，室分覆盖面积47万平方米。2020年，永春铁塔按照“政府指引、统筹规划、行业推进、创新引领”的原则，投资2000万元，新建成5G基站配套118个，助力运营商开通超过500个5G设备，实现县中心城区、核心区域、重要场景的连续覆盖，为数字永春建设、数字赋能经济提供基础。

【网络通信保障】

永春铁塔设有“10096”服务热线，实行7×24监控值班制度，力行做好防汛、抗台应急保障工作。2020年在做好基础通信保障的基础上，完成“黑格比”“米克拉”台风等应急通信保障，为全县人民通信提供保障。

【深化资源共享】

践行“通信塔转数字塔”的共享理念，助力资源节约型、环境友好型社会建设。永春铁塔依托覆盖城市、乡镇、行政及自然村、国省道、工业园区等各类场景的基站，能为各级政府、社会企业等客户提供多种形式的共享需求，涉及政务专网、公安专网、卫星地面增强、无线电监测、视频监控、环境监测等领域。

（分管领导：张旭钦　撰稿人：林超群）

商 贸

商务工作

【概况】

2020年，永春县出台商贸业转型发展的优惠措施，新增限上商贸企业54家、全年完成社会消费品零售总额178.08亿元，比上年下降2.6%。全年新注册外商投资项目18个，增资项目3个，合同利用外资0.55亿元，比上年增长6%。

【商贸业发展】

出台扶持商贸业转型发展的优惠措施，培育扩大限上商贸企业群体，2020年新增限上商贸企业54家，是2019年（32家）的1.69倍，拉动社会消费品零售总额增长，2020年全县社会消费品零售总额178.08亿元。开展专题品牌宣传。以“千年红曲醋，健康伴你行”为主题，组织开展了永春老醋品牌宣传系列活动，助力企业拓展市场。加大老醋品牌宣传。聘请省广播影视集团融媒体资讯中心制作专题宣传片，讲好老醋“三个千年”（千年红曲、千年红酒、千年老醋）故事，对永春老醋历史、工艺、优点进行全方位展示。聘请专家撰写《永春老醋的历史与传承》专著，帮助产业理清历史传承，指出发展思路。在东南卫视《福建卫视新闻》、福建综合频道《福建新闻联播》中播放15秒预告宣传片及新闻报道；在《风动福建》《乡村欢乐购》《新闻启示录》等开展专题报道；播放福建新闻广播上下班高峰时段整点广告，春节期间在省内高铁动车站进行一周广告投放，在“广电商城”上架永春老醋产品，利用广电推广方案，协同带动，扩大永春老醋品牌知名度。举办高峰论坛。12月12日，举办首届中国红曲醋产业发展高峰论坛，邀请浙江大学、福州大学、南昌大学、福建师范大学、福建农林大学等著名教授到会，通过主题演讲的形式共同探讨红曲醋产业创新与发展问题，助力永春老醋实现新跨越。开展直播推介活动。与省广电影视集团合作，11月30日，在永春县岵山镇祥奏小宗开展永春老醋品牌宣传系列活动启动仪式以及永春老醋品牌专场直播活动。开展“县长带你买好货”直播推介活动，助推永春老醋、佛手茶、芦柑等特色产品销售渠道，两个小时成交6万多单。开展“一村一品”带货，乡镇长、驻村第一书记纷纷通过上线直播助力当地农产品销售，岵山、蓬壶、东平等乡镇通过直播带货累计接到订单4万多单，总销售额达331万元。组织开展线下促销。组织新发、新华都、中闽百汇等大型商超开展“特价单品”“美食节”“6·18”“放粽端午节”等线下促销活动。组织汽车贸易企业开展“五一”国际劳动节、端午节大型展销促销活动，提升销售额。推进“线上+线下”消费模式。鼓励传统商贸企业开展“互联网+”业务，引导新华都、新发、鸿丰侨联等商贸企业在“淘鲜达”“饿了么”“美团”等网络平台上线，助推传统商贸业转型，促进线上消费回补。开展“全闽乐购”永春好物节活动。联合永春县核心商圈、街区、特色农产品、老字号等110多家商贸文旅企业，发行消费券28.94万张，吸引近86.4万人次参加，拉动全县市场消费1.16亿元。举办“永春夜经济系列活动”，联合住建、城管等部门打造美岭金街特色街区，着力开发夜间经济特色商圈。

【外经外贸】

2020年，永春县新注册外商投资项目18个，增资项目3个，投资总额 11361 万美元；合同利用外资 5987 万美元；实际利用外资 5500 万元，比上年增长 6%，完成年度目标任务的 100%。1—7 月，外贸出口 10.49 亿元。9 月，厦洽会签约对接 1 个项目——福源锌业项目，投资总额 5000 万美元，拟利用外资 5000 万美元。重点培育新的出口增长点，鼓励新设立及新备案的企业形成新的出口亮点，争取县外企业来永投资出口。2020 年，新备案出口企业 57 家。全年兑现外贸进出口、企业参展、出口信用保险等扶持资金 2105 万元，调动企业出口的积极性。创新外贸出口模式，组织闽福通进出口贸易公司、泉州柏圣旅游用品公司等 8 家企业在石狮市场采购联网信息平台注册，并在东南亚采购集散中心设立永春产业馆，已入驻企业 20 家。2020 年出口金额 4754 万美元，有效扩大永春香、老醋、陶瓷及箱包等产品出口，帮助小微企业解决产品出口“难点”“堵点”问题。

【电子商务】

永春县电子商务产业园园区面积（一期）1.6 万平方米，是集办公、仓储、物流、培训、展示销售、特色产业馆、创客空间为一体的综合性多功能电商综合体，为全县电商产业抱团发展，形成集聚优势和后发优势提供了基础保障，获批“省级电子商务示范基地”“省级高校毕业生创业孵化基地”“泉州市市级现代服务业集聚示范区”等荣誉称号。至 2020 年，电商产业园有入驻企业 62 家，其中电商企业 61 家，物流企业 1 家，电商产业园创建以后累计开展电商人才培训 99 期，培育 4028 名复合型电商人才，带动创业孵化项目 20 个。2020 年，园区电商物流发货总单量 468 万单，日均发货量 13000 单，累计销售额 10.2 亿元。发展永春版“村淘”。创新性地打造集群式“O2O”商业模式，建设永春线上特色产品馆、线下展示体验馆，构建了一个“永春货进城”和“网货下乡”的有买、有卖、有支撑、能体验的较为完整的农村电商生态链。在京东商城开设的“中国特产·永春馆”、在淘宝开设的永春特色馆已经正式上线运营，有 150 多家本地农特产企业上线销售，产品 1200 多款，提升永春县特色农产品在全国市场的电商话语权，提高整体永春产品的品牌影响力。农村电商发展稳步推进，湖城村、汉口村、大羽村、嵩山村、孔里村获评“省级农村电子商务示范村”。发挥电子商务助推乡村振兴实效，当年对促进乡村振兴的农村电商人才培训、试点村培育、农村电商物流建设、建立网上商城或特色馆等项目实施奖励，发放扶持资金 20 万元；拨付农村电商三年行动奖励资金 82.5 万元，助推农副产品网上销售、推动农民创业就业、带动农村脱贫开发。

（分管领导：王明显 撰稿人：李志晟）

外贸公司

【概况】

永春县对外贸易公司是县属国有企业、海关高级认证（AEO）企业、海关 AA 类管理企业。2020 年度出口创汇 2076.94 万美元，公司（含下属永联加工装配总厂）年度纳税 229.4 万元，被县委、县政府表彰为年度纳税大户。

【经营管理】

公司主营业务是自营及代理国家允许的进出口业务。2020 年，主要出口产品有柑橘、蜜柚、卫生香、老醋等农副产品与土特产品，出口创汇 1445.59 万美元；陶瓷、树脂、服装、鞋、包袋等工艺品与日用品，出口创汇 631.35 万美元。主要出口美国、欧盟、俄罗斯、加拿大、泰国、印度尼西亚、马来西亚、新加坡、菲律宾等国家和地区。2020 年，厦门海关对县外贸公司柑橘果园和包装厂备案登记进行复审，分别有 4 个果园与 4 个包装厂继续获得加工出口资质。县外贸公司具有一支出口业务精、综合素质高的专业人才队伍，产品实行基地、收购、加工、出口一条龙，业务提供订舱、报检、报关、单证、出口退税一系列最优质完善服务。

【优质服务】

为企业提供专业、便捷服务。发挥县外贸公司海关高级认证（AEO）企业优势，为本县出口厂家提供高效、便捷、专业服务如高通关速度、低检验率等便利化待遇，较大幅度降低厂家港口、检验、物流等方面贸易成本，提升国际市场竞争力。利用海关协调员企业优势，与厦门海关保持紧密联系，为本县厂家、水果等农副产品出口企业提供信息查询、疑难解答、政策推送等个性化服务，及时提供海关最新政策信息，便于有针对性地调整、规范业务运行模式，密切关注目标市场进口政策，如芦柑的主要出口国—印度尼西亚相关认证、检测、熏蒸（冷处理）与配额情况等，与厂家共同做好政策分析、提出合理建议对策，积极应对印度尼西亚技术性贸易壁垒，2020年度，报关出口印度尼西亚30批次，出口创汇113.61万美元。

协助企业申请海关登记备案。因本县大多中小食品、农副产品厂家没有通过海关登记备案，不能正常报关出口。县外贸公司邀请厦门海关通过现场指导与专项培训相结合，指导厂家根据海关备案要求，对标规范生产管理，完成出口基地、加工厂登记备案，助力永春本地食品、农副产品拓宽销售渠道，走向国际市场。如2020年1月，县外贸公司积极联系国外客户，协助永春卓埔食品有限公司开拓国际市场，已报关出口3批次，出口创汇近2万美元，永春麻糬和花生糖等食品出口实现了零的突破。

（分管领导：梁霖程 撰稿人：曾振强）

商业总公司

【概况】

2020年，永春县商业总公司实现收入612.48万元，比上年减少118.27万元；缴纳税金43.77万元，减少58.23%；净利润192.32万元，增长3.78%。

【经营管理】

做好队伍稳定工作，2020年节假日期间，走访慰问困难党员、困难职工、离退休干部等，共发放慰问金1.67万元。做好新冠肺炎疫情防控工作， 按照县委、县政府和县防控指挥部要求，强化宣传，科学引导疫情防控。根据县政府永政文〔2020〕5号及永春县财政局文件精神，给予符合条件的承租（包）者减少3个月租金（承包金）共计165.78万元。做好安全生产工作，联系专业房屋安全鉴定单位对县房屋安全隐患大排查大整治指挥部专家组初步鉴定安全等级为C级的4宗属于人员密集场所的房屋重新进行房屋安全结构鉴定评估。

【县城区牲畜定点屠宰场管理】

根据泉州市农业农村局泉农医〔2019〕8号文要求，投资28万元建设生猪屠宰环节非洲猪瘟自检实验室，并于2020年9月通过市相关部门验收。县城区牲畜定点屠宰场全年屠宰生猪39579头，屠宰量比上年增长3.5%。

（分管领导：林水源 撰稿人：王景峰）

物资总公司

【概况】

2020年，永春县物资总公司有干部职工52人，下辖永春益民民爆物品专营有限公司、永春益民爆破工程服务有限公司，主要经营范围有民用爆炸物品销售、爆破技术服务等。2020年实现销售2757万元，利润411万元，税利500万元。

【安全生产】

围绕“消除事故隐患，筑牢安全防线”主题，树牢安全发展理念，压紧压实安全生产责任，深入排查安全风险隐患，扎实推进问题整改，坚决遏制事故发生。坚持加强员工安全教育，提高员工的安全意识，全年召开大型安全生产工作会议4次，举办安全培训4次，组织干部职工51人次参加上级组织的各类安全学习培训，持证上岗率为100%。开展安全生产应急预案演练2次。开展各项安全整治活动，重点开展房屋结构安全隐患大排查大整治百日攻坚专项行动。投资30多万元把下属永春益民专营公司部分闲置储存仓库整合改造升级，并把改造好的民爆储存仓库出租给县内重点企业和重点工程使用，方便顾客，减少重大危险，确保社会安定。坚持安全工作检查制度，及时纠正各种违章行为，加大安全硬件设施投入，夯实安全基础设施，实现连续35年安全无事故。企业安全生产工作持续走在全省同行业前列。

【经营管理】

面对国家供给侧结构改革的不断深入，县小煤企业全面关停，以及新型冠状病毒影响，民爆物品销售极度下滑，作为主营民爆物品的物资企业，应对市场挑战，继续在民爆延伸服务上做文章，坚持推进民爆物品销售、配送、储存、爆破服务一体化经营，打造产业延伸服务链条，促进经营服务提档升级。拓展销售服务。主动融入市场竞争，积极与厂家沟通联系，争取在货源、价格、经营上得到支持和互利互惠。

改革完善民爆物品供应服务体系，对非煤矿山在民爆物品用量上采取量化考核、阶梯式奖励办法，鼓励客户多用本单位产品，在质量、价格、服务上下苦功夫，为客户提供质优价廉的服务，进一步拓展销售服务项目，维护市场稳定，满足全县生产建设的需求。延伸配送服务。配足民爆专用车辆，2020年更新1辆，保持有8辆民爆专用车辆，并配齐配强持证上岗的驾驶、押运等专业人员，将售后的民爆物品全部用专用车辆配送到公安部门指定的客户仓库或使用地点。延伸爆破作业服务。发挥益民爆破工程服务公司的服务职能作用，为7家非煤矿山企业和采石场企业直接开展爆破作业服务，稳定县域内民爆市场。创新管理制度。贯彻以制度管人、管事、管物，落实在制度面前人人平等，领导以身作则，率先垂范，形成依法依规依制度管理的企业氛围。

【企业文化建设】

发挥企业领导干部作用，做好新型冠状病毒感染的肺炎疫情防控工作，开展“守初心、防疫情”“守初心、防疫情、促发展”等主题活动。在疫情防控的特殊时期，采取线上学习的形式，创新性地开展不碰头形式的主题党日活动。提高政治站位，狠抓巡察整改。完成存在的问题整改36条，还剩下1条正在努力整改。并按要求建立长效机制，修改完善支部工作制度35个，行政管理制度22个。坚持执行党务政务公开制度，全年上墙公示59次。注重精神文明建设。利用节假日组织开展寓教于乐、多种形式、丰富多彩的职工活动，组织员工到永春医院、福州军区总院健康体检，及时解决一线员工工作和生活中的困难问题，定期走访离退休老同志。疫情防控期间向职工发放防护口罩、酒精液、消毒水、温度计等物品。捐赠3万多元防控物品给挂钩东平镇冷水村及福建省三泰鞋业有限公司。坚持为长期结对帮扶的4名贫困学生和2户贫困家庭送去助学金和慰问金。

（分管领导：余巨峰 撰稿人：邓国丹）

烟草专卖

【概况】

2020年，永春县烟草专卖局（分公司）积极应对疫情环境带来的困难和挑战，突出服务，深化改革，强化管理，注重创新，为高质量发展迈出坚实的一步，全年完成税利15715万元。

【市场监管】

加强沟通协调，完善县、镇、村三级联合打假长效机制建设。联合镇村干部开展制假隐患排查，做好群众教育疏导，将卷烟制假活动遏制在萌芽状态。持续宣传《诚信管理办法》（第四版），引导零售户诚信自律、守法经营，全年查获案件75起，其中超5万元案件4起，移送案件6起，市场净化率97.08%，全市排名第5。

【卷烟营销】

以E福通推广客户为抓手，挑选扫码质量高、应用主动性强的客户打造新零售标杆客户，推动客户在经营理念、经营手段、经营习惯等方面全面转型，打造“形象新、产品新、系统新、思维新、服务新，应用新”的新零售示范店，发挥标杆引领作用。运用菜单式线上服务模式开展线上服务，定期进行服务成效跟踪、评估，做好客户意见建议收集，不断完善工作流程和线上菜单内容，切实提升线上服务质量。

【企业管理】

筑牢安全根基，强化安全生产化培训，着重对食堂、机房、档案室等重点部位的设备设施和管理要求进行学习和掌握；组织开展疫情防控、房屋安全、电气安全、车辆安全等各类专项检查15次，通过部门自查、班子领导带队检查对发现隐患及时整改到位。持续深化精益管理。将业务工作与精益管理相融合，“借势新媒体，建立菜单式线上服务模式”课题，提高企业核心竞争力。

（分管领导：吴福至 撰稿人：李艳军）

粮食和物资储备

【概况】

组织开展粮食质量安全监测专项工作。改造建设救灾物资储存仓库，与民政局完成救灾物资移交6个品类150项，当年采购储存21个品类17745件。

【粮食收购服务工作】

做好粮食收购宣传发动工作，通过县电视台和基层购销站发布公告等形式广而告之，让农民卖“明白粮”。收购期间，网点工作人员全员取消双休日，杜绝农民“卖粮难”等情况。2020年，国家粮食最低收购价为早籼稻（三等）121元/50公斤，对交售订单粮食的种粮农民给予12元/50公斤的直接补贴。

【粮油库存及质量安全检查】

开展2020年春秋两季粮食库存检查和粮油实物清查工作，强化粮食质量安全监测，持续推进粮食系统“餐桌污染”专项治理，全年抽检样品40份，合格率100%。开展2020年新收获粮食质量安全监测专项工作，抽取农户原粮样品48份，合格率100%。

【救灾物资采购管理】

投资约20万元对岵山粮食仓库（空仓）进行维修改造，加装仓库货架、消防、监控等设施设备，确保救灾物资储存安全。与县民政局完成救灾物资移交工作，共移交救灾物资6个品类150项。通过县公共资源交易中心平台公开采购2020年县级救灾物资共21个品类17745件，实行专人管理，归类存放，确保关键时刻调得动、用得上。

（分管领导：薛巍炜　撰稿人：王慧苹）

供销联社

【概况】

2020年，永春县供销联社学习贯彻习近平总书记关于“三农”工作重要论述和对供销合作社工作的重要指示精神，主动融入乡村振兴战略实施，深化供销合作社综合改革，推动供销合作事业高质量发展，被省供销社表彰为2020年度典型单位，并在泉州市供销社系统2020年度综合业绩考评中获一等奖。2020年完成商品销售总额11520.52万元，比上年增加15.92万元，增长0.14%；利润总额888万元，比上年增加81万元，增长10.04%。

【拓展为农服务领域】

农资供应服务。完成全县化肥冬储任务，稳定农资市场。2019—2020年全县供销系统冬储化肥8520吨，超额完成市发改委要求的冬储量（7000吨）；为确保疫情期间春耕备耕化肥储备充足，农资公司3月上旬增加化肥应急储备1000吨。化肥冬储存量充足，保持化肥销售价格稳定，以减少疫情期间化肥出厂价格上涨带来的影响，减轻农民负担，提高农民春耕生产积极性。创新农资配送方式，减少中间环节，降低成本。特别是疫情期间，采取微信、电话预约、定点配送等方式送货上门，服务到田间地头。研发推广专用肥料。农资公司与福建奥利高塔复合肥有限公司及江苏小瓢虫生物科技有限公司共同研发生产柑橘专用复合肥、纯植物源有机肥，并在全县推广使用，减轻农业污染，改善土壤，提高柑橘品质。全年销售有机肥约2450吨。

“新网工程”和“惠农工程”项目建设。2020年共争取到“新网工程”和“惠农工程”各级财政补贴资金70.4万元，包括用于基层社改造提升，如：苏坑供销社改造提升项目、玉斗供销社综合大楼及房屋改造项目等；推进新型庄稼医院和农资配送中心建设，如：按照新型庄稼医院建设标准，改造提升农资公司石鼓凤美庄稼医院、下洋大荣村级供销社庄稼医院，分别获评“省级示范庄稼医院”“市级示范庄稼医院”；用于扶持基层供销社领办创办的农民专业合作社。每个合作社给予4000～10000元的资金支持。

创新惠农合作方式。发展农村电子商务，精准扶贫助力果农。依托永春县万春寨旅游特产开发有限公司，在全县36个贫困村（老区村）设立精准扶贫（电商）服务网点。疫情期间，利用特产城平台，通过线上直播和朋友圈带货等方式，帮助贫困户等果农销售滞销青花梨5000多公斤，葡萄1000多公斤。“农产品+电商”的精准扶贫方式，让果农获得实实在在的收益。开展新型金融保险服务。与泉州农商银行永春支行合作，在全县22个乡镇设立金融服务便民点，解决农业生产融资难题。4月，邀请金融、保险、电商相关专业人员对系统职工进行合作项目的业务培训，当年供销系统完成销售金融产品351单、财险保单186单。探索与农村信用社的战略合作。2020年8月，县供销社与县信用社在全市首次通过党建引领的方式举行“三位一体”战略合作签约仪式，为14个农民专业合作社进行总金额4300万元的专项额度授信，解决企业融资难问题。截至2020年底，14个专业合作社贷款近1050万元，这些资金都用于果园建设和扩大生产。与裕挚超市公司进行战略合作。联手打造永春供销•裕挚惠农服务公司，并在玉斗供销社成立永春供销·裕摮玉斗惠农服务站。双方共同面向农村市场，把握为农服务这一宗旨，顺应“连锁超市＋综合服务”新趋势，逐步实现线上线下融合发展，打通工业品下乡“最后一公里”和农产品进城“最后一公里”，打造为农民群众提供更为便捷、优质和安全的消费服务。2020年11月12日，省供销社副主任邱志向到永春调研供销业务，对永春供销社协同裕摮超市公司合作开展惠农服务综合改革在为农服务方面的工作给予肯定。

【供销社系统基层组织建设】

扶持基层社建设发展。坚持提升质量与创新发展并举，培育一批示范基层社，带动基层社创新发展。如城关供销社被全国供销总社评为2019年度全国供销标杆基层社。推进村级供销社建设。对桃城镇洋上村和石鼓镇凤美村的供销社房屋进行提升改造，分别建成洋上和凤美两个村级供销社，拓展基层社服务向乡村延伸。领办农民专业合作社。通过基层单位申报、县社逐个核实的办法领办4个农民专业合作社（福建永春县绿博源农业专业合作社、泉州永春鑫泉专业合作社、泉州永春县华贵天然葡萄专业合作社、永春县金山湖农业专业合作社）、2个专业合作社联合社（永春县石古尖农林专业合作社联合社、福建永春沁馨生态农业专业合作社联合社）。组织开展“示范农民合作社”创建活动，培育一批省级、市级示范社，推进农民合作社规模化、标准化和品牌化建设。如湖洋社领办的乐丰农林、金山湖农业、云中香生态农业、新绿芦柑、益民农机等5家专业合作社获评2020年度省级农民专业合作社示范社。

【增强基层供销社发展活力】

强化社有资产监督管理。通过改造提升社有资产，并委托县公共资源交易中心进行网络拍租，确保社有资产保值增值。完成玉斗供销社综合大楼及房屋改造项目建设，年租金14.53万元，比改造前增加3.84万元，增长35.91%；完成下洋供销社闲置多年店面的招租工作，年租金5.4万元；完成城关供销社化龙综合大楼改造提升项目，年租金6.12万元，比改造前增加3.72万元，增长155%；完成农资公司果品大楼招租，年租金27.204万元，比上一轮增加3.78万元，增长16.14%。优化基层队伍年龄结构。2019—2020年通过向全县符合条件的大学生、贫困大学生、退伍军人公开招聘9人充实到基层单位。6月，县供销社考核组对新招聘工作人员进行转正考核，经考核全部合格并按期转正。2020年12月，从上年招聘考试符合条件的考生中，补录2名工作人员，优化供销系统干部职工年龄和文化结构。

【统筹做好新冠疫情防控与供销业务工作】

增加1000吨化肥应急储备，保障疫情期间的农资供应。减免各基层单位（均为集体企业）受疫情影响的经营性租赁承包经营者和租户不超过1个月的租赁承包费或租金，助力复工复产。在落实好本系统疫情防控工作的同时，按照县委、县政府的要求，抽调4名干部加入县应急指挥部复工指导组第1小组，协助一都、横口、下洋、坑仔口4个乡镇做好疫情防控和企业复工复产工作，并要求基层社主动配合所在乡镇做好疫情防控工作。

【供销系统安全生产工作】

组织开展供销系统房屋安全百日攻坚行动，投入100多万元对房屋进行修缮加固。完成7幢D级房屋重大隐患整治和销号，对其中1处重大隐患实行硬隔离；对19幢C级房屋实行分级分类整治，对桂洋供销社进行整体清空。加强安全生产演练与培训。6月，组织基层单位举行消防安全演练，提升供销社职工的消防意识和应急能力。8月，组织全县烟花爆竹经营单位主要负责人和安全管理人员180余人参加安全管理知识培训。做好防汛抗旱工作。按照防汛值班制度要求，实行24小时领导带班、值班人员值班制度，及时做好防汛物资的更换、补充工作。

【基层供销社年度综合考评】

根据市供销社《2020年度县级供销社领导人考评细则》，制定《永春县供销社2020年基层供销社（公司）综合业绩考评实施细则》，明确考评对象、考核项目及评分标准、考核评分依据、考评办法及奖惩规定，同时将市供销社下达县供销社的各项经济指标及时分解到所属各单位，加强基层管理工作。经县供销社考评组的综合考评，评选下洋供销社等6个单位为一等奖，玉斗供销社等6个单位为二等奖，一都供销社等5个单位为三等奖。

（分管领导：郑雪莲　撰稿人：辜成柱）

城乡建设和交通运输管理

市政建设

【概况】

2020年，永春县城市建设以“乡愁故里、生态桃源、美丽永春”为目标，坚持从实际出发，回应群众关注的热点难点问题，优化基础设施投入，补齐民生短版，推进园林绿化，提升城市品位，让群众增加获得感、幸福感。

【市政设施建设】

道路安全设施投入。完成县城区桃源北路、北环路、环城路等六个路口监控抓拍系统新建改造。实施市政道路提升，投入335万元，完成桃溪社区、化龙社区税务新村、师范小区、湖美小区等道路贯通工程建设，推进新榜园小区道路贯通工程建设。持续推进厕所革命。新建改造城市公厕7座、乡镇公厕10座、农村公厕15座。加快污水管网建设，实施永春县污水处理厂扩建配套管网三期工程。投资4500万元，完成工业区污水管网改造建设项目，新建改造污水管道37千米。提升6条桃溪支流水质，其中改善榜头溪、德风溪、济川溪、花石溪和狮坑溪等5条桃溪支流水质，配合蓬壶镇政府对实施西昌溪流域水综合治理工程提供技术支持，力争早日消除此6条桃溪支流劣Ⅴ类水质。深化供水设施建设，实施永春县供水管网改扩建工程（二期），推进供水主干管改扩建、支管改造、一户一表改造、管网智能化管理平台建设等。全年投入3000万元，改扩建供水管道10千米，其中包括三桃片区、华岩片区、西安片区老旧小区改造一期、溪南片区、卧龙村、石鼓村等，项目建设完成后，解决群众用水压力低等问题，有效控制漏损率，提高供水普及率。

【推进园林绿化】

靓化园林景观，推进“间绿透绿、显山露水”建设。投资2000万元，实施泉州市园林绿化改造提升项目，完成绿道建设10千米、绿地建设11公顷；打造“口袋公园”，完成9个口袋公园建设，面积81933平方米；打造综合性公园，完成永春桃溪国家湿地公园桃花里公园项目，面积13.2万平方米。

【环卫基础设施投入】

做好填埋场、公厕、转运站等环卫基础设施更新及维护，投入205万元，采购6个垃圾压缩箱、2辆垃圾运输车；投入46万元，购置750个垃圾桶及250个果皮箱；推进生活垃圾焚烧发电项目的环卫规划修编、选址意见书和林地审批等工作。

市政管理

【概况】

2020年，永春县市政管理坚持以人民为中心，把群众的呼声作为第一信号，持续精准发力，提升城市管理“绣花功夫”，做好城市的“大管家”，着力将永春县城打造成更加安全、智慧、宜居、宜业、宜游的“人人向往”城市。

【市政公用设施维护】

保障市政道路照明安全。对县城区路灯进行安全隐患排查，共排查市政道路938处、维修621处，排查路灯22882盏、夜景灯9015盏，维修路灯4849盏、夜景灯3738盏。加强永春县污水处理厂运营监管，2020年污水厂处理水量1958万吨，平均进水化学需氧量（COD）浓度148毫克/升，污水收集处理率

37%，城市生活污水处理率94%。落实供水常态管理。加强供水水质日常检测、出厂水和末梢水11项日检、42项月检、106项半年度检，全年城区供水总量约1667万吨，出厂水水质综合合格率100%。

【园林绿化日常管养】

加强城区绿地管护。做好城区83万平方米绿地的日常管养，及时进行修剪、更换时花等工作，常态化保证绿地整洁美观。推进园林绿化提升。结合开展创建全国文明城市活动，对香都广场、真武桥头等城区重要节点进行时花更换、裸露地被补植；对城区主要路段绿化带、公园增设300块公益广告牌。

【环境卫生管理】

城区保洁常态化。加强县城区管辖的16座垃圾转运站及37座公厕的管理，2020年垃圾转运约1.3万车次，生活垃圾清运量10.24万吨。做好垃圾填埋场管理工作，规范填埋场日常管理，做好雨污分流，进场垃圾处理率100%，全年处理垃圾渗滤液约6.4万吨、地下导排水约7.78万吨，投资额653.25万元。推进道路保洁市场化工作，做好县城区主干道100万平方米市场化保洁服务的检查督导，督促保洁企业做好路面保洁工作，投资额约518.11万元/年。

城市综合执法

【概况】

2020年，永春县城市综合执法结合“十三五”规划目标任务和创建全国文明城市等重点，推行城市管理问题用服务手段解决为主辅之以管理手段及执法手段解决的“721”工作法，创新城管执法模式，逐步建立起精细化、科学化、规范化市容市貌管理机制，推进城市精细化管理。

【推行城市网格化管理】

结合全国文明城市创建，执法中队实行网格化管理，按照“主干道严禁、次干道严控、背街小巷规范”的原则，实行无间隙巡查，确保管理不留漏洞和死角。2020年清理、整治流动摊点和占道经营5000余摊次，劝导、规范停放摩托车、非机动车4800余辆，拆除各类违规广告牌300多块、乱拉乱挂布幔条幅250余条，清理城市“牛皮癣”5000多处，立案查处渣土车“滴、洒、漏”、违规倾倒垃圾、违规占道经营、违法建设等城市管理案件89件。

【渣土车运输管理】

组织开展渣土运输管理“百日攻坚”、安全生产隐患大排查大整治和预防重特大道路交通事故渣土车专项整治，强化部门联合执法，落实常态化管理，形成源头管理有力、运输监管严密、消纳处置有序、执法查处严厉的长效管理机制，实现渣土车运输文明施工设施达标率100%、平台管控率100%、净车上路率100%、密闭运输率100%、建筑渣土核准处置率100%。2020年交警、交通、城管等部门开展联合执法行动48次，部门执法2655次，查扣车辆210辆，罚款81.52万元，渣土运输管理逐步规范，取得明显的整治成效。

【深化“两违”综合治理】

县城市管理局按照省、市治违工作的部署要求，以严控增量、化解存量、消除隐患、健全机制为目标，开展“两违”治理工作。落实新增“两违”即查即拆，历史存量“两违”逐步化解，巩固和提升“两违”综合治理成效。根据省治违信息系统统计，2020年永春县拆除“两违”596宗，面积18.37万平方米，完成年度拆违目标任务108.06%

（分管领导：许立志　撰稿人：潘桔宝）

城镇建设

【概况】

2020年，永春县城镇建设围绕“乡愁故里、生态桃源、美丽永春”的建设目标，坚持稳中求进工作总基调，致力城乡建设管理，凝心聚力，攻坚克难，实施县级城建重点项目13个，总投资61.8707亿元，年度计划投资15.31亿元，完成投资17.079亿元，占年度投资计划111.55%；实施为民办实事城建项目4个，总投资13.5566亿元，年度计划投资1.7216亿元，实际完成投资1.782亿元，占年度计划103.51%；完成泉州市促“六稳”“六保”追赶行动城建专项攻坚项目22个，年度计划投资11.6503亿元，完成投资13.149亿元，占年度计划112.86%。

【城乡宜居建设】

指导吾峰镇吾西村新闽派农房示范小区建设，编制印发永春县农房建设通用图集，作为农房建设及风貌管控指引，指导各乡镇开展裸房整治工作。新建的农房须按照确定的房型图纸施工建设，做到房屋户型、层高脊高、屋顶用材、外墙饰面、门窗风格等要求的协调统一，确保村庄风貌的整体性和协调性。环境整治持续深化。2020年，全县完成新房美化1195幢，25.66万平方米；裸房整治3002幢，101.41万平方米；古厝修缮289幢，10.79万平方米；危房拆除826幢，15.82万平方米；违建清理1200幢，24.38万平方米，实现创建4个无裸房乡镇、10个无裸房镇区、100个无裸房村的目标。持续推进“两高”沿线整治。当年，“两高”沿线和城乡重要通道环境共完成新房美化914幢，18.93万平方米；裸房整治2484幢，91.5万平方米；古厝修缮144幢，6.55万平方米；危房拆除669幢，11.97万平方米；违建清理986幢，21.57万平方米。

【服务民生住房保障】

住房保障稳步推进。联合村镇工作人员， 对申请保障性住房的申请户上门进行入户摸底调查，严格根据《永春县保障性住房建设和管理规定》，对审核出来家庭情况有变化的家庭予以调整保障标准及取消保障资格，2020年，清退32户因收入、住房等条件发生变化的家庭，3次配租完成32户符合条件的保障对象选房工作，满足中低收入住房困难家庭的基本住房需求。危房改造有序推进。全县建档立卡贫困户1402户（截至12月底名单），鉴定居住房屋安全等级均为B级以上，住房安全均有保障。2020年组织技术人员对全县“四类重点对象”贫困户和其他贫困户房屋进行住房安全清零行动，进行拉网式、全覆盖安全评定。经复核评定，全县排查“4类重点对象”贫困户和其他贫困户计6317户，现住房均达到B级以上。其中172户房屋评定安全但较老旧或需改水厕等改造提升，住建局联合扶贫办统筹补助资金246.878万元，已全部完成。根据省、市农村危房改造工作部署，2020年全县26户农村危房改造任务，已按时完成改造，经竣工验收均达到B级以上，共补助各级资金163.134万元。推进房屋安全大排查大整治。做好综合协调组相关工作，协调、指导全县房屋安全隐患排查整治工作，及时传达部署落实县行动指挥部有关要求、掌握工作动态。动员全县250名具备中级以上职称且具备房建工作经验技术人员，培训后挂钩22个乡镇及工业园区配合房屋安全大排查；聘请具有建筑专业高级职称、建筑企业技术人才，组建县级技术服务团队，对房屋隐患进行评估；协调第三方检测机构专家驻点鉴定，精准辨别，为全县房屋安全隐患排查整治提供专业技术保障。审批服务不断提升。实行房屋建筑及市政基础设施工程并联审批，将特殊建设工程消防设计审查、城市新建民用建筑修建防空地下室审批或易地修建防空地下室审批、建筑工程施工许可证核发三个事项并联审批，减少建设单位多头申报、各部门多头审批，促使建设项目早日开工建设。办理时限由原来的9个工作日压缩为3个工作日，实现审批流程再优化，审批环节再减少，审批时间再压缩。截至2020年底住建局驻行政服务中心窗口共完成审批服务5418件。

建筑业

【概况】

2020年，永春县共有在建项目109个，其中房屋建筑类94个，受监面积315万平方米，市政类项目15个，长度70377米；当年新增办理施工许可项目92个，其中房建类71个，面积138万平方米，市政类21个，长度12.68万米。全县建设工程质量安全处于受控范围，安全生产形势总体平稳。桃源华景一期、盛福新苑公租房三期2个项目获评2019年度市建筑施工安全生产标准化优良项目。

【推动建筑业稳产提质】

培育优秀建筑业企业。搭建企业资质晋升平台，支持鼓励建筑业企业发展，2020年，永春县1家总承包企业福建省八闽建设工程有限公司经住建部核准晋升一级总承包企业，2家承包企业晋升一级。服务引导助力企业提高效益。实行联系挂钩帮扶，建立“一企业一方案一专班”，因企施策，通过鼓励引导与本地房地产企业有效对接、开拓省外市场等，重点扶持3家骨干企业，增加永春县建筑业产值超6亿元。采取措施支持提高企业经营利润。当年鼓励骨干企业回县缴税奖励1945万元，给建筑业企业发展提供真金白银的扶持。2020年，全县资质以上建筑业产值完成36.16亿元，比上年增长0.5%。

【建筑行业质量监管】

落实建筑企业信用评价机制，开展双随机动态监管记分82次，形成动态监管抽查抽测记录82份，发出《责令改正（整改）通知书》82份，对施工单位及项目经理记1090分，对监理单位及总监记746分，其中对施工单位人员未履职行为记257分，对监理单位人员未履职行为记126分，严格规范项目管理。开展日常质量安全巡查，发出通知单223份，涉及质量安全隐患1434条，均已完成整改。市场监管强化拓展。成立永春县住建行业行风整治行动领导小组，针对8方面突出问题按整治内容分类组建从业人员、质量安全、行业中介、社会组织4个整治工作专班，强化各方主体责任和部门监管责任，共检查、抽查在建建筑工程62项，预拌混凝土（砂浆）企业3家，涉及施工企业62家，监理单位62家。下达停工通知1份，整改通知书62份，做出行政处罚决定1份，项目经理扣分5人次，总监扣分6人次，消除质量安全隐患362起。针对检查中发现的问题，每个工程（企业）检查完毕后，均召开讲评会，指出存在的问题，提出整改措施并督促整改，逐一进行销号管理。

房地产业

【概况】

2020年，全县商品房销售面积45.59万平方米，与上年持平，完成年度销售计划；完成房地产开发投资25.61亿元，比上年增长42.4%。

【加快房地产项目开发建设进度】

2020年年初，新冠肺炎疫情在一定程度上影响了房地产业。自疫情结束后，永春县房地产市场逐步回暖。新开楼盘中融天玺、城上城、美岭新榜园首开去化率达80%，出现良好态势。新成交三宗地块，引入建发和百宏等知名企业进入永春房地产市场，为永春县房地产市场注入新活力。物业小区管理、保障房供应和老旧小区改造有序进行。

【创新提升小区管理水平】

健全小区业委会，加强业务培训教育，实施“在职党员回家工程”，推行“党员街巷长”“党员楼长”等制度，组建永春县物业行业联合支部，将党组织引领与服务触角延伸到社会治理末梢神经。引导党组织和党员投身于在打赢新型冠状感染的肺炎疫情防控攻坚战中和全县安全生产隐患大排查大整治和房屋安全“百日大整治”行动中，发挥战斗堡垒作用和先锋模范作用。

（分管领导：吴红玲　撰稿人：姚晓芙）

住房公积金管理

【概况】

2020年，住房公积金管理中心永春县管理部新开户单位63家，总归集单位1033家，比上年增长46.51%；新开户职工1834人，增长3.24%；公积金全年归集3.74亿元，增长1.91%。2020年末，累计归集34.27亿元，比上年末增加12.29%。全年批准7.23万人次提取住房公积金，提取额3.15亿元，增长7.14%；提取额占当年缴存额的91.84%，减少4.65个百分点。2020年末，累计提取总额23.54亿元，比上年末增加15.45%。全年发放个人住房贷款（不含公转商贴息贷款）188笔8000万元，同比分别增长38.24%、48.15%。截至2020年末，累计发放个人住房贷款（不含公转商贴息贷款）7192笔17.12亿元，贷款余额7.9亿元，分别比上年末增加2.68%、4.9%、1.21%；累计回收个人住房贷款本金9.22亿元。全年发放异地贷款24笔1041.8万元。截至2020年末，累计发放异地贷款155笔5875.2万元。全年发放公转商贴息贷款57笔2621.9万元，当年贴息306.25万元。截至2020年末，累计发放公转商贴息贷款524笔2.16亿元，累计贴息520.05万元。全年业务收入3052.20万元，减少3.87%；业务支出2040.13万元，增加5.40%；增值收益1012.07万元，减少18.33%。住房公积金管理中心永春县管理部获评省级“五一先锋号”和市级文明单位。

【应对新冠疫情防控措施】

出台疫情防控期间住房公积金阶段性支持政策，做好住房公积金管理服务工作，维护缴存单位和职工权益。受疫情影响的企业，可延期3个月办理住房公积金缴存业务。受疫情影响不能按期缴存住房公积金的困难企业，可延期至疫情解除后3个月内恢复缴存。受疫情影响未能按时缴存企业的职工如需申请公积金贷款的，因疫情影响一次性补缴月份可视同正常缴存。在疫情防控期间，对全额付清购房款、全额付清征收安置房补差款、建造、翻建或大修自住住房、增设电梯等4种有时限要求的住房公积金提取业务，可延期至疫情结束3个月内办理。租赁住房提取业务，因疫情影响缴存单位采取延后补缴的，补缴月份可视同正常缴存，不影响职工提取权益。至疫情结束3个月内，租房职工可不受距上次提取间隔满12个月限制，灵活安排提取时间，具体提取额度根据距上次租房提取月数计算，保障职工的租房提取需求。保障受疫情影响缴存职工的住房公积金贷款权益。疫情防控期间，公积金贷款职工受疫情影响不能正常还款的，在疫情结束后次月补还全部欠款的，不作逾期处理，不作为逾期记录报送征信部门，不收取逾期利息。

【住房公积金政策调整及执行情况】

当年住房公积金政策调整情况。深化“放管服”改革，对业务流程和材料进行再压缩再简化，制订精简提取住房公积金偿还商业性二手房按揭贷款证明材料、精简偿还部分银行商业性住房按揭贷款证明材料等多项便民服务措施，方便缴存职工高效办理住房公积金业务。修订《泉州市住房公积金委托逐月提取还贷管理实施意见》，为已办理冲还贷职工开通提取冲本金业务。将原规定修改为：“在逐月提取还贷期间，申请人每间隔12个月可申请提取一次住房公积金偿还部分贷款本金，但缴存账户里应留足6个月（含6个月）以上的缴存额度。除提取偿还公积金贷款本金业务外，在逐月提取还贷期间不得以其他原因提取其个人账户中的住房公积金存储余额”，发挥职工账户积累资金的作用，减轻职工月供压力。同时将逐月提取还贷业务的申请对象拓展至已办理贴息（组合）贷款的职工，保障其享受公积金（组合）贷款同等待遇。当年缴存基数限额及确定方法。根据市统计局统计公布的2019年度全市城镇非私营单位在岗职工年平均工资，2020年泉州市职工住房公积金最高月缴存工资基数为18080元，职工住房公积金月缴存额上限标准为4340元。根据省政府关于福建省最低工资标准文件精神，2020年永春县的住房公积金最低月缴存工资基数为其最低月工资标准1570元，职工住房公积金月缴存额下限标准为158元。当年住房公积金存贷款利率执行情况。(1) 存款利率。职工住房公积金账户存款利率为一年期定期存款基准利率，即1.5%。(2) 贷款利率。5年期以下（含5年）住房公积金贷款利率2.75%，5年期以上住房公积金贷款利率3.25%。

【改进住房公积金服务措施】

落实国务院办公厅《关于加快推进政务服务“跨省通办”的指导意见》（国办发〔2020〕35号）及住房和城乡建设部办公厅《关于做好住房公积金服务“跨省通办”工作的通知》（建办金〔2020〕53号）文件要求，于年底前开通了全部8项住房公积金“跨省通办”业务。永春住房公积金中心在管理部服务大厅设置“跨省通办”服务窗口，指定专人负责“跨省通办”工作。建立“跨省通办”工作协作机制。结合业务实际，制定“跨省通办”代收代办业务办理流程，组织相关工作人员开展业务培训，提高“跨省通办”服务能力和水平。完善线上服务功能。按照“应上尽上”“能上尽上”的原则，实现了“个人住房公积金缴存贷款等信息查询”“出具贷款职工住房公积金缴存使用证明”“正常退休提取住房公积金”“住房公积金单位登记开户”“住房公积金单位及个人缴存信息变更”“开具住房公积金个人住房贷款全部还清证明”“提前还清住房公积金贷款”7项服务事项的线上办理。开拓网上办业务。疫情期间，通过中心网站、微信公众号等渠道发布公告，开通网站和微信公众号预约办理业务的功能，引导缴存单位和职工通过微信公众号、网上办事大厅等“非接触式”渠道办理业务。开通公积金网上办事大厅、闽政通和微信公众号等网办渠道的离职提取、偿还公积金贷款本金、偿还商业性住房按揭贷款本息等提取业务。自12月1日推出“冲还贷+还本”（逐月冲还贷期间提取公积金还本）新业务后，因线上操作简便，大量职工选择线上办理。12月，永春管理部受理偿还贷款本息业务1925笔，其中线上受理1673笔，占比86.91%。通过网站和政务新媒体提供利企便民服务，推动便民办事服务事项向政务新媒体延伸，提升一站式在线办理深度与广度。

（分管领导：黄玉瑜 撰稿人：李君玲）

交通运输管理

【概况】

2020年永春县交通基础设施建设年度计划投资17.1亿元，实际完成投资17.515亿元，完成年度计划的102.43%。实施重点交通公路工程项目5个，包括国省干线横七线（G356）永春石鼓卿园至达埔前峰段公路工程、兴泉铁路永春段、国高网泉南线永春互通至汤城枢纽段及厦沙高速公路汤城枢纽至德化段改扩建工程、国高网泉南永春锦斗互通工程、国省干线“白改黑”系列工程。全县公路客运量67.86万人次、客运周转量5624.89万人千米；货运量2107.52万吨、货物周转量174153.81万吨千米。

【交通基础设施建设】

国省干线横七线（G356）永春石鼓卿园至达埔前峰段公路。路线全长16.348千米，其中大桥2074米/9座，隧道1485米/2座，按二级公路标准建设，设计速度60千米/时，路基宽度43米，双向六车道，沥青砼路面，总投资17.4857亿元。2020年完成用地预审和先行用地两次上报自然资源部审批工作，完成监理招标、项目公司组建、实验室、拌和站及驻地建设；土地征收协议已基本完成，房屋征收协议完成88%计119户，完成用地报批电子组卷并报送至省自然资源厅审核。正在进行先行施工段的路面清表、路基填挖工作，凤美大桥桩基和漫水桥施工，站前广场段的涵洞基础及试验段施工，完成年度投资3.53亿元，占年度计划100.86%。

国高网泉南线永春互通至汤城枢纽段及厦沙高速公路汤城枢纽至德化段改扩建工程。项目业主为泉州市高速指挥部，其中泉南线全长19.409千米、拟按双向六车道标准建设，厦沙线全长15.274千米、拟按双向两车道标准建设，项目年度完成投资5.18亿元，占年度计划103.6%。项目先行用地已通过自然资源部批准同意，全线用地报批材料已报至省自然资源厅。先行用地及改扩建范围内路基、桥梁桩基已开始施工。A1和A2拌和站、钢筋场已建设完成，A3拌和站建设完成50%；各标段临时便道、便桥完成80%。

国高网泉南永春锦斗互通工程。项目总投资2.877亿元，路线全长3.49千米，其中互通区主线全长0.782千米，匝道长1.998千米，连接线0.7千米。项目年度完成投资3000万元，占年度计划100%。项目已完成工可阶段安全性评价、社会稳定风险评估、勘察设计及勘察监理、设计审查（咨询）招标、组织召开项目初勘外业专项验收和初测验收会议、初步设计文件编制，进行用地预审前的永久基本农田补划调整审核及提前编制施工图工作，项目各项前期工作有序推进。

国省干线“白改黑”系列工程。项目年度完成投资2.64亿元，占年度计划105.6%。其中国道356线K192+427—K200+838（下洋至大田）段路面重铺工程已完工；国道356线K102+447—K131+751外山乡仙游界至莆永高速东互通路段改造工程路面工程已完工，正在进行边沟施工，计划于2021年2月完工。

“四好农村路网”建设工程。完成农村公路新改建70千米，安全生命防护工程70千米，养护专项工程100千米，危桥改造工程6座，年度完成投资8650万元。

兴泉铁路建设。项目年度完成投资5亿元，占年度计划100%。2020年已完成征地79.85公顷、房屋拆迁104幢178户27194.47平方米、三电迁改75处及马跳、达理2条军用光缆迁改等方面工作，因桩震、炮震受损房屋评估、村民饮水困难补偿、隧道开挖施工造成水系破坏需水改旱补偿、验工计价等工作正在有序开展。

【交通运输业】

截至2020年12月底，全县拥有客运企业2家，客运车辆94辆/3024座，开通客运线路30条（其中省际1条、市际7条、县际17条、县内5条）；客运站7个（其中二级1个、四级1个、五级1个、简易站3个、招呼站1个）；出租车企业1家，车辆115辆；城市公交企业1家，车辆52辆，开通公交线路14条。道路货物运输企业 91 家，其中普通货运企业 89 家、危险货物运输企业 2 家；各类货运车辆 5131 辆 /75051 吨。机动车维修企业 9 家，其中一类 1 家、二类 3 家、三类 5 家；驾驶员培训机构 8 家，教学车辆 487 辆，教练员 573 人。

【运输市场管理】

春运工作　2020 年春运期间共发出客运总班次 3058 车次，安全输送旅客 1.98 万人次。

运力调配及日常业务　2020 年全县新增货运企业 12 家，新增更新货运车辆 1113 辆 /16596 吨，其中外挂回迁 45 辆 /493 吨；做好车辆年审、过户、迁出手续办理工作，年审 4323 本、过户 116 本、迁出 135 本、注销 337 本。新增更新纯电动公交车 24 辆，报废 LNG 燃气公交车 24 辆，开通永春汽车站—呈祥、中闽百汇—仙夹、永春汽车站—外山、永春汽车站—介福、永春汽车站—吾峰等 5 条城乡公交。

企业质量信誉考核　完成 2020 年道路运输行业企业 82 家质量信誉考核工作。

【交通综合执法】

2020 年交通运输综合执法大队正常上路稽查 302 天，出动执法车辆 1743 辆次，出动执法人员 6220 人次，查处违法案件 294 件（路政 40 件、运政 254 件），处罚 198.6 万元。路政方面，查获违法超限运输车辆 193 辆次（其中轴载超限车辆 190 辆次、几何超限车辆 3 辆次），分、卸载货物 5669.58 吨；清除堆积物 452 处 16042 平方米；拆除非公路标志 18 面；纠正制止违章行为 308 起等。运政方面查处客运班车 13 辆，网约车辆 5 辆，驾培车辆 4 辆，非法客运车辆 26 辆，危货 6 辆，机动车维修企业 7 家，无从业资格证 18 起等。水路方面，出动执法人员 265 人次，执法检查 62 次，出动执法车 62 辆，未发现安全隐患。受理投诉举报 51 次，做到件件有落实，事事有回音。

（分管领导：康炳耀　撰稿人：陈志洪）

公路管理

【概况】

2020 年，永春公路事业发展分中心有干部职工 129 人，其中公路站一线职工 97 人。当年有专养公路线路 5 条，里程 231.256 千米。其中国道 2 条 134.707 千米，省道 3 条 96.549 千米。代养农村公路 16 条 233.018 千米。2020 年 12 月，根据泉委编办〔2020〕147 号文件通知精神，福建省泉州市公路局永春分局更名为泉州市公路事业发展中心永春分中心（简称“永春公路事业发展分中心”）。

【工程建设】

2020 年，永春公路事业发展分中心先后实施国道 355 线仙游界至莆永高速东互通“白改黑”29.304 千米、国道 356 线曲斗至大田界路面重铺工程 8.411 千米、国道 355 线德化界至高垅路段绿化和排水系统提升工程 18.157 千米、国省干线交通标线更新工程 150.2 千米、新建国道 356 线白珩停车区 1 座。

【公路养护】

2020 年，永春公路事业发展分中心在公路日常养护中做好路基边沟清理、路肩整修、路面保洁等小修养护工作，及时修复路面病害，定期对沿线公路标志标牌、警示柱、公里牌等公路附属设施进行清洗；加强路面小修养护工作，完成砼路面清灌缝及裂缝封闭，提升路面技术状况水平；对 64.603 千米路况检测 PQI 值低于 85 的路段，通过路面改造、破碎板置换、铣刨机铣刨平整等方式提升路况，力争 PQI 提升至 85 以上；加强国道 355 线永春境内 38.684 千米标准化养护力度，实施路容路貌提升、绿化提升、排水系统和标志标线完善工程，利用沿线水泥挡墙、天然石头、绿化景观等资源，以标语、刻字、雕塑等形式，融入党建、公路、陶瓷、国防等文化元素，打造以一“路”跟党走为主题的文明示范公路。

【路产路权】

2020 年，永春公路事业发展分中心路产路权管理所加强对国道 355 线、国道 356 线等重点线路影响公路畅通行为的巡纠力度，落实公路安全保障任务，尝试运用无人机、车载记录仪等手段记录路产视频，完成公路路产登记工作。深化公路保护联勤联动机制。完善与交通执法等部门联动协作制度，加强涉路施工活动的监管，主动对接交通执法、城市管理和乡镇等单位联合开展国省干线公路路域环境整治行动，维护畅、安、舒、美的公路通行环境。深化公路普法宣传。组织开展 2020 年路政宣传月工作和 2020 年“信用交通宣传月”活动，对国省干线公路沿线的公路保护宣传标语、路政文化园进行刷新和修缮，通过电视台播放普法动漫视频，与移动通信公司合作开展大数据超级短信业务等形式扩宽线上普法平台，结合路域环境整治行动加强以案释法宣传，扩大路政宣传的社会影响力，引导群众共同关注公路保护、信用交通建设的良好氛围。

【路网中心】

2020年，永春公路事业发展分中心路网分中心推进路网监测设施、应急体系建设，加强路网中心运行保障，提高路网服务水平，提升应急处置能力。重建卿园、玉斗交调设备并投入使用，新增G355南塔岭隧道2个监控点，为1部路政车、8部养护车加装车载视频系统，实现管辖道路全覆盖可视；加强汛期台风、低温雨雪冰冻灾害防范，科学合理地配置公路应急机械、储存应急物资、增加应急队伍，接入公安系统监控平台，加强与县突发事件预警信息发布中心、应急指挥中心平台的联网对接，信息共享，开展常态化公路应急演练，增强抢险队伍技能素养，提高突发事件应急处置能力；加强宣传和推广96330普通公路服务电话系统，借助微信公众号、可变情报板等渠道，建立多方位的信息发布体系。

【安全生产】

2020年，永春公路事业发展分中心全年无发生安全生产责任事故。完成省委省政府为民办实事项目道路交通安全隐患路段整治1处，市委市政府为民办实事项目道路交通安全隐患路段整治5处，道路沿线开口隐患整治48处，桥涵隧隐患整治2处，道路交通安全隐患整治13处（含校园周边6处），事故多发路段隐患排查2处，房屋安全隐患整治13处、消防安全隐患整治2处。

（分管领导：陈志坚　撰稿人：陈秀冬）

汽车运输

【概况】

福建省泉运实业集团有限公司永春分公司（以下简称“泉运永春分公司”）主要从事道路旅客运输、客运站经营、城区及城乡公交运输、汽车维修、配件销售、车辆检测等相关业务。现有营运客车77辆，运营省际班线1条、市际班线7条、区内班线21条。车站全部实行电脑联网售票，站点日发班车约186班次，过境班车约16班次，日运送旅客248多人次。2020年，泉运永春分公司完成站点营收717.02万元，主营业务收入完成1491.78万元，累计上缴税金114.51万元。全年完成运量106.431万人次，周转量9636万人/千米。截至2020年12月，全司客运车辆行驶里程7610322.62千米，集体安全行驶里程累计达44598706.14千米，行车安全情况基本保持良好态势。2020年12月，泉运永春分公司获评泉州市首届安全文明行车单位，公交营运科获评泉州市“安康杯”竞赛先进班组。

【安全生产管理】

安全宣传　持续开展安全生产活动，2020年开展“安全生产隐患大排查大整治暨百日攻坚行动”“重点安全隐患集中整治专项行动”“安全生产隐患排查治理”“扫黑除恶专项斗争”“安全生产项整治三年行动工作”“安全生产主体责任三年行动专题企业自查自纠专项行动”“安全生产月活动”“预防重特大道路交通事故专项整治行动”等活动，在活动期间成立领导小组，制定活动方案，开展活动有布置、有检查、有总结，达到以活动促安全之目的。

安全教育　强化安全教育，增强安全意识。2020年元月，组织客运驾驶员进行春运继续教育培训，参加人数191人（含公交驾驶员48人），7月组织驾驶员分三期进行夏季安全教育轮训，参训驾驶员181人（含公交驾驶员55人）。公司组织人员参加泉运集团组织开展的安全管理人员培训，加强应急管理和职业健康管理的培训教育，加强管理队伍的知识储备，提升管理能力。

安全监管　强化车站源头管理，落实安全监管。做好“智慧安监”平台的信息录入工作，安全生产隐患及时排查，发现问题尽快整改落实到位并及时录入到平台，形成闭环。并按阶段要求逐步完善“安全生产风险分级管控体系建设”和交警的“重点车辆监管平台”。建立健全相关制度建设，严格执行交通主管部门“三关一监督”制度，疫情防控期间落实汽车客运站“三不进站，六不出站”制度，安排人员检查八闽健康码和日常消毒等相关工作。并加强日常的监督检查，严把车辆检验关、驾驶人员资质和配备关、危险品查堵关，有安全隐患的车辆不得出站运行。严把驾驶员资质准入关，加强驾驶员队伍的清理整顿，组织对营运驾驶人进行考核，考核内容包含遵章守法、安全行车、服务质量、职业道德、出勤等情况，凡经年审考核不合格的，一律不得上岗，确保驾驶员队伍的整体素质。

安全防范　贯彻落实永春县房屋安全“百日大整治”行动方案，对广告牌、高空悬挂物、直管公房、危旧房屋、配电室、车间、店面、用电用火设施等重点部位及场所进行安全隐患排查。落实上级政府部门有关疫情防控相关要求，组建疫情防控小组，做好办公场所、生产一线区域的防疫排查和空间消毒等工作，确保企业安全可靠、稳妥有序的生产经营。

【运输经营管理】

站务管理　加强站务管理力度，争创站点营收。巩固客运站整治成果，提高服务质量，规范站务作业流程，把好车辆出站关，杜绝漏洞，科学合理编排车辆运行班次，在节假日和周末客流高峰期组织加班，争创营收。

机务管理　加强对车辆检查管理，每月不定期做好车辆例保、安全例检、专项检查制度工作，通过专项技术检查等工作以保障车辆的正常运行。做好车辆维护质量管理工作，按照交通运输部1号令制定车辆的维护计划，对续用车辆加强维护及检验，对天然气车辆的燃气系统的气密性结合车辆二级维护进行检查。开展节能降耗工作，提倡新能源的利用，创造浓厚的节能降耗氛围，做好节油降耗的评比宣传，节油降耗成效显著。

【公交经营】

2020年投入运行公交车辆52辆，其中有22辆在城区运行，覆盖大城区8个乡镇。运营线路为：1号线路“永春汽车站至文明中学”、2号线路“中闽百汇（汽车站方向）至中闽百汇（石鼓方向）”（环城线）、3号线路“永春碧桂园至岵山镇政府”、5号线路“汽车站至工业园区”（暂停运营）、6号线路“汽车站至东关桥”、7号线路“汽车站至县医院”、8号线路“永春汽车站至达埔香都，蓬壶镇政府”、9号线路“永春汽车站至达埔汉口，蓬壶镇政府”、10号线路“永春汽车站至湖洋汽车站”5条永春城区公交线路，8条永春城乡公交线路，1条定制公交线路。

持续优化公交线路班次、车辆。2020年5月，新开通5条城乡公交线路，分别是：永春—呈祥、永春—仙夹、永春—介福、永春—吾峰、永春—外山。5月下旬，将仙夹公交线延伸至夹际村，同时加密班次；6月中旬，将呈祥公交线延伸至呈祥村，介福公交线延伸至福东村，同时增加4条公交线班次，满足群众出行需要。

便民措施　根据民众出行服务需求，对现有公交线路、站点进行科学、合理规划和调整，加大公交车进校园服务力度，延续每年公交进泉州幼高专永春校区、永春职校，加强与校方的联系，4月底起，采用定制公交的方式承接职校仙岭校区学生接送运输。

经营管理　建立健全制度规范管理，提高标准化服务水平，2020年度安全运营里程299.9万千米，承运乘客195.8万人次，车厢服务合格率96%，正点率95%，乘客满意率90%以上。为群众提供了优越的出行条件和优质的服务环境。

【公务出行服务平台】

永春公务出行服务平台按照党政机关公务用车有关规定管理、使用委托车辆；受理县直机关公务用车申请，及时调度车辆，保障用车单位公务出行。以“公务出行服务提升年”活动为契机，重视提高公务平台驾驶员的服务素质，开展公务平台驾驶员优质服务、安全出行理念教育。通过每月一次的公务车驾驶员运营服务安全教育活动，提高驾驶员运营服务、爱车例保以及安全行车的服务意识。在疫情防控工作期间，对每个公务车平台驾驶员进行健康状况调查，编写疫情防控工作指导意见，落实公务车驾驶员执行公务出行前的健康状况监测。重视与各用车单位沟通协调，加强日常走访工作，听取各方意见和建议，改进和提高政府公务出行综合服务功能。截至2020年底，公务车平台共受理公务出行（含集团划拨车）派车14268单，为党政机关、企事业单位公务出行提供保障。

（分管领导：黄武镇　撰稿人：陈志伟）

教育 科技

教育工作

【概况】

2020年，全县有各级各类学校313所，其中幼儿园（班）129所（点），完小127所，特教学校1所，初级中学19所，九年一贯制学校4所，完中8所，职专1所，电大教学点1个，教师进修学校1所，乡镇文技校22所；省一级达标高中1所（永春一中），二级4所（永春三中、永春侨中、美岭中学、永春六中），三级2所（永春五中、永春二中）；国家级重点中等职业学校1所（永春职专）；省级示范小学1所（实验小学），省级示范幼儿园5所（实验幼儿园、仓满幼儿园、世哲幼儿园、港永幼儿园、邦大第一幼儿园），省级义务教育管理标准化学校54所（中学19所、小学35所），省级义务教育教改示范校13所（中学3所、小学10所），省第二届文明校园6所（永春一中、实验小学、五里街中心小学、桃城中心小学、实验幼儿园、港永幼儿园），市级普通高中课程改革基地建设项目学校1所（永春一中），全国“国防教育特色学校”1所（桃溪实验小学）、全国“国防教育示范学校”1所（桃城中心小学）。全县中小学幼儿园学生81734人，其中幼儿园17119人，小学38760人，特教171人，初中16192人，普通高中7682人，职专1810人；幼儿园学前三年入园率98.22%，小学适龄儿童入学率100%，初中儿童少年入学率100%，三类残疾儿童入学率100%。全县有教职员工5156人，其中幼儿园457人，小学（含特教）2111人，九年一贯制学校195人，普通中学2302人，职专91人。省名校长培养对象2人，省“十三五”中小学名校长后备培养培训人选13人，泉州市中小学（幼儿园）名校（园）长8人，特级教师6人（其中正高级教师3人），省级学科带头人9人，省学科带头人培养对象16人，省级骨干教师10人，市级学科带头人45人，市学科带头人培养对象33人，市级骨干教师309人，市级骨干教师培养对象98人，市级教学名师10人，市级教学名师培养对象6人，5人进入市首批试点名师工作室。优质教育成效凸显，中高考成绩再创佳绩，中考总分进入全市前50名的考生6人，600分以上13人，高分率和优秀率在全市位居较好的位序。普通高考总分600分以上149人，理工类4名同学总分进入全省前100名，文史类2名同学总分进入全省前50名，全县录取清华大学2人、北京大学5人，600分以上高分人数和录取清华、北大人数位居泉州市各县（市、区）前列。林慧婧总分701分获泉州市理工类第1名，福建省第7名。苏玮婧总分662分获泉州市文史类第2名，福建省第4名，数学科成绩148分，居全省第1名。高永浩录取空军航空大学，成为2011年以后录取空军航空大学的第7人。

【学前教育】

全县有各级各类幼儿园（班）129所（点），在园（班）幼儿17119人，其中独立设置的公办幼儿园34所，在园幼儿11629人；小学附设学前班87点，在班幼儿3705人；民办幼儿园8所，在园幼儿1785人。各级各类示范幼儿园29所，其中省示范幼儿园5所，市示范园1所，县示范园23所，示范性园在园幼儿11696人，占68.32%。全县学前三年入园率98.22%，公办幼儿园在园幼儿占比89.6%，普惠性民办幼儿园在园幼儿占比 10.4%。贯彻落实《国家中长期教育改革和发展规划纲要（2010—2020 年）》和《国务院关于当前发展学前教育的若干意见》精神，发挥政府主导，落实政府责任，以“大力发展公办幼儿园，积极扶持民办幼儿园，扩大普惠性学前教育资源”为目标，构建覆盖城乡、布局合理的学前教育公共服务体系，加快推动由“幼有所育”向“幼有优育”转变，打磨“学在永春”的区域学前教育品牌，学前教育呈现稳步、健康发展的良好态势。推进学前教育省级实验区工作，构建广覆盖、保基本、有质量的学前教育公共服务体系，推进学前教育在财政投入、规范管理、师资配备、保教质量等方面的不断发展。建立以县直公办幼儿园为龙头、以乡镇中心园为主体，辐射带动乡村学校附设幼儿园（班）的片区帮扶工作，建立和完善学前教育精准帮扶工作机制，深化 “片区管理、联动帮扶”工作，促进帮扶工作落到实处，使帮扶对象在园务管理、保教质量、师资队伍建设等方面得到提升，达到公办、民办、农村幼儿园（班）的办园效益同步提高、共同发展。

【义务教育】

执行划片招生和免试就近入学政策，建立留守儿童、进城务工随迁子女、残疾儿童和贫困家庭学生、学习困难学生、品行有缺点学生的关爱帮扶机制，保障教育公平和平等对待每位学生。深化小片区管理模式，实施县城区学校联合体和蓬壶镇、达埔镇教育联合体管理模式，有效地促进联合体学校的教育教学研究，提高课堂教学有效性。推进义务教育标准化学校建设与评估工作，3 所中学（仙夹中学、苏坑中学、吾峰中学）、10 所小学（和平小学、凤美小学、壶南小学、化龙小学、美岭小学、曲斗小学、外山中心小学、文明小学、岩峰小学、仰贤小学）被省教育厅确认为“义务教育管理标准化学校”。根据《永春县人民政府办公室关于印发永春县中小学、幼儿园课后服务工作实施意见的通知》精神，以儿童学习有进步、成长有指导、晚走有管护，让孩子成才、家长放心为工作目标，结合学校实际，遵照服务于民、自愿选择、素质教育的工作原则，开展课后延时服务，在放学后的一定时间内组织学生参加丰富多彩的兴趣小组活动，激发学习兴趣，发展个性特长，促进学生身心健康成长。

【高中教育】

贯彻落实普通高中育人方式改革举措，推进普通高中多样化有特色发展，提升办学内涵和教育质量。推动普通高中达标晋级工作，永春六中被省教育厅确认省二级达标高中。优化配置学校教学资源，组织教师参加各级普通高中新课程、新教材培训，落实高考综合改革政策举措，完善高中选课走班、学生发展指导等制度体系，实现新课程与新高考有机衔接。加强高中毕业班教育质量管理，较好完成高考各项预测目标。文理科“特招线”上线率 26.35%，本科上线率 65.01%。尖子生培养工作取得显著成效，普通高考总分 600 分以上 149 人，理科全省前 100 名和文科全省前 50 名人数和录取清华、北大人数位居省、市同类学校前茅，得到省教育厅、市教育局、教育界同仁和县委、县政府的肯定，人民群众评价高， 社会各界反响好。县委、县政府召开“2020 届高考总结交流会”，对永春一中高考取得的优异成绩进行表彰。永春一中分别在省、市高考专题会议上进行典型经验交流，全省各县（市、区）教育局和优质高中学校纷纷组织教育考察团到永春一中进行参观学习交流。

【中等职业教育】

支持永春职专持续推进“泉州市中等职业学校特色校建设工程”项目，提高学校办学内涵。加强职业教育硬件设施设备建设，新建的田径场塑胶跑道投入使用；投入资金建设学生食堂、配电房和更新电脑等，学生宿舍全部安装空调。持续深化“产教融合、校企合作、工学结合、知行合一”的共同育人机制。永春职专在仙岭办学点与福建体育职业技术学院联合办学基础上，数控专业与泉州黎明职业大学、生物化工专业与福建生物工程职业技术学院、电子商务专业与厦门南洋职业学院开展“2+3”五年制高职联合办学。实施职业教育扶贫结对帮扶行动，9 月 26 日永春职专与宁夏同心县职业技术学校签订“结对交流、互帮互助、合作共建”协议。

【成人教育】

按照常态化疫情防控开展以线上线下相结合方式开展社区（老年）教育活动，完成各级各类教育、培训、主题活动 185970 人次（其中完成技术教育 5579 人次，劳动力转移培训 9395 人次，继续教育 53926 人次，早期教育 12926 人次，老年教育 29809 人次，其他教育 74335 人次）。永春电大工作站招生 149 人（本科 58 人、专科 91 人），在籍学生 499 人，学校办学规模持续稳步发展，招生工作得到上级电大的肯定，获“2019—2020 学年泉州市电大系统招生工作先进集体”称号。

【民办教育】

民办教育办学规模从小到大，办学水平由低到高，办学效益由隐到显，基本形成良好的民办教育发展格局，为永春教育事业改革发展和经济社会建设发挥不可替代的作用。2020 年有民办学校 16 所，其中幼儿园 8 所，教职工 232 人，幼儿学生 1792 人；民办培训机构 8 所，教职工 111 人，在校学生 281 人。

【素质教育】

克服新冠疫情影响，指导学校与家庭联动，开展线上体育锻炼活动，倡导居家运动形式。采取线上和线下相结合的办法有序开展校园体育赛事，做到“停课不停练”。申报各类体育运动特色学校，永春六中入选全国青少年校园排球体育传统特色学校。健全学校美育评价机制，改进提升高甲戏、南音、白鹤拳、纸织画等地方戏曲及其他各类非物质文化遗产等地方美育课程资源，推进中小学生艺术素质测评工作，开展学生艺术实践活动。举办语言文字工作培训班，开展全国推广普通话宣传周活动，加强语言文字规范化管理。持续开展优秀传统文化进校园活动，6 件作品入围第二届中华经典诵写讲大赛全国总决赛并获奖，其中玉斗中学教师许宝兰获硬笔类教师组一等奖，桃溪实验小学教师吴敬敏、坑仔口中心小学教师谢志海获硬笔类教师组二等奖。2020 年，全县师生在市级及以上各类德育比赛中有 128 人次获奖。3 所小学（玉斗中心小学、鹏翔小学、坑仔口中心小学）被评为泉州市第二批“中小学书法教育示范学校”；北溪文苑、桃城镇花石村家国情怀教育基地入选第二批泉州市中小学生研学实践教育基地；4 件作品（鹏翔小学《我的抗疫日记》、石鼓中心小学《守护家园》、五里街中心小学《毒来毒亡》、永春六中《激扬青春，相约春暖花开》）在第四届福建省校园微拍大赛中获奖，其中永春六中《激扬青春，相约春暖花开》获高中摄影写作组一等奖；达埔镇岩峰小学黄毓童的作品《家乡独特的风俗——“逐火把”》在第三届泉州市“贤銮杯”海丝小记者年度好新闻奖评选活动中获小学组一等奖；3 篇文章（永春七中林逸欣的《网红·外公》、永春六中陈伊静的《又见荔枝红》；永春侨中林晨茜的《万里纵横国魂在，今朝不负盛世情》）获市“辉煌七十年 奋进新时代”读书教育活动征文比赛一等奖；3 篇文章（永春侨中吴奕泓的人生选择——读《明朝那些事儿》有感、永春六中陈燕萍的《读经典》、崇贤中学陈琳的《珍藏一双黑眼睛》）参加 2020 年泉州市中小学生“读经典、讲礼仪、传美德·暑假读一本好书”活动征文评选获得一等奖；下洋中心小学林铮铮参加邮政杯“云上传书·写给战疫者”泉州市中小学生书信比赛获二等奖，其作品《致煤矿抗疫英雄》在《泉州晚报》上刊登，桃城中心小学获优秀组织奖。县教育局获 2020 年度泉州市“童心向党”歌咏活动网络展示优秀组织奖和 2020 年度泉州市乡村（城市）学校少年宫成果展演及网络展示活动优秀组织奖。

【教师队伍素质提升】

做好紧缺学科教师招聘工作。受疫情影响，2020 年的教师招聘工作以线上、线下相结合，严格各项工作程序，公开招聘编内新任教师 84 人、编外合同教师 78 人；做好公费师范生的双向选择招聘工作，招聘 6 名公费师范生到城区中小学、幼儿园任教；举办专项教师招聘会，招聘 6 名普通高校研究生到永春一中等完中校任教。加强教育领军人才的培训培养。泉州市第三批教育“领航团队”培养对象黄福星工作坊启动。林向东等 8 名中小学骨干校长 4 月被确认为“泉州市首届中小学名校长”。组织开展福建省乡村优秀青年教师培养奖励计划人选推荐工作，黄慧玲入选省乡村优秀青年教师培养奖励计划人选。以省、市级名师工作室为引领，持续开展县级名师工作室的常规活动，刘晓梅等 6 名教师被评为省优秀教师，郭素玉被评为省优秀教育工作者，蔡国辉、王建兴获省五一劳动奖章。做好教育高层次人才服务与管理。组织符合条件的骨干教师申报泉州市高层次人才，做好教育系统人才工作常规事务，截至 2020 年 12 月 31 日，县教育系统有泉州市高层次人才第二层次 1

人、第三层次5人、第四层次5人、第五层次305人。11月10日，县教育局协同县委人才办、县人社局组织陈建源等7位教师前往宁夏同心县开展专题讲座、示范课、观摩课、研讨课、同课异构、听课评课等多种形式的送教送培活动，深化闽宁协作，彰显人才担当。

【教育保障】

加大教育投入，教育经费实现逐年增长，同时对学生数较少、经费困难的农村中小学增拨公用经费，2020年度全县预算内教育经费拨款8.88亿元，比上年度增长2.00%，高于财政经常性收入9.08个百分点；生均预算内事业费、公用经费均有较大幅度增长。多方筹集资金，县乡村三级教育基金捐款总额达6455.60万元。保障弱势学生就学权益，对1749名进城务工人员随迁子女实行与本地学生同等待遇，为1846名“留守儿童”提供温暖舒适的生活学习环境，对171名残疾在读儿童实行全免费政策。落实教育惠民惠生政策，义务教育阶段免除学杂费资金4445.24万元、免费提供教科书资金731.89万元、免费提供作业本费资金108.95万元，受益学生54952人，义务教育寄宿生营养改善补助和困难学生生活补助337.09万元，受益学生7837人次；中等职业教育阶段免学费补助334.53万元，受益学生1818人次，发放国家助学金21.82万元，受助学生219人次；学前教育阶段发放学前教育政府助学金58.57万元，受益学生764人次；高中教育阶段发放国家助学金105.24万元，受益学生1014人次，发放免学杂费补助27.73万元，受益学生336人次。推进教育项目建设，2020年新建中小学校舍4幢、乡镇公办幼儿园1所，总建筑面积1.1万平方米。落实教育收费政策，实行教育收费责任追究制度，加强收费检查，加大教育内部审计，规范教育收费行为，规范教辅材料征订管理，规范学校财务管理。

【教育工会工作】

对全县基层学校2019年度工会经费的收支情况进行专项督查，杜绝占用挪用工会经费现象。组织全县学校工会主席、工会财务人员参加“永春县职工医疗互助工作人员网上系统实务操作二次升级培训班”，提高基层工会服务群众水平。开展健康有益的文体活动，促进教职工的身心健康发展。举办全县教职工气排球赛，联合县总工会举办“五一”职工书画、摄影展，各基层学校工会利用“三八”国际妇女节、“五一”国际劳动节、国庆节、中秋节、元旦节等节假日，开展登山、羽毛球、乒乓球、篮球、排球等活动。倡导“每天锻炼一小时、幸福生活一辈子”的健康理念，动员各学校尽可能每年为教职工体检一次，2020年全县有30多所学校组织教职工进行体检。牵头组织全县初中化学、高中物理学科教师教育教学信息化应用及技能岗位练兵竞赛活动并选派优秀选手参加市级竞赛活动，永春三中教师林亚兰获（物理）二等奖、陈志杰获（化学）三等奖，县教育工会获组织奖。

【教育督导】

下发《关于进一步推进全县中小学控辍保学有关工作的通知》，从“搭建工作平台，发挥联动作用；落实动态管理，提高控辍时效；实行情况通报，加大问责力度”三方面对全县控辍保学工作提出更加明确的要求，建立长效机制，注重抓好落实，当年没有学生辍学现象。义务教育控辍保学工作多次受到省教育厅、市教育局领导肯定，在7月30日全省基础教育工作调度暨普通高中新课程启动视频会上，永春县作《多措并举精准发力全力打赢控辍保学攻坚战》典型经验交流。5月13日，召开全县责任督学工作会，对责任督学进行专题培训，组织观看《学校新冠肺炎疫情防控培训视频》，学习《福建省2020年春季学期中小学全面复学准备工作评估导则》等文件精神，对责任督学防控疫情工作进行再动员、再部署、再要求。5月15日组织全县责任督学参加全省教育督导相关工作视频会议。全体责任督学投身抗疫一线指导学校做好工作。完善责任督学挂牌督导工作机制，遴选25名责任督学，实现县域内所有幼儿园（含民办）责任督学挂牌全覆盖，促进各类幼儿园健康发展、均衡发展。指导公办、民办幼儿园做好办园行为市级督导复评工作，鹏翔幼儿园、邦大第一幼儿园通过复评。11月26日，桃城中心小学、永春一中等18所样本校接受全省义务教育质量监测。

【课程改革】

在永春二中、永春五中、永春六中、永春八中、文明中学、达埔中学持续推进初中“导学案”课堂教学改革试点工作，促使教师转变不适合高效课堂的教学行为和学生被动的学习方式，提高课堂教学效率。支持永春侨中、永春八中、崇贤中学推进“省级义务教育教改示范性建设学校”培育工作，指导永春侨中、永春八中做好市级和省级中期绩效评估相关工作。开展省、市、县级名师工作室研训活动，开展“优化教学过程，提升核心素养”主题研究，通过开课、观摩、研讨提升名师工作室成员的专业素养，发挥名师工作室在深化基础教育课程改革及教育教学实践和研究中的指导、服务、示范与辐射作用。

【学校安全工作】

印发《永春县教育系统迅速开展学校安全百日攻坚行动方案》《永春县学校安全专项整治三年行动实施方案》，全面排查学校事故隐患和安全风险，开展事故隐患整改和安全风险管控。印发《永春县校园欺凌事件应急处置预案》，健全未成年人综合保护工作体系，预防和遏制校园欺凌事件的发生。联合县消防救援大队制定《永春县中小学校、幼儿园消防安全检查导则（试行）》，明确和落实消防安全责任，推行消防安全标准化管理及教育系统消防安全专项整治三年行动，提高校园消防安全水平。提请县政府办印发《永春县人民政府办公室关于切实做好防范中小学生溺水事故工作的紧急通知》，建立健全教育部门牵头，宣传、公安、自然资源、住建、交通运输、水利、卫健、文旅、广电、新闻出版、共青团、妇联、关工委、红十字会等部门参加的预防学生溺水工作联防联控机制。完成全县学校“一键式防范入侵报警系统”和“视频监控”系统续保服务的招投标工作，实现校园技防全覆盖和“人机互动”，加强学校安全“三防”建设，提升学校安全管理科学化、精准化、规范化水平。加大普法工作力度，组织开展“学宪法讲宪法”知识竞赛、演讲比赛、“红领巾心向党 我与宪法共成长”绘画书法主题活动等国家宪法日和“宪法宣传周”系列集中宣传活动，郑舒妍等5名同学在全市中小学生“学宪法 讲宪法”比赛评选中获奖；开展“4·15”全民国家安全教育日人民防线宣传工作；聘请李志恩等68名公检法司干警为学校法治副校长。开展防震减灾宣传进校园工作，刘建福等5名老师被确认为福建省“防震减灾科学传播师”，辜苹苹等5名老师被确认为泉州市“防震减灾科学传播师”，李亚真等12名老师被确认为永春县“防震减灾科学传播师”；永春职专教师郑梅芳获泉州市防震减灾知识视频讲解比赛一等奖；桂洋中心小学、第二实验小学、石鼓中心小学被认定为2020年福建省防震减灾科普示范学校。

【招生工作】

招委会成员单位明确职责、密切配合，严格考点规范管理、考风考纪等关键环节，确保2020年各项招生考试规范，考风考纪良好。全年各类招生考试参加人数为：普通高考2616人，其中文史724人，理工1461人，文科艺术213人，文科体育74人，理科艺术51人，理科体育93人；1月，高职类招考421人，其中高中类139人，中职类282人；中考5130人；成人高考477人；1月和6月高中学业水平考试28431科次；9月中职学业水平考试2382科次。高考取得优异成绩，本科上线率居省平均线上，创永春历史新高。受新冠肺炎疫情的影响，全国高考推迟一个月（即7月7—8日）举行。

（分管领导：苏昌艺 撰稿人：王鸿章）

泉州幼高专永春校区

【概况】

泉州幼儿师范高等专科学校永春校区占地13.33万平方米，以大专学校标准规划建设，总建筑面积6.07万平方米。校区建有综合大楼、礼堂、教学楼、教师培训大楼、实验楼、音乐楼、体育馆、游泳馆、学生宿舍楼、食堂、综合服务楼等十几幢楼馆及400米环塑胶跑道标准体育场和配套附属工程。开设学前教育、小学教育、体育教育、学前教育（艺术模块）、学前教育（英语模块）专业，分属于学前教育学院、初等教育学院、艺术学院和外语旅游学院。设继续教育学院作为泉州市小学骨干教师培训中心，每年承担泉州市各类小学师资约8000人次。有教职工101人，专任教师76人，其中高级职称30人、研究生学位38人；全日制在校生1754人，教学班36个。

【特色校园文化】

举办十佳主持人大赛；组织出版8次班级板报；组织学习中共十九届五中全会精神、学习习近平总书记致全国青联十三届全委会和全国学联二十七大的贺信和孙春兰代表党中央作的题为《唱响新时代爱国团结跟党走的青春之歌》的致辞；组织建校一百三十周年纪念活动；组织“少一些冷漠，就多一分关爱”——世界艾滋病日宣传活动；组织“正视历史，从当下做起”——纪念“一二•九”运动85周年活动；组织“光盘行动，从我做起”节约粮食活动；组织校区学生志愿者开展迎接毕业生返校以及校庆日等活动。

【开展培训活动】

2020年完成各级各类培训共55班次，参训学员6303人次。其中福建省“十三五”第二批小学名校长后备人选培训（7次研修）；泉州市第六期乡村小学校长助力工程培训班（4次研修）；泉州市第六批小学（数学、体育、美术、音乐、科学、信息技术）学科教学带头人培养对象培训班（4次研修）；泉州市“十三五”第一期至第四期小学骨干教师培养对象培训班；泉州市第十一、十二期乡村小学教师素质提升工程（2期各3次研修）；习近平总书记教师节寄语专题培训班（1次研修）；2020年西藏洛隆县教育系统骨干教师泉州研修班(2次研修）；2020年闽宁合作暑期培训（3个班次）等。

【基础设施建设】

教学和生活的设备设施和修缮投入约310万元，包括教学、生活设备、日常修缮等。2020年投资1100万元建设教师培训楼，完成教师培训楼3号和1号楼主体结构工程。

【平安校园建设】

2020年师生无一违法犯罪，守法率100%。健全“党政同责、一岗双责，齐抓共管”的工作机制，增强师生安全素养和应对突发安全事故的能力，加大综治平安建设宣传力度，开展“平安校园”建设。做好新冠肺炎疫情防控工作。与县公安局、消防大队、综合治理等部门通力合作，做好学校安全保卫工作。组织开展一系列法制教育活动，如道德与法律、网络安全、消防知识讲座，反恐、禁毒、防诈骗教育，防震减灾演练等，取得良好的教育效果。2020年获得市级“平安单位”奖和省级“文明校园”称号。

（分管领导：陈文东　撰稿人：陈雅玲）

教师进修学校

【概况】

永春县教师进修学校占地面积6200平方米，建筑面积8463平方米，可同时容纳学员600多人参加培训学习。学校内设办公室、中学教研室、小学（含幼儿）教研室、培训处、总务处等5个处室，人员准编制数4人，在编教职工36人，正高级教师1人，副高级教师19人，其中特级教师2人、省学科带头人6人、市学科带头人4人。县教师进修学校系师范类成人中等专业学校，接受上级业务部门委托，对全县中学、小学（含幼儿园）的业务工作进行指导，承担全县小学(含幼儿园）的干训、师训工作，是永春教学研究、教师培训与教育信息资源中心。

【学校标准化建设】

省级标准化教师进修学校建设有序推进。2020年学校在防控疫情的情况下，统筹推进施工进度与管理，投入90多万元进行改造建设，六楼多功能综合厅完工投用。学校2号楼四楼的多媒体会议室、培训住宿部、电脑室、资料室等修缮工程完成设计预算、送审等工作，进入政府公开招投标程序。宽带光纤提级升格等项目正在筹划建设中。

【中小学名师工作室研修】

名师工作室成为教学教研活动的有力抓手。疫情期间，各名师工作室开展线上教研活动，做到“停课不停学、停课不停研”，配合泉州市教科所工作，指导基层教师上好网上直播和录播课，小学共录制32节省、市网络微课，12节教学精品课；初、高中有22名老师参加泉州市初、高中网上在线授课；省初中语文学科陈建源名师工作室通过文字、语音、视频等方式为学生答疑释惑，帮助学生掌握和巩固知识点。下半年，恢复线下教研之后，县名师工作室在做好疫情防控的前提下深入基层学校开展教学示范、送教送培等活动，开展各级各类研训活动26场，陈建源老师为省内外教师培训开设专题讲座10多场，送教活动2次，其领衔工作室入选2020年第6期《海峡读写研究》“一室一品”栏目，工作室的研究成果入选2020年“全国优秀名师工作室研究成果集锦”。

【教学研究与质量监控】

针对因新冠肺炎疫情突袭而至学校未能按时开学的特殊情况，学校多措并举，研究制定推迟开学期间线上课程教学方案，落实相关配套措施，发挥“互联网＋教育”的作用，组织各学科教研员利用学科QQ群、微信群以及钉钉平台、云教育平台等转发教材培训材料、各省市名师名课的网络学习资源，为教师的教学与教研、学生的居家学习提供优质资源，实现“停课不停学、停教不停研”的目标。抗疫复学后，中、小学教研室开设网上教研，举行部分年级教学质量监测情况分析会，由基层学校校长作教育教学、教学管理经验介绍，教研员对部分年级教学质量监测情况进行分析及抗疫复学教学指导，有效地提升教学实效。恢复线下教研之后，教研员深入中、小学校进行教育教学调查研究，开展听课评课、指导课堂教学、开展示范性教学观摩课等活动，提升课堂教学实效性。下半年，教研员下校624天，开展片区教研活动102场次，开设讲座68场，听课1595节。开展教师技能竞赛，提升教师专业水平。中学有4名老师的课例获市优质课，6名老师获省中小学作业设计评选优秀奖，100名老师在市学科业务竞赛中获一、二、三等奖；小学有3名老师获市“教坛新秀”称号，28人次在市级以上竞赛中获奖；幼儿园有5篇游戏案例获得市级优秀。开展学生学科竞赛，挖掘学生潜能。一年来，在各类学科比赛中，中学有7人次获省级奖，142人次获市级奖；小学有11人次获市级奖。各学科统筹做好质量监测的命题、考试、评卷等组织工作，召开质量分析会，形成质量监测与质量抽检报告，提供给教育主管部门，为教育行政决策提供依据。

【中小学师训干训活动】

新教师培训。开展中小学、幼儿园新教师上岗前培训，受训教师91人（中学30人、小学61人）；开展新招聘的小学编外语文、数学两科教师业务培训，受训教师77人。开展小学、幼儿园新教师2019—2020度见习期培训，受训教师47人；班主任培训。2020年组织10名班主任参加2020年小学班主任省级培训。财务人员培训。为提高中、小学财务人员的业务素质，组织二期共80人委托福建师范大学教育学院进行培训。组织2020年小学语文教师学科素养提升培训，参训教师50人。校长培训。举办小学校长能力提升培训班，培训校长45人。

【课题研究与论文撰写】

教研员当好业务“领头雁”。学校教研员主持或参与省市县课题30多个，其中省级课题11个，市级课题 8个，县级课题4个，引领指导基层学校、幼儿园教师进行省市县课题研究100多个。教研员在省级以上获奖或CN刊物上发表论文18篇。“福建省初中语文学科陈建源名师工作室”入选《海峡读写研究》“一室一品”栏目；康景华撰写的《创新物理实验 促进深度学习》、颜泳滨撰写的《克服职业倦怠情绪 提高体育教学质量》、黄清柱撰写的《把握好说理的节点，让数学学习更有深度》获得泉州市教育科学研究所论文评选一等奖；郑智梅主编的《民间游戏走进幼儿园课程的实践探索》一书获得福建人民出版社“金教鞭丛书”奖。

【编辑出版《永春教育》】

2020年编辑出版《永春教育》2期，共发表文章57篇。《永春教育》开设有《教育论坛》《教研之窗》《教学案例》《德育天地》4个专栏，为宣传党和国家的教育政策法规，探索学校管理之道，研究提高教育教学质量的策略与方法，展示可借鉴可复制的优秀教学案例，加强师风师德教育提供良好的平台。

（分管领导：郑坚帜 撰稿人：刘福鹏）

县老年大学

【概况】

2020年，永春县老年大学运用现代信息技术手段开展教学活动，组织学员多方交流，完善教学设备，致力校园文化建设。县老年大学被省委老干部局、省教育厅授予“福建省达标老年大学”称号。

【教学活动】

县老年大学探索新型教学模式，新冠肺炎疫情期间停课不停学，借助线上教学平台，开展老年远程教育，利用“互联网＋”、远程收视等现代信息技术手段，整合课程资源，鼓励老年学员通过微信公众号订阅省、市老年教育微课堂，建立老年大学微信沟通交流群，发布实用型老年学习资源。

【学员交流】

2020 年 9 月 4 日，与县委老干部局、老教委一行参观泉州市老年大学。与桃城镇桃溪社区老年学校、五里街镇老年学校、蓬壶镇老年学校和达埔镇老年学校联合开展校际交流活动，搭建区域内教学交流平台。以国家级非遗项目“永春白鹤拳”“永春纸织画”传习基地为依托，从非遗文化中发掘特色品牌资源，讲好非遗文化传承故事。8 月，楹联班教师张雅鸿获 “中国文学艺术界红船精神奖”“首届中国文艺牡丹奖”，被授予“红船精神传承人”“中国文化艺术贡献人物”称号，其作品《岳麓山踏青》在“雅集京华·诗会百家”全国第三届百家诗会评选中获一等奖。8 月 16 日，柔力球班学员代表队参加 2020 年第六届全国柔力球套路网络视频比赛获一等奖。10 月 18 日，柔力球班学员代表队在沙县举办的全省双拍双球比赛获优秀奖。学员林艺琮在沙县举办的全省老建会柔力球竞技比赛获混双优胜奖。11 月，选送学员作品《使命的驱动》《众志成城战疫情》获泉州市第十三届老年文化艺术节征文活动三等奖。永春县老年大学被中国老年大学协会远程教育工作委员会确定为“第三批全国老年远程教育示范区指导单位”。12 月，纸织画班教师林志恩及 4 名学员参加第三批省终身教育重点项目立项课程：走进“非遗”——永春纸织画。

【硬件建设】

投入资金 5 万余元改造升级学校广播音控设备，装备呼叫话筒和高能功放机，完善夕阳红大厦五楼音乐教室多功能厅，配置大屏投影仪和专用音频设备。

【校园文化】

邀请中国作家协会会员陈弘作词，县音乐家协会主席洪金益作曲，创作校歌《桃源夕阳红》。制作校徽：以红、黄两色为主色调，上空白鹤展翅，下方书本中掩映着夕阳，两侧祥云环绕。在老年大学一楼大厅悬挂校训“崇德、笃学、尚乐、善为”。

（分管领导：王秀霞 撰稿人：柯 颖）

县老教委

【概况】

2020 年，县老年教育工作完成《永春县老年教育发展“十三五”规划》目标，全县拥有老年学校 254 所，其中独立办校从 2015 年的 117 所增加到 159 所，包括县级老年大学 1 所，乡镇老年学校 22 所（其中镇村联办 14 所），村级老年学校 236 所，分校 9 所。学员 29809 人，占全县 60 岁以上老年人 32.75%。

【老年学校规范化建设】

制定印发《永春县村（社区）老年学校评估标准》试行方案，健全由县老教委协调指导，乡镇分管领导、村居两委主干亲自抓的管理机制，乡镇、村居老年学校校长为骨干、老年学员共同参与管理模式，协调督促基层老校落实教学场所，设施设备、管理人员、师资力量等基本办学条件。县老教委统一设计制作老校校牌及各种岗位职责、管理规章，逐校安装、规范上墙。全县基层老校做到年初有计划、月份有部署、责任有分解、工作有目标、任务有落实、年终有评比，教学管理有章可循。创建基层老校市一级示范校 1 所、市级示范校 3 所、县级示范校 36 所。

【老年远程教育收视点创建】

县老教委与福建广电网络公司永春分公司建立密切协作关系，高清互动电视“永春县美丽乡村云平台”，持续宣传老年远程教育的优势，扩大全社会的认知程度和支持力度，满足山区老年群体的教育需求，创新居家老人远程教育模式。全县 22 个乡镇 236 个村（社区）老年学校均改电信网络为广电有线电视网络。实现乡镇、村（社区）老年学校办学率和远程教育开通率 100%。至年底，永春开通老年远程教育收视点含村级分校 254 点。创建全国联系点 5 点、市级示范收视点 8 点、县级示范收视点 36 点。永春县获评“全国老年远程教育示范区”。五里街镇、玉斗镇两个镇级老校被评为“全国老年远程教育优秀学习示范点”。

（分管领导：郑福南 撰稿人：郑大华）

县退教协

【概况】

至 2020 年底，县退教协有分

会 32 个，会员 2695 人。当年全县退休教师 97 人，入会 93 人。

【助力疫情防控】

五里街分会陈文铁撰写《防疫三句半》，宣传新冠肺炎病毒防控知识，在省、市、县电视台（省台 2 月 5 日晚综合频道）相继播出；各分会退休教师配合当地镇、村（社区），组成防控新冠肺炎“劝导队”。横口分会林兴阵在疫情初发期，组织一支 50 人的“夕阳红战‘疫’队”—佩戴红袖章、手持小喇叭，进村入户，劝散聚集人员，引导群众佩戴口罩，悬挂宣传条幅、发放宣传材料，取消民俗活动 16 场，劝导福联 1 场丧事简办。其事迹在 7 月 7 日《福建老年报》报道；6 月 30 日东关分会举行新冠肺炎防控知识讲座。

【服务社会】

刊发《简讯》7 期，文章 173 篇。其中在《泉州老园丁》刊发 11 篇（第 70 / 71 期 3 篇、第 72 期 8 篇）。传承南音文化，蓬壶分会利用假期组织南音培训班，湖洋分会南音组在中秋、春节等传统节日，组织南音弹唱。各分会的书法爱好者，发挥特长，春节期间为民众写春联。原东关中心幼儿园园长郑民红退休后做“0 ～ 3 岁婴幼儿早期教育指导”系列育儿公益讲座，在永春电视台播出。五里街分会陈文铁撰写方言三句半——《十九届五中全会精神好》，于 11 月 17 日在县电视台播出。82 岁的原玉斗分会老会长康家谦，用手抄海报宣传十九届五中全会精神，台海网、永春电视台、《福建老年报》相继给予报道。

【关爱活动】

2020 年，县退教协慰问病困退休教师 86 人、慰问 70 ～ 90 岁的老会员 187 人、首次春节慰问年事高离任的基层分会老会长。“六一”国际儿童节，横口分会成员到横口乡云贵小学参与“六一”国际儿童节活动。桃城中心分会花石小组，举办为期一个月的暑假篮球培训班，24 名留守儿童参与培训活动。

（分管领导：许金胜 撰稿人：王金针）

关心下一代工作委员会

【概况】

2020 年，县关心下一代工作委员会（简称县关工委）在青少年中开展以“中国梦”“传承红色基因、争做时代新人”等主题教育，做好青少年教育的引导、关爱工作，推进全县关心下一代各项工作科学发展。

【青少年思想道德建设】

在全县青少年中开展理想信念教育。把爱国主义教育作为关心下一代的永恒主题，依托各级各类关工委报告团，运用课件制作、讲故事、互动交流等形式，有针对性地进行教育引导，弘扬爱国传统、砥砺强国之志。在全县青少年中开展爱国主义教育。深化“传承红色基因，争做时代新人”主题教育，开展“读红色书籍、讲红色故事、唱红色歌曲、写红色征文、体验红色活动”的“五红”系列活动；开展“我为祖国抗击疫情骄傲，争做新时代优秀青少年”主题实践活动；开展“五老弘扬好家教好家风”主题活动。组织青少年参加科技创新大赛，引导青少年参与社会实践，参与省关工委在全省中小学生中开展“从小学先锋，心中有榜样”主题活动。开展“童心向党”“新时代好少年”“我们的节日”等符合青少年特点的主题实践活动。在全县青少年中开展党史国史教育。组织发动五老就地就近志愿服务，组织青少年参观学习，开展各类传承教育活动。协助加强中小学生社会实践基地的建设，组织青少年参加社会实践活动，培养多动脑、勤动手的能力。管理使用好全县十个青少年社会教育活动中心和各类青少年的教育基地、校外辅导站、留守儿童关爱之家、科技工作室等，拓展互联网、新媒体等青少年思想政治道德建设阵地。营造青少年健康成长良好环境。以第四届“关爱明天，普法先行”和以宪法为主题的“法治教育关爱青少年”活动为载体，发挥关心下一代老法律工作者、五老法制副校长的优势和作用，推动法制宣传教育不断深化，引导青少年学法、守法、用法，创新和完善“关注配合”“关检联手”“关检（法）企联动”的帮教工作模式，做好刑满释放青年就业安置推介工作。参与“四零”（零发案、零犯罪、零事故、零矛盾激化）村（社区）学校创建工作，配合有关部门开展校园周边安全巡查，有效净化青少年成长环境，促进社会和谐稳定。

【青少年社会教育活动中心】

疫情期间，永春县 10 所青少

年社会教育活动中心在疫情防控常态化新形势下，按照“少人多次”的原则，采用线上线下相结合的方式开展活动。各活动中心所在的乡镇、村（社区）关工委都发动“五老”人员及中小学教师担任暑假活动辅导员，招募回乡大学生担任志愿者，共建立10支70余人的志愿者队伍。

【关心关爱活动】

爱心助学工程。各级关工委把捐资助学作为为青少年做好事，办实事的一项重要工作，发动社会各界特别是华侨华人的捐资助学，引领爱心助学新风尚。2020年县关工委筹措助学金11万元，资助32名优秀贫困大学新生；配合《海峡都市报》为8名贫困大学新生寻得爱心人士；筹集3.57万元资助119名贫困中小学生。关爱留守儿童工程。健全关爱工作体系，做好调查摸底工作，做到心中有数，整合社会资源，通过加强部门协作，多措并举，确保关爱留守儿童的政策措施落实到位。

【开展关工委“基层建设提升年”活动】

出台永关委〔2020〕2号文件《永春县关工委“基层建设提升年”工作实施方案》，推进党建带关建工作机制的落实。建立传统媒体和新媒体融合的宣传机制。挖掘“五老”感人事迹和助力新冠肺炎疫情防控工作的先进事迹，“五老”是青少年社会教育活动中心的管理员、保护员，革命历史传播员、遵纪守法劝导员、家风家训讲解员。永春有150名“五老”讲解员，每个红色教育基地、爱国主义教育基地、红色教育联系点都有“五老”讲解员。总结推广各地各单位先进典型、先进经验，提升关工委的知名度和影响力。坚持守正创新，继续办好县关工委《简报》，用好市关工委微信公众号，运用好“互联网+”，加强网上信息交流传播。

（分管领导：陈忠勤 撰稿人：陈燕宇）

县科技局

【概况】

2020年，县科学技术局实施创新驱动战略，深化工作机制改革，加强科技计划项目管理，加大创新企业和创新载体培育力度，落实激励创新、惠企政策，为推动经济高质量发展提供科技支撑。

【科技项目计划管理】

全年组织实施各级科技计划项目124个，其中获得上级立项支持项目22个，争取项目资金254.5万元。完成10个市级项目结题验收；拨付县级科技计划项目经费2250万元，立项支持县级项目102个。开展“双随机、一公开”项目抽查工作。随机抽查10个县级科技项目，到现场考察项目进展情况，指导企业规范使用项目资金。

【科技宣传培训】

组织文化科技卫生“三下乡”、科技工作者日、全国科普日等科技宣传活动。宣传活动期间悬挂横幅6条，发放科技知识、政策法规等宣传资料1000多份，接待服务群众1000多人。组织企业参加高新技术企业认定申报辅导培训班，组织参加企业创新政策及研发费用核算专题讲座培训会、“新冠防控与诊治的研究进展”专题培训会、科技型中小企业申报入库及高新政策与研发费用衔接讲座，参加培训150多人次。通过培训加强业务指导，规范企业研发投入，做好科技项目资金使用管理。

【科技成就】

组织企业申报科技小巨人领军企业，11家企业通过认定，总量达到30家；培育高新技术企业，福建锦特新材料科技有限公司等8家企业通过认定，总量达到18家；福建科福材料有限公司等6家企业入选泉州市瞪羚企业培育库入库企业，并获得银行贴息补助150万元；组织1家企业申报省级新型研发机构；金草师傅星创天地和金斗洋生态农业星创天地被认定为市级星创天地；实施《科技特派员三年行动方案（2018—2020）》，新增省级科技特派员34人，团队科技特派员7个，法人团队科特派1个；新增市级科技特派员48人，市级团队科技特派员2个，科技特派员工作站3个。2020年，全县有省级科技特派员155人、市级科特派107人，省级团队科特派11个，省级法人科特派4个，市级团队科特派4个，市级科技特派员工作站 3个。

【重大科技事项与活动】

2020年6月3日，福建（泉州）哈工大工程技术研究院永春工作站在永春智汇园举行合作协议签约及揭牌仪式。11月27日，永春县科技局邀请华中科技大学同济药学院生物药学系主任、教授李华、沈阳药科大学无涯创新学院教授陈丽霞参加生物医药企业发展座谈会。12月4日，由中共永春县委人才工作领导小组主办，县科技局、人社局、县委人才办承办，魁客众创空间协办的2020年永春县第二届乡村振兴创新创业大赛决赛落幕。

（分管领导：林建裕 撰稿人：刘文杰）

县老科协

【概况】

2020年，永春县老科技工作者协会会员419人，其中团体会员1个（县退教协，有275人高级职称会员参与）；个体会员144人，高级职称64人。老科协组成具有跨行业、多学科、综合性等特点。

【科普宣传与应用】

进乡村、学校举办科普讲座、科技指导。7月，老干局牵头，前往革命老区、贫困村横口乡福中村指导芦柑种植技术，并给予部分资金支持柑橘合作社发展生产。8月，到东关镇云河白番鸭保种繁育有限责任公司，了解该公司在保持发展永春白番鸭优良种性，示范带动养殖户，在支持农民脱贫致富工作中的积极作用。10月，邀请刺桐科学传播学者、研究员黄金钟为吾峰中学60多名师生作《科学原始创新与诺贝尔科学奖》科普讲座。11月前往革命老区、贫困村达埔镇洑溪村，了解该村企业创办情况，并给予部分资金支持创办企业。疫情防控期间，老教协的会员，参与社区婚丧喜事简办的劝导，编写以防抗疫情通俗易懂的闽南话三字经，在大街小巷宣传。

【科普服务社会】

10月，泉州市老科协和永春县老科协组织市、县两级老科协医学、科普专家到吾峰镇开展科技扶贫系列活动。开展义诊赠药服务，市、县老科协11名资深内科、外科、妇科、中医科主任级老医学专家为前来看诊的群众义诊咨询服务500多人次，并现场赠送近2000元的口罩、创可贴、板蓝根等10多种药品；开展资助贫困学子，在吾峰中学开展贫困生助学金发放仪式，为吾峰镇20名中小学生送上资助金6000元；举行贫困户慰问活动，在吾峰镇政府举办精准扶贫慰问活动，了解10户贫困户生产生活情况，送上5000元慰问金，鼓励贫困户自力更生。10月编撰出版《永春柑橘历史资料》。11月陈跃飞主编的《永春芦柑志》获得第十四届福建省自然科学优秀学术论文三等奖。科普进校园，支持石鼓镇中心小学、仰贤小学，开展校园科技活动，在永春一中、第三实验小学、仰贤小学开展科普讲座等活动。农业专委会发挥果茶、畜牧等专业技术，支持农村脱贫致富工作；医卫专委会组织老医务工作者参加政府部门组织的义诊送医送药活动。其他专委会也根据专业特点，开展不同形式的科技活动。

（分管领导：辜希平 撰稿人：洪永青）

文化 旅游 体育

文化事业

【概况】

2020年，永春县完善公共文化服务体系创建，完成22个乡镇和236个村（社区）综合文化服务中心建设，年内新增国家级非遗项目1个，泉州市非遗项目4个，新晋省级文物保护单位2处，永春县乡村文化振兴工作经验做法在全省乡村文化振兴推进会上作典型发言。

【文化惠民活动】

推进国家公共文化服务体系示范区创建，永春作为两条线路之一代表泉州迎国检。完成22个乡镇综合文化站和236个村（社区）综合文化服务中心建设，实现镇村综合文化站（中心）全覆盖；实施书香永春工程，采取引导社会力量参与、共建共享等方式，建设完成余光中文学馆等16家“百姓书房”，打造覆盖全县的新型公共图书馆服务体系，打通全民阅读的“最后一公里”；投入100万元，完成县图书馆提升工程，全县新增图书5.1万册；持续开展“在水一方”夜游永春文化惠民小舞台、“周周故事会”“文化进乡村·文明进万家”送戏下乡巡演等文化惠民活动，丰富群众文化生活。乡村文化振兴成效显著，永春连续两年（2019—2020）作为全省6个先进单位之一在全省乡村文化振兴推进会作典型发言。

【非遗项目保护传承】

永春香获评国家级非遗项目，一都山歌、介福龙窑瓷器制作技艺、逐火把、布袋木偶戏等非遗项目入选第六批市级非物质文化遗产代表性项目名录，永春高甲三句半《叔伯婶姆请注意》获评福建省第二届非遗短视频大赛专业组三等奖，完成永春县第四批县级非物质文化遗产保护名录工作；拓展和延伸“国遗四进”活动，开展“国遗四进”网络教学，组织白鹤拳师、纸织画艺人通过网络平台开展免费传习活动，让“国遗”走进“千家万户”。

【文物保护】

新晋红四军召开群众大会旧址郭氏家庙和仙岭德兴堂等2处省级文物保护单位；苦寨坑窑遗址、魁星岩摩崖石刻造像、永春文庙、福兴堂等4处全国重点文物保护单位消防、安防工程通过国家文物局立项；编制苦寨坑窑遗址《保护规划》和《公园规划》，做好申报国家考古遗址公园前期工作；推进84个文物保护单位定线落图工作。

（分管领导：刘松宝　撰稿人：刘燕霞）

县融媒体中心

【概况】

永春县融媒体中心（原永春县广播电视事业局）于2018年10月挂牌成立，为县委直属正科级事业单位，核定事业编制56人，经费渠道为财政核拨，现有事业在编人员56人，分别由原县广播电视事业局、县广播电视台、乡镇广电站、桃源乡讯社、永春新闻网、永春电影公司等单位工作人员构成，集中在县广播电视中心大楼办公。2020年，永春电视台《永春新闻》全年播出近3000条次；桃源乡讯刊发52期1600多篇次；永春电台专题栏目6档，一周三期，新闻栏目1档，总播出1196期。做好城乡公益电影播放工作。

【新闻宣传】

新闻部：围绕县委县政府中心工作，根据不同阶段的工作安排，联系一线，深入基层，组织记者进行采写、编播，共同努力，分工合作，在本地媒体及上级媒体进行刊发和报道，为永春抗击新冠肺炎疫情、复工复产、脱贫攻坚、安全生产“百日攻坚”等工作营造良好宣传氛围。在与上级台的通联工作方面，上中央电视台综合频道、新闻频道共8条；中央人民广播电视4条；向人民网、工人日报等供稿刊发多条。专门成立民生新闻编导小团队，精选部门民生政策信息、医疗资讯、有根特色产业、教育资讯、乡村振兴和脱贫攻坚、食品药品安全、城市精细化管理、青年创业和一线干部工作典型报道、让文明成为永春的金字招牌等9个选题，采编制作播出40多条次，反映永春良好营商环境、宜居生活等新闻，传播正能量。

节目部和传媒部：在“永春县融媒体中心”微信公众号上，不断进行内容的改版升级，优化信息，及时发布热点时政、乡镇部门动态等。利用视频号作为新的信息发布渠道，配合微信公众号，自主创作原创短视频，更好地传递热点信息。每日通过发布本地资讯、时政热点等，培养受众阅读习惯。通过开设“永春记忆”“美拍征集”“食味永春”等短视频栏目，定期推送关于永春的人文、历史、旅游等信息，与用户分享本地好玩好吃，建立强关系高黏度，引发用户共鸣，达到吸粉效果。“永春县融媒体中心”微信公众号粉丝由年初约3万人，涨至年底约11.5万人。“永春县融媒体中心”微信视频号自10月初开通以后，截至12月31日，粉丝数量已达5.5万人。

市场运营部：把握正确的政治方向、舆论导向和价值取向，始终将社会效益放在首位，落实意识形态工作责任制和广告宣传也要讲导向的要求，遵守《中华人民共和国广告法》《广播电视管理条例》《广播电视广告播出管理办法》等相关法律法规，把好广告审查关，杜绝违规广告播出。截至12月底，先后在永春电视台播放社会主义核心价值观、疫情防控、安全生产、扫黑除恶、移风易俗、文明创建、脱贫攻坚、未成年人保护等各类公益广告视频120多个，累计时长240多小时，滚动播出字幕60多万条次。

【融媒体中心创新发展】

技术部：秉承融媒体中心建设创新理念，开拓进取，开展一系列直播活动，包括大羽村纪念方七娘诞辰直播活动、北溪工味厨霸赛直播活动、福建省“中国农民丰收节”直播活动、石鼓麻笋节活动、“乡村振兴路　美育不缺席”直播活动等各类网络直播活动，为永春县融媒体中心开创一项新的业务，实现从录播到直播的突破。建设永春新闻大数据实时智能汇聚技术平台，实现实时抓取推送国际国内热点资讯、各地区与永春相关的新闻资讯及永春本地信息。建设微发布系统，利用该平台，可进行防疫、应急、民生等重要资讯实时发布传播，让群众第一时间了解正确信息，引导好舆论宣传。平台拥有4000多个群，在线人数15万多人，该平台已成为县融媒体中心面向基层百姓的重要宣传通道之一。

电影服务中心：根据各乡镇农村实际，至2020年底已成立10支放映队。10月15日起，各乡镇每个村每两个月放映1次、每次放映2场电影，县城附近的乡村每次放映1～2场电影。至12月7日，完成2020年度全县农村公益电影放映工作。

（分管领导：余恩林　撰稿人：苏玉娜）

图书发行

【概况】

福建新华发行（集团）有限责任公司永春分公司（简称新华发行永春分公司）下设经理室、综合科、计划财务科、图书发行科、教材教辅科、产业拓展科。在全县范围内设有城关门市部1个，网点建设4个，图书发行网络覆盖全县22个乡镇。2020年6月被中共永春县委县直机关工作委员会授予第八轮（2018—2019年度）“先进‘五好’党支部”。12月获评中南博集天卷文化传媒有限公司2020年度“年度销售新势力奖”。2020年度被福建新华发行（集团）有限公司、福建少年儿童出版社有限责任公司、福建科学技术出版社有限责任公司、福建鹭江出版社有限责任公司评为“优秀组织奖”。

【图书经营】

新华发行永春分公司2020年实现销售3006.67万元，比上年增长14.20%，实现利润228.73

万元。其中教材 1054.25 万元、教辅 1144.51 万元、一般图书 762.64 万元、音像 2.74 万元、期刊 12.27 万元、多元产品 30.26 万元，取得较好的社会效益和经济效益。

【政治理论读物发行】

2020 年，新华发行永春分公司围绕党和政府的中心工作，做好《中国制度面对面（2020 理论热点面对面）》《习近平在厦门》《习近平在宁德》《习近平谈治国理政》（第三卷）《习近平在福州》《习近平总书记教育重要论述讲义》等政治理论用书的宣传征订工作，共征订 4.86 万册、280.12 万元。发行单位团体征订的政治读物及在全县各销售点设立专柜零售供应，满足各界读者学习的需要，发挥新华书店作为党的宣传舆论阵地“引领导向、服务大局、鼓舞士气、凝心聚力”的作用。

【农村图书发行】

新华发行永春分公司创新服务方式，开展特色文化活动，做好“夜读 永春”文化集市，举办“全民读书月 新华悦读季”“书香桃源，‘夜’读越有味”“我为祖国朗诵一首诗歌”等 14 场活动。国庆期间推出“月圆满中秋，国庆耀新华”系列活动，助推“书香永春”建设，营造全民阅读好氛围；开展 22 次“书香进校园”流动优惠售书活动；1 月，县文化科技卫生“三下乡”集中服务活动在仙夹镇举行，新华发行永春分公司捐赠文化科技卫生类图书；开展“寒、暑假读一本好书”活动，带领业务部门深入各学校宣传征订，组织员工开展“书香校园”流动售书，两项活动销售图书 2 万余册、60 余万元；开展无偿送图书活动，推动全民阅读活动，向武警永春中队捐赠图书价值 5220 元、向共青团吾峰镇委员会捐赠图书价值 3202.70 元、向永春县港永幼儿园捐赠图书价值 5750 元、向永春县第三实验小学捐赠图书价值 3873.50 元等，共计价值 34032.2 元；与县图书馆联合推出“你选书我买单”常年活动；组织公共图书馆及各中小学图书馆参加第六届“世界读书日 海峡读者节”，受疫情影响，上半年为线上采购，下半年为线下采购，实现样采图书 50 多万元，营造浓厚的新时代政治和文化氛围，持续推进“书香八闽”的建设，助推全民阅读走深走实。

（分管领导：叶凌　撰稿人：林雅珊）

县革命史研究会

【概况】

2020 年，县革命史研究会协助县档案局（馆）编审永春县抗战档案资料集等，挖掘红色历史文化，保护和利用革命历史遗址，弘扬革命老区精神。

【纪念活动】

县革命史研究会与县委老干部局、县老区建设促进会联合举办“8·23”永春解放前夕纪念活动。组织老领导参观《永春县抗战历史纪念馆》，举行《永春县革命老区发展史》首发式，举行纪念永春解放 71 周年座谈会。

【慰问活动】

1 月，走访革命史研究会理事，慰问老革命、老前辈，送去慰问金，关心老干部工作生活和身体健康。

【配合烈士申报】

颜国泰、彭甜是永春的无名英烈，由于历史的原因漏评，县革命史研究会主动介入，帮助收集整理两人的申报材料，撰写《颜国泰、彭甜：夫妻英烈》提供给凤美村作申报材料。

【助力乡村振兴】

承担《玉斗镇乡村振兴主题展示馆》文本编写任务；参与《“我爱我家”家风家训文化园》《美岭精神展览馆》《中国香都传承与创新展览馆》《仙夹镇山后村漆艺文化展示馆》等文字撰写。

（分管领导：辜希凡　撰稿人：辜希凡）

旅　游

【概况】

2020 年，永春县旅游业突出发展重点、全力培育业态、倾力拓展市场、竭力优化环境、不断提升管理服务水平，推进全县旅游业持续、健康、快速发展，当年永春县获评首批福建省全域生态旅游示范县，全域旅游创建经验做法《永春县以全域旅游助推乡村振兴》在八闽快讯专期刊发。2020 年全县接待境内外游客 339.25 万人次，旅游总收入 35.07 亿元。

【全域旅游工作】

2 月 24 日，组织调研县旅游集散中心活动，推进全域旅游示范区创建、全域旅游投资公司运营、旅游产品开发推介和智慧旅游云平台建设等。

4 月 2 日，县政府主要领导到石鼓、岵山、桃城等乡镇调研文体旅游工作，指出永春县自然资源丰富，文化底蕴深厚，区位优势突出，具有发展文化旅游业的良好基础条件和潜力。要求相关乡镇和部门要做好景区的整体规划，挖掘当地自然资源和特色文化、历史文化，丰富文化旅游内涵。要着眼长远，发挥地理优势，以规划为引领，以全域化思维布局旅游产业，构建具有特色产业支撑、旅游体验等要素为一体的旅游体系，提升游客的体验感、舒适度，推进乡村旅游产品精细化、高端化、差异化、品牌化发展，打造功能完备的乡村旅游目的地，实现旅游产业高质量发展。

4 月 13 日，组织到仙夹镇就文化旅游产业发展进行调研，推动仙夹镇依托当地良好的漆艺特色文化，做好做足乡村振兴好文章，以带动乡村发展、村民增收。通过挖掘漆艺文化，生成多个游客体验项目，做足旅游发展篇章；要通过举办漆画大赛、引办大师工作室等方式，培养一批民间漆艺大师，促进漆画、漆篮等技艺创新、产业可持续发展，让漆艺这一民间绝活重现活力、发展壮大。

5 月 13—14 日，省文旅厅资源开发处到永春县北溪文苑国家 AAAA 级景区、旅游集散中心、大羽村开展调研活动，对永春县旅游景区建设提出指导意见。

6 月 2 日，县召开全域旅游工作汇报会，县委主要领导要求相关部门要对标找差距，针对薄弱环节，细化清单，责任到人，倒排时间，整改到位。要有系统思路、整体规划、长短结合，做好顶层设计，把全域旅游和乡村振兴更好地结合起来，提升永春县全域旅游整体水平。要突出特色，注重实效，真正体现出效益，要以县城为依托，着重打造好“五里街—介福”“岵山—仙夹”2 条精品线路，加快推进休闲旅游街区和智慧旅游系统建设等重点工作。

6 月 3—4 日，省文旅厅到永春县开展全域旅游创建和旅游景区提升工作调研。调研组一行实地调研了北溪文苑、县旅游集散中心、大羽金牌旅游村、五里古街及埔头农业观光园，详细了解永春县旅游资源分布，全域旅游大数据，旅游职能部门设置，特色文化挖掘，民宿建设，古街改造等情况，对永春县深厚的文化底蕴、良好的生态环境以及党管旅游、体制机制创新、推动旅游融合发展等全域旅游创建工作措施给予肯定。同时指出要坚持党管旅游，把好全域旅游发展方向；要凝聚力量，抓旅游评价、抓“+旅游”、抓宣传推介、抓牵动全民的活动；要树形象，要把营销工作纳入全域旅游发展大局，实施品牌战略；要发展民宿，着重提升民宿服务和运营品质，塑造民宿品牌，打造好“全福游民宿品牌”。

7 月 2 日，组织到仙夹镇龙水村玫瑰园民宿、岵山镇荔枝公社、五里街高垅村郑记民宿考察调研民宿发展情况，并向民宿经营业主征求《永春县民宿管理办法（试行）》意见。

7 月 12 日，省文旅厅到永春县开展国家全域旅游示范区验收工作。验收专家组实地检查了老醋文创园、泉州市党内政治生活体验馆、永春县旅游集散中心、岵山镇和塘荔苑旅游项目、女排精神体验馆、和塘古街、乌鸡熟地园、大羽村乡村旅游特色村等地，并对内业资料进行系统检查，全面了解永春县创建国家全域旅游示范区工作开展情况。验收专家组肯定永春县创建国家全域旅游示范区工作取得的新进展、新成效，同时指出，要对照创建指标，在不断完善旅游功能体系建设的同时，做好材料的归纳与整理；要加强 VR、大数据平台等新技术的运用，提升智慧旅游建设水平；在示范意义和创新亮点的归纳上，要注重突出永春地方特色；要持续做好整体环境的维持，营造人人参与全域旅游示范区创建的良好氛围；要注重产业融合，通过全域旅游的创建，实现乡村振兴的目标；要着力在党建与全域旅游结合上下功夫，探索党建引领全域旅游发展新模式。县委主要领导表示，验收专家组提出的意见及建议，为永春县创建工作提供了更为明确的方向和更加清晰的思路，具有很强的指导意义，要按照专家组提出的意见及建议，全面整改、全面提升、持之以恒，久久为功，持续以全域旅游示范区建设为引领，提升旅游服务，推进融合发展，擦亮“有一种生活叫永春”发展品牌。

8 月 31 日，县委主要领导带队到呈祥乡调研全域旅游工作，先后察看了醉风园、风雅颂等项目建设情况，听取相关负责人汇报，详细了解呈祥乡全域旅游发展情况，建设过程中存在的困难和问题等，提出建设性意见和建议。指出呈祥乡处处是景，旅游资源丰富，拥有东溪大峡谷、晋江源头、国家级水利风景区、风雅颂休闲山庄、雪山岩等资源，要串点成线，盘活现有资源，争取能把游客留下来；要以人为本，整合完善旅游相关要素，提升旅游服务水平，在现有的基础上加强旅游配套设施建设，要和周围环境相协调，尽量做到自然、精致、有乡土气息；要拓展旅游项目，搞好功能性开发，建设好旅游驿站；发展全域旅游要做好伴手礼、文创产品的开发，坚持效益优先；呈祥乡要做好运动健身这篇文章，发展休闲娱乐旅游业态；景区宣传要学会讲故事，增强游客的好奇心，增加对其吸引力。

9月17—19日，2020年泉州市乡村旅游管理人员培训班在永春县举办。

11月9日，福建省文旅厅公布首批福建省全域生态旅游示范县（市、区）名单，作为福建省首批国家全域旅游示范区创建单位，永春县直接认定为首批福建省全域生态旅游示范县。

12月14—15日，2020年永春县导游员、讲解员培训班在侨联酒店举办。全县40多名来自各旅行社导游员、全域旅游讲解员、热爱永春旅游并有意愿成为讲解员的人员受邀参加。

【旅游品牌创建】

1月21日，泉州市旅游产业发展领导小组办公室公布第二批“六大旅游产品”名单，经专家实地验收、市有关部门联审和公示，永春县天沐温泉旅游度假区、仙乡（仙夹镇）特色旅游风景道被认定为泉州市第二批“六大旅游产品”。5月26日，福建省政协港澳台侨交流基地授牌仪式在福州举行，授予11家单位为“福建省政协港澳台侨交流基地”，永春县北溪文苑生态旅游区入选，为泉州市唯一一家授牌单位。9月25日，2020中国特色旅游商品大赛获奖名单公布，永春县选送的百轩·芽庄水沉香线香获大赛银奖。10月13日，泉州市文化广电和旅游局公布2020年度福建省乡村旅游村名单，永春县岵山镇塘溪村、外山乡云峰村被评为“2020年度福建省乡村旅游村 ”。11月24日，福建省文化和旅游厅公布福建省“十佳旅游集散服务中心示范点”名单（闽文旅公共〔2020〕9号），永春县旅游集散中心获评。11月30日，福建省文化和旅游厅发布关于2020年福建“全域生态旅游小镇”名单的公告，永春县五里街镇获评2020年福建“全域生态旅游小镇”。11月30日，福建省文化和旅游厅、福建省发展和改革委员会、福建省住房和城乡建设厅发布关于2020年福建“金牌旅游村”名单的公告，五里街镇埔头村获评2020年福建“金牌旅游村”。

【旅游宣传】

2020年永春县与海西晨报、泉州晚报社、《中国旅游报》等媒体合作，开设专栏对永春全域旅游推广工作进行报道。5—7月，与福建海峡旅游文化传媒有限公司合作推出两次“探春记”旅行产品活动，以永春县作为目的地，为游客打造优质旅行产品，构建富有“永春特色”的旅行文化品牌，分别策划2期2天1夜的旅行情境路线。6月20日，组织文旅企业参加在厦门举行的闽西南E家旅游产品发布会。8月28日，组织文旅企业参加在厦门举行的福建海峡旅游博览会（厦门）。9月22日，在岵山镇举办“八闽丰收节节高 幸福小康样样红”——2020年福建省农民丰收节，此次丰收节是全省“中国农民丰收节”主会场、主会场包括现场热场、启动仪式、农民群众“庆丰收”文艺演出、现场特色农产品展示及直播带货等。10月6日，在CCTV-1《生活圈》播出国庆特别企划节目：谁不说俺家乡好，“永春榜舍龟”；与新浪泉州合作，在疫情期间及双十一期间推出永春文旅公益广告及家乡好物推荐。10月18日，组织文旅企业参加在银川举行的闽宁特色产品展览展示活动。10月30日，在横口乡举办2020年福建红色旅游村跑永春站活动，召集红色文化爱好者、户外运动爱好者、旅游行业代表、旅游达人、亲子人群、媒体代表等（约300人），跑步与红色文化体验相结合，展示永春红色的文化魅力。11月19日，组织文旅企业参加在海口举办的2020海南国际旅游美食博览会。11月20日，组织文旅企业参加在深圳举办的2020第七届中国（深圳）国际旅游博览会。11月21日，在达埔镇猛虎柑橘场举办“四季橘香·芦柑之家——

2020年中国永春芦柑文化旅游节活动”，推动和激发永春芦柑全产业链的生态活力，展示永春乡村振兴旅游示范线路。11月27日，组织文旅企业参加在福州举办的2020年福建旅游生活展。

【旅游市场监管】

年初制定下发年度安全生产工作要点，结合疫情防控重点工作分解任务，与下属各企事业单位签订安全生产责任书，严格履行行业监管责任。制定下发《永春文体旅游局新型冠状病毒感染的肺炎疫情防控工作方案》《永春县文化体育和旅游局关于印发全县文体旅游系统房屋安全“百日大整治”行动方案的通知》《永春县文化体育旅游局关于关于印发全县文体旅游行业安全生产大排查大整治工作实施方案的通知》《永春县文化体育旅游局关于开展2020年文化体育和旅游市场整治行动的通知》《永春县文化体育旅游局关于开展2020年安全生产月活动的通知》等系列文件，通过早部署早落实，把行业划组，任务到人，细化到岗，强化“党政同责、一岗双责、失职追责”的规定。1月17日，泉州市文旅局组织到永春县部分A级景区、旅行社和星级酒店开展春节前假日旅游工作检查，提出具体指导意见。1月21日，县领导组织到全县文化、体育、娱乐场所、文保单位、A级景区、乡村旅游点等开展安全大检查，督促落实安全责任，加强隐患排查，让群众和游客度过一个平安祥和的新春佳节。2月20日，县领导组织检查全县文化体育和旅游市场安全生产和疫情防控工作。3月9日，由县公安局、文体旅游局、住建局、消防大队等有关部门组成的联合检查组对全县星级酒店房屋安全开展专项检查，并提出具体指导意见。4月9日，省文旅厅资源开发处到永春县牛姆林景区开展A级旅游景区复工复产与安全生产工作督导检查。督导组通过查看内业资料、现场检查等方式深入了解牛姆林景区复工复产、疫情防控措施、安全隐患排查整治等工作情况，并对做好复工复产和安全生产工作提出指导意见。5月2日，组织对百丈岩旅游景区和老醋文创园等开放景区的运营管理、疫情防控、安全生产等工作进行督导检查。7月19日，县政府办、文体旅游局、市场监管局、应急局、消防大队等单位负责人检查全县文化体育和旅游市场安全生产和疫情防控工作。10月3日，泉州市文旅局到永春县检查督导牛姆林生态旅游区、百丈岩景区和天沐温泉度假区等疫情防控、安全措施落实情况。10月4日，县政府办、文体旅游局等单位组成联合检查组，对全县部分文体旅游市场安全生产工作开展专项突击检查。11月27日，县文体旅游局联合县消防救援大队在旅游集散中心举办文体旅行业消防安全标准化管理现场会及消防安全培训演练，全县文体旅游系统各企事业单位的安全负责人参加培训。讲座结束后，全体参会人员进行了火灾现场疏散演练和模拟灭火演练。12月10日，举办导游员、讲解员培训班，全县各旅行社持证在岗人员、全域旅游讲解员及有意愿成为讲解员的人员参加培训。

（分管领导：刘松宝 撰稿人：刘燕霞）

体育活动

【概况】

2020年，永春县围绕创建“福建省全民运动健身模范县”，推进体育事业高质量发展。省老体协在永春召开全省创建“老年人健身康乐家园”工作研讨会；建设湖洋镇桃美村笼式足球场（5人制）1个省级为民办实事项目和下洋镇下洋村、桂洋镇桂洋村、石鼓镇桃联社区、东关镇外碧村咏春云河笼式足球场（5人制）等4个县级为民办实事项目。

【体育基础设施建设】

加强全民健身场地设施建设，2020年省委省政府为民办实事项目1个：湖洋镇桃美村笼式足球场，建设资金为42万元；县级为民办实事项目4个：下洋镇下洋村、桂洋镇桂洋村、石鼓镇桃联社区、东关镇外碧村咏春云河笼式足球场，每个笼式足球场建设补助资金为15万元。至年底，全县已有室外多功能运动场13个、室内健身房2个、拼装式泳池2个、笼式足球场（5人制）7个。

【大型体育赛事】

举办2020年福建省红色旅游村跑系列主题（永春站）活动，来自永春当地、泉州、厦门等地区近300名村跑爱好者齐聚于永春县横口乡福中村，进行奔跑旅途；2020泉州市雪山定向越野赛，来自泉州各地区百余名定向越野爱好者参与此次比赛活动。

【全民健身运动】

开展群众常年体育比赛。举办2020年元旦新春登高活动、纪念方七娘诞辰暨白鹤拳文化节活动、8月8日全民健身日陈氏太极拳展示活动和激情接力跑活动、“鼎盛杯”永春中国象棋赛、永春县“乒博杯”乒乓球赛、永春县桥牌邀请赛、永春金秋农民运动会、福建省全民健身运动会“利德新杯”永春县中秋游泳比赛、福建省全民健身运动会“福厦泉永”永春县咱厝人篮球联谊赛、泉州市雪山定向越野（短距离定向团队赛）、福建省红色旅游村跑永春站等群众体育比赛40多场次，上万人参与。举办机关事业单位工间操暨三级社会体育指导员培训。来自县直单位、各乡镇及各体育社会组织共55人参加培训。永春县体育总会换届和成立永春县社会体育指导员协会。12月22日，永春县体育总会第二次会员代表大会暨换届工作如期进行，选举产生永春县体育总会新一届领导班子，同时永春县社会体育指导员协会召开成立大会。

县少体校

【概况】

永春县少体校创建于1974年，学校设有田径、羽毛球、游泳三个奥运项目，是福建省2018—2021周期“体育后备人才基地”，在编专职教练6人，在训学生120多人，建有实验小学、鹏翔小学、桃溪实验小学、下洋中心小学、第三实验小学、五里街中心小学、东平中心小学、湖洋中心小学和岵山中心小学等九个训练基地。学校坐落于仓满体育场主席台，占地面积3公顷，建筑面积2100平方米，拥有室外标准400米塑胶跑道田径场1个，棣兰体育馆1座，体能训练房1间，配备运动员宿舍、厨房、餐厅、浴室等生活配套设施。

【开展体育活动】

贯彻落实《全民健身条例》，协助有关单位开展全民健身体育活动。8月8日协助承办“推动全民健身、助力全面小康”暨创建福建省全民运动健身模范县长跑活动；10月2日协助举办2020年福建省全民健身运动永春县“福厦泉永”咱厝人篮球联谊赛；10月6日，协助县羽毛球协会举行与厦门市羽毛球协会交流比赛；11月15日，协助承办2020年永春县“农体杯”少年儿童羽毛球锦标赛；11月28日，协助承办2020年永春县“农体杯”男子篮球定点投篮争霸赛等。在群众性体育活动中，为各协会举办全民健身体育比赛和体育爱好者提供优良的比赛和活动场所。

【培育输送竞技体育人才】

输送体育后备人才，提高运动员的比赛成绩，2020年向省体校输送羽毛球体育苗子1人，向泉州市体工队输送游泳体育苗子1人、田径体育苗子3人。在以往输送的运动员中，当年在参加全国体育比赛中有2人2次获全国体育比赛第一名，有2人2次获全国体育比赛第二名，有2人2次获全国体育比赛第三名，有2人4次获全国体育比赛第四名至第八名。其中特别突出的成绩有：陈思蓉8月参加2020年全国帆板锦标赛获得女子场地赛第一名、障碍赛第三名，谭宁10月份参加“威克多杯”2020年全国羽毛球锦标赛获得女子团体第一名、女子双打第三名，陈弦峰11月份参加2020年全国赛艇锦标赛获得男子八人单桨有舵手第二名，陈弦恒11月份参加2020年全国赛艇锦标赛获得男子双人双桨第二名。

（分管领导：刘松宝　撰稿人：刘燕霞）

县农体协

【概况】

2020年县农体协落实《全民健身条例》，开展“亿万农民健身活动”。县农民体育赛事坚持“谁主办、谁负责”的原则，按照“一赛事一方案”的要求制定防控工作方案和应急预案。

【“丰收节”农民运动会】

9月22日，福建省“中国农民丰收节”主会场金秋农民运动会在永春县岵山镇举行，设顶腰（顶肚脐）、推臂、提义勇石、掰手腕、挑稻谷接力赛5个项目。以乡镇为单位组建22支队伍参加，每支队伍4名运动员。每个项目取前8名，并设置团体奖项。

【“农体杯”体育活动】

11月8日，由县农体协、县少体校共同主办，县冬泳协会承办的“农体杯”静态岸潜争霸赛在县卧龙游泳池举办。来自县少体校、县冬泳协会推荐的20名运动员参加比赛。静态岸潜竞赛要求每位参赛者需在水中靠岸憋气静态潜水，按一次性憋气潜水，以时间长短计算成绩和录取名次，比赛录取前6名。11月15日，由县农体协、县羽毛球协会主办，县少体校承办的“农体杯”少年儿童羽毛球锦标赛在永春县棣兰体育馆举办。比赛共有60名小运动员参赛，经过激烈对决，男、女各取三个年龄段组的第一名。11月28日，由县文体旅游局、县农体协主办，县篮球协会承办的“农体杯”男子篮球争霸赛在永春县仓满篮球场成功举办。共有来自全县50名运动员参加，角逐前六名。

【白鹤拳比武】

12月19日，由达埔镇政府、县农体协主办，永春白鹤拳达埔研究会承办的白鹤拳比武大赛在达埔镇举办，大赛设“七步三战”“十三太保”“美女梳妆”等10个项目、50多名运动员参与角逐。

【介福乡农运会】

12月30日，介福乡举办首届农民运动会，以“全民健身迎新春、昂首阔步奔小康”为主题，设拔河(团体赛）、挑担竞走、掰手腕、定点投篮、射箭、趣味乒乓球6个项目。

（分管领导：张传统　撰稿人：林新强）

县老体协

【概况】

2020年全县建成村级老年活动中心10座、老年体育活动场所20个，获评省级康乐家园9个、市级康乐家园10个。

【老年人活动场所建设】

2020年，全县建成村级老年活动中心10座，其中泉州市级2座石鼓镇卿园村、下洋镇上姚村；县级8座：玉斗镇炉地村、桂洋镇桂洋村、石鼓镇桃联社区、桃城镇长安社区、东平镇云美村、岵山镇文溪村、湖洋镇溪东村、外山乡草洋村。建设老年体育活动场所20个，其中活动室15个：一都镇鲁山村、光山村，坑仔口镇杏村村，锦斗镇云路村、洪内村、长坑村，苏坑镇嵩溪村泮林角落、东坑村，蓬壶镇东星村，达埔镇建国村，吾峰镇吾西村，石鼓镇桃场社区，东平镇冷水村，岵山镇岭头村，湖洋镇吴岭村；气排球场4个：坑仔口镇杏村村、锦斗镇云路村、石鼓镇凤美村、东关镇内碧村；门球场1个：东关镇内碧村。

【“康乐家园”建设】

2020年10月27—29日，福建省创建“老年人健身康乐家园”工作研讨会在永春召开，福建省老体协主席王美香（省政府原副省长、省人大常委会原副主任）出席，并作“创建老年人健身康乐家园的实践与思考”的讲话。永春县2020年获评省级康乐家园有9个单位：吾峰镇培民村、苏坑镇熙里村、五里街镇吾边村、湖洋镇桃美村、蓬壶镇仙岭村、南幢村，下洋镇上姚村、石鼓镇卿园村、桃星社区老年活动中心。获评市级康乐家园有10个单位：湖洋镇吴岭村、桃美村、溪西村，蓬壶镇仙岭村、南幢村，下洋镇上姚村，石鼓镇卿园村、桃星社区，桃城镇丰山村，仙夹镇东里村老年活动中心。

【老体协参赛活动】

2020年被评为泉州市老体工作先进单位有永春县老体协和桃城镇、蓬壶镇、苏坑镇嵩溪村、湖洋镇桃美村老体协。泉州市老年体育优秀辅导站：永春县柔力球辅导站、永春县女子气排球辅导站、永春县白鹤拳大羽辅导站。泉州市老年体育先进个人：郑起联、何锡川、陈文铁、黄黎明、李顶芳。泉州市老年体育优秀通讯员：郑培凯、王大勋。泉州市第五届老年人智力运动会，永春代表队参加中国象棋、围棋、桥牌、扑克80分等全部项目的比赛，夺得桥牌和扑克80分团体冠军，中国象棋个人第三、第六名，围棋个人第六名。福建省第五届老年人智力运动会，县象棋、桥牌、扑克80分组队代表泉州出征，3个项目均获得优秀奖。永春柔力球队代表泉州参加福建省老体协举办的柔力球竞技选拔赛，吴少宝获得男子乙组第二名、梁仲林第四名；郑雪娇获得女子乙组第四名，陈育生、林艺琼获得混双第六名。柔力球双球双拍套路（6人组合）表演获得优秀奖。永春太极拳参加泉州市第二十一届太极拳比赛，取得第一名。永春女子气排球队和晋江组成泉州代表队参加省老体协举行的气排球选拔比赛，荣获第三名。

（分管领导：洪一彬　撰稿人：何锡川）

民生和社会保障

就业和社会保障

【概况】

2020年，永春县就业和社会保障工作在新冠疫情期间落实失业保险稳岗补贴、一次性稳定就业奖补助企纾困政策，全县城镇新增企业1621人，其中城镇失业人员再就业664人，城镇登记失业率控制在2.19%，全县城乡基本养老参保人数328672人，参保率99.81%，续缴率96.72%。

【就业创业】

减负稳岗政策落实，紧扣“免、减、缓、返、补”五方面政策，支持稳企业、保就业，整合梳理各级复工稳岗政策32条，形成疫情防控期间扶持企业复工稳岗政策清单，多形式开展复工稳岗、社保减免政策宣传；落实失业保险稳岗补贴、一次性稳定就业奖补等助企纾困政策，发放一次性稳定就业奖补、失业保险稳岗补贴等2769.06万元。就业扶贫工作。加大对就业困难群体的帮扶力度，对灵活就业的就业困难人员发放社会保险补贴，共发放社保补贴1089人355.42万元；发放425名失业人员失业金230.66万元、发放失业补助金1249人134.71万元，发放价格补贴18.45万元，为180名失业人员缴纳医保费26.87万元。登记失业人员实现再就业664人；开发公益性岗位、设立扶贫车间等帮扶建档立卡贫困劳动力就业，安置国定、省定建档立卡贫困劳动力42人，发放公益性岗位62.46万元。毕业生就业保障。实施青年就业见习计划和基层成长计划，组织30名青年开展就业见习并拨付见习补贴16名12.834万元；开展政府购买基层劳动保障协理岗位工作，提供25个基层劳动保障协理岗位；落实鼓励高校毕业生到永春就业创业各项优惠政策，发放安居补助108.46万元、创业担保贷款50笔500万元、贴息资金58.61万元、市县级创业资助资金4.5万元。夯实用工保障基础。开展打通“企业用工难”操作链专项行动，落实招工引才“五个一”工作举措，持续开展“春风行动”线上公益招聘活动，举办10场大中专毕业生视频招聘会；与保山市施甸县、宁夏同心县签订人力资源交流合作协议并开展劳务对接。全年开展线上招聘会15场，全县124家企业提供就业岗位5121个，实现入职3062人，其中企业招用本地员工2432人。开展线下现场招聘会3场，共88家企业提供441个就业岗位，达成求职意向474人次。组织万家美等企业赴西安工程大学开展校园招聘会，咨询人数达187人，初步达成意向56人。开展技能提升行动。实施职业技能提升三年行动计划，计划全年开展补贴性技能培训3000人，截至年底，共培训各类劳动者4178人（其中培训建档立卡贫困劳动力1094人），培训完成率139.27%，发放各类培训补贴235.29万元。与县总工会、县农业农村局等单位联合在玉斗镇开展永春县第一届评茶员职业技能竞赛，评选出永春县技术能手3人；与县城镇集体工业联合社等部门联合举办福建省（永春）“匠艺杯”工艺美术现场技能大赛，评选出永春县技术能手8人。开展永春县技能大师评选活动，评选出县级技能大师14人；推荐高技能人才参评省、市级技能大师和技能大师工作室，其中兴全香业洪仲森获评泉州市技能大师，兴隆香业林文溪、彬达制香厂曾建全获批领办福建省技能大师工作室。联合县委组织部在九牧公司挂牌成立“永春县陶瓷产业人才实践基地”，依托企业开展陶瓷行业人才技能培训。给予外贸型企业稳岗补助。牵头制定《永春县人民政府关于支持外贸型企业发展五条措施的通知》（永政文〔2020〕22号），美律科技等4家百名以上员工的外贸型工业企业申报疫情期间稳岗补助，报备轮休员工1684人次，发放稳岗补助84.2万元。

【社会保障】

实施全民参保计划。推进全县各类用人单位及其职工、灵活就业人员、城乡居民和年满60周岁未参保贫困人员参加社会保险，推进社会保险参保扩面，实现应保尽保，截至年底全县机关社保、企业养老、城乡居民基本养老、工伤、失业参保人数分别达14442人、51550人、328672人、40588人、18511人。全县城乡居民基本养老保险参保率99.99%。推进机关社保改革。机关事业单位养老金实现社银直联发放；完成机关事业单位职业年金清算386家，完成率100%；完成机关事业单位退休“中人”1291人待遇重核工作，重算比例99.31%。7月，省机关社保中心到永春县进行调研，对永春县机关社保工作的开展给予肯定。提高社保待遇水平。调整企业退休人员养老待遇10057人，月人均增加养老金140.73元，调整后永春县企业退休人员月人均养老金达2501.36元。调整机关事业养老金待遇4953人，基金部分月人均增加200.09元。调整城乡居民基本养老保险基础养老金标准，由原来的每人每月123元提高至每人每月130元。调整工伤保险定期待遇，调整后，领取伤残津贴人员月人均待遇3048.08元，领取生活护理费人员月人均待遇2144.45元，领取供养亲属抚恤金人员月人均待遇1705.92元。落实降费减免政策。落实阶段性减免企业职工养老保险、工伤保险、失业保险费政策减轻企业负担6907.88万元。规范管理社保基金。加强社保经办机构内控制度建设，开展基金管理内控专项检查，监督基金管理机构针对检查发现的问题及时纠正整改。

【劳动维权】

强化用工指导。加强劳动关系风险监测和研判，分析2020年劳动关系形势，关注群体性劳动争议案件情况、企业拖欠工资和欠缴养老保险费情况、淘汰落后产能和受疫情影响的企业裁员情况，加大对特殊时期企业劳动关系处理的指导服务。组织开展2020年企业薪酬调查工作，共69家企业提交数据，完成率100%。加大宣传教育力度。及时发布劳动关系稳定相关政策，通过进村入企、开展宣传活动、利用微信公众号等多形式加强宣传，发放《保障农民工工资支付条例》《新型冠状病毒防控期间稳定劳动关系》等宣传材料2500份，增强劳动者合法维权意识和用人单位依法用工自觉性，营造良好用工环境。加强劳动保障监察。落实工资保证金、应急周转金制度，全年落实工资保证金现金3548.91万元、保函1600.71万元、县级应急周转金200万元、乡镇应急周转金116万元；提升创建“无欠薪项目部”质量，持续推行农民工实名制登记、银行代发工资、农民工工资专用账户管理等制度，全县在建项目实名制管理已超90%，工资专户已基本覆盖；推进治欠保支专项行动，加大劳动保障监察执法力度，以劳动密集型加工制造等行业及存在拖欠农民工工资隐患的其他企业为重点组织开展拉网式排查行动，开展清理整顿人力资源市场秩序专项执法行动和企业劳务派遣情况专项检查，及时遏制欠薪隐患苗头，有效打击重大劳动保障违法行为。依法依规查处欠薪等违法行为，处理欠薪案件81件，涉及农民工731人，解决欠薪683万元；行政处罚4件。及时化解劳资矛盾。加强工伤认定工作，做到件件到企业职工事故发生地进行调查核实工作，并在规定的时间内出具工伤认定决定书，受理申请工伤认定161件，出具认定工伤决定书146份，落实支付工伤保险基金1760.33万元。在全县推广使用“互联网+调解”服务平台，引导当事人通过线上方式申请解决争议案件，加强专业性劳动争议调解工作，实行线上录入与案件实际审理进度同步，全年裁处劳动人事争议案件132件，裁决及调处用人单位支付劳动者工资、工伤保险待遇等共385.28万元，有效维护劳动者和用人单位的合法权益。

（分管领导：陈华伟　撰稿人：王宝桂）

卫生健康工作

【概况】

至2020年底，全县共有各类医疗卫生机构385个，其中县医院

1所、县中医院1所，乡镇卫生院21所，社区卫生服务中心2所，天湖山能源实业公司医院1所，民营医院2所，其他卫生事业机构29所（安康医院1所、疾病预防控制中心1所、妇幼保健院1所、卫生健康综合执法大队1所等），村卫生室255所，社区卫生服务站9所，诊所、卫生所、医务室59个，门诊部5个，共有卫生技术人员2163人。县、乡镇两级医疗卫生机构（含民营机构）实际开放床位2771张。全县卫健系统（不含卫健局）共有在编人员1102人，其中卫技人员1041人，占总数94.46%；非卫生专业技术人员61人，占总数5.54%。按职称结构分类，卫技人员中具备高级职称154人，占总数14.50%，具备中级职称343人，占总数32.30%，初级职称（含未定级人员）565人，占总数53.20%；全县注册医师769人，注册护士1017人。

【医药卫生体制改革】

县域紧密型医共体试点建设有序推进县总医院框架下片区医联体试点工作，由县中医分院牵头，组织桃城片区、湖洋片区等2个片区10个成员单位建立以医疗服务技术协作为纽带的县域东部片区医联体，省委办公厅《八闽快讯》（交流版）（第516期）对永春县片区医联体试点建设作了题为《永春县推行片区医联体试点建设 提升群众医疗保障水平》的专题报道。在县医院开设福建医科大学附属协和医院陈良龙教授“陈良龙名医工作室”，推进永春县医院与福建医科大学附属第一医院建立深度协作关系，在县中医院设立福建中医药大学附属第二人民医院“国医大师杨春波工作室”，县级公立医院服务能力得到提升。加强临床薄弱学科建设，加大临床新技术应用，县医院开展胎儿四维彩超检查、肺功能检查、介入治疗、可视气管插管、自动心肺复苏、可视气管镜引导气管插管、肺泡冲洗、动脉穿刺置管测压、肠道及食管支架植入技术、妇科腔镜手术，提升县医院综合服务能力。健全完善县医院“胸痛中心”建设，蓬壶、达埔、湖洋等3家基层卫生院取得“胸痛单元”认证；加强县医院“卒中中心”建设，完成介入导管室的建设，县医院取得“防治卒中中心”认证，并开展了55例冠脉手术、30台介入支架治疗。世行贷款医改促进项目稳步推进，2020年，县级公立医院按病种付费的出院人数占总出院人数的比例50.71%、医疗服务收入（不含药品、耗材、检查、化验收入）占比35.34%，县级公立综合医院按临床路径管理的出院人数占比72.34%，基层医疗卫生机构门诊量占门诊总量的比例72.47%。

【疾病预防控制】

加强疾控能力建设，县疾控中心改扩建工程于2020年4月完工并搬迁，提升疾控机构软硬件设施。做好传染病综合防控，加强疫情监测，把握疫情动态。全县各种常见传染病发病率控制在较低水平。推进五里街社区卫生服务中心预防接种数字化门诊建设，以乡镇为单位，国家免疫规划各单苗的接种率保持在95%以上；建证率、建卡率均达100%。加强肺结核、艾滋病等重点传染病防治，持续推进严重精神障碍患者管理、地方性氟中毒、死因监测等慢性病综合防控工作，全年各项指标任务基本达到上级要求。加强食源性疾病监测和食品安全风险监测工作。新增仙夹卫生院等13家食源性疾病监测哨点医院，实现乡镇全覆盖，监测工作全面展开，全年报告食源性疾病病例936例；在全县开展食品污染及有害因素监测，完成食品安全风险检测17类共445份，合格435份，合格率97.75%。实施泉州市委、市政府“提升全市疾控机构检验检测能力”为民办实事项目，投资278.5万元建设投用P2生物实验室，投资100万元新增气相色谱、原子荧光仪器、全自动酶联荧光分析仪、荧光定量PCR仪、全自动核酸提取仪各1台，优化实验室检测能力和服务能力。开展学生健康监测，抽取6所城乡中小学校1320名中小学生，开展近视调查及常见病监测，监测6所学校36间教室的教学环境卫生。开展生活饮用水、学校卫生、消毒产品等卫生监测工作，全年共监测检测276份水样。对食品卫生、公共场所相关从业人员进行预防性健康体格检查，全年发出健康证15693人次。

【妇幼健康服务】

2020年全县活产数5387人，本辖区内接生数2806人，剖宫产率为25.67%，高危孕妇筛查率47.95%，孕产妇死亡率为0。3岁以下儿童系统管理人数18876人，高危儿人数909人，高危儿管理率100%，婴儿死亡率2.6‰。共完成1560名孕妇免费产前筛查、5522

名妇女孕前和孕早期增补叶酸、5800名妇女宫颈癌检查、5800名妇女乳腺癌检查，2350对夫妻孕前优生健康检查、1368对夫妻地中海贫血防控筛查，以上项目均超额完成上级下达的目标任务。

【公共卫生健康管理】

全县已完成居民健康电子建档430282份，电子建档率91.94%；老年人接受健康管理人数46421人，管理率81.40%；高血压健康管理人数38252人，规范管理31815人，规范管理率83.17%；糖尿病健康管理人数10841人，规范管理9139人，规范管理率84.30%；严重精神障碍患者管理人数2181人，规范管理2038人，规范管理率93.44%。基本公共卫生服务各项指标均符合目标要求，并保持良好的发展态势。

【医疗卫生项目建设】

2020年投入6500万元开展医疗卫生领域重点项目建设，以项目作支撑升级扩容县级优质医疗卫生资源、补齐乡镇卫生院医疗卫生短板。完成县疾病预防控制中心搬迁、妇幼保健院大楼建设；完成县疾病预防控制中心、县医院、县中医院新冠病毒核酸检测生物实验室建设；通过改建县医院感染性疾病科和急诊科、配齐县中医院康复科医疗设备，提升县级公立医院综合服务能力；落实达埔、蓬壶、横口、苏坑等卫生院项目建设前期工作，夯实基层基础设施建设。

【卫生健康综合监督】

对接职能调整，推进职业卫生监管。对存在职业危害因素的68家企业开展专项执法检查，发出意见书27份，引导企业申报职业病危害项目53家。将职业卫生工作纳入乡镇政府绩效考核目标，做好全县职业病防治工作，维护劳动者健康权益。落实《2020年国家随机监督抽查计划》，抽检住宿、沐浴、商场等31家各类公共场所的公共用品和空气质量，合格单位31家，合格率100%；抽检游泳场所5家，10份水样，合格10份，合格率100%；对市政供水单位的出厂水、管网末梢水，二次供水单位进行监测，全年抽检92份，合格90份，合格率97.8%；抽检集中式消毒餐（饮）具126份，合格126份，合格率100%；抽检消毒企业产品6份，合格6份，合格率100%。加大卫生健康综合执法力度，开展公共场所、饮用水、学校卫生、传染病防治、放射卫生、消毒产品、集中式餐饮具消毒等方面监督工作，重点对非法行医、消毒产品、“两非”等违法行为进行查处，新发各类公共场所卫生许可193家，检查各类公共场所508家次、供水单位120余家次、学校200余家次、各级各类医疗机构315家次、医用放射机构24家、消毒相关企业4家、餐（饮）具消毒机构3家，共发出整改意见书360余份，立案查处13起，共罚没9.91万元。

【医疗卫生队伍素质提升】

通过卫生专项招聘急需紧缺型人才11人，通过全县事业单位工作人员公开招聘20人。接收委托福建医科大学、中医药大学及莆田学院定向培养的本科临床医学定向生6人，泉州医高专定向培养的专科定向生3人。在全县各级医疗卫生机构中遴选业务骨干73人次到上级医院脱产进修，有序做好县域人才提升工作。结合新冠疫情防控开展线上医学继续教育，依托县卫校分两批次培训基层卫技人员，第一期287人次，第二期302人次，共计589人次；永春县医院举办培训班培训303人次；永春县疾病预防控制中心举办培训班培训33人次。开展专业技术人员网络公共课继续教育，培训1032人次。组织符合申报条件人员申报泉州市高层次人才，截至年底，永春县卫健系统共有97人获评泉州市高层次人才，其中第四层次29人，第五层次67人，第七层次1人。探索柔性引进名医工作室和专家工作站，通过设立福建医科大学附属第一医院永春县总医院专家工作站，柔性引进福建医科大学附属协和医院陈良龙名医工作室专家团队，邀请国医大师杨春波教授专家团队到县中医院设立国医大师工作站，邀请专家团队定期到永春县开展坐诊、查房、技术指导、学术讲座、业务培训等活动，帮扶心内科、胸痛中心以及脾胃科建设，提升医院医疗技术水平。

【医政管理】

加强医疗质量管理，强化医疗机构“哨点”作用，强化预检分诊，落实首诊负责制，规范发热病人转诊交接“闭环管理”，落实医疗机构核酸检测“应检尽检”责任，加强人员培训，提高早期识别能力，规范住院病区管理，加强医疗废物规范管理，推行预约诊疗，加强个人防护，实行分级分区分等级规范防护。强化医疗机构院感控制管理，组织院感、疾控、卫监等相关人员，开展6轮疫情防控措施落实情况督导检查，检查各级各类医疗机构227家。落实各项疫情防控工作措施，稳妥、有序开展医疗救治工作，做到疫情"零扩散"、医务人员"零感染"。加强核酸检测能力建设，完成县医院、县中医院生物实验室改造、取得新冠病毒核酸检测资质，日最大核酸检测量达到5400份。

【中医中药管理】

推动中医药参与新冠肺炎防治工作，组织中医人员开展新冠肺炎救治培训、中医药专家全程参与疑似患者救治、各医疗单位制定中医防疫配方、防疫茶饮等开展中医药防治新冠肺炎工作。巩固中医药创先工作成果，投入75万元新建乡镇卫生院中医馆5家，配置中医诊疗设备，提升基层医疗机构中医药服务能力。推进第四次全国中药资源普查工作，永春县拥有药用植物137科375属568种，其中苔藓植物2种，蕨类植物49种，裸子植物13种，被子植物504种；重点药用植物35种，福建省特色药用植物28种，珍稀药用植物37种，国家重点保护野生药材物种有15种，福建省重点保护珍贵树木有8种。举办县级中医适宜技术培训班1期，培训33名乡镇卫生院中医骨干人员，加强基层卫技人员中医药服务能力，进一步普及中医药知识和技能。

【继续执行计生奖励扶助政策】

关爱女孩五项工程共投入537.68万元，超额完成任务。《中共福建省委 福建省人民政府关于实施全面两孩政策改革完善计划生育服务管理的意见》（闽委发〔2016〕27号）文件规定：坚持"新人新办法、老人老办法"，对政策调整前符合条件的计划生育家庭继续实施计划生育家庭系列奖励扶助制度。在政策调整后自愿只生育一个子女的夫妻，不再发放独生子女父母光荣证，不再享受独生子女父母奖励优惠等政策。截至2020年度，共有23278名对象享受计生奖励扶助、贡献奖励、特别扶助和农村二女夫妇奖励政策，共发放扶助金3797.58万元。

【永春县医院】

永春县医院继续深化与泉州市第一医院的协作关系，2020年门诊281018人次，急诊78320人次。收住院病人20159人次，治愈好转率为94.85%，病死率0.10%。病床周转次数40.32次，病人平均住院日为6.29日，病床使用率69.42%。引产405人。开展手术8563台，比上年增加手术738台，增长8.62%。正常分娩1773人，剖腹产752人，全年业务总收入25531.86万元。

【老龄工作】

2020年，永春县60岁以上户籍老年人94291人，占户籍总人口15.69%，其中80岁以上老年人12745人，占老年人口13.5%。落实惠老政策，提升老年人社会优待水平。老年人凭身份证即可办理公交卡；城区公交线实行60周岁以上老年人全部免费乘车；60周岁以上老年人凭敬老卡或者爱心卡乘坐公交车到蓬壶镇、达埔镇、湖洋镇可享受票价八折优惠。各医疗卫生机构为老年人开设挂号、就医、取药等便利服务的绿色通道，并保留人工服务窗口、现金收费窗口，解决老年人运用智能技术遇到的就医困难。推动老年活动场所建设，创建"老年人健身康乐家园"。截至年底，全县共建成老年活动中心84座，创建省级老年人健身康乐家园52个、市级老年人健身康乐家园58个。2020年10月，全省创建"老年人健身康乐家园"工作研讨会在永春县召开，各县市区老体协前来参观交流，永春县在会上介绍了创建工作的经验做法。开展以"提升健康素养，乐享银龄生活"为主题的老年健康宣传周活动，提升老年人的健康意识，树立积极老龄观；推荐苏坑镇嵩溪村老年协会王华堂参评并获得全国"敬老爱老助老模范人物"荣誉称号，树立先进典型，发挥示范引领作用。

（分管领导：黄映雪　撰稿人：林森鑫）

医疗保障

【概况】

泉州市医疗保障局永春分局于2019年4月经市委机构编制委员会审定，市委和市政府批准成立，为泉州市医疗保障局的派出机构，规格为正科级，核定行政编制4人，实际在编人员3人。具体承担永春县医疗保障行政管理和监督职责，并受市医疗保障局委托管理全县医疗保障经办机构泉州市医疗保障基金中心永春分中心。泉州市医疗保障基金中心永春分中心为泉州市医疗保障基金中心的派出机构，规格为副科级，编制19人，实际有在编人员12人，负责全县的医疗保障经办业务。

【参保情况】

2020年，永春县城镇职工医保参保人数36376人，城乡居民基本医保参保人数490916人，生育保险参保人数22018人，医疗保险参保实现基本全覆盖，基金运行总体平稳。

【基金监管】

通过运用“三函两牌”制度，加大对定点医药机构事中、事后监管力度，对不按照定点医药机构服务协议中约定条款执行的，坚决查处。2020年，共组织医疗稽核人员433人次，稽核定点医药机构492家次，共发函牌115份，暂停医师处方权2人，追回医保基金411.77万元，扣罚违约金422.71万元。

【医保扶贫】

落实精准医保扶贫政策。2020年，全县贫困人口住院与特殊门诊报销9254人次，发生医疗费用1517.66万元，累计报销1438.95万元（其中基本医保基金支付995.72万元，大病保险基金支付43.15万元，医疗救助支付210.47万元，省级精准扶贫医疗叠加保险支付130.63万元，市级补充补助支付44.46万元，手工报销14.52万元），实际报销比例94.81%。

【疫情防控】

贯彻执行“163”疫情防控工作机制，即落实1个工作专班、6项应急响应措施、3个方面保障，做好全县疫情防控医疗保障工作。落实疫情时期医疗保障政策，全面免除患者费用负担，预付定点救治医院医疗保障基金833.53万元，减轻定点救治医院资金垫付压力。优化医疗保障经办服务。推行“网上办”“掌上办”“电话办”“邮寄办”等“不见面办”，实施“长处方”便民措施。支持企业复工复产。落实阶段性减征缓征政策，减征政策惠及全县875家企业，减轻企业负担744.52万元；开展“医疗保障服务进万企”活动，组建企业医疗保障服务队，挂钩服务参保企业，发放宣传材料1万多份。

（分管领导：刘永前 撰稿人：李佳丽）

民政工作

【概况】

2020年，永春县民政工作践行“民政为民、民政爱民”的工作理念，在新冠疫情期间做好民政服务机构疫情防控工作，同时特事特办采取措施加大疫情防控期间困难群众的社会救助力度。全年完成20户低保安居房建设，新建省级农村幸福院10所、市级居家养老服务站20所，建设1所长者食堂，2所区域性养老服务照料中心，完成56个村（社区）居家养老活动中心建设项目。全县已有48个村（社区）推广运营“免费午餐+邻里互助”等典型养老模式。

【城乡低保救助】

2020年农村低保4216户7101人，城市低保176户259人，人口覆盖率1.24%，共发放城乡低保保障金33923881元；特困人员606户610人，其中：集中供养159人，分散供养451人，发放特困人员保障金8737588元。全县有孤儿31人，累计发放孤儿、困境儿童基本生活费356500元。

【低保安居工程】

2020年市政府下达20户低保家庭安居工程建设任务。市级补助资金60万元，县级配套60万元，项目建设经费共120万元。20户低保安居房已建设完成搬入居住，低保家庭安居房建设市县补助款120万元已下拨到各乡镇，由乡镇拨到各低保建房户。

【社会救助管理】

2020年发放残疾人生活补贴371.256万元，护理补贴589.586万元，其中：一级护理补贴2026人、二级护理补贴3192人、生活补贴4541人。全年开展临时救助4441人次，发放临时救助6613792元。

【民生工程补短板】

2020年，全县建设10所省级农村幸福院，每所幸福院补助17万元，建设20所市级居家养老服务站，每所居家养老服务站补助15万元（市县1∶1）建设1所长者食堂，补助40万元，以上项目都已完成建设并投入使用。

【养老服务体系建设】

2020年新建2所区域性养老服务照料中心，完成56个村（社区）居家养老活动中心建设项目。全县已有48个村（社区）推广运营“免费午餐+邻里互助”等典型养老模式。12月9日，在省农村养老服务业推进会上作关于《大爱慈善行 情暖夕阳红——永春县发挥慈善力量打造“爱心厨房”补齐农村养老服务短板》的典型交流发言。

【殡葬管理】

2020年全县火化遗体3443具，遗体火化率100%，其中有349人享受免除困难群体基本殡葬费用，共减免407750元。联合林业局等8部门开展违建坟墓摸排整治工作，摸排发现硬化大墓163处，已全部完成整改，其中迁移火化22处、植树遮掩141处。印发《2020年清明节工作方案》《清明节疫情防控和安全祭扫舆情应急预案》《永春县民政局关于防控新型冠状病毒感染的肺炎疫情从简治丧的倡议书》，倡议从简治丧，殡仪馆暂停举行遗体告别仪式，劝导丧属减少送葬人数，劝导不前往公墓、陵园、骨灰堂集中祭扫。

【地名勘界】

按时完成3条县级界线（永春与南安80.366千米、永春与德化89.013千米、永春与安溪101.6千米）的联检任务，以及本年度9条乡级界线57.43千米的联检任务，做好县级界线界桩管理维护及平安边界建设工作。在区划地名工作中，加强地名文化保护，继续开展《永春县地名词典》和《永春县地名志》的编写工作，同时做好2020年度地名命名、更名和地名标志设置工作。

【社区建设】

确定介福乡紫美村、玉斗镇新珩村、东关镇南美村为2020年“共建共享”新型示范社区试点单位，每个示范社区补助资金10万元，开展“多元主体、多元治理、多元服务”新型社区治理，推动社会治理重心向基层下移。下达2020年社区居委会运转补助经费108万元。

【社会组织管理】

2020年新成立登记社会团体43家、社会服务机构3家、非公募基金会1家；变更登记社会团体12家；注销登记社会团体14家。开展社会组织年度检查工作，应参检社会组织294家，已参检251家，年检率85%。2020年，全县共有社会组织345家（社会团体305家，社会服务机构35家，非公募基金会5家）。出台《关于进一步加强社会工作专业人才队伍建设实施意见》，将社会工作专业人才纳入人才认定体系，对参加社会工作者职业水平考试并取得相应社会工作者职业水平资格证书的进行补助。建设社工人才基地，与闽南师范大学达成战略合作，举办社会工作职业资格考试考前培训，提高社会工作者持证率。2020年，全县新增注册登记社工机构1家，通过社工职业水平考试49人，其中初级社工人员42人，中级社工人员7人。通过政府购买服务，永春县启萌社会工作服务中心开展关爱“三留守”社会工作服务项目，永春县暖馨社会工作服务中心在留安社区开展“携手互助·共建共享”三社联动服务项目。

【婚姻登记】

2020年全县办理结婚登记2621对、离婚登记1089对、补领登记533对；涉外结婚登记10对。在传统节日七夕节，举办“情定七夕 美‘荔’一生”户外公益集体婚礼暨颁证活动。

【老区工作】

老区脱贫攻坚项目带动 2020年，县老区办争取省、市老区专项资金项目20个300万元。这些项目经老区村申请，乡镇审核后，县老区办联合财政局按时公示公告，依规上报，及时下拨资金，用于发展老区村各项事业。同时下拨县级老区扶贫资金30万元。

革命遗址修缮保护 全年争取省、市革命遗址修缮项目5个，争取修缮补助资金90万元，对吾峰镇吾顶村梁灵光故居（梁披云梁灵光纪念馆）、仙夹镇夹际村仓园祖厝、湖洋镇高坪村晋南永游击大队第四中队成立旧址、坑仔口镇杏村村黄龙庵革命展示馆、达埔镇新溪村红二支队常驻地石竹庙旧址革命历史陈列馆等革命遗址进行修缮、布置展厅，年底前均已完工，开放使用。

“五老”人员生活保障 在春节期间开展慰问革命“五老”人员、遗偶及老区困难群众活动，发放慰问金175人5.53万元；及时解决革命“五老”人员医疗困难问题，对革命“五老”人员实行医疗门诊补贴（每人每年180元）

和大病医疗救助“一站式”服务，提高补助效率；落实自然增长机制，从1月份提高革命“五老”人员定补标准每人每月增加42元，当年永春县“五老”定补标准为1682元／月，全年发放生活定补金39.0406万元。

（分管领导：林金灿 撰稿人：王娟娟）

县老促会

【概况】

2020年，永春县老促会围绕传承老区精神、助力脱贫攻坚，深入开展专题调研，挖掘推广老区特色项目，为老区人民办实事、做好事，惠及老区群众和贫困学生。

【传承老区精神】

扶志。通过座谈、调研活动等，宣传老区人民自力更生、艰苦奋斗精神，帮助干部群众树立脱贫攻坚奔小康的信心和决心。7月28日，《福建老年报》刊载“誓让老区换新颜—永春县老促会助力脱贫攻坚工作”文章。11月，牵头协同县委老干局、县老科协等单位，带领《泉州老区脱贫致富》纪录片拍摄组，到桂洋村黑山油茶种植基地、金蕾食品有限公司、贫困户林金光家等做好拍摄采访工作，总结推广老区村依托山区特色产业实现村财村民双致富的做法和经验。传承。5月，牵头协同县委党史和地方志研究室历时三年编纂的《永春县革命老区发展史》正式出版发行，该书正文23万字，内附珍贵历史照片60余幅，以及革命老区发展大事记、革命烈士名录和革命纪念性建筑等5篇，重点记述永春老区百年沧桑巨变，精心打造红色经典。8月，协同县委老干部局、革命史研究会等单位，组织一批老领导、老干部以及专家学者，在永春抗战历史纪念馆，开展“纪念永春解放71周年暨《永春县革命老区发展史》首发赠书活动”，回顾革命历程、传承老区精神、鼓舞创业激情。

【助力脱贫攻坚】

扶智。争取省黄仲咸基金会4.5万元，扶持老区贫困高中生45人；争取县慈善总会资金5万元，资助老区贫困大学新生25人；挤出办公经费2.6万元，资助老区贫困中小学生40人，并携手义工服务队于“六一”国际儿童节期间，组织老区特困小学生及其家长开展主题活动，激励孩子们健康成长。扶弱。争取市老区专项资金10万元，扶助市县联系点石厝村金桔示范基地建设，促进村财长期稳定增长；争取市老区专项资金15万元，扶持洪步村道路提级改造、溪西村农产品直播展厅装饰、福联村环境整治等项目3个；争取市扶贫协会10万元扶持黄沙村经济发展；争取县直成员单位9万元扶持洪步村道路拓宽和上西坑村道路改造。开展结对帮扶活动，与洪步村、北溪村、德田村签订“阳光1+1”结对帮扶协议。安排老区专项资金10万元，扶持洪步村道路拓宽、德田村老人会添置设备、北溪村路灯工程、龙阁村公厕整治改造、汉口村村史馆建设、埔头村机耕路拓宽、吾顶村角落道路开建、霞林村道路硬化等项目8个。参与老干局科技扶贫，挤出办公经费1万元，补助福中村柑园机耕路建设。

【开展专题调研】

承接中国红色文化研究会专题调研。协调县委县政府承办该会党史教工委调研组到永春县调研，先后考察了朱德红军革命旧址—郭氏家庙、林俊德将军纪念馆等，通过走访座谈，对永春县红色基地建设、红色文化教育工作给予肯定，并就存在问题提出建议和对策。开展扶持项目专题调研。对市老促会重点扶持的石厝村金橘示范基地项目，多次深入实地调研评估，抓落实、见成效，做到真扶贫、扶真贫。深入市县联系点桂洋村，调研、总结、宣传扶贫脱贫工作典型经验做法。

（分管领导：林华民 撰稿人：洪文地）

慈善事业

【概况】

2020年，永春县善款入库6378万元，接受爱心捐物价值435.38万元，至年底，全县设立慈善冠名基金（留本捐息）107个、冠名基金总额5.58亿元，现金基金29个，基金总额3600万元。全年列支善款6000.76万元，其中现金支出5565.38万元，物资支出435.38万元，用于困难家庭的医疗救助、奖教助学、慈善助老等方面，体现慈善践行社会主义核心价值观、弘扬中华民族传统美德的人文理念。

【助力新冠疫情防控】

1月28日联合县委统战部、县工商联等部门，发出《永春县统一战线关于捐赠疫情防控急需医用防护物资的倡议书》，向海内外永春乡亲和社会各界朋友发出倡议，全年收到社会各界爱心捐款人民币706.01万元，接收医疗器械、医用口罩、洗手液等爱心捐物价值人民币368.35万元，接受捐赠款物合计人民币1074.36万元。同时，按照县委、县政府疫情防控的部署要求，及时全额拨付捐赠款物，用于医院、乡镇、村居、学校等单位采购急需疫情防控物资和急需医疗设备，专款专用，为全县打赢这场疫情防控阻击战贡献力量。

【善款募集】

2020年善款入库6378万元（含疫情防控捐赠专款），接受医疗器械、口罩、鞋服、米油等爱心捐物20批次价值435.38万元。众多企业家、爱心人士、海内外乡贤和社会各界纷纷慷慨解囊，捐资慈善，共设立慈善冠名基金（留本捐息）107个、冠名基金总额 5.58亿元，现金基金29个，基金总额3600万元。

【善款使用】

全年列支善款6000.76万元，其中资金支出5565.38万元，物资支出435.38万元。其中：大病救助88.83万元，开展面向全县，以低保户、残疾人和因病返贫为主的大病患者的医疗救助，救助癌症、白血病等重病患者500多人次。扶贫济困809.71万元，发放市、县困难党员定期补助、病困党员慰问、春节慰问、病灾困难家庭慰问等。创业帮扶款10.2万元，为 12个乡镇的29户困难群众购买禽畜、苗木和生产工具，帮助他们发展生产，巩固脱贫成果，奖教助学1061.77万元，为全县多所中小学校的老师发放奖教金，为学生发放奖学金、助学金，助力打造“学在永春”教育品牌。慈善安居60万元，助力14个乡镇的30户农村住房困难户建设慈善安居房，完成一层建设后，每户补助2万元，并赠送沙发茶几一套，让困难户喜迁新居。医疗卫生补短板1303.81万元，为10个乡镇卫生院添置DR、彩超、检验分析仪，为县中医院添置CT设备一套，促进“健康永春”建设取得成效，健康福祉更加惠及全县百姓。慈善助老358.15万元，加大养老服务补短板力度，完善农村居家养老服务中心、老年活动场所建设，组织实施乐龄陪伴—农村留守老年人关爱工程等。2020年8月，永春县作为“乐龄陪伴－农村留守老年人关爱工程”试点县，县慈善总会受邀在全国老龄事业工作会议上作专题交流发言。一年来还列支善款1872.91万元，用于乡村振兴、校园建设、道路桥梁等其他公益项目。

【慈善日活动】

为纪念《中华人民共和国慈善法》颁布实施四周年暨第五个“9·5”中华慈善日，弘扬中华民族扶危济困、乐善好施优良传统，传播慈善文化，9月1日上午，县慈善总会、卫健局、民政局联合举办全县医疗卫生器械补短板助捐活动，为岵山镇卫生院助捐1套彩超设备，为东平镇卫生院和仙夹镇卫生院分别助捐一套DR设备。通过慈善日活动，体现慈善践行社会主义核心价值观、弘扬中华民族传统美德的人文理念，促进基层医疗卫生水平不断提高。

（分管领导：李生锭　撰稿人：颜建平）

乡镇

一都镇

【概况】

一都镇位于永春县西部，辖14个村，户籍人口18903人。2020年，全镇实现农业总产值1.54亿元，比上年下降10%；规模以上工业产值5.9亿元，下降49%；镇财政总收入4158.35万元，增长9.1%；农民人均可支配收入1.73万元，增长3.9%。当年，美岭村党委会获评福建省抗击新冠肺炎疫情先进集体；仙友村获评泉州市特色旅游村；一都山歌获评第六批市级非物质文化遗产。

【新冠疫情防控和企业复工复产工作】

坚持“分组划片联户”网格化模式进行排查，建立对重点疫区流入人员的服务机制，实施防疫跟踪管理，实时掌握健康状况和思想动态。多措并举做好人车管控，设立24小时交通检疫点，逢车必查、逢人必测。严防境外疫情输入，做好境外入永春一都籍人员的健康监测和跟踪管理。总结提升“四抓工作法”，抓好线上互动、线下宣传、社会动员和空间传播，发挥“村村响”应急广播、中小学广播宣传作用，利用车载音箱进行环村宣传播报，创作主题顺口溜、原创海报等作品21首（幅）。实行“1对1”联系服务机制，协调解决企业复工复产过程中遇到的招工难、供应难、运输难等问题。全镇各企业于3月10日前全部复工复产，复工率116.49%，重点项目按照时间节点有序复工。竹木、菌菇等产业平稳发展，五小场所正常经营。

【美丽乡村建设】

坚持按照“突出重点、以点带面、线面结合、整体推进、全面提升”的原则，持续开展人居环境整治。以“一革命四行动”为抓手，新建、改造农村公厕4座，摸排整治旱厕539户，坚持生活垃圾减量化、资源化、无害化处理，在5个美丽乡村开展生活垃圾干湿分类试点，完成新房美化2.02万平方米，毛坯房装修121幢、3.54万平方米，古厝修缮0.29万平方米，搭盖拆除0.73万平方米，违建清理0.64万平方米，实施苏合村整村“平改坡”。开展绿色乡村“三年行动”，完成造林绿化221.13公顷，森林抚育687.87公顷，幼林抚育460.07公顷，封山育林268.73公顷。深化宜居建设，新增吴殊村、黄田村等6个绿盈乡村，实现绿盈乡村占比达71%。完成黄沙村5.5千米通村公路、吴殊村吴上线、林山村林浅线、龙林线示范路建设。

【重点项目建设】

13个重点项目完成投资5.82亿元。挖掘和弘扬美岭精神文化内涵，投资500万元建设美岭精神展馆，总面积1200多平方米；紧扣“水利+旅游”格局，完成一都溪安全生态水系项目和一都溪水土保持项目建设，在市级完工验收复核中，一都溪安全生态水系建设项目获得优秀等次。谋划生成契合一都镇发展方向的“十四五”重点建设项目20个，其中工贸旅游、基础设施项目6个、现代农业建设项目2个、文体旅游项目5个、水利项目2个、交通项目1个、宜居环境建设项目4个，项目总投资28.4亿元。

【农业农村工作】

完成现代农业投资3000万元，建设食用菌标准钢架大棚7.33公顷，增设食用菌生产设备，培育省级农民专业合作社示范社1家（锦都食用菌专业合作社）、农民企业

3家。扩大芦柑种植4公顷，引进赣南脐橙种植2公顷。建成设施竹业项目13.33公顷，引办、提升竹木加工龙头企业，对竹木进行深加工、精加工，规模生产机制竹炭、竹条、竹炭化条、竹木家具、香芯材料等竹木制品，提高附加值。

【工业经济】

美岭集团纳税1.6亿元，居全县首位。培育规模以上工业企业2家，兑现招商引资奖励42.34万元，引导福建省恒竹实业有限公司在一期项目发展毛竹初加工的基础上，于下半年追加投资6000万元实施二期扩建项目，新建机制竹炭加工生产区6700平方米，将传统竹加工企业产生的毛竹废料作为生产机制炭的原材料，优化竹加工业发展模式。

【旅游经济】

提升山歌小镇旅游景区建设水平，与福建省犇犇旅游有限公司合作完成山歌小镇游客服务中心和精品民宿内部提升装修、娱乐配套设施设置等，确保景区常态化专业化运营；新建三岭村鲤鱼岛旅游打卡点、岱山岩星空屋民宿、酒香古街匠心堂、汉服馆、吴殊十八瀑布红色旅游景区等旅游接待设施，丰富旅游线路；挖掘山歌文化特色，一都山歌被列为第六批市级非物质文化遗产，山歌小镇旅游品牌效应凸显。2020年，山歌小镇接待游客15.1万人次，实现旅游收入503.7万元。

【社会事业】

围绕“两不愁、三保障”，推行“六个到户”（生产扶持到户、就业引导到户、住房安全到户、就学保障到户、医疗援助到户、饮水安全到户）工作模式。帮助87户国省定贫困户落实2020年度贫困户产业发展项目补助资金30.24万元；开发公益岗位安置建档立卡贫困劳动力3人，引导企业招收国省定贫困户6人，争取扶贫资金2.45万元补助支持因疫情受到务工影响的贫困户7户；向上级争取35万元用于15户贫困户住房条件改善提升；落实贫困学生资助工作，落实雨露计划教育补助对象5人；组织开展家庭医生签约服务，跟踪落实医疗保险政策；联合县水利局对全镇贫困户进行入户排查，确保贫困户饮水安全得到保障；实施建档立卡贫困村项目建设，落实294万元建设16个项目。发放奖教奖学助学金38.9万元，投资2000多万元完成美岭村兴学育才工程，推进美岭中学省级标准化图书馆、多媒体教学设备、高考设施设备等基础设施和校园文化阵地建设，做好一都中学教学楼、中心小学宿舍楼和运动场建设的前期工作，美岭中学高考600分以上18人、本科上线人数278人。实施健康一都战略，推进全镇卫生医疗一体化项目建设，每季度组织开展健康讲座，不定期组织专家义诊，对农村妇女“两癌”免费筛选。做好社保医保征缴工作，新农保、新农合参保率均超98%。推进安居工程建设，完成9座住房困难户安居改造，完善农村居家养老服务站、老人活动中心、老人文化广场等设施，打造“养老+旅游”模式，丰富老年人文娱生活。

【基层党建】

组织各党支部和党员利用各种形式学习贯彻习近平新时代中国特色社会主义思想等内容，建立完善党建巡查机制，坚持党委委员党建联系点制度，确保每月至少2次到包联党组织指导检查党建工作，强化督促检查工作机制。谋划生成村集体经济发展项目20个，依托山歌小镇联村党委会，发挥强村带动弱村、联合抱团发展的作用，由三岭村、山歌小镇旅游有限公司分别带动玉三村、吴殊村发展投资，每村增加村财1.5万元。成立仙阳村和苏合村红色乡贤振兴促进会，发挥乡贤带动作用。完成美岭水泥有限公司、宏美纸业有限公司等21家企业党建入章工作，提升非公企业党建水平。推动镇机关党支部党员挂钩贫困户，39名机关党员分别挂钩39户贫困户，做到以党建促脱贫攻坚。建设酒香古街电商直播一条街，按照“一村一品”设立13间公益直播间，建立一都镇人才疗养基地和三岭村永春乡村旅游人才之家，为各类人才搭建的学习充电、休闲联谊、交流合作、共谋发展的服务平台。完善仙阳村“最美党群服务中心”，三岭村“最美党群文化走廊”建设，其中，仙阳村获评全县“最美党群服务中心”二等奖。

【社会治理】

因地制宜建立边界民间纠纷联防联调工作机制，完成镇矛盾纠纷多元化解中心和14个村矛盾纠纷多元化解工作室建设。实行“一村一法律顾问”，全镇干部职工集体学法2次，张贴海报500多张，分发普法材料1万多份。开展道路交通安全综合整治专项行动8次，查办道路违法违规案件39起；创新“三治融合”乡村治理模式，打造议事室、说事室、传习室、“老开”调解工作室和法制公园。推广“135”庭所共建机制，化解矛盾纠纷221件，为群众避免和挽回经济损失500多万元。

【文明创建】

持续推进全国文明城市、省级文明乡镇创建活动，开展“家+文化”“身边故事、共同铭记”“最美人物”评选等活动，做好黄沙村革命纪念馆、龙卿村家风家训馆等示范点工作；加大“身边故事、共同铭记”推进力度，以好家风温润社会。推动落实“我的中国梦”四项集中活动、社会主义核心价值观“三进”活动。开展移风易俗活动，弘扬时代新风，宣传“厚养薄葬”，有重点、有步骤地解决群众反映突出的问题。开展理想信念宣传教育，学习弘扬“红船精神”，组织学雷锋活动示范点、岗位学雷锋标兵等评选活动。深化公益广告宣传、文明旅游宣传，树立文明乡镇的良好形象。加强未成年人思想道德建设，开展2020年度中小学生经典诵读、优秀童谣征集传唱推广、“童心向党”诗歌朗诵比赛等活动。弘扬志愿服务精神，加强典型宣传，提升“志愿一都”品牌建设，推进志愿服务常态化、制度化。开展关爱弱势群体、保护公共环境、维护社会秩序、提升公共文化服务水平等志愿服务。

（分管领导：吴金灿 撰稿人：姚宏伟）

横口乡

【概况】

2020年，横口乡实现规模以上工业产值36.6亿元，比上年增长12.1%；工商税收918.66万元，增长86%；农业总产值1.65亿元，增长3.1%；农民人均年纯收入17500元，增长5.7%。

【新冠疫情防控和企业复工复产工作】

疫情期间，全乡干部群众齐心协力，互相配合，悬挂横幅50幅，转载宣传微信文章48篇，发放宣传资料万余份，进行高频次、全方位、立体化、无死角宣传。措施得当，防控有力，对全乡66名网格工作人员开展集中培训，提升网格化服务管理水平；以全乡22个网格为单位，开展“地毯式”“滚动式”摸排，排查企事业、食杂店、加油站等重点场所。落实市、县稳定经济发展工作措施，多方联动监察复工情况，为企业提供酒精、口罩、消毒液等防疫物资。29名驻村干部挂钩全乡11家企业，宣传复工复产有关政策文件。全乡11家企业复工复产率100%，3家中小学复学复课，复学率100%。

【美丽乡村建设】

提升乡容村貌，完成新房美化27幢，裸房装修28幢，古厝修缮7幢，危房拆除15幢。开展河道清淤清障5千米，清理土方7200多立方米，清理鸡鸭栏舍23户360多平方米、清理围垦种植100多平方米。推进农村垃圾治理，建设垃圾转运站1座，更换近300个垃圾桶，建立城乡一体化处理体系。强化农村污水治理，加强8座分散式生活污水集中处理池修复维护，完成乡区及农村污水管网约13千米。

【重点项目建设】

2020年，横口乡实施7个重点项目，计划投资3.1248亿元，实际完成投资2.5784亿元。其中，泉州市白濑水库工程横口乡集镇迁建项目完成投资7300万元，占年度计划的101.39%。成立泉州市首支移民安置党员先锋调解队，化解涉白濑项目征迁纠纷12起，解决与剑斗镇福斗村17处地块争议问题。从9月3日征迁工作启动，仅用27天完成321户群众房屋征收协议签订工作，征收房屋面积10.4万平方米，完成土地征收71.69公顷。安置区群众房屋征收协议完成计划任务100%。

【农业农村工作】

推进芦柑和茶叶复兴战略，优化种植结构、发展农村电商，把芦柑产业和茶叶作为主导产业，芦柑种植166.47公顷，产量5548吨；茶叶种植295.07公顷，产量310.5吨。挖掘农业内部潜力，发展林下经济双华李等多种方式，促进产业融合发展，借助红色旅游与电商产业发展，延长产业链，拓宽农产品营销渠道。

【工业经济】

美宏科技彩色碳粉生产项目完成年度投资4050万元，占年度计划的101.50%，于9月投产，日产2吨彩色碳粉。新增“五个一批”项目1个：美宏科技二期项目，购买6.67公顷土地建产业园，投资2.5亿元，增加2条生产线。

【旅游经济】

船山岩、朱德红军旧址旅游信息入库永春智慧旅游掌上App及智慧旅游微信小程序。福中村、福联村、环峰村抱团成立旅游发展有限公司，发展红色文化产业，增强旅游项目的建设和运营，推动村集体收入和村民收入双增加。投资24万元，依托县道X349打造一条“红色七公里”党建示范路，全省红色旅游村跑活动在横口乡举办。

【社会事业】

脱贫攻坚，完成建档立卡贫困户简易岗前技能培训29人。强化县直挂钩单位、乡、村三级党员干部挂钩扶贫领域工作机制，落实“挂片、驻村、入户、到人”，全年投入扶贫资金424.22万元，全乡41户135人实现全部稳定脱贫，无返贫、新增致贫对象。民生保障，城乡居民养老保险正常参保3772人，缴费率98.74%；城乡居民基本医疗保险正常参保7197人，缴费率达到98.19%。开展救灾救济、扶残助残、农村低保及五保供养等工作，发放社会救助款3.45万元，发放残疾人补贴16.05万元，发放最低生活保障金85.71万元。做好“生育关怀行动”“五大工程”拓展关怀服务，发放慰问金、救助金、助学金6.6万元。举行2020年度教育发展促进会奖教奖学颁奖大会，对7名教师、57名学生进行表彰，发放奖教奖学金16万余元。

【基层党建】

乡党委会下设企业党委和联村党委各1个，党支部18个，其中农村党支部10个，非公企业和社会组织党支部7个，乡直机关党支部1个，共有党员474人。加强非公企业党的建设，新成立美宏科技党支部，打造美宏科技、双恒集团党建服务点，双恒集团获评全省非公企业党建带工建示范点。发挥福联村党委作用，整合红色资源，发展壮大村集体经济。全面消除“薄弱村”，谋划生成省级扶持村集体经济试点项目1个，获补助资金60万元；实施强村（强企）带弱村项目3个，投入项目资金150万元。

【社会治理】

重视安全生产，成立以乡党政主要领导为总指挥长的安全生产隐患大排查大整治指挥部，下设7个整治工作组，对辖区各行业各领域进行地毯式、拉网式安全生产隐患大排查，参与检查的有2015人次，发现206处隐患，已完成整改。建设平安横口，发放扫黑除恶宣传单320份，利用发光二极管显示屏、村村通等媒介宣传营造扫黑除恶斗争氛围。协助核查处黑恶线索1条，破获赌博案件3起，拘留3人，罚款3.2万元。横口乡综治“三率”测评位居全县前列。

【文明创建】

生态文明，支持植树造林和森林抚育，完成村庄绿化1.33公顷，珍贵用材树种造林17.4公顷，设施竹林建设6.67公顷，兴建机耕路一条。投资1100万元，建设一都溪、岐兜溪安全生态水系8.2千米，通过市水利局完工验收复核，并被评为优秀项目。乡风文明，建立“红白理事会”“妇女禁赌禁毒会”“村民道德评议会”“村民议事会”，将移风易俗列入村规民约，引导群众弘扬时代新风，自觉抵制封建迷信等腐朽文化的侵蚀。弘扬红色文化，挖掘红色文化资源，以红四军召开群众大会旧址为中心，配套理想信念馆、廉政教育展馆等，在红色传承中践初心、担使命。

（分管领导：林明　撰稿人：苏晨捷）

下洋镇

【概况】

下洋镇位于永春县西部，与德化县、大田县毗邻，面积111.5平方千米，距离县城55千米，泉三高速、国道356线、联二线和漳泉铁路支线贯穿境内。人口2.02万人，下辖10个行政村。党支部19个，党员637名。2020年，全镇实现工农业总产值31.8亿元，比上年增长11.5%，其中农业总产值1.5亿元，增长11.11%；工业总产值30.3亿元，增长11.56%，固定资产投资3.9亿元，完成时序任务的105.63%；农民人均纯收入19800元，增长1.54%；镇级工商税收1320万元，增长4.8%。

【新冠疫情防控和企业复工复产工作】

第一时间启动一级响应机制，

组建镇疫情指挥部，定期会商研判，开展“预防为主、外防输入、内防反弹”疫情防控常态化工作，组织各部门联防联控，落实“大数据+网格化”排查工作法，强化重点人员健康管理，实行加大加密核酸检测，把疫情防控工作抓紧、抓细、抓实、抓好，疫情形势总体平稳可控。坚持“两手抓、两手都要硬”，统筹推进疫情防控和经济社会发展，迅速有序恢复生产生活秩序，采取岗位置换、村级代理、线上招聘等多种举措解决复工问题，全镇54家企业于3月10日前全部实现复工复产，返工率103.56%，重点项目全部按时间节点复工；启动聚然有机肥厂征收土地2公顷、弃土场1.67公顷，报批设施农业用地，帮助福源锌业招收储备员工175人，协助福居、邦正等企业申报科技创新资金补助，减免入驻县工业园区标准厂房的小微企业租金23.46万元，企业复工复产、增资扩容、重组整修等有序推进。

【美丽乡村建设】

2020年全镇完成新房美化15幢、8643平方米，裸房装修23户、5895平方米，古厝修缮9幢、1530平方米，违建清理19幢、4320平方米，危房拆除10处、5860平方米。分片区实施天湖山煤矿区历史遗留土地整治项目，计划总投资4.12亿元，拟在3年内完成矿山修复治理，已完成前期治理方案编制工作，着手实施修复工程。开展农村“厕所革命”，健全公厕日常管理长效机制，投入85万元实施户厕改造289户。

【重点项目建设】

实施重点项目建设17个（其中4个县级重点项目），超时序完成项目进度15个，累计完成投资10.03亿元，占年度计划100.05%。其中锌合金产业园项目完成投资1.13亿元，福源锌业完成重组，工人进驻，完成厂房装修及设备维修，12月9日进行点火试生产。策划建设北苏坂山围塘，确保工业区供水。聚然有机肥厂项目计划投资1.5亿元，完成水保、林业、环评等前期手续和厂房设计、土地平整，正在进行厂房建设。纸坑水泥用石灰岩矿项目投资1亿元，完成前期手续和临时办公楼建设、东风井进风筒安装、主斜坡道2000米，进行出矿巷道、运输巷道及采切工程等掘进工程。福居新型墙砖二期项目投资1.1亿元，10月25日开机试产。

【农业农村工作】

整合梁塘家庭农场现代食用菌产业园（香菇）、农业物联网技术、畜禽粪污资源化利用推进项目（猪—沼—果）、秸秆生物反应堆技术，打造智慧农业示范点。建设百香果标准棚架2公顷，鱼塘5个、反季节特优香菇7万棒，推广红、黑米水稻等特色农产品种植。完成畜禽粪污资源化利用项目推广循环利用“猪—沼—果”能源生态型模式，开展商品有机肥替代化肥的肥效试验，推广无公害农产品种植。投资600多万元扩大将军棋柑橘园13.33公顷，建设智能滴灌工程13.33公顷。

【工业经济】

强化招商引资。新引办企业3家并已签约，分别是纸坑水泥用石灰岩矿项目（投资1亿元），福建聚然有机肥项目（投资1.5亿元）、福源锌业重整项目（投资1.5亿元）；洽谈3家。推进企业融资。5月，博纯材料股份有限公司获得英特尔旗下投资机构注入资本投资6000万元，资金用于博纯材料的产品研发、产线升级，以及向日本、韩国、美国等重点海外市场拓展，此次融资有助于企业扩产倍增，增强半导体产业链条。加快企业整修。福源锌业完成重组后迅速启动厂房装修及设备维修、订购设备，电力、供水维修以及土建工程改造，拆除旧厂房并新建厂房40000平方米，建设一条年产2万吨电解锌生产线，12月9日进行点火试生产。

【旅游经济】

完善天湖岩寺景区配套设施建设，创建天湖岩国家AA级景区，新增天湖岩3600米鹅卵石路面铺设，完成主殿油漆，新建游客服务中心2间100多平方米；提升牛心山县级森林公园，新建游步道2000米和1个笼式足球场并更新部分户外健身器材。

【社会事业】

教育投入600多万元建设中心小学教学楼，投入1000万元建设曲斗幼儿园，曲斗幼儿园围墙、校园大门及300米道路硬化以及长溪小学操场及围墙等附属工程基本完成；上姚旧小学完成拆除，新教学楼正在施工建设；投入15万元支持中学师生食堂改造，规划设计中学教学楼翻建项目。卫生医疗投入120.58万元做好农村环境卫生保洁、改建，修缮垃圾池252座，投放干、湿分离垃圾桶185个，多次开展爱国卫生活动，重视卫生院软硬件建设，镇财政资金投入22.8万元配套添置DR放射仪器、2.5万元用于购买防疫物资，改善医疗条件。饮水安全做好镇自来水厂的日常管理和维修养护，为镇区提供安全优质的饮用水；新村村、长汀村农村饮水安全巩固提升工程于5月进行完工验收；大荣村农村饮水安全巩固提升工程已完工，投资182.68万元，项目供水规模292吨/日，解决大荣村饮水不安全人口2300多人；涂山村农村饮水安全巩固提升工程已完工，投资68.5万元，项目供水规模128.2吨/日，解决涂山村爱门街、禾山角落饮水人口900多人。路桥建设完成中心幼儿园至庵尾坂道路防滑坡建设和曲斗幼儿园至后坪道路及含春村拱桥建设，完成下洋高速出口至曲斗桥2.5千米白改黑工程建设。

【基层党建】

镇党委创新“政府＋社会组织＋企业＋”精准扶贫模式，发动辖区企业、天湖岩慈善基金会、镇村教育基金会、爱心社会团体参与扶持贫困户发展经济项目、开展助学、大病大灾救助等活动。开展村级软弱涣散村整顿工作，结合“三治融合”社会治理活动，探索“红色管家”治理模式。通过建立红色乡贤振兴促进会发挥乡贤作用，培育、引进工农业人才318人，挖掘本地企业人才资源，成立本地特色农业专业合作社30家，发展茶油、百香果、特优水稻、林下种植金线莲、铁皮石斛等特色农业。提升非公企业党建工作，选派镇骨干到非公企业支部挂职，配齐党建宣传员，指导党建工作。雷恩生化公司党支部结合安全生产隐患大排查大整治活动，设立党员“安全生产示范岗”，做到每一条生产线都有一名党员，带头按章作业，强化对现场安全关键岗、关键人、关键环节的管控；博纯有限公司支部党员均为公司的管理、技术骨干，党员骨干作用突出；天湖岩旅游区党支部成立全镇第一家非公企业党群服务中心，推进旅游产业和慈善事业发展。成立下洋村、新村村2个红色乡贤振兴促进会，深化“跨村联带”模式，整合各村资源，深度挖掘红色知青文化，连片打造具有知青特色的“半小时党建文化走廊”。创建下洋“最美党群服务中心”和“便民服务中心”，用好用活美丽乡村云平台，推行“一站式”服务，打通服务群众“最后一公里”。创建“六有”乡镇党校，通过标准化建设、规范化管理、常态化培训，促进党员教育全覆盖。聚焦“村企共建”，深入辖区企业摸底调研，促成村企合作共建，通过资金、土地入股分红等形式提高所在村集体经济增收，多措并举激活各村“造血”功能，增加村集体经济收入。

【社会治理】

下洋镇深化“强基促稳”三年行动，开展下洋村、新村村培育自治、法治、德治“三治融合”示范村创建活动，首创下洋村“红色管家”基层治理新途径；推广“135”庭所共建机制，排查化解各类矛盾纠纷148件，推行“村干部兼职辅警”机制，实施网格化服务管理试点。加强普法宣传，严厉打击各类犯罪活动，加强安全生产形势分析研判，强化辖区重点难点安全风险管控，创造安定稳定社会环境，开展扫黑除恶专项斗争，综治“三率”位居全县前列，“七五”普法通过验收。开展房屋安全百日“大整治”、安全隐患大排查大整治、安全生产专项整治三年行动，推进小加工作坊、改用仓库消防安全隐患整治，实施农村房屋安全整治“回头看”，安全生产态势保持稳定。

【文明创建】

开展“全国文明城市”“省级文明乡镇”创建活动，2020年下洋镇获评泉州市2017—2019年度文明镇，下洋镇曲斗村、下洋村获评泉州市2017—2019年度文明村，创建“三治融合”示范村，推荐一批县级文明家庭、县级文明村、文明市民、文明工作者。开展志愿服务活动，通过微信公众号发布志愿者招募令，在全镇组建5支志愿者服务队，通过多种形式，开展文明倡议、疫情防控和安全生产等宣传教育。修缮下洋新街沿线公益宣传栏，新建曲斗新街公益宣传点，更新公益广告内容，营造浓厚的乡村文化宣传氛围，修缮名居古厝家风家训馆，打造“三治融合”文化景观道，建立下洋村红色管家服务站点，组建五大红色管家队伍，探索“遇事不要慌，有事找管家”乡村治理模式，构建“三治融合”一体化的治理体系。完善乡村党建文化长廊建设、党群服务中心、知青故居等景观，最大限度地还原知青当年生产、生活、学习的原貌，打造红色知青版特色美丽片区。统筹镇区资源，合并下洋镇综合文化站和下洋村综合文化服务中心，建成集文化与科学宣传、党员教育、图书阅览、体育健身等功能于一体的综合性文化服务中心。组织镇村干部在节日期间，为45位环卫工人送去慰问品，在重阳节与100余名老人欢聚一堂，弘扬社会新风和传统美德。

（分管领导：周超杰　撰稿人：康燕红）

坑仔口镇

【概况】

坑仔口镇地处永春县西部、晋江西溪支流上游，辖8个村。2020年，户籍人口18694人，完成农业总产值2.32亿元，比上年增长4.2%；规模以上工业企业产值47.43亿元，增长8.71%；财政收入8077万元，增长10%；乡镇级工商税收6416.47万元，增长8.09%；重点项目建设完成投资7.43亿元，占年度计划113.36%；完成固定资产投资1.82亿元；农民年人均纯收入2.08万元，增长2.1%。当年，坑仔口镇先后被评为2018—2020年度省级文明乡镇、2017—2019年度市级文明乡镇、2020年度“四好农村路”市级示范乡镇、2020年市级离退休干部党支部示范点、2020年度市级征兵工作先进单位等。

【新冠疫情防控和企业复工复产工作】

新冠疫情防控实施网格化管理，落实挂钩包村制度。组织镇、村设置魁斗十四垵、双溪口、洋头村、景山村与安溪交界处等4处交通检疫点。企业复工复产实行专班协助。成立服务企业“专人专班”小分队，建立一对一帮扶的驻企联络员制度，畅通反映诉求渠道，指导企业落实防控措施、制定复工方案，协助办理复工审批、备案手续。营造浓厚宣传氛围，指导企业在厂区入口、办公楼显眼处张贴宣传标语、LED滚动播放防控知识，印发《复工告知书》《年后复工必备的防护指南》，造浓企业复工、疫情防控“两不误”氛围。有序推进企业复工复产，“点对点”分批、有序指导复工企业掌握消杀技术要领，落实食堂分餐制等。2020年，全镇复工企业22家，员工1101人，复工率100%，返工率107.37%。

【宜居环境整治】

打造温馨和谐的宜居家园。投资1500万元完成坑仔口街综合整治提升，实施道路“白改黑”，改造农贸市场，建设口袋公园；投资300万元建成并投用镇区污水处理设施及管网工程，基本解决镇区污水收集处理问题，投入80万元进行自来水二期建设，基本保证镇区居民饮水；投资150万元打通断头路（玉西、杏村），开展“四好农村路”创建活动；在玉西村、福地村安装太阳能路灯106盏。打造清新优美的绿色家园。造林绿化47.87公顷，占年度任务数140.8%；完成森林抚育任务160.07公顷，封山育林106.8公顷；建设0.67公顷乡村生态景观林；建设现代农业项目20公顷及1千米机耕路；完成诗元村、魁斗村“绿色乡村三年行动”项目，建设坑仔口镇魁斗村乡村公园。打造文明法治的美好家园。深化乡风文明创建，移风易俗三率电话测评满意率95%，文明村镇创建率87.5%，新时代文明实践“公益义剪　传递美德”获2020年泉州市志愿服务项目大赛优秀奖；建成“一庭三所”联合调解室、公共法律服务站、西坪村法律顾问示范点、福地村法律顾问示范点，共受理各类民间纠纷82件，调解成功82件；在诗元村开展“法治+六零”村创建活动，创新设立“奉献路”和“老兵调解室”“矮叔调解室”。

【重点项目建设】

全年完成投资7.43亿元实施重点项目建设12个，完成年度计划113.36%，其中工业项目完成投资额4.25亿元，占比57.2%；农业项目完成投资额5600万元，占比7.54%；基础设施宜居项目完成投资额2.62亿元，占比35.26%。其中，玉西村、西坪村、诗元村高标准农田综合整治建设稳步推进；泉州伟兴农业开发有限公司投资1000万元建设12座厂房式生产车间，年投入秀珍菇菌包100万包，年生产秀珍菇500吨，可提供20个就业岗位；莉芳茶厂技术改造项目投资5000万元，建设封闭式茶叶标准化加工厂房1500平方米，引进先进加工设备，组建乌龙茶精加工生产线2条；投资200万元，提升改造茶叶市场，成立茶叶培训学校，投资60万元进行农田水利灌溉提升工程，促进农业发展，投资80万元完善田间生产路2千米配套建设以及诗锦线道路提升美化工程。

【农业农村工作】

加快乡村振兴步伐。全镇谋划生成村集体经济增收项目48个，有6个村集体经济收入达20万元，2个村集体经济收入超10万元；投资15万元，建设党建文化长廊，投入45万元整治提升魁斗村党群服务中心，在全县“最美党群服务中心”评选活动中获一等奖；投入10万元实施西坪村党建教学实践点提升工程。全面打赢脱贫攻坚。全镇建档立卡贫困户50户167人均已稳定脱贫，无新增返贫贫困户；利用专项扶贫资金扶持发展茶叶产业项目，帮助贫困群众发展养殖业，动员贫困户中有劳动能力39人陆续返岗和外出务工；12月，组织开展“泉州市2020年第二期农村妇女就业创业（育婴月嫂）培训班”，助力实施“乡村振兴巾帼行动”“巾帼脱贫行动”。

【工业经济】

推进老企业保生产、扩产能，引导源福机械、秀凤纺织等一批引办企业从规下转规上。新引办工业企业3家，其中奥克力（福建）食品发展有限公司与福建永春盘龙矿泉水有限公司合作，项目总投资1.2亿元，利用现有厂房改扩建3条生产线，生产奥克力、椰岛、牛姆林等品牌产品。泉州市研硕科技服务有限公司，主要生产、销售医疗器械，已建成一条口罩全自动生产线，每日可生产口罩8万个。泉州因托尼体育用品有限公司，项目总投资1500万元，主要经营体育用品、户外运动用品、纺织品等，已部分投产。

【社会事业】

加快教育事业发展。投资400万元新建魁斗幼儿园，投资300万元建设坑仔口中心小学运动场及红色广场，当年录取永春一中高中部学生13人，康欣岚小升初考试成绩位居全县第一，教育发展促进会发放奖教奖学助学金26.3万元。加强医疗卫生风险管理。规范建设发热门诊，组织应急演练；投入10万元建设老年人康复治疗室；实施坑仔口卫生院南侧溪岸围墙翻建工程，推行新型农村合作医疗制度和城乡居民保制度。深化基层法治提升。强化派出所快速响应机制，配备16名村干部兼职辅警，2020年坑仔口镇社会公众安全感位居全县第一。强化快速回应民意诉求。注重强化信访案件化解，“12345”便民服务平台受理群众诉求39件，信访事项及时受理率100%。注重和谐促进劳资关系。推行欠薪“黑名单”管理，落实失信联合惩戒，畅通欠薪举报投诉渠道，推广使用“互联网＋调解”服务平台。

【基层党建】

镇党委会下设党总支部1个，党支部21个（6月9日新成立坑仔口镇文潭溪自来水有限公司党支部），其中农村党支部10个，非公企业和社会组织党支部7个，党员608人。激励担当。出台《坑仔口镇2020年村级班子年度绩效考评办法》《坑仔口镇村级干部积分制实施意见》《坑仔口镇村主干管理规定实施意见》，建立村级党组织书记责任清单，对全镇48名村干部2019年工作情况进行量化积分。示范创建。投入45万元整治提升魁斗村党群服务中心，在全县“最美党群服务中心”评选活动中获一等奖；建设诗元村党建文化走廊，在诗元村打造“自治＋法治＋德治”三治融合示范村；实施镇离退休党支部、志愿者协会党支部办公地点提升工程；投入10万元实施西坪村党建教学实践点提升工程，入股泉州伟兴农业开发有限公司，建设食用菌基地。头雁引领。发挥驻村第一书记的“领头雁”作用，积极向上争取项目、资金，总投资250万元的魁斗村幼儿园、农村幸福院项目落地；选派玉西村、诗元村、魁斗村党支部书记参加全县农村基层党支部书记培训班集中培训，做好村党组织带头人的培养工作。

【社会治理】

打击电信网络诈骗。2020年，坑仔口派出所立电信网络诈骗案件8起，已破案6起，并协破外地电信网络诈骗案件23起，抓获电信网络诈骗嫌疑人9人，电信网络诈骗网上在逃人员4人，打掉一个盘踞在坑仔口辖区的“GOIP”团伙和一个买卖对公账户的“黑灰产业”团伙。创建“四快”侦查破案机制。共立盗窃案15起，已破案9起，抓获盗窃嫌疑人5人，盗窃网上在逃人员3人，打掉一个本地籍无业青年盗窃摩托车团伙，做到“快移交”“快侦查”“快抓捕”“快破案”。

社会治安综合治理工作有成效。共受理行政案件20起、办结12起，刑事案件立案31起、破获18起，刑拘11人，抓获在逃人员7人；镇司法所受理民事调解纠纷108起，成功调解108起；有专职治安巡防队员10人，村干部兼职辅警16人。

【文明创建】

开展群众性文化活动。利用各种传统节日，开展“我们的节日”活动，组织开展群众喜闻乐见的各种文化活动，继续组织开展“卫生星级文明户”“好媳妇”“身边好人”等评选活动。开展广场舞、篮球比赛等丰富群众的业余文化生活活动。建设基层文化阵地。在全镇8个行政村文化综合服务中心建设的基础上，加强对各村文化体育设施和农家书屋的维护管理，为镇文化站、各村休闲场所配套体育运动器材以及其他各类休闲附属设施，丰富群众业余文化活动，活跃基层文化氛围。加强青少年思想道德教育。依托镇关工委开展活动，在各村开展对青少年的帮扶和关爱活动，发动镇域内老干部对弱势青少年进行“一帮一”结对帮扶和暑期补习班集中帮扶；以全镇中小学为阵地，加强中小学生思想品德教育活动力度，在学校观看红色电影、举办演讲比赛、开展品德教育课程、进行法制教育等活动。重视“三治融合”示范村创建工作，在省级乡村振兴试点村的基础上培育基层善治典型，打造新时代基层社会治理格局。

（分管领导：陈良钛 撰稿人：郑煌丽）

玉斗镇

【概况】

玉斗镇地处永春县西南部，辖9个行政村，户籍人口22430人。面积57.5平方千米，是全国最大的佛手茶生产基地、永春佛手国家标准的参与制定单位之一。2020年实现农业总产值2.9亿元，比上年增长3.9%；规模以上工业产值16.64亿元，下降6.7%；完成乡镇工商税收931万元，增长18.3%；农民人均纯收入18948.1元，增长12%。2020年，玉斗镇获评为市级农业产业强镇、“四好农村路”市级示范乡镇、市2017—2019年度文明乡镇；玉斗村、玉美村、云台村、炉地村被评为市2017—2019年度文明村。

【新冠疫情防控和企业复工复产工作】

加强领导、迅速部署，推进疫情防控工作。镇党委、政府成立镇疫情防控应急指挥部，抽调镇干部和玉斗卫生院医务人员组成综合协调组、疫情防控与医疗救治组、医学观察组等10个工作组，制定《玉斗镇应对新型冠状病毒感染的肺炎疫情应急预案》《2020年春季返校返学联防联控工作方案》《玉斗镇应对秋冬季新冠肺炎疫情防控与医疗救治工作方案》等工作方案。网格化防控。全镇划分57个网格，建立镇村两级网格化排查，关注疫情动态，对公安、交通部门反馈大数据和网格自排数据及时研判，督促指导村网格跟踪管控重点人员。网格员进村入户开展地毯式摸排疫区返乡人员、到疫区人员、密切接触人员和发热门诊就诊人员等，做到“不漏一户、不漏一人”。对集中医学观察和居家医学观察的对象，实行“一对一”的服务，网格员上门2次体温检测、询问生活需求、代购生活物资等。营造全民抗疫氛围。通过村村响广播、发放宣传单、微信群转发最新疫情动态、LED显示屏等方式，提升群众自我防疫意识。常态化管理疫情。职能部门按照职责分工，密切配合，联防联控。集中打击非法售卖各类野生动物，加大对农贸市场、超市、餐饮、中小学等重点场所的排查和监管力度。开展爱国卫生运动，宣传传染病防控知识，组织辖区各类公共场所、农贸市场等开展消毒工作，集中治理生活垃圾和生活污水问题，整治乱堆乱放，拆除乱搭乱建、鸡鸭圈等。做好疫情预警预报，快速有效处置1例输入性新冠肺炎病例。防疫复工两手抓。镇企业复工组组建3个工作专班，派驻10名联络员。落实防疫工作要求，加强督导，对发现复工企业存在问题要求整改；做好企业复工服务，主动上门，收集并回应企业提出的防控物资筹备、隔离场所设置等问题，协调资源解决企业由于缺少红外线耳温枪、口罩、消毒水等物资而无法复工的问题。至3月底，7家规上工业企业全部开工生产，其中泉州市迈特富纺织科技有限公司，上年工人143人，受疫情影响，返工90人，经协调招工新增86人。对接编织复工网。设立玉斗镇企业复工微信群，搭起复工信息实时互通平台。

【美丽乡村建设】

提升玉斗人居环境质量。房更美。开展宜居环境“五项整治工程”，其中裸房装修39400平方米，古厝修缮4490平方米，“两违”清理7049平方米。路更畅。投入1000多万元推进乡道、村道提级改造，完成70千米农村公路养护专项工程，建设公路驿站。水更清。整治农村旱厕800处，投入400万元建设污水处理设施管网5.5千米，常态化推进玉斗溪沿河两侧污水、垃圾和畜禽养殖污染治理，水质常年保持三类水以上。山更绿。完成春季造林15.33公顷，加强生态系统保护与修复，开展全镇植绿行动，打造绿化景观小品。

【重点项目建设】

克服资源禀赋、交通区位等不利条件，全力推动项目攻坚。项目攻坚。2020年实施重点建设项目13个，完成年度投资5.44亿元，比上年增长19.5%；推进迈特富特种纤维织造、金泉草生物医药等技改项目；完成乡镇工商税收931万元，比上年增长18.3%。全员招商。把招商引资作为“一号工程”，实施乡贤招商，产业招商，以企引企，全年引办企业17家。钮锋体育用品项目实现当年引进、当年投产，春辉农业科技、云丰谷农业发展等项目实现落地，争取上级项目补助资金1239万元。开展土地整治，建设高标准农田92.2公顷；编制乡村振兴、佛手茶产业发展等专项规划。

【农业农村工作】

立足本地特色资源优势，创建“产业带动型”省级乡村振兴特色乡镇，持续做大做强佛手茶产业，被确定为2020年市级农业产业强镇。在全县率先完成整村土地流转（云台村53.33公顷），为推行农业规模化种植经营打好基础。出台佛手茶产业发展扶持措施，对茶农茶企改造茶园、建设生态茶园示范片、自创茶叶品牌等给予补助。建设佛手茶人才之家、非遗传承人工作室，培育4支茶产业人才队伍、45名农村实用型人才，为茶产业振兴提供智力支撑和内生动力。举办佛手茶王赛、品茶能手赛、佛手茶文化节，承办首届评茶员职业技能竞赛，参加“海丝国际杯”茶王赛、厦门海峡两岸茶王赛、泉州市品牌农产品展销对接会，提高玉斗佛手茶知名度。建设乡村振兴主题馆，打造全县首个乡村振兴交流、实践、研学基地。

【工业经济】

全镇37家企业，2020年新引进企业17家，其中工业企业有泉州森宇服饰有限公司、泉州瑞华服饰织造有限公司、福建钮锋体育用品科技有限公司、福建日昌盛医药科技有限公司、全市舒适家居织造有限公司，泉州万禾食品有限公司。2020年规模以上工业产值16.64亿元。对引办企业及时协调解决其生产、生活和子女入学就业等实际困难，让企业家放心抓管理，让员工专心搞生产，如针对迈特富技术工人缺口较大的问题，协助其对接永春职专联合开设所需专业，培育一批技术工，毕业后直接到迈特富就业。

【旅游经济】

打造玉斗镇白珩村初心园、茶庄园和玉斗镇乡村振兴主题馆两个旅游点，全年接待游客2000多人，创造收益10万元。设计白珩村石牛山健身公园，建设休闲步道，与初心园、茶庄园连线成片，发展乡村旅游。

【社会事业】

以实现群众生活质量为目标，补短板强弱项，投资400多万元，改善玉斗中心小学、竹溪小学、炉地小学办学条件；玉斗中学和玉斗中心小学获评市级文明学校，玉斗中心小学连续4年获评为县小学教育质量管理先进单位，并被列入省“中小学教师信息技术应用能力提升工程2.0”试点校。完善农村卫生服务网络建设，添置彩超等设备，提升医疗服务水平，中医针灸理疗得到患者认可，新开展的二类疫苗注射满足全镇儿童需求。完善社会保障体系，城乡居民养老保险续缴率95.89%，新农合参保率99.12%。组织开展新型农民、品茶能手等多种培训，提升农民群众劳动技能，增加就业率。落实教育、健康、住房安全、兜底保障等扶贫政策，实现全镇国省定贫困户64户223人稳定脱贫。多渠道充实村集体经济，全镇9个村村财收入均达10万元以上，6个村达20万元以上，3个建档立卡贫困村村财持续增收。

【基层党建】

压实主体责任。镇党委履行管党治党主体责任，落实党委书记抓基层党建工作责任制，召开12

次专题会议研究部署党建工作，分解落实8个党建项目。实行党委委员挂钩联系党支部制度，党委成员坚持每月深入到党建工作联系点开展工作2次以上，协调资金，落实发展项目，解决实际问题。选派镇机关党员干部担任支部党建工作指导员，形成上下联动、分级负责、齐抓共管的局面。建立定期不定期约谈党支部书记制度，强化党支部书记主责主业意识。建立健全党建工作考核体系，采用责任制落实、项目化管理、数字化评价等方式，把“软任务”变成“硬指标”。思想政治建设。坚持党委中心组理论学习，全年学习26次，撰写心得体会29篇。组织部分镇村干部到尤溪县梅仙镇半山村、德化县上涌镇曾坂村参观学习，借鉴他们在乡村治理、美丽乡村等工作的创新思路和经验做法，激励镇村干部干事创业精气神。加强“头雁”队伍建设，强化优秀村党组织带头人培养，将致富能人、种养能手等纳入“雁阵培育计划”。主动与沿海发达地区对接，白珩村党支部与鲤城区临江街道伍堡社区党委结对共建，多层面开展共建活动。加强村级后备人才储备，推行村民积分制、村民小组长积分制，将积分高、表现优秀的青年作为村级后备干部重点培养，在云台、凤溪等村选配村务助理5人。作风建设。落实全面从严治党主体责任，2020年，完成问题整改134项，建立健全相关规章制度35项。对违反工作纪律、慢作为、不作为的3名镇干部、2名村主干在全镇范围内进行通报批评，党内警告处分2人；约谈2019年党建述职评议排名靠后的党支部书记2人。队伍建设。打造茶产业发展人才培育“1+1+4”机制（即以乡村振兴主题馆 / 永春佛手茶人才之家 / 永春佛手茶非遗传承人工作室为平台，引进陈郁榕教授等组成的1支专家团队，培育制茶能手、品牌营销、茶艺表演、茶文化推广等4支人才队伍），培养45名农村实用型人才。党建促治理。推进“网格化”服务管理试点乡镇和白珩村“三治融合”示范村创建工作，探索推行“网格+N”管理模式，快速处置1例输入性新冠肺炎病例，累计化解纠纷45起、挽回经济损失230多万元，核查涉黑涉恶线索16条。成立白珩、云台村红色乡贤振兴促进会，推行微服务、微协商、微自治“三微”工作法，设立“民主议事堂”“党群议事亭”。开展30多场次新时代文明实践志愿服务活动。组织全镇党员干部签订《移风易俗承诺书》619份。评选表彰“慈孝模范家庭”“移风易俗带头人”“身边好人”“最美家庭”各10户。在疫情防控期间，组建党员先锋队13支182人。在安全生产百日攻坚行动中，党员带头通过“亮身份、量指标、明责任”，排查整改各类安全隐患510项。

【社会治理】

推进网格化服务管理试点乡镇和白珩村“三治融合”示范村创建工作，创新基层治理模式。成立白珩等村红色乡贤振兴促进会，引导乡贤参与乡村治理。探索“近邻”基层治理模式，白珩村被列入省级乡村治理示范村。开展扫黑除恶、防范电信诈骗专项斗争。落实安全生产责任制，开展安全隐患大排查大整治、房屋安全“百日大整治”等专项行动，安全生产态势保持稳定。

【文明创建】

完善白珩等9个村级实践站建设，打造白珩佛手茶传习所、坑柄守望相助老人会点、炉地文明乡风会场、康氏祖厝家风家训馆、竹溪文创园、凤溪综合文化服务中心、乡村学校少年宫、道德讲堂等8个实践点，凝聚群众、引导群众，以文化人、成风化俗，传播新思想、引领新风尚，统筹推进学习实践科学理论、宣传宣讲党的政策、培育践行主流价值、丰富活跃文化生活、深入移风易俗等工作，成为学习传播科学理论的大众平台、加强基层思想政治工作的坚强阵地、培养时代新人和弘扬时代新风的精神家园。围绕全国文明城市和省级乡村振兴特色乡镇创建工作，利用村广播、宣传栏、LED显示屏等方式，弘扬社会主义核心价值观，通过“小手牵大手”“移风易俗”等活动，推进社会主义新农村精神文明建设，传承优秀家风、民风，倡导新思想，传递正能量。

（分管领导：吴志成　撰稿人：康美莲）

桂洋镇

【概况】

桂洋镇位于永春县西北部，距县城46千米，面积78.25平方千米，辖8个村，户籍人口

14696人。2020年实现规模以上工业产值2.08亿元，比上年增长36.84%；农业总产值1.57亿元，增长13.77%；农村居民人均可支配收入1.78万元，增长34.29%；镇财政总收入2497.53万元，增长1.17%。当年桂洋镇获评省级文明乡镇。

【新冠疫情防控和企业复工复产工作】

成立防控工作领导小组，落实“外防输入、内防扩散”，组织志愿者120余人参与防控巡查值守，其间破获1起违规入境欲制售假烟的案例。深入企业解读复工复产的政策，建立镇村干部挂钩联系企业制度，建立桂洋企业微信群，指导做好安全排查、防疫物资准备。镇党政领导逐一走访企业，了解受疫情影响生产经营遇到的困难，协助解决问题3个，协助企业发送招工短信1500余条，帮助企业招工130多人，全镇29家企业复工复产率达100%。

【发展乡村旅游】

实施生态产品“三级市场”创建，与厦门大学经济学院签订战略合作协议，推进田园综合体建设，初步形成生态漂流—托马斯田野观光小火车—下岸田园风光—爱情广场的旅游小闭环，与3家旅行社达成长期合作，2020年试运行以后创收50多万元，在全省“全福游、有全福”最美福建旅游产品创意设计大赛中获优秀奖，先后获得中国日报、福建日报、福建电视台、“学习强国”福建平台、泉州晚报等新闻媒体宣传报道，成为永春县国家级“绿水青山就是金山银山”实践创新基地的一个亮点。

【美丽乡村建设】

人居环境持续提升。投入470多万元实施5个村饮水安全工程；投入110多万元，建设公厕6座，改造旱厕510座、农村户厕75户，完成裸房整治48幢，开展镇区示范街整治1条，清理违建3宗；完成流域治理1.5千米、河道清淤2.1千米，拆除鸡鸭舍23处、猪圈1000多平方米，取缔违法采砂点2处，查处非法电鱼4次，放生鱼苗1万多尾。

【重点项目建设】

落实“项目攻坚2020”，成立工作专班，主动靠前服务，推进重点项目建设，全年实施重点建设项目13个（其中省级1个、县级1个），完成年度投资5.84亿元。兴宇环保氧化钙项目投资1.5亿元，安装调试完成2条生产线并进行试产，每日产能达700吨，2020年下半年试产以后实现产值近3000万元；雨田浩谷生活垃圾处理项目投资1100万元，建成生活垃圾无害化处理中心，通过农村生活垃圾前端收集、尾端分类处理的无缝对接，实现农村生活垃圾就地无害化、减量化、资源化处理。

【农业农村工作】

推进乡村振兴，做好桂洋村省级、岐山村市级、金沙村县级“乡村振兴示范村”建设，岐山村生姜种植入选省级“一村一品”示范村，桂洋村被评为省级文明村。完成土地开发29.53公顷，建设高标准农田55.2公顷，实施1个农业重点项目。聚焦油茶、柿饼、米粉等传统特色产品，推动产业化规模化加工生产，引办福建裕佳琳农业发展有限公司，建设2条芋头产品生产线，解决60多个就业岗位，年产值300多万元，并与桂洋、库湖、金沙达成槟榔芋合作发展协议，实现传统农业转型；引办桂田科技有限公司，扩建茶油基地40公顷，安装茶油精练生产线，进行茶油精炼加工，实现投产投效；引进佳裕晋农业开发公司投资6000万元，建成养殖场，种植牧草8.53公顷，养殖600多头努比亚黑山羊。

【工业经济】

全员招商引资。出台《桂洋镇招商引资奖励暂行规定》，掀起全员招商热潮，2020年度新引办工业企业4家，其中5000万元以上2家、1000万元以上2家，新增限上商贸企业1家，新增规上企业1家、建筑企业6家，新签约亿元农业企业1家、千万元工业企业2家。发展壮大工业。面对疫情影响，主动靠前、及时帮助解决用工、民事等方面问题，促进企业良性发展。美岭环保企业加快复产复工，2020年纳税达280多万元，成为桂洋镇纳税大户；益众建材投入2600多万元完成技改，新增1条生产线，提高生产效能。整合要素资源。推进第三次国土资源调查，盘活原黄沙水泥厂旧厂区近2公顷、闲置厂房1.3万平方米；整治镇区旧农贸市场危房，拆除建筑面积900平方米，平整土地0.13公顷，为后续工业发展、招商引资等提供基础。

【社会事业】

实施为民办实事项目 11 个，年度计划投资 2575 万元，实际完成投资 3090 万元，占年度计划 120%。脱贫攻坚稳定提质。推行“周走访、月关爱、季帮扶”，落实防返贫控新贫工作机制，为贫困户改善住房条件、实施产业帮扶，当年所有建档立卡贫困户均没有出现返贫情况。教育事业再创佳绩。镇教育发展促进会发放奖教奖学金 24 万多元，投资 130 多万元完成桂洋中心小学塑胶跑道及围墙、幼儿园仿草坪操场建设，2020 年永春七中中考片区排名第一、14 名学子录取永春一中，桂洋中心小学综合评定教学成绩居片区第六。医疗卫生明显改善。投入 5 万元，在桂洋卫生院建设标准化发热门诊，增设疫苗接种留观室、中医馆康复室；投资 50 多万元添置心电图、肿瘤五项、甲功三项、电除颤等设备。为方便群众就医，将普通门诊安置到一楼，调整公共卫生科，采取 1+1+X 的模式为群众服务。

【基层党建】

夯实基层组织基础。实施“创星工程”，桂洋村在县级“最美党群服务中心”评选中获二等奖，镇创作的红色短视频在县级大赛中获三等奖；开展农村发展党员违规违纪问题排查整顿工作，排查处理问题党员 3 人；全年发展党员 9 人，新确定入党积极分子 8 人；选派 4 名干部到两新组织担任党建指导员，完成非公企业和社会组织党建入章 6 家。实施“党建 +”工程。“党建 + 乡村旅游”，8 个村抱团发展的大白岩乡村旅游开发有限公司试运行以后，创收 25 万余元；“党建 + 企业”，引导桂洋村、库湖村与福建裕佳琳农业发展有限公司分别签订乡村振兴战略合作协议，探索村企联合发展新模式；“党建 + 特色产业”，引导党员带头成立柿饼加工专业合作社，解决柿饼加工、销售难题。实施“倍增工程”。2020 年全镇 8 个村集体收入均超过 10 万元，其中 6 个村集体收入超过 20 万元。实施“提升工程”。落实周班子成员碰头会商会、周学习例会、工作队周下村、阳光晨练常态化等制度，选派 5 名干部驻村任职，为 44 名村干部兑现奖励金 16.2 万元。实施“培育工程”。探索实践“村干部兼职辅警”新模式，培育“本土”乡村治理人才；探索“党小组 + 生姜特色产业”模式，培育“头雁”经营管理人才；与厦门大学经济学院达成乡村振兴战略合作协议，设立乡村振兴人才工作站，培育“旅游”产业领军人才。强化理论学习。全年党委理论学习中心组开展 24 次集体学习研讨活动；做好“学习强国”平台推广工作，运用情况持续位居全县前列，5 篇稿件在学习平台上刊发；意识形态教育突出正面宣传引导，利用各种宣传平台和阵地，开展社会主义核心价值观正能量宣传；开展“我们的节日”、未成年人思想道德建设、新时代文明实践和志愿服务等活动；开展《中华人民共和国民法典》宣讲，深化移风易俗创建活动，建设家风家训一条街；开展桂洋镇首届乡村趣味农事运动会，获 CCTV 体育台新闻直播间报道。压实党风廉政建设。落实从严治党主体责任，镇党委书记履行第一责任人责任，镇党政班子成员落实一岗双责制度，坚持民主集中制，推进决策科学化，强化廉政风险防控管理，组织对落实情况开展监督检查，强化问题线索处置，加大执纪审查力度。镇纪委监委运用监督执纪“四种形态”处理 5 人次。监督执纪由惩治“极少数”向“管住大多数”拓展。强化群团组织效能。发挥工会、团委、妇联等群团组织作用。工会选送的作品《笔墨炫歌》获全县庆“五一”职工网络才艺展示活动优胜节目及最佳人气节目；团委组织的为贫困户送肥料及帮忙收获生姜、校园周边环境综合整治、爱心联动平台等获得群众好评；妇联组织走访贫困妇女和儿童，开展亲子阅读活动，为 87 名妇女购买女性疾病保险，组织 75 名妇女进行“两癌”免费检测。镇残联为 308 名残疾人换发第三代证，组织 110 人参加技术培训；新建桂洋、金沙两个科普示范村，大白岩乡村旅游公司、才华水果专业合作社两个科普示范基地。完成民兵整组、国防动员潜力调查、基干民兵培训和征兵工作。桂洋籍现役军人在部队表现优秀，年内获二等功、三等功各 1 人次。

【社会治理】

深化“强基促稳”三年行动，探索创新基层治理新模式，被中央、省、市多个新闻媒体刊发报道；“村干部兼职辅警”经验做法在泉州市作典型发言，并入围第六届社会治理创新博鳌论坛“法治影响中国”典范案例。纵深推进网格化服务管理，每个网格配备一名网格员，在网格划分中指定专兼职民警和村级志愿者，做到专兼职协作，设立了网格公示牌，实行包村包片包户负责制。完成镇矛盾纠纷多元化解中心和村矛盾纠纷多元化解工作室建设，多方联动深化矛盾纠纷调解；开展安全生产专项行动、三年行动和房屋安全百日“大整治”、安全隐患大排查大整治等专项安全治理工作，镇消防队建设规范化、专业化；推动三治融合开展，深化扫黑除恶专项斗争及防范电信诈骗，“七五”普法规划按时完成，综治“三率”位居全县前列。

【文明创建】

做好省、市文明村镇创建迎检工作，配合县里做好全国文明城市创建工作。桂洋镇2020年首次获评省级文明村镇。加强创建组织保障。成立文明创建领导小组，建立相关工作制度，开展“我们的节日”“烈士纪念日”祭扫、未成年人思想道德建设、志愿者服务、“厉行节约”“我推荐、我评议身边好人”等活动，举办首届乡村趣味农事运动会、首届茶油柿饼节获得中央电视台等主流媒体的关注报道。联合桂洋卫生院开展为60岁以上老人、贫困户、重性精神病患者等人群免费体检，联合泉州市医院开展义诊赠药社会关爱活动；开展植树节植树活动、清明节前森林防火宣传；发动退休干部、教师免费举办南音兴趣班、书画班、家教服务等活动。打造“家文化”等主题文化广场，联合桂洋信用社举行“红色金融”助推乡村振兴计划工作推进会。镇综合文化站年服务人数超1000人次，8个村建立文化活动室、体育活动设施以及室外文化活动广场等，配备农家书屋、阅报栏，藏书及影像资料总量达1万余册，开展“互联网+”“云平台”建设，将远程教育、便民服务政策、乡村建设、党务村务等信息，通过数字电视送到村民家中，提高了便民惠民效率，8个村实现有线电视、广播电视“村村通、村村响”全覆盖，宽带用户覆盖率93%，全年实现每村至少放映电影12场，丰富了农村群众的精神文化生活。

（分管领导：王巧明　撰稿人：潘松华）

锦斗镇

【概况】

锦斗镇位于永春县西北部，面积41.37平方千米，辖6个村，户籍人口1.8万人。2020年完成农业总产值 9976万元，比上年增长0.9%；农民年人均纯收入1.8万元，增长46%；规模以上工业总产值10.88亿元，增长11.02%；镇财政收入543万元，增长0.5%。锦斗镇获评2017—2019年度市级文明乡镇；洪内村获评2017—2019年度市级文明村；乌髻岩旅游风景区管理处获评2017—2019年度市级文明风景旅游区。

【新冠疫情防控和企业复工复产工作】

第一时间启动一级响应机制，组建指挥部作战体系，以最快的速度、最严的标准开展防控工作，设置镇、村疫情防控检查服务点，实行“大数据+网格化”排查方法，全镇分40个网格（锦溪8个、洪内6个、长坑9个、珍卿6个、云路5个、卓湖6个）开展疫情排查防控工作。广泛宣传，发动社会各界爱心人士踊跃捐助，收到捐赠款物13批次，累计捐资2万多元、捐赠口罩5000余个、测温仪7支、消毒水250多公斤、各类生活物资800多件等。持续开展爱国卫生运动，加强“八闽健康码”推广应用，实行大规模人群核酸检测处置应对工作。统筹推进疫情防控和经济社会发展，重点建设项目全部按要求时间节点复工，规模以上企业复工率达100%，返工率100%，中小企业和个体工商复工达100%。全年实现乡镇工商税收348万元，完成县下达任务数104.5%，位居全县前列。

【宜居环境整治】

投入250万元实施洪内村石马坂角落人居环境整治项目，完成平改坡、裸房装修、乌髻岩进景区道路等配套设施建设。落实“河长制”工作，投资300万元，完成水土流失治理项目，辖区内水质监测保持在三类以上。投入150万元用于环境卫生保洁服务，形成巡查监督机制，提升全镇卫生环境。

【重点项目建设】

实施重点建设项目21个，完成投资6.5亿元，占年度计划103.3%；谋划“五个一批”项目2个，其中永春金达实业有限公司于2020年12月23日签约。攻坚全省重点水利项目马跳水库，完成土地征用49.2公顷，安置区选址及征地2.77公顷，发放征地补偿款

1600 万元，完成坟墓迁移 269 座，保障工程全线开工。

【农业农村工作】

实施长坑村省级乡村振兴试点村工程，被省农业农村厅确认为 2020 年福建省级“一村一品”示范村（茶叶），完成中草药基地、毛竹林改造、光伏发电、生态示范路、“最美党群服务中心”等项目建设。发挥丘峰岩阔叶林地资源优势，与福建省金泉草生物医药科技有限公司合作，成立泉州康万家生态农业有限公司，种植金线莲、灵芝、“台湾榕”、铁皮石斛等中草药 6.67 公顷。泉州市九斗生态农业有限公司入选泉州市场外市场挂牌后备企业，进一步做大做强农业龙头品牌。推广应用农业“五新”，创建百亩单季中稻高产示范片区和百亩玉米种植基地；在锦溪村流转开发山地 13.33 公顷，引进种植优质百香果、西瓜，创建绿色高效农业示范基地，打造锦斗休闲观光农业采摘园。

【工业经济】

引办 1000 万元以上工业企业 4 家，其中亿元工业企业 1 家（金达实业有限公司）、5000 万元工业企业 1 家（泉州华凯体育用品有限公司）；引办投资超亿元的康养项目（颐春康养基地，项目选址达埔镇新琮村和蓬壶镇孔里村、鹏溪村）。设立企业回归创业园，引进建筑企业 13 家、劳务公司 4 家等企业落户锦斗，增加涵养税源。完成锦源矿泉水、君合羊毛针织技改升级项目，扩大生产规模，提高生产能力。

【旅游经济】

提出“以云路村为核心，挖掘丰富旅游资源，加速构建环雪山旅游圈，打造全域旅游新亮点”的发展思路，投资 380 万元，完成观景平台、旅游公厕、停车场、休息亭、茶园步道等设施建设，打造一个高山观光休闲旅游新景点。实施乌髻岩景区提升工程，投资 1000 多万元，完成生态停车场、木栈道、观景台、文化长廊、旅游公厕等设施建设，实施景区入口村庄人居环境综合整治，打响生态朝圣游、梦想成真游品牌。

【社会事业】

盯紧脱贫攻坚，分门别类进行帮扶，其中劳动力转移扶贫 34 户 43 人；产业帮扶（种植养殖 + 电商）脱贫 32 户 70 人；技术帮扶 4 户 10 人。加快教育强镇步伐，投资 100 万元完成锦斗中学操场建设，投资 30 万元添置小学、幼儿园多媒体教室设施，锦斗中学学生录取永春一中 16 人，其中自主招生 5 人，录取率居全县前列。完善社会保障体系，实施全民参保计划，新农保续缴率 98.2%，新农合参合率 97.23%。

【基层党建】

实施党建引领基层治理行动，推广设立“民情小店”12 家，发挥党员店长的作用，助力马跳水库征迁等重点工作。建设珍卿村党建文化长廊，拍摄制作红色短视频《特殊“碑林”弘乡风》，获全县红色短视频大赛三等奖。实施村集体经济壮大行动，“问诊”村集体经济发展薄弱村，增强村级造血功能，全镇 6 个村村集体经营性收入均达到 10 万元以上，其中达到 20 万元的有 4 个村。实施党建文化营造行动，对长坑村党群服务中心进行装修提升，长坑村党群服务中心被评为全县十佳“最美党群服务中心”；建设洪内村“半小时党建文化走廊”，建设近邻议事厅等，增添红色化氛围。实施人才队伍提升行动，增补村党支部副书记 2 人，配备村务助理 4 人，为 2021 年村级换届选举打下基础。做好发展党员工作，新发展党员 10 人，预备党员转正 11 人。完成 10 家企业“党建入章”，拓宽农村人才引进渠道，推广“电商 + 基地”和“电商 + 农户”模式，助推村集体经济发展和农民增收。

【社会治理】

开展平安建设和综治“三率”宣传，发放有关综治、法治宣传材料 10 万多份，群众安全感率达 97.83%；全镇排查出各类矛盾纠纷 103 起，矛盾纠纷受理率 100%，调解成功率 97%，无出现群体性械斗事件，无因民转刑案件。创新探索乡村治理新模式、“三治融合”社会治理新平台——“民情小店”，开展政策宣传 200 余次，收集到群众意见建议 35 条次，化解矛盾纠纷 50 多起，提供便民服务 1000 多人次， 做到服务、联系群众“零距离”，实现村民自治、法治、德治的目标，中国网、泉州晚报等 10 多家市级以上媒体报道了锦斗镇的特色做法。

（分管领导：张礼泳　撰稿人：王巧文）

呈祥乡

【概况】

呈祥乡地处永春县北部，辖3个村，户籍人口9354人，2020年，全乡农业总产值7650万元，比上年下降7.6%；固定资产投资1.65亿元，完成全年目标任务的71.74%；工商税收130.57万元，完成全年目标任务的28.2%；财政总收入486.92万元，下降36%；农民年均可支配收入18549元，增长6.3%。获评第二批清新福建·气候福地“避暑清凉福地”称号。

【新冠疫情防控和企业复工复产工作】

建立联防联控工作机制，构建以“网格+党员+志愿者”为载体的防控体系，开展网格化全覆盖摸排，全乡230余名农村无职党员积极响应，编成4支党员先锋队，协助开展疫情防控工作；成立督导组，指导辖区内学校开展复学应急演练、复学验收，保障学校按时开课；做好服务行业人员核酸检测，打好疫情防控阻击战。科学引导企业有序复工，坚持分类分批、因企施策，制定“一企一策”复工复产方案和疫情防控预案，帮助企业加强员工管理、开展健康检查、保障防疫物资，推动企业有序复工复产。协调解决企业用工、用电、用地及融资等方面困难，破解发展难题，不断提振企业的发展信心，帮助企业按照时间要求克服困难，渡过难关。全乡辖区内企业按照时间要求100%完成复工任务。

【美丽乡村建设】

打造农房改造4.0样板，呈祥村基本实现全村农房“平改坡”和“无裸房”，全乡累计完成屋顶平改坡424幢。聘请专业检测人员，对十余座古大厝进行修复，保留古味；引进台湾建筑师团队开展农村人居环境整治规划设计提升和陪伴式服务项目，争取省级资金50万元；邀请民间艺人对裸露挡土墙绘制墙画，成为新网红打卡点。完善基础设施建设，完成道路白改黑1.8千米，乌垵等角落道路硬化，进行乡道Y121线的拓宽改造，实施路灯亮化工程，建设生态停车场、观景平台以及垃圾分类亭、污水处理池、公厕等配套设施，完成旱厕改造298座。推进“美丽小镇·宜居呈祥”三年行动，抓好“新房美化、裸房装修、古厝修缮、危房拆除、违建清理”等五项工程。建设省级美丽乡村特色景观带，通过景观提升、镇区美化、环境整治、将各个景点串连起来，形成山水相融、“点线面”结合的美丽乡村景观带，打造四季花海。做好西村村省级“千村整治”示范村宜居项目建设。加大环境卫生整治，建设垃圾处理设施、垃圾屋、农村生活污水三格化粪池及购置垃圾桶。

【重点项目建设】

2020年，呈祥乡确定重点建设项目7个，年度计划投资2.05亿元，实际完成投资1.8875亿元。其中工业项目3个（百胜包装制品、骏发机械、晓艺树脂）、农业科技项目1个（绣球花卉科技）、旅游业项目1个（雪山旅游景区提升工程）、社会事业项目2个（呈祥乡道路交通基础设施提级改造工程、呈祥乡农村人居环境整治）；配合做好兴泉铁路马跳通信基站征地和马跳水库补征地项目。

【农业农村工作】

引进永春雪山雅韵园生态茶园，流转西村村茶园5.33公顷及山林20公顷，移植武夷山大红袍、水仙、肉桂等珍贵茶种，并对呈祥现有铁观音茶园进行改造升级，发展有机生态茶业。提升云山花海厦漳泉地区首个大型山地景观观光花圃的接待水平，支持绣球花卉科技引进花卉人才，与福建农林大学开展“校企共建”，依托尹伟伦院士工作站，共同研发花卉新品种。发动种植特色佛手瓜54公顷，利用地理气候优势，引导农民种植反季节蔬菜，如萝卜、大蒜、六月淮山、晚熟冬瓜等，增加村民收入150万元。建设农业综合开发高标准农田，改善农业生产条件。采取大户承包、现代农场等形式，推进农业产业结构调整转型。建设呈祥有机公社农综项目，完成土地流转，种植无公害大米。建设生态农业观光农场。完成土地开发、土地整理、旧村复垦等项目。做好农村联产承包经营权确权工作，有序推进土地流转和规模经营。推进村集体经济产权制度改革。完成植树造林，提高森林覆盖率，有效控制水土流失面积。

【招商引资】

加大招商引资力度，新引办企业5家，其中千万元企业泉州市荣发服装织造有限公司已经县主管部门认定；福建省绣球花卉科技有限公司、泉州市华旭园艺科技有限公司、福建昌睿建设有限公司、永春雪山雅韵园生态茶园等4家已签约落地。

【旅游经济】

打响呈祥“高山、高端、高值”“三高”生态旅游品牌，按“曲径通幽”的理念，修建雪山岩至锦斗镇云路村的泥结路面1.2千米；建设高山智慧跑道3.8千米，配套建设停车位40个，实现不同时段、不同选手赛道的“时空一体”同台竞技，运用现代科技使赛事常年化；在对原有醉风园游客服务驿站升级改造的基础上，动工新建总建筑面积约500平方米的全景餐厅、露天平台，配套公共浴室、公共卫生间等设施，成为集观景、餐饮、休闲、娱乐、服务为一体的游客集散中心，提高游客尤其是露营爱好者的观游体验；对风雅颂大门口闲置建筑进行装修改造，配套以销售体育装备、旅游用品的自选超市及以提供速食、酒水等的音乐酒吧和露天休闲平台，提高游客的便捷度、舒适度和满意度。加强旅游配套设施建设，对景区景点基础设施进行完善提升，新改建A级旅游公厕，建设东溪大峡谷智慧闸机门禁系统，完善旅游指示牌标识。引进福建幸福园艺有限公司，种植绣球花18.67公顷，打造高山观光农业园。串点成线，整合东溪大峡谷、风雅颂、醉风园、雪山岩、湿地森林公园等旅游景点，打造永不打烊旅游目的地。

【社会事业】

加大教育基础设施投入，累计投入500多万元建设东溪小学新教学楼、中小学校安配套工程，创建呈祥中学花园式校园。成立呈祥乡教育发展促进会，筹集教育基金100多万元，发放奖教奖学金20多万元。围绕“四好农村公路”创建，实施乡村道路硬化及养护工程。建设农村信用合作社综合楼、老年人健身活动场所。加大文体活动场所设施配套投入，完善乡综合文化站、农家书屋等公共文化设施建设。投入160万元建设呈祥中学食堂及教师宿舍楼，改善学校教学条件。投入675万元硬化通角落道路4.1千米、拓宽道路3.2千米和养护村级道路，方便群众生产生活。加强综治平安建设，在主要路口安装视频监控15处。投入120万元建设呈祥村党群服务中心，优化村级办公场所。投入127万元建设垃圾中转站，配备垃圾压缩机和密闭式转运车辆，改善垃圾转运条件。

【基层党建】

探索实践“挂牌亮身份作表率”的“共产党员户”，出台《呈祥乡共产党员户积分管理评分参考标准》，形成以党员之身带动全家，以党员之家带动全村、全乡群众创先争优，以及“银发先锋”老党员之家建设等做法。加强村级组织建设，制定出台《呈祥乡关于实施“强村带弱村”行动方案》，由呈祥村带动东溪村、西村村2个村的村集体经济发展，2020年，3个村村财收入均超过20万元。建设党建文化示范点，利用呈祥村民房外墙，将党史知识、党建制度、乡村振兴项目建设等以宣传画、宣传标语等通俗易懂的形式展现出来，在村部新建晋江源头党建红船，弘扬“红船精神”“晋江精神”，以群众喜闻乐见的形式传播党的声音。

【社会治理】

创建平安、法治幸福呈祥，注重硬件设施配套建设，装修派出所新所址、建设呈祥综治中心及旅游警务室、开展“庭所共建”、设置“平安驿站”、安装视频监控设施。严厉打击“黄赌毒”，深化创建“无毒乡镇”，推进“断卡行动”，确保道路交通、校园内外、旅游景区等处安全。开展“打非治违”整治行动。强化安全生产工作主体责任，开展扫黑除恶专项斗争。设置信访评理室，加强高危人员管控，全年排查调处矛盾纠纷23件，接到各类信访件17件，100%办结；3个村共聘请6名村干部兼职辅警，实行网格化管理，协助化解“兴泉铁路”呈祥段劳资纠纷5起，帮助解决农民工欠薪100多万元；同德化县盖德镇签订《边界联防联调共创平安工作协议》，促进边界地区社会稳定，落实好平安建设各项工作措施，该创新做法被省电视台乡村振兴频道《乡村振兴进行时》专题报道。

【文明创建】

落实文明创建责任。出台《呈祥乡创建文明村镇实施方案》等文件，完善精神文明创建工作联席会议制度，形成“一把手”负总责、分管领导具体抓、党员干部齐抓共管、村民群众广泛参与的“四级联动”创建领导体制和运行机制。全乡有志愿者84人，全年志愿者开展植树造林、环境卫生整治、道路交通劝导和疫情防控宣传等活动22次。实施“达标创星”行动，以党风带家风促民风。以共产党员户“挂牌亮身份作表率”推动“不忘初心、牢记使命”主题教育常态化制度化开展，变党员“一枝独秀”为“全家争先”，形成以党员之身带动全家，以党员之家带动全村、全乡群众创先争优的良好局面，在推进乡村振兴、脱贫攻坚、网格化管理中发挥示范作用。相关做法在今日头条、中国网、网易、搜狐、泉州文明网等多家网站刊载。

（分管领导：陈志灿 撰稿人：黄婉婷）

苏坑镇

【概况】

苏坑镇地处永春县中北部，辖7个村，户籍人口16641人。2020年，全镇完成财政总收入1645.69万元，比上年增长31.7%；规模以上工业产值23.87亿元，增长13.56%；固定资产投资完成2.4亿元；农业总产值1.936亿元，增长45.36%；农民人均可支配收入19846.47元，增长14.7%。当年，苏坑镇获评市级文明单位。

【新冠疫情防控和企业复工复产工作】

第一时间启动一级响应机制，成立镇疫情防控工作领导小组，建立联防联控机制，确保职责明晰、分工明确、各司其职、密切配合，定期会商研判，实行全天候保障防控。依托基层网格深入摸排，强化宣传，严格管控，动态管理，落实核酸检测，推广应用“八闽健康码”，开展爱国卫生运动，完成核酸检测353人次。落实常态化疫情防控工作要求，落实稳经济保护增长政策措施，推进全镇57家企业如期复工复产。利用镇电商协会的优势，引导企业通过App软件发布商品、直播卖货，以“线上谈定单、线下走商品”的模式，解决销售难题。梳理9家重点企业急缺岗位台账，在电视台、微信发布招聘信息，协助企业发送招工短信5500余条，帮助企业招工316人。强化服务力度，召开企业家座谈会3次，了解受疫情影响生产经营遇到的困难，协助企业解决问题4个，助推企业复工复产。

【美丽乡村建设】

全县人居环境整治工作现场会在苏坑镇召开，《福建永春苏坑镇：创新方式打造“净美”乡村》在农业农村部简报上发表。人居环境整治推进完成旱厕整治任务，其中水冲式改造95座；建成压缩式垃圾中转站1座， 垃圾屋95座，配备干湿垃圾桶180个，以嵩山村为试点，探索推行垃圾分类处理模式；完成路昌小区雨污管道分流改造1千米，增加修复污水管道2千米，修建污水回纳井3处，改造沿河排污口2处；完成裸房装修8幢、面积2760平方米，新房美化46幢、面积8260平方米，古厝修缮5幢、面积1620平方米。乡村绿化完成生产绿地、风景林地69公顷，东坑、光明“绿盈乡村”创建工作通过市级验收。洋坪村获评省级森林村庄。生态水系建设完成河道清淤整治3.2千米，总长10.12千米的苏坑安全生态水系建设项目成为全省首例通过竣工验收的安全生态水系建设项目。

【重点项目建设】

2020年苏坑镇实施重点项目15个（其中县级项目7个），涉及工业平台、工贸项目、技改项目、宜居建设、农业、基础设施等方面，年度计划投资5.76亿元，实际完成投资6.42亿元，占年度投资计划111.46%。镇党委政府年初早谋划早动员早部署，按照“五个一批”项目机制推进，开展“保姆式”服务，对重点建设项目实行分工负责，挂图作战，分类分期组织推进，确保项目尽快落地。

【农业农村工作】

强化茶业品牌建设。组织参加各级茶王赛，苏坑茶农茶企捷报频传，在“泉州闽南茶都杯”斗茶大赛中独揽茶王，获两金三银；在县茶王赛中包揽清香型、浓香型佛手茶王，获一金三银和15个优质奖；在泉州首届佛手茶制作技能竞赛中夺得桂冠。举办第四届品茶能手和佛手直条浓香型鉴评等系列茶事活动，合计颁奖40人次，配套奖金11.6万元，为获奖企业颁发书法字帖6副，其中回归传统制茶工艺的直条浓香型佛手鉴评活动是永春首创茶类比赛。促进现代农业发展。引进台商台资在嵩山村新办永春桃芳斋农业发展有限公司，投资2000万元分期种植桃树和银杏20公顷，建成集采摘研发文旅融合一体的休闲农业项目，已完成项目设计，实现土地流转12.53公顷。

【工业经济】

加大招商引资力度。完成工

业企业招商县级认定6家，其中亿元以上企业1家，5千万元以上企业1家，3千万元以上企业4家；正在认定的企业2家；已签约落地亿元企业1家。促进特色产业发展。完成陶瓷产业园二期建设，选送3家企业参加第46届全国文房四宝艺术博览会暨第六届海峡书画艺术产业博览会，按照“传统瓷雕精品化、工艺陶瓷日用化、日用陶瓷艺术化、新型陶瓷规模化”发展思路，推进陶瓷产业结构调整和产业升级，2020年9月被授予“中国陶瓷特色镇·苏坑”称号。

【旅游经济】

以嵩山村革命老区基点村为重点挖掘红色文化资源，完善革命老区纪念馆的软硬件设施，充实教育内容，提升基地的管理和布展陈列水平。以鲜活的革命史实资料，彰显嵩山村人民为实现民主百折不挠的革命精神，以“红色+民俗”“红色+生态”“红色+美丽乡村”等特色化的建设和发展模式，打造宜居宜业的红色文化生态特色村，发展乡村红色文化产业，吸引带动人气，拉动旅游经济。

【社会事业】

全年实施为民办实事项目11个，完成年度投资3575万元，洋坪村获评“全国创业带头人实践培育基地”。促进教育持续发展。完成教育发展促进会换届选举，共筹集资金35.72万元，颁发奖学金、助学金22.3万元、奖教金26万元。2020年苏坑中学录取永春一中10人；投入12万元采购校园防控物资，完成新建中心幼儿园教学楼三层主体建筑，正在进行附属设施建设。做好卫生健康工作。完成卫生院医技楼翻建的立项、规划、招标代理、财政审查等相关手续；向卫生院拨付30万元支持卫生院改善医疗卫生环境；提升医疗服务能力，卫生院分批到7个村各角落送医下乡，举办2期“博士讲堂”开展乡医培训，邀请市第一医院等3家医院开展专家义诊赠药，诊疗群众近千人次。完善乡村道路交通网络。投资189万元对全镇农村道路进行提升改造，完成光明村梅嵩线公路硬化、东坑村东水线公路拓宽、湖格桥危桥扩宽加固、熙里村、洋坪村公路驿站建设（公厕、休息亭）等8项乡村道路建设工程。提高养老服务水平。翻建嵩溪村幸福院泮林分会，推广“免费午餐+康乐家园+医养结合+老少同乐”养老模式，镇茶王赛获奖者纷纷送肉献茶，让百位老人乐享其中。嵩溪村老年休育协会获评“泉州市老年体育先进集体”，王华堂获评全国“敬老爱老助老模范人物”称号。中央电视台财经频道的中国经济大讲堂点名分享苏坑镇的经验做法。

【基层党建】

全镇有18个党（总）支部，其中党总支1个，农村党支部9个，机关支部1个，非公企业和社会组织党支部7个，党员514人（其中预备党员10人）。加强自身建设，发挥党委领导核心作用。定期召开党委会，形成发清单、勤督查、收账单、看成效的工作机制，并不定期与村党组织书记谈心谈话。定期开展“人人上讲台”活动，实现“两学一做”学习教育、“三会一课”学习教育常态化。推进强基促稳三年行动，达标创星和社会组织规范化管理专项行动取得新成效。开展党员带货直播解决销售难题，电商协会党支部“爱心小分队”开展志愿服务助力抗疫；推进嵩山村省级乡村振兴试点村建设，成立红色乡贤振兴促进会，推行村民积分制，造浓“远亲不如近邻”党建文化氛围；创建苏坑镇电商园“共享职工之家”和苏坑镇创意陶瓷“人才之家”，新组建泉州三横一竖文化创意有限公司党支部，完成“党建入章”16家；发挥离退休党支部战斗堡垒作用，推广打造农村居家养老服务品牌；发挥群团组织桥梁纽带作用，建设共享职工之家，组建工业园区工会联合会，发挥青年志愿者优势，凝聚巾帼力量，服务发展建设。

【社会治理】

深化扫黑除恶专项行动。通过悬挂横幅、张贴海报、宣传车播放音频、LED显示屏滚动宣传、踩街、晚会、走入校园开展专项教育讲座等形式开展宣传活动，同时设置举报箱，公布举报电话，畅通举报渠道，营造全民参与扫黑除恶专项斗争的浓厚舆论氛围。全年分发扫黑除恶宣传材料8000多份，悬挂横幅45条。优化基层治理模式。探索开展“三治融合”与“近邻”基层治理模式相结合，造浓“远亲不如近邻”氛围，调动村民小组长和村民自治内生动力。创新民意诉求回应机制。2020年9月，成立苏坑工业园区基层庭所共建调解室，为永春县第一家进驻工业区的基层庭所共建调解室，有效预防和化解涉企矛盾纠纷，服务工业区企业，保障营商环境。深化开展“枫桥经验”，设立镇级“信访评理室”1个、村级“信访评理室”7个，达到100%覆盖，开展信访矛盾纠纷的化解，全年受理16件，化解16件，将矛盾纠纷吸附在基层，化解在基层。

【文明创建】

发挥苏坑镇养老服务特色优势，推行“要娶新人，先敬老人”孝老新风尚，鼓励婚丧嫁娶节省的费用捐献老人协会，让敬老爱老成为文明乡风主旋律。立足“文明乡镇”创建活动，建立文明城管队伍，着力提升镇容镇貌，同时开展文明市民、最美家庭、文明家庭等道德模范评选活动，发挥先进典型示范引领作用。2020年，苏坑镇推选县级文明村镇4个、文明市民4人、文明家庭40户。2020年11月，苏坑镇获评泉州市2017—2019年度文明单位。

【安全生产工作】

严控自然灾害安全“红线”。定期检查地质灾害点、高陡边坡点200余处，发放防灾工作明白卡、避险明白卡600余份，确保防汛救灾物资充足、无损坏。坚守房屋安全“底线”。完成房屋排查3287幢，其中A、B级3184幢，C级房屋85幢，D级房屋18幢，完成封房18幢，拆除7幢，加固1幢。12月排查农村自建房经营性房屋90幢，未存在重大安全隐患。筑牢企业安全生产“防线”。排查企事业（场所）248个，查出隐患409个，其中即知即改406个，逐步整改3个。拉紧消防安全“警戒线”。经常性开展消防安全大检查，排查出“三合一”场所11家、群租房2处、九小场所26处、住宅小区1处、技防应用电动自行车集中充电场所1个、人员密集场所5处，火灾隐患89处，均已完成整改；排查自建房加工场所30幢36家，完成消防评查22幢27家，取缔关闭8幢9家。守好道路交通安全“生命线”。排查乡村道路交通安全里程70多千米，利用集装箱房增设交通安全执勤点1处，登记隐患点8条，已全部落实整改。2020年4月，苏坑镇总结的《“三抓”促提升保安全》在《中国应急管理报》上发表。

（分管领导：郑志荣 撰稿人：王雅琮）

蓬壶镇

【概况】

蓬壶镇地处永春县中部，辖22个村，户籍人口74620人。2020年实现规模以上工业增加值81.4亿元，比上年增长9.7%；农业总产值4.2亿元，增长4.5%；限上商贸企业销售额10亿元；固定资产投资3.3亿元；财政总收入3.8亿元，增长6.1%；农民人均纯收入2.06万元，增长7%。2020年，蓬壶镇获评省级文明乡镇、省级森林城镇，仙岭村党支部书记苏天恭获评全国劳动模范。

【新冠疫情防控和企业复工复产工作】

第一时间启动重大突发公共卫生事件一级响应。疫情防控期间，开展蓬壶镇公共领域防控，镇村公共文化设施实行闭馆，全镇文化旅游体育活动暂缓举行，关闭辖区内KTV、网吧等娱乐场所，开展住宿企业（酒店、旅社）、出租房等重点区域排摸，关闭宗教活动场所，取消群众性聚会聚餐。做好物资保障工作，在蓬壶医院合理设置隔离区域，做好救护车、病房、病床、医疗物资的储备。加强政策措施和防疫知识的宣传解读，提高群众自我防护意识和防护能力。落实稳岗就业、税收优惠等政策措施，助力企业渡过难关。与永春邮政分公司、邮储银行永春支行签署金融授信，7个村获得信用村授牌。帮助企业解决用工难、防疫物资紧缺等问题，解决企业和项目用工500多人，各类企业在规定时间节点复工复产，新浪网、中国水利报等主流媒体先后进行报道。稳步推进复学工作，压实学校主体责任，中小学校、幼儿园按要求陆续复学开课。

【特色乡镇建设】

实施“城镇提标年”行动，晋江防洪工程（二期）蓬壶段、农村生态安全水系、镇区雨污管道工程、东街整治工程、溪滨公园提升工程等建成投用。福邸美景三期四期、南幢安置区二期建成，军兜定位桥、壶南商住小区、鹏溪商住小区等有序推进。推进绿化亮化工程，新增公交车小车停车场4处、生态停车位200多个，新建镇区公厕1座，对镇区主要路段路灯进行改造，新建景观灯3处，路灯亮化率达99%。开展交通秩序、三角街和农贸市场周边环境、“两违”、钢结构建筑等专项整治行动。实施美中至孔里、美山溪滨路、壶中至魁都溪滨路等公路改造26千米，获评泉州市“四好农村路”示范镇。实施农村人居环境专项整治行动，新建美林、西昌等4座村庄公厕，改造三格化粪池154户，整治旱厕2082座，拆除关闭禁养区内禽畜养殖点22宗。落实“河长制”，清理河道13千米，治理水土流失16公顷，境内水质全部达标。新创建绿盈乡村6个，造林14.2公顷，森林抚育93.47公顷，封山育林87.67公顷，获评福建省级森林城镇。

【重点项目建设】

实行重点项目专班跟踪服务，实施县级以上重点项目28个，实际完成投资17.8亿元，其中新开工项目18个，投资亿元以上项目6个。天沐温泉、智能光学、顺发农副产品生产等重点项目建成投产。征地拆迁完成孔里片区征地15.47公顷、壶南鹏溪商住小区征地1.73公顷、天沐温泉片区征地3.73公顷，以及泉南高速及厦沙高速改扩建征地31.33公顷。成立城建等14个项目服务专班，实行“保姆式”服务，最大限度压缩审批时间。开展“五一”国际劳动节、国庆节重点实事项目集中开竣工活动，10个总投资约5.5亿元的重点实事项目集中开竣工。

【农业农村工作】

农业总产值4.2亿元，增长4.5%。“一品一码”注册备案生产主体新增4家，持续开展农产品、兽残质量安全检测工作，农残检测505个，兽残检测26个。实现耕地地力保护补贴面积1533.33公顷，发放耕地地力保护补贴资金148万元。仁溪堂草本养生新建40公顷金线莲铁皮石斛等中药材林下种植基地，年产值达3000万元。仙圣山休闲观光农业种植果树、苗木60.67公顷。

【工业经济】

全年实现规上工业增加值81.4亿元，增长9.7%。紧盯平台拓展，加速推进工业园区东路工程、移动机房、自来水厂、污水管网三期等基础设施和配套工程，提升工业园区承载能力和发展水平。围绕服装织造、农副产品加工等传统产业，实施旭晟服装织造技改等转型升级项目3个，总投资1亿元，新增年产值约3000万元。培育壮大智能家居、智能光学、新型材料等新兴产业，新增规上工业企业1家，推动工业经济提质升级。

【旅游经济】

全年接待旅游人数37万人次，实现综合收入1.2亿元。天沐温泉度假区新建云栖处、汤泉别苑等旅游配套设施，开展旅游宣传营销，提升旅游景点的知名度，入选泉州市第二批“六大旅游产品”名单。仙洞山景区完成广场改造、步道建设、景观提升。乡村旅游扎实推进，汤城村提升温泉公园和旅游景观带，仙岭村推进白鹤拳学院扩容提级、仙圣山等建设，都溪村引进户外拓展项目，打造特色乡村旅游示范点。

【社会事业】

深化初中教育联合体，推进汤城中学新教学楼和宿舍楼建设，启动孔里第三中心幼儿园、军兜第四中心幼儿园建设项目，成立镇教育发展促进会，筹集基金1100多万元，中考高考成绩位居全县前列。推进卫生医疗建设，实施蓬壶中心卫生院门诊大楼改扩建项目。改造提升双溪口文体活动中心，成为全省“老年人健身康乐家园”现场会观摩点，推动老年体育事业不断向前发展。加强村级组织建设，仙岭村党支部书记苏天恭被评为全国劳动模范。完成第七次全国人口普查。

【基层党建】

强化执纪监督，查处违纪违法案件8件，其中自办6件，开除党籍2人，留党察看一年2人，党内严重警告1人，党内警告处分2人，警告处分1人。实施“一村一策”整顿软弱涣散基层党组织，八乡村实现转化升级。完成排查解决农村发展党员违规违纪问题试点工作，对2012年以后发展的162名农村在册党员进行排查，完善发展党员工作机制。实施启一信息科技等3个“强企带弱村”抱团发展项目，以资金或资源入股企业获得固定比例分红，实现各村村财收入超过10万元。推进仙岭村、汤城村、都溪村省市乡村振兴示范村、试点村建设，仙岭村党群服务中心在全县“最美党群服务中心”评选中获一等奖。

【社会治理】

开展安全生产专项整治三年行动、安全隐患大排查大整治和房屋安全百日“大整治”活动。实现“一村一法律顾问”普法进村全覆盖。推进“扫黑除恶”三年行动，遏制电信网络诈骗、禁毒等重点领域犯罪，实行村干部兼职辅警工作，有效预防和化解社会矛盾，综治三率得到提升。

【文明创建】

配合永春县全国文明城市创建，深化文明村镇、文明单位、文明家庭创建，蓬壶镇获评第十四届省级文明镇，创建省级文明村1个（汤城村）、市级文明村6个（仙岭、南幢、丽里、壶南、东星、观山），精神文明建设氛围浓厚。

（分管领导：林鸿鹏 撰稿人：林鸿鹏）

达埔镇

【概况】

达埔镇位于永春县中南部，幅员121平方千米，辖21个村，户籍人口是9.1万人，革命老区、重点侨乡，获评“中国香都”“福建首批特色小镇”，2020年，全镇实现规模以上工业总产值59.03亿元，比上年增长8%，农业总产值3.29亿元，增长13.8%；镇财政收入5075亿元，下降31%；农民年人均纯收入20000元，增长6%。香产业链总产值102亿元。当年达埔镇党委获省委授予“全省先进基础党组织”称号。

【美丽乡村建设】

人居环境改善推进农房整治行动，完成新房美化78幢14560平方米，裸房装修356幢173068平方米，古厝修缮26幢10230平方米，危房拆除101幢19450平方米，违建清理156幢43225平方米。有序推进兴泉铁路、泉南扩容、横七干线3个安置区建设，岩峰新区、琼美小区（二期）开工建设。开展“厕所革命”，完成岩峰、光烈等6个村的农村公厕建设，完成旱厕整治1918宗，户厕改造133户，改造三格化粪池165户，户用厕所无害化改造普及率超90%。实施农村生活垃圾治理行动，落实环境卫生长效管理机制，建立稳定保洁队伍，环境卫生整洁有序。基础设施建设投入830万元，完成农村公路养护普修255千米、农村公路提级改造74千米，建设岩峰天马线市级生态示范路3.9千米。投入105万元建设塘东线、旧新线、大导线、岩溪线生命安全防护工程，完成永春五中路口电子警察及新琼路口红绿灯建设。加大污水管网建设运营，实施岩峰生活污水设施改建工程，投入350万元建设沿汉口溪生活污水收集管网65千米，提高生活污水处理率。落实河长制，建设规范化河长办监控体系，开展河道清理整治行动，流域水质明显提升。加大畜禽养殖管理，治理畜禽养殖点34个，拆除违规新建生猪养殖场6处。推进“绿盈乡村”创建工作，制定“一村一策”，9个“绿盈乡村”通过验收，7件中央环保督察整改事项全部验收销号，有效处置环保投诉件14件。非煤矿山生态修复44.73公顷，植树造林42.27公顷。

【重点项目建设】

落实“项目攻坚2020”，组织实施23个重点建设项目，总投资57.92亿元，年度计划投资19.07亿元，实际完成投资20.74亿元，占年度计划108.78%。全线铺开泉南扩容、横七干线、站前广场3个项目的征迁安工作，利用“重点企业+产业链招商”方式，政企联手招商，依托香品产业园平台，挖掘潜在企业招引项目12个，其中投资亿元项目2个、5000万元项目3个、千万元项目7个，投资亿元、5000万元项目均动工建设，投资千万元项目均已投产。为民办实事项按时序进度推进，创新出台《达埔镇“6+1”困难群众帮扶导则》，巩固脱贫攻坚成效；发放各项慰问金7.5万元，争取产业扶持资金627万元，发展项目20个补助525万元，通过产业助力贫困户稳定脱贫；为贫困户安装净水器131户，保障贫困户饮水安全；疫情防控期间，帮助贫困户63人解决务工问题，落实慰问帮扶资金10.59万元，杜绝因疫返贫致贫。

【农业经济】

完成全年粮食播种面积1595公顷，产量8000多吨，建设高标准农田54.47公顷。发放股权证23081份，发放耕地地力保护补贴面积2080公顷206万元。全年茶叶总产量420吨，水果总产量9210吨。执行农业投入品生产销售使用有关规定，29家农业企业接受省农产品质追溯监管信息系统监管。发挥78名农民技术员、55名科技示范主体作用，带动全镇农业技术水平持续提升。实施九丰生态农业苗木种植及交易市场2个现代农业重点项目，投资9500万元建设现代农业示范基地，叙柑园果业有限公司种植的“春香”产量达25万公斤，聚扬柑橘合作社引进种植沃柑、茂谷柑，增加本地柑橘品种。

【工业经济】

规模扩大。招引强民香业、庞博香业、金如意香业、宇宣香业4家香企入驻产业园二期；诚盛香业、金丰香业投入2200万元完成项目技改；建设中国香都产业人才传承发展中心，打造大师工艺传承平台；香产业突破百亿元。产业提质。以疫情防控专家提出香薰具有防抗疫情作用为契机，推出生态香、中药家居香，拓宽产品链条；香企成果丰硕，达盛香业、兴全香业获得“双高”认证，成为国家高新及省级高新技术企业，香产业首次取得高新技术企业突破；金丰香业在海峡股权交易中心挂牌展示；兴隆香业入围第四批国家农业科技园区示范企业名单；百轩香业获得省级“小巨人”培育企业；彬达香业、兴隆香业被列入省级技能大师工作室；兴隆香业作品获得第24届全国发明展览会发明创业奖银奖，百轩香业作品获得2020年中国特色旅游商品大赛银奖。品牌做大。举办全国“心香杯”斗香节、第二届福建省制香行业职工职业技能竞赛，扩大行业影响力；永春香传统香制作技艺被列入第五批国家级非物质文化遗产代表性项目名录推荐项目名单；中国香都被泉州文旅集团官媒列为非遗研学地点。

【社会事业】

2020年，达埔镇实施镇级为民办实事项目12个，村级为民办实事项目102个，全部按时序完成。实施全民参保计划，城乡居民养老保险参保率98.53%。落实低保户、特困户、贫困残疾人、慈善、计生安居工程9户，新建居家养老服务站老人活动中心4个，全镇21个村居家养老设施全覆盖。实施中小学绿化美化工程，第二中心幼儿园教学楼主体完工，整合延清中小学设置九年一贯制学校，完成乌石学校运动场征地及排水沟和新琼小学综合楼、五人足球场建设，完成永春五中男生宿舍楼和汉口小学教学楼设计等前期工作，成立第二届镇教育发展促进会，发放奖教助学金124.32万元，中高考成绩再创新高。永春医院达埔分院完成工程招投标、场地平整等。完成镇村综合文化站提级改造工作，在全省文化振兴现场会上作典型发言。深化“强基促稳”三年行动，创建新琼、溪源2个县级“三治融合”示范村，推广基层庭所共建机制，排查化解各类矛盾纠纷317件。推行“村干部兼职辅警”机制，探索基层治理新途径。开展扫黑除恶专项斗争，综治“三率”位居全县前列。“七五”普法规划按时完成。开展房屋安全百日“大整治”、安全隐患大排查大整治、安全生产专项整治三年行动，制香行业消防安全隐患整治通过市级销号验收，安全生产态势良好。做好第七次全国人口普查。

【基层党建】

全镇共有40个党（总）支部，1985名党员。2020年，达埔镇党委被评为“全省先进基层党组织”。注重思想建设。组织推进“两学一做”学习教育常态化制度化，开展“不忘初心、牢记使命”主题教育，开展党史学习教育，提高党组织的凝聚力和战斗力。加强组织建设。成立香都小镇联村党委，为乡村振兴注入生机活力，新琼村被列入省级乡村振兴示范点。创新非公党建助推香产业发展，推行民营企业党建融入公司治理工作机制，完成37家非公企业“党建入章”工作，成立8个非公企业党支部。强化作风建设。以达埔镇“中国香都廉政文化教育基地”和党群服务中心为平台，开展廉政警示教育活动，筑牢镇村干部廉政防线。开展村级专项巡察，强化对镇村各项工作和权力运行的监督检查，形成《达埔镇政治生态分析报告》，不断净化政治生态环境，全年立案审查13件（其中自办案件2件），对履职不力的镇村干部谈话提醒7人、批评教育8人、通报批评10个村和13人，党内警告处分2人。

【中国香都建设】

香文化旅游方兴未艾，中国香都文化旅游区获评国家AA级旅游景区、泉州市首批“六大旅游产品”示范项目—特色文化旅游示范基地，16家企业入驻生态香品一条街，打卡体验区正式运营，年均接待游客突破50万人次。乡村旅游实现较快发展，引进九丰生态休闲旅游、天汇休闲观光农场等项目，汉口村获评省级乡村旅游村。引办优乐商贸等8家限上商贸企业以及盈众广告传媒等7家规上服务业企业，实现商贸服务业集聚发展。

（分管领导：施红光　撰稿人：赵洛瑶）

介福乡

【概况】

介福乡地处永春县北部，辖福东、紫美、龙津3个村，户籍人口1.14万人。2020年实现地区生产总值26.09亿元，比上年增长9.3%；其中农业总产值2.69亿元，增长207%；规模以上工业总产值25.33亿元，增长14.09%，全年实现税收1608.39万元（扣除九牧达564.66万元），财政总收入3654.39万元，下降13.6%；农民人均年纯收入16710元，增长10%。当年，介福乡获评“福建省卫生乡镇”、泉州市第二批“平安农机”示范乡镇、永春县推进产业项目建设先进集体、2020年度“四好农村公路”县级示范乡镇。坑刀山窑址、林俊德旧居被评为第六批县级文物保护单位。

【新冠疫情防控和企业复工复产工作】

2020年1月22日召开介福乡防控新冠肺炎工作部署会，落实居家观察24小时管控制度，设置24小时交通检疫点，启用“村村响”、H5互动、抖音短视频等形式进行宣传教育。引导良瓷科技划定隔离用房，制定健康管理手册，获市督导组肯定并推广。开展境外入永人员摸底劝缓工作，劝缓马来西亚侨亲团23人回乡。做好中小学返校返学筹备工作，制定《介福乡2020年中、小学返校返学联防联控工作方案》，建立“校乡村警医”五方联动机制，推进中小学有序、安全复学。全乡实现零输入零感染，乡党委会获评永春县疫情防控先进党组织。组建11支“复工防疫辅导”小分队，深入企业开展“一对一”帮扶，党政主要领导挂钩9家规上企业，全乡93家工业企业于2月18日全部复工复产。制定战“疫”网销行动方案，引导企业使用“阿里巴巴”“拼多多”等电商平台占领市场，缓解“销售难”困境。通过线上＋线下方式协助企业招聘员工，与上级部门沟通协调，为良瓷科技外省籍员工争取到232间集中健康管理用房，破解企业外省籍员工返工难问题。启动小微企业成长培育计划，协助30家小微企业对接租用乡工业区企业闲置厂房，扩大小微企业生产规模。

【美丽乡村建设】

打造“陶瓷＋红色”特色小镇，用好林俊德纪念馆和陶瓷文化历史展馆等载体，举行陶瓷文化创作交流活动，通过东月窑点火仪式、陶瓷文化主题晚会、重走瓷帮古道等环节打响“瓷源介福”品牌。注重乡村面貌提升，实施“永春县绿色乡村三年行动”，新增人工造林7.33公顷，绿化美化主干道、公园等场所，紫美村获评“福建省森林村庄”。持续改善环境卫生，常态化开展爱国卫生运动和农村人居环境整治，整治旱厕292座，提升生活垃圾池25座，完成垃圾中转站改造，做好紫美村尾山角落、福东村大丘头角落两座未移交第三方运维的农村生活污水工程日常运维监管工作，完成企业固定污染源排污许可办理超50家。

【重点项目建设】

全年14个重点建设项目计划投资6.32亿元，年度完成投资6.6亿元，占年度计划104.4%。九牧永春智慧制造产业园一期投产，打造“5G+工业互联网”新模式，成为全球首家5G智慧陶瓷工厂，项目通过国家级“工业互联网试点示范项目”、省级“智能制造试点示范企业”认定、市级“数字化车间”认定，实现人均产值复核提升35%、能耗降低7%、运营成本降低8%。南盛陶瓷、元景陶瓷、勤发陶瓷技改等项目有序完成。

【农业农村工作】

克服疫情影响，推动全省著名的蛋鸡养殖基地——福建省德福生态农业有限公司稳定运行，年产鸡蛋10000吨，鸡肉1000吨，有机肥30000吨。开展全乡抛荒耕地整治工作，出台《关于制止弃耕抛荒促进粮食生产的实施意见》，发放《致全乡农民朋友的一封信》1000多份，采取因地制宜、分类施策的方式，宜耕则耕、宜园则园、宜果则果、种养结合，探索适合介福土地经营权流转模式和农业适度规模经营的长效路径。与县农业农村局联合举办的永春县2020年高素质农民（蔬菜专业）培训班，有60名蔬菜种植能手参加为期7天的培训，为介福加快发展现代特色农业和实施乡村振兴战略提供人才和智力支撑。启动高标准农田86.53公顷建设，推进洋金生态家庭农场申报2020年省级农民创业园（示范基地）10公顷，建设芦柑园机耕路1.6千米。建设农业农机服务示范基地20公顷。

【工业经济】

坚持以陶瓷产业为核心，助推全乡工业发展，2020年全乡规模以上工业总产值25.33亿元，比上年增长14.09%。全年引办亿元陶瓷企业2家（爵能厨卫、元景陶瓷）、千万元陶瓷企业4家（宏鑫陶瓷、盖福陶瓷、浩宇陶瓷、唐舜陶瓷），超额完成招商引资任务。其中，爵能厨卫年度完成投资1.13亿元，该企业致力于智能家居研发，系国家高新技术企业，全球首创“一键式智能升降坐便器”。新增税源认定企业3家（爵能厨卫、晶信光伏、新奥能源）。悉心搭建产业平台，持续推进介福陶瓷工业园区建设，一期扫尾工程完成，已入驻企业2家；二期工程完成可研报告、立项和征地工作。建设介福电商园，打造综合性电商运营平台，入驻企业21家。

【旅游经济】

推进苦寨坑古窑址群保护开发及林俊德将军文化园建设，发展“陶瓷+红色”特色旅游，2020年6月30日，苦寨坑窑遗址安防工程设计方案通过省文物局批复。10月12日，苦寨坑窑遗址本体保护加固工程通过国家文物局立项批复。6月至10月，委托福建茂海文化发展有限公司完成苦寨坑窑遗址周边1平方千米的考古调查勘探工作，发现遗址共16处。经调查勘探和以往考古发掘，约1平方千米范围内已发现19处夏商时期的窑址群和聚落遗址，填补福建夏商时期陶瓷手工业遗存的空白。将军文化园完成项目规划、房屋征迁及工程招标等前期工作，将军故居修缮工程和将军路工程正在建设中。通过“资本引进+村民众筹”方式对省级乡村振兴试点村福东村进行改造，新增灯光秀、小火车、小红船等参观互动项目，完成紫美美丽乡村道路硬化、游乐设施升级，2020年全乡旅游总收入达300多万元。

【社会事业】

将脱贫攻坚工作融入产业发展，在达盛窑陶瓷有限公司创建全县首个“就业扶贫基地”，全乡有劳动力的23户46人贫困户全部实现就近就业或外出务工。争取各类扶贫资金138.5万元，完成产业发展项目31个，全乡41户贫困户均实现稳定脱贫两年以上。推进紫美村幸福院、龙津村居家养老服务站、农村公路养护工程等12件为民办实事项目，福东村区域性养老服务中心列入省级农村区域性养老服务中心示范点。完成卫生院科室规范建设，新增配置DR（医用X光机）1台、多功能病床诊疗床22张，各村卫生所开通医保报销系统。加快“四好农村路”建设，完成全乡农村公路养护工程及福东新桥、乌坝桥等9个项目，获评2020年度“四好农村公路”县级示范乡镇。开展民兵预备役、国防教育、双拥等工作，完成征兵工作，获评泉州市征兵先进单位。

【基层党建】

介福乡党委有党支部6个，其中机关事业单位党支部1个、农村党支部3个、非公企业党支部2个，党员275人。开展“作风建设年”活动，解决六种不良风气，强化作风建设。立足辖区企业众多特点，创新“村企联盟”模式，构建党建引领、群团助推、企业协同、村民参与的乡村治理新样板，相关做法在人民日报、八闽快讯、侨区快讯等媒体刊发。开展“抗击疫情党员先行”倡议活动，组织全乡党员干部靠前担责。持续做好“将军精神+党建”文章，林俊德纪念馆累计参观人数逾10万人次，被列为全省关心下一代传承红色基因教育基地、泉州电大思政实践教学基地，自制宣传视频《林俊德：大漠铸核盾 芳名千古传》获县红色短视频大赛一等奖，并被学习强国平台转发推广。将林俊德纪念馆、陶瓷文化展馆、紫美美丽乡村等资源串联成线，打造半小时党建文化长廊，获评全县“最美党建文化走廊”第二等次。注重陶瓷人才培育，将引智与引资相结合，依托九牧永春5G智慧制造产业园、爵能厨卫等企业引进科技创新型人才116人，通过“师带徒”“老带新”等形式培育本土陶瓷工匠300多人。

【社会治理】

建立以党建为引领、网格为基础、自治法治德治相结合的“1＋1＋3”现代乡村治理体系。探索推行“村企联盟”模式。深化“警企联动”机制，建设驻企警务室、警企流动服务站，2020年成功调解纠纷36起。组织开展“百日追逃”攻坚行动，与上级部门配合抓获在逃人员1人。打击涉“两卡”电信网络诈骗犯罪，抓获“两卡”犯罪人员3人。树牢安全第一理念，开展安全隐患大排查大整治，自建房加工场所消防安全整治、房屋安全大排查大整治等专项行动，聘用第三方安全生产技术服务机构对全乡企业进行专业检查的做法获福建电视台综合频道、永春县电视台专题报道，安全生产相关做法2次获《中国应急管理报》刊登报道。

【文明创建】

开展精神文明创建活动。成立介福乡文明创建工作领导小组，建立健全规章制度，利用微信公众号、村村响、横幅等方式倡导群众婚事新办、丧事简办、小事不办，树立文明乡风。常态化开展志愿服务工作，组织“最美乡村人家”“好婆媳、好妯娌、好邻居”等评选活动，评选各类好人模范30余人。实施文化惠民工程，利用乡综合文化站和各村综合文化服务中心等载体，借助农民运动会、综治平安晚会、免费大电影等方式不断满足基层群众精神文化需求，让群众共享文化发展成果。介福乡被评为泉州市2017—2019年度文明乡镇。

（分管领导：林颖华　撰稿人：陈雅莲）

吾峰镇

【概况】

吾峰镇位于永春县西北部，天马山南麓，面积32.2平方千米，户籍6032户、2.2万人，辖8个村。2020年，全镇完成农业总产值1.5亿元，比上年增长1.4%；规模以上工业企业产值2.97亿元，下降17%；农民人均可支配收入18163元，增长18%；固定资产投资8595万元。获评泉州市“2017—2019年度文明村镇”“创建零酒驾示范单位”。

【新冠疫情防控和企业复工复产工作】

新冠疫情防控落实网格化管理，干部挂片包村包组，全镇分成四大片8个村49个网格，织密疫情防控网，做到全镇排查全覆盖、管控零遗漏。备战大规模人群核酸筛查检测工作，投入12.5万元用于采样点物资储备，将全镇划分106个核酸检测工作网格，设置11个核酸检测采样点，形成“村民委员会—网格管理小组—户主”条块结合的管理模式，组织好核酸检测工作。推进企业复工复产，帮助企业落实消毒水、额温枪和1万多个口罩等防疫物资；为明智生物科技、瑞迈舒医疗科技（二期）项目招聘员工50余人，就近就地转移农村劳动力80余人到辖区内2家企业、5家农业合作社就业，缓解企业招工难问题，企业复工复产率100%，复工员工126%。组织各中小学校开展新冠肺炎疫情防控应急处置演练，提升学校应急处置能力和自我防护意识，辖区中小学安全有序复学。

【美丽乡村建设】

持续推动美丽乡村建设，集中力量推进吾峰镇吾西新闽派农房示范小区建设，同步规划陈岭口小区、铺尾小区和铺街小区等住宅配套设施建设，拆除旧农贸市场，打造吾中文明示范街，划制停车位87位，提升改善镇区环境。完成旱厕整治409座，新建及改造农村户厕90户，拆除危房2000平方米，投资1181万元实施污水处理设施及管网工程，投入40万元开展河长办标准化建设，设立吾峰镇清平河湖管护中心、吾峰镇河湖综合执法队，形成“管护＋执法”双推进双强化的叠加效应，改善农村人居环境。

【重点项目建设】

实施县级重点项目10个，总投资7.5亿元，年度计划投资2.9亿元，实际完成投资3.4亿元，超时序进度完成。抽调15名工作人员充实攻坚小组，开展专项攻坚，海西天然气征安迁、厦沙高速（吾峰段）、霞陵溪吾峰段国家水利风景区等项目实现突破性进展。

【农业农村工作】

投资300多万元在择水、梅林、培民3个村实施高标准农田建设项目；提档吾峰现代农业景观带建设；引进培民田园综合体项目建设；通过土地流转，带动6个村种植生姜53多公顷；依托福建农林大学、厦门大学和福建农科院的科技支撑、人才支持，实施“芦柑省力化大果生产技术”“优质鲜食葡萄品种技术规范”“芦柑黄龙病综合防控技术推广”等项目；依托橙心优选电商平台、驻村的味道、顺成电子商务、华贵、报木春专业合作社等平台，为原生态农产品供应链牵线搭桥，为农村特色农产品提供销路平台，助力农民增收致富。

【工业经济】

推进招商引资项目，全年落实签约项目6个，计划总投资4.7亿元，分别是泉州创辰食品、万佳康服装织造、金泉兴食品、集英创新科技产业园区等战略性新兴产业。引导企业转产增产，帮助企业稳产达产，九州通医药项目完成投资7000万元、迈瑞舒医疗科技二期项目完成投资3700万元、邦派服装完成投资1820万元、通顺达制衣完成投资1820万元，均超额完成年度投资计划，实现投产增效。

【旅游经济】

突出人文品牌，投资500多万元建设梁披云梁灵光纪念馆及广场，承办以县政府名义主办的开馆仪式。结合碧山古寨森林公园和休闲游步道，规划小瀑布景观，建设集名人文化展馆、古山寨探险、田园风光、农家客栈、农家乐等为一体的综合旅游区。提升侯龙书院的藏书、研学、修学等功能，增设书法临摹培训体验项目，与高校建立基地共建共享合作机制，统筹大山寨开发，设立研学游学基地。并进一步挖掘资源，做好旅游开发规划，针对“吃、住、行、游、购、娱”等旅游消费项目，规划生成“美丽乡村生态游”“书香文化游”“名人故居游”等精品旅游线路。

【社会事业】

落实各项扶贫政策，发放大病救助资金9.39万元，“雨露计划”教育资金2.25万元，安装净水器46户，9户贫困户纳入低保。落实扶贫产业发展资金16.3万元，引导46户贫困户发展“短平快”的种植和养殖项目。实施“互联网+”战略，引导“驻村的味道”、万通蔬菜合作社等微店收购销售贫困户农副产品，贫困户每户年可增收5000元以上。梅林村、择水村、吾顶村落实各级扶贫资金100多万元，建设完成道路硬化、亮化工程、老人活动中心、环境整治等基础设施项目，提升贫困村人居环境。发放奖教奖学助学金40.29万元，投资400万元新建吾峰卫生院医技楼，实施吾峰镇公路养护工程和梅林养护专项工程，加快择水到天马岩等农村道路拓宽改造建设项目。

【基层党建】

将意识形态工作贯穿于基层党建全过程，推进“两学一做”学习教育常态化制度化，开展好主题党日活动，落实党建主体责任，营造良好的政治生态。加大非公企业党建工作力度，完成3家非公企业“党建入章”，10月成立一家非公企业党支部——吾峰镇雅顺贸易有限公司党支部。推进“党建+”建设，以梁披云梁灵光纪念馆为载体，在周边建设党建文化走廊和“三治融合”长廊，打造成为“党建+文化”“党建+旅游”红色教育基地。结合吾顶村“最美党群服务中心”建设，实行“一门式办理”“一站式服务”，打通服务群众“最后一公里”。壮大村集体经济收入，鼓励支持吾中村、培民村、侯龙村合股抱团购置优质小区商铺，搭建农产品销售平台，推介销售本地特色农副产品，引导吾西村以芦柑集散重点村为依托，出租土地用于建设芦柑仓储加工销售点，截至年底，原有2个薄弱村已消除。以“基地+党员创业示范户+党员+农户”模式，邀请专家、教授开展农村实用技术培训4场，培训农村党员群众60多人次，为培养本土农业科技人才、推进乡村振兴注入新的力量。拓宽新一届村级组织换届的选人用人视野，新培育选配4名村务助理，补充村级后备力量。

【社会治理】

推进“强基促稳”专项行动，实施党支部达标创星专项行动，评定党支部五星级6家、四星级2家；实施村集体经济“消薄倍增”专项行动，8个村村财年收入均超10万元以上，20万元以上的村超75%。推进乡镇机构改革，成立综合便民服务中心、社会事务服务中心、综合执法大队，做好人员划转。成立返乡大学生青年志愿者服务队。推动依法治镇，投入30万元建设吾顶法治文化长廊，完成8个村人民调解工作室和司法行政工作室组建。开展安全生产隐患大排查大整治，加大对辖区内高陡边坡、地灾点、低洼地带的监测及排查力度，推进房屋安全整治工作，实行县道、乡道、村道道路安全网格化管理，推进扫黑除恶工作，为经济社会平稳发展保驾护航。

【文明创建】

以“物质文明、精神文明、生态文明、社会文明、政治文明”为总揽，落实责任和分工等措施，打造宜居宜游宜业新吾峰。落实《公民道德建设实施纲要》，以社会公德、职业道德、家庭美德、个人品德教育为内容，开展“创文明城镇，做文明市民”为主题的创建活动。倡导健康、文明的生活方式，倡导崇尚科学、移风易俗，遏制封建迷信、大操大办现象，严禁违反殡葬管理规定，乱建坟墓等现象。开展敬老、病补、助学、安居、就业等五项工程。围绕春节、元宵、清明、中秋节、重阳节等重大节日，开展“我们的节日”系列活动，鼓励和引导百姓参与各种文明创建。开展法律“进机关、进企业、进学校、进乡村”等法制宣传和法律服务工作，利用法制宣传日、“知识产权保护”、“三八”妇女维权等活动，开展法律宣传、法律咨询活动。

（分管领导：杨乐剑　撰稿人：黄玲玲）

石鼓镇

【概况】

石鼓镇位于永春县中部，辖8个村、5个社区，户籍人口36276人。2020年，石鼓镇完成农业总产值2.81亿元，比上年增长6.54%；规模以上工业企业产值69.42亿元，增长12.65%；镇财政总收入7655.2万元，增长16.5%，城乡居民人均可支配收入29024元，增长9.49%。当年石鼓镇获评省级文明乡镇。

【新冠疫情防控和企业复工复产工作】

坚持预防为主、精准管控。成立工作专班，保持防控力量，确保防控思想不松。利用海报、传单、广播等媒介以及微信公众号、村部LED显示屏等形式，常态化开展新冠肺炎防控宣传教育，引导公众革除滥食野生动物陋习，养成健康文明的生活方式。倡导“婚事新办、丧葬简办”，疫情期间，劝止佛事18场，丧事简办52场。加强联防联控，落实常态化管理。采取分片包干，责任到人的原则，各村、社区形成由大化小网格化管理，对本辖区居民和新进人员进行精准摸排，严格落实口岸入境、从疫情中高风险等级地区、其他重点地区到（返）永春且进入本村（社区）人员的信息登记。在村（社区）服务机构加强疫情风险防范，中闽百汇、魁星岩景区、蔬菜批发市场等场所推广应用闽政通App生成“八闽健康码”，实现“一码通行”。成立核酸检测工作专班，细化辖区网格，对现有居住人口进行摸排登记，13个村（社区）设置14个采集点，明确各个采集流程，确保大规模人群采集工作有序开展。搭建平台服务企业复工难问题，第一时间提供政策解读，帮助企业提高“返工率”“复产率”；指导落实核酸检测，辖区内所有企业第一时间完成复工复产。搭建政策支持平台，解决落实“蜗牛速”问题。印发《石鼓镇企业复工温馨提示》，分管领导全程服务企业复工，“清单式”将复工申报材料告知申办人员，并开通线上申请，使企业“最多跑一趟”。搭建健康管理平台，解决防控“一阵风”问题。督促企业复工“三宝”（口罩、消毒水、测温仪）配备情况，帮助企业申购口罩，解决企业“口罩荒”问题。搭建求职用工平台，解决招工“老大难”问题。摸底企业招工需求和本地人员就业需求，及时登记招工相关信息并上传到至公众号平台供需求者挑选，注重摸底退役军人求职需求并对接企业。复工复产的同时紧抓安全生产工作，开展安全生产大检查，推进隐患排查治理工作开展，突击检查辖区内的生产经营单位（场所），做到有患必查、有患必整，该拆除拆除，该封房封房，对排查宝龙店铺私挖地下室及私加夹层的情况及时发放整改通知书。对G355、G356道路沿线交通隐患排查出的安全隐患明确整治方案并实施，同时完成辖区内的文物保护单位和宗教活动场所25间排查工作。

【美丽乡村建设】

实施乡村振兴战略，统筹推进农村各项建设，吾江村、马峰村等完成村庄规划设计，洑江村、凤美村等7个村因地制宜制定本村乡村振兴方案。吾江村作为省级乡村振兴试点村，以“山水田园·绿野吾江”为主题，打造集农业、文化、旅游三位一体的田园综合体；马峰村、吾江村等作为县级美丽乡村示范村，推进村庄道路和绿化建设，带动招商引资和产业振兴；马峰村推进“全村无裸房”、平改坡、美丽庭院等建设，被选为全县实施乡村振兴战略暨深化“清新桃源·宜居永春”三年行动、人居环境整治“百日攻坚”现场工作推进会参观点。

吾江村突出产业振兴，3月份发展13.33公顷以树葡萄为主的农业产业园，与厦门爱自然都市农业科技有限公司合作，采取“村委会+合作社+公司”的模式经营运行。启动石鼓高郑麻笋加工厂技改项目，7月下旬投入使用，形成产供销一体的产业链条。举办永春县首届麻竹文化节，参与人数达800人次，销售麻笋相关食品2万元。线上“触网”农产品电商销售渐成趋势，4月份引进福建省乡愁农业科技有限公司签约创建电商平台，实施“互联网 + 现代农业”行动，突出精品、特色品牌，并建成果蔬交易中心，联合康绿隆果蔬、绿丰食用菌合作社等农业龙头企业及村里的种植大户发展电商平台。成立绿色农技服务队和律色法律援助队。以永春康绿隆果蔬有限公司经理高伟民为队长，福建师范学校王忠民为科技特派员，联系组织市、县、乡镇三级农技专家与农业企业、专业合作社、生产基地、种养大户对接，提供全方位服务。鼓励人才返乡创业，引回工艺美术大师吕荣树创立吾江工艺大师合作社，发扬传统雕塑工艺。

突出文化振兴，进行“三美”（即最美母亲、最美乡贤、最美庭院）评选。突出生态振兴，对下半岭角落村民房前屋后整治，拆除禽舍、旱厕，改造麻竹园 40 公顷，种上大果红花油茶，全村各角落种植约 13.33 公顷，投资 543 万元对吾江村 93.33 公顷耕地进行整理，投资 800 万元建设吾江溪安全生态水系。改善环境的同时增加村财和村民收入；对黄官林角落村道进行硬化。

【重点项目建设】

组织实施重点建设项目 18 个（包括县级管理项目 7 个），总投资 40.93 亿元，年度投资 16.43 亿元，比上年增长 8.8%，其中：佳联矿业一期完成初步设计；三桃城市广场商贸综合体项目美岭金街 76 间店面完成招商，影院、店面已正常营业；魁星岩 AAA 景区完成排水系统提升、环境卫生整治及摩崖石刻安保工程设计、方案评审；石鼓生态游项目完成年度整治目标任务。鼎盛•城上城、美岭新天地、南环二期安置区项目、福信二期、宝龙一期 S5、抗战红色教育基地等宜居环境项目先后完成建设、竣工验收；汇源与金福泰服装完成技改并投产；吾江溪安全生态水系项目完成溪流护岸基础工程；田中溪污水处理设施及管网工程完成整个工程的一半以上；农村路网建设及安全防护工程项目按时序完成目标任务。完成永春一中分校、横七线等房屋征收工作，总计完成工业、宜居、教育等用地供地 86.67 公顷。

【农业农村工作】

春耕生产方面。协调各农资经营单位发挥农资供应主渠道作用，做好种子、化肥、农药、农膜等农业生产资料的供应准备工作。扶持康绿隆果蔬有限公司、绿丰食用菌专业合作社等农业企业加强叶菜类蔬菜和食用菌应急生产基地建设，适当增加蔬菜和食用菌生产量，保障市场均衡供应。防止耕地抛荒及山垄田复耕措施。客观分析耕地抛荒原因，对症下药，争取国土部门土地整理及土地开发立项。吾江村土地整理项目，建设规模 94.87 公顷，包括土地平整，土地翻耕、田埂修筑，农沟、农渠、水坝，田间路、生产路新建修建等。做好春季动物疫病防控、强制免疫、兽药饲料等监管工作。引导阳升禽畜有限公司和全镇 52 户生猪养殖户做好重大动物疫病防控，免疫高致病性禽流感 62300 羽次、牲畜口蹄疫 325 头次、羊小反刍 150 头。实施现代农业振兴工程。利用农业优势和田园景观资源，培育融合经济功能、生态功能与社会功能于一体的绿色农业产业，培育壮大康绿隆、绿丰、阳升、瑞荣、珍贵花卉苗木示范基地等一批现代农业示范企业（场），依托瑞荣茶果有限公司完成佛手茶制作展示中心建设，打响“诗坛”新特色茶叶品牌。紧扣农业规模经营，引导东安、大卿、半岭、吾江等村发展油茶种植，培育形成新农业产业。实施 2020 年高标准农田建设示范项目。在卿园村和吾江村开展高标准农田示范项目建设面积 57.33 公顷，改善灌溉面积 57.33 公顷，改善排涝面积 38 公顷，新增粮食产能 68.8 吨，田间基础设施占地率为 2.5%，设计基础使用年限 15 年。

【工业经济】

实行全员招商、产业链招商等模式，新引办实体工业企业 6 家，其中亿元企业 1 家——福建奕升实业有限公司，千万元企业 5 家，总投资 2.2 亿元，包含建材、食品等行业；新引办线上商贸企业 6 家。引进乡愁农业科技创建电商平台，农产品线上触网，拓宽销售渠道、扩大销量。扶持辖区内企业进行技改扩容，完成汇源果汁、金福泰服装织造等技改投资 7000 万元，实现企业增资扩量。

【旅游经济】

加快发展生态旅游产业，做强以魁星为核心的文旅产业，整合休闲农业与美丽乡村建设，依托魁星岩景区，完善旅游道路、登山步道等配套设施，实施摩崖石刻国保单位修缮及山体综合保护，结合天仙寺、观音阁等，建设集朝圣、健身为一体的文化朝圣旅游路线。发挥辖区内灵兴岩海丝特色古迹、白鸭汤、凤美温泉等资源优势，着力创建城市综合体，对化肥厂旧址进行改造，引资创建主题文创园，结合顺德堂老醋基地，发展“产业+文化+旅游”的工业旅游；整合三桃美丽社区—“远眺马峰”—“绿野吾江”和观光农业—安全生态水系项目区（湿地公园、文创园），发展乡村游路线，带动果蔬、甘蔗、白鸭汤餐饮等产业发展壮大。多条精品旅游路线，带动石鼓经济发展，全年旅游经济收入约1200万元。

【社会事业】

完成10件镇级为民办实事和村级确定的实事项目。实施路面硬化10千米、提级改造11千米、养护专项工程27千米、安保工程15千米；道路灾毁修复、隐患整治、安全警示设施及时跟进，农村路网建设更加完善；开展生育关怀活动，发放慰问金13.1174万元；落实社会保障政策，发放城乡居民最低生活保障金265.2202万元，实施各类帮扶措施，完成建档立卡贫困户脱贫92户311人，开发落实3个扶贫公益性就业岗位；落实安全生产责任制，开展扫黑除恶和打击电信网络诈骗专项斗争，深化平安石鼓建设，维护社会和谐稳定。

【基层党建】

壮大村财新渠道。盘活各村集体闲置建设用地、旧校舍等存量资源，增加资产性收入；整理开发村集体“四荒”（指农村集体土地未利用的荒山、荒沟、荒丘、荒滩），发展特色产品等，通过多个渠道增加村集体收入，2020年全镇有7个村村财收入达到20万元以上，占比87.5%。组织振兴示范点。吾江村结合省级乡村振兴试点村的创建，建设10公顷农业产业园、3.33公顷葡萄园，成立苏荣德劳模创新工作室、泉州市技能大师工作室，升级党建文化长廊，获评“最美党群服务中心”。依托国家农业科技园区示范基地--康绿隆果蔬有限公司，设置“党员责任区”，彰显“吾江红色魅力”。创建小区党建新模式。实施“在职党员回家工程”，成立宝龙国际、魁星花园、福信财富-金色家园三个兼合式党支部，推行“党员楼长”制度，设置党员楼长公示牌，实行亮岗履责。3个兼合式党支部共有党员楼长40人，在职党员175人。在桃联社区试点推行“党员街巷长”制度，设总街长1人（桃联新街）、街长2人（桃联中路、石玉街）。推动党建工作要求写入业委会章程、物业公司章程和社区社会组织章程。商圈党建新突破。以中闽百汇购物商场为载体，2020年3月成立中闽百汇党支部，在商场中融入党建元素，推动党建内涵提升。立足“党建助商”“党建聚商”“党建兴商”的功能定位，划分中闽百汇商圈为12个责任区，由党员直接联系挂钩，逐步形成红色商圈。在商场内部设置2个党员经营示范店、4个党员先锋岗。持续推动“人才港湾”计划。优化人才发展环境，主动服务、靠前服务，当年获得泉州技能大师称号1人，创建2个匠艺传承工作室，1个劳模创新工作室，共培育高层次人才21人，新型职业农民10人。

【社会治理】

2020年度石鼓镇经济发展和社会治安大局平稳，无发生群体性事件、无发生重特大事故、无发生重大违法犯罪，辖区和谐稳定，人民安居乐业。落实维稳责任，维护社会稳定。持续开展“风险隐患排查、矛盾纠纷化解、治安问题整治、社会力量群防”四项行动，筑牢安保维稳的铜墙铁壁。“家庭拒绝邪教”活动，巩固“无邪教示范社区”创建成果，深入开展反邪教警示教育，组织工作队、村两委入户发放国安和反邪教宣传材料11000多份，做好“严重精神障碍患者”重点管控对象4人。做好信访工作，全年共受理县长信箱、“12345”便民服务平台及福建省信访信息系统等平台途径信访事项58件，并予及时妥善解决处理。发挥基层庭所共建机制优势，镇村二级共受理民间纠纷271件，涉及当事人552人，调处成功271件，成功率100%。做好流动人口、房屋租赁规范化管理。推动“三治融合”示范创建。吾江村在“自治”方面探索推行三种积分制管理制度；半岭村发挥村网格长在“三治融合”的“末梢神经”作用，建立“法官（人民陪审员）、村干部辅警、村调解主任、村法律顾问、人大代表、政协委员、网格长”共同参与的“4+3”信访、矛盾多元调解机制，在矛盾纠纷预防、排查、调处和防止矛盾纠纷激化工作中取得成效。健全群防群治网络。按规定配备警务辅助人员，在桃联社区设立1处社区警务室，在洑江、吾江、半岭、马峰、东安等山顶村落设立治安岗亭6个。开展黄赌毒专项整治工作，深化“无毒村（社区）”创建活动，巩固无毒村（社区）创建成果。聘请17名村干部为兼职辅警提升乡村治理水平。推进“雪亮工程”，持续完善村级视频监控系统建设与运用，完善视频监控网络。

【文明创建】

创建并获评2018—2020年度省级文明乡镇。立足城郊“产业+教育+旅游”的发展定位，打造“活力宜居智慧新城镇”。推动乡风文明和基层德治深化。倡导“婚喜事新办、丧葬事简办、迷信事不办”，以桃星社区、马峰村、东安村带动，强化典型引领示范，移风易俗群众满意率超96%。强化村级社会组织功能。13个村（社区）100%建立“一约四会”，移风易俗具体规定100%列入村（社区）规民约，落实奖惩机制，提高道德约束力和执行力。开展全国文明城市创建活动，加强对7个县级文明村、1个省级文明单位创建跟踪指导，全镇推荐评选永春县第十五届（2017—2019年度）文明村（社区）7个，文明家庭50户，文明市民4人，精神文明建设先进工作者4人。开展“德治”示范村创建活动。打造吾江村、半岭村作为三治融合示范村。开展家风家训传承培育活动，建设马峰女儿阁主题公园、桃星郑氏宗祠、桃场颜氏宗祠、卿园登进堂等一批优秀家风家训馆传承基地，建设抗战时期永春支部旧址爱国主义教育基地，引领全镇形成文明民风。推进新时代文明实践所试点建设，建设吾江村长者食堂，推广邻里守望、关爱困难群体等志愿活动，每个村（社区）组建1支志愿服务队伍，满足农村群众对志愿服务的多样性需求。常态化开展城乡人居环境和公共卫生整治提升行动，引导群众涵养健康生活习惯。

【永春一中分校房屋征迁工作】

城西中学（一中分校）房屋征收工作自8月1日启动后，石鼓镇全力组织推进两个月内共征收自然户房屋113户，住宅面积26832.4平方米、企业建筑面积35133.47平方米，100%完成征迁签订协议，补偿资金按程序100%到位，没有发生因征安迁引发的民事纠纷。主要做法有：成立石鼓片区建设指挥部，下设7个工作小组，抽调精干人员，明确时间节点、任务要求，制订方案、精心组织实施。建立会商制度，坚持一天一汇总、三天一汇报、一星期一会商。指挥部四次召开集中商讨会，听取副指挥长及各工作组情况汇报，解决问题147个、提出有效对策163条。镇驻村工作队联合桃场居委会，深入拆迁户家中宣传政策，形成“指挥部—镇—村”一体体系，凝聚征迁工作合力。各工作组和镇、村之间坚持每日碰面，建立微信工作群畅通交流渠道，及时掌握工作进展情况、拆迁户动态等一手信息资料，实现信息共享、分工合作、互相补台；及时消化当天的问题，对涉及共性的且实施方案没有明确规定的问题则及时提交给指挥部集体研究决定，做到积极应变，掌握工作主动权。挂钩领导通过政策走心、氛围渲染等方法策略来减轻重点户心理上的戒备，从而配合工作。征得拆迁户同意签订协议则速战速决，不分时段，防止变卦反悔。

（分管领导：陈芳恩 撰稿人：陈芳恩）

五里街镇

【概况】

五里街镇位于永春县中部，辖11个村（社区），户籍人口34212人，2020年完成规模以上工业产值75.6亿元，比上年增长6.55%；农业总产值2.12亿元，下降33.75%；完成工商税收（乡镇包干口径）2546.56万元，下降1.37%；镇财政总收入8858.34万元，下降7.23%；全体居民人均可支配收入27352元，与上年基本持平。当年，五里街镇获评全国文明村镇荣誉称号，获评福建“全域生态旅游小镇”，所辖大羽村获评省级文明村，埔头村获评省级“金牌旅游村”。

【新冠疫情防控和企业复工复产工作】

第一时间响应县委、县政府对新冠疫情防控部署，成立防控工作领导小组，持续做好新冠肺炎疫情防控工作，分发各类宣传材料8万余份、入户走访宣传16万人次，悬挂标语横幅等670多条；向各学校提供口罩2万个、额温枪75把、红外测温仪1台，组织1000多人公共场所从业人员到医疗机构进行核酸检测，组织开展公共场所的卫生健康安全工作。同时，坚持“两手抓、两手都要硬”，及时指导企业制定复工复产方案，协助企业购买口罩、消毒水等防疫物资，帮助企业解决原料运输、产品生产、成品销售等环节中存在的难题，在3月底规上企业全部实现复工复产。

【城乡建设】

实施土地综合整治项目，计划编制区域规划200公顷，重点村庄规划40公顷，规划设计并平整安置地2公顷，园地综合开发13.33公顷，通过自然资源部审核，入选全国试点区域名单。加快村庄规划编制，埔头村、蒋溪村完成编制并报省自然资源厅备案，其他村在有序推进中。加强耕地保护，完成基本农田调整及规划工作，巩固辖区基本农田保护面积。推进旧村复垦完成0.43公顷并通过市级验收。投资158.18万元建设高标准农田82.43公顷，改善灌溉面积46.18公顷，扩大排涝面积50公顷，促进高标准基本农田高效利用，通过县级验收。协调推进高垅防洪工程项目建设，投资200万元补充建设长197米、高6～8米的防洪堤。新建生活污水处理设施6座，铺设污水管网1.8千米，农村生活污水处理治理率达95%。落实河湖长制，常态化开展河道巡查，强化河道清淤及畜禽污染整治，不断改善水质，霞陵溪水质基本稳定在Ⅲ类标准及以上。加强巡山巡逻，深化森林资源管护，大羽村获评福建省森林村庄。

【省级乡村振兴试点村创建】

完成多功能停车场0.8公顷土地征用，已通过县用地联席会审批，建成可容纳400辆车辆；提升乡村景观，修缮提升2处古厝，建设霞陵溪滨步道、彩虹跑道，开发多功能旅游餐馆，增添美丽乡村内涵；改造游客接待中心，配齐电脑、音响、话筒、显示器等教学设施，打造可同时容纳100人的多功能教室，组建“本土讲师团”，承接各种乡村振兴、创业致富带头人培训班；联合永春网经营美丽乡村旅游线路，开发卡丁车、小火车、水上自行车等游玩项目，提高村集体经济收入；裕嘉水果农场、春天草莓园、冠菌现代农业主动融入当地乡村旅游发展，打造集农产品生产、采摘品尝、观光游览为一体的生态水果农场，已成为城郊采摘地标。精心打造市级乡村振兴示范线路，高垅村华民农业观光园、金草科技观光园已经发展成为集观光、高科技展示、科普教育为一体的现代农业基地，吸引大量游客前来观光体验。吾东村完善果蔬分拣中心建设，吸引菜农和商贩在此合聚，带动农作物产销和人员就业；成立韭菜产业合作社，引导当地居民大面积种植韭菜，每亩每年产生效益3万多元；打造2公顷韭菜文化园，联合福建农林大学建立“科研训练基地”，共建项目“五里街镇韭菜优质栽培技术集成与示范”已纳入泉州市2020年第一批科技计划项目。大羽村持续传承弘扬特色白鹤拳武术文化，打造特色研学路线；成立电子商务中心，引导农户通过电商渠道打通农产品销路；完善旅游配套设施建设，建设大羽山公园、万春寨旅游停车场，打造2.67公顷绣球花园；同泉州电大签订乡村振兴实践教学基地合作协议，共同探索乡村振兴新做法、新经验，每年吸引游客20多万人次。示范点、示范线路辐射带动各村集体经济共同发展，6个村集体经济均达到10万元以上，总量达110万元。

【重点项目建设】

组织实施县级重点建设项目26个，年度计划投资23.31亿元、实际完成投资23.37亿元，项目涵盖工业企业、现代农业、城镇建设、乡村发展、生态保护、民生事业等方面，有效拉动投资增长。七匹狼高端度假村启动区开始施工，示范区完成设计，道路建设A线施工完成、C线正选址定桩中；中融天玺、碧桂园·天钻项目建设稳步推进；翔达建材、登宝路服饰、元龙环保、广兴塑胶已完成建设并投产；古街沿街房屋修复已基本完成，市政管网改造工程大部分完成，停车场基本具备停车功能，聘请台湾朝阳大学团队对街区业态和功能布局进行规划，登记各类特色商品、特色文创、特色主体场馆、特色小吃商家共150多家，驿龙文化传媒、文青团队、文创驿站已正式入驻。

【农业经济】

抓住获评“国家农业产业强镇”契机，以“优一产接二产连三产”的思路推进五里街镇农业品牌创建，出台《永春县五里街镇农业产业强镇示范项目专项资金管理使用办法》，投入1858.5万元建设实施29个农业产业项目，加快6个龙头企业转型升级，建设以芦柑为主的现代果园和以韭菜为主的蔬菜生产基地455.67公顷，实现全产业链产值8.805亿元，打造集农产品生产、采摘品尝、观光游览为一体的农业产业观光区，在省绩效考核中取得第一名的好成绩，获农业农村部、省农业农村厅的一致好评。加强农村人才队伍建设，广泛开展科普宣传、技术培训、人才评选等工作，夯实农村人才基础。做好非洲猪瘟等疫情防治工作，口蹄疫、禽流感等重大动物疫病免疫密度达100%。

【工业经济】

推进稳增长、保发展各项政策措施落地，落实省、市、县企业扶持政策，引进5家工业企业，共投资2.8亿元；引导1家限上商贸服务业企业、1家规模有资质的建筑业企业进入项目库；协调推进三信织造完成重组；支持恒发服饰等4家企业升级成为规模以上企业；完成规模以上工业产值75.6亿元，全年新增就业岗位1000多个。

【文明创建】

巩固全国文明村镇创建成果，坚持以践行社会主义核心价值观为根本，围绕省、市、县文明建设工作的部署和全镇工作大局，加强公民思想道德建设，推进群众性精神文明建设，努力实现公民文明素质和城市文明程度双提升，2020年12月通过全国文明村镇复评验收。

【社会事业】

落实脱贫攻坚挂钩精准帮扶机制，疫情防控期间实施“一月一帮扶”，定期走访、关心慰问贫困户，全年落实产业扶持资金11.05万元，慰问金1.28万元，疫情补贴8200元，帮扶措施200多条。拨付3000多万元改善辖区内中小学校及幼儿园的教学条件，举办第十二届林世哲教育基金颁奖大会，投入16.23万元奖教奖学509人次，永春一中高考总分600以上123人，本科上线率98%，七人录取北大清华，打响“学在五里街”教育品牌。

【基层党建】

管党治党工作坚持书记抓、抓书记，结合阶段性重点工作和任务及时布置并提出要求，年初、年中、年末先后召开党组织书记承诺会、汇报会、述职会，将意识形态、党风廉政建设、人才工作、村集体经济发展、强基促稳、疫情防控、安全生产等工作层层压力传导、夯实责任。将意识形态工作纳入党建工作责任制、意识形态工作责任制、监督执纪问责范围等，推动意识形态工作责任制全覆盖。加强精神文明建设，建立健全移风易俗“四会一队”（红白理事会、村民议事会、道德评议会、禁毒禁赌会，移风易俗志愿服务队），集中上墙展示“四会一队”工作制度，动员党员干部带头签订《移风易俗承诺书》，制定《2020年五里街镇深化移风易俗工作方案》，开展移风易俗活动。加强对党员领导干部的日常监督管理，做到监督常在、形成常态，开展疫情防控专项督查、扶贫专项督查房屋安全“百日大整治”行动专项监督等9个专项督查工作，立案3起（其中自办1起），已办结3起，给予2人党内警告处分、留党察看1起。调整镇党校校务委员会，投入8万元建设“六有”党校，建设“古榕树下话家常”讨论厅、“情满古镇，传递正能量”宣传墙和党员“补钙”图书室，建立20余名老干部、老党员、老教师的“本土讲师”团。实现党建入章企业23家，从镇党政领导、镇企业站党员骨干中选派9名担任非公有制企业党建工作指导员，推动两新组织党建指导员全覆盖，实现党企融合发展。全年发展党员15名。

【平安建设】

深化“强基促稳”三年行动，儒林社区、大羽村争创“三治”融合示范村（社区）；推行“村干部兼职辅警”机制，聘请11名政治素质高、群众基础好、身体素质强、地理人情熟的村干部兼职辅警；用好“135”庭所共建机制，建设矛盾多元化解中心，受理调解矛盾纠纷206件（重大疑难案件4件），调解成功率99%，涉及金额财产155.82万元，得到市人大常委会副主任黄阳春等领导肯定；陈耀辉调解工作室入选福建省首批省级金牌调解工作室；大羽村法治文化广场获评省级法治文化建设示范基地；开展房屋安全百日“大整治”、安全隐患大排查大整治、安全生产专项整治二年行动，打造县级沿街店面消防安全示范街，拆除“两违”、非法运营点1.43万平方米，安全生产态势保持稳定。

（分管领导：施国鑫 撰稿人：黄碧琴、吴灯洋）

桃城镇

【概况】

桃城镇位于永春县东部，辖22个村（社区），户籍人口69042人，常住人口近8.3万人。2020年实现规模以上工业产值187亿元，增长2.6%；农业总产值2.7615亿元，增长4.2%；农民人均可支配收入21359元，增长7.38%；固定资产投资3.8亿元；镇财政总收入1.6589亿元，下降11.7%；当年桃城镇被福建省委省政府评为“福建省抗击新冠肺炎疫情先进集体”，被省绿化委、林业局评为“福建省森林城镇”，7个社区被泉州市委市政府评为“泉州市2017—2019年度文明社区”，2个村被泉州市委市政府评为“泉州市2017—2019年度文明村”。

【新冠疫情防控和企业复工复产工作】

科学统筹，落实群防群控措施，压实22个有物业管理小区的管理责任，接管68个无物业管理的小区。对接县公安局出入境管理大队，核实跟踪出入境人员信息，在辖区内外国公民16人按照工作要求做好境外人员防控工作。落实疫情常态化防控要求，压实村（社区）属地责任，以村（社区）为单位制定大规模核酸检测方案。制定31家规上企业和36家限上商贸企业的疫情防控和复工生产方案及应急预案，建立健康观察点，采购口罩、消毒水等防控物资2万多件。帮助3000多家沿街商铺及时恢复营业。出台招工奖励政策，帮助招工1200多人；落实各项惠企帮扶政策，关注资金周转、物流畅通、上下游联动、产品销售等产业全链条，帮助企业协调解决困难和问题。

【美丽乡村建设】

推进绿盈乡村的创建提升，新增环翠、大坪、洋上、外垵等绿盈乡村初级版；提升丰山、长安、张埔等绿盈乡村中级版；建设洛阳、上沙、姜莲、仑山等绿盈乡村提高级版；南星绿盈乡村高级版通过省级第三方验收。建立农村人居环境长效管护机制，投入200多万元按填平、拆除、改造等方式分类整治旱厕1698个，新建洋上等4座农村公厕。新建5座农村生活污水处理设施，提升农村生活污水收集能力；建设德风溪支流污水管网、济川溪8个村（社区）污水管网工程30.5千米，打好水污染防治攻坚战；完成德风、南星清新流域建设，整治河道1.7千米。完成上沙岭水土流失坡耕地连片治理76公顷。

【重点项目建设】

实施建设项目24个，（新开工项目17个、竣工项目13个），其中，工贸旅游建设项目11个，现代农业建设项目4个，宜居环境建设项目9个，12个项目纳入省级“五个一批”项目库。总投资75.23亿元，年度计划投资21.52亿元，全年累计完成投资22.31亿元，占年度计划的103.7%，项目均超时序完成。嘉恒陶瓷科技项目2号厂房、欣丝龙服饰项目2～5号厂房建设完成，6个技改项目均已投产。

【农业农村工作】

全年实现农业总产值2.7615亿元，增长4.2%。推进现代农业项目建设，全年累计完成投资1.53亿元，占年度计划的108%。完成水稻种植456.67公顷，与上年持平。新增连片叶类蔬菜种植6.95公顷，新增种植特色柑橘20公顷，更新种植百香果6.67公顷。上沙岭公司特色产品岩柑已投产，4月28日举办首届永春柑橘节开启网上直播采摘销售，9.5万公斤的岩柑上市半个月全部销售完成，产值达380多万元。推进上沙村与现代农业基地合作，按照“农业+文创+旅游”模式，完善采摘、观光、餐饮、住宿等配套设施，种植32种高端柑橘、12种花卉苗木，打造 “四季好花常开、八节鲜果不断”的网红果园“花果世界”。洋上村、仑山村、姜莲村、长安社区集中盘活流转荒废土地40公顷，种植特色水果、玉米等经济作物，发展桂花苗木产业。

【工业经济】

全年完成工业总产值187亿元，比上年增长2.6%，总量居全县乡镇第一名。受新冠肺炎疫情影响，全镇经济走势呈现先降后升趋势，经济运行稳步复苏。晋昇中润、盛达化纤、永春老醋等17家企业摆脱疫情影响，下半年产值由负转正。晋昇中润拓宽高档服装面料、纯棉纱线国内市场的销售，11月产值达1.056亿元，创公司成立以后最好业绩。万家美提升产品研发能力，布局电商平台，创立自主品牌，开拓欧洲电商平台。引办工业企业15家，其中县里认定投资1000万元以上的有9家企业，盘活闲置厂房面积4.5万平方米。生态家具完成3公顷土地出让，香橼茶业项目已同意供地，投资5亿元的装配式建筑项目正式签约并完成选址。骏源纺织项目厂房装修改造和设备购买，10月下旬部分投产。继续培育3家工业企业，签约投资额5亿元以上。

【旅游经济】

坚持特色化打造、区域化推进、精品化示范引领，乡村旅游持续向好。扶持66.67公顷上沙岭现代农业基地做强做优，完善采摘、观光、餐饮、住宿等配套设施，增加上沙岭花果世界游玩项目，配套停车场，举办柑橘旅游节和直播带货活动，成为永春新的网红打卡地。丰富南星社区旅游业态，提升改造南星社区的民宿、半湖小馆咖啡馆、知青驿站、农民书院、创客工作室、陶艺馆、香道馆，建设七彩滑道、水滑道。花石社区推进盆景园、多功能空间建设，探索生态产品三级市场改革，引入滋农公司经营集中流传的古大厝、农田，利用泉州市党内政治生活体验馆等辖区内优质资源，开展红色培训、绿色研学等活动。2020年，全镇旅游总收入136万元。

【社会事业】

统筹发展城乡环境，推进城乡功能与品质提升。推进辖区内桃东新村、文彬商业城等9个老旧小区完成管网、交通系统、绿化景观、外墙景观等改造。投入1000多万元实施桃溪14间店面拆迁、德风味安食品道路拆迁2个安置房建设，解决22宗拆迁安置问题。推动桃溪“个建”问题化解，落实6户“两困户”桃溪片区剩余房源安置问题，建立个建“填空补齐”回购安置模式。推进城乡居民保工作，累计参保人数达27149人，7510人享受城乡居民保养老待遇，3790人享受被征地人员养老保障金。全年发放低保、特困、孤儿等生活保障金570万元；结合疫情、寒潮等灾害，发放临时救助资金29万元，惠及困难群众461户。升格榜头实验小学、化龙实验小学。榜头实验小学2幢教学楼已封顶。加强文物安全管理，省级文物保护单位修爵堂启动一期修缮工程，国保文庙中的明仑堂完成修缮。提升文化服务能力，组建97支文艺团队，洛阳村文化服务中心提升工程纳入泉州市为民办实事项目并已完成。投入1000万元提升改造吴上线白改黑工程，为推进上沙、姜莲、仑山连片发展提供交通保障。

【基层党建】

探索城市党建新路，桃城社区、桃东社区升格为党委、化龙社区升格为党总支，成立2个离退休党支部承接国有企业退休党员，提高社区大党委管理能力，优化基层组织架构。成立富临国际小区等12个兼合式党支部，16个小区推选出130多名党员楼长，发挥在职党员报到平台作用，成立电力维修、消费维权、卫生健康志愿服务队，开展高考静音行动、创城净烟行动等系列活动，促进小区和谐。桃溪社区党委和富临国际兼合式党支部近邻案例入选《泉州市近邻案例选编》。提升22个社区党群服务中心建设，优化镇级51项、村居11项便民服务事项，完善便民服务、行政审批县镇村三级联动机制，方便群众办事。落实人才“港湾计划”，引导高层次人才做好申报认定工作，1人被确定为第三层次人才，1人被评为永春县优秀农村实用人才，福建省盆景大师评定工作站落户桃城镇。与永春县生态文明研究院合作，建设桃城乡村治理人才驿站，探索乡村治理人才培育新模式。

【社会治理】

探索基层治理新模式，开展微网格服务管理，全镇网格调整细分为258个单元网格，配备单元网格长104人，网格员258人，实现横向边、纵向底“一格一号”的精细化管理。强化人民调解工作，成功化解“公调对接”案件9起，“诉调对接”3起。撰写多元化解案例4篇，其中1篇入选司法部案例库。创新“网格化+人民调解”和“互联网+人民调解”，面对疫情防控，通过“微信视频”，开拓在线“面对面”和“键对键”调解新模式。全年排查矛盾纠纷354起，成功化解矛盾纠纷352起，成功率达99%。典型做法被《福建改革财经情况》《侨区快讯》刊发，综治考评位居全县前列。

【文明创建】

桃城镇连续获评7届省级文明乡镇，获评市级文明村（社区）9个，县级文明村（社区）12个，22个村（社区）100%参评（2020—2022年）县级以上文明村（社区）。深化移风易俗工作，共评选移风易俗示范村（社区）5个、移风易俗示范村规民约5个、移风易俗带头人22个，“好婆媳”76对（个）、好妯娌76对、好邻居76对（个）。被推荐为市级移风易俗示范乡镇，桃溪社区周光灿被推荐为市级移风易俗带头人。桃溪社区被评为2020年全省学雷锋志愿服务最美社区。深化妇联改革，建设6个妇女微家，成立一个“四新”（指新领域、新业态、新阶级、新群体）组织妇联。被市妇联评为泉州市2020年“三百四有”〔“三百”指省妇联开展的百个达标乡镇妇联、百个达标的村（社区）妇联和百名优秀妇联主席；四有指服务大局有担当、创新活动有载体、积极履职有制度、妇女工作有成效〕创建活动基层妇联组织示范单位。冯淑题等6名被评为县“三八红旗手”，化龙社区被评为县“三八红旗集体”。郑加平家庭被评为2020年第二批全国最美家庭、福建省“职工最美家庭”；镇工会主席周梅芬被评为“福建省优秀工会工作者”。

（分管领导：颜尧民 撰稿人：谢钰荣）

东平镇

【概况】

东平镇地处永春县城以东五公里处，桃溪下游，东、西、北分别与东关镇、桃城镇、湖洋镇相连，南与南安市诗山镇、码头镇毗邻。全镇9个行政村，人口20021人，旅外华侨4.1万多人，是著名侨乡。全镇面积40.53平方千米，镇区面积6.8平方千米，有18个党支部、685名党员。2020年，全镇实现农业总产值13672万元，比上年增长2.5%；工商税收806.81万元，比上年下降19.40%；财政总收入6338.77万元，增长3.94%；完成固定资产投资32854万元；规模以上工业产值66.31亿元，增长13.82%；农民人均纯收入22896元，增长12.5%。

【新冠疫情防控和企业复工复产工作】

新冠肺炎疫情发生以后，东平镇党政领导将疫情防控作为头等大事，自觉扛起“保一方平安、促一方发展”的政治责任。全面应战，布好防线。第一时间启动一级响应机制，成立疫情防控工作领导小组和指挥部，建立联防联控工作机制，制定下发《东平镇新型冠状病毒感染的肺炎疫情防控工作方案》，下设15个工作小组，全镇9个村细化为55个网格，确保疫情防控工作高效有效运行。对小区、超市、校园进出人员实行“八闽健康码”亮码通行，始终保持战备化的指挥体系，常态化运转。全盘统筹，抓实双线。坚持“两手抓、两手都要硬”，统筹推进疫情防控和社会经济发展，从2月10日开始，东平镇成立企业和重点项目复工复产疫情防控领导小组，下设4个专班，每个专班由1～2名科级干部、5名骨干、1名医护人员组成，对辖区内企业和重点项目全面摸排，运用“保姆式”服务对企业实施精准帮扶指导。举办“书记镇长相拍报”直播活动，为企业提供线上产销对接服务27次，支持企业复产复工。

【宜居建设】

城乡发展同频共振。偏远山区集中安置小区（一期）、东平中心小学教学楼及配套设施工程、东山村乡村振兴服务站（山味堂）已建成投入使用，东山村老人活动中心进入收尾阶段，霞林2020-32号地块征迁工作基本完成。基础设施日臻完善。加大农村污水管网建设运营，实现镇区平原村生活污水治理全覆盖、农村生活垃圾无害化处理全达标，推进村庄环境纵深治理，实现农村改厕全覆盖。推进“四好农村路”建设，投资800多万元实施东山美丽乡村周边角落道路拓宽硬化、冷水黄坑桥危桥改造等工程，畅通城镇“血管”。生态环境持续向好。开展中央和省环保督查反馈问题整改，落实河湖长制，实施桃溪支流生态治理工程和乌石溪、狮坑溪生态水系建设项目。开展河湖清洁专项整治行动，强化农业面源污染治理，完成3个中级版“绿盈乡村”申报创建工作。美丽乡村颜值攀升。实施“美丽小镇+美丽乡村”融合发展计划，同步实施省、县两级乡村振兴示范村项目（东山村、冷水村）。建立农村人居环境综合整治长效机制，持续推进城乡环卫一体化、垃圾分类、美丽庭院创建。

【重点项目建设】

落实“项目攻坚2020”，全年实施重点项目17个，其中市级1个，县级6个，年度计划总投资11.98亿元，完成投资15.63亿元，占年度计划130.4%。其中，紫隆陶瓷生产项目，进行主体厂房和综合办公楼第六层建设；万润食品项目，完成主体厂房建设，进行设备安装同时搭建6000平方米的钢结构仓库；顺意食品，1号厂房已投产，正在进行办公楼内部装修；新洁诚卫生用品（二期），完成2号厂房建设，1号生产线已投产；加基瓷土精加工，已投产；东平镇偏远山区集中安置小区二期建设项目：进行地勘和设计。

【农业农村工作】

农业产业转型升级。建设高标准农田 30.47 公顷，新增粮食产能 14 吨。实施 2 个现代农业重点项目，完成投资 0.83 亿元。新建生态农业基地 1 个。推进全镇 19 家农业生产主体"一品一码"工作，实现全过程可追溯。

【工业经济】

实施以商招商、精准招商，引进 2 家亿元企业（冠中科技、凯鑫食品），3 家千万元企业（陶源美瓷、顺祥服饰、昌建服装），8 家企业正在洽谈中。

【旅游经济】

深化美丽乡村建设，按照"扩面、提升、深化"的要求，导入市场、产业等资源，引导从"创建美丽"向"经营美丽"转型。把旅游产业放在更突出的位置，发展全域旅游，争取社会资本参与，以桃溪流域、美丽乡村为依托，发展休闲农庄、观光农场、乡村民宿等新兴业态，同步实施省、县两级乡村振兴示范村项目（东山村、冷水村），打造一批旅游综合体。国庆期间，七彩东山灯光秀、徒手抓鱼直播大赛吸引参观人数 7 万多人，网络平台点击量 30 多万人次。创新发展"1+N"大旅游融合模式，重点打造传统宗教朝圣游，推进紫云禅寺项目建设，设计精品旅游线路，把东山、冷水美丽乡村及紫云禅寺、云峰岩与昆仑寨风景区等串联起来，推出"东山、冷水美丽乡村—紫云禅寺—昆仑寨—云峰岩"旅游路线，开发农家乐、水果采摘、水上娱乐、采茶等系列体验活动，推动东平镇旅游由"偶尔旅游"向"常态旅游"逐步转变。

【社会事业】

脱贫攻坚全面打赢，2020 年，发放贫困户应急救助资金 5.5 万元，稳定聘用公益性岗位 4 个，投入 177.6 万元巩固扶贫成果，完成新时代脱贫攻坚目标任务。完成消除薄弱村任务，实现全镇各村村集体经济收入 10 万元以上。社会保障不断完善。全年发放低保金 88.91 万元，残疾人补助 56.5 万元。加大重点人群帮扶力度，发放特困人员救助供养金 48.48 万元、临时救助金 11.89 万元。坚持教育优先发展，整合 4 所完小的教育资源到中心小学，创办寄午制学校。落实县慈善总会关于民生补短板医疗设备更新项目，提升卫生健康服务管理水平。持续提升百姓幸福感。以居家养老为重点，引进泉州禾康智慧养老产业有限公司，完成冷水村居家养老服务中心建设。

【基层党建】

深化"达标创星"，加强基层党组织建设。落实"七项基本标准"和村级干部积分制考评办法，加强带头人队伍建设，完成 9 个村党组织书记建档工作，发挥"头雁领航"效应。突出"思想引领"，加强基层治理工作。依托美丽乡村云平台，把农村党员培养成基层治理能手，鼓励引导党员亮身份、亮岗位、亮作为，主动在脱贫攻坚、扫黑除恶、乡村振兴、人居环境整治等工作中发挥模范带头作用，发挥乡村善治"主力军"作用。突出"消薄倍增"，加强村集体经济发展壮大。摸清 9 个村家底，通过租赁整合村集体资产、发包出租流转土地、发展光伏产业等方式，实施消薄倍增计划项目 21 个，2020 年所有村集体收入均超 10 万元，20 万元以上的村达到 6 个。

【社会治理】

增强百姓安全感。深化"强基促稳"三年行动，推进"三治融合"示范村东山村创建，推行"135"庭所共建机制，排查化解矛盾纠纷 143 件。推行"村干部兼职辅警"机制，实施扫黑除恶专项斗争，网格化治理体系雏形渐展。开展房屋安全百日"大整治"、安全隐患大排查大整治、安全生产专项整治三年行动，重点行业、重点领域安全生产专项整治全覆盖，排查各类隐患 410 条，整改 410 条，整改率 100%。

【文明创建】

深化习近平新时代中国特色社会主义思想和中国梦的宣传教育，组织开展"东山"好人、慈孝模范、好儿女、好妯娌、文明家庭、文明市民等评选活动，形成健康向上的精神风貌。开展移风易俗行动，完善"一约四会"人员配置，成立 2 支移风易俗劝导队，邀请群众威信高、公道正派的老党员、老干部充实到"四会"中，引导群众弘扬时代新风，坚决遏制陈规陋习。挖掘历史文化记忆和地方特色，以东山祖厝"恭房""礼房"和历史名人颜回事迹为主体，建设家风家训展示馆；做好各级文物保护单位如从桂庵、东区农民协会旧址的日常维护和隐患排查；成立东山村“红色乡贤促进会”，创新乡贤治乡的模式，发掘培育优秀“新乡贤”，重构乡贤文化。整合民间艺术资源，发挥文化能人、民间艺人的作用，组建4支群众文艺队伍，将道德教化与文艺结合起来，动员群众参与，让“群众演给群众看”。

（分管领导：王进铭 撰稿人：高培芬）

东关镇

【概况】

东关镇位于永春县东南部，辖12个村（社区），户籍人口14791人。2020年，东关镇实现规模以上工业产值22.67亿元，比上年增长10.3%；工商税收1110万元，比上年下降9.5%；农业总产值13367万元，比上年增长3.7%；农民人均纯收入16340元，比上年增长6.6%；固定资产投资3.42亿元，比上年下降4.5%。东关镇团委被团市委授予2019年度泉州市五四红旗团委称号，团员巡河队获2020年泉州市志愿服务项目大赛优秀项目奖。东美村获评泉州市2017—2019年度文明村。

【新冠疫情防控和企业复工复产工作】

深化“网格化+大数据”防范排查机制，加强人员高中风险地区和境外入永人员跟踪健康管理完善核酸检测机制，牢牢守住疫情防控底线；统筹推进疫情防控和经济社会发展，从常态防控、物资保障、供需对接、政策扶持、员工招聘、跟踪监督等方面着手，帮助企业复工复产、恢复产能，迅速有序恢复生产生活秩序；在全县率先创新实施“学校班级网格+属地村级网格”双网格防控机制，保障学校平稳有序复学复课。开展安全生产专项整治三年行动、安全隐患大排查大整治、房屋安全百日“大整治”活动和消防安全整治攻坚行动，健全工作机制，强化责任落实，加大排查整改力度，做到全行业、全领域覆盖，不漏一村一企一户一屋，安全生产态势稳定。

【宜居建设】

旅游发展推进东美、外碧美丽乡村示范村建设，完成东关桥文化旅游园区项目桥尾半岛栈道、旅游码头、松鹤水仙驿站、桥头小憩、水仙茶史馆、园区污水管道、桥尾停车场建设，桥头小憩引进厦门马小兔餐饮公司进行运营，桥头新增的咖啡吧、白番鸭美食馆、茶叶休闲吧等业态开始运营。推进外碧村家风家训园、农耕体验园建设，形成党风廉政教育、红色旅游及乡村研学体验的新亮点。乡村治理亮点纷呈。推进“三治融合”与“邻里守望”基层治理模式相结合，选取外碧村和东美村为试点推行村民小组长积分制和村民积分制，组建“近邻帮帮团”，开设“健康自测小室”，调动小组长和村民自治内生动力；发挥乡贤引领作用，东美村成立红色乡贤振兴促进会，实施科级干部联系挂钩乡贤制度，全镇22名科级干部挂钩联系412名本地乡贤，制定《红色乡贤促进会章程》，鼓励乡贤带头参与移风易俗、项目建设、矛盾调解等工作中，乡贤主动参与各类民生项目121人次。东关镇乡村治理模式在市侨区快讯刊发并得到常务副市长洪自强的批示肯定。

【重点项目建设】

全年14个重点项目完成投资8.02亿元，占年度计划101.53%，其中工业企业项目6个、水利项目3个、宜居建设项目2个、基础设施项目1个、现代农业项目1个、文旅项目1个。招商引资持续见效。做到“疫情”有阻、招商不堵，实施以商招商、产业链招商，快速做大做强产业经济总量，全年引办工商企业11家，投资亿元以上企业3家，投资5000万元及以上企业3家，投资1000万～5000万元的企业5家，其中商贸2家，建筑行业2家。已完成河北德天药业投资意向合同的签订，在谈意向投资项目有广州奇绩药业、江山市龙江消防材料有限公司、福建超顺建设有限公司。东关镇安排专人专班为新引办企业提供保姆式服务，做好前期服务，及时了解并协调解决项目建设、招商引资过程中遇到的用地、用电、项目立项、建设审批等要素保障问题。

【农业农村工作】

整合全镇266.67公顷水仙茶资源，发挥东关镇水仙茶业协会作用，开展2020年东关镇闽南水仙茶王赛、茶叶技术讲座和农业技术培训等活动，依托北硿华侨茶果场、松鹤水仙驿站等载体，加大“松鹤牌”闽南水仙茶推介运作，东关镇闽南水仙制茶技艺入选全县第四批非物质文化遗产；11月镇水仙茶行业协会选送的水仙岩茶在全省“双世遗”杯茶王赛中获评银奖；在2020年秋季永春县茶王赛活动中，山城村蔡江勇获得浓香型水仙金奖。推广“咏春云河”白番鸭品牌，引导云河白番鸭保种繁育有限公司于2020年在海峡股权交易中心挂牌交易为契机，延伸产业链，同步发展集中屠宰、冷链仓储、深加工、餐饮等，推动多产业融合发展，“永春白番鸭”品牌获评2020年度福建十大农产品区域公用品牌；云河白番鸭保种繁育股份有限公司被确立为2020年省级农业物联网应用基地。

【工业经济】

全年引办企业6家，其中投资亿元以上企业3家，投资0.5亿元及以上企业1家，投资1000万～5000万元企业2家。泉州市盛鑫环保有限公司投资1.8亿元从事建筑废弃物回收再利用；福建恒钛铸锻有限公司二期投资1亿元从事重型机械配件制造；河北德天药业有限公司投资2亿元从事生产中成药、中药饮片；新恒发包装有限公司投资5000万元从事纸箱加工生产；泉州美道嘉工艺品有限公司投资1500万元从事工艺品生产；福建超越农业科技有限公司投资1500万元从事山茶油和红黑米的生产加工。

【社会事业】

脱贫攻坚成果巩固。重点关注不稳定脱贫对象、低收入人群，落实稳岗就业、兜底保障、项目扶贫、应急救急等工作，帮助贫困户申请各级扶贫资金10.75万元；联合市、县人社局在东关镇举办泉州市首期贫困劳动力职业技能培训班；东关卫生院成立家庭医生签约服务团队，常态化开展对建档立卡贫困人口234人的健康体检。社会保障持续强化。推进社会保险参保扩面，实现应保尽保。加大对就业困难群体的帮扶力度，加大疫情防控期间困难群众社会救助，发放低保金及特困保障金104.26万元、临时价格补贴26.62万元、优扶款及优待金等补助金75.81万元；新建美升村、金城村两个居家养老（农村幸福院）；兑现计生奖励优惠政策和免费技术服务；完成第七次全国人口普查工作。教育医疗持续向好。投入165万元完成东关中心小学校园校舍（包括校门、围墙、跑道等）及教学设施的改造提升，投入242万元新建中心幼儿园教学楼900平方米，改善办学条件；在疫情初期联合教育基金会优先为镇中小学、幼儿园备足额温枪、口罩等防疫物资；举办庆祝教师节暨东关茂林教育基金颁奖大会，表彰、奖励20名优秀教师及74名东关籍学子，发放奖教奖学金16.7万元；规范卫生院诊疗程序，镇卫生院按“三区两通道”规范设置发热门诊，加快村级卫生所规范化建设，完善村级卫生所医保报销制度。

【基层党建】

队伍建设“无死角”。规范做好基层党支部按期换届，按照有关规定，落实提醒督促机制，选优配强基层党组织班子，完成镇直机关党支部、离退休党支部及3个非公企业党支部的换届选举；新“党建入章”非公企业17家；按照发展党员工作方针培养11名发展对象；选取24名优秀村（社区）两委作为后备干部培养。学习培训“全覆盖”。按照“六有”党校建设标准，成立东关镇党校校务委员会，制定镇党校培训计划和学员守则，将乡镇党校建设与综合会议室改造提升、镇文化站建设相结合，探索“1+N”党校模式，采用1个镇党校带动N个分课堂的方式，选取东美老年活动中心、外碧村乡土记忆馆等几个地理位置相对中心、党员人数较多、党建组织力较强的党支部建设分课堂，组织村（社区）干部和党建工作指导员展开集中学习培训6次。档案管理“有规范”。开展排查整顿农村发展党员违规违纪问题工作，全镇排查对象数132人，通过调阅档案、询问发展支部、与党员本人谈话等方式，详细了解发展流程是否符合规范，并聘请档案公司对所有党员档案建档登记，规范档案管理。“强基促稳”三年行动“再升温”。聚焦“强基础、防风险、保稳定、促发展”工作主线，结合疫情防控、安全生产、乡村振兴战略、农村人居环境综合整治、脱贫攻坚、生态环保、保障和改善民生、扫黑除恶、移风易俗等中心工作，发挥优势、培育特色，推动工作任务落地生效。软弱涣散“强整顿”。针对摸排发现的软弱涣散党组织具体情况，分析其主要原因，找准存在的突出“症结”，制定《关于东关镇龙坑社区软弱涣散党组织的整顿方案》，开展有针对性的集中整顿工作。

【社会治理】

社会局面安定稳定。深化“强

基促稳”三年行动，开展 “三治融合”示范村（社区）创建活动，完成东关镇“一庭三所”联合调解室、东关镇矛盾纠纷多元化解中心及12个村（社区）矛盾纠纷多元化解工作室的建设受理矛盾纠纷105起，调处成功率100%；受理信访件31件，信访事项及时受理率和按期办结率均达100%。

【文明创建】

新建东关镇文化服务中心（新时代文明实践所）并于7月投入使用；创建国家公共文化服务示范点，组织参加全县农民运动会获得团体二等奖，组织侨心艺术团参加全省农民丰收节文艺演出；保护与加强传统文化的传承工作，申报县级非遗闽南水仙制作技艺。

（分管领导：潘志生 撰稿人：霍玮珏）

岵山镇

【概况】

岵山镇地处永春县南部，辖11个村，户籍人口25431人。2020年全镇农业总产值1.40亿元，比上年增长9.96%；规模以上工业产值22.79亿元，比上年增长13.15%；财政总收入2118.38万元，比上年增长2.2%；固定资产投资2.53亿元，比上年增长27.72%；农民人均纯收入18043元，比上年增长6%。入选全国“一村一品”示范村镇，获批中国特膳食品（九制熟地）之乡，岵山乡愁小镇被列入第二批市级特色村镇扶持创建试点名单。

【新冠疫情防控和企业复工复产工作】

组建联村党委党员先锋队和11支党支部党员先锋队，带动全镇群众联防联控、群防群控，推动防控各项措施落实到位。入户宣传落细落实。强化宣传引导，结合各村实际，利用各种载体传播疫情防控知识，悬挂横幅62条，LED电子屏20块，网络推送112条，宣传栏15个，宣传车23辆，张贴海报1.3万份，印制返乡人员走访提醒卡、《各村走访湖北返乡人员注意事项》、《倡议书》、《致广大民众的告知书》等宣传材料6万余份，营造疫情防控浓厚氛围。强化摸排走访，逐家逐户排查；对全镇范围内侨亲、侨眷进村入户摸底，及时掌握海外侨亲返乡意向。企业开（复）工有序。落实专人专班，一对一帮扶，指导企业有序复工，发动乡贤募集防疫物资，募集口罩1.5万个，消毒水300公斤，根据各复工企业情况进行调配，保障复工企业配备充足防控物资。辖区内复工工业企业13家，复工返岗479人。解决疫情期间用工难问题，发动镇内闲置劳动力应聘岗位，全年新招聘员工31人。

【美丽乡村建设】

优化人居环境。重点推进农村“厕所革命”，开展镇区街道整理，实施规范摊位和停车位、绿化设施提升等，在房前屋后、乡村道路沿线等处布置小景观、小植物，提高村庄整体绿化效果。清除各类违建、违盖9670平方米，拆除鸡鸭禽舍2000多座，清理整治黑臭沟渠30多处1985米；改造无害化户厕75户，清理农村旱厕100多处，推进农村旱厕清零，完善农村公厕制度上墙，更新公益广告，完善公厕硬件；完成裸房装修106幢25360平方米、古厝修缮8幢2230平方米、新房美化7幢1840平方米。改善古镇风貌。以获批第七批中国历史文化名镇为契机，坚持“见人见物见生活”的可持续发展理念，率先推行“三长制”，建立健全古厝、古街、古树保护管理机制，设置古厝长37人、古街长17人、古树长26人。实施历史风貌保护修缮、古厝民居活化利用、配套设施完善提升、历史文化传承保护、古镇旅游保护开发五个项目，持续做好岵山历史文化名镇的改造提升，获准申报2021年省级重点改善提升历史文化名镇项目。推进乡村振兴。对茂霞、塘溪、铺下实行统一规划，打造以突出村、示范线、省级试点村为一体的古镇乡愁片区。茂霞村以生态研究院为中心，建设研学基地，修缮贻福堂打造乡愁小镇展示馆，建设榜舍龟馆、泗州堂陶瓦馆，对瓦窑遗址至祥奏小宗沿线环境进行业态提升，游客中心餐厅投入运营；塘溪村实施和塘古街文创项目，建设荔枝公社豆腐制作体验馆，修建停车场；铺下村投资650万元成立村办企业福祥醋业有限公司，发展传统酿醋产业，建设古法酿醋旅游体验区，打造荔韵醋香景观带。

【重点项目建设】

2020年，全镇实施重点项目14个，投资8.8亿元，其中纳入县级重点项目4个。泉州市华飞金属制品项目、泉州市中顺科技项目完成厂房主体建设、设备安装调试并投产，实现当年招商、投产、缴税；鑫发金属制品项目、百川畅银新能源项目均超额完成投资；津源老醋厂扩建项目，年底完成主体2层建设。项目攻坚持续发力，仅用7天时间完成泉南高速拓宽（岵山段）拆迁安置工作，签订涉及6个村53户4182平方米的房屋征收协议。2020年8月17日举行系列项目开竣工仪式，有华飞金属制品厂房、津源酱醋厂二期、铺下村“荔韵醋香”乡村振兴示范点、茂霞村党群服务中心、塘溪村旅游设施及停车场5个工程项目开竣工，总投资达2.3亿元。

【农业农村工作】

加快农业发展。举办第八届岵山荔枝文化旅游节，解决受疫情影响、经济下行、荔枝滞销、农民收入减少的问题，实现线上订单11565单，销售量57825斤，销售额约115万元，荔枝单价由8元提高到15元。岵山荔枝品牌价值得到提升，在2020中国果品区域公共品牌价值评估中品牌价值达3.03亿元。承办“康养福地·舌尖永春”王味厨霸赛，将乡村民俗饮食文化与乡村旅游产业融合，助力美丽乡村发展。第三届福建省“中国农民丰收节 ”启动仪式在岵山镇举办。推进脱贫攻坚。以防返贫控新贫稳脱贫“一库五机制”为抓手，防止因病、因灾、因祸等导致返贫新贫现象发生，重点关注六类人员，应对疫情影响，落实各级产业补助资金15.35万元及镇级配套5.7万元用于贫困户产业发展，对4户贫困户进行住房改善，对52户贫困户饮水进行检测，发动香港永春同乡会等社会慈善机构进行再次兜底，如期完成脱贫攻坚目标任务。

【招商引资】

引办落地2家亿元企业：泉州市中顺科技有限公司、泉州市天成铝业科技有限公司；3家千万元以上企业：福建省舜盛医疗科技有限公司、永春县福祥醋业发展有限公司、万象兴塑胶制品有限公司。引办4家限额商贸企业、3家建筑企业，形成新经济增长点的项目。泉州市中顺科技项目完成厂房主体建设、设备安装调试并投产；福祥醋业项目完成厂房建设并投产。

【旅游经济】

聚焦文旅融合，释放全域旅游聚合效应。突出项目带动。围绕市级特色小镇（岵山乡愁小镇）创建，以项目促发展，推进古镇风貌修缮提升项目、古镇旅游核心区开发项目（和塘荔苑）、八古文化街区项目，铺下“十镇百村”项目，布置打造徐悲鸿、李学功、王乃钦、曾军艺书画工作室，提升旅游文化内涵。搞活旅游业态。建设荔枝主题“隐荔民宿”、人才主题人才驿站民宿，完成荔枝产业研学课程的开发，吸引人气入驻。全镇设立民宿11家，可满足450多人入驻；租赁古街店面、古厝，并进行修缮，经营美食街餐饮店、特产店18间，实现民宿、餐饮等经营性收入50多万元，全年接待游客15万多人次。

【社会事业】

发展社会事业。向全镇5162户农户发放2020年耕地地力保护补贴资金73.22万元，补贴面积738.3公顷。全镇城乡居民养老保险和医疗保险参保率均达98%。全年发放城镇低保、农村低保、残疾护理补贴、困难残疾人生活补贴等各类补贴178.28万元。落实双拥优抚工作，规范宗教事务管理，争取侨资捐款2000多万元。改善民生。永春六中获批创建省二级达标中学，改善办学条件，提升教育质量。推进农村生活污水处理设施建设，改造岵山镇金溪流域茵下坝汀步道，建成全省首家镇级水生态研学馆。争取县交通运输局250万元农村公路养护专项资金，提升岵山镇、村道路质量及安全防护水平。

【基层党建】

建设党员驿站，联合人才驿站引进乡村振兴人才，编制岵山镇人才地图，增强“头雁领航”效应。设置党员古厝长、党员古街长、党员古树长80人，制作“党员三长”分布图，做实网格化管理。完成茂霞村、北溪村2个红色乡贤振兴促进会的注册登记工作，制定村民小组长、党员“三长”积分制考评办法，实施村民志愿者积分制考评办法，提高村民自治管理水平。成立非公企业党支部1个，新发展党员10人。

【社会治理】

强化网格化服务管理，选齐配强网格骨干，全镇配备网格员118人，负责网格内巡查、综治宣传、矛盾化解、帮教互助等工作，落实网格员季度业务培训和年终绩效考评机制。推动扫黑除恶常态化，上报扫黑除恶有效线索1条，协助核查线索10人次。提升矛盾纠纷化解力，深化基层庭所共建机制，整合法庭、派出所、司法所、法律顾问等资源，实现“小事不出村、大事不出镇”的矛盾纠纷调解目标，全年排查化解矛盾纠纷231起。开展信访举报“大起底、大排查、大化解”攻坚战，办理信访件25件，转交相关职能部门10件，其中已办结7件。

【文明创建】

强化乡风文明示范创建，建设古厝家风家训馆、镇综合文化站，打造岵山镇新时代文明实践基地。对岵山镇新时代文明实践所进行重新布馆设计，利用荔枝文化、宗教文化等20余种文化资源设立20余间文化展览室，将镇级综合文化站的功能展览室整合融入实践基地，同时设有多个艺术家工作室，丰富实践基地文化内容，打造宣传思想文化的基层平台。联合岵山社区大学开展农村志愿服务活动，组建村级志愿服务队伍。成立 “荔夏青年志愿服务队”，招募65名大学生志愿者，开展志愿服务活动，助力乡村振兴，全年开展志愿服务46次，参与志愿服务260人次，服务对象3万人次。依托永春县生态文明人才驿站，配合岵山社区大学通过开展暑期夏令营活动、开设4点半课堂、社区读书会，免费为留守儿童提供假期学习机会，辐射带动周围200余个家庭，服务住地居民6000余次。

（分管领导：林瑞虹 撰稿人：施恬辉）

仙夹镇

【概况】

仙夹镇位于永春县西南部，距县城16千米，面积34.6平方千米，辖8个行政村，4680户，户籍人口1.5万多人，是著名侨乡、革命老区乡镇和国家级生态乡镇。2020年，全镇地区生产总值增长1.6%；公共财政总收入936万元、增长9.7%；全年争取上级各类财政预算内专项资金990万元。2020年仙夹镇被授予省级乡村治理示范乡镇、省卫生乡镇、市级文明乡镇等称号。

【新冠疫情防控和企业复工复产工作】

第一时间组建指挥作战体系，夯实疫情防控网格化工作模式，排查中高风险地区和境外返乡等对象。劝导丧事简办、红事及各类庆典活动不办或简办近30起，累计进村入户对627户归侨侨眷开展宣传。推进“八闽健康码”申领工作，常住人口申领人数超5800人。发挥党组织的核心领导作用，采取有效措施做好疫情防控工作。全镇党员自愿捐款4.11万元，捐款率100%。组建企业复工复产服务队，走访和督促14家引办的工贸企业落实好各项防控措施，先后向4家企业支援防控物资，协调企业反映难题1例。通过协调、指导、协助，所有引办企业复工后同时做好疫情防控，其中龙水漆篮工艺有限公司采取分散+集中模式复工复产。

【特色乡镇和美丽乡村建设】

推动漆艺发展。构建“文旅+研学”模式，整合全镇漆艺文化资源，以漆艺入选第三批省级终身教育重点项目为契机，申创“中国漆艺之乡”，提升漆篮非遗文化影响力，做好漆艺文化传承创新。成立仙夹镇漆艺产业发展工作领导小组及其办公室，出台《仙夹镇漆艺人才三年倍增计划》，增强漆艺产业发展动力。鼓励手工艺人参评人才称号，新增泉州高层次人才4人和县级工艺美术大师8人。开展漆艺从业人员统计工作并分类登记造册，举办漆艺拜师仪式，形成漆艺人才梯队。成立以村集体为主导的“永春漆艺”合作社，创建漆艺交流中心，深化“校地合作”，研发新产品，延长产业链条，为建设艺术小镇夯实基础。做好卫生整治。开展多次全镇除“四害”行动和公共场所大规模消杀1.2万平方米，提升镇域卫生水平。开展人居环境专项整治，实施改圈、改厕等工作，填埋、改造旱厕500多座。深化垃圾分类工作，提高村民卫生保洁意识，巩固龙水村省级垃圾分类试点村建设成果。守好绿水青山。开展河道清淤清障7.8千米，排查清理17处沿溪禽舍、临时搭盖。建立健全《仙夹镇河（湖）长制工作年度考核问责机制暂行规定》《仙夹镇河道专管员工资“奖惩制”》等制度，实行村级保洁与河道清洁相结合，把河道水面保洁工作纳入常态化和精细化管理，实现辖区内水质长期保持在Ⅲ类水以上。完成造林绿化与森林抚育234.07公顷，建成山后村森林生态文化建设示范点，设立龙水村、山后村森林人家。宜居环境建设。

完成新房美化3060平方米，裸房装修2420平方米，古厝修缮4980平方米，“两违”拆除5040平方米。深化网格化环保监管，评为永春县2020年网格化环保监管工作考核优秀单位。加快“绿盈乡村”提级申创工作进程。投资247万元完成农村公路专项养护工程和美土线4.3千米安全防护工程。

【重点项目建设】

落实“项目攻坚2020”，9个重点项目完成投资3.32亿元。其中加油站建设项目投资2000万元，于2020年8月建成并营业；基础设施提升工程实现镇村道路安保、绿化、亮化等配套设施完善；人居环境整治项目完成龙美村旅游公厕和镇村污水处理设施建设。

【农业农村工作】

提升地域知名度。举办全市水稻生产全程机械化（机收环节）现场会，承办中国美院出版社“美育引领乡村振兴”暨林容生线描山水写生与笔墨语言转换课题组走进永春采风写生活动启动仪式。组织26名手工艺人参加永春县首届工艺大师评选活动暨福建省（永春）“匠艺杯”工艺美术现场技能大赛，其中22名参赛选手获奖。鼓励手艺人参加永春县第二届乡村振兴创新创业大赛，仙夹镇衍纸艺术获二等奖。组织美食小吃制作能手参加永春县“康养福地 舌尖永春”王味厨霸赛，榜舍龟（甜）、白糍（甜）烹饪排名赛获一等奖。提高农业竞争力。在乡贤郑金贵（原福建农林大学校长）指导支持下，与福建农林大学合作建设“农林大学新品种种植实验园”，种植13.33公顷紫两优黑米、红米和姜黄、西兰花、地瓜、桑葚等专利防癌农产品，打造生态农业观光区和现代农业示范点，推进农业高质量发展。完成龙湖—东里高标准农田建设，夯实农业发展基础。持续发展种植高品质百香果和水果玉米等作物，扩大规模，提高市场竞争力。发挥农村电商平台作用，延长农业产业链，提升农产品经济效益。

【工业经济】

全镇年度固定资产投资项目6个（其中5000万元以上项目1个，500万～5000万元项目5个）。主动对接，全员招商，新签约落地企业8家，总投资约3.2亿元。助力怡辰小家电制造项目解决厂房、用工等问题，实现洽谈至开工投产仅用2周时间。

【旅游经济】

发展特色旅游。实施东里村村庄规划编制和“十镇百村”项目，完善东里村旅游服务中心和乡村发展中心建设，提升郑金贵团队工作室、郑傅安国际艺术交流中心和黄文中团队写生基地，改造建设东里村民俗展示中心。推动古厝旧房的改造修缮，改造龙水村古民居建成民宿玫瑰园，修缮东里村植美书院古厝设立泉州市文艺评论家协会创作基地及衍纸艺术工作室，建成东里村民宿15间，提升乡村旅游和研学的配套设施水平。打造山后村—龙水村漆艺文化路线和东里村—夹际村历史文化与农业观光体验路线2条特色旅游线路。提升夫妻银杏树景观带、黄花风铃木景观带和油桐花景观带，合理利用瀑布、梯田等自然景观资源和革命老区村红色文化旅游资源。

【社会事业】

聚焦民生福祉。实施低保安居工程3户、残疾人安居工程2户和慈善安居工程1户，发放各类民政补助金约240万元。建设中心小学塑胶跑道，对仙夹中学跑道进行硬化。整合夹际中学、小学、幼儿教育，集中优质教学资源建设九年一贯制夹际学校，拆除存在安全隐患的老旧教学楼，筹资600多万元（年度投入162万元）建设新教学楼，完成四层板浇筑，完善校园的相关配套设施建设。统筹推进各项事业。做好第七次全国人口普查工作。把武装经费纳入政府预算，投入经费8万余元，保障武装各项工作的正常开展，获评市级“基层人民武装部规范化建设先进单位”和县级征兵工作先进单位，实现辖区内退役军人服务站建站率和工作人员到位率均达100%，落实退役军人优待抚恤工作。打好“侨”牌，发动仙夹镇华侨乡贤年度捐赠款物约165万元。

【基层党建】

提升教育载体效力，制定年度培训计划，开展4期基层党建业务专题培训班。规范和提升村级党群服务中心，打造山后村最美党群服务中心和龙水村半小时党建文化走廊。办好乡镇党校，促进党员教育全覆盖、高质量。开展“仙乡大讲堂”学习会，教育引导党员干部增强党性观念，提高党性修养。在夹际村碧溪书院创建党代表工作室，加强党代表与群众之间的联络与交流。落实村干部积分制考评办法，对全镇45名村干部进行综合考评，考评等次作为绩效奖励、评优评先等依据，调动村干部干事创业积极性。将优秀青年纳入村级后备干部队伍加以培养和管理，选配3名村务助理，充实村干部队伍，为村级换届做好准备。推进东里村、山后村实施省级扶持壮大村集体经济试点项目。谋划生成11个村财增收项目和5个“强村带弱村”发展项目，全镇8个村2020年村集体经营性收入都达到10万元以上，其中5个村达到20万元以上。开展党建“三级联创”活动。联合县法院、林业局分别与乡村振兴试点村东里村、龙水村结对共建，组织签订党建“三级联创”协议书，就“抓党建、谋项目、促振兴”分别开展多场座谈交流，共同开展“重温光辉历程、牢记初心使命”等系列主题党日活动，推动党建引领乡村振兴落实落细。

【社会治理】

深化“强基促稳”三年行动，推进龙水村“三治融合”村创建工作。推进“七五普法”工作，设置公共法律服务站，做到镇村法律顾问全覆盖。完善村民积分制管理模式和落实积分兑换，组建村民志愿服务队，提高群众参与社会治理的责任感和积极性。联合县司法部门和高校举办乡村治理青年交流会，强化干部业务能力，深化法治乡村建设。发挥镇、村调委会和涉侨纠纷调解服务站作用，排查调处各类民间纠纷74件，调处成功率100%。健全信访维稳方案、风险应急工作预案，全镇信访态势平稳，无集体访或越级上访事件发生。

【文明创建】

持续推进大学习、大宣讲活动，以群众喜闻乐见的通俗语言、身边案例宣传中共十九大精神。落实意识形态工作责任制，强化宣传思想文化阵地管理，以全国公共文化服务体系创建为契机，提升和丰富仙夹镇宣传思想文化阵地的品质和内涵。深化移风易俗，出台《仙夹镇移风易俗工作指导意见》，建成龙水村家风家训展示场所，开展移风易俗专题文艺表演2场，累计参与人数8450人次，进村入户宣传983次。配合做好文明城市创建，营造创建的良好氛围。加强社会主义核心价值观、讲文明树新风、扫黑除恶等内容的宣传，共张贴相关海报140张，横幅36条。表彰首届“最美家庭”10户，发放奖金1万元。

（分管领导：林洪玉　撰稿人：薛巧明）

湖洋镇

【概况】

湖洋镇位于永春县东北部，辖17个行政村，人口4.8万人，旅外侨亲达7万多人。2020年，实现农业总产值2.43亿元，比上年下降32.69%；规模以上工业总产值19.29亿元，下降14.65%；固定资产投资2.57亿元，增长121.08%；农民人均纯收入18752元，增长0.98%；镇财政总收入1924万元，增长4.2%。2020年，湖洋镇（芦柑）获评第十批全国“一村一品”示范村镇和省级征兵工作先进单位。

【新冠疫情防控和企业复工复产工作】

按照“内防扩散、外防输入”的总体要求，落实镇、村、组三级管控责任，落细落实联防联控措施，网格化对返乡到镇的人员逐户摸排、造册登记，及时处置防控永春首例输入性新冠肺炎患例。重视企业复工复产工作，帮助企业解决实际困难，5家辖区工业企业和11家飞地工业企业按时序完成复工复产。疫情期间，开展房屋安全百日大整治行动，全镇排查房屋11040幢，其中一般场所10189幢，重点场所851幢，对8幢D级安全隐患的房屋及时进行拆除处置，消除安全隐患。

【美丽乡村建设】

清白村、溪东村、龙山村、吴岭村从农房整治、绿化美化、污水垃圾治理、违建清理等方面开展宜居环境建设，申报清白村农房整治示范村、溪东村示范街、龙山和吴岭村新时代农村社区等项目，龙山村和吴岭村作为乡村振兴产业融合示范点列入县级项目拉练检视。持续深化农村人居环境整治，加强垃圾清理和转运，垃圾分类，推进农村旱厕治理，14座生活污水处理设施均正常运行，投入270万元建设蓬莱村全覆盖污水收集处理设施。开展“两违”拆除和房屋安全隐患排查“百日攻坚”行动，清理并拆除“两违”1.07万平方米。

推进河长制，开展河道“清四乱”专项整治，做好河道保洁，清理非法生猪养殖及沿河道规模禽畜放养，确保水质全年达标。完成锦溪河道治理建设，治理河长5.3千米，建设护岸1.8千米。

【重点项目建设】

谋划实施重点建设项目18个，年度计划投资10.3亿元，实际完成投资10.36亿元，占年度投资计划100.6%招引落地工业企业6家，其中投资亿元以上企业2家，5千万元以上企业2家。提档升级民生项目，投资627万元建设镇区第二自来水厂、投入597万元新建白云村至仙游县古濑村公路。对接供销社路口拓宽改造事项，实施大草埔、垄尾两个住宅小区和镇居家养老服务中心扩建项目的前期工作。

【农业农村工作】

强化科技引领，激发农业发展新动能，持续打造农业产业品牌，以“串社连片”方式打造芦柑产业园综合体146.67公顷，完成观景长廊、停车场、园区道路、仓储设施、园区花化彩化等，将产业园打造成综合性四季采摘体验果园。创建首批县级“人才之家”——湖洋镇乡村振兴人才之家，打造金斗洋市级星创天地，成立湖洋镇农村专业技术协会，搭建科技特派服务、电子商务等为一体的综合平台，助力湖洋高质量发展。溪西村（芦柑）获评2020年度省级“一村一品”示范村。打响“闽南水仙”发源地品牌，成立湖洋镇闽南水仙茶叶协会，新建和改造标准化茶园213.33公顷，茶叶年产量900多吨，产值超3000万元。湖洋水仙茶在第九届北京国际斗茶大赛暨第四届鸟巢茶王赛、“海丝国际杯”2020年首届国际茶王赛等赛事上获茶王奖项。

【工业经济】

引办5家工业企业，实现企业当年招引、落地、投产、见效。其中，宝利达五金工贸项目在县工业园区租赁厂房8200平方米，投入试产安装机动车摩擦材料和制动配件生产线2条；西姆勒机械项目建立无缝文胸制造机械组装生产线2条；晶诺电子科技项目新创劳动就业岗位70个。鼓励老企业增资扩产，实施技改项目2个，其中，伟浩晶饰项目增资1709万元，新建一幢厂房6层9000平方米，增购机器173台，新增产值1800万元；伟全电子项目增资680万元，购置安装机械手等自动化生产线，新增产值750万元。严把工业项目生态关。全镇没有重点工业污染企业，严控河流上游新建工业项目，辖区内“十五小”关停率100%。

【社会事业】

做好脱贫攻坚工作，争取各级扶贫资金550多万元，结合“一库五机制”，多举措强化“精准滴灌”成效，做细做实防返贫控新贫稳脱贫。强化住房安全保障提升，投入26.4万元改善提升17户贫困户的居住条件，全镇贫困户全部纳入新农合医保补助范围。2020年10月，湖洋镇脱贫攻坚工作被市委宣传部“泉民开讲”专栏作为典型案例在全市宣讲。重视镇侨务和侨联工作，建设乡村文化馆和侨乡文化展示馆，丰富侨乡文化名镇内涵，获评2020年度“泉州市侨乡文化名镇”称号。完成年度征兵。入伍新兵大学生比例达到100%，其中大学毕业生入伍人数位居全县第一位。加大教育设施投入，完成卓越中心幼儿园附属设施建设，发动乡贤捐款138万元及价值260多万元的“智慧校园”智能化系统投入湖洋教育事业。

【基层党建】

围绕主责主业。镇党委班子成员挂钩联系38个党支部，指导完成整改问题40个。发展党员18人。注重强基固本。开展党建检查5次，查找整改问题47个。升格成立2个村党总支。增补2名村党支部副书记，选配1名村务助理，储备34名后备干部。排查整顿农村发展党员违规违纪问题，排查对象218人。指导完成党建入章20家，入章率90.9%。树立典型示范，提升“党建+邻里守望”模式，通过践行近邻五步工作法（问民需、汇民意、议民题、执民事、让民评），网格化联系服务群众，吴岭村获评省级乡村治理示范村、市级老党员之家、市级移风易俗典型村。推行以“我是小组长，有事请找我”为主题的“五员三亮工程”（“五员”指政策宣传员、发展统筹员、民生助理员、民事调解员、文明倡导员；“三亮”指亮岗、亮牌、亮责任），根据积分评选“星级村民小组长”，丰富拓展农村网格员内涵。创建湖洋镇乡村振兴人才之家、金斗洋市级星创天地、湖洋镇农村专业技术协会、龙山乡村文化展示馆等载体，打造人才教育培训基地，凝聚乡村人才力量。聚集发展合力。全镇谋划村财创收项目24个，实施强企带弱村项目5个，争取上级专项补助资金90万元，全镇年可增加村财创收17.5万元，11个村村财收入达20万元以上。2020年10月，党建引领脱贫攻坚工作被市委扶贫办推荐到“泉民开讲”专栏作为典型案例在全市宣讲。

【社会治理】

以“邻里守望堂”为依托，创新探索“乡村治理”模式，吴岭村“三治融合”示范点在全县考评中取得好成绩。吴岭村推行党建引领“近邻”模式成为典型，探索践行网格化联系、零距离服务群众。引导老人在民主决策、志愿服务等村级事务中发挥带头作用，吴岭村获评市级老党员之家、市级移风易俗典型村。强化矛盾纠纷化解和信访维稳工作，排查各类矛盾纠纷272件，成功调处271件，调处成功率99.6%；受理信访件16件，办结16件；受理“12345”便民服务平台诉求件39件，办结35件，正在办理4件，化解老访户2户，全年未发生越级上访问题。

（分管领导：佘恩典　撰稿人：苏媛艳）

外山乡

【概况】

外山乡位于永春县东部，辖4个行政村，户籍人口7003人。2020年实现农业总产值1.72亿元，比上年增长8.6%；农民人均纯收入13922.3元，增长8.2%；规模以上工业企业产值3829万元，增长3.2%。完成工商税收145万元。获评省级文明乡镇、省级乡村治理试点乡，草洋、云峰被评为省级乡村治理试点村，移风易俗“三率”测评位居全县第一。

【新冠疫情防控和企业复工复产工作】

面对突如其来的新冠肺炎疫情，坚持统一指挥、统一协调、统一调度，全乡人民坚定信心、同舟共济、科学防治、精准施策，汇聚强大的抗疫能量。第一时间启动一级响应机制，及时组建指挥部作战体系，建立联防联控工作机制，定期会商研判，在全县率先建立4处联防联控劝导关卡，设置800个铁马路障。运用大数据和网格化管理，创新“义务代购员”保障群众生活和学生学习，分级有序推进疫情防控有力有效。坚持统筹推进疫情防控和经济社会发展，多方协调、多向对接，把疫情影响降到最低，重点项目全部按时间节点复工，企业全部有序复工复产，蒙牛集团代工点日产量20～30吨，福建风能外山机组全年发电量4300万千瓦时，超额完成年度目标。春耕播种保持稳定。复学复课等工作平稳落实。

【美丽乡村建设】

完善基础设施。开展国土空间总体规划编制，2020年被列为市农村宅基地规范审批试点乡。全面实现乡道石云线、马华线、村道四大线等9.85千米农村公路“单改双”，硬化内寮、尾垅、马仑寨等角落道路5.6千米，乡村及角落公路硬化提升率91%。持续推动厕所革命，拆除旱厕84座，改造旱厕26座，新建公厕1座，开工建设西坑角落污水处理设施1座，污水收集处理率达到98.9%。实施云峰村、草洋村农村饮水安全巩固提升工程。改善人居环境。对沿溪两岸和沿国道356线两旁溪滨、农房、庭院等进行集中规划，建设风雨廊道1100米，移植火焰木200余株，建设马仑寨森林栈道1千米，初步建成镇区1小时慢生活休闲闭合圈。推进“清新桃源•宜居永春”三年行动，全年完成新房美化89幢1.4万平方米、裸房装修49幢1.57万平方米、平改坡42幢6900平方米、古厝修缮2幢1700平方米、危房拆除17幢3865平方米，违建清理20幢1310平方米，整治面积达4.37万平方米。持续开展爱国卫生运动，全年度开展消杀12次，大整治19次。新增固定式垃圾池和分类垃圾箱300余个，试行无人机巡逻等新办法推进整治，农村环境卫生考评连续2年位居全县首位，人居环境整治工作被农业农村部专刊推介，在全市巩固脱贫成果推进乡村振兴现场会上做典型发言。推进生态环境建设。开展外山溪小流域水土流失治理，新建生态护岸200米，休闲游步道3千米，水保园1座，修复拦沙坝2个，保持水清河畅。完成水土流失治理项目3个，治理崩岗2处。全面推行河长制，加强河道日常巡查，处理违法采砂2起，2020年水质检测结果均稳定在Ⅲ类水质以上。全年植树造林14.4公顷，封山育林

66.4公顷，森林抚育70.67公顷，生态公益林保持在538.33公顷，天然林保持在43.73公顷，草洋村获评国家、省级森林村庄。

【重点项目建设】

全年实施重点项目建设7个，累计投资30625万元，其中市级重点项目康养旅游小镇完成12个子项目；乡本级11个大类36个为民办实事项目完工，完成年度任务的103%，其中墘溪村35千伏变电站完成主体建设。在项目建设中得到群众的支持，实现公益项目征地“零补偿”9.27公顷，该做法被省市县各级主流媒体报道肯定。

【农业农村工作】

全年全乡完成23.33公顷高标准农田建设，累计硬化机耕路1千米，修复水渠3千米，全年发放各类农业补贴10万余元。举办泉州市“1+1+1牵手计划”暨革命老区农副产品直播带货公益活动、外山乡蜂蜜王赛及培训活动，为农产品拓宽线上线下销售渠道。绿翔果业合作社被评为市级示范合作社，草洋村的芦柑包装创意被评为永春县农产品创意大赛三等奖。

【工业经济】

限上商贸企业产值达1.67亿元，比上年增长18.4%；累计完成固定资产投资2.72亿元，比上年增长4.2%；全年累计争取上级项目补助资金482.9万元。注重工业补短。发挥青商和乡贤作用，引办3家千万元工业企业落地投产，招引商贸企业4家（1000万元以下2家，1000万元以上2家）。

【旅游经济】

新增旅游漫道2500米，做好天竺山露营地特色民宿、草洋村旅游服务中心、云河谷—草洋村栈道、墘溪水尾桥等连线提升工作，云峰村评为全省乡村旅游示范村，墘溪村、云峰村2个闽中游击活动遗址申获2021年度省革命老区专项资金。

【社会事业】

加大民生投入。全年财政民生支出达600万元，占总支出78.2%。投入55万元完成2个一事一议项目。脱贫攻坚持续巩固。投入资金4025万元，完成23个扶贫项目建设，通过省第三方评估和县级检查。对全乡5户贫困户住房进行改造，为12户贫困户安装家用净水设备，保障贫困群众饮水和住房安全。采取“一企帮一村”的“村企联动”模式，为4个村创收20余万元。完善社会保障。全年农村居民基本养老保险参保率98.15%，农村居民基本医疗保险缴费率95%。完成残疾人三代证换证工作，发放各类残疾人补助26人3.11万元，每月发放低保金44370元，为80周岁以上老人发放养老补贴2万余元。发放各类退役军人补助。累计开展节日慰问23人次1万余元。组织慈善组织、爱心人士开展慰问和捐赠活动，慰问51人4万余元。落实安全措施。组织各村开展危险区域人员转移演练，在墘溪村开展防汛地质灾害避险应急转移演练。组织开展消防安全培训，推进安全生产隐患和房屋安全大排查大整治专项行动，累计排查房屋1756幢，拆除D级危房15幢3580平方米，拆除C级危房1处235平方米，拆除1幢废弃学校场所（B级）50平方米，自查整改隐患24条，拆除“两违”1处125平方米，危房5幢420平方米。完成3处生命防护工程设施，对2处地质灾害点进行险情整治到位。提升教育事业。投入100万余元完成中心小学平改坡、塑胶跑道等项目，云峰小学旧教学楼翻建工程正推进中；全年发放奖教奖学助学6.43万元，外山籍学生2人录取研究生，30人录取大学本科，2人通过自主考试录取省级一级达标中学。推进文化体育，墘溪村马仑寨被评为县级文物保护单位，新建门球场1座，农民公园1座。改善公共卫生健康设施，卫生院新增设发热门诊1间。

【基层党建】

以提升党组织引领基层综合治理能力为导向，压实基层党组织的党建主体责任，深化达标创星行动。规范组织生活。落实“三会一课”各项要求，开展支部书记述职评议和民主评议党员各1次，支部书记讲党课8次，专题研讨6次，提升党员教育管理能力和水平；规范党费收缴管理制度，足额收缴党费；优化基层党建工作队伍，选派优秀年轻干部1人驻村第一书记，全乡4个行政村驻村工作队长均为90后；按照党员发展标准和程序做好5名入党积极分子的联系、培养和教育工作，做好6名预备党员转正工作；创建活力党小组。根据党员岗位职责、兴趣特长，结合乡、村重点工作需求，通过“建立台账、设置小组、开展活动”等三个步骤，成立8个特色活力党小组，在强基促稳17个专项行动和项目攻坚等工作中起到积极的推动作用；打造“半小时”文化圈。在草洋，以党群服务中心、蜜蜂文化园和党建文化园提升建设工程为基础，有效串联几个打卡点。在墘溪，结合人居环境整治，建设闽南水乡风格风雨廊道，串联党群服务中心、文化长廊等，形成一条具有外山和草洋特色的半小时党建综合文化走廊。制定和完善制度。完善干部考核评价机制，改进考核方式方法，解决干与不干、干多干少、干好干坏一个样的问题，制定完善《外山乡干部绩效考核实施方案》；推行联片管理制度。推行“党委+政府”双挂村联片管理制度，开展4个行政村党群服务中心标准化提升建设，搭建党群议事厅、便民服务厅等场所，规范村级各项事务管理。成立参与平台。在4个村内发动有热心、有耐心、有意向服务乡村振兴、乡村治理的内外乡贤组织成立红色乡贤促进会、乡村振兴服务队等民间团体，丰富村民参与乡村治理的载体，保证治理成效，获评省级乡村治理示范乡镇。壮大集体经济。采取“一企帮一村”措施，通过党建上的互联互动，来助推经济上的合作共赢，企业以服务购买的形式向村级采购，增加集体收入。与8家企业签订协议，每年可为4个村增加50万元村财收入，初步形成多渠道、多元化发展壮大村级集体经济的新格局。2020年，全乡4个行政村集体经济收入均达到15万元以上，集体经济收入20万元以上的行政村有3个。

【社会治理】

实现村级法律顾问覆盖率及示范点创建100%。全乡排查调解矛盾纠纷75件，与邻壁乡镇建立联合排解制度，该经验做法得到市委书记康涛批示肯定。深入开展扫黑除恶专项行动，建立举报涉黑涉恶奖励制度，排查上报有效线索1条，判决涉黑恶嫌疑人3人，按要求将19名涉诈高危人员全部录入公安部电信诈骗案件侦办平台。

【文明创建】

以创建2018—2020年度省级文明乡镇为契机，深化乡风文明培育。组织群众签订移风易俗承诺书，劝阻取消8场民俗文化活动，2场春节文体活动和1场婚宴、简办丧事5场，移风易俗“三率”测评位居全县第一；结合《草洋村村规民约》，设立积分项目20余条、扣分项目10余条，融入“光盘行动”制止浪费、学习强国、普法宣传等，建设完成“德治银行”办公场所，“德治银行”正式运转；吸取早期部分党员自愿放弃征地补偿款的先进经验，在项目建设前通过召开党员代表大会，鼓励党员支持建设，发挥党员先锋作用，让“零征地”成为“约定成俗”的习惯。

（分管领导：郑慧颖　撰稿人：郑庆元）

人物表

2020年永春县党政机关及部分企事业单位领导名录

（因机构改革部分事业单位更名，职务重新任命）

中共永春县委员会

书　　记　庄永智
副 书 记　吕建成
　　　　　郭　宁
常　　委　刘永强（2020年3月任）
　　　　　余金南
　　　　　张金发
　　　　　王超万
　　　　　王文杨
　　　　　陈守林
　　　　　蔡英殿
　　　　　郑川辉
　　　　　王紫钊（2020年11月任）
　　　　　杜明星（至2020年11月）
常委（挂职）王新刚（2020年6月任）
四级调研员　潘清忠

永春县人大常委会

主　　任　康思坚
副 主 任　余永坚
　　　　　郭美西
　　　　　颜松龄
　　　　　陈发源（至2020年9月）

永春县人民政府

县　　长　吕建成（2020年1月任）
副 县 长　余金南
　　　　　颜一鹏
　　　　　陈佩芳
　　　　　余庆新
　　　　　钱永新
　　　　　王洪杰
　　　　　郭浪滔
　　　　　刘永强（至2020年3月）
科技副县长　董　婧
副县长（挂职）郑永璘

政协永春县委员会

主　　席　林海鸥
副 主 席　梁文光
　　　　　王超万
　　　　　张敏辉
　　　　　李江源
副主席（兼）汤若狮
四级调研员　黄万民

县委部门

县委办公室

主　　任　施立新
副 主 任　梁志民
　　　　　黄裕滨
　　　　　林　兰

县密码管理局（县委机要局）

局　　长　刘君洪

县委组织部

部　　长　王紫钊（2020年11月）
　　　　　杜明星（至2020年11月）
常务副部长　黄永炎
副部长　洪炳灶
　　　　李智发
副部长（兼）林庆春
副部长（兼）林振辉

县委非公企业和社会组织工委

书　记　黄永炎

县公务员局

局　长　李智发

县委宣传部

部　长　蔡英殿
常务副部长　陈埔军
副部长　康文展
洪晓君（2020年6月任）
刘新国（至2020年6月）
副部长（兼）康文德

县委统战部

部　长　王超万
常务副部长　郑龙目
林其锵
副部长（兼）林振华

县委政法委

书　记　王文杨
副书记　郭云龙
刘延军
陈忠东
副书记（挂职）刘汉卿

县委编委办（县政府编办）

主　任　林庆春
副主任　林小谦
黄志伟

县直党工委

书　记　王紫钊（2020年11月任）
杜明星（至2020年11月）
常务副书记　黄永平
副书记、纪工委书记
林丽梅
委员、人武部部长
郭文发

县委巡察办

主　任　黄更生
正科级巡察专员
郭奇兵
黄少文
潘诗敏
副主任　刘程远
施少中
副科级巡察专员
陈友生
黄秋碧
黄张强（至2020年7月）

县委老干部局

局　长　林振辉
副局长　陈惠玲

县委文明办

主　任　康文德
副主任　吴文华

县委党校

校　长　王紫钊（2020年11月任）
常务副校长　姚清地
副校长　郭志镇
尤梅春

县委党史和地方志研究室

主　任　刘文杰
副主任　林良金
林联勇

县档案馆

馆　长　汪立新
副馆长　陈永盛

县融媒体中心

党组书记　洪晓君（2020年6月任）
副主任　吴肖龙（2020年6月任）
余恩林（2020年6月任）
黄映炜（2020年6月任）

县事业单位登记中心

主　任　陈鹤龄

县直机关党群系统党委

书　记　施立新
副书记、纪委书记
郑江滨

县直机关政府办系统党委

书　记　赵培璋
副书记、纪委书记
林清江（至2020年6月）

县直机关政法系统党委

书　记　郭云龙
副书记、纪委书记
林联凤

公安局党委会

书　记　王洪杰
副书记　王清木（2020年12月任）
孙伟斌
陈飞腾（至2020年12月）

县直机关宣传系统党委

书　记　陈埔军
副书记、纪委书记
刘清竹

县直机关发改系统党委

书　记　潘双贵（2020年7月任）
副书记、纪委书记
陈阳辉

县直机关经贸系统党委

书　记　廖志伟
副书记、纪委书记
王明显

县直机关教育系统党委

书　记　陈文榜

副书记　李锦江
副书记、纪委书记　陈宝棋

县直机关人社系统党委

书　记　陈铁城
副书记　张国强
副书记、纪委书记
陈华伟
（至 2020 年 7 月）

县直机关住建系统党委

书　记　辜一斌
副书记　陈志国
副书记、纪委书记　吴红玲

县直机关交运系统党委

书　记　林建宗
副书记　郑兴洲
副书记、纪委书记　康炳耀

县直机关农业系统党委

书　记　赵文彪

县直机关林业系统党委

书　记　黄文秀
副书记　李丽玉
副书记、纪委书记　刘尚政

县直机关卫健系统党委

书　记　周桂兰
副书记　陈庆丹
副书记、纪委书记　黄映雪

县直机关市场监管系统党委

书　记　周清宗
副书记　郑孝坡
副书记、纪委书记　林齐鸣

县人武部党委会

书　记　鄢夏腾（2020 年 8 月任）

副书记　郑川辉

县纪委、监委

书记、主任　陈守林
副书记、副主任
陈良明
陈连祺
纪委常委　刘延菲
苏清洁
黄丽娜
郑永平
监委委员　刘延菲
黄丽娜
涂实效
陈泉水（2020 年 8 月任）
潘茂林（至 2020 年 6 月）

办公室

主　任　李志榕

组织部和宣传部

部　长　黄序宇

党风政风监督室

主　任　王雪静

信访室

主　任　李桂林

案件监督管理室

主　任　廖珊珊

第一纪检监察室

主　任　陈泉水（至 2020 年 8 月）

第二纪检监察室

主　任　刘金相（2020 年 7 月任）
姚敬思（至 2020 年 7 月）

第三纪检监察室

主　任　洪玮彬

第四纪检监察室

主　任　洪新典（2020 年 7 月任）
余华南（至 2020 年 7 月）

第五纪检监察室

主　任　潘才泉

第六纪检监察室

主　任　陈金泰

案件审理室

主　任　郭清海

纪检监察干部监督室

主　任　黄张强（2020 年 7 月任）
黄冬梅（至 2020 年 7 月）

派驻纪检组

驻县委办公室纪检组

组　长　陈伟源

驻县人大常委会机关纪检组

组　长　刘国斌
副组长　吕素玉（至 2020 年 7 月）

驻县政协机关纪检组

组　长　余华南（2020 年 7 月任）
郭伟宁（至 2020 年 7 月）
副组长　姚庆林

驻县委组织部纪检组

组　长　苏长洪
副组长　许慧平

驻县委宣传部纪检组

组　长　郑文治
副组长　刘宝凤

驻县委统战部纪检组
组　　长　　潘丰林
副 组 长　　郑联德

驻县委政法委纪检组
组　　长　　蓝世扬
副 组 长　　郑志高

驻县政府办公室纪检组
组　　长　　刘平凡
副 组 长　　郭丽龄

驻县发改局纪检组
组　　长　　林泗锋
副 组 长　　许金华

驻县教育局纪检组
组　　长　　林加兴
副 组 长　　苏志伟

驻县自然资源局纪检组
组　　长　　刘耀坤
副 组 长　　康育清

驻县农业农村局纪检组
组　　长　　李建华
副 组 长　　郑　斌

驻县水利局纪检组
组　　长　　潘宝树
副 组 长　　康孝廉

驻县卫健局纪检组
组　　长　　刘锦露
副 组 长　　潘儒锦

驻县公安局纪检组
组　　长　　郑胜和（2020年7月任）
　　　　　　郑雅停（至2020年7月）
副 组 长　　廖芳艇

驻县人民法院纪检组
组　　长　　姚敬思（2020年7月任）
　　　　　　周晓军（至2020年7月）
副 组 长　　徐琼水

驻县人民检察院纪检组
组　　长　　郭伟宁（2020年7月任）
　　　　　　许开支（至2020年7月）
副 组 长　　徐文倾

县人大常委会机关

人大常委会办公室
主　　任（常委）
　　　　　　刘征哲
副 主 任　　黄圣宇
　　　　　　姚成荣

信 访 室
主　　任　　姚成荣

人事代表工委
主　　任（常委）
　　　　　　张炳根
副 主 任　　徐清华

环境与城乡建设工委
主　　任（常委）
　　　　　　姚建民
副 主 任　　王世平

内务司法工委
主　　任（常委）
　　　　　　林荣州
副 主 任　　黄鹏程

农经工委
主　　任（常委）
　　　　　　郑春盛
副主任　　　郑美燕

财经工委
主　　任（常委）
　　　　　　吴金淼
副 主 任　　吕秋艺

教科文卫工委、华侨民宗工委
主　　任（常委）
　　　　　　郑云柱
副 主 任　　陈巍毅

专职常委　　林劲松
　　　　　　颜阳西
　　　　　　陈志庆
　　　　　　颜全胜
　　　　　　郑成旺
　　　　　　陈金英（2020年12月任）
　　　　　　刘裕乾（2020年12月任）
　　　　　　邱筱彬（至2020年7月）

县政府部门

县政府办公室
主　　任　　赵培璋
副 主 任　　陈伟新
　　　　　　黄连集
　　　　　　黄培坦
副 主 任（兼）
　　　　　　林清江（2020年7月任）
　　　　　　郑晓毅（至2020年7月）

县发改局
局　　长　　潘双贵（2020年7月任）
副 局 长　　颜永生
　　　　　　薛巍炜（2020年7月任）
　　　　　　林光富（至2020年2月）

县教育局
局长、党组书记
　　　　　　陈文榜
党组副书记　李锦江
副 局 长　　黄茂华

苏昌艺

县科学技术局
局　长　林　康
副局长　林建裕
洪光耀

县工信商务局
局　长　廖志伟
副局长　林宝珍
刘福心
林荣川
陈锦吉

县公安局
局　长　王洪杰
政　委　王清木（2020年12月任）
陈飞腾（至2020年12月）
副局长　李志恩
潘朝东
陈宗熙

政工室
主　任　颜佳坤

纪检监察室
主　任　林富元

指挥中心
主　任　王淙晓
教导员　谢永生

治安大队
大队长　蒋永泉
教导员　张永全

刑侦大队
大队长　郑胜和（至2020年7月）
教导员　苏昌沛

情报信息队
队　长　姚志宏

综合管理队
队　长　尤志权（2020年2月任）

交管大队
大队长　王天德
教导员　苏荣义

国保大队
大队长　林龙池
教导员　陈成河

法制大队
大队长　汤泽铨
教导员　郑小平

禁毒大队
大队长　石云峰
教导员　邱忠义

经侦大队
大队长　林荣忠
教导员　刘大船

出入境大队
大队长　郑永松
教导员　刘锦聪

警务保障室
主　任　林亿仟

看守所
所　长　陈建遵
教导员　周金海

拘留所
所　长　陈永全
教导员　黄建华

一都派出所
所　长　李宏德

横口派出所
所　长　李国斌

下洋派出所
所　长　周春水
教导员　许成勇

坑仔口派出所
所　长　邱伟煌

玉斗派出所
所　长　张春木

桂洋派出所
所　长　陈永生

锦斗派出所
所　长　黄增金

呈祥派出所
所　长　刘永南

苏坑派出所
所　长　陈文朴

蓬壶派出所
所　长　王德福
教导员　林昭翔

达埔派出所
所　长　王可忠
教导员　颜志民

介福派出所
所　长　郭定泉
教导员　陈自立

吾峰派出所
所　长　颜耀章
教导员　林贤钦

石鼓派出所
所　长　郑元国

教导员　李桂全

五里街派出所
所　长　叶武钦
教导员　王世权

桃城派出所
所　长　王清盘
教导员　林志群

东平派出所
所　长　颜少青
教导员　颜志泽

东关派出所
所　长　李瑞阳
教导员　郑志峰

岵山派出所
所　长　郑文东
教导员　刘杰瑜

仙夹派出所
所　长　郑颖昱

湖洋派出所
所　长　潘智敏
教导员　罗长滨（至2020年9月）

外山派出所
所　长　涂国晖

县民政局
局　长　李革荣
副局长　李泽斌
　　　　林金灿

县司法局
局　长　蔡国良
副局长　陈科技
　　　　林丽珍（2020年8月任）
　　　　宋月娥（至2020年7月）

一都司法所
所　长　林江华

横口司法所
所　长　康文地

下洋司法所
所　长　郑志才

坑仔口司法所
所　长　林培扬

玉斗司法所
所　长　林扬耀

桂洋司法所
所　长　潘锦辉

锦斗司法所
所　长　潘建华

呈祥司法所
所　长　蔡芳义

苏坑司法所
所　长　余启智

蓬壶司法所
所　长　陈华哲

达埔司法所
所　长　徐锦明

介福司法所
所　长　黄少敏

吾峰司法所
所　长　王伟志

石鼓司法所
所　长　刘经勤

五里街司法所
所　长　黄炳勇

桃城司法所
所　长　吴晓艺

东平司法所
所　长　王锦东

东关司法所
所　长　周巧敏（2020年7月任）
　　　　谢锵锵（至2020年7月）

岵山司法所
所　长　林桂芳

仙夹司法所
所　长　潘维智

湖洋司法所
所　长　王淑慎

外山司法所
所　长　郑婉萍

县财政局
局　长　施文炳
副局长　刘正利
　　　　黄沧慧
　　　　郭栋灿

县人社局
党组书记、局长
　　　　张国强
党组副书记　陈铁城
副局长　林华毅
　　　　陈华伟（2020年7月任）
　　　　吴成益（至2020年6月）

陈金龙（至2020年7月）

县自然资源局
局　长　李江源
党组书记、副局长
陈其义
副局长　涂敏华
康海滨

县住建局
党组书记、局长
陈志国
党组副书记、副局长
黄金仕
温明辉

县交通运输局
党组书记、局长
郑兴洲
党组副书记　林建宗
王志刚
副局长　李智平
潘燕云

县农业农村局
党组书记、局长
赵文彪
副局长　周文瀚
吕健议
陈建星

县林业局
党组书记、局长
李丽玉
党组副书记　黄文秀
副局长　王兆贵
刘建斌

县公安局森林分局
局　长　颜声概
教导员　苏志明

一都森林派出所
所　长　黄文举
教导员　洪永泉

下洋森林派出所
所　长　高　伟
教导员　李文标

碧卿森林派出所
所　长　陈志强
教导员　李智永

湖洋森林派出所
所　长　林南国
教导员　张民发

县水利局
党组书记、局长　郑双伟
副局长　李永传
姚振军
总工程师　颜华南

县文体旅游局
党组书记、局长　林永圣
副局长　姚海兰
刘松宝
陈春晖

县卫健局
党组书记、局长　陈庆丹
副局长　郭德强
蔡金豹
刘裕乾
（至2020年7月）
副局长（兼）　赵丽红

县退役军人局
党组书记、局长　刘日新
副局长　林添景

县应急局
党组书记、局长
黄聪胜
副局长　潘贤根
康福裕
陈金渊
总工程师　颜声灶

县审计局
党组书记、局长
赵金豹
副局长　林长春
刘志荣(2020年7月任)
辜桂英(至2020年7月)

县市场监管局
党组书记、局长
郑孝坡
党组副书记　周清宗
副局长　吴水星
李南材
余爱民

一都市场监管所
所　长　苏荣臻
指导员　尤长明

下洋市场监管所
所　长　姚再春
指导员　郭全省

坑仔口市场监管所
所　长　郑星彬
指导员　涂兴洙

锦斗市场监管所
所　长　周海量
指导员　陈维川

蓬壶市场监管所
所　长　黄劲松

指 导 员　蒲金安

达埔市场监管所
所　长　王永文
指 导 员　郑振佳

石鼓市场监管所
所　长　黄华强
指 导 员　陈智煜

五里街市场监管所
所　长　黄增杰
指 导 员　孙琼梅

桃城市场监管所
所　长　郑紫阳
指 导 员　颜生贤

东平市场监管所
所　长　潘崇岫
指 导 员　林扬顺

东关市场监管所
所　长　江慧荣
指 导 员　吕志鹏（至2020年7月）

岵山市场监管所
所　长　王乐晨
指 导 员　郭矩例

湖洋市场监管所
所　长　林海燕
指 导 员　林育明

县统计局
党组书记、局长
　姚礼旺
副 局 长　潘黎生
　陈欲涌

县政府信访局（县委信访局）
局　长　林清江（2020年7月任）
　郑晓毅（至2020年6月）
副 局 长　肖东明

县城市管理局
党组书记、局长
　林胜前
副 局 长　许立志
　王淑丰

县工业园区管委会
党组书记、主任
　陈绍掌
副 主 任　许飞翔
　陈志宏
　罗联东

县行政服务中心
主　任　陈天必
副 主 任　潘彩花

县供销合作社联合社
党组书记、主任
　陈明刚
副 主 任　郑雪莲
　陈章培（2020年7月任）
　黄天来（至2020年7月）

县教师进修学校
校　长　李锦江
副 校 长　李建义
　郑坚帜

县城镇集体工业联合社
主　任　林铭东
副 主 任　张仕榕

县煤炭技术中心
主　任　薛　鹏
副 主 任　陈文桐

县市场服务中心
主　任　黄永平

县国库支付中心
主　任　王文烽

县就业和人才人事服务中心
主　任　颜少明

县机关事业社保中心
主　任　黄卫国

县不动产登记中心
主　任　李丽萍

县道路运输保障中心
主　任　汪江勇（2020年7月任）
　刘永鸿（至2020年7月）

县农科所
所　长　李婉真

县农业机械管理站
站　长　陈文泉

县桃溪国家湿地公园保护中心
主　任　郑祖梧
副 主 任　洪雪花
　谢海峰

县牛姆林省级自然保护区发展中心
主　任　郭相亿
党支部书记　陈得水（至2020年7月）

县水电站库区移民服务中心
主　任　罗华南

县五一水库保障中心
主　任　李劲松
党支部书记　叶国强（至2020年6月）

县水土保持保障中心
主　任　黄伟鸿

县河务服务中心
主　任　赵世忠（至2020年7月）

县旅游发展中心
主　任　林焕强
副主任　涂芳丽
　　蒋志凌

县总医院
党委书记　陈庆丹
院　长　蔡金豹

县医院
院　长　蔡金豹
党总支书记　郑志刚

县妇幼保健院
院　长　黄春根
党支部书记　尤清秀

县疾病预防控制中心
主　任　吴姗姗（2020年9月任）
　　宋振顺（至2020年8月）
党支部书记　吴姗姗（2020年3月任）
　　林春生（至2020年2月）

县产品质量检验所
所　长　刘文富（至2020年7月）

县农村社会经济调查队
队　长　林伟奇（2020年7月任）
　　黄丽娜（至2020年7月）

县城市社会经济调查队
队　长　王文进（2020年9月任）
　　林华智（至2020年9月）

县防震减灾中心
主　任　陈文联

县城乡环境卫生考评中心
主　任　陈伟彬

县自然资源综合执法大队
大队长　吕志坦

县交通运输综合执法大队
大队长　陈文岚

县文化市场综合执法大队
大队长　吕志亮

县卫生健康综合执法大队
大队长　姚春霞

县市场监管综合执法大队
大队长　潘春永

泉州幼高专永春校区综合办
主　任　黄建嘉

永春一中
校　长（书记）
　　陈小书
副校长　蔡国辉
　　梁文福
　　黄文安
副书记　吴业顺

永春侨中
校　长（书记）
　　陈国龙
副校长　陈玉伟
　　刘育斌
　　郑晓斌
副书记　黄四川

永春三中
校　长（书记）　苏文暹
副校长　林振雅
　　王静利
　　吕伟敬
副书记　林源展

永春四中
校　长（书记）　陈建民
副校长　黄青山
　　王永儒
副书记　郑章木

永春五中
校　长（书记）　梁必文
副校长　郑伟峰
　　郑清强
副书记　颜玉豹

永春六中
校　长（书记）　黄全业
副校长　刘金榜
　　吕健鹏
副书记　黄智敏

永春二中
校　长（书记）　黄家志
副校长　颜良志
　　林中山
　　冯运鹏
副书记　郑生源

美岭中学
副校长　廖献文
　　康淑英
　　罗文生

永春职专

校　长　林向东
书　记　陈金灿
副校长　李焱华
　　苏永智

县物资总公司

经　理（挂职）
　　余巨峰
副经理　陈金寨
　　梁霖程（至2020年7月）
副经理（挂职）尤俊杰

县商业总公司

经　理（挂职）
　　赵鲤闽
副经理　林水源
副经理（挂职）
　　王松瑞
　　赵丽琼

县对外贸易公司

经　理　梁霖程（2020年7月任）
副经理　颜秀敏（至2020年2月）
　　曾振强
副经理（挂职）
　　郑红星

县政协机关

政协办公室

主　任　黄生裕
副主任　李江霞
　　吴成益（2020年7月任）

提案与社会文史办

主　任　余琼霞
副主任　王志军

经济法制与人口资源环境办

主　任　吴天温
副主任　张文生

台港澳侨与民宗办

主　任　潘贤缘
副主任　林永德

专职常委　潘永平

县法院

院　长　王志伟
副院长　黄武忠
　　姚启炉（2020年3月任）
　　吴美红（2020年3月任）
　　蔡培南（至2020年3月）
　　林华强（至2020年3月）
审委会专职委员郭荣良
　　涂劲松（2020年1月任）
　　黄建国（至2020年1月）

政治部

主　任　王玉成

执行局

局　长　刘正灿（至2020年3月）

审批管理办公室

主　任　刘正灿（2020年3月任）

综合办公室

主　任　刘文伟（2020年5月任）

刑事庭

庭　长　陈瑞兴（至2020年5月）

审判监督庭

庭　长　李旭升（至2020年5月）

刑事审判庭

庭　长　郭荣辉（2020年5月任）

民一庭

庭　长　涂劲松（至2020年1月）

民事审判庭

庭　长　吕建设（2020年5月任）

生态资源庭

庭　长　吕建设（至2020年5月）

行政审判庭

庭　长　姚建春（至2020年5月）

行政与生态环境审判庭

庭　长　陈瑞兴（2020年5月任）

立案庭

庭　长　刘文宝

交通庭

庭　长　陈良溪（至2020年5月）

装备管理科

科　长　柯泽山（至2020年5月）

法警大队

大队长　刘文伟

桃城法庭

庭　长　黄永煌（2020年5月任）
　　林超拔（至2020年5月）

石鼓法庭

庭　长　陈良溪（2020年5月任）
　　黄永煌（至2020年5月）

达埔法庭

庭　长　姚启炉（至2020年3月）

蓬壶法庭

庭　长　郭荣辉（至2020年5月）

下洋法庭

庭　长　苏昌庆（至2020年5月）

县检察院

检 察 长　施文凭

副检察长　尤秋龙

邓银团

李新鹏（至2020年12月）

党组副书记　洪少萍

检委会专职委员

李学奋

蒋启平（至2020年9月）

政 治 部

主　任　林明全

办 公 室

主　任　苏垂山

侦查监督科

科　长　傅庆辉

生态资源检察科

科　长　郑一新

民事行政检察科

科　长　陈烽艺

控 申 科

科　长　颜晓云

刑事执行检察局

局　长　罗锦山

公 诉 科

副科长　尤小娟

县人武部　消防大队

县人武部

部　长　郑川辉

政　委　鄢夏腾

副部长　刘　伦

消防大队

大队长　卢文清

教导员　叶世权

群团　民主党派

县总工会

主　席　张金发

常务副主席　陈丽红

副主席　王一烽

林巧丽

团县委

书　记　颜艺鸿

副书记　郭椎靖

郑祖星（2020年7月任）

林江晖（至2020年7月）

县妇联

主　席　吴旭菁

副主席　苏美美

谢锵锵（2020年8月任）

林丽珍（至2020年8月）

县科协

主　席　陈国成

副主席　康永光

潘文英

县侨联

主　席　黄万民

副主席　郑志民

郑聪慧

县工商联（总商会）

主　席（会长）

汤若狮

常务副主席　林振华

副主席、秘书长

林建波

副主席　刘彩芸

县文联

主　席　薛远萍

副主席　赵炳坤

郑凤杰

县残联

主　席　余庆新

副主席、理事长

林国秋（至2020年8月）

副理事长　陈金宝（2020年8月任）

刘幼真

县贸促会

会　长　李永联

县红十字会

会　长　颜一鹏

专职副会长　颜长暹

县计生协会

会　长　潘清忠

专职常务副会长

赵丽红

专职副会长　许福兴

县社科联

主　席　李端阳

民革永春总支

主　委（兼）邹秀红

专职副主委 陈开通

民盟永春县支部
主　委　郑东霞

民建永春县支部
负责人　姚建族

民进永春县小组
负责人　李春梅

致公党永春县委员会
主　委　叶东方

台盟永春县支部
主　委　古宏颖

省、市驻永机构及企业

税务局
局　长　颜振勇
副局长　陈凯祥
　　　　陈华欣
　　　　邱金传
　　　　潘新红
　　　　陈芳顺（至2020年10月）
　　　　姚智胜（至2020年8月）
　　　　刘振佳（至2020年8月）
纪检组组长　黄伟伟

人行永春县支行
行　长　郑再生
副行长　叶茂建
　　　　吴建水

银保监会永春监管组
组　长　李伟然
副组长　童宝禹

工行永春县支行
行　长　林金桔
副行长　林辉胜
　　　　辜丽红
　　　　李志鹏（2020年8月任）

农行永春县支行
行　长　黄新凌
副行长　潘华璋
　　　　陈　鑫
　　　　苏晓斌（2020年10月任）
　　　　黄志强（至2020年10月）
纪委书记　郭章铸

中行永春县支行
行　长　陈剑平
行长助理　魏利杰（2020年4月任）

建行永春县支行
行　长　谢文宝
副行长　林培东（2020年4月任）

农信社
理事长　黄文新
主　任　严秀珠
监事长　郭泽锋
工会主席　黄经贤（至2020年10月）
副主任　戴永南
　　　　陈妍丽

邮储永春县支行
行　长　郑惠龙

泉州银行永春支行
行　长　吴小辉（2020年6月任）
　　　　姚亚方（至2020年6月）
副行长　蔡云龙
　　　　叶金阳

泉州农商行永春支行
行　长　郭锦户（2020年6月任）
　　　　吴宏杰（至2020年4月）
副行长　裴连恭（2020年4—11月）

人保永春支公司
经　理　郑晶晶
副经理　黄日明
　　　　郑智伟

人寿永春支公司
经　理　陈　辉（2020年11月任）
　　　　李文露（至2020年8月）
副经理　林文表
　　　　王振裕

邮政永春分公司
总经理　陈振益
副总经理　黄超辉

电信永春分公司
总经理　林　立（2020年2月任）
　　　　张英力（至2020年2月）
副总经理　章世荣
　　　　陈文塘

移动永春分公司
总经理　吴继志（2020年11月任）
　　　　吴家春（至2020年11月）
副总经理　王瑞斌
　　　　王晨晖（至2020年11月）

联通永春分公司
总经理　肖有土
副总经理　颜文强

铁塔永春办事处
区域经理　沈伟鹏（至2020年11月）

烟草专卖局
局长、经理　曾亦斌
副局长　郑建军
副经理　陈　暾

纪 检 员　吴福至

公路分局
局　　长　吴海虹
副 局 长　李其南
　　　　　陈志坚
　　　　　苏一敏
教 导 员　程培生

气 象 局
局　　长　徐才华
副 局 长　胡晓兵
台　　长　刘德和

天湖山能源实业有限公司
执行董事、总经理
　　　　　杨仁华
党委书记、执行董事
　　　　　陈开甜

四〇三台
台　长　刘辉强

泉州海关驻安溪办事处永春监管科
科　长　王永明

国网永春供电公司
总 经 理　苏家祥
党委书记　陈志思

泉州住房公积金中心永春县管理部
主　任　黄玉瑜

泉运永春公司
经　　理　洪礼雄（2020年11月任）
　　　　　王传晖（至2020年11月）
书　　记　黄明星

乡 镇

一 都 镇
党委书记　林荣福
镇　　长　刘辉煌
人大主席　许育明
党委副书记　陈培伟
党委副书记（计生）
　　　　　林惠平
党委委员、纪委书记
　　　　　郭福煌
党委秘书、统战委员
　　　　　吴金灿
党委组委　黄仲林
党委宣委　林琰梅
党委委员、人武部部长　郑松坤
副 镇 长　郑兢武
　　　　　吴锦鹏（2020年7月任）
　　　　　孟福东（至2020年7月）
副 镇长（科技、挂职）
　　　　　李伟铭（至2020年7月）

横 口 乡
党委书记　庄伟毅
乡　　长　章良注
人大主席　陈建辉
党委副书记　李鸿舒
党委副书记（计生）
　　　　　吴建宁（2020年6月任）
　　　　　占志煌（至2020年6月）
党委委员、纪委书记
　　　　　陈佳煜
党委秘书、宣委、统战委员
　　　　　涂志军
党委组委　林　明
党委委员、人武部部长
　　　　　魏伟忠（2020年6月任）
　　　　　吴建宁（至2020年6月）
副 乡 长　吴文相
　　　　　黄　婷
副乡长（科技、挂职）
　　　　　陈建斌（至2020年7月）

下 洋 镇
党委书记　张延年
镇　　长　颜群瑛
人大主席　高永杰
党委副书记　康聪进
党委副书记（计生）
　　　　　方晓彬
党委委员、纪委书记
　　　　　郑建团
党委秘书、统战委员
　　　　　周超杰
党委组委　张周城（2020年7月任）
　　　　　郑祖星（至2020年7月）
党委宣委　黄宾虹
党委委员、人武部部长　刘培进
副 镇 长　黄勤泽（2020年7月任）
　　　　　陈建彬（2020年7月任）
　　　　　薛巍炜（至2020年7月）
副镇长（科技、挂职）
　　　　　颜巧辉

坑仔口镇
党委书记　康传宗
镇　　长　尤成忠
人大主席　赵明义
党委副书记　郑劲洲
党委副书记（计生）
　　　　　李良明
党委委员、纪委书记
　　　　　邱章伟
党委秘书、统战委员
　　　　　陈良钛
党委组委　陈雅琳（2020年7月任）
　　　　　陈明勇（至2020年7月）
党委宣委　李亚红
党委委员、人武部部长
　　　　　颜惠嘉
副 镇 长　张建佳
　　　　　施由森
副镇长（科技、挂职）
　　　　　王传昆

玉 斗 镇
党委书记　康贤德

镇　　长　陈涌湖
人大主席　黄建清
党委副书记　林杰生
党委副书记（计生）
　　康少明
党委委员、纪委书记
　　王少波
党委秘书、统战委员
　　吴志成
党委组委　郑英姿
党委宣委　郑志荣
党委委员、人武部部长
　　林士泽
副 镇 长　郭秋鸿
　　余希凡（2020年7月任）
　　刘志荣（至2020年7月）

桂 洋 镇
党委书记　陈朝阳
镇　　长　姚剑平
人大主席　吴文镇
党委副书记　林小乐
党委副书记（计生）
　　刘建伟
党委委员、纪委书记
　　陈昌坚
党委秘书、宣委、统战委员
　　王巧明
党委组委　林建生
党委委员、人武部部长
　　林永清
副 镇 长　张文友
　　王永良

锦 斗 镇
党委书记　张诗仁
镇　　长　温令城
人大主席　李华德
党委副书记　康长泉
党委副书记（计生）
　　郑剑锋

党委委员、纪委书记
　　张春佳
党委秘书、统战委员
　　张礼泳
党委组委　颜敏杭
党委宣委　潘文捷
党委委员、人武部部长　颜国铰
副 镇 长　颜惠玲
　　黄声腾

呈 祥 乡
党委书记　肖清江
乡　　长　林晋殿
人大主席　林生根
党委副书记　林江晖（2020年7月任）
　　郑孟清（至2020年6月）
党委副书记（计生）
　　王清城
党委委员、纪委书记
　　郑敬锋
党委秘书、宣委、统战委员
　　陈志灿
党委组委　郑英兰
党委委员、人武部部长
　　许铭彬
副 乡 长　刘进钿
　　苏正达

苏 坑 镇
党委书记　林志裕（2020年6月任）
　　潘双贵（至2020年6月）
镇　　长　林琪宇（2020年7月任）
　　林志裕（至2020年6月）
人大主席　周志泓
党委副书记　徐华智
党委副书记（计生）
　　吴文锋
党委委员、纪委书记
　　林芳业
党委秘书、统战委员
　　黄英珠

党委组委　陈妍婷
党委宣委　李伊娜
党委委员、人武部部长
　　王金堆
副 镇 长　王金鹏
　　张根阳
副镇长（科技、挂职）　刘彬杰

蓬 壶 镇
党委书记　周伯祥
镇　　长　郑燕然（2020年1月任）
人大主席　梁谦杰
党委副书记　周小挥
党委副书记（计生）
　　康清传
党委委员、纪委书记
　　郑智泉
党委秘书、统战委员
　　林鸿鹏
党委组委　黄少飞
党委宣委　施红光
党委委员、人武部部长
　　李明辉
人大专职副主席
　　郑雅芳
副 镇 长　吴晓文
　　叶基博
　　王章艺
　　郑婷婷（2020年7月任）
　　施国鑫（至2020年6月）
副镇长（科技、挂职）
　　王铭伟

达 埔 镇
党委书记　郭景良
镇　　长　刘泷沆
人大主席　陈荣探
党委副书记　潘海春
党委副书记（计生）
　　林龙涛

党委委员、纪委书记
颜晓锋
党委秘书、统战委员
叶润华
党委组委　张一强
党委宣委　汪永红
党委委员、人武部部长　洪建法
副镇长　康荣国
陈武兵
黄丁贵
梁宇锋（2020年8月任）
赵志强（至2020年7月）
副镇长（科技、挂职）
林星裕

党委副书记（计生）
潘崇忠
党委委员、纪委书记
李文福
党委秘书、统战委员
杨乐剑
党委组委　王云龙
党委宣委　梁菊生
党委委员、人武部部长
李其发
副镇长　邱洪川
王超蓉
副镇长（科技、挂职）
刘绘鹏（2020年8月任）

党委副书记（计生）
王志杰（2020年6月任）
洪晓君（至2020年6月）
党委副书记（挂职）　周　波
党委委员、纪委书记　康东源
党委秘书、统战委员
施国鑫（2020年6月任）
王志杰（至2020年6月）
党委组委　郑玉姣
党委宣委　黄永生（2020年6月任）
薛　超（至2020年5月）
党委委员、人武部部长　潘国祚
副镇长　陈宗德
黄建成
副镇长（科技、挂职）
陈俊蓉（至2020年7月）

介福乡

党委书记　林文永
乡　长　刘文财
人大主席　肖兴瑞
党委副书记　施钊杰
党委副书记（计生）
陈德滨（2020年6月任）
工锦彬（至2020年6月）
党委委员、纪委书记
林志军
党委秘书、宣委、统战委员
林颖华
党委组委　黄启泉
党委委员、人武部部长　王治洲
副乡长　潘芳婷
郑少沣
副乡长（科技、挂职）　黄炳林

吾峰镇

党委书记　夏辉亮
镇　长　张财源
人大主席　龚新毅（2020年8月任）
陈金英（至2020年7月）
党委副书记　赵志强（2020年7月任）
龚新毅（至2020年7月）

石鼓镇

党委书记　梁建兵
镇　长　吕杰伟
人大主席　郑东波
党委副书记　潘志翔
党委副书记（计生）
林丽梅
党委委员、纪委书记
张金炼
党委秘书、统战委员
陈芳恩
党委组委　黄燕鹏
党委宣委　庄发根
党委委员、人武部部长　曾连华
副镇长　郑剑宇
郭生地
副镇长（科技、挂职）
周文鑫

五里街镇

党委书记　林玉品
镇　长　陈东明
人大主席　尤长新（2020年7月任）
林丽萍（至2020年8月）
党委副书记　叶锦德

桃城镇

党委书记　郑志刚
镇　长　郭赐福
人大主席　陈培臻
党委副书记　赵智勇（2020年6月任）
林琪宇（至2020年6月）
党委副书记（计生）
黄梁财
企业党委专职副书记
赵智勇（至2020年6月）
党委委员、纪委书记
官乃阳
党委秘书、统战委员
林玉凤
党委组委　颜尧民
党委宣委　周梅芬
党委委员、人武部部长
刘章森
人大专职副主席
陈丽真
副镇长　陈锦浩
邱春丽
陈庆先

副镇长（科技、挂职）
林兴斌

东平镇
党委书记　颜伟煌
镇　　长　林胜进
人大主席　吕吉庆
党委副书记　王锦彬(2020年6月任)
吕志远(至2020年6月)
党委副书记（计生）
郑燕明
党委委员、纪委书记
颜　源(2020年7月任)
李建阳(至2020年7月)
党委秘书、统战委员
王进铭
党委组委　许俊鑫
党委宣委　郑智学
党委委员、人武部部长
康应智
副镇长　黄建来
谢永宁
副镇长（科技、挂职）
李晓鹏

东关镇
党委书记　郑维泽
镇　　长　张少堃
人大主席　郑卫国
党委副书记　李志洪
党委副书记（计生）
徐金镇
党委委员、纪委书记
张联吉
党委秘书、统战委员
潘志生
党委组委　陈亚妮
党委宣委　吴旭萍
党委委员、人武部部长
黄铭森
副镇长　黄瞻惠
吕志鹏(2020年9月任)
颜　源(至2020年7月)

副镇长（科技、挂职）
周国材(至2020年5月)

岵山镇
党委书记　周智鸿
镇　　长　陈志宏
人大主席　黄庆生
党委副书记　郑孟清(2020年6月任)
尤长新(至2020年6月)
党委副书记（计生）
刘建超
党委副书记（挂职）
董　婧(至2020年8月)
党委委员、纪委书记
郑剑侠
党委秘书、统战委员
林瑞虹
党委组委　陈安婷(2020年7月任)
陈金宝(至2020年7月)
党委宣委　林月婷
党委委员、人武部部长
李积金
副镇长　刘志昌
潘宇灿
副镇长（科技、挂职）
柯文才(至2020年7月)

仙夹镇
党委书记　徐志勇
镇　　长　康志功
人大主席　庄育莹
党委副书记　林剑平
党委副书记（计生）
潘　逸
党委委员、纪委书记
潘贤陆

党委秘书、宣委、统战委员
林洪玉
党委组委　叶维伟
党委委员、人武部部长
谢志孟
副镇长　林枝勇
黄盈君(至2020年12月)
副镇长（科技、挂职）
姚德纯

湖洋镇
党委书记　林纪东
镇　　长　郭志敏
人大主席　李智勇
党委副书记　佘恩典
党委副书记（计生）
巫伟东
党委委员、纪委书记
张金田
党委秘书、统战委员
郑志龙
党委组委　方金铜
党委宣委　刘兴宝
党委委员、人武部部长
陈江华
副镇长　张华山
郑华芳
连惠强
副镇长（科技、挂职）
郑连金

外山乡
党委书记　郑东生(2020年2月任)
乡　　长　潘茂林(2020年7月任)
郑东生(至2020年2月)
人大主席　王巧红
党委副书记　沈奕勇
党委副书记（计生）
吴玉炳
党委委员、纪委书记
黄志雄
党委秘书、宣委、统战委员
郑慧颖(2020年6月任)
孙泽宏(至2020年6月)
党委组委　苏明江
党委委员、人武部部长
康福实
副乡长　王文自
黄晨曦（2020年7月任）
黄永生（至2020年6月）

高级专业技术职务人员名表

表 4

姓名	性别	工作单位	技术职务	获任职资格时间
邱伟民	男	永春实验小学	正高级教师	2020 年 6 月
李小燕	女	永春县水土保持服务中心	高级经济师	2020 年 1 月
陈建基	男	永春县社会劳动保险管理中心	高级经济师	2020 年 2 月
周新娜	女	永春县财政局非税收入征收管理中心	高级经济师	2020 年 2 月
徐小君	女	永春县东平镇经济社会事务服务中心	高级经济师	2020 年 2 月
潘静宜	女	永春县疾病预防控制中心	高级经济师	2020 年 2 月
姚建族	男	永春县种植业技术站	推广研究员	2020 年 6 月
尤有利	男	永春县种植业站	高级农艺师	2020 年 6 月
颜涌泉	男	永春县种植业技术站	高级农艺师	2020 年 7 月
黄燕妮	女	永春县农经站	高级农经师	2020 年 7 月
姚秀编	女	永春县煤炭工业公司	高级经济师	2020 年 2 月
余学新	男	永春县第六中学	高级教师	2020 年 8 月
刘志兵	男	永春县第二中学	高级教师	2020 年 8 月
林中山	男	永春县第二中学	高级教师	2020 年 8 月
徐金扬	男	永春县玉斗中学	高级教师	2020 年 8 月
李进发	男	永春县一都中学	高级教师	2020 年 8 月
李步源	男	永春县达埔中学	高级教师	2020 年 8 月
刘丽珍	女	永春县华侨中学	高级教师	2020 年 8 月
刘东升	男	永春县华侨中学	高级教师	2020 年 8 月
张玉花	女	永春县华侨中学	高级教师	2020 年 8 月
尤春楼	男	永春县第三中学	高级教师	2020 年 8 月
潘金蓉	女	永春县第三中学	高级教师	2020 年 8 月
吕建民	男	永春县第三中学	高级教师	2020 年 8 月
吴玮正	男	永春县苏坑中学	高级教师	2020 年 8 月
王添辉	男	永春县锦斗中学	高级教师	2020 年 8 月
颜进华	男	永春县呈祥中学	高级教师	2020 年 8 月
郭庆建	男	永春县崇贤中学	高级教师	2020 年 8 月
李国清	男	永春县东碧中学	高级教师	2020 年 8 月
柯文伟	男	永春县第一中学	高级教师	2020 年 8 月
邱贞荣	男	永春县第一中学	高级教师	2020 年 8 月
康荣顺	男	永春县第一中学	高级教师	2020 年 8 月
汤永明	男	永春县第五中学	高级教师	2020 年 8 月
吕吉主	男	永春县汤城中学	高级教师	2020 年 8 月
颜志民	男	永春县乌石学校	高级教师	2020 年 8 月

续表 4

姓名	性别	工作单位	技术职务	获任职资格时间
方春民	男	永春县横口学校	高级教师	2020 年 8 月
刘云庆	男	永春县美岭中学	高级教师	2020 年 8 月
张惠庆	男	永春县南阳学校	高级教师	2020 年 8 月
颜彩燕	女	永春县五里街中心小学	高级教师	2020 年 8 月
康梅香	女	永春县桃溪实验小学	高级教师	2020 年 8 月
黄丽虹	女	永春县呈祥中心小学	高级教师	2020 年 8 月
刘金铁	男	永春县吾峰中心小学	高级教师	2020 年 8 月
尤漫红	女	永春县蓬壶中心小学	高级教师	2020 年 8 月
林春桥	男	永春县蓬壶中心小学	高级教师	2020 年 8 月
康桂月	女	永春县桃城镇中心小学	高级教师	2020 年 8 月
章芳蓉	女	永春县桃城镇中心小学	高级教师	2020 年 8 月
陈琼源	女	永春县岵山中心小学	高级教师	2020 年 8 月
李家接	男	永春县一都中心小学	高级教师	2020 年 8 月
陈梓生	男	永春县介福中心小学	高级教师	2020 年 8 月
林镇宇	男	永春县第三实验小学	高级教师	2020 年 8 月
林文丽	女	永春县石鼓中心小学	高级教师	2020 年 8 月
潘美燕	女	永春县达埔中心小学	高级教师	2020 年 8 月
郭秀明	女	永春县东平中心小学	高级教师	2020 年 8 月
王碧惠	女	永春县教育督导室	高级教师	2020 年 8 月
张煌城	男	永春县林业局蓬壶林业工作站	高级工程师	2020 年 7 月
陈晓玲	女	永春县广播电视台	主任播音员	2020 年 8 月
李志聪	男	永春县公路建设开发有限公司	高级工程师	2020 年 7 月
康碧云	女	永春县农村水电建设服务中心	高级工程师	2020 年 9 月
刘少平	男	永春县水利工程规划建设服务站	高级工程师	2020 年 9 月
黄景生	男	永春县达埔卫生院	副主任医师	2020 年 12 月
陈进步	男	永春县妇幼保健院	副主任医师	2020 年 12 月
黄伟杰	男	永春县岵山卫生院	副主任医师	2020 年 12 月
黄丽琴	女	永春县蓬壶中心卫生院	副主任医师	2020 年 12 月
陈金钟	男	永春县苏坑卫生院	副主任医师	2020 年 12 月
林志坚	男	永春县卫生学校医务室	副主任医师	2020 年 12 月
陈俊新	男	永春县医院	副主任医师	2020 年 12 月
陈耀林	男	永春县中医院	副主任医师	2020 年 12 月
郭晓兰	女	永春县桃城社区卫生服务中心	副主任医师	2020 年 12 月
林榆桦	女	永春县桃城社区卫生服务中心	副主任医师	2020 年 12 月
颜燕丽	女	永春县妇幼保健院	副主任医师	2020 年 12 月
黄秋萍	女	永春县桃城社区卫生服务中心	副主任护师	2020 年 12 月
曾淑敏	女	永春县东平卫生院	副主任护师	2020 年 12 月

续表 4

姓名	性别	工作单位	技术职务	获任职资格时间
叶　苓	女	永春县妇幼保健院	副主任护师	2020 年 12 月
郑丽春	女	永春县介福卫生院	副主任护师	2020 年 12 月
林宝花	女	永春县医院	副主任护师	2020 年 12 月
王丽英	女	永春县医院	副主任护师	2020 年 12 月
王珠英	女	永春县医院	副主任护师	2020 年 12 月
潘立芬	女	永春县中医院	副主任护师	2020 年 12 月
颜莹芬	女	永春县医院	副主任技师	2020 年 12 月
吕志展	男	永春县医院	副主任药师	2020 年 12 月
潘才都	男	永春县湖洋中心卫生院	副主任药师	2020 年 12 月
张金国	男	永春县下洋林业工作站	高级工程师	2020 年 12 月

（县人社局等 供稿）

永春县 2020 年百岁以上老人一览表

表 5

姓 名	性别	出生年月	乡 镇	村 居	备 注
邱玉是	女	1913 年 11 月	桃城	卧龙	—
郑　赏	女	1916 年 8 月	蓬壶	仙岭	—
姚　盘	女	1916 年 9 月	达埔	达中	—
郭　真	女	1917 年 6 月	仙夹	夹际	—
陈　占	女	1917 年 8 月	玉斗	玉斗	—
方义樵	男	1919 年 1 月	桃城	桃东	—
伍玉眉	女	1919 年 2 月	桃城	桃溪	—
黄应寅	男	1919 年 4 月	呈祥	西村	—
刘玉香	女	1919 年 4 月	桃城	桃东	—
颜淑奶	女	1919 年 7 月	石鼓	卿园	—
陈　桃	女	1919 年 8 月	五里街	儒林	—
林　冬	女	1919 年 9 月	呈祥	西村	—
王　发	女	1920 年 1 月	蓬壶	魁都	—
李秀便	女	1920 年 1 月	东关	美升	—
苏荣栳	男	1920 年 2 月	蓬壶	观山	—
姚　胆	女	1920 年 2 月	外山	云峰	—
黄淑贞	女	1920 年 3 月	达埔	东园	—
颜　水	女	1920 年 3 月	东关	东关	—
黄　问	男	1920 年 3 月	外山	墘溪	—
汤　草	女	1920 年 3 月	东关	溪南	—
苏　枣	女	1920 年 5 月	石鼓	凤美	—

续表 5

姓 名	性别	出生年月	乡 镇	村 居	备 注
王 挺	女	1920 年 6 月	桃城	桃溪	—
苏 尽	女	1920 年 8 月	横口	福联	—
林 金	女	1920 年 8 月	吾峰	吾中	—
黄 石	女	1920 年 8 月	仙夹	东里	—
郑 雨	女	1920 年 8 月	五里街	蒋溪	—
苏其河	男	1919 年 1 月	蓬壶	仙岭	2020. 1. 12 逝
林 恋	女	1917 年 1 月	桃城	桃溪	2020. 1. 23 逝
郑 雪	女	1918 年 11 月	五里街	吾边	2020. 2. 8 逝
李美英	女	1919 年 5 月	达埔	达理	2020. 5. 3 逝
林 术	女	1920 年 4 月	蓬壶	汤城	2020. 5. 8 逝
洪 纤	女	1918 年 8 月	仙夹	龙水	2020. 5. 19 逝
尤金莲	女	1919 年 9 月	蓬壶	壶中	2020. 5. 21 逝
薛秀娥	女	1916 年 1 月	桃城	桃溪	2020. 6. 28 逝
陈德发	女	1920 年 8 月	仙夹	夹际	2020. 8. 24 逝
王 糖	女	1918 年 12 月	蓬壶	都溪	2020. 9. 27 逝
刘 园	女	1920 年 1 月	岵山	南石	2020. 12. 26 逝

（县民政局 供稿）

永春县处级干部逝世人物表

表 6

姓 名	性别	出生年月	逝世年月	籍 贯 [省、市（县）、镇（街道）]	原工作单位及职务	备注
李维群	男	1933 年 5 月	2020 年 2 月	长汀	县政协副主席	—
林成栋	男	1940 年 10 月	2020 年 3 月	蓬壶	县委副处调研员	—
王大贞	男	1933 年 12 月	2020 年 10 月	永春	县政协副主席	—
李铁民	男	1938 年 4 月	2020 年 11 月	东平	县人大常委会副主任	—

（县委老干部局 供稿）

荣誉榜

先进集体

永春县 2020 年荣誉名表

表 7

荣誉称号	授奖机关	授予时间
2019 年河湖长制工作激励县	国务院办公厅	2020 年 5 月
全国农村承包地确权登记颁证工作典型地区	中央农办、农业农村部	2020 年 10 月
“绿水青山就是金山银山”实践创新基地	生态环境部	2020 年 11 月
第三批节水型社会建设达标县	水利部	2020 年 5 月
中国红曲醋都	中国食品工业协会	2020 年 11 月
2020 年福建省标准贡献奖二等奖	省政府	2020 年 11 月
“互联网 +”农产品出村进城工程试点县	农业农村部办公厅	2020 年 10 月
全国县域数字农业农村发展先进县	农业农村部信息中心	2020 年 8 月
省全域生态旅游示范县（市、区）	省文化和旅游厅	2020 年 11 月
2019 年食品安全社会共治示范县	省食品安全委员会办公室	2020 年 12 月
2019 年度泉州市实施乡村振兴战略实绩考核优秀等次	市委乡村振兴领导小组	2020 年 6 月
完成 2019 年度安全生产目标责任制优秀单位	市政府	2020 年 10 月
2019 年度河长制考核第一名	市政府	2020 年 3 月
2020 年度护林联防工作先进单位	省第一护林联防区委员会	2020 年 12 月
第三批全国老年远程教育示范区	中国老年大学协会远程教育工作委员会	2020 年 11 月

永春县获省部级及以上表彰先进单位名表

表 8

获奖单位	荣誉称号	授奖机关	授予时间
仙夹镇山后村	第六届全国文明村	中央精神文明指导委员会	2020 年 11 月
五里街镇	继续保留全国文明村镇荣誉称号	中央精神文明指导委员会	2020 年 11 月
县旅游集散中心	县域文旅公共服务机构功能融合国家级试点单位	文化和旅游部	2020 年 2 月

续表 8

获奖单位	荣誉称号	授奖机关	授予时间
迅捷应急救援队（县应急管理局下属）	第五届“全国 119 消防先进集体”	应急管理部	2020 年 11 月
湖洋镇（芦柑）	第十批全国“一村一品”示范村镇	农业农村部	2020 年 11 月
桃城镇党委	福建省抗击新冠肺炎疫情先进集体	省委、省政府	2020 年 11 月
美岭村党委	福建省抗击新冠肺炎疫情先进集体	省委、省政府	2020 年 11 月
苏坑镇	中国陶瓷特色镇	中国轻工业联合会、中国陶瓷工业协会	2020 年 9 月
县检察院	第七届全国先进基层检察院	最高人民检察院	2020 年 10 月
县科协	2020 年全国科普日活动优秀组织单位	中国科协办公厅	2020 年 12 月

永春县获市（厅）级表彰先进单位名表

表 9

获奖单位	荣誉称号	授奖机关	授予时间
县总医院党委	疫情防控工作一线表现突出先进基层党组织	市委、市政府	2020 年 11 月
县总医院	省五一劳动奖状	省总工会	2020 年 8 月
县总工会权益保障部	省五一先锋号	省总工会	2020 年 12 月
中国移动永春分公司网络部	福建工人先锋号	省总工会	2020 年 12 月
县城管局驻行政服务中心窗口	福建工人先锋号	省总工会	2020 年 12 月
县交通运输局工会	省模范职工之家	省总工会	2020 年 12 月
县市场监管局工会	省模范职工之家	省总工会	2020 年 12 月
福建万家美轻纺服饰有限公司工会	省模范职工之家	省总工会	2020 年 12 月
县农信社下洋信用社工会小组	省模范职工小家	省总工会	2020 年 12 月
五里街中心小学工会小组	省模范职工小家	省总工会	2020 年 12 月
县供电公司东平供电所分工会	省模范职工小家	省总工会	2020 年 12 月
福建省双恒集团有限公司	省非公企业党建带工建示范点	省总工会	2020 年 12 月
中国邮政永春县分公司	省民主管理规范化建设示范单位	省总工会	2020 年 12 月
福建万家美轻纺服饰有限公司	省民主管理规范化建设示范单位	省总工会	2020 年 12 月
蓬壶镇	省森林城镇	省绿化委员会	2020 年 12 月
桃城镇	省森林城镇	省绿化委员会	2020 年 12 月
永春六中	省二级达标高中	省教育厅	2020 年 12 月
呈祥中心小学	2019 年全省“义务教育管理标准化学校”	省教育评估研究中心	2020 年 12 月
东关中心小学	2019 年全省“义务教育管理标准化学校”	省教育评估研究中心	2020 年 12 月
桂洋中心小学	2019 年全省“义务教育管理标准化学校”	省教育评估研究中心	2020 年 12 月
壶东小学	2019 年全省“义务教育管理标准化学校”	省教育评估研究中心	2020 年 12 月
湖洋中心小学	2019 年全省“义务教育管理标准化学校”	省教育评估研究中心	2020 年 12 月
介福中心小学	2019 年全省“义务教育管理标准化学校”	省教育评估研究中心	2020 年 12 月
锦斗中心小学	2019 年全省“义务教育管理标准化学校”	省教育评估研究中心	2020 年 12 月

续表 9

获奖单位	荣誉称号	授奖机关	授予时间
鹏翔小学	2019 年全省“义务教育管理标准化学校”	省教育评估研究中心	2020 年 12 月
吾峰中心小学	2019 年全省“义务教育管理标准化学校”	省教育评估研究中心	2020 年 12 月
玉斗中心小学	2019 年全省“义务教育管理标准化学校”	省教育评估研究中心	2020 年 12 月
永春五中	2019 年全省“义务教育管理标准化学校”	省教育评估研究中心	2020 年 12 月
坑仔口中学	2019 年全省“义务教育管理标准化学校”	省教育评估研究中心	2020 年 12 月
美岭中学	2019 年全省“义务教育管理标准化学校”	省教育评估研究中心	2020 年 12 月
玉斗中学	2019 年全省“义务教育管理标准化学校”	省教育评估研究中心	2020 年 12 月
凤美小学	2020 年全省“义务教育管理标准化学校”	省教育厅	2020 年 12 月
和平小学	2020 年全省“义务教育管理标准化学校”	省教育厅	2020 年 12 月
化龙小学	2020 年全省“义务教育管理标准化学校”	省教育厅	2020 年 12 月
壶南小学	2020 年全省“义务教育管理标准化学校”	省教育厅	2020 年 12 月
曲斗小学	2020 年全省“义务教育管理标准化学校”	省教育厅	2020 年 12 月
美岭小学	2020 年全省“义务教育管理标准化学校”	省教育厅	2020 年 12 月
文明小学	2020 年全省“义务教育管理标准化学校”	省教育厅	2020 年 12 月
外山中心小学	2020 年全省“义务教育管理标准化学校”	省教育厅	2020 年 12 月
仰贤小学	2020 年全省“义务教育管理标准化学校”	省教育厅	2020 年 12 月
岩峰小学	2020 年全省“义务教育管理标准化学校”	省教育厅	2020 年 12 月
仙夹中学	2020 年全省“义务教育管理标准化学校”	省教育厅	2020 年 12 月
苏坑中学	2020 年全省“义务教育管理标准化学校”	省教育厅	2020 年 12 月
吾峰中学	2020 年全省“义务教育管理标准化学校”	省教育厅	2020 年 12 月
永春六中	2020 年全国青少年排球体育传统特色学校	教育部办公厅	2020 年 10 月
县检察院公诉科	2020—2022 年省级青年文明号	省创建青年文明号活动组委会	2020 年 8 月
县公安局蓬壶派出所	2020—2022 年省级青年文明号	省创建青年文明号活动组委会	2020 年 8 月
县消防救援大队	2020—2022 年省级青年文明号	省创建青年文明号活动组委会	2020 年 8 月
县委统战部	市 2017—2019 年度文明单位	市委　市政府	2020 年 11 月
县直机关党工委	市 2017—2019 年度文明单位	市委　市政府	2020 年 11 月
县委编委办	市 2017—2019 年度文明单位	市委　市政府	2020 年 11 月
县政府办公室	市 2017—2019 年度文明单位	市委　市政府	2020 年 11 月
县委党史和地方志研究室	市 2017—2019 年度文明单位	市委　市政府	2020 年 11 月
县委老干部局	市 2017—2019 年度文明单位	市委　市政府	2020 年 11 月
永春生态环境局	市 2017—2019 年度文明单位	市委　市政府	2020 年 11 月
县文体旅游局	市 2017—2019 年度文明单位	市委　市政府	2020 年 11 月
县自然资源局	市 2017—2019 年度文明单位	市委　市政府	2020 年 11 月
县人社局	市 2017—2019 年度文明单位	市委　市政府	2020 年 11 月
县发改局	市 2017—2019 年度文明单位	市委　市政府	2020 年 11 月

续表 9

获奖单位	荣誉称号	授奖机关	授予时间
县统计局	市 2017—2019 年度文明单位	市委　市政府	2020 年 11 月
县司法局	市 2017—2019 年度文明单位	市委　市政府	2020 年 11 月
县农业农村局	市 2017—2019 年度文明单位	市委　市政府	2020 年 11 月
县应急管理局	市 2017—2019 年度文明单位	市委　市政府	2020 年 11 月
县林业局	市 2017—2019 年度文明单位	市委　市政府	2020 年 11 月
县教育局	市 2017—2019 年度文明单位	市委　市政府	2020 年 11 月
县财政局	市 2017—2019 年度文明单位	市委　市政府	2020 年 11 月
县煤炭管理局	市 2017—2019 年度文明单位	市委　市政府	2020 年 11 月
县气象局	市 2017—2019 年度文明单位	市委　市政府	2020 年 11 月
市公安局天湖山分局	市 2017—2019 年度文明单位	市委　市政府	2020 年 11 月
县检察院	市 2017—2019 年度文明单位	市委　市政府	2020 年 11 月
县卫生健康综合执法大队	市 2017—2019 年度文明单位	市委　市政府	2020 年 11 月
县公安局交通警察大队	市 2017—2019 年度文明单位	市委　市政府	2020 年 11 月
县妇幼保健院	市 2017—2019 年度文明单位	市委　市政府	2020 年 11 月
县供销社	市 2017—2019 年度文明单位	市委　市政府	2020 年 11 月
县工业区管委会	市 2017—2019 年度文明单位	市委　市政府	2020 年 11 月
县行政服务中心管委会	市 2017—2019 年度文明单位	市委　市政府	2020 年 11 月
县妇联	市 2017—2019 年度文明单位	市委　市政府	2020 年 11 月
县残联	市 2017—2019 年度文明单位	市委　市政府	2020 年 11 月
县科协	市 2017—2019 年度文明单位	市委　市政府	2020 年 11 月
县图书馆	市 2017—2019 年度文明单位	市委　市政府	2020 年 11 月
住房公积金永春县管理部	市 2017—2019 年度文明单位	市委　市政府	2020 年 11 月
中国人民银行永春县支行	市 2017—2019 年度文明单位	市委　市政府	2020 年 11 月
中国移动永春分公司	市 2017—2019 年度文明单位	市委　市政府	2020 年 11 月
天湖山能源实业有限公司	市 2017—2019 年度文明单位	市委　市政府	2020 年 11 月
县委党校	市 2017—2019 年度文明单位	市委　市政府	2020 年 11 月
县档案馆	市 2017—2019 年度文明单位	市委　市政府	2020 年 11 月
县工信商务局	市 2017—2019 年度文明单位	市委　市政府	2020 年 11 月
县科技局	市 2017—2019 年度文明单位	市委　市政府	2020 年 11 月
县水利局	市 2017—2019 年度文明单位	市委　市政府	2020 年 11 月
县信访局	市 2017—2019 年度文明单位	市委　市政府	2020 年 11 月
县城管局	市 2017—2019 年度文明单位	市委　市政府	2020 年 11 月
县卫健局	市 2017—2019 年度文明单位	市委　市政府	2020 年 11 月
县退役军人事务局	市 2017—2019 年度文明单位	市委　市政府	2020 年 11 月
团县委	市 2017—2019 年度文明单位	市委　市政府	2020 年 11 月
县水土办	市 2017—2019 年度文明单位	市委　市政府	2020 年 11 月
县慈善总会	市 2017—2019 年度文明单位	市委　市政府	2020 年 11 月

续表 9

获奖单位	荣誉称号	授奖机关	授予时间
县计生协会	市 2017—2019 年度文明单位	市委　市政府	2020 年 11 月
县城镇集体工业联合社	市 2017—2019 年度文明单位	市委　市政府	2020 年 11 月
县公安局桃城派出所	市 2017—2019 年度文明单位	市委　市政府	2020 年 11 月
县公安局蓬壶派出所	市 2017—2019 年度文明单位	市委　市政府	2020 年 11 月
广电网络永春分公司	市 2017—2019 年度文明单位	市委　市政府	2020 年 11 月
县自来水公司	市 2017—2019 年度文明单位	市委　市政府	2020 年 11 月
永春云河白番鸭保种繁育有限责任公司	市 2017—2019 年度文明单位	市委　市政府	2020 年 11 月
岵山卫生院	市 2017—2019 年度文明单位	市委　市政府	2020 年 11 月
桃溪实验小学——县武警中队	市 2017—2019 年度军民共建单位	市委　市政府	2020 年 11 月
五里街镇儒林社区——县消防救援大队	市 2017—2019 年度军民共建单位	市委　市政府	2020 年 11 月
县农业农村局——县武警中队	市 2017—2019 年度军民共建单位	市委　市政府	2020 年 11 月
锦斗乌髻岩旅游风景区管理处	市 2017—2019 年度文明风景旅游区	市委　市政府	2020 年 11 月
永春七中	市 2017—2019 年度文明校园	市委　市政府	2020 年 11 月
永春侨中	市 2017—2019 年度文明校园	市委　市政府	2020 年 11 月
永春职专	市 2017—2019 年度文明校园	市委　市政府	2020 年 11 月
下洋中心小学	市 2017—2019 年度文明校园	市委　市政府	2020 年 11 月
仓满幼儿园	市 2017—2019 年度文明校园	市委　市政府	2020 年 11 月
达埔中心小学	市 2017—2019 年度文明校园	市委　市政府	2020 年 11 月
世哲幼儿园	市 2017—2019 年度文明校园	市委　市政府	2020 年 11 月
坑仔口中心小学	市 2017—2019 年度文明校园	市委　市政府	2020 年 11 月
港永幼儿园	市 2017—2019 年度文明校园	市委　市政府	2020 年 11 月
玉斗中心小学	市 2017—2019 年度文明校园	市委　市政府	2020 年 11 月
县特教学校	市 2017—2019 年度文明校园	市委　市政府	2020 年 11 月
桃城中心小学	市 2017—2019 年度文明校园	市委　市政府	2020 年 11 月
永春二中	市 2017—2019 年度文明校园	市委　市政府	2020 年 11 月
坑仔口中学	市 2017—2019 年度文明校园	市委　市政府	2020 年 11 月
石鼓中心小学	市 2017—2019 年度文明校园	市委　市政府	2020 年 11 月
岵山中心小学	市 2017—2019 年度文明校园	市委　市政府	2020 年 11 月
蓬壶中心幼儿园	市 2017—2019 年度文明校园	市委　市政府	2020 年 11 月
一都中心小学	市 2017—2019 年度文明校园	市委　市政府	2020 年 11 月
永春三中	市 2017—2019 年度文明校园	市委　市政府	2020 年 11 月
仙夹中心小学	市 2017—2019 年度文明校园	市委　市政府	2020 年 11 月
玉斗中学	市 2017—2019 年度文明校园	市委　市政府	2020 年 11 月
东关中心幼儿园	市 2017—2019 年度文明校园	市委　市政府	2020 年 11 月
桂洋中心小学	市 2017—2019 年度文明校园	市委　市政府	2020 年 11 月
锦斗中心小学	市 2017—2019 年度文明校园	市委　市政府	2020 年 11 月

续表 9

获奖单位	荣誉称号	授奖机关	授予时间
蓬壶中心小学	市 2017—2019 年度文明校园	市委　市政府	2020 年 11 月
崇贤中学	市 2017—2019 年度文明校园	市委　市政府	2020 年 11 月
永春六中	市 2017—2019 年度文明校园	市委　市政府	2020 年 11 月
桂洋镇	市 2017—2019 年度文明乡镇	市委　市政府	2020 年 11 月
坑仔口镇	市 2017—2019 年度文明乡镇	市委　市政府	2020 年 11 月
下洋镇	市 2017—2019 年度文明乡镇	市委　市政府	2020 年 11 月
一都镇	市 2017—2019 年度文明乡镇	市委　市政府	2020 年 11 月
介福乡	市 2017—2019 年度文明乡镇	市委　市政府	2020 年 11 月
外山乡	市 2017—2019 年度文明乡镇	市委　市政府	2020 年 11 月
仙夹镇	市 2017—2019 年度文明乡镇	市委　市政府	2020 年 11 月
吾峰镇	市 2017—2019 年度文明乡镇	市委　市政府	2020 年 11 月
达埔镇	市 2017—2019 年度文明乡镇	市委　市政府	2020 年 11 月
玉斗镇	市 2017—2019 年度文明乡镇	市委　市政府	2020 年 11 月
横口乡	市 2017—2019 年度文明乡镇	市委　市政府	2020 年 11 月
锦斗镇	市 2017—2019 年度文明乡镇	市委　市政府	2020 年 11 月
苏坑镇	市 2017—2019 年度文明乡镇	市委　市政府	2020 年 11 月
呈祥乡呈祥村	市 2017—2019 年度文明村	市委　市政府	2020 年 11 月
呈祥乡东溪村	市 2017—2019 年度文明村	市委　市政府	2020 年 11 月
达埔镇狮峰村	市 2017—2019 年度文明村	市委　市政府	2020 年 11 月
东关镇东美村	市 2017—2019 年度文明村	市委　市政府	2020 年 11 月
东平镇太山村	市 2017—2019 年度文明村	市委　市政府	2020 年 11 月
东平镇文峰村	市 2017—2019 年度文明村	市委　市政府	2020 年 11 月
桂洋镇桂洋村	市 2017—2019 年度文明村	市委　市政府	2020 年 11 月
横口乡福中村	市 2017—2019 年度文明村	市委　市政府	2020 年 11 月
横口乡下西坑村	市 2017—2019 年度文明村	市委　市政府	2020 年 11 月
湖洋镇白云村	市 2017—2019 年度文明村	市委　市政府	2020 年 11 月
湖洋镇湖城村	市 2017—2019 年度文明村	市委　市政府	2020 年 11 月
湖洋镇锦凤村	市 2017—2019 年度文明村	市委　市政府	2020 年 11 月
湖洋镇龙山村	市 2017—2019 年度文明村	市委　市政府	2020 年 11 月
湖洋镇蓬莱村	市 2017—2019 年度文明村	市委　市政府	2020 年 11 月
湖洋镇清白村	市 2017—2019 年度文明村	市委　市政府	2020 年 11 月
湖洋镇桃美村	市 2017—2019 年度文明村	市委　市政府	2020 年 11 月
湖洋镇溪西村	市 2017—2019 年度文明村	市委　市政府	2020 年 11 月
岵山镇北溪村	市 2017—2019 年度文明村	市委　市政府	2020 年 11 月
岵山镇茂霞村	市 2017—2019 年度文明村	市委　市政府	2020 年 11 月
锦斗镇洪内村	市 2017—2019 年度文明村	市委　市政府	2020 年 11 月
坑仔口镇魁斗村	市 2017—2019 年度文明村	市委　市政府	2020 年 11 月

续表 9

获奖单位	荣誉称号	授奖机关	授予时间
坑仔口镇玉西村	市 2017—2019 年度文明村	市委　市政府	2020 年 11 月
蓬壶镇东星村	市 2017—2019 年度文明村	市委　市政府	2020 年 11 月
蓬壶镇观山村	市 2017—2019 年度文明村	市委　市政府	2020 年 11 月
蓬壶镇壶南村	市 2017—2019 年度文明村	市委　市政府	2020 年 11 月
蓬壶镇丽里村	市 2017—2019 年度文明村	市委　市政府	2020 年 11 月
蓬壶镇南幢村	市 2017—2019 年度文明村	市委　市政府	2020 年 11 月
蓬壶镇汤城村	市 2017—2019 年度文明村	市委　市政府	2020 年 11 月
蓬壶镇仙岭村	市 2017—2019 年度文明村	市委　市政府	2020 年 11 月
苏坑镇嵩溪村	市 2017—2019 年度文明村	市委　市政府	2020 年 11 月
桃城镇丰山村	市 2017—2019 年度文明村	市委　市政府	2020 年 11 月
桃城镇外垅村	市 2017—2019 年度文明村	市委　市政府	2020 年 11 月
五里街镇大羽村	市 2017—2019 年度文明村	市委　市政府	2020 年 11 月
五里街镇埔头村	市 2017—2019 年度文明村	市委　市政府	2020 年 11 月
下洋镇曲斗村	市 2017—2019 年度文明村	市委　市政府	2020 年 11 月
下洋镇下洋村	市 2017—2019 年度文明村	市委　市政府	2020 年 11 月
仙夹镇东里村	市 2017—2019 年度文明村	市委　市政府	2020 年 11 月
一都镇三岭村	市 2017—2019 年度文明村	市委　市政府	2020 年 11 月
一都镇仙阳村	市 2017—2019 年度文明村	市委　市政府	2020 年 11 月
玉斗镇炉地村	市 2017—2019 年度文明村	市委　市政府	2020 年 11 月
玉斗镇玉斗村	市 2017—2019 年度文明村	市委　市政府	2020 年 11 月
玉斗镇玉美村	市 2017—2019 年度文明村	市委　市政府	2020 年 11 月
玉斗镇云台村	市 2017—2019 年度文明村	市委　市政府	2020 年 11 月
桃城镇桃城社区	市 2017—2019 年度文明社区	市委　市政府	2020 年 11 月
桃城镇桃溪社区	市 2017—2019 年度文明社区	市委　市政府	2020 年 11 月
桃城镇济川社区	市 2017—2019 年度文明社区	市委　市政府	2020 年 11 月
桃城镇桃东社区	市 2017—2019 年度文明社区	市委　市政府	2020 年 11 月
桃城镇环翠社区	市 2017—2019 年度文明社区	市委　市政府	2020 年 11 月
桃城镇花石社区	市 2017—2019 年度文明社区	市委　市政府	2020 年 11 月
桃城镇化龙社区	市 2017—2019 年度文明社区	市委　市政府	2020 年 11 月
五里街镇儒林社区	市 2017—2019 年度文明社区	市委　市政府	2020 年 11 月
石鼓镇石鼓社区	市 2017—2019 年度文明社区	市委　市政府	2020 年 11 月
苏美香家庭	市 2017—2019 年度文明家庭	市委　市政府	2020 年 11 月
廖雅彬家庭	市 2017—2019 年度文明家庭	市委　市政府	2020 年 11 月
徐珍梅家庭	市 2017—2019 年度文明家庭	市委　市政府	2020 年 11 月
郑梅芬家庭	市 2017—2019 年度文明家庭	市委　市政府	2020 年 11 月
尤志权家庭	市 2017—2019 年度文明家庭	市委　市政府	2020 年 11 月
吕德文家庭	市 2017—2019 年度文明家庭	市委　市政府	2020 年 11 月

续表 9

获奖单位	荣誉称号	授奖机关	授予时间
岵山卫生院	市 2017—2019 年度精神文明建设先进单位	市委　市政府	2020 年 11 月
岵山镇塘溪村	2020 年度省级“一村一品”示范村（荔枝）	省农业农村厅	2020 年 12 月
湖洋镇溪西村	2020 年度省级“一村一品”示范村（永春芦柑）	省农业农村厅	2020 年 12 月
达埔镇溪源村	2020 年度省级“一村一品”示范村（永春芦柑）	省农业农村厅	2020 年 12 月
桂洋镇岐山村	2020 年度省级“一村一品”示范村（生姜）	省农业农村厅	2020 年 12 月
锦斗镇长坑村	2020 年度省级“一村一品”示范村（茶叶）	省农业农村厅	2020 年 12 月
五里街镇埔头村	2020 年度省级“一村一品”示范村（水果）	省农业农村厅	2020 年 12 月
永春县咏春云河白番鸭产业联合体	2020 年度农业产业化省级示范联合体	省农业农村厅	2020 年 12 月
永春县大母山生态农业产业联合体	2020 年度农业产业化省级示范联合体	省农业农村厅	2020 年 12 月
县旅游集散服务中心	省“十佳旅游集散服务中心示范点”	省文化和旅游厅	2020 年 11 月
桃城镇桃溪社区离退休党支部	省级离退休干部“示范党支部”	省委离退休干部工委、省委老干部局	2020 年 7 月
县农业农村局	全省农业农村系统先进集体	省人社厅、农业农村厅	2020 年 12 月
县农业农村局	2019 年度全省农业农村系统绩效评估优秀单位	省农业农村厅	2020 年 1 月
五里街镇侨联	省级“侨胞之家”	省侨联	2020 年 11 月
县融媒体中心	2020 年度全省融媒体新闻协作先进集体	省广播影视集团	2020 年 12 月
县司法局	组织宣传人民调解工作先进集体	中华全国人民调解员协会	2020 年 12 月
县统计局	省第四次全国经济普查先进集体	省第四次全国经济普查领导小组	2020 年 4 月
下洋镇政府	省第四次全国经济普查先进集体	省第四次全国经济普查领导小组	2020 年 4 月
外山乡	省级乡村治理示范乡镇	省委农村工作领导小组等六部门	2020 年 6 月
仙夹镇政府	省级乡村治理示范镇	省委农村工作领导小组等六部门	2020 年 6 月
仙夹镇龙水村	省级乡村治理示范村	省委农村工作领导小组等六部门	2020 年 6 月
外山乡	2020 年“中国慢生活休闲体验区、村（镇）”	中国林业产业联合会森林休闲体验分会、中国林业产业联合会森林生态旅游分会	2020 年 11 月
县报道中心	优秀报道组	福建日报社	2020 年 8 月
仙夹镇德田村	省森林村庄	省绿化委、省林业局	2020 年 12 月
五里街镇	2020 年福建“全域生态旅游小镇”	省文化和旅游厅	2020 年 11 月
五里街镇埔头村	2020 年福建“金牌旅游村”	省发改委、文化旅游厅、住建厅	2020 年 11 月

续表 9

获奖单位	荣誉称号	授奖机关	授予时间
一都镇政府（一都分会）	2020 年度护林联防工作先进单位（先进分会）	省第一护林联防区委员会	2020 年 12 月
横口乡政府（一都分会）	2020 年度护林联防工作先进单位（先进分会）	省第一护林联防区委员会	2020 年 12 月
泉州市永春县好帮手家政服务有限公司	省级家政服务标准化试点	省市场监管局、省商务厅	2020 年 8 月
永春一中	省级餐饮服务明厨亮灶示范单位	省市场监管局	2020 年 11 月
福建省永春佳威塑料包装制品有限公司	省知识产权优势企业	省知识产权局	2020 年 12 月
泉州锦林环保高新材料有限公司	省知识产权优势企业	省知识产权局	2020 年 12 月
县科协	2020 年福建省全国科普日优秀活动单位	省科协	2020 年 12 月
县科协	2020 年福建省全民科学素质网络竞赛县级优秀组织单位	省科协	2020 年 12 月
县旅游集散服务中心	省 2020 年度“我最喜爱的妈妈小屋”	省卫健委、省总工会、省妇联	2020 年 8 月
县老年大学	省达标老年大学	省教育厅、省委老干部局	2020 年 12 月
县农业农村局	省 2020 年中国农民丰收节组织实施表扬单位	省农业农村厅	2020 年 12 月
县侨联	2019 年度全省侨联系统信息传播工作先进集体三等奖	省侨联	2020 年 2 月
县社科联	第 13 期网上有奖竞答活动优秀组织奖	省社科联	2020 年 10 月
县社科联	第 14 期网上有奖竞答活动最佳组织奖	省社科联	2020 年 12 月

先进个人

永春县获省部级及以上表彰先进个人名表

表 10

姓名	单位	荣誉称号	授奖机关	授予时间
苏天恭	蓬壶镇仙岭村	全国劳动模范	中共中央、国务院	2020 年 11 月
王华堂	苏坑镇嵩溪村老年协会	全国“敬老爱老助老模范人物”	国家卫生健康委、全国老龄办	2020 年 12 月
林孟新	县总医院	全省优秀共产党员	省委	2020 年 11 月
陈建昌	县总医院	省抗击新冠肺炎疫情先进个人	省委、省政府	2020 年 11 月
林孟新	县总医院	省抗击新冠肺炎疫情先进个人	省委、省政府	2020 年 11 月
廖雅彬	县总医院	最美逆行者	湖北省委、省政府	2020 年 4 月
卢　威	县供电公司	国家电网劳动模范	国家电网有限公司	2020 年 1 月
郑再生	人行永春县支行	2019 年中国人民银行系统公德奖	中国人民银行总行	2020 年 4 月
林庆梅	永春生态环境局	第二次全国污染源普查表现突出个人	国务院第二次全国污染源普查领导小组办公室	2020 年 9 月

续表 10

姓名	单位	荣誉称号	授奖机关	授予时间
叶励光	永春生态环境局	第二次全国污染源普查表现突出个人	国务院第二次全国污染源普查领导小组办公室	2020 年 9 月
魏起日	永春生态环境保护综合执法大队	第二次全国污染源普查表现突出个人	国务院第二次全国污染源普查领导小组办公室	2020 年 9 月
辜燕萍	泉州乡村民宿有限公司	2020 年乡村文化和旅游能人	文化和旅游部	2020 年 10 月
郑加平家庭	桃城镇政府	2020 年全国最美家庭	全国妇联	2020 年 12 月

永春县获市（厅）级表彰先进个人名表

表 11

姓名	单位	荣誉称号	授奖机关	授予时间
蔡国辉	永春一中	省五一劳动奖章	省总工会	2020 年 8 月
王建兴	县教师进修学校	省五一劳动奖章	省总工会	2020 年 8 月
朱东梅	福建兴隆香业有限公司	省五一劳动奖章	省总工会	2020 年 8 月
沈环辉	永春一中	省优秀教师	省人社厅、教育厅	2020 年 9 月
康丹晖	永春二中	省优秀教师	省人社厅、教育厅	2020 年 9 月
刘晓梅	美岭中学	省优秀教师	省人社厅、教育厅	2020 年 9 月
郑雅琴	桃城中心小学	省优秀教师	省人社厅、教育厅	2020 年 9 月
郑政治	东平中心小学	省优秀教师	省人社厅、教育厅	2020 年 9 月
黄慧玲	达埔中心小学	乡村优秀青年教师	教育厅	2020 年 5 月
李志辉	县种植业技术站	全省农业农村系统先进工作者	省人社厅、农业农村厅	2020 年 12 月
辜祖超	县植保站	全省农业农村系统先进工作者	省人社厅、农业农村厅	2020 年 12 月
林胜前	县城管局	市 2017—2019 年度精神文明建设先进工作者	市委　市政府	2020 年 11 月
周梅芬	桃城镇党委会	市 2017—2019 年度精神文明建设先进工作者	市委　市政府	2020 年 11 月
梁伟生	县委文明办	市 2017—2019 年度精神文明建设先进工作者	市委　市政府	2020 年 11 月
许春光	县公安局交通警察大队	市 2017—2019 年度精神文明建设先进工作者	市委　市政府	2020 年 11 月
吴应栋	湖洋镇吴岭村	市 2017—2019 年度军民共建精神文明先进个人	市委　市政府	2020 年 11 月
蔡国良	县司法局	“攻坚 2019”强基促稳工作先进个人	市委　市政府	2020 年 2 月
林玉品	五里街镇党委会	“攻坚 2019”强基促稳工作先进个人	市委　市政府	2020 年 2 月
赵智勇	桃城镇党委会	攻坚 2019 先进个人	市委　市政府	2020 年 2 月
郭志龙	县发改局	攻坚 2019 先进个人	市委　市政府	2020 年 2 月
郑信鹏	美岭水泥厂	省优秀工会工作者	省总工会	2020 年 12 月
康伟志	工行永春支行	省优秀工会工作者	省总工会	2020 年 12 月
周梅芬	达埔镇政府	省优秀工会工作者	省总工会	2020 年 12 月
郭志鹏	永春三中	教育世家	市政府	2020 年 9 月

续表 11

姓名	单位	荣誉称号	授奖机关	授予时间
黄圣荣	港永幼儿园	教育世家	市政府	2020 年 9 月
林雪贞	东平中心小学	教育世家	市政府	2020 年 9 月
陈燕宇	县委老干部局	《中国火炬》创刊 25 周年突出贡献奖	《中国火炬》杂志社	2020 年 12 月
邱伟杰、辜伟泓家庭	桃城镇	第十二届福建省五好家庭	省妇联、省委文明办	2020 年 12 月
许俊鑫、郑小家家庭	五里街	2020 年福建省最美家庭	省妇联	2020 年 12 月
潘锦强、颜玉妹家庭	达埔镇	2020 年福建省最美家庭	省妇联	2020 年 12 月
黄冬红家庭	县政府办	省抗疫最美家庭	省妇联、省卫健委	2020 年 5 月
廖雅彬家庭	县总医院	省抗疫最美家庭	省妇联、省卫健委	2020 年 5 月
徐珍梅家庭	县总医院	省抗疫最美家庭	省妇联、省卫健委	2020 年 5 月
黄金俊家庭	县总医院一都分院	省抗疫最美家庭	省妇联、省卫健委	2020 年 5 月
黄群峰家庭	县总医院呈祥分院	省抗疫最美家庭	省妇联、省卫健委	2020 年 5 月
魏世洋家庭	县总医院横口分院	省抗疫最美家庭	省妇联、省卫健委	2020 年 5 月
黄伟杰家庭	县总医院岵山分院	省抗疫最美家庭	省妇联、省卫健委	2020 年 5 月
林志坚家庭	县卫生学校	省抗疫最美家庭	省妇联、省卫健委	2020 年 5 月
郑开源家庭	县总医院中医分院	省抗疫最美家庭	省妇联、省卫健委	2020 年 5 月
陈宗熙	县公安局	个人二等功	省公安厅	2020 年 6 月
陈永生	桂洋派出所	个人二等功	省公安厅	2020 年 12 月
辜正男	县公安局	个人三等功	省公安厅	2020 年 6 月
谢志福	县公安局看守所	个人嘉奖	省公安厅	2020 年 10 月
刘永乐	县公安局	全警实战大练兵省级“标兵个人”	省公安厅	2020 年 8 月
洪明亮	建行永春支行	2019 年度全省建设银行客服务标兵	建行福建分行	2020 年 1 月
徐水清	建行永春支行	2019 年度全省建行“提质增效强服务 全面提升竞争力”竞赛活动网点优质服务标兵	建行福建分行	2020 年 5 月
林晓红	建行永春支行	2019 年度中国建设银行优秀共青团员	建行总行团委	2020 年 5 月
姚锦杰	县公安局治安大队	2020 年“职工最美家庭”	省总工会	2020 年 7 月
姚锦杰	县公安局治安大队	第四届海上丝绸之路国际艺术节筹备工作先进个人	市政府	2020 年 1 月
张生才	县农技协	优秀科技特派员	省委实施乡村振兴战略领导小组	2020 年 1 月
张生才	县农技协	十佳最美乡土科技人才	中国农村专业技术协会	2020 年 10 月
张生才	县农协	福建省“最美科技工作者”	省委宣传部、省科协、省科技厅、省国防工业办公室	2020 年 8 月
康永光	县科协	2020 年福建省全民科学素质网络竞赛科普达人	省科协	2020 年 12 月
施由森	坑仔口镇政府	2019 年度新闻宣传工作积极分子	福建日报社	2020 年 8 月
林江华	永春生态环境保护综合执法大队	2019 年福建省生态环境保护执法大练兵表现突出个人	省生态环境厅	2020 年 9 月

续表 11

姓名	单位	荣誉称号	授奖机关	授予时间
陈萍芸	国家燃香类产品质量监督检验中心（福建）	2020 年度省级个人科技特派员	省科技特派员工作联席会议办公室	2020 年 12 月
林振华	县工商联（总商会）	2016—2019 年度全省统战系统先进工作者	省委统战部、人社厅	2020 年 12 月
庄从福	苏坑镇政府	全省统战系统先进工作者	省委统战部	2020 年 12 月
郑加平	桃城镇政府	省“职工最美家庭”	省总工会	2020 年 7 月
陈欲涌	县统计局	省第四次全国经济普查先进个人	省第四次全国经济普查领导小组	2020 年 4 月
林斌斌	桃城镇政府	省第四次全国经济普查先进个人	省第四次全国经济普查领导小组	2020 年 4 月
林志军	外山乡云峰村	疫情防控阻击战先进个人	市委　市政府	2020 年 2 月
林燕红	县总医院中医分院	疫情防控工作一线表现突出先进个人	市委　市政府	2020 年 2 月
廖雅彬家庭	县总医院	市 2017—2019 年度文明家庭	市委　市政府	2020 年 11 月
徐珍梅家庭	县总医院	市 2017—2019 年度文明家庭	市委　市政府	2020 年 11 月
廖雅彬	县总医院	抗疫工作先进个人	武汉市金银潭医院、福建首批援鄂医疗队	2020 年 3 月
徐珍梅	县总医院	抗疫工作先进个人	武汉市金银潭医院、福建首批援鄂医疗队	2020 年 3 月
廖雅彬	县总医院	荣誉职工	武汉市金银潭医院党委会	2020 年 3 月
徐珍梅	县总医院	荣誉职工	武汉市金银潭医院党委会	2020 年 3 月
林孟新	县总医院	抗疫先锋之星	中国医师协会感染科医师分会	2020 年 9 月
李翠兰	县住建局	2018—2019 年度先进协会联络员	省房地产业协会管理和市场委员会	2020 年 12 月
黄晓红	县红十字会	致公党福建省委抗击新冠肺炎疫情工作先进个人	中国致公党福建省委员会	2020 年 6 月
叶世权	县消防救援大队	优秀共产党员	省消防救援总队党委	2020 年 6 月
黄巧玲	东平镇团委	2019 年度“福建省优秀共青团干部”	团省委	2020 年 4 月
苏玮婧	永春一中高三 1 班	2019 年度“福建省优秀共青团员”	团省委	2020 年 4 月
巫金春	永春云河白番鸭保种繁育股份有限公司	十大杰出青年创业导师	团省委等 13 部门	2020 年 12 月
吴志文	县应急管理局	2020 年度护林联防工作先进个人（县、市、区）	省第一护林联防区委员会	2020 年 12 月
王再强	横口乡政府综合执法大队	2020 年度护林联防工作先进个人（分会）	省第一护林联防区委员会	2020 年 12 月
潘建洲	一都镇政府社会事务服务中心	2020 年度护林联防工作先进个人（分会）	省第一护林联防区委员会	2020 年 12 月
郑煌丽	坑仔口镇政府	公共机构节能远程培训优秀学员	国家机关事务管理局公共机构节能管理司	2020 年 12 月
官雅黎	县检察院	2019 年度全国检察宣传先进个人	检察日报社	2020 年 7 月
林雨新	县检察院	2019 年度全国检察宣传先进个人	检察日报社	2020 年 11 月
魏章贵	县教育局	招生工作优秀个人	福建广播电视大学	2019 年 12 月（补记）

其他成果荣誉

永春县获省部级以上表彰其他成果荣誉名表

表 12

单位(姓名)	项目	荣誉称号	授奖机关	授予时间
红四军召开群众大会旧址郭氏家庙	横口乡	省第十批省级文物保护单位	省政府	2020 年 11 月
仙岭德兴堂	蓬壶镇	省第十批省级文物保护单位	省政府	2020 年 11 月
永春桃溪国家湿地公园	国家湿地公园试点建设	国家湿地公园试点建设通过国家考核验收	国家林业和草原局	2020 年 12 月
苏坑镇	洋坪村	全国创业带头人实践培育基地	国务院扶贫办贫困村创业致富带头人培训基地	2020 年 6 月
县河长办	《河道“郎中”》短视频	第二届“守护美丽河湖——争创示范河湖”全国短视频公益大赛一等奖(全国三个)	水利部	2020 年 11 月
县水利局	《守护水之源 共建幸福河》系列动画	第二届“守护美丽河湖——争创示范河湖”全国短视频公益大赛优秀奖	水利部	2020 年 11 月
县检察院	《未完成的画》	首届全国未成年人检察微电影微视频微动漫二等奖	最高人民检察院	2020 年 7 月
县检察院	《不再沉默》	第五届检察微电影微视频微动漫作品征集展播活动微视频类别十佳作品	最高人民检察院	2020 年 12 月
吴水星(县市场监管局)	参与制定《GB/T 37072—2018 美丽乡村建设评价标准》	2020 年福建省标准贡献奖二等奖	省政府	2020 年 11 月

永春县获市(厅)级表彰其他成果荣誉名表

表 13

单位(姓名)	项目	荣誉称号	授奖机关	授予时间
县检察院	《不再沉默》	首届中国法治微电影展纪录片单元优秀作品	中国法学会法治文化研究会	2020 年 12 月
陈思蓉		女子 Gaastra Pro 级场地赛第一名	中国帆船帆板运动协会	2020 年 8 月
陈思蓉		女子 Gaastra Pro 级障碍赛第三名	中国帆船帆板运动协会	2020 年 8 月
谭　宁		“威克多杯”2020 年全国羽毛球锦标赛女子团体第一名	中国羽毛球协会	2020 年 11 月
谭　宁		“威克多杯”2020 年全国羽毛球锦标赛女子双打并列第三名	中国羽毛球协会	2020 年 11 月
陈弦恒		2020 年全国赛艇锦标赛男子双人单桨第二名	中国赛艇协会	2020 年 11 月
陈弦峰		2020 年全国赛艇锦标赛男子八人单桨有舵手第二名	中国赛艇协会	2020 年 11 月

续表 12

单位（姓名）	项目	荣誉称号	授奖机关	授予时间
桃城中心小学五年级科技活动小组	《探寻晋江源头即永春东溪大峡谷动植物及水利状况考察》	三等奖	省科协等五部门	2020 年 5 月
陈淑格（玉斗中心小学）	《百草园科学实践活动探究方案》	第 35 届福建省青少年科技创新大赛科技辅导员科技教育创新成果竞赛三等奖	省科协等五部门	2020 年 5 月
陈跃飞	论文《永春芦柑志》	三等奖	省科协、省科技厅、教育厅	2020 年 10 月
易尔杰、李逸凡、李婉灵	影像节活动（生活中的科学——巧分盐和胡椒粉）	优秀奖	中国科协青少年科技中心、中国青少年科技辅导员协会	2020 年 11 月
林奕钊、吕奕哲、康徐铭	比赛（珍爱生命）	三等奖	省青少年科技活动中心、省青少年科技教育协会	2020 年 12 月
曾琼婷（县法院）	论文《夹缝中的表达：妊娠代孕合法化的路径探寻》	2020 年“建设法治福建巾帼行动——幸福家庭法治保障”婚姻家庭法学专题研讨论文一等奖	省妇联、省法学会	2020 年 9 月
福建良瓷科技有限公司	九牧永春智慧制造产业园（一期）	2020 年省智能制造试点示范企业	省工信厅	2020 年 10 月
福建科福材料有限公司		省科技小巨人领军企业	省科技厅	2020 年 7 月
介福乡	林俊德纪念馆	省第三批关心下一代传承红色基因教育基地	省关工委	2020 年 10 月
陈维尧（福建良瓷科技有限公司）		中国建筑卫生陶瓷行业科技创新奖	中国建筑卫生陶瓷协会	2020 年 11 月
县教育局		人工智能编程教育实验区	中国教育发展战略学会人工智能与机器人教育专委会	2020 年 11 月
魁斗莉芳茶厂		2020 年百万职工“五小”创新大赛一等奖	省总工会	2020 年 7 月
达埔彬达制香厂有限公司		2020 年百万职工“五小”创新大赛二等奖	省总工会	2020 年 7 月
福建省金丰香业股份有限公司		2021 年百万职工“五小”创新大赛二等奖	省总工会	2020 年 7 月
泉州三横一竖文化创意有限公司		2020 年百万职工“五小”创新大赛二等奖	省总工会	2020 年 7 月
泉州市五虎山冶金粉末有限公司		2020 年百万职工“五小”创新大赛三等奖	省总工会	2020 年 7 月
泉州市泉永机械发展有限公司		2020 年百万职工“五小”创新大赛三等奖	省总工会	2020 年 7 月
泉州市金草生物技术有限公司		2020 年百万职工“五小”创新大赛三等奖	省总工会	2020 年 7 月
县供电公司		2020 年百万职工“五小”创新大赛三等奖	省总工会	2020 年 7 月
福建兴隆香业有限公司		2020 年百万职工“五小”创新大赛三等奖	省总工会	2020 年 7 月

续表 12

单位（姓名）	项目	荣誉称号	授奖机关	授予时间
泉州永春达盛香业股份有限公司		2020 年百万职工“五小”创新大赛三等奖	省总工会	2020 年 7 月
外山乡	《推进环境整治，让乡村宜居宜业宜游》	发文推广	农业农村部人居环境整治工作推进办公室	2020 年 7 月
尤有利（县种植业技术站）	《柑橘黄龙病防控“永春模式”推广》	2019—2021 年度农牧业丰收奖农业技术推广立项项目	省农业农村厅	2020 年 6 月
永春白番鸭养殖协会	永春白番鸭	2020 年度福建十大农产品区域公用品牌	省农业农村厅、省林业局、海洋与渔业局	2020 年 12 月
永春县魁斗莉芳茶厂	绿芳牌永春佛手	2020 年度福建名牌农产品	省农业农村厅、省林业局、海洋与渔业局	2020 年 12 月
陈金凤、蔡美贞（国家燃香类产品质量监督检验中心〈福建〉）	论文《闽台香产品标准差异对比研究》	“第 17 届中国标准化论坛福建分论坛优秀论文三等奖”	省标准化与认证认可协会	2020 年 11 月
王志国	陶瓷作品《呈祥》	永久珍藏	福建中国闽台缘博物馆	2020 年 8 月
王志国	陶瓷作品《心手相牵、爱不隔离》	第三届福建省工艺美术创意设计大赛铜奖	省工艺美术行业发展促进中心	2020 年 11 月
县总医院蓬壶分院	胸痛中心救治单元	全国首批胸痛中心救治单元	中国胸痛中心联盟、中国心血管联盟、中国胸痛中心执行委员会、胸痛中心总部	2020 年 12 月
县总医院湖洋分院	胸痛中心救治单元	全国首批胸痛中心救治单元	中国胸痛中心联盟、中国心血管联盟、中国胸痛中心执行委员会、胸痛中心总部	2020 年 12 月
县总医院达埔分院	胸痛中心救治单元	全国首批胸痛中心救治单元	中国胸痛中心联盟、中国心血管联盟、中国胸痛中心执行委员会、胸痛中心总部	2020 年 12 月
五里街镇	全域土地综合整治	全省首批全域土地综合整治试点	省自然资源厅	2020 年 6 月
五里街镇人民调解委员会陈耀辉调解工作室	调解工作室	全省首批“省级金牌调解工作室”	省委政法委、省司法厅	2020 年 5 月
五里街镇大羽村法治文化广场	法治文化建设	省首批省级法治文化建设示范基地	省司法厅	2020 年 6 月
第三届福建省社区（乡村）体育联赛扑克牌升级（80 分）项目永春代表队	扑克牌升级（80 分）	队式赛一等奖（全省第一名）	省体育局	2020 年 11 月
第三届福建省社区（乡村）体育联赛软式飞镖项目永春代表队	软式飞镖	女子团体一等奖（全省第二名）、男子团体三等奖（全省第七名）、男女混团三等奖（全省第八名）	省体育局	2020 年 11 月
吴少宝（永春柔力球队）	柔力球	省老年人柔力球（竞技）选拔赛男子乙组第二名	省老年人体育协会	2020 年 10 月
梁仲林（永春柔力球队）	柔力球	省老年人柔力球（竞技）选拔赛男子乙组第四名	省老年人体育协会	2020 年 10 月

续表 12

单位（姓名）	项目	荣誉称号	授奖机关	授予时间
郑雪娇（永春柔力球队）	柔力球	省老年人柔力球（竞技）选拔赛女子单打第四名	省老年人体育协会	2020 年 10 月
陈育生、林艺琼（永春柔力球队）	柔力球	省老年人柔力球（竞技）选拔赛混合双打第六名	省老年人体育协会	2020 年 10 月
永春柔力球队	柔力球双拍套路表演（6 人组合）	优秀奖	省老年人体育协会	2020 年 10 月
永春女子气排球队（与晋江队组成泉州代表队）	气排球	团体第三名	省老年人体育协会	2020 年 10 月
永春代表队（代表泉州）	象棋	省第五届老年人智力运动会优秀奖	省老年人体育协会	2020 年 9 月
永春代表队（代表泉州）	桥牌	省第五届老年人智力运动会优秀奖	省老年人体育协会	2020 年 9 月
永春代表队（代表泉州）	扑克 80 分	省第五届老年人智力运动会优秀奖	省老年人体育协会	2020 年 9 月
永春高甲戏艺术保护传承中心	非遗短视频《三句半（叔伯婶姆请注意）》	省第二届非遗短视频大赛三等奖。	省艺术馆（福建省非物质文化遗产保护中心）	2020 年 7 月
泉州雪山风雅颂生态旅游文化有限公司	高山徒步大赛	省体育产业示范项目	省体育局	2020 年 10 月

2020 年永春县授权发明专利情况表

表 13

序号	申请号	专利名称	专利权人	专利类型	授权入库日
1	2018104216145	一种安全信箱装置	永春县昆金商务咨询有限公司	发明	2020-02-01
2	2018105288511	一种电力施工用水泥电杆安装限位引导装置	永春县乾高智能科技有限公司	发明	2020-03-01
3	2018104969949	一种健身器材用躺式举重杠铃辅助装置	泉州永春信凯机械设备有限公司	发明	2020-05-01
4	201810529136X	一种设施预紧力调控用中部张力调整装置	永春科盛机械技术开发有限公司	发明	2020-05-01
5	2017113353109	一种金线莲培育工艺	泉州市金草生物技术有限公司	发明	2020-06-01
6	2018101366206	一种方便快捷的核桃夹	颜炜琦	发明	2020-06-01
7	2018112790324	一种布局式柑橘种植保温装置	福建省永春桔源柑橘专业合作社	发明	2020-08-01
8	2018103381107	农作物秸秆生物制浆方法及造纸浆料	福建祥业环保科技股份有限公司	发明	2020-08-01
9	2018103357930	一种可将粪便转化成肥料并装筒的化粪池	福建利新德塑胶制品有限公司	发明	2020-09-01
10	2018105292362	一种线缆牵引用防张力过大中部连接装置	永春县乾高智能科技有限公司	发明	2020-09-01
11	2017101104976	蛋白酶抑制剂的制备方法	泉州易初生物医药科技有限公司	发明	2020-09-01

续表 13

序号	申请号	专利名称	专利权人	专利类型	授权入库日
12	2018112510323	高稳定性的基于物联网的智能磨床控制方法及系统	毛海龙	发明	2020-10-01
13	201810069516X	一种增强柑橘抗旱能力的靠接方法	永春益丰生态农业专业合作社	发明	2020-10-01
14	2018112254350	一种箱包外壳四层共挤用冷却成型模组	泉州锦林环保高新材料有限公司	发明	2020-11-01
15	2019103563538	一种用于卫生陶瓷的自洁釉修补釉、制备及其使用	福建良瓷科技有限公司	发明	2020-11-01
16	201811456157X	环保佛香及其制作方法	福建兴全香业有限公司	发明	2020-12-01
17	2018114059808	一种金线莲的高效选育方法	泉州市金草生物技术有限公司	发明	2020-12-01

（县市场监管局 供稿）

2020 年永春县获管理体系认证企业情况表

表 14

序号	获证组织名称	认证证书号	认证项目	颁证日期	认证覆盖的业务活动范围	生产企业法定代表人
1	永春县东关鼎仙岩茶厂	001HACCP2000056	危害分析与关键控制点认证	2020-01-09	乌龙茶、红茶（分装）、白茶（分装）的加工	夏建灵
2	万升消防科技有限公司	20220Q20045R0S	质量管理体系认证（ISO 9000）	2020-01-14	资质许可范围内的干粉灭火设备、气体灭火设备、探火管的生产，消防产品（气体灭火器、消防水炮、探火管、室内外消火栓、水泵接合器、消防水枪、接口、泡沫灭火设备及自动喷水灭火设备）的销售	苏承猛
3	万升消防科技有限公司	20220E20021R0S	环境管理体系认证	2020-01-14	资质许可范围内的干粉灭火设备、气体灭火设备、探火管的生产，消防产品（气体灭火器、消防水炮、探火管、室内外消火栓、水泵接合器、消防水枪、接口、泡沫灭火设备及自动喷水灭火设备）的销售及相关管理活动	苏承猛
4	万升消防科技有限公司	20220S10019R0S	中国职业健康安全管理体系认证	2020-01-14	资质许可范围内的干粉灭火设备、气体灭火设备、探火管的生产，消防产品（气体灭火器、消防水炮、探火管、室内、外消火栓、水泵接合器、消防水枪、接口、泡沫灭火设备及自动喷水灭火设备）的销售及相关管理活动	苏承猛
5	福建省金正建设工程有限公司	03820S00600R4M	中国职业健康安全管理体系认证	2020-01-18	资质等级许可范围内的建筑工程施工总承包、市政公用工程施工总承包所涉及的相关职业健康安全管理活动	刘征敏

续表 14

序号	获证组织名称	认证证书号	认证项目	颁证日期	认证覆盖的业务活动范围	生产企业法定代表人
6	福建省金正建设工程有限公司	03820Q00598R4M	建设施工行业质量管理体系认证	2020-01-18	资质等级许可范围内的建筑工程施工总承包、市政公用工程施工总承包	刘征敏
7	福建省金正建设工程有限公司	03820E00599R4M	环境管理体系认证	2020-01-18	资质等级许可范围内的建筑工程施工总承包、市政公用工程施工总承包所涉及的相关环境管理活动	刘征敏
8	泉州博星天然保健品有限公司	001FSMS1300116	食品安全管理体系认证	2020-01-22	乌龙茶、袋泡茶的加工；出口花茶、普洱茶的加工；红茶、绿茶、白茶的分装	温夏屏
9	福建亿科电气设备有限责任公司	08320S30023R0S	中国职业健康安全管理体系认证	2020-03-10	有机硅绝缘产品（含绝缘护套、绝缘罩、复合绝缘横担）的研发与生产	吴文辉
10	福建亿科电气设备有限责任公司	08320Q30039R0S	质量管理体系认证（ISO 9000）	2020-03-10	有机硅绝缘产品（含绝缘护套、绝缘罩、复合绝缘横担）的研发与生产	吴文辉
11	福建亿科电气设备有限责任公司	08320E20023R0S	环境管理体系认证	2020-03-10	有机硅绝缘产品（含绝缘护套、绝缘罩、复合绝缘横担）的研发与生产	吴文辉
12	泉州市金胜生态农业有限公司	472IP200311R0S	企业知识产权管理体系认证	2020-05-15	金线莲种植技术的研发；金线莲的种植、销售及上述过程相关采购所涉及的知识产权管理活动	张伟芳
13	福建仁溪堂农业发展有限公司	472IP200310R0S	企业知识产权管理体系认证	2020-05-15	茶的研发、生产、销售及上述过程相关采购所涉及的知识产权管理活动	颜春燕
14	福建省八闽建设工程有限公司	00220Q21689R0M	建设施工行业质量管理体系认证	2020-05-18	市政公用工程、水利水电工程的施工	许远新
15	福建省八闽建设工程有限公司	00220S20934R0M	中国职业健康安全管理体系认证	2020-05-18	市政公用工程、水利水电工程的施工及相关管理活动	许远新
16	福建省八闽建设工程有限公司	00220E31025R0M	环境管理体系认证	2020-05-18	市政公用工程、水利水电工程的施工及相关管理活动	许远新
17	永春益达档案管理服务有限公司	23519QZ0081R0S	质量管理体系认证（ISO 9000）	2020-05-18	档案整理、档案数字化处理	徐胜伟
18	永春益达档案管理服务有限公司	23519SZ0034R0S	中国职业健康安全管理体系认证	2020-05-18	档案整理、档案数字化处理及相关职业健康安全管理活动	徐胜伟
19	永春益达档案管理服务有限公司	23519EZ0042R0S	环境管理体系认证	2020-05-18	档案整理、档案数字化处理及相关环境管理活动	徐胜伟
20	泉州市奇星制动器材有限公司	04520Q30347R4M	质量管理体系认证（ISO 9000）	2020-05-22	汽车用制动器衬片的生产（许可范围内）	施清海

续表 14

序号	获证组织名称	认证证书号	认证项目	颁证日期	认证覆盖的业务活动范围	生产企业法定代表人
21	福建兴嘉建设有限公司	32120E30106R0M	环境管理体系认证	2020-05-28	资质范围内的建筑工程、市政公用工程、地质灾害防治工程施工所涉及的环境管理活动	许甘树
22	福建兴嘉建设有限公司	32120Q30193R0M	建设施工行业质量管理体系认证	2020-05-28	资质范围内的建筑工程、市政公用工程、地质灾害防治工程施工	许甘树
23	福建兴嘉建设有限公司	32120S30102R0M	中国职业健康安全管理体系认证	2020-05-28	资质范围内的建筑工程、市政公用工程、地质灾害防治工程施工所涉及的职业健康安全管理活动	许甘树
24	永春县达埔彬达制香厂有限公司	U919120E30309R0S	环境管理体系认证	2020-06-01	竹枝香、盘香、线香的生产和销售	曾建全
25	永春县达埔彬达制香厂有限公司	U919120Q30709R0S	质量管理体系认证（ISO 9000）	2020-06-01	竹枝香、盘香、线香的生产和销售	曾建全
26	福建省永春双恒铝材有限公司	111342/A/0001/SM/ZH	汽车行业质量管理体系认证	2020-06-30	前后防撞梁、脚踏板、新能源电池托盘的生产（不包括 8.3 产品设计）	张特炉
27	福建竹展吉泰克科技有限公司	USA20Q42196R1M	质量管理体系认证（ISO 9000）	2020-07-07	铁路轨道车辆内饰件（座椅、墙板、顶板、空调风道）的研发、生产	施伟强
28	泉州市比特医护用品有限公司	ASED2020Q0440R0S	质量管理体系认证（ISO 9000）	2020-07-10	一次性日用口罩（非医用）的生产	潘儒烧
29	泉州市永春龙翔工艺品有限公司	472IP200654R0S	企业知识产权管理体系认证	2020-07-31	日用陶瓷的研发、生产、销售及上述过程相关采购所涉及的知识产权管理活动	陈祺祥
30	福建骏牧乳业股份有限公司	472IP200679R0S	企业知识产权管理体系认证	2020-08-07	发酵乳的研发、生产、销售及上述过程中相关采购所涉及的知识产权管理活动	潘庆民
31	福建省泉州勤发陶瓷有限公司	472IP200678R0S	企业知识产权管理体系认证	2020-08-07	日用陶瓷的研发、生产、销售及上述过程相关采购所涉及的知识产权管理活动	郑加勤
32	泉州市金草生物技术有限公司	472IP200682R0S	企业知识产权管理体系认证	2020-08-07	金线莲种苗的培育、生产、销售及上述过程相关采购所涉及的知识产权管理活动	陈剑虹
33	福建省泉州达盛窑陶瓷有限公司	472IP200684R0S	企业知识产权管理体系认证	2020-08-10	日用陶瓷的研发、生产、销售及上述过程中相关采购所涉及的知识产权管理活动	林兴达
34	泉州市昱升机车部件有限公司	24320Q50328R1S	质量管理体系认证（ISO 9000）	2020-08-14	摩托车和轻便摩托车鼓式制动蹄的生产	尤滨丽
35	泉州广兴塑胶制品有限责任公司	U919120Q31240R0S	质量管理体系认证（ISO 9000）	2020-08-21	塑胶制品的生产（涉及许可证要求除外）	林桂权
36	福建省泉州双恒集团有限公司	00220Q23980R3M-1	质量管理体系认证（ISO 9000）	2020-08-21	铝合金建筑型材（基材、阳极氧化型材、电泳涂漆型材、喷粉型材）的生产管理	张特炉

续表 14

序号	获证组织名称	认证证书号	认证项目	颁证日期	认证覆盖的业务活动范围	生产企业法定代表人
37	福建省永春双恒铝材有限公司	00220Q23980R3M-2	质量管理体系认证（ISO 9000）	2020-08-21	铝合金建筑型材（基材、阳极氧化型材、电泳涂漆型材、喷粉型材）的生产；	张特炉
38	福建省泉州双恒集团有限公司	00220Q23980R3M	质量管理体系认证（ISO 9000）	2020-08-21	铝合金建筑型材（基材、阳极氧化型材、电泳涂漆型材、喷粉型材）的生产及生产管理；福建省泉州双恒集团有限公司：铝合金建筑型材（基材、阳极氧化型材、电泳涂漆型材、喷粉型材）的生产管理；福建省永春双恒铝材有限公司：铝合金建筑型材（基材、阳极氧化型材、电泳涂漆型材、喷粉型材）的生产；	张特炉
39	泉州雷恩生化有限公司	CN19/31317	所有未列明的其他管理体系认证	2020-08-27	出口食品工业用维生素 A 棕榈酸酯粉，维生素 A 醋酸酯粉，维生素 D3 粉，二十二碳六烯酸（DHA）粉和辅酶 Q10 粉的生产	何德海
40	泉州迈特富纺织科技有限公司	42320S20410R0M	中国职业健康安全管理体系认证	2020-09-08	位于永春县工业园区榜德工业园的泉州迈特富纺织科技有限公司所从事的睡袋、睡垫、帐篷、箱包（包含携行具军用包、单兵急救包、水袋）、体能服、单兵综合作战服、个体防护服、携行具类产品、战术背心、内衣裤的研发、生产所涉及的相关管理活动	柯永辉
41	泉州迈特富纺织科技有限公司	42320AAA0001R0M	所有未列明的其他管理体系认证	2020-09-08	位于永春县工业园区榜德工业园的泉州迈特富纺织科技有限公司所从事的睡袋、睡垫、帐篷、箱包（包含携行具军用包、单兵急救包、水袋）、体能服、单兵综合作战服、个体防护服、携行具类产品、战术背心、内衣裤的研发、生产所涉及的相关管理活动	柯永辉
42	泉州迈特富纺织科技有限公司	42320E30452R0M	环境管理体系认证	2020-09-08	位于永春县工业园区榜德工业园的泉州迈特富纺织科技有限公司所从事的睡袋、睡垫、帐篷、箱包（包含携行具军用包、单兵急救包、水袋）、体能服、单兵综合作战服、个体防护服、携行具类产品、战术背心、内衣裤的研发、生产所涉及的相关管理活动	柯永辉

续表 14

序号	获证组织名称	认证证书号	认证项目	颁证日期	认证覆盖的业务活动范围	生产企业法定代表人
43	福建长绿食品饮料股份有限公司	00119Q31787R1S/3500	质量管理体系认证（ISO 9000）	2020-09-08	食用菌浓缩汁（浆）（香菇、蘑菇、猴头菇）、蔬菜浓缩汁（浆）（甘蓝、胡萝卜、菠菜、黄瓜、生姜、洋葱、冬瓜）、浓缩果汁（浆）（橙、番石榴、柚子、荔枝、蓝莓、桑葚、百香果）的生产	刘文聚
44	福建长绿食品饮料股份有限公司	001HACCP1900193	危害分析与关键控制点认证	2020-09-11	食用菌浓缩汁（浆）（香菇、蘑菇、猴头菇）、蔬菜浓缩汁（浆）（甘蓝、胡萝卜、菠菜、黄瓜、生姜、洋葱、冬瓜）、浓缩果汁（浆）（橙、番石榴、柚子、荔枝、蓝莓、桑葚、百香果）的生产	刘文聚
45	福建省永春县美岭车队	53920Q00933R0M	质量管理体系认证（ISO 9000）	2020-09-30	普通货运，货物专用运输（集装箱），货物专用运输（罐式）	曾鸿毛
46	福建省泳春宏泰实业有限公司	11420Q45171R0M	质量管理体系认证（ISO 9000）	2020-10-10	瓦楞纸箱、瓦楞纸板、彩盒的生产（有工业产品生产许可证要求除外）	刘生泉
47	福建省泳春宏泰实业有限公司	11420E45172R0M	环境管理体系认证	2020-10-10	瓦楞纸箱、瓦楞纸板、彩盒的生产（有工业产品生产许可证要求除外）及其所涉及场所的相关环境管理活动	刘生泉
48	福建利新德塑胶制品有限公司	165IP201335R0S	企业知识产权管理体系认证	2020-10-16	聚乙烯PE给水管、聚乙烯冷水池、聚乙烯化粪池（复合微生物处理池）的研发、生产、销售的知识产权管理	郑文庆
49	福建省君平建设管理有限公司	03820Q07965R0S	质量管理体系认证（ISO 9000）	2020-10-29	工程造价咨询服务、招标代理服务、政府采购代理服务、资质范围内的房屋建筑工程、市政公用工程监理	王玉辉
50	福建省君平建设管理有限公司	03820S07967R0S	中国职业健康安全管理体系认证	2020-10-29	工程造价咨询服务、招标代理服务、政府采购代理服务、资质范围内的房屋建筑工程、市政公用工程监理所涉及的相关职业健康安全管理活动	王玉辉
51	福建省君平建设管理有限公司	03820E07966R0S	环境管理体系认证	2020-10-29	工程造价咨询服务、招标代理服务、政府采购代理服务、资质范围内的房屋建筑工程、市政公用工程监理所涉及的相关环境管理活动	王玉辉
52	福建省泉通摩托车配件有限公司	M43120Q30963R1S	质量管理体系认证（ISO 9000）	2020-11-03	摩托车和轻便摩托车鼓式制动蹄的生产（许可证范围内）（不含分支机构）	颜学锋

续表 14

序号	获证组织名称	认证证书号	认证项目	颁证日期	认证覆盖的业务活动范围	生产企业法定代表人
53	元龙（福建）日用品有限公司	03820Q08366R3M	质量管理体系认证（ISO 9000）	2020-11-09	资质范围内的蚊香、0.55%Es-生物烯丙菊酯．氯菊酯杀虫气雾剂（水基型）、纸尿裤的生产	陈通怀
54	福建省金丰香业股份有限公司	165IP201563R0S	企业知识产权管理体系认证	2020-11-12	卫生香的研发、生产、销售的知识产权管理	林云勇
55	福建百轩香业有限公司	165IP201573R0S	企业知识产权管理体系认证	2020-11-13	卫生香的研发、生产、销售的知识产权管理	林金泽
56	福建省邦立运动用品有限公司	472IP201152R0S	企业知识产权管理体系认证	2020-12-07	槌球组合的研发、生产、销售；草地球组合的生产、销售及上述过程相关采购所涉及的知识产权管理活动	周超毅
57	福建翔达管桩有限公司	02420Q31012435R0M	质量管理体系认证（ISO 9000）	2020-12-09	混凝土预制构件的生产	吴立新
58	永春巨泰雨具日用制品有限公司	472IP201169R0S	企业知识产权管理体系认证	2020-12-11	雨伞的研发、生产、销售及上述过程相关采购所涉及的知识产权管理活动	李美云
59	福建省嘉悦陶瓷科技有限公司	472IP201193R0S	企业知识产权管理体系认证	2020-12-14	日用陶瓷的研发、生产、销售及上述过程相关采购所涉及的知识产权管理活动	王琼蓉
60	泉州怡辰科技有限公司	U0020Q50410R0M	质量管理体系认证（ISO 9000）	2020-12-23	出口用电熨斗的生产	周义允
61	福建楚朗建工有限公司	49220EC0096R0M	建设施工行业质量管理体系认证	2020-12-27	资质范围内水利水电工程的施工	郑金江
62	福建楚朗建工有限公司	49220E0279R0M	环境管理体系认证	2020-12-27	资质范围内水利水电工程的施工及其所涉及场所的相关环境管理活动	郑金江
63	福建楚朗建工有限公司	49220S0262R0M	中国职业健康安全管理体系认证	2020-12-27	资质范围内水利水电工程的施工及其所涉及场所的相关职业健康安全管理活动	郑金江
64	福建省泉州美岭水泥有限公司	02520S30569R2M	中国职业健康安全管理体系认证	2020-12-28	位于福建省泉州市永春县坑仔口镇玉西村的福建省泉州美岭水泥有限公司水泥生产经营管理	苏清泉
65	福建省泉州美岭水泥有限公司	02520E30578R2M	环境管理体系认证	2020-12-28	位于福建省泉州市永春县坑仔口镇玉西村的福建省泉州美岭水泥有限公司水泥生产经营管理	苏清泉
66	福建省泉州美岭水泥有限公司	02520Q30686R4M	质量管理体系认证（ISO 9000）	2020-12-28	位于福建省泉州市永春县坑仔口镇玉西村的福建省泉州美岭水泥有限公司P.O 52.5R、P.O 52.5、P.O 42.5R、P.O 42.5、P.F 32.5R、M32.5水泥的生产经营管理	苏清泉

续表 14

序号	获证组织名称	认证证书号	认证项目	颁证日期	认证覆盖的业务活动范围	生产企业法定代表人
67	福建省泉州美岭水泥有限公司	02520EN20384R2M	能源管理体系认证	2020-12-28	位于福建省泉州市永春县坑仔口镇玉西村的福建省泉州美岭水泥有限公司水泥的生产经营管理“生产场所：福建省泉州市永春县坑仔口镇玉西村生产工艺（边界）：二条日产 2500 吨熟料水泥生产线，带 4.5 瓦兆 +6.5 瓦兆余热发电，涵盖原料破碎、生料制备、熟料煅烧、水泥粉磨、水泥包装 / 散装出厂过程”可比水泥综合能耗 kgce/t 统计周期 82.79 2019 年 11 月至 2020 年 10 月	苏清泉
68	福建省瑞庆建设发展有限公司	49220S0266R0M	中国职业健康安全管理体系认证	2020-12-29	资质范围内水利水电工程、房建工程、市政公用工程、公路工程的施工及其所涉及场所的相关职业健康安全管理活动	康淑喜
69	福建省瑞庆建设发展有限公司	49220E0283R0M	环境管理体系认证	2020-12-29	资质范围内水利水电工程、房建工程、市政公用工程、公路工程的施工及其所涉及场所的相关环境管理活动	康淑喜
70	福建省瑞庆建设发展有限公司	49220EC0099R0M	建设施工行业质量管理体系认证	2020-12-29	资质范围内水利水电工程、房建工程、市政公用工程、公路工程的施工	康淑喜

（县市场监管局 供稿）

捐资奉献

2020 年度永春县捐资公益慈善 10 万元以上单位和个人一览表

表 15　　单位：万元

单位或个人	金额	单位或个人	金额
陈少煌	571.2	张少波	20.00
李女士	500.00	颜聪华	20.00
陈章明	335.54	郑成祖	20.00
郑文红	318.00	陈利民	20.00
汤志强	286.00	李全元	20.00
潘宏志	230.00	杨春辉	20.00
郭从愿	210.00	陈少忠	20.00
李小姐	200.00	颜丁己、颜如意、颜亚玲	20.00

续表 15

单位或个人	金额	单位或个人	金额
九牧永春公司	178.57	IOI（厦门）置业有限公司	20.00
周友智	175.00	福建海山律师事务所	20.00
李耀昇	172.65	石狮市历记名酒贸易公司	20.00
陈章明	163.00	陈金定	18.60
福建正创科技有限公司	150.00	黄国深等 3 人	17.02
林纪永	144.00	李彬彬	16.00
永春县全域旅游投资开发有限责任公司	140.00	福建万家美轻纺服饰有限公司	15.30
永春县大鹏城市建设发展有限责任公司	130.00	潘生强	15.00
永春县桃溪水利建设发展有限责任公司	130.00	陈坚扬	15.00
黄国深	116.00	陈振立	15.00
厦门宝龙实业有限公司	100.00	梁德才	15.00
福建省泉州美岭集团有限公司	95.20	印尼永春同乡联谊会陈振立	15.00
陈荣助	80.00	林兴旦	14.00
王志宏	75.00	马来西亚登进家族会	13.59
苏清泉	72.00	永春县各学校菲律宾校友联谊会	13.00
永春福信置业有限公司	70.00	陈春草	11.80
吴青山	60.00	刘明智	11.00
厦门市永春商会	60.00	刘春福	11.00
香港永春同乡会	60.00	余秉足	11.00
义乌市互惜贸易有限公司	53.80	林金福	11.00
黄仲咸基金会	51.20	潘福材等	10.18
厦门福慧达果蔬股份有限公司	50.00	尤裕质	10.00
刘征敏	48.00	尤文祥	10.00
菲律宾新南公司	45.00	颜锦桂	10.00
王斌辉	40.00	颜丁己	10.00
中国人寿保险福建省分公司	40.00	刘桂兰	10.00
黄国深	38.00	洪文良	10.00
上海新田餐饮有限公司	37.10	陈华亮	10.00
汤若狮	37.00	潘长安	10.00
潘才皇	32.81	陈亚通	10.00
福建龙岩聚创医疗器械有限公司	31.96	王宇杰	10.00
永春县嘉美贸易有限公司	30.00	苏永系教育基金会	10.00
湖南爱眼公益基金会	30.00	菲律宾仙乡陈氏宗亲会	10.00
尤裕质	28.00	中国华侨公益基金会	10.00
刘光淮	28.00	泉州市美岭环宇置业有限公司	10.00
陈建绪	28.00	重庆信达智创能源科技公司	10.00
颜明霞	27.00	泉州市教育基金会	10.00

续表 15

单位或个人	金额	单位或个人	金额
泉州市卡宾实业有限公司	25.00	福建永春锦源矿泉水有限公司	10.00
菲律宾永春同乡总会、旅菲永春仙乡陈氏宗亲会及各位旅菲乡亲	23.22	福建省中福工程建设监理有限公司	10.00
永春县农村信用社	23.00	泉州大开元寺	10.00
黄金豹	22.37	永春亚洲酒店	10.00
深圳市锦瑞生物科技有限公司	21.69		

（县侨务办、慈善总会 供稿）

纳税情况

2020 年永春县纳税 200 万元以上企业一览表

表 16　　单位：万元

序号	纳税人名称	行业	金额
1	福建省泉州美岭集团有限公司	—	16011.04
其中：	福建省泉州美岭水泥有限公司	制造业	11233.40
	永春县铅坑石灰岩矿	采矿业	1697.90
	福建省永春美岭火电厂	电力、热力、燃气及水的生产和供应业	591.90
	永春县玉斗铅锌选矿有限公司	采矿业	605.78
	永春县美岭小额贷款有限公司	金融保险业	398.43
	永春美岭矿业有限公司	采矿业	300.68
	福建永春美岭人造板厂	制造业	107.13
	永春美岭环保有限公司	批发和零售业	275.60
	福建省永春县美岭车队	交通运输、仓储和邮政业	354.74
	福建省永春雄燕水泥有限公司	制造业	186.98
	福建省永春宏美纸业有限公司	制造业	15.22
	福建省泉州美岭集团有限公司	制造业	6.26
	福建省永春美岭水泥厂	制造业	7.77
	永春美岭发电有限公司	电力、热力、燃气及水的生产和供应业	4.59
	永春美岭宾馆有限公司	住宿和餐饮业	0.13
	永春县莲花山旅游开发有限公司	旅游业	-0.07
	泉州市美岭环宇置业有限公司	房地产业	224.60
2	福建九牧集团	—	6920.33
其中：	福建良瓷科技有限公司	制造业	1461.49
	永春九牧厨卫有限公司	制造业	4140.86

续表 16

序号	纳税人名称	行业	金额
其中：	福建科福材料有限公司	制造业	733.93
	泉州科福科技有限公司	制造业	61.28
	永春三发陶瓷有限公司	制造业	24.45
	永春良格金属材料有限公司	制造业	231.33
	永春良福陶瓷有限公司	制造业	267.00
3	永春县农村信用合作联社	金融保险业	6475.52
4	福建省兴宇房地产开发有限公司	房地产业	3625.49
5	福建省天湖山能源实业有限公司	—	3204.60
其中：	福建省天湖山能源实业有限公司	采矿业	3193.48
	福建省永春县天湖山多种经营有限公司	租赁和商务服务业	11.12
6	中博城建工有限公司	建筑业	2779.86
7	福建龙城建工有限公司	建筑业	2437.15
8	永春县桃城房地产开发有限公司	—	2185.70
其中：	永春县桃城房地产开发有限公司桃源华庭办事处	房地产业	348.98
	永春县桃城房地产开发有限公司桃源天骄办事处	房地产业	309.59
	永春县桃城房地产开发有限公司桃源至尊办事处	房地产业	68.16
	永春县桃城房地产开发有限公司桃源观邸办事处	房地产业	-1.68
	永春县桃城房地产开发有限公司魁星花园办事处	房地产业	69.75
	永春县桃城房地产开发有限公司桃源天地办事处	房地产业	0.78
	永春县桃城房地产开发有限公司桃源新天地办事处	房地产业	647.90
	永春县桃城房地产开发有限公司桃源华景办事处	房地产业	209.51
	永春县桃城房地产开发有限公司	房地产业	14.75
	永春县桃城房地产开发有限公司桃源华苑办事处	房地产业	517.96
9	泉州锦林集团有限公司	—	2058.87
其中：	泉州锦林环保高新材料有限公司	制造业	1765.45
	泉州市晟园塑胶制品有限公司	制造业	293.42
10	永春碧桂园房地产开发有限公司	房地产业	1787.05
11	国网福建省电力有限公司永春县供电公司	电力、热力、燃气及水的生产和供应业	1601.56
12	泉州兆源置业有限公司	房地产业	1551.60
13	永春县大鹏城市建设发展有限责任公司	房地产业	1511.89
14	福建万家美轻纺服饰有限公司	制造业	1503.77
15	福建省金正建设工程有限公司	—	1253.89
其中：	福建省金正建设工程有限公司	建筑业	834.48
	福建省金嘉建设工程有限公司	建筑业	102.58
	福建省君平建设管理有限公司	租赁和商务服务业	59.41
	福建省君平建筑劳务有限公司	租赁和商务服务业	257.42

续表 16

序号	纳税人名称	行业	金额
16	永春福信置业有限公司	房地产业	1166.70
17	中国人民财产保险股份有限公司永春支公司	金融保险业	1162.84
18	美律科技（福建）有限公司	制造业	1135.08
19	永春鼎鸿房地产开发有限公司	房地产业	1088.81
20	福建中钢建材有限公司	—	1012.42
其中：	福建中钢建材有限公司	批发和零售业	482.90
	铭宇（永春）建材有限公司	制造业	165.14
	永春县印石山采石场（普通合伙）	采矿业	144.83
	泉州市印石山新型建材有限公司	批发和零售业	185.44
	福建恒钛铸锻有限公司	制造业	21.43
	永春中兴建材有限公司	制造业	12.68
21	福建晋昇中润纺织科技有限公司	—	994.64
其中：	福建晋昇中润纺织科技有限公司	制造业	880.08
	福建林生纺织有限公司	制造业	114.56
22	福建省民爆化工股份有限公司永春分公司	制造业	928.63
23	永春锦程房地产开发有限公司	房地产业	885.04
24	永春百宏房地产开发有限公司	房地产业	866.06
25	华福证券有限责任公司永春留安路证券营业部	金融保险业	858.59
26	永春县南德针织时装有限公司	制造业	800.73
27	福建永春老醋醋业有限责任公司	制造业	740.89
28	福建邦大房地产开发有限公司	房地产业	723.84
29	永春鼎盛房地产开发有限公司	房地产业	676.86
30	中国农业银行股份有限公司永春县支行	金融保险业	671.07
31	中国平安财产保险股份有限公司永春支公司	金融保险业	600.92
32	泉州恒龙置业有限公司	房地产业	593.19
33	福建省泉州双恒集团	—	550.54
其中：	福建省永春双恒铝材有限公司	制造业	531.91
	泉州来亚丝卫生用品有限公司	制造业	18.63
34	福建三信织造有限公司	制造业	543.36
35	泉州成信伞业有限公司	制造业	530.02
36	泉州福美房地产开发有限公司	房地产业	493.89
37	福建东风集团	—	478.83
其中：	福建东风矿业有限公司	批发和零售业	191.11
	福建新东风供应链管理有限公司	批发和零售业	97.86
	福建延东矿业有限公司	批发和零售业	0.68
	福建东野能源有限公司	批发和零售业	0.60
	福建中野能源有限公司	批发和零售业	3.24

续表 16

序号	纳税人名称	行业	金额
其中：	福建东风能源有限公司	批发和零售业	4.28
	福建秦东能源有限公司	批发和零售业	179.95
	福建新东风物流有限公司	批发和零售业	1.10
38	永春鼎华茂房地产开发有限公司	房地产业	474.30
39	中国邮政集团有限公司福建省永春县分公司	交通运输、仓储和邮政业	445.84
40	博纯材料股份有限公司	制造业	438.46
41	泉州瑞祥兴宇环保科技有限公司	制造业	425.88
42	中石化森美（福建）石油有限公司泉州永春桃城加油站	批发和零售业	386.94
43	中国建设银行股份有限公司永春支行	金融保险业	386.64
44	泉州鸿运渣土运输有限公司	交通运输、仓储和邮政业	378.11
45	中国工商银行股份有限公司永春支行	金融保险业	366.92
46	福建省桃城建设工程有限公司泉州分公司	建筑业	361.01
47	福建省瑞庆建设发展有限公司	建筑业	342.14
48	福建永春漳农商村镇银行股份有限公司	金融保险业	328.59
49	泉州迈特富纺织科技有限公司	制造业	326.00
50	福建南湖新能源材料有限公司	制造业	310.68
51	元龙（福建）日用品有限公司	制造业	308.95
52	福建省永春聚富果品有限公司	批发和零售业	305.20
53	福建省南安市第一建设有限公司永春分公司	建筑业	304.24
54	永春昌林瓷业有限公司	制造业	300.40
55	中国人寿财产保险股份有限公司泉州市中心支公司永春县营销服务部	金融保险业	296.58
56	永春南利针织有限公司	—	285.30
其中：	永春南利针织有限公司	制造业	216.63
	福建锦利针织有限公司	制造业	68.67
57	永春鹏翔旅游投资开发有限公司	旅游业	277.42
58	永春汇源食品饮料有限公司	—	270.99
其中：	永春汇源食品饮料有限公司	制造业	251.43
	永春汇源涛涛果业有限公司	制造业	19.56
59	泉州银行股份有限公司永春支行	金融保险业	265.67
60	福建永春制药有限公司	制造业	264.97
61	福建省蓬壶建设工程有限公司	建筑业	262.91
62	永春县新嘉煤矿有限责任公司	采矿业	262.76
63	泉州市丰侨股权投资合伙企业（有限合伙）	租赁和商务服务业	254.72
64	福建翔达管桩有限公司	制造业	250.83
65	泉州龙门滩四级水电有限公司	电力、热力、燃气及水的生产和供应业	248.13

续表 16

序号	纳税人名称	行业	金额
66	福建香橼茶业有限公司	制造业	242.35
67	永春县新奥燃气有限公司	电力、热力、燃气及水的生产和供应业	239.43
68	永春宝龙房地产开发有限公司	房地产业	238.03
69	泉州供电服务有限公司永春分公司	租赁和商务服务业	228.40
70	福建省第五建筑工程公司永春分公司	建筑业	225.61
71	永春县新奥能源发展有限公司	电力、热力、燃气及水的生产和供应业	218.32
72	泉州雷恩生化有限公司	制造业	216.78
73	百祺（福建）实业有限公司	制造业	209.07
74	泉州市润泰建设工程有限公司	建筑业	205.70
75	福建省永春县永联加工装配总厂	批发和零售业	204.79

（县财政局 供稿）

永春县溪滨花园城　　（县融媒体中心 供图）

附录

著作出版

2020 年永春县著作出版一览表

表 17

作　者	书　名	出版社	出版时间
黄清对	《人生是一场伟大的风险》（《回忆录》上册）	内部资料	2020 年春节
县委党史和地方志研究室	《永春年鉴（2019）》	福建省地图出版社	2020 年 2 月
陈礼钟	《调气养生篇》	内部资料	2020 年 3 月
县老区促进会 县委党史和地方志研究室	《永春县革命老区发展史》	厦门大学出版社	2020 年 5 月
郑清祥（主编）	《永春民俗大观》	获益出版事业有限公司	2020 年 5 月
永春县农业农村局 永春县老科技工作者协会	《永春柑橘历史资料》	内部资料	2020 年 9 月
桃源钟（章）氏族谱编委会	《善德公分禄房地柱家谱》	内部资料	2020 年 10 月
永春县统计局	《永春统计年鉴（2020）》	内部资料	2020 年 11 月
洪金益	《最美是永春》（歌曲集）	内部资料	2020 年 12 月

（县委史志室　供稿）

统计公报

2020 年永春县国民经济和社会发展统计公报

一、综合

初步核算，全县共实现地区生产总值 494.52 亿元，比上年增长 3.0%。其中，第一产业增加值 26.47 亿元，增长 3.9%；第二产业增加值 306.77 亿元，增长 3.3%；第三产业增加值 161.28 亿元，增长 2.0%；三次产业对经济增长的贡献率分别为 6.5%、72.6%、20.9%，分别拉动经济增长 0.2 个、2.2 个、0.6 个百

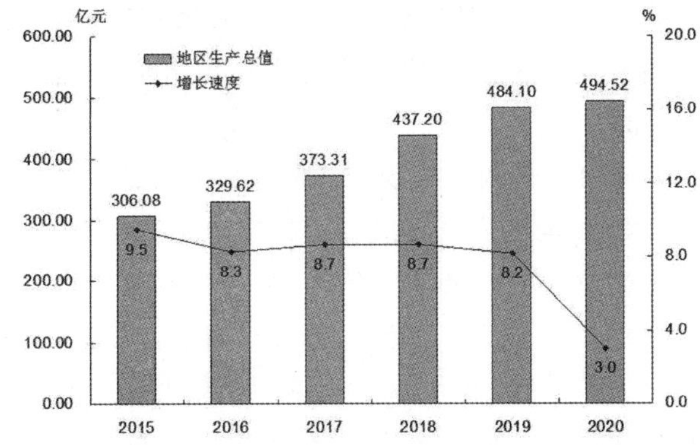

图 1 2015—2020 年地区生产总值（GDP）及其增长速度图

分点。全年三次产业结构比为 5.4 ∶ 62.0 ∶ 32.6。

全年全县一般公共预算总收入为 18.52 亿元，比上年下降 4.5%。一般公共预算收入 11.82 亿元，比上年下降 3.7%。全年实现一般公共预算支出 37.26 亿元，比上年增长 11.8%。其中，涉及民生保障支出的公共安全、教育、文化旅游体育和传媒、社会保障和就业、卫生健康、节能环保、城乡社区事务和农林水事务支出 28.07 亿元，增长 12.5%，占一般公共预算支出的 75.3%。

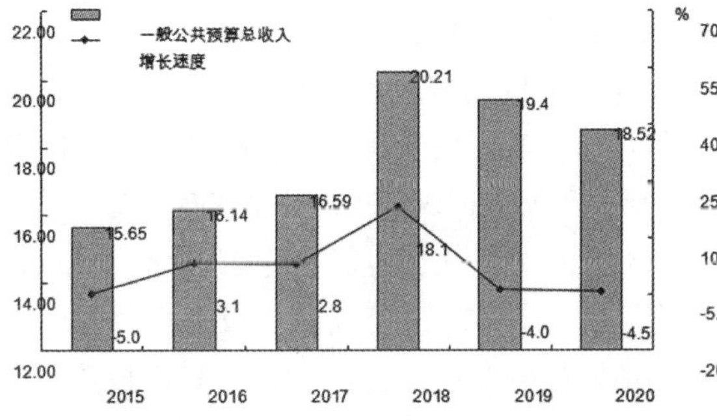

图 2 2015—2020 年一般公共预算总收入及其增长速度图

2020 年，全县城镇新增就业 1621 人（其中城镇失业人员再就业 664 人），城镇就业困难人员实现就业 110 人，城镇登记失业率控制在 2.19%。

二、农业

全年全县农林牧渔业总产值 47.37 亿元，比上年增长 5%。粮食播种面积 21.66 万亩，比上年增加 0.16 万亩，增长 0.7%。其中，稻谷播种面积 17.45 万亩，减少 0.09 万亩。油料种植面积 0.15 万亩，增加 0.01 万亩；蔬菜种植面积 11.77 万亩，增加 0.35 万亩。粮食产量 8.9 万吨，比上年增加 0.07 万吨，增长 0.08%。其中，稻谷产量 7.31 万吨，减少 0.02 万吨，降低 0.3%。

全年全县有林地和灌木林地新封面积 3.51 万亩，人工荒山造林 0.19 万亩，更新造林面积 1.11 万亩，低产低效林改造 0.13 万亩。全年完成幼林抚育作业面积 8.11 万亩。年末实有封山（沙）育林面积 3.51 万亩。全年商品材产量 7.27 万立方米。

2020 年主要农产品产量表

表 1

产品名称	产量（万吨）	比上年增长（%）
粮食	8.9	0.08
春收	0.34	3.00
夏收	2.3	1.3
秋收	6.25	0.05
油料	0.06	2.1
其中：花生	0.04	2.6
油菜籽	0.02	3.2
糖料	0.25	6.0
其中：甘蔗	0.25	6.0
茶叶	1.1	5.7
水果	6.79	6.2
蔬菜	13.64	3.1
食用菌	6.57	4.8

全年全县肉蛋奶总产量 3.92 万吨，比上年增长 20%。其中，肉类总产量 1.86 万吨，增长 13.6%；禽蛋产量 2.06 万吨，增长 3.7%。肉猪出栏 14.6 万头，增长 27.1%，年末生猪存栏 14.39 万头，增长 19.5%。

全年全县水产品产量 0.09 万吨，比上年增长 1.94%。其中，淡水产品产量 0.09 万吨，增长 1.94%；海水产品产量 0 万吨，下降 0%，其中，海洋捕捞 0 万吨，下降 0%；海水养殖 0 万吨，增长 0%。

年末全县省级农业产业化龙头企业 11 家；无公害农产品 15 个，绿色食品 15 个，农产品地理标志产品 1 个；有效期内福建名牌农产品 3 个。

三、工业和建筑业

全年全部工业实现增加值 279.40 亿元，比上年增长 3.5%，工业对经济增长的贡献率达 67.6%。规模以上工业完成产值 828.91 亿元，增长 4.3%；规模以上工业增加值增长 3.3%。规模以上工业销售产值增长 4.4%，其中出口交货值下降 12.9%。年末全县拥有年产值超亿元工业企业 141 家，比上年减少 3 家，其中超 10 亿元企业 12 家，增加 2 家。

全年全县规模以上工业企业经济效益综合指数为400.4%，比上年上升0.57%。其中，总资产贡献率45.9%，下降6.49个百分点；资本保值增值率102.5%，下降10.26个百分点；资产负债率36.1 %，下降1.45个百分点；全员劳动生产率24.41万元／人，提高3.48万元／人；流动资产周转率8.2次，下降0.19次；工业产品销售率99.5%，上升0.12个百分点。全年规模以上工业企业实现利润总额89.24亿元，比上年下降5.4%。规模以上工业亏损企业亏损额0.26亿元，增亏0.26亿元。全年全县工业用电量80398.81万千瓦时，增长7.2%。

2020年规模以上工业产值主要分类情况表

表2　　　　单位：%

指　标	比上年增长
规模以上工业产值	4.3
其中：国有控股企业	-2.2
其中：国有企业	6.0
集体企业	-1.7
股份合作制企业	0
股份制企业	8.1
外商及港澳台投资企业	-2.0
其他经济类型企业	22.8
其中：轻工业	3.2
重工业	8.9
其中：采矿业	-14.1
制造业	4.6
电力、热力、燃气及水的生产和供应业	16.1

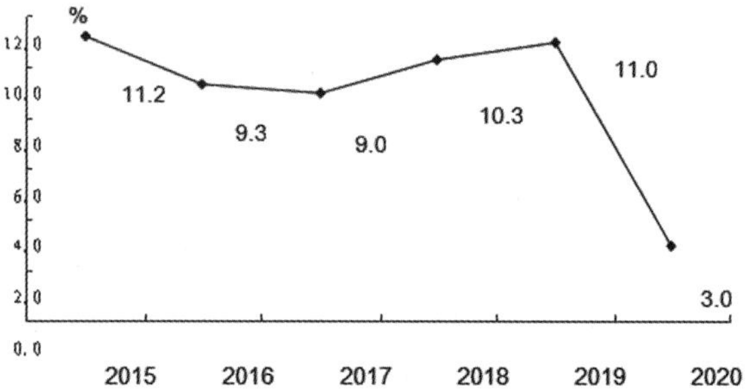

图3 2015—2020年规上工业增加值增长速度图

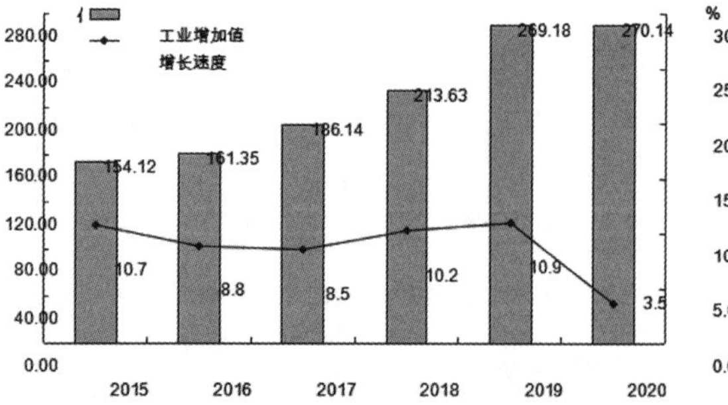

图4 2015—2020年工业增加值及其增长速度图

全年社会建筑业实现增加值36.72亿元，比上年增长2.3%。全县资质等级以上的建筑企业有79个，完成建筑业总产值36.21亿元。全县建筑业企业房屋施工面积138.16万平方米，增长16%；房屋竣工面积35.62万平方米，下降32.5%。全县建筑业总产值达到亿元及以上的企业4家，其中5亿元及以上的企业3家。

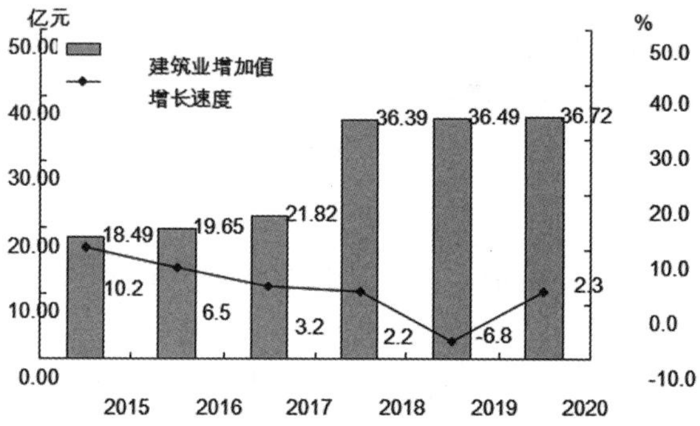

图5 2015—2020年建筑业增加值及其增长速度图

四、固定资产投资

全年全县固定资产投资（不含省反馈铁路数据）比上年增长0.7%。按三次产业分，第一产业投资下降35.3%；第二产业投资增长19.97%；第三产业投资下降6.1%。工业投资增长20%，占固定资产投资的比重为35.53%。基础设施投资下降23%，占固定资产投资的比重为20.1%。先进制造业投资增长48.8%，占固定资产投资的比重为9.7%。民间投资增长9.2%，占固定资产投资的比重为83.5%。“十三五”期间，固定资产投资年均增长13.0%。

2020年固定资产投资情况表

表3　　　　单位：%

指　标	比上年增长
固定资产投资（不含省反馈铁路）	0.7
按构成分	
项目投资	-12.2
其中：国有及国有控股	-18.7
房地产开发投资	42.4
按产业分	
第一产业	35.3
第二产业	19.97
第三产业	-6.1

2020 年分行业固定资产投资情况表

表 4　　　　　　　　　　　　　　　单位：%

行　业	比上年增长
总计	0.7
农、林、牧、渔业	-35.3
采矿业	289.5
制造业	13.7
其中：食品制造业	2.4
纺织业	-57.1
纺织服装和服饰业	0.6
皮革、毛皮、羽毛（绒）及其制品业	-69.3
化学原料及化学制品制造业	31.7
非金属矿制品业	18
金属制品业	588.4
通用设备制造业	209
专用设备制造业	38.7
电力、热力、燃气及水的生产和供应业	143.2
批发和零售业	-4
交通运输、仓储和邮政业	-50.7
住宿和餐饮业	-83.7
信息传输、软件和信息技术服务业	100
房地产业	42.4
租赁和商务服务业	-25.3
科学研究和技术服务业	-69.5
水利、环境和公共设施管理业	-17.2
居民服务、修理和其他服务业	-93.7
教育	41.2
卫生和社会工作	76.1
文化、体育和娱乐业	-53
公共管理、社会保障和社会组织	1

全年全县房地产开发投资额 25.61 亿元，比上年增长 42.4%。其中，住宅投资 19.15 亿元，增长 41.7%；办公楼投资 0.12 亿元，增长 585.5%；商业营业用房投资 3.13 亿元，增长 10.3%。房地产开发企业房屋施工面积 345.08 万平方米，增长 23.3%，其中住宅施工面积 279.7 万平方米，增长 22.8%。商品房销售面积 45.59 万平方米，与上年持平，其中住宅销售面积 38 万平方米，下降 4.3%。

2020 年房地产开发和销售主要指标完成情况表

表 5　　　　　　　　　　　　　　　　单位：%

指　标	单位	绝对数	比上年增长
投资完成额	亿元	25.61	42.4
其中：住宅	亿元	19.15	41.7
其中：土地购置费	亿元	3.9	299
房屋施工面积	万平方米	345.08	23.3
其中：住宅	万平方米	279.70	22.8
房屋新开工面积	万平方米	67.84	203.4
其中：住宅	万平方米	54.04	295.1
房屋竣工面积	万平方米	6.58	2301
其中：住宅	万平方米	5.21	1799.6
商品房销售面积	万平方米	45.59	0
其中：住宅	万平方米	38	-4.3
本年资金来源	亿元	27.69	58.3
其中：国内贷款	亿元	2.07	
个人按揭贷款	亿元	6.05	-8.5
本年土地购置面积	万平方米	0.1	-97.8
本年土地成交价款	亿元	0.098	95.1

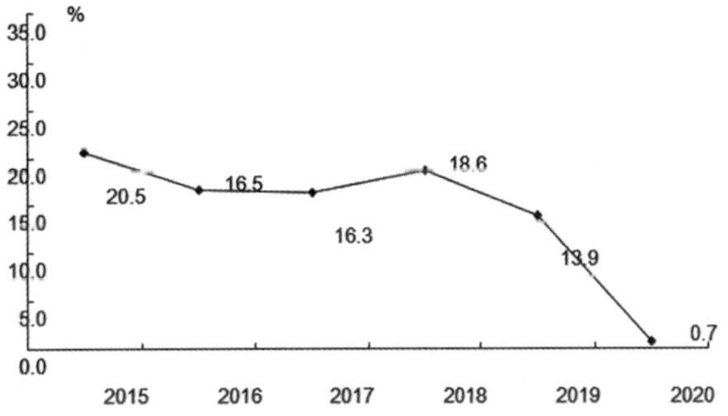

图 6　2015—2020 年固定资产投资增长速度图

五、国内贸易

全年社会消费品零售总额 178.08 亿元，比上年下降 2.6%。其中，限额以上消费品零售额 24.54 亿元，下降 9.1%；限额以下消费品零售额 153.54 亿元，下降 1.5%。“十三五”期间，社会消费品零售总额年均增长 8.6%。在限额以上批发和零售企业商品零售额中，石油及其制品类增长 27.1%，中西药品类增长 16.6%，粮油食品类增长 3.9%，服装鞋帽、纺织品类增长 0.4%，日用品类下降 0.9%，家用电器和音像器材类下降 5.5%，家具类下降 29.3%，汽车类下降 11.2%。全县限额以上企业通过互联网实现商品零售额 2.2 亿元，比上年增长 11.2%。

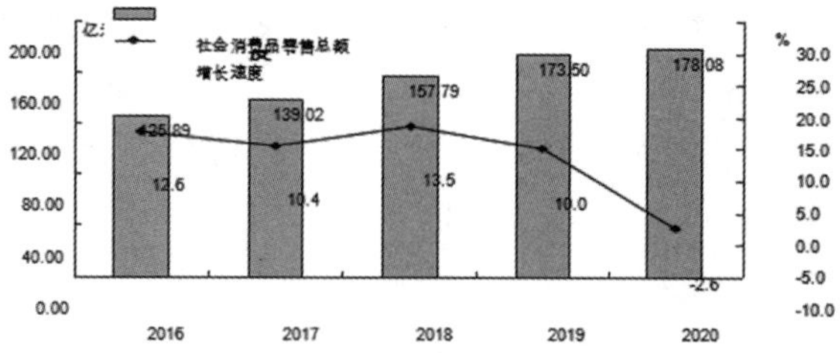

图 7 2016—2020 年社会消费品零售总额及其增长速度图

六、对外经济

2020 年底，全年实际到资（验资口径）5701 万元，比上年增长 3.4%。历年累计批准三资企业 466 家，投资总额 160220 万美元，合同外资 79793 万美元，外商实际到资 36798 万美元。

七、交通、邮电和旅游

全年交通运输、仓储和邮政业实现增加值 25.89 亿元，比上年增长 5.5%。全县公路通车总里程达到 2699 公里 /1364 条，其中：高速 99 公里，国省干线 231 公里，县道 231 公里，乡道 932 公里，村道 1206 公里，公路密度每百平方公里 185 公里。全县共有公路 1362 条，其中高速公路 2 条、国省干线 5 条，县道 12 条，乡道 174 条，村道 1171 条。泉三高速公路途经境内 65 公里，3 个出口，莆永高速公路途经境内 34 公里，2 个出口。至 2020 年 12 月底，客运班线 30 条，其中省际 1 条，市际 7 条，县际 17 条，县内 5 条；客运企业 2 家；货运企业 91 家，其中危货 2 家，普货 89 家。

年末全县汽车保有量 89785 辆（包括三轮汽车和低速货车），比上年增长 9.5%，其中营运汽车 6088 辆，非营运汽车 83541 辆，校车 9 辆。挂车 1374 辆，摩托车 90073 辆。

年末全县电话用户总数 49.51 万户，比上年末增加 0.16 万户。其中：固定电话用户 5.52 万户，减少 0.27 万户；移动电话用户 43.99 万户，增加 0.08 万户。全县互联网接入用户 14.48 万户，增加 1.07 万户。

全年接待游客 339.25 万人次，同比减少 35.7%。旅游总收入 35.07 亿元，同比减少 41.1%。

八、金融

全年实现金融机构存款余额为 260.62 亿元，比上年增长 10.7%。其中，境内存款 258.43 亿元，增长 10.8%；境外存款 2.18 亿元，增长 2.9%。全年实现金融机构贷款余额为 174.36 亿元，增长 13.2%。其中，境内贷款 174.28 亿元，增长 13.2%。中鑫、美岭 2 家小额贷款公司至 2020 年年底贷款余额 2.24 亿元。

2020 年全部金融机构本外币存贷款情况表

表 6　　单位：%

指 标	年末数（亿元）	比上年末增长
各项存款余额	260.62	10.69
其中：境内存款	258.43	10.76
境外存款	2.18	2.90
各项贷款余额	174.36	13.20
其中：境内贷款	174.28	13.21
境外贷款	0.08	-3.2

九、教育和科学技术

全县有独立幼儿园 42 所（其中民办幼儿园 8 所），附设园 87 所；完小 127 所，小学教学点 8 所；特教学校 1 所，附设特教班 4 个；九年一贯制学校 4 所，初级中学 19 所，完中 8 所，职专 1 所，电大教学点 1 个，教师进修学校 1 所，乡镇社区学校 22 所，社区教学点 236 个。有教职员工 6556 人，其中幼儿园 1625 人，小学（含特教）2397 人，中学 2407 人，职专 91 人，教师进修学校 36 人。有学生 81742 人，其中幼儿园 17119 人，小学 38760 人，特教 171 人，初中 16192 人，普通高中 7682 人，职专 1818 人。

全年研究与试验发展（R&D）经费支出预计 3.5 亿元，占全县生产总值 1%。全年实施市级科技计划项目 22 项，县级 102 项，高新技术企业 8 家，科技小巨人企业 11 家，泉州市瞪羚企业培育库入库企业 6 家。深入实施《科技特派员三年行动方案（2018—2020）》，新增省级科技特派员 34 个，团队科技特派员 7 个，法人团队科特派 1 个；新增市级科技特派员 48 个，市级团队科技特派员 2 个，科技特派员工作站 3 个。

年末全县共有法定计量技术机构 1 个。国家级地面气象观测站 1 个，区域自动站 22 个。共有地震前兆台站 1 个，前兆测项 3 个，宏观观测点 3 个，测震台站 1 个，强震动观测台站 2 个，GPS 观测基准站 1 个。

十、文化、卫生和体育

年末全县共有公共图书馆 1 个，文化馆 1 个，博物馆 1 个。各级公共图书馆组织各类讲座 3 次，书刊文献外借 86.33 万册，总流通人数 42.3 万人次；各级文化馆组织举办展览 30 个，组织文艺活动 80 次、培训6期和公益性讲座12次，共有1.2万人次参加；博物馆共举办1个基本陈列和1个展览，共有2.8万人次参观，其中：未成年人参观1.96万人次。

全年运动员在国家级各类比赛中有10人次获得前八名。全县共有1个县级体育场，1个县级体育馆，4条健身步道，1个县级青少年校外活动中心，4个青少年校外活动场所，13个社区多功能体育健身活动场所，215个农民体育健身工程。

广播电视台1座，广播电视综合覆盖率达98.8%，县、乡、村及人口百人以上自然村全部实现光缆联网，数字电视用户达7.59万户。年末全县有档案馆1个。

至2020年底，全县共有各类医疗卫生机构385个，其中县医院1所、县中医院1所，乡镇卫生院21所，社区卫生服务中心2所，天湖山能源实业公司医院1所，民营医院2所，其他卫生事业机构29所（安康医院1所、疾病预防控制中心1所、妇幼保健院1所、卫生健康综合执法大队1所等），村卫生室255所，社区卫生服务站9所，诊所、卫生所、医务室59个，门诊部5个，共有卫生技术人员2163人。县、乡镇两级医疗卫生机构（含民营机构）实际开放床位2771张。全县卫健系统（不含卫健局）共有在编人员1102人，其中卫技人员1041人，占总数94.46%，非卫生专业技术人员61人，占总数5.54%。按职称结构分类，具备高级职称154人，占总数14.50%，具备中级职称343人，占总数32.30%，初级职称（含未定级人员）565人，占总数53.20%；全县注册医师769人，注册护士1017人。

十一、人口、人民生活和社会保障

根据第七次全国人口普查汇总资料，我县常住人口422531人，比第六次全国人口普查建设29686人、下降6.56%；全县共有家庭户148226户、集体户4403户，家庭户人口410813人、集体户人口11718人，平均每个家庭户人口2.77人。全县常住人口中，男性人口216869人、占51.33%，女性人口205662人、占48.67%，常住人口性别比（以女性为100，男性对女性的比例）105.45。

全县全体居民人均可支配收入27886元，比上年增长3.2%；人均生活消费支出18131元，比上年下降2.1%。农村居民人均可支配收入18163元，比上年增长6.0%；农村居民人均生活消费支出12828元，比上年下降0.3%。城镇居民人均可支配收入35077元，比上年增长1.8%；城镇居民人均生活消费支出22047元，比上年下降3.1%。

至2020年底，全县企业养老、工伤、失业保

图8 2014—2019年城镇居民人均可支配收入及其增长速度图

图9 2015—2020年农村居民人均可支配收入及其增长速度图

险参保人数52302人、40580、18612人，全县城乡保参保人数32.87万人，参保率99.81%，缴费人数207244人，续缴率96.72%。全年累计发放城乡居民养老金82356人12997.45万元，累计发放企业退休人员养老金10559人32152.75万元。2020年，已向全县14479名符合领取条件的年满60周岁的被征地人员发放养老保障金2458.14万元。

十二、资源、环境

初步核算，全年规上工业能源消费总量25.36万吨标准煤，比上年下降3.9%。全社会用电量152139万千瓦时，比上年增长7.8%；工业用电量80399万千瓦时，比上年下降7.2%。

全县城市建成区绿地面积958公顷，比上年增长1.26%，绿地率39.77%。市县生活垃圾无害化处理率98.98%，市县污水处理率95%。

国家4A级景区2个：牛姆林、北溪文苑；国家3A级景区5个：百丈岩、魁星岩、乌髻岩、仙洞普济

寺、雪山旅游区；国家2A级景区6个：老醋文创园、余光中文学馆、云河谷景区、天湖岩、中国香都、埔头农业公园；全国农业旅游示范点2个：北溪和仙岭－汤城－观山片区；省级观光工厂3个：永春老醋文创园、彬达香文创园、顺德堂老醋文创园；省级生态旅游示范区3个：牛姆林、雪山旅游区、北溪文苑；省级乡村旅游休闲集镇3个：呈祥乡、五里街镇、岵山镇；省四星级乡村旅游休闲集镇1个：岵山镇；福建省全域生态旅游小镇1个：五里街镇；省级乡村旅游特色村26个：大羽村、茂霞村、观山村、东溪村、三岭村、埔头村、南美村、西村村、福东村、福德村、锦龙村、丰山村、吾江村、苏合村、东美村、花石社区、龙水村、东里村、新琼村、西昌村、夹际村、山后村、汉口村、紫美村、云峰村、塘溪村；省四星级乡村旅游特色村2个：大羽村、三岭村；福建省“金牌旅游村”2个：大羽村、埔头村。

全县共有国家级生态乡镇20个，省级生态乡镇22个、生态村25个，市级以上生态村188个。全县共有5条主要河流，水质达到或优于国家地表水III类标准要求的占100%，集中式生活饮用水水源水质达标率为100%。

说明：

1. 本公报所列数据为初步统计数，部分合计数或相对数由于单位取舍不同而产生的计算误差，均不做机械调整。

2. 本公报永春县地区生产总值、各产业增加值按现价计算，增长速度按可比价格计算。

3. 本公报中属部门统计的数据由相关主管部门提供。

（县统计局 供稿）

文件选登

·关于永春县2020年国民经济和社会发展计划执行情况及2021年国民经济和社会发展计划（草案）的报告·

——2020年12月29日在县第十八届人民代表大会第五次会议上

永春县发展和改革局副局长 颜永生

一、2020年国民经济和社会发展计划执行情况

今年以来，在上级党委、政府和县委的正确领导下，在县人大、县政协监督支持下，全县上下深入学习贯彻习近平新时代中国特色社会主义思想和党的十九大及十九届二中、三中、四中、五中全会精神，坚持稳中求进工作总基调，全力做好“六稳”工作，落实“六保”任务，全县经济社会发展平稳有序。

（一）主要经济社会指标完成情况

——地区生产总值500.5亿元（预计数，下同），增长1.6%；

——农业总产值45.44亿元，增长5.0%；

——工业增加值279.4亿元，增长2.3%；

——建筑业增加值37.2亿元，增长0.3%；

——第三产业增加值156.4亿元，增长1.2%；

——一般公共预算总收入17.4亿元，下降10.3%；

——一般公共预算收入11.15亿元，下降9.1%；

——固定资产投资增长1.0%；

——进出口商品总值22.5亿元，下降30.0%；

——实际利用外资5700万元，超额完成市下达

目标；

——社会消费品零售总额 116.54 亿元，持平；

——全体居民人均可支配收入 27835 元，增长 3.0%；

——每千人口执业（助理）医师数 1.75 人；

——每千名老人拥有养老床位数 42.1 张；

——高中阶段入学率达 96.0%；

——规模以上工业单位增加值能耗、单位生产总值二氧化碳排放降低、二氧化硫减排量、化学需氧量减排量、氮氧化物减排量、氨氮减排量完成市下达任务。

（二）经济社会发展主要情况

1. 聚焦产业增产增效，经济秩序有序恢复

现代农业稳产提速。稳价保供农业生产，完成粮食播种 21.79 万亩、总产量 8.89 万吨，调增规模养殖场养殖规模 2.46 万头，实施高标准农田建设 1.2 万亩、高效节水灌溉 0.34 万亩，新增耕地 491 亩。深化农村三产融合，持续推进全国农业产业示范强镇、省级现代水果产业园等现代农业载体建设，积极创建农村产业发展融合示范园。完善农产品网络销售体系，全力打通农业信息服务环节，获评全国“互联网 +”农产品出村进城工程试点县、县域数字农业农村发展先进县。

工业大盘复产保畅。助企纾困政策力度持续加大，兑现各类扶持资金 1.93 亿元，减免各类税费、保费 2 亿元，降低企业用气、物流成本，工业用户气价由 3.7 元 / 立方米下降至 2.95 元 / 立方米，电商物流成本与周边县（市）持平。保产业链供应链畅通稳定，帮助轻工纺织企业与国际品牌对接、建材企业与省市重点项目对接，美岭水泥等增产增效重点制造业企业新增产值 10% 以上；52 个技改项目完成投资 18.3 亿元，占年度计划的 105%。加快发展数字经济，推进永春城市大脑建设，建成 420 个 5G 基站，耀诚玻璃获评省级智能制造试点示范企业，达盛香业全自动制香机入选市级“数控一代”示范项目产品。

第三产业回升创特。实施第三产业提质扩量行动，扎实推动天沐温泉、三桃城市广场商贸综合体等 27 个服务业重点项目建设，完成投资 38.8 亿元，电信业、邮政业、金融业分别增长 25%、9.3%、12%，新增货运企业 8 家、货运车辆 589 辆 /3656 吨。入选福建省全域生态旅游示范县，制定推进民宿发展实施意见，加快全域旅游智慧平台建设运营，策划举办节庆活动，岵山塘溪、外山云峰获评省级乡村旅游村，天沐温泉旅游度假区、仙乡特色旅游风景道获评市级“六大旅游产品”。

2. 聚焦内外双循环，发展潜能着力释放

消费需求稳步回升。加快推进“线上 + 线下”消费模式，引导新发等商贸企业在“淘鲜达”等网络平台上线，组织中闽百汇等大型商超开展“特价单品”等线下促销活动，举办好物节、夜经济等系列活动，发行消费券 28.9 万张，新增社会消费品零售额 1.16 亿元。推广直播带货等新型促销模式，“县长带你买好货”直播推介活动实现订单 6 万单、交易金额 170 万元，乡镇长、驻村第一书记“一村一品”带货 4 万单、销售额 331 万元，全县新增电商销售额 8 亿元。

有效投资持续推进。开展“项目攻坚 2020”活动，103 个县级管理重点项目累计完成投资 109.46 亿元。建立健全前期工作服务小组工作机制，争取中央、省预算内项目资金 9618 万元，发行地方政府专项债券 4.84 亿元，有效支持马跳水库、九牧智慧产业园等项目加快建设。健全完善全员招商工作机制，推出“保姆式服务”等特色做法，新引办千万元以上工业企业 98 家、年度投资 45.1 亿元，“云签约”瑞迈舒医疗科技二期、装配式建筑、孚诺泰环保设备生产等 20 个招商项目，总投资 52.69 亿元。

外资外贸主动作为。积极应对国际疫情和贸易摩擦，组织外贸企业参加省“助力万企成长”外贸辅导暨惠企政策系列培训，兑现出口信保补贴、外资到资奖励等资金 557.46 万元，组织 20 家企业入驻东南亚采购集散中心永春产业馆，新增出口备案企业 54 家。组织参加 2020 年厦洽会等活动，强化重点签约项目跟踪服务，新增备案（增资）外商投资企业 17 家，合同利用外资 3510 万美元。

3. 聚焦全面建成小康社会，短板弱项加快补齐

脱贫攻坚圆满收官。全市首创防返贫控新贫稳脱贫“一库五机制”，重点监测对象 41 户 145 人，实施帮扶措施 318 条。巩固提升“三保障”改造提升 171 户住房，配套补助资金 246.38 万元，贫困户住房均达到 B 级以上；为建档立卡贫困户学生发放补助金（免除学杂费）48.35 万元；累计报销医疗费用 851.87 万元，实际报销比例 93.31%。强化兜底保障，施行低保城乡

一体化，每人每月660元，纳入民政兜底脱贫938人，发放贷款7户29万元，落实饮水安全保障和日常管护工作，全县稳定脱贫人口无新增返贫。

乡村振兴初显成效。编制《永春县美丽乡村和全域乡村振兴战略性规划》《永春县推进国家农村改革试验区建设探索美丽乡村经营管护机制创新的顶层设计方案》，创建省级乡村振兴特色乡镇2个、试点村20个，市级乡村振兴示范线路3条，完成乡村振兴项目入库154个、计划投资1.5亿元。加快推进美丽乡村经营管护机制改革，重点打造古镇乡愁和慢生活两个片区，成功举办福建省2020年“中国农民丰收节”系列活动，五里街镇入选泉州十佳特色小城镇。

区域协作有所突破。入选全国县城新型城镇化示范县，围绕四大领域17项建设任务，谋划推动新型城镇化补短板强弱项项目156个、总投资224.34亿元。主动融入闽西南协同发展区，争取纳入泉厦合作备忘录，策划推进香、老醋等产业及兴泉铁路等互联互通基础设施的区域协作共建。积极做好对口援建帮扶工作，筹集各类资金（物资）2017.46万元，加大援宁、援藏、援疆互助力度，天然石膏综合开发、职校共建等项目达成合作协议。

4.聚焦全面深化改革，发展活力持续增强

生态文明纵深发展。加快推进流域水环境治理、大气污染防控、土壤污染防治等行动计划，各乡镇行政交界断面Ⅲ类水质达标率100%，空气质量优良率达95%以上，未发生污染场地风险事故。坚持产业生态化、生态产业化，积极探索生态产品市场化机制，构建“生态资源向生态资产转变、生态资产向资本转变、资本向股本转化”的“三级市场”，获评全国第四批“绿水青山就是金山银山”实践创新基地。

营商环境优化提升。开展营商环境攻坚提质年活动，推进“一窗通办”“一事一次办”“三级联动”代办协办，82项高频事项落实全省通办，梳理1125项“不见面”审批事项。深化工程建设项目审批改革，开展“多评合一”，简化工程规划许可，对7类项目实行告知承诺制。优化互联网+政务服务，企业开办办理时限压缩至2个工作日，助推中小微企业入驻“信易贷”平台132家、成功授信525万元。抓好企业改制上市，新增咏春云河等3家企业到海交所挂牌交易，新确定上市后备企业3家、科创板上市后备企业1家。

“三创”动能逐步释放。实施创新驱动战略，成立福建（泉州）哈工大工程技术研究院永春工作站，新增备案高新技术企业8家、科技小巨人领军企业11家、瞪羚企业6家、省级科技小院1家，新增省市科技特派员（团队、法人、工作站）95人，新认定市级星创天地5家。强化知识产权保护，新增注册商标900件，指导邦正等3家公司办理专利质押贷款6400万元，推荐锦林环保、佳威塑料2家公司申报省知识产权优势企业，新设立各类市场主体7600户，每万人口发明专利拥有量达8.15件。

5.聚焦健康美好生活，幸福指数日益攀升

城市品质稳步升级。开展“清新桃源·宜居永春”专项行动，留安山东路道路等重大项目前期工作扎实推进，永春二中过街天桥即将竣工投用，新闽派农房示范小区加快创建。成功入选福建省首批农村污水治理试点县，改（扩）建燃气、污水、供水等各类管网51公里，新建城市、乡镇、农村等各类公厕32座，改造垃圾池700多个。深化全城植绿，完成香都广场、桃源水电站至云龙桥段等重要节点绿化改造提升，植树造林面积1.3万亩。加快推动全面治水，水土流失治理4.7万亩，安全生态水系、马跳水库、晋江防洪工程等项目有序推进。

民生兜底持续加强。深入实施全民参保计划、援企稳岗行动，城乡居民养老保险参保率99.99%，阶段性减免企业职工“三险”6194.5万元，发放各类奖补2894.03万元，新增城镇就业1298人，城镇登记失业率1.26%。加快兴泉铁路、泉南高速锦斗互通、泉南高速永春互通至汤城枢纽段及厦沙高速公路汤城枢纽至德化段改扩建工程等项目推进工作，完成农村公路改造67公里、危桥改造6座、安保工程73公里、国省干线“白改黑”32公里，新建区域性养老服务照料中心2所，完成56个村（社区）居家养老活动中心建设项目。

公共服务不断完善。实施56个县级为民办实事项目，完成投资18.42亿元，占年度投资102.4%。深化教育发展提升工程，扩大普惠性学前教育资源，新（迁扩）建幼儿园5所，加快榜头实验小学等3个中小学校舍项目建设，永春六中完成省二级达标中学创建，2020年高考7名学子录取清华北大，本科上线率65.08%，永春一中高考特优生培养居全省县域中学第一。实施卫生健康提级工程，建成县疾控中心、县医院、县中医院核酸检测生物实验室，加快推进妇幼保健院、县医院达埔分院等项目建设。实施文化惠民和运动健身工程，完善文化基础设施建设，优化图书馆服务供给质量，镇村综合文化站（中心）100%覆盖，新建10座村级老年体育活动中心，筹备世界永春白鹤拳联谊会。强化安全生产责任体系，创新自治、法治、德治“三治融合”社会治理新格局，推进平安永春、法治永春建设，实施县域网格化服务管理试点工作，首创“一庭三所”联合调解机制，综治“三率”位居全市前列。

在看到经济形势正逐步向好的同时，也看到当前新冠肺炎疫情仍在全球快速扩散蔓延，经济发展仍在消化疫情带来的不利影响，地区生产总值未能完成年度目标，经济持续回升的基础尚不稳固。一是企业生产节奏放缓。常态化疫情防控任务仍然艰巨繁重，内需不足制约经济稳定恢复，全年限上批零住餐业销售额（营业收入）70.9亿元、下降10%，产业链供应链安全风险不容小视，企业保市场保生存困难不小，国际消费市场特别是欧美地区的需求进一步萎缩，外贸出口总额22亿元、下降22.8%。二是就业民生保障面临很大压力。受新冠疫情及大规模减税降费政策实施等因素影响，传统财源萎缩、新兴财源短缺，收入增长乏力，采矿、制造等五大行业税收减收3.64亿元，财政收支处于常态化“紧平衡”状态，教育、医疗等领域缺口压力不小。三是保护与发展的矛盾尚未得到较好解决。随着大气、水、土壤污染防治的纵深推进，受制于自身环保基础设施较为薄弱，垃圾、污水、固废等排放处置能力较弱，县域经济的发展空间进一步被压缩，生态优势转化为经济发展的路径还处于探索阶段。对于这些问题和不足，在今后工作中将采取切实有效的措施加以解决。

二、2021年国民经济和社会发展目标安排

2021年实施“十四五”规划开局之年，也是开启社会主义现代化建设、向第二个百年奋斗目标进军的出发之年。在疫情防控常态化前提下，要坚持稳中求进工作总基调，立足新发展阶段，坚持新发展理念，构建新发展格局，以深化供给侧结构性改革为主线，以改革创新为根本动力，继续做好“六稳”工作、落实“六保”任务，全方位推动永春高质量发展超越。

（一）2021年国民经济和社会发展主要目标

综合考虑发展大局需要，立足当前经济发展态势，建议2021年国民经济和社会发展主要目标为：

——地区生产总值增长8.0%；农业总产值增长3.5%；工业增加值增长7.8%；建筑业增加值增长7.5%；第三产业增加值增长8.0%；一般公共预算总收入增长6.0%；一般公共预算收入增长6.0%；固定资产投资增长7.5%；实际利用外资增长8.0%；出口商品总值增长10.0%；社会消费品零售总额增长8.5%；全体居民人均可支配收入与经济增长基本同步。

——规划用地内常住人口城镇化率达到61.7%；每千人口执业（助理）医师数（常住）1.80人；每千名老人拥有养老床位数（不含农村自主组织）42.4张；普惠性幼儿园覆盖率100%；能耗总量和强度、单位GDP二氧化碳排放强度、节能减排等绿色发展指标完成上级下达目标；安全生产相对控制指标完成市下达任务。

（二）2021年重点项目安排

坚持节约集约原则，推动土地征收成片开发，探索项目综合性建设模式，持续扩大有效投资，夯实我县经济社会发展基础，征集2021年实施县级管理重点项目143个，总投资441.08亿元，年度计划投资125.95亿元，增长12.54%。①工业项目80个，年度计划投资48.35亿元；②服务业项目25个，年度计划投资39.43亿元；③基础设施项目15个，年度计划投资27.03亿元；④宜居环境建设项目21个，年度计划投资9.69亿元；⑤现代农业建设项目2个，年度计划投资1.45亿元。

三、2021年主要任务

为实现上述目标，结合《政府工作报告》提出的主要任务，2021年要重点抓好以下九方面工作：

1.统筹推进重大战略落地实施。一是扎实推进乡村振兴和决胜全面建成小康社会。以美丽乡村经营管护机制试点县为抓手，持续加强美丽乡村建设示范村的培育和提升推进，实施乡村规划、环境整治等10项行动，重点打造各级试点村68个、“五个振兴”样板村7个，健全防止返贫监测和帮扶机制，探索特色产业与低收入人群联结方式。二是推进以人为核心的新型城镇化建设。加快推进县城新型城镇化建设，重点推动轻工新城智慧产业园基础设施工程等项目前

期工作，组织实施20个示范项目、总投资32.66亿元，补齐环境卫生、市政公用、公共服务、产业配套等领域短板弱项。三是落实落细重大区域发展战略。主动融入闽西南协同发展区、海丝先行区等，推进兴泉铁路站前广场、永春老醋科技产业园等园区载体建设，持续打造半导体材料配套专业园区和智慧产业制造总部。积极创建“海丝”新香路，全力推进香都特色小镇建设，探索“IP+香产业”运营模式。

2.奋力推进工业经济稳盘固盘。一是持续深挖存量增长。组织实施龙头促进工程，培育构建高新技术企业、市级龙头企业、规上重点企业的“十百千”培育体系，加快推动汇源食品饮料、老醋醋业、雷恩生化等一批企业稳产扩容，力争新增产值15亿元。二是加快形成发展后劲。开展扶持中小企业发展计划，支持6家专精特中小企业、3家市级中小成长型企业、2家瞪羚企业、19家科技小巨人企业打造细分领域品牌，加快引导福岑纺织、玉斗铅锌矿等18家新纳入规上企业发挥产能，加快推动固力狮、骏发重工等优质企业转为规上管理，力争新增产值4亿元。三是加大技改投资力度。紧抓工期建设节点和增资扩营需求，重点跟踪美岭集团、万家美等重点技改项目，力争新增产值8亿元。

3.全面推进农业农村现代化。一是抓粮食安全生产促增收。加快山垅田复耕改造，加大对粮食规模经营主体扶持，组织开展粮食绿色增产模式攻关，带动全县大面积均衡增产5万亩，落实2.36万吨县级储备粮、400吨应急大米、100吨应急食用油储备。二是抓园区载体提质量。深入推进五里街农业产业强镇示范、“324”现代农业产业园建设，积极创建农村产业发展融合示范园、永春闽台农业融合发展（果业）产业园。支持发展“田园综合体”，抓好涂山蛋鸡综合开发、上沙岭花果世界、猛虎场芦柑等项目建设，力争每个乡镇建设现代农业精品示范项目1个以上。三是抓数字农业扩效应。实施数字乡村战略，推进“互联网+”现代农业，大力发展数字农业，进一步做大做强芦柑、茶叶等特色产业，推动永春佛手、闽南水仙做大做强，永春芦柑复兴发展，新增生态茶园2000亩、芦柑标准园2000亩。

4.扎实推进服务业调优做强。一是抓旅游回暖复苏。继续推进国家全域旅游示范区创建工作，抓好牛姆林景区建设提升、云河谷创建国家AAA级景区，推荐创建一批全域旅游小镇和金牌旅游村，建设提升一批高端精品民宿。推广运营“畅游永春”App，实施“每月一主题”节庆营销，策划二日游、多日游线路。二是抓商贸回补提升。持续推进佳联矿业等商贸项目建设，鼓励商贸企业“限下转限上”，力争全年新增限上商贸企业30家以上。组织开展促进消费系列活动，策划举办夜间经济特色活动。加快介福、苏坑、锦斗电商园建设，鼓励电商回归引进。三是抓新兴业态培育。大力发展文化创意、检验检测、健康养生等业态，加快介福陶瓷文创园、香料精油提取研究中心等生产性和生活性服务项目，积极探索生物医药与滋补养生相结合的发展模式。

5.持续推进建筑业稳步发展。一是推动企业协作配套。支持本地建筑企业与房地产、工业园区项目对接，鼓励金正建设等企业走出去承接区域外业务，力争完成年度产值11亿元。二是提升行业技术水平。大力推广装配式建筑、BIM等新工艺新技术，积极推广工程施工总承包模式，力争新增装配式建筑面积10万平方米，争取新设装配式构件生产企业1家。三是鼓励资质晋升。支持建筑业高层次人才引进培育和科技创新应用，支持现有资质以上建筑业企业做强做优，力争晋升总承包一级资质企业1家、晋升专业承包一级资质企业2家。

6.加快推进项目投资落地见效。一是加强项目储备。创新招商思路，在5G、智能智造等新基建新经济基地方面下功夫，大力发展数字经济，引进大数据中心、“互联网+N”等新业态，重点跟进富圆锌业等项目，力争全年新洽谈（签约）亿元以上产业项目10个、落地5个。二是加快项目建设。推行“五个一批”等机制，坚持“要素跟着项目走”，加强项目用地、用林、用电、用工、征迁、审批、资金等要素保障，对重大投资项目开设绿色通道，重点推进爵能厨卫、马跳水库等34个省市在建重点项目建设，力争完成投资40亿元以上。三是加速项目攻坚。推行一线工作法，开展清单对账检查，建立问题跟踪提醒制度，重点跟进县级管理重点项目的投资进度、开工建设、竣工投产、前期突破等目标落实情况，加大项目盘子服务情况的督查力度。

7.深入推进重点领域改革示范。一是聚焦“绿水青山就是金山银山”实践创新基地建设，深化生态产品市场化改革试点，抓好能源“双控”、温室气体控排、污染物减排等指标任务的落实。二是聚焦释放市场活力，深化“放管服”改革，全面落实《优化营商环境条例》，标准化、智能化改造升级行政服务中心，大力推行规划用地多审合一、工程建设审批“清单+告知承诺”、商事、信用承诺等制度，深入开展“信易贷”工作，力争各类市场主体增长10%以上、海交所挂牌交易企业2家，培育高新企业、众创空间、星创天地10家以上。三是聚焦关键环节改革。加强改革系统集成，巩固提升公立医院、行政执法、安全生产等领域试点现有成果，加快推进农村产权制度、农业水价和国土空间规划，健全社会信用体系，深化公共资源交易平台整合共享。

8. 聚力推进城市功能出新出彩。一是持续提升中心城区形象。加快温泉小区1#楼主体工程，扎实推进榜头片区改造建设工作，有序推进桃石路、真武桥扩宽等项目建设，组织实施金龙城北门街等景观提升工程。二是持续优化人居环境。开展城区植绿增绿补绿护绿，新（改、扩）建燃气、污水、供水管网45公里，推动垃圾分类工作，加快推进永春县生活垃圾焚烧发电项目，改造3-5座垃圾中转站。三是持续提高公共服务水平。巩固国家公共文化服务体系示范区建设成果，完善三级公共文体设施网络，推进苦寨坑考古遗址公园等项目建设。加快创建福建省全民运动健身模范县，联合省体育职业学院建设永春白鹤拳学院，大力开展群众性体育活动，打造具有永春特色的全民健身赛事。

9. 切实推进民生兜底保障。一是加快补齐公共卫生短板。常态化抓好疫情防控工作，强化监测预警，完成县疾病预防控制中心改扩建项目，提升检验检测能力。加快县医院、中医院、妇幼保健院项目建设，提升医疗救治和妇幼健康服务能力。进一步深化县医院与福建医科大学附属第一医院、附属协和医院、泉州市第一医院，县中医院与福建中医药大学附属第二医院协作关系，通过“名医工作室”带动提升我县医疗技术服务水平，推进县域紧密型医共体建设。完善分级诊疗制度，健全妇幼健康、老龄健康体系，促进中医药传承创新发展。二是加快优质教育均衡发展。支持永春二中创建省级达标高中，推进省级学前教育试验区改革工作，指导推动6所中小学创建省义务教育管理标准化学校，新（改扩）建幼儿园1所，规划建设面积4698平方米，新（改扩）建中小学4个，规划建设面积23341平方米，新增中小学、学前教育学位1980个。三是加快社会保障体系建设。继续实施全民参保计划，城乡居民保参保率达到95%以上。持续抓好高校毕业生、就业困难群体等就业，落实减负稳岗政策支持企业吸纳就业等各项措施，全县城镇新增就业人数（16～26周岁）1000人以上，职业技能提升培训3000人次以上。推广“免费午餐”“养老+托育”等模式，建成农村幸福院10所、农村居家养老服务站20所、低保安居房20户。四是抓好全县22个乡镇、236个村居退役军人服务站提级改造，进一步提升退役军人服务保障质量和能力。加强道路交通、消防、矿山、建筑施工等重点行业领域的安全监督，统筹推进风险分级管控和隐患排查治理体系双重预防体系建设，安全生产相对控制指标控制在上级下达目标内。加快“平安永春”“法治永春”建设，启动“八五”普法，做好矛盾纠纷排查、社会治安综合治理、信访维稳等其他各项工作，健全社会治理体系，提升基层治理能力。

（县发改局 供稿）

·关于永春县2020年预算执行情况及2021年预算草案的报告·

——2020年12月29日在县第十八届人民代表大会第五次会议上

永春县财政局局长 施文炳

各位代表：

我受县人民政府委托，向大会报告2020年预算执行情况及2021年预算草案，请予审议，并请各位政协委员和列席人员提出意见。

一、2020年预算执行情况

2020年，在县委的正确领导下，在县人大、政协的有效监督支持下，县人民政府及其财税部门深入贯彻落实习近平新时代中国特色社会主义思想、党的十九届五中全会精神和习近平总书记关于统筹推进新冠肺炎疫情防控和经济社会发展工作的重要指示精神，加强科学研判，有效应对疫情对财政运行的影响，扎实做好“六稳六保”工作，兜牢“三保”底线，促进经济健康发展，维护社会大局稳定。

（一）2020年预算收支情况

1. 一般公共预算执行情况

2020年预计实现一般公共预算总收入174000万元，完成预算的100%，同比减收19969万元，下降10.3%。 其中：一般公共预算收入预计111500万元，完成预算的100%，同比减收11200万元，下降9.1%。一般公共预算支出（含上级补助收入、新增地方政府债券和上年结转等支出）预计371883万元，完成预算的100.0%，同比增支38869万元，增长11.7%。

2. 政府性基金预算执行情况

政府性基金收入预计124300万元，完成预算的100%，同比减收28218万元，下降18.5%；政府性基金支出（含上级补助收入、地方政府专项债券收入、上年结转等支出）预计95232万元，同比增支6455万元，增长7.3%，政府性基金调出91050万元。

3. 国有资本经营预算执行情况

国有资本经营预算收入预计235万元，国有资本经营预算支出预计174万元，调出资金61万元。

4. 社会保险基金预算执行情况

社会保险基金预算收入预计57257万元，社会保险基金预算支出预计43020万元，结转下年使用14237万元。

5. 地方政府债务情况

省财政厅核定我县2020 年债务限额566360万元，其中：2020年新增债务限额59852万元。截止2020年底我县债务余额503517万元，其中一般债务427176万元，专项债务76341万元。按资金来源分：地方政府债券500970万元，国债外债转贷2547万元。

根据《中华人民共和国预算法》规定，2020年财政决算待编制完成后，再上报县人大常委会审批。

（二）2020年落实县人大及其常委会有关决议情况

1. 全力做好疫情防控工作

做好疫情防控经费保障。一是及时下达防控预算指标。确保防控防治资金需求，全年累计下达疫情防控专项资金2367万元。二是建立防控物资政府采购“绿色通道”。及时转发《泉州市财政局转发福建省财政厅关于落实疫情防控采购便利化有关政策的通知》，对使用财政性资金采购疫情防控相关货物、工程、服务和进口物资实行便利化采购。三是开通防控资金支付“快速通道”。按照“特事特办、急事急办”的原则，主动联系对接代理银行，打通疫情防控“快速通道”，确保支付流程通畅，保证随时拨付采购疫情防控所需的应急药品、医疗设备、器械、防护用品和防治工作经费。

加强防控资金物资管理。及时转发了《泉州市财政局 泉州市卫生健康委员会关于转发〈福建省新型冠状病毒感染的肺炎疫情防治工作专项补助资金管理办法〉的通知》和《泉州市财政局 泉州市卫生健康委员会关于印发〈新型冠状病毒感染的肺炎疫情防控资金管理规定〉的通知》，并加强疫情防控专项资金的使用监督，确保资金使用的安全、规范。印发了《永春县财政局关于加强疫情防控资金和捐赠物资监督管理的通知》和《关于明确疫情防控资金使用管理有关事项的函》，进一步加强疫情防控资金的使用和管理，强化疫情防控资金捐赠物资管理监督，确保资金切实发挥实效。

2. 落实“六稳”“六保”任务

大力支持企业复工复产。牵头制定了《应对新冠肺炎疫情扶持企业发展政策措施申报指南》和《永春县人民政府关于疫情防控期间支持中小微企业生产经营五条措施的通知》，全年兑现各项惠企资金 19266 万元，主要用于扶持参加国际性展览、出口信保、企业电子商务、新建厂房及设备购置、建筑企业资质晋升、外出建筑企业建安税回归和企业节能与循环经济补助，物流、陶瓷、老醋和香产业龙头企业扶持奖励。支持两家全国性疫情防控重点保障企业贷款 1180 万元，贴息资金 18 万元。疫情期间，印发了《关于新冠肺炎疫情防控期间减免企业房租的补充通知》，我县行政事业单位和国有企业共为中小企业和个体工商户减免租金 524 万元。加大稳岗返还力度，全年发放 170 家企业失业保险稳岗补贴 116 万元、困难企业稳岗补贴 77 家 707 万元。

大力支持政府扩大投资。2020 年，财政政策更加积极有为。县财政统筹各类财政资金 117391 万元，保障重点民生项目建设。积极会同发改等部门编报项目，全年争取债券资金 58897 万元（一般债券 10497 万元、专项债券 48400 万元），涉及我县交通、市政、教育、棚户区改造和产业园区建设领域 10 个项目，项目总投资 292263 万元。按照“资金跟着项目走”的原则，加强债债券资金管理，有效带动社会资本投入，扩大有效投资，拉动经济增长。

大力支持积极就业政策。安排就业专项资金 750 万元，支持企业和重点项目复工复产优先使用困难群体劳动力，支持用人单位按规定设置的公益性岗位招用就业困难人员，支持中小微企业吸纳高校毕业生就业，给予企业一次性吸纳就业补助。印发了《永春县人力资源和社会保障局 永春县财政局关于做好 2020 年大中专毕业生县级优秀创业项目资助的通知》对获评的优秀创业项目进行一次性资助。印发了《永春县就业补助资金管理规定》，切实落实各项就业创业扶持政策。安排职业技能提升行动资金 350 万元，开展大规模职业技能培训。

大力支持减税降费政策。认真贯彻落实国家减税降费政策，特别是疫情期间出台的一揽子有针对性减税降费政策，巩固和拓展减税降费成效。2020 年，全县预计减税降费 20000 万元。

大力支持保障基本民生。统筹资金全力保障基本民生，2020 年，全县保基本民生支出 77410 万元，其中：义务教育公用经费及助学金等教育支出 6197 万元、城乡居民养老保险及低保等社会保障支出 15546 万元、城乡居民基本医疗保险及基本公共卫生等卫生健康支出 12083 万元、其他基本民生支出 43584 万元。

大力支持基层正常运转。坚持预算源头管理，优化财政支出结构，政府带头真正过紧日子，切实保障基层运转。强化预算约束，大力压减非刚性、非重点支出，全年压缩一般性支出 15%。全年财政投入保基层正常运转支出 18582 万元，其中保乡镇运转 12764 万元、保村级运转 5818 万元。

3. 打好三大攻坚战

深入推进精准扶贫。着力抓好财政支持脱贫攻坚政策措施落实，2020 年度下达扶贫资金 7575 万元，实施产业扶贫、教育扶贫、健康扶贫、贫困户饮水安全、兜底社会保障和开展扶贫小额信贷。加强扶贫资金管理力度，出台了《永春县财政局关于进一步加强财政扶贫资金管理的补充通知》《永春县农业农村局 永春县财政局关于印发〈永春县财政扶贫资金调剂使用管理办法（试行）〉的通知》《永春县农业农村局 永春县财政局关于关于印发〈永春县扶贫开发项目验收与核验办法（试行）〉的通知》《中共永春县委组织部 永春县农业农村局 永春县财政局关于实施“强村（强企）带弱村”行动发展壮大村集体经济的通知》等文件。深入开展 2019 年度财政扶贫资金政策落实情况专项检查，重点检查 2019 年市级扶贫开发基础设施建设、应急救助项目补助资金管理使用情况。进一步加强福建省扶贫（惠民）资金在线监管系统管理，纳入系统监管各级资金达9.5亿元，实现对扶贫基础信息采集、资金分配、预算下达、资金拨付到人到户到项目及绩效管理的全过程在线监管。

大力支持污染防治。深入实施《永春县打赢蓝天保卫战三年行动计划贯彻实施方案》《桃溪流域水质提升方案》《永春县域农村生活污水治理专项规划（2019—2030年）》，2020年加大财政投入，不断提高生态环境质量。投入5697万元，加强大气污染源防控，打好蓝天保卫战，推进大气污染防治专项治理。投入14762万元，持续提升流域水质，打好碧水攻坚战。加大城乡生活污水收集处理、农业面源污染防治和河道生态修复力度，推进入河排污口整治和农村生态环境综合整治项目，强化饮用水源地保护。投入2020万元，推进土壤污染防治，打好净土保卫战。

有效防控政府债务风险。严格控制政府债务风险，坚守不发生区域性、系统性风险的底线。及时向泉州市委、泉州市人民政府上报了《中共永春县委 永春县人民政府关于永春县2019年地方政府隐性债务变动情况的报告》。加强了政府债务管理，会同县发改局印发了《关于进一步加强债券项目管理的通知》，并转发了《福建省财政厅关于加快推进地方政府专项债券资金使用的通知》，要求相关单位进一步落实管理责任，加快推进债券项目建设，推动建设项目早见成效，发挥债券资金使用效益。严格执行报告、公开制度，2020年分五次向县人大常委会办公室报告2020年新增债券额度及使用方案，向县人大常委会报告2020年新增债券并相应调整县本级预算方案，及时将政府债务的限额、举借、使用和偿还等情况按规定向社会公开。

4.着力保障改善民生

加大民生投入。认真落实党中央、国务院部署，确实保障和加强财政民生支出，突出财政的公共性和公平性，坚持民生优先导向，不断化解民生难题，切实增强群众的获得感、幸福感、安全感。2020年，全县民生相关支出293023万元，占一般公共预算支出的比重为78.8%。

推进民生补短板。投入4203万元，支持中小学校舍建设、校舍改造、义务教育薄弱环节改善与能力提升项目；投入3458万元，支持公办幼儿园建设；投入920万元，支持非遗文化传承、文保修缮、基层文化站免费开放和图书馆藏书建设；投入468万元，完善体育设施，推进全民健身活动开展。投入2540万元，支持永春县医院和县中医院感染性疾病科改建、核酸检测实验室、应急医疗设备和防护物资采购。投入1070万元，支持农村幸福院、居家养老服务站等项目。

筑牢社会保障体系。按照兜底线、织密网、建机制的要求，深入实施全民参保计划，推进各类社会保险参保扩面，实现应保尽保，一是稳固提高养老保险待遇水平。调整企业退休人员养老待遇10057人，月人均增加养老金140.73元，调整后我县企业退休人员月人均养老金达2501.36元。调整机关事业养老金待遇4953人，基金部分月人均增加200.09元。调整工伤保险定期待遇，调整后，领取伤残津贴人员月人均待遇2796.50元，领取生活护理费人员月人均待遇1768.07元，领取供养亲属抚恤金人员月人均待遇1534.54元。二是加大财政投入力度。2020年安排机关事业单位养老保险基金缺口补助14600万元、机关事业人员2014年10月前缴交的个人养老金上缴省统一管理6400万元、职业年金补助617万元、城乡居民养老补助14755万元、城乡居民基本医保县级配套资金5689万元，各项社保制度得到有力的保障。

5.推进重点领域改革

完善财政资金监管机制。从2020年起，国库集中支付的所有财政性资金全部纳入动态监控范围，规范财政支付行为，做到事前、事中、事后全过程的监督和检查。将扶贫（惠民）和直达资金全部纳入在线监管系统监控，确保扶贫（惠民）和直达资金用到实处，切实发挥财政专项资金对做好“六稳”工作、落实“六保”任务的重要作用。加强中央直达资金的分配、下达、使用和监督管理，确保直达资金直达基层、直接惠企利民，2020年分配下达直达资金指标44376万元，重点用于疫情防控、帮扶市场主体和困难群众、保基本民生、保就业、保运转以及支持重大项目建设，在支持疫情防控、稳住经济基本盘，保障基本民生等方面发挥了重要作用。

推进财政“放管服”改革。扎实有效推进我县深化政府采购制度改革工作，印发了《永春县人民政府办公室关于贯彻落实福建省深化政府采购制度改革工作方案若干措施的通知》，放管结合，强化采购人主体责任落实，择优入库政府采购代理机构，2020 年新增代理机构 20 家，现有 58 家，供采购单位选择和抽取。创新监管方式，健全监督管理机制。2020 年完成公开招标项目 83 个，预算金额 13248 万元，中标金额 11751 万元，节约金额 1497 万元，节约率 11.3%。动态调整财政权责清单，切实提高财政部门的公信力和执行力，2020 年调减（含合并）权责清单 31 项目。

6. 持续加强财政管理

依法接受人大监督。认真贯彻执行县人大及其常委会有关预算决算的决议，严格落实向县人大常委会报告预算执行、政府债务管理、国有资产管理情况等。持续改进预算执行管理，结合县人大代表和人民群众普遍关心的热点难点问题、审计查出的突出问题等，不断完善支出预算和政策。加强服务代表委员工作，充分研究吸纳代表委员的意见和建议，提高建议提案办理质量，解决代表委员关注的实际问题。

推进预算绩效管理。一是完善预算绩效管理制度。为进一步推动预算绩效管理工作，先后出台了《永春县预算绩效工作细则》《永春县预算绩效事前评估管理暂行办法》《永春县预算绩效事前评估工作方案》《永春县财政局关于进一步加强绩效管理工作的通知》等系列预算绩效管理制度。二是开展事前绩效评价。将绩效评价关口前移，投资主管部门牵头组织项目建设单位，对重大建设项目，结合预算评审、项目审批等开展事前绩效评估，评估结果作为申请项目建设资金的必备条件。今年对政府投资的城建、市管等 4 个新建重大投资项目开展事前绩效评估，合计项目评估金额 74375 万元。三是拓展重点绩效评价范围。2020 年重点绩效评价项目除一般公共预算项目的评价外，扩展到社会保险金和地方政府债券资金，拓展了重点评价范围，并强化评价结果的运用。

强化预算收支管理。印发了《永春县人民政府办公室关于落实精打细算过紧日子守底线防风险的通知》（永政办〔2020〕25 号），要求各单位要坚持厉行节约过紧日子，加大力度压减一般性支出，加强绩效运用，提高财政资金使用效益。印发了《永春财政局关于强化财政收支预算管理促进财政平稳运行的通知》，更加积极有为实施积极的财政政策，积极依法组织收入，兜牢“三保”底线，促进财政安全平稳运行。印发了《永春县财政局关于进一步加强财政专项资金管理的通知》（永财预〔2020〕13 号），进一步规范财政专项资金的分配、使用程序，提高专项资金使用效益。印发了《永春县财政局关于加快项目资金支出进度的通知》（永财预〔2020〕12 号），要求各单位要加大盘活存量资金的力度，进一步加快项目资金支出进度，尽快形成实物工作量，同时加强暂付款项管理。

在总结成绩的同时，我们也清醒地看到，当前财政运行和财税工作中还面临严峻的困难和挑战：受经济发展新常态、大规模减税降费政策和新冠疫情等因素影响，财政收入下降，传统税源不断萎缩、新增税源尚未显现；而保工资、保运转、保基本民生、债务还本付息等刚性需求不断增加，财政收支矛盾越发突显，财政收支平衡压力进一步加大。财政资金使用效益还需进一步提升，“重使用、轻绩效”问题仍然存在。对此，我们高度重视，将通过深化改革、完善制度、严格管理等一系列措施，努力加以解决。

二、2021 年预算草案

2021 年全县财政工作和预算编制的指导思想是：全面贯彻落实习近平新时代中国特色社会主义思想和党的十九届五中全会精神，提升站位担当，认真落实县委、县政府的工作部署，牢固树立忧患意识和发展意识，着力生财、聚财、用财，确保财政收支平衡和可持续发展。

根据 2021 年我县经济社会发展目标及财政收支平衡的原则，2021 年财政预算的总体安排是：

（一）一般公共预算

1. 一般公共预算总收入

2021 年一般公共预算总收入 184400 万元，比上年预计数 174000 万元，增加 10400 万元，增长 6%。财税部门的执收任务：税务局 149400 万元，财政局 35000 万元。

2. 一般公共预算收入

一般公共预算收入 118200 万元，比上年预计数 111500 万元，增加 6700 万元，增长 6%。

⑴税收收入。税收收入 81200 万元，比上年预计数 72400 万元，增加 8800 万元，增长 12.2%。

⑵非税收入。非税收入 37000 万元，比上年预计数 39100 万元，减少 2100 万元，下降 5.4%。

3.一般公共预算支出

一般公共预算收入118200万元，加：上级补助收入53305万元（返还性补助10690万元，一般财力性转移支付补助42615万元），调入资金109895万元；减：上解上级支出8800万元，县本级可支配财力为272600万元，相应安排本级一般公共预算支出272600万元，比上年度预算基数262200万元，增支10400万元，增长4.0%。

支出安排的原则：一是按照保工资、保运转、保基本民生的要求，确保“三保”支出资金需求。二是按照有关支出增长和政策性支出配套的要求，确保“三农”、教育、社保、卫生、科技等支出增长。三是按照厉行节约反对浪费的规定，严控“三公”经费等一般性支出，优化财政支出结构，着力改善民生，确保各项惠民政策的落实。

一般公共财政预算支出272600万元，其中：

（1）一般公共服务支出33749万元。

（2）国防支出302万元。

（3）公共安全支出12678万元。

（4）教育支出89246万元。

（5）科学技术支出2764万元。

（6）文化旅游体育与传媒支出3466万元。

（7）社会保障和就业支出32377万元。

（8）卫生健康支出23595万元。

（9）节能环保支出3442万元。

（10）城乡社区支出6451万元。

（11）农林水支出17660万元。

（12）交通运输支出2583万元。

（13）资源勘探工业信息等支出18993万元。

（14）商业服务业等支出570万元。

（15）自然资源海洋气象等支出1545万元。

（16）住房保障支出94万元。

（17）粮油物资储备支出2200万元。

（18）灾害防治及应急管理支出2225万元。

（19）债务付息与发行费用支出15660万元。

（20）其他支出3000万元，其中预备费3000万元。

4.预留经费

2021年预算，预留县直机关绩效工资及乡镇绩效奖励3500万元；预留晋档增资、退休安家和死亡抚恤等4024万元；预留预备费3000万元。

5.上级提前下达专项编入预算情况

2021年预算，已收到上级提前下达专项性转移补助21648万元，并按上级要求的科目及用途列支21648万元，加上本级可支配财力安排的支出272600万元，2021年一般公共预算支出合计294248万元。

6.“三保”支出保障情况

2021年按省定标准和范围测算的我县“三保”支出资金需求182776万元，其中：保工资105412万元、保运转5424万元、保基本民生71940万元。2021年实际预算安排203805万元，其中：保工资120322万元、保运转5528万元、保基本民生77955万元。2021年本级可支配财力272600万元，加上可用于“三保”支出的上级专项性转移补助16032万元，实际可用于“三保”支出的财力为288632万元，2021年我县“三保”支出可以得到保障。

（二）政府性基金预算

2021年政府性基金预算收入162300万元，比上年预计数124300万元增收38000万元，增长30.6%，其中国有土地使用权出让收入158850万元。政府性基金支出按列收列支原则，相应安排本级基金支出162300万元，其中：国有土地使用权出让支出158850万元，主要用于征地和拆迁补偿及土地开发22880万元；旧村复垦支出5600万元；补充耕地2000万元；土地收储2500万元；偿债准备金3000万元；调出到一般公共预算109702万元；保障性住房、储备粮（油）库建设、城市安全监控系统建设、农村公路建设、城区卫生保洁等项目13168万元。

政府性基金专项上级提前下达41万元，相应列支41万元。

（三）国有资本经营预算

2021年国有资本经营预算收入243万元，比上年预计数235万元，增加8万元，增长3.4%。安排国有资本经营预算支出50万元，调出资金193万元。

（四）社会保险基金预算

2021年社会保险基金预算收入54300万元，比上年预计数57257万元，减少2957万元，下降5.2%，主要是2020年一次性弥补2014年10月前机关事业单位养老保险基金收支缺口。

2021年社会保险基金预算支出45458万元，比上年预计数43020万元，增加2438万元，增长5.7%。

结转下年使用 8842 万元。

围绕 2021 年财政预算目标，我们将重点做好以下几方面工作：

1. 抓税源财源培育，解决财力增长乏力的根本问题。一是完善企业扶持奖励政策。要进一步修改完善产业龙头企业、陶瓷产业、老醋产业、香产业和新经济产业的扶持奖励政策，充分发挥财政扶持资金的导向作用，着力支持实体经济发展，推动市场主体的活力和发展后劲，增强财政收入的均衡性和可持续性。二是加大招商引资力度。各部门、各乡镇要确实转变工作思路和重点，把工作重心转移到财源建设上来。要落实工作责任制，创新招商方式，拓宽招商渠道，促进招商引资有新突破大进展。三是加速培育增量财源。坚持以产业项目为抓手，全力以赴支持产业园区建设，通过聚集产业项目，打造一批有地域特色、竞争力较强、附加值较高、税收贡献大的产业。推动招商项目尽快签约，签约项目尽快落地，落地项目尽快投产，投产项目尽快形成税收。

2. 抓预算收支管理，解决财政保障能力不强的问题。一是加强收入管理。科学研判收入形势，加强收入预期管理。制定压实税收、非税收入和政府性基金的年度征收目标，按收入项目分解落实到各征管部门。二是强化联动机制。深化税务、财政、乡镇及县直有关部门的工作联动机制，加强重点行业、重点企业税收监控，确保依法征收、应收尽收。规范非税收入和政府性基金征缴程序。三是规范支出管理。持续树立“政府过紧日子”思想，进一步强化预算执行刚性约束，规范支出审批管理，执行中原则上不予追加。优化支出结构。坚决压缩一般性支出，做好重点领域保障，优先支持保工资、保运转、保基本民生，兜牢三保底线，保障民生补短板的资金需要。盘活财政存量资产资金，加大资金统筹使用力度，把钱花在刀刃上。

3. 抓政策资金支持，解决项目建设资金缺口的问题。一是积极争取上级补助资金。要充分利用国家生态文明试点县、国家重点生态功能区、县城新型城镇化建设示范县，同时又是视同中央苏区县的政策优势，围绕国家和省的政策导向编制项目，围绕补短板强弱项编制项目，力争谋划一批具有战略性和事关我县振兴发展的好项目，要紧密跟踪、研判、吃透、抢抓中央、省、市“六稳”“六保”等政策机遇，加大向上争取政策和资金补助力度，全力缓解财政压力。二是积极争取专项债券资金。在国家严控地方隐性债务风险的背景下，专项债券是地方政府融资的主要渠道。按照国家“资金跟着项目走”的原则，做准做实项目储备，主动做好项目申报对接，全力争取专项债券资金。

4. 抓财政精细管理，解决财政管理水平提升的问题。一是主动接受人大监督。认真落实县人大关于2021 年预算草案和预算调整方案等决议、审查报告，精心组织预算执行。在县人大审查批准预算后，严格在规定时间内批复部门预算。严格落实向县人大及其常委会报告预算执行情况、地方政府债务管理情况、国有资产管理情况等制度。充分听取意见建议，认真办理建议提案，及时落实审计发现问题的整改。二是深化财政体制改革。加强预算绩效管理，加快构建“全方位、全过程、全覆盖”的预算绩效管理体制，加强绩效评价结果运用，建立绩效评价结果反馈整改机制和绩效问题整改责任制，努力提高财政资金使用效益。继续深化县乡财政体制改革，稳步实施县与乡镇财政体制调整。进一步完善预算管理制度，加大“四本预算”统筹力度。综合运用财政各系统数据信息，加强综合分析和动态监控，提高财政工作整体管理水平。三是继续加强政府债务监管。坚持量入为出、量力而行，自觉做好债务管控工作。在决策时，切实做到“两个相适应”，即债务规模与建设规模相适应、债务规模与地方财力相适应，合理控制债务规模，牢牢守住不发生债务风险的底线。

各位代表，2021 年是“十四五”规划的开篇之年，我们将牢固树立“过紧日子”思想，强化开源节流，更加聚焦稳收入增财力、聚焦促民生保运转、聚焦重点领域促发展，坚定信心、担当作为、真抓实干，为永春绿色崛起做出新的更大的贡献。

（县财政局 供稿）

索 引

说 明

一、本索引采用主题词分析法，按主题词首字汉语拼音字母（同音字按声调）顺序排列。

二、栏目、分目标题用黑体字。“特载”“专记”“大事记”“人物表”“荣誉榜”“附录”内容不作索引。

三、索引主题词后的数字表示页码，数字后的 a、b、c 表示栏别左中右。

A

B

C

D

F

G

H

J

K

L

M

N

S

T

W

X

Y